Celia Gámez

JUAN JOSÉ MONTIJANO RUIZ

Celia Gámez

«Si me perdiera mañana… no me dejéis de querer…»
La biografía definitiva de la reina de la revista

ALMUZARA

© Juan José Montijano Ruiz, 2024
© Editorial Almuzara, s.l., 2024

Primera edición: septiembre de 2024

Reservados todos los derechos. «No está permitida la reproducción total o parcial de este libro, ni su tratamiento informático, ni la transmisión de ninguna forma o por cualquier medio, ya sea mecánico, electrónico, por fotocopia, por registro u otros métodos, sin el permiso previo y por escrito de los titulares del *copyright*.»

Cualquier forma de reproducción, distribución, comunicación pública o transformación de esta obra solo puede ser realizada con la autorización de sus titulares, salvo excepción prevista por la ley. Diríjase a CEDRO (Centro Español de Derechos Reprográficos, www.cedro.org) si necesita fotocopiar o escanear algún fragmento de esta obra.

Editorial Almuzara • Colección Memorias y Biografías
Editora: Rosa García Perea
Maquetación: Miguel Andréu

www.editorialalmuzara.com
pedidos@almuzaralibros.com - info@almuzaralibros.com

Editorial Almuzara
Parque Logístico de Córdoba. Ctra. Palma del Río, km 4
C/8, Nave L2, nº 3. 14005 - Córdoba

Imprime: Black Print
ISBN: 978-84-10522-62-6
Depósito: CO-1262-2024
Hecho e impreso en España - *Made and printed in Spain*

A la memoria de mi hermana y de mi padre.
A mi madre y sobrinos.
A Celia, estrella del firmamento olímpico.

A la memoria de Fernando de Vicente y Joaquín Campos Herrero, quienes ya gozan de la presencia de nuestra adorada Celia. ¡Cómo os hubiera gustado el libro que tanto me animasteis a escribir!

*De la rivera del Plata
al Manzanares llegué;
fui vestida de Pichi
de Cascorro a Lavapiés.
He sido castigadora
con mi pelo a lo garçonne
y he vendido hasta cerillas
en la puerta del Pavón.
En la Argentina he nacido
y aquí me quise quedar,
es español mi apellido
y de España, mi cantar.
Traigo conmigo alegría,
la gloria de una canción
y son lindas melodías
de mi mismo corazón.
Canté a la novia de España
que es lo mejor que hay que ver.
Fui Cenicienta del Palace
y estudiante portugués.
España llevo en el alma
como se lleva un cantar
porque yo he vendido nardos
en la calle de Alcalá.*

(«Argentina y española», Manuel Baz y Fernando García Morcillo,
El último de Filipinas, 1971).

Índice

PRELUDIO. «Pasen, señores pasen...» 13
   Presentación 15

PRIMER ACTO (1905-1936). «Por la calle de Alcalá...» 23
   I. Málaga-Brasil-Buenos Aires-Málaga 25
   II. La morocha en España 43
   III. Las primeras revistas de «La perla del Plata». Madrid 1927 53
   IV. Del Eslava al Romea… 83
   V. …y vuelta al Eslava…: ¡Celia Gámez se mete a monja! 111
   VI. Nuevos estrenos. Llega la República 133
   VII. De cuando el Pichi se paseaba por la calle de Alcalá 147
   VIII. Alonso y Guerrero frente a frente 175
   IX. Diva de la opereta moderna 193
   X. A las siete en punto antes del 18 de julio 223

INTERLUDIO (1936-1939). «¡Ya hemos pasao!» 257
   XI. Llanto por España 259
   XII. Mi Buenos Aires querido 277
   XIII. Del cine... ¡a España, mi querida España! 291
   XIV. Retomando la vida de nuevo 303

SEGUNDO ACTO (1939-1992). «Si me quieres matar, ¡mírame!» 319
   XV. «Vivir... vivir y olvidar... vivir...». Una Cenicienta en el Hotel Palace. 321
   XVI. Yolanda de Melburgo en Claritonia.
   El primer gran *boom* de la posguerra 343
   XVII. Érase una vez en Cerro Pepe y otras batallas escénicas 369
   XVIII. La luna de España ¡Celia Gámez se casa! 391
   XIX. Una febril actividad escénica: el regreso del Pichi 409
   XX. El extraño caso de *Las siete llaves* (1949) 435
   XXI. Una hechicera del Barrio de la Herrería en Palacio. Viaje a Taringia ...443
   XXII. Adiós Josechu. Bienvenido Lucientes.
   Dólares (1954) en el Lope de Vega 457
   XXIII. «Soy el águila de fuego...» Celinda, el alter ego de Celia Gámez 475
   XXIV. Embajadora, estrella, escritora: Celia... trae cola 497

CODA (1963-1992) «Si me perdiera mañana, no me dejéis de querer...» 519
    XXV. *¡Buenos días, amor!*: el primer fracaso de Celia 521
    XXVI. La resurrección del Pichi 533
    XXVII. Una verdad desnuda en la cama: de la revista a la comedia 543
    XXVIII. La última de Filipinas 557
    XXIX. Nostalgia del pasado 577
    XXX. El águila de fuego emprende su último vuelo 591

ANEXOS 603

AGRADECIMIENTOS 635

PRELUDIO
«Pasen, señores pasen...»

PRESENTACIÓN

«*Hola, amigos. Soy el Pichi, la Cenicienta del Palace, Peppina, Kiki, Yola, la estrella de Egipto, Colomba, la hechicera en Palacio, Su Excelencia la Embajadora, el águila de fuego...*

Celia Gámez... ¡vuestra Celia!

Nunca imaginé que un día escribiría mis memorias. Pero aquí están... Todavía no termino de creérmelo. Porque, aunque muchos lo duden, soy tímida y reservada. Poco amiga de contar mis cosas. No me siento cómoda hablando de mí y me pongo muy colorada cuando lo hacen otros... sí, podéis creerme, y quienes me conocen bien saben que no miento: me da vergüenza sentirme protagonista al otro lado del escenario, en la vida real. Entonces, ¿por qué abro el baúl de los recuerdos? [...] Yo estaba en deuda con España y los españoles, que me recibieron con los brazos abiertos, me dieron sus aplausos y su cariño y me encumbraron a la fama. Pero muy pronto empezó a suceder algo extraordinario: cuanto más aplaudían a la «estrella», más querían conocer a la mujer. Yo, por ser como soy, ocultaba mi intimidad a la curiosidad de ese público que tanto me admiraba. Satisfaciendo ahora aquella curiosidad, espero saldar, al menos en gran parte, la deuda de gratitud contraída con todos.

Voy a contar mi historia. No mi leyenda, que ésta ya corrió de boca en boca en el transcurso de los años. La historia de mi vida en los escenarios y fuera de ellos. Con pinceladas de la España en que viví y de los españoles que conocí. Con sencillez y sinceridad. Y a ver si consigo con amenidad.

[...] Y ahora... ¡luz a la batería! Celia Gámez Carrasco va a salir a escena. ¡Arriba el telón!»

Con estas elocuentes y sentidas palabras, iniciaba la gran estrella porteña Celia Gámez Carrasco el dictado de sus *Memorias* a la revista *Semana* por parte de Hebrero San Martín.

Es el año 1984.

En España corren tiempos convulsos. Un paro afecta al 17.8 % de la población activa, la inflación se sitúa en el 12.2 % y el crecimiento, en el 2.1 %. En Bruselas se firma un acuerdo pesquero entre España y la Comunidad Económica Europea para ese año. Nuestro país compra a Europa misiles antiaéreos Roland por valor de 30.000 millones de pesetas. En Bilbao, ETA asesina en su consulta a Santiago Brouard, pediatra y diputado electo del Parlamento Vasco. El Gobierno de Felipe González y Gran Bretaña firman la «Declaración de Bruselas», en la cual, por primera vez, la parte británica admite que se abordarán cuestiones de soberanía sobre el contencioso de Gibraltar. A finales de año, entra en vigor la Ley de Objeción de Conciencia. Los sacrificios para entrar en la comunidad europea obligan a una dolorosa reconversión industrial que no mitiga las altas cifras de paro e incendia las calles con las protestas de los trabajadores. La expropiación de Rumasa copa titulares, y de eso que se llamó con gran acierto «las cloacas del estado» nace el GAL para hacer frente de la más chapucera manera al terrorismo de ETA. El 26 de septiembre, el toro «Avispado» mata al diestro Francisco Rivera «Paquirri» en la plaza de toros de Pozoblanco. Isabel Pantoja se convierte entonces, desgraciadamente, en «la viuda de España» comenzando a copar portada tras portada en las principales revistas del corazón. Lina Morgan es la «reina» de las taquillas teatrales mientras continúan imbatibles en el madrileño Teatro Calderón el dúo Roy-Valladares con la nostálgica antología *Por la calle de Alcalá*.

Es precisamente en ese año cuando Celia Gámez Carrasco, la considera «reina de la revista musical española», regresa a nuestro país tras varios años alejada del mismo, retirada del mundo artístico. Y regresa con dos propósitos: el primero, dictar sus memorias a Hebrero San Martín para ser publicadas por la revista *Semana* y, el segundo, despedirse de su público, del público español... para siempre, con un bonito espectáculo. Para este segundo propósito, el entonces esposo de Sara Montiel, Pepe Tous y el hermano menor de Lina Morgan, José Luis López, deciden contratarla para montar *Nostalgia*, una obra que, haciendo honor a su nombre, pretendía servir para reinaugurar el Teatro La Latina tras la costosa transformación que los hermanos López Segovia habían llevado a cabo en el mismo ofreciendo toda clase de comodidades a actores y público.

Celia Gámez, había regresado a España. Sus esperadas y ansiadas memorias estuvieron llenas, como toda su vida, de una enorme leyenda... que si las había dulcificado... que si no había contado toda la verdad… que si había vuelto a mentir acerca de su edad… que si no había contado toda su relación con Alfonso XIII o Millán Astray o incluso desvelado los verdaderos motivos de su separación matrimonial…

Pero, ¿qué importaba eso? Celia Gámez, la reina de la revista, había vuelto a España con su aura de gran estrella, de dama de la escena, a despedirse de un reinado que ocupó desde 1927 y hasta este 1984 sin que nadie más le llegase a hacer sombra… bueno… casi nadie, porque durante muchos años llegó a rumorearse que vedettes como Queta Claver o Concha Velasco, podían haber tomado su relevo en el trono. Aun así, es cierto que el dictado de su vida a Hebrero San Martín fue algo descafeinado. Celia trastoca fechas, recuerdos, épocas de su vida que no fueron tal y como las contó. Pero mediante el presente nosotros sí vamos a hacerlo. A describir toda su verdad. La verdad de una estrella que brilló con más luz y fuerza que ninguna otra en el panorama del espectáculo español del siglo XX. Una verdad auténtica. Sin atavismos. Sin compromisos. Sin incorrecciones políticas.

Gracias una vez más a una editorial con la sensibilidad literaria de Almuzara, la revista vuelve para veteranos y neófitos. Mediante el presente trabajo que el lector posee entre sus manos, vamos a hacer justicia, de una vez por todas, a la mayor estrella de la revista que pisó los escenarios españoles. A la vedette que supo transformar un género y limarlo de procacidades y chabacanerías para hacer de él un espectáculo musical blanco, limpio y a la altura de las grandes producciones de Broadway o el West End londinense.

No existen casi biografías acerca de Celia Gámez. Tan sólo algunos artículos esporádicos en libretos para cedés, álbumes fotográficos y miles de páginas en diarios y revistas con entrevistas, críticas… pero nunca, hasta la fecha, nadie se había hecho eco de toda la trayectoria profesional y vital de la artista que vivió con éxito durante la monarquía, la dictadura, la guerra, la posguerra, la pertinaz sequía, la transición y la democracia. Y, durante todos los regímenes políticos que acaecieron en la España de su tiempo, en todos, repetimos, fue la estrella indiscutible.

Bien es cierto que surgieron estrellas de la pasarela que como Maruja Tomás, Queta Claver, Trudi Bora, Virginia de Matos, Concha Velasco, Esperanza Roy o Lina Morgan llegaron a tener tanto éxito y admiradores como ella, pero nada comparable a lo que Celia vivió. Reyes, embajadores, ministros, intelectuales, críticos, escritores, médicos, catedráticos… bebieron los vientos por la más española de las argentinas. Pero ella nunca claudicó. Se dejó querer, sí, pero a qué estrella no le gustan que la agasajen y hagan regalos…

La historia de un país que avanzaba a pasos agigantados hacia la modernidad. De un país que salía de la oscuridad hacia la luz y el esplendor del avance económico, social y cultural. Ésa es la propia historia de Celia, quien vivió el auge del peinado «a lo garçon» con la misma intensidad que el voto femenino, la llegada de la minifalda y la televisión o los «melenudos» del «haz el amor y no la guerra». Y, los Beatles, por supuesto.

La historia de Celia corre paralela a la historia de España. A la de los españoles de su época. De la monarquía de Alfonso XIII a la «dictablanda» de Primo de Rivera, los convulsos e ilusionantes años de la esperada Segunda República Española, la terrible guerra fratricida, el inicio del destape y los planes de desarrollo, la transición o la victoria socialista... Modas, gustos, maneras, todas ellas absorbidas por la más argentina de las españolas en sus espectáculos. Producciones llenas de lentejuelas, lujo, belleza, disciplina, un buen libreto y excelentes partituras musicales. Celia de lo bueno, daba lo mejor en todas y cada una de sus obras. Escogía a las mejores chicas de conjunto. Los más guapos *boys*. Los más graciosos libretistas. Los más eficaces compositores... y en todo, formaba y tenía parte «la señora». Daba su opinión en todo. Si algo no le gustaba o parecía que no iba a tener éxito, lo cambiaba aunque el estreno fuera al día siguiente. El público pagaba por una entrada y había que darle lo mejor. En este sentido, nadie nunca pudo ni supo igualar la magnificencia de sus revistas. Para triunfar había que ser dura, máxime si, además, como Celia, en un mundo donde dominaban los hombres, una mujer les hacía «competencia» en el ámbito empresarial. Gracias a Celia, las mujeres tuvieron un camino en el mundo económico que latía tras las bambalinas. Posteriormente seguirían su estela otras estrellas como Manolita Chen, Concha Velasco, Norma Duval o Lina Morgan, todas ellas empresarias de sus propios espectáculos que escogían lo mejor para su público siguiendo su incomparable estela.

De Celia llegaron a correr bulos de todas clases. Que si era ludópata, lesbiana, franquista... Que si se metió a monja... Que si mentía siempre acerca de su edad... Que si le gustaba vestirse de hombre en la intimidad... ¡Y qué importaba! Su sola presencia sobre la escena paliaba cualquier clase de rumor surgido en torno a ella. Verla desfilar por la pasarela era todo un deleite para los ojos de los espectadores. Si los hombres se quedaban deslumbrados con sus impactantes ojos, las mujeres se enamoraban de su hermoso vestuario, de sus joyas, de sus abrigos... Nadie nunca, igualó en lujo y esplendor a Celia. Nadie. Nunca... ni la igualará... En una época llena de escasez y penurias, Celia apostó a ganar. Dio un paso más allá y supo hacer olvidar la pesadumbre de la posguerra a más de una generación de españoles que viajaban junto a ella a Taripania, Melburgo, Claritonia o Taringia, que se sentían identificados con aquella mística leyenda de Celinda, la mujer que se transformaba en águila de fuego durante la noche y mujer durante el día, en la condesa de Balmaseda, bregando por conseguir un amor verdadero; en aquella millonaria cenicienta del Palace que pasaba sus días en un hotel de ensueño junto al mar; en aquella Turandot de las Antillas llena de exotismo y visualidad... Celia era la más. En todo. La más grande. La más señora. La más española. La más argentina. La más vedette...

«En la época dorada de Hollywood, se acuñó una frase que hizo fortuna y que contribuyó a impulsar la industria cinematográfica hasta límites insospechados: «Más estrellas que en el cielo». El *star-system* fue, efectivamente, uno de los pilares -si no el fundamental- sobre el que se sustentó la popularidad del cine y su extensión internacional. Se difundía así un medio que, desde su aparición, supuso ya una seria competencia para el teatro. Pero el teatro, aparte de sus características intransferibles, contaba y contó siempre también con «estrellas» entre sus intérpretes. Si bien la capacidad para traspasar fronteras era más limitada en el caso del teatro, algunas de sus estrellas, más que otras las del espectáculo musical, llegaron a cotas de popularidad, sobre todo si atendemos a su ámbito de actuación, que poco tenían que envidiar a las alcanzadas por grandes figuras de otros horizontes.

Celia Gámez es, en el panorama del teatro musical español, el más claro exponente de esta tendencia: la estrella que brilló con más fuerza en su género en el firmamento de nuestro país. Nacida en Buenos Aires en la primera década del siglo XX, hija de emigrantes españoles malagueños, y llegada a España en 1925, enseguida iba a destacar en el espectáculo musical y a convertirse, con el tiempo, en un auténtico mito: primerísima figura y vedette, y, lo que es más importante, y por supuesto mucho más difícil, a mantener esa categoría aproximadamente durante medio siglo. Las razones de este singular fenómeno se hallan en la confluencia de factores muy diversos: su belleza, su arrolladora personalidad y, desde luego, sus dotes interpretativas. Pero fue sobre todo su extraordinaria capacidad de adaptación al país en que se afincó lo que la elevó a la cumbre del éxito y la fama. Resulta sorprendente la manera en que supo captar los gustos del público, enraizarse en el alma popular española, sobre todo madrileña, y hacer de ese espíritu, su propio espíritu. Por poner un ejemplo, ninguna otra figura, española o madrileña, supo cantar e interpretar el chotis como Celia Gámez.

Abundando en esa especial cualidad de adaptación, hay que hacer notar que ésta no se limitó a un período corto de tiempo, sino que fue variando con los gustos y las modas al uso a lo largo de los cincuenta años que hemos aludido. Los cambios y avatares políticos, los nuevos autores musicales que surgían, la irrupción de ritmos diferentes –en su discografía encontramos desde tangos, javas, chotis o pasodobles hasta boleros, baiaos o calipsos–, nada interrumpió la fulgurante carrera de esta gran artista, cuya presencia en escena el público reclamó insistentemente desde la segunda mitad de los años veinte hasta bien entrados los años sesenta.

Naturalmente, Celia tuvo siempre detractores, como los han tenido todas las grandes figuras. Las críticas se centraban, especialmente en su voz, en una época en la que este aspecto se valoraba en extremo. Se habló de una voz excesivamente metálica, o bien excesivamente chirriante, y, a veces, desafinada. Pero hoy, que ya no podemos contemplar su esplendoroso arte en escena, es precisamente su voz, a través de sus trabajos discográficos (y visuales a través de sus películas), lo que mejor podemos juzgar. Y, realmente, resulta tan personal, tan única, que no podemos por menos que experimentar, al escucharla, la sensación de algo poderoso y diferente, y de aprehender el sentimiento y la vida que ella supo imprimir a la interpretación de sus canciones. Hay algo que ya no podemos dudar: su originalidad. Ella no se pareció a ninguna otra figura: fue, indiscutiblemente, una estrella».

Con estas elocuentes palabras, don Carlos Menéndez de la Cuesta y Galiano, gran admirador de Celia, la definía. No podíamos por menos que, junto a estas líneas, homenajear también a quien el autor del presente trabajo tanto debe al haberme hecho heredero del legado de Celia Gámez con la marabunta de material que atesoró de la estrella a lo largo de los años. De igual manera, el presente trabajo no hubiera sido posible sin la inestimable ayuda e impertérrita colaboración de don Joaquín Campos Herrero y Moncho Ferrer, amigos de Celia al igual que don Carlos, y cuyo pertinaz y perenne apoyo para que el mismo saliera a luz ha sido de inestimable valor personal y humano para quien esto escribe. Tampoco debemos olvidarnos de quienes con su cariño, su amistad, su recuerdo y sus incontables muestras de ánimo nos han brindado los momentos que junto a Celia compartieron: Ángel Fernández Montesinos, Alberto Portillo, Ana Ortega y Pilar Santos, además de agradecer a Félix Portales, del Archivo Lírico de Salamanca, la ayuda prestada para establecer la más completa discografía de Celia Gámez nunca publicada hasta la fecha y a Mari Luz González Peña y

José Ignacio Jassa Haro del Centro de Documentación y Archivo de la SGAE y Archivo General de la Administración, la impertérrita ayuda en pro siempre de cuantos trabajos hago.

En el año de 2022, cuando se cumplieron treinta años del «juanramoniano» viaje definitivo de la estrella porteña hacia la luz, la cordobesa editorial Almuzara tuvo a bien homenajearla encargándome la biografía que el lector posee en sus manos. Una biografía hecha desde el respeto, el cariño, la admiración y como homenaje a la más estrella de las estrellas de la pasarela española.

Desde la Málaga de principios del siglo XX hasta el Buenos Aires de 1992, adéntrense, condescendientes lectores, en este apasionante viaje hacia un tiempo y una época en donde las estrellas brillaban con más fulgor que nunca. Siéntanse cómodamente en una confortable butaca y asistan a todos y cada uno de los estrenos de Celia ya que, por vez primera, damos a conocer todos los argumentos de las revistas en que apareció amén de las canciones más importantes que poblaron los mismos, convirtiendo el presente, en una inigualable antología de la canción y el teatro popular español. Ésta es la verdadera, única y magistral vida de Celia Gámez Carrasco. Nunca la olviden. Acérquense a la misma aquellos curiosos que, pese a no haberla conocido, supieron de su existencia gracias a sus padres o abuelos. Adéntrense y disfruten aquellos que tuvieron la dicha de conocerla personalmente. Conózcanla aquellos que nunca supieron de ella pero que aman el teatro en general y el musical en particular.

Pocas estrellas han tenido la dicha de ser tan afortunadas como Celia y de haber conocido a personajes tan importantes para la historia de un país: de Jacinto Benavente a Federico García Lorca, Valle-Inclán, Azaña, Unamuno, Benlliure, Millán Astray, Primo de Rivera, Alfonso XIII, Francisco Franco, Tierno Galván,…

Porque la historia de esta estrella, es nuestra historia. La historia de una mujer. La historia de un país. La historia de España. La historia, de Celia Gámez.

Pero recuerden… nunca la olviden… Y así, cual su águila de fuego, hoy renace una vez más de sus cenizas para cantarnos: «Si me perdiera mañana… no me dejéis de querer…»

El autor,
Granada, 28 de febrero de 2022.

PRIMER ACTO (1905-1936)
«Por la calle de Alcalá...»

I. MÁLAGA-BRASIL-BUENOS AIRES-MÁLAGA

A principios del siglo XX, Málaga, ciudad andaluza en la que transcurre el inicio de nuestra historia, vive una época un tanto convulsa debido a la profunda crisis social y económica con la llegada de la filoxera y el colapso de su floreciente industria. Este comienzo de siglo es una etapa de reajustes y contrastes, puesto que, al mismo tiempo que se mejora y afianza la agricultura, consolidándose como el sector industrial dominante, se produce, al mismo tiempo, un progresivo desmantelamiento industrial acompañado de un comportamiento fluctuante del comercio. Pese a que la ciudad cuenta con un importante tráfico portuario, el comercio mercantil no es precisamente un sector tan pujante como fue a finales del siglo XVIII y el XIX. Todo esto se produce en el seno de una sociedad atrasada y escasamente alfabetizada, en la que una reducida oligarquía desempeña el papel hegemónico a través del control económico y político. A comienzos del siglo XX, la enseñanza primaria en la urbe está plagada de déficits: faltan escuelas, plazas para alumnos y maestros. Depresión social y económica, conflictividad y unas endebles estructuras del estado son las señas de identidad con las que Málaga se asoma al nuevo siglo, mientras el republicanismo y los movimientos obreros van paulatinamente afianzando sus posiciones. Precisamente, en uno de sus barrios más populares, El Perchel, va a circunscribirse el asentamiento de la familia Gámez Carrasco, compuesta por el patriarca, Rafael Juan Gámez, malagueño y de profesión, marino mercante, y Antonia Carrasco que, oriunda de Gibraltar, enamoróse de aquel efebo morocho trasladándose junto a aquél al anteriormente enunciado y populoso barrio malagueño.

 La popularidad del Perchel quedó inmortalizada gracias a la mención que hizo Miguel de Cervantes en el tercer capítulo de la primera parte de su celebérrima obra quijotesca al afirmar que «[...] *en los años de su mocedad se había dado a aquel honroso ejercicio, andando por diversas partes del mundo buscando sus aventuras, sin que hubiese dejado los percheles de Málaga, islas de Riarán, compás de Sevilla, azoguejo de Segovia, la olivera de Valencia, rondilla de Granada, playa de Sanlúcar, potro de Córdoba, y las ventillas de Toledo, y otras diversas partes [...]*».

Este núcleo poblacional de la ciudad padecía repetidamente las constantes crecidas y consiguientes desbordamientos del río Guadalmedina amén de varias y dolorosas epidemias como las de la fiebre amarilla (1803 y 1804) o el cólera (1833), que causaron numerosísimas víctimas al declararse los focos epidémicos en su ámbito. Pero el Perchel también fue una zona propicia para el desarrollo industrial, con el establecimiento de fábricas, ferrerías y destilerías por parte de familias como los Heredia o los Larios. Igualmente se establecieron en el mismo bodegas y aceiteras que propiciaron el crecimiento de una clase trabajadora en estas industrias. A la espalda del antiguo convento de San Andrés, se creó además la estación de ferrocarril, poniéndose en marcha en 1865 la línea ferroviaria Córdoba-Málaga con el objeto de pretender estar lo más cerca posible del puerto a efectos comerciales.

El Perchel siguió su avance demográfico y urbanístico en las siguientes décadas, con la construcción de puentes que conectaran con el centro y la Alameda. Se convirtió en un barrio eminentemente obrero y marinero, donde tuvo origen un fuerte movimiento anticlerical a finales del siglo XIX y primeras décadas del XX. Las condiciones de vida eran pésimas, al carecerse de las más elementales necesidades básicas como el agua corriente en las viviendas o el alcantarillado si bien ya, durante la segunda mitad del siglo, se asistirá a una necesaria y progresiva mejora en la calidad de los servicios.

En este ámbito, precisamente, nacerían los cinco primeros hijos de Rafael y Antonia y de los cuales, los familiares hoy vivos, tan sólo tienen constancia del nombre de dos de ellos: María del Carmen y Diego, ambos fallecidos en el transcurso de veinticuatro horas, víctima de una epidemia de tifus que asoló la ciudad debido, precisamente, a la falta de asepsia existente en la misma.

La pérdida de aquellos cinco hijos fue un golpe tremendo para el matrimonio quien, amparándose en sus creencias católicas, persistieron en tener más: «*A papá le torturaba una idea: que pudieran venir más hijos y siguieran la misma suerte que los otros*» (San Martín, 1984, I: 66). Precisamente por eso y, con el objetivo de medrar y darle a su familia un futuro mejor, a Rafael Juan Gámez se le ofrece la oportunidad de irse a trabajar a Sao Paulo (Brasil), puesto que también ejercía como ingeniero especializado en montajes eléctricos. El matrimonio, por tanto, aceptó, sin dudar, aquella oferta, no sin cierto pesar por tener que abandonar su patria, su tierra, su hogar. Abandonar España fue para ellos enormemente doloroso, puesto que, a tenor de las circunstancias en que tuvieron que hacerlo, no sabrían si alguna vez volverían a verla: «*La estancia de mis padres en Brasil fue breve. Papá ya había realizado el montaje eléctrico en una fábrica. Mamá estaba embarazada de María Elena. Entonces sobrevino una epidemia de fiebre amarilla. Causó muchas muertes. Mis padres, asustados por la catástrofe, que les hacía recordar los trágicos sucesos de Málaga, abandonaron Sao Paulo y Brasil en cuanto les fue posible*» (San Martín, 1984, I: 67).

En aquella época, el matrimonio ya estaba esperando un nuevo hijo, María Elena, quien nacería en Buenos Aires, descomunal ciudad a la que el matrimonio acabaría por llegar para establecerse allí con carácter definitivo.

Argentina, en aquellos años, principios del siglo XX, era un país en plena expansión. Ofrecía trabajo y oportunidades a cuantos llegaban de cualquier parte del mundo buscando una nueva vida. Una nueva oportunidad. Un futuro mejor. Rafael Juan Gámez no tardó así en colocarse al servicio de la Marina Nacional cobrando un sueldo adecuado, al menos, lo suficiente, para sacar adelante a su familia. Una familia que, andando el tiempo, acabaría por aumentar debido al nacimiento de seis hijos más; a saber: María Elena, Antonio, Amelia, Albina, Cora y Celia, nuestra protagonista.

Buenos Aires, 1905.

Son tiempos políticamente convulsos.

Tras las sucesivas derrotas sufridas durante las revoluciones de 1890 y 1893 y no habiéndose logrado la ansiada y buscada transparencia electoral, la Unión Cívica Radical, partido político de izquierdas, entra en una profunda crisis agravada tres años más tarde cuando se suicide su fundador, Leandro N. Alem. A causa de una serie de factores internos, el partido se disuelve aun a pesar de existir células radicales que incitan a su reorganización ya a partir de 1903 contando en su cabeza con Hipólito Yrigoyen.

En febrero de 1904, el comité de la recién organizada UCR declara la abstención electoral de todas las células radicales de la República en las elecciones celebradas entonces y anuncia la lucha armada. En el Gobierno entonces se encuentra Manuel Quintana, representante del PAN (Partido Autonomista Nacional), al que se adscribían los ricos y poderosos del país. Un año más tarde, en febrero de 1905, se produce el alzamiento armado que se venía anunciando paulatinamente por parte de los radicales izquierdistas, proclamándose, además, el estado de sitio en todo el país durante noventa días.

Fue una de las rebeliones más importantes que sufrió la República, por el número de militares comprometidos, las fuerzas vinculadas y la extensión del movimiento. Se había trabajado con mucho sigilo pero, a pesar de eso, el Gobierno estaba avisado de la situación.

En la Capital Federal, las medidas represivas sofocaron en sus comienzos al movimiento. Los revolucionarios fallaron al no poder asegurar el control del arsenal de guerra de Buenos Aires cuando el general Carlos Smith, jefe del Estado Mayor del Ejército, desplazó a los soldados yrigoyenistas. Las tropas leales y la policía recuperaron pronto las comisarías tomadas por sorpresa. Amortiguada la sublevación, el presidente Quintana detuvo y mandó enjuiciar a los sublevados, que fueron condenados con penas de hasta 8 años de prisión y enviados al penal de Ushuaia.

La represión se llevó a cabo contra los revolucionarios y simultáneamente contra el movimiento obrero y socialista y sus organizaciones, prensa, etc., aunque ellos no habían tenido ninguna vinculación con el movimiento de febrero. Por el contrario, el partido socialista acordó invitar a la clase obrera a mantenerse alejada de estas rencillas, que eran promovidas por la sed desmedida de mando y mezquinas ambiciones.

Fueron detenidos centenares de obreros agremiados, la prensa socialista y anarquista fue prohibida, se allanaron los locales de diversos periódicos y los locales sindicales fueron clausurados. El Partido Socialista y las organizaciones obreras, como la UGT o la Federación Obrera Regional Argentina, pidieron permiso para realizar una manifestación de protesta. El 21 de mayo de 1905, una manifestación compuesta por millares de trabajadores se reunió en la Plaza de la Constitución y desfilaron desde allí hasta la Plaza Lavalle, donde la concentración sería amortiguada a base de tiros y sablazos, dejando como saldo dos muertos, veinte heridos y numerosos contusos en la plaza.

El 11 de agosto, se produjo un atentado contra Quintana, mientras se dirigía en su carruaje a la Casa del Gobierno. Un hombre dispara varias veces contra el presidente sin lograr hacer fuego. El coche siguió su marcha, y los agentes de custodia detuvieron al agresor, que resultó ser un obrero catalán llamado Salvador Planas y Virella, simpatizante anarquista que actuó por cuenta e iniciativa propia.

La revolución fue derrotada, pero desencadenaría una corriente de cambio institucional dentro del oficialismo que ya no podría ser detenida.

En medio de todo este convulso ambiente político y de agitación social, nace, en un piso de la céntrica calle Esmeralda, cerquita al Teatro Maipo, otrora catedral de la revista bonaerense, concretamente en el número 900... una nueva criatura en el seno del matrimonio Gámez Carrasco. Es el día 25 de agosto, y, amparada bajo el signo de Virgo, el mismo día de san Luis IX de Francia (predestinación, quizás porque la recién nacida sería siempre monárquica) o santa Patricia, llega al mundo, con 3.4 kgs. y 50.3 cms., la pequeña Celia. Una hermosa morenita que, andando el tiempo, llegará a convertirse en todo un símbolo para la patria de sus padres: España.

Poco tiempo después, Celia sería bautizada en la iglesia de la Piedad. En su bautizo bailó en su honor nada menos que Rosairo del Río. Ésta, nacida en la localidad malagueña de Ronda, fue desde bien pequeña amante de la música, del baile y del teatro, habiendo asistido a algunas clases de interpretación de José Tallaví en el Conservatorio de Málaga. Por conflictos con su hermano, con 14 años emigró de forma clandestina en la bodega de un barco que zarpó del puerto de Málaga hacia Buenos Aires. Allí fue detectada como polizón y, en lugar de ser deportada, las autoridades dejaron que se hicieran cargo de ella las familias de la nutrida colonia de españoles de la ciudad. Y allí precisamente la contrataría Rafael Juan Gámez para que bailase en el bautizo de su pequeña Celia, claro que, lo que nadie sabía, era que Rosario estaba embarazada de una niña que, andando el tiempo tendría como nombre artístico, Imperio Argentina.

La llegada de nuevos miembros al seno familiar hizo que Rafael Juan Gámez y Antonia Carrasco, alquilasen una pequeña quinta en el municipio de Lanús, a las afueras de Buenos Aires donde la chiquilla crecería en un ambiente campestre y lleno de aire fresco en permanente contacto con la naturaleza. Celia crecía como cualquier niña llena de vida, dinámica, desenvuelta, incansable, un auténtico torbellino de inquietud y curiosidad, «*todo lo contrario que mis hermanos, mucho más tranquilos que yo. Mi madre trataba de apaciguar mis ímpetus a coscorroncitos. Empeño inútil por su parte. Les di sus buenos sustos. El más inolvidable sucedió un día en que me apetecía merendar higos y no se me ocurrió otro procedimiento que trepar a una gran higuera que teníamos. Después del banquete me pasé al tejado de la casa, con tan mala suerte que resbalé y caí de cabeza al suelo. Sufrí una fortísima conmoción cerebral y estuve entre la vida y la muerte. Tardé quince días en recobrar la visión y mi familia muchos más en recuperarse del susto*» (San Martín, 1984, I: 67).

«Teníamos muchos animales. De chiquitita yo me metía en el gallinero y me fijaba en las ponedoras, la del cuello colorado, la matarasa... Yo las controlaba. Pero el gallo me picaba siempre. «El gallo no pone nunca», le decía yo a mi madre. (Herrera, 1972: 104). «Me divertía mucho meterme en el gallinero a jugar con las gallinitas. Lo peor de todo es que mi madre se sulfuraba al verme llegar cosida a picotazos. ¡Pobre mamá! Creo que le di demasiados quebraderos de cabeza»(San Martín, 1984, I: 67).

Alegre, traviesa, revoltosa... Había que estar regañándola siempre: «Era de lo peor. Todo lo malo me ocurría a mí: me cogió un tranvía, me caí de un piso... Una verdadera calamidad» (Montero Alonso, 1928: 36).

Finalizada su estancia en Lanús, la familia regresa nuevamente a la capital y se instala en un hermoso, pequeño pero coqueto piso de la calle Bernardo de Irigoyen. A la pequeña pero pizpireta Celia parece ser que le encanta bailar y cantar. De hecho tiene todo el día en sus labios un, entonces, celebrado tango criollo, muy popular en su época que había sido compuesto (paradojas del destino) en 1905 por el músico argentino Ángel Villoldo junto al uruguayo Enrique Saborido en homenaje a la artista que posteriormente lo estrenaría, la también uruguaya Lola Candales, «La morocha».

Tan graciosa resultaba la pequeña Celia cantando aquel celebrado tango, que, en casa, y para su amiguitas, siempre sería para todos popularmente conocida como «la morocha». Aquellas incipientes dotes artísticas de la pequeña Celia hicieron que sus padres, antes de cumplir los cinco años, la llevasen al Teatro Colón de la capital bonaerense para matricularla en la escuela de baile clásico que en el mismo se impartía porque, al parecer y, según la niña les había declarado *«mi ilusión era ser bailarina»* (Archivo del autor, s.f.).

No está claro ni para la familia ni en las sucesivas entrevistas que se realizaron a Celia al preguntarle por su infancia, dónde estudió, puesto que en unas afirma haberlo hecho en el Colegio de los Sagrados Corazones, en el Santa Catalina y otras en el de San Bernardo. Lo único que parece ser objetivamente certero es que todos ellos eran centros religiosos y estaban regidos por monjas: «*Yo soñaba con ser artista. En mi familia nadie lo era y nadie lo había sido. Pero mi vocación era irrefrenable. Siempre ocurre así. Me pasaba el día cantando, pero no canciones argentinas, como mis hermanos, sino pasodobles españoles. En el colegio, cada vez que salía la monja y las niñas nos quedábamos solas en clase, me ponía una gran hoja de periódico a guisa de mantón, me subía en un pupitre y ofrecía a mis compañeras lo mejor de mi repertorio. Castizos pasodobles, casi siempre*» (San Martín, 1984, I: 67-68).

«*Cuando se marchaban las monjas, me dejaban al cuidado de la clase para que les cantara a las condiscípulas y se estuvieran quietas. Pero mientras, por la mirilla de la puerta, las hermanas escuchaban los pasodobles y mis tangos. No llegué a actuar en ningún teatro, porque en casa no me dejaban, pero heredé de mis padres la afición por los pasodobles, las malagueñas, las habaneras... Ellos me dijeron que debía estudiar y comencé por el violín, con otra hermana mía, también dedicada a la música y di un año más de solfeo*» (Herrera, 1972: 104).

Tanto gustaba a las monjitas del colegio la forma en que Celia cantaba sus pasodobles que, muchos domingos, acudía al mismo, pese a no haber clases, solicitada por las religiosas para que, durante la comida, las entretuviera con aquellos ritmos españoles y argentinos.

Fiesta de Carnaval de 1911. Celia tiene seis añitos y va a tener una experiencia que no olvidará mientras viva: «*El primer beso me lo dieron a los seis años, allá en Buenos Aires, mi tierra querida, ¡che! Era Carnaval. Me llevaron a un baile de niños. Iba yo la mar de entusiasmada con mi vestido de gasa azul. Bailé con un chiquillo de mi edad, muy despabilado y muy guapo, y por no sé qué nos dieron un premio, a condición de que nos besáramos. Pero eso no fue un beso de amor, aunque se le parecía. Era la primera vez que me ruborizaba al dar un beso y experimentaba una sensación indecible y nueva para mí, presentimiento de algo que ¡ay!, no podía discernir mi imaginación infantil*» (Herrera, 1972: 104).

Con diez años, en 1915, Celia hace su Primera Comunión. Del mismo guardó siempre un recuerdo imborrable ya que, al parecer, mientras se celebraba la misa, se desplomó en el suelo. Urgentemente hubieron de trasladarla hasta la casa donde, una vez allí y, con la debida atención médica, recobró el conocimiento. Aquel fortuito desvanecimiento tenía que ver con la caída que tuvo años atrás. No sería la última vez que ello la acompañase a lo largo de su vida puesto que, en no pocas ocasiones, Celia sufriría dolorosas jaquecas quizás relacionadas con aquella inocente travesura infantil.

El 31 de octubre de 1919 se estrena en el Teatro Martín de Madrid, la «apellidada» por sus autores, los celebrados comediógrafos Enrique Paradas y Joaquín Jiménez «humorada cómico-lírica en un acto», *Las corsarias*, que llevaría una soberbia partitura musical del celebérrimo y popular maestro granadino, Francisco Alonso.

Las corsarias contó en el momento de su estreno con las interpretaciones principales de Carlota Paisano, María Águila, Casta Labrador, María López, Salvador Videgain, Faustino Bretaño y Luis Heredia. Su argumento, el secuestro por parte de unas bellas amazonas de un hermoso y correcto fraile, dadas la educación y modales que en el trato con las mujeres poseía aquél, da lugar a toda clase de equívocos y malentendidos, muy especialmente cuando el fin de las féminas secuestradoras es el de paliar y poner fin a sus cuitas sexuales y sentimentales. Precisamente, y, una vez en sus «manos», el protagonista, Fray Canuto, presenciará un desfile de las fastuosas titulares de la obra, cantando alegremente una marcha que, prontamente y, desde el momento de su estreno, se hizo tremendamente popular, «La banderita».

El éxito de *Las corsarias* fue tal que, sólo en el Martín de Madrid llegaron a dársele nada menos que 770 funciones seguidas, acrecentadas en temporadas subsiguientes y llegando a formar parte del repertorio de múltiples compañías de provincias, llegándose a dar el caso, incluso, como en Valencia, de representarse en dos teatros al mismo tiempo.

Los laureles y aplausos cosechados por la misma no pasaron desapercibidos allende el Atlántico, hasta el punto de recabar en el Teatro de La Comedia de Buenos Aires donde llegaron a dársele más de dos mil representaciones. El destino hace que Rafael Juan Gámez caiga enfermo y los hermanos hayan de ponerse a trabajar, entre ellos Celia, quien se coloca como aprendiz de sombrerera, lo que le permitirá aportar algún dinero para el sostén de la familia. Al trabajar en aquella tienda, tuvo la oportunidad de conocer a varias personas pertenecientes al mundo teatral, ya que se suministraba material para diversos montajes, incluso llega a entablar amistad con varias personas, entre ellas Palmirita Espina, quien trabajaba como segunda tiple en la función de *Las corsarias*. «Tenés unas piernas muy bonitas... son perfectas. Vos podrías ser una gran estrella de revistas musicales», solían decirle todos los que acudían a aquel negocio en el que se proporcionaban sombreros para la gente de la escena. Y claro, Celia, comenzó a creérselo porque lo que más anhelaba era ser artista. Gracias, pues a su amistad con Palmira, Celia puede ver la obra entre bastidores y quedarse embobada con tan prodigioso espectáculo lleno de luz, color, alegría, plumas y lentejuelas. ¡Eso era lo que a ella le fascinaba! Tanto le encantó, que le pidió a su amiga que hablase a los empresarios del teatro, Fernando Rey y Emilio Losada, para que les permitiese actuar en la misma, aunque fuera en un papel pequeñito, sólo de comparsa o «relleno». Tanto debió de insistirles Palmira y tan bien tuvo que «vender» a su amiga, que los empresarios aceptaron, no sin cierta reserva, ver a la chica y hacerle una prueba: *«Yo iba entonces muy pera, con calcetinitos blancos, zapatos bajos de charol, una pollera escocesa y un jersey a tono con los cuadros escoceses. Solía llevar dos coletitas y me las solté para aparentar más edad, pero era imposible ocultar mi condición de menor. Al verme tan ilusionada, aquellos estupendos empresarios me hicieron una proposición: «Vuelve con una autorización de tus padres y te daremos una oportunidad».*

Corrí a casa con la buena nueva, que a mi padre no le hizo ninguna gracia. Su respuesta fue una inesperada y fuerte bofetada que me hizo caer y pegar con mi cabeza en el extremo de un mueble. Perdí el conocimiento.

Al volver en mí estaba rodeada de toda la familia. Mi cuñado, Rodolfo Cambra (mi hermana Elena, la mayor, ya se había casado), discutía con mi padre sobre lo sucedido y le pedía que no se opusiera a mi vocación. Papá, que con el tiempo habría de convertirse en mi admirador número uno, pensaba que el teatro era una profesión ínfima y las artistas poco menos que unas pecadoras. [...] Rodolfo se brindó a ser mi tutor con vistas al contrato con Rey y Losada y mi padre, refunfuñando, pero arrepentido de habérme pegado (nunca lo había hecho hasta ese día), aceptó la «mediación» de mi cuñado. ¡Ya era artista!» (San Martín, 1984, I: 68).

En el terreno personal, Celia, como cualquier jovencita, sueña con el hombre perfecto. Con un príncipe azul que la conquiste y colme de agasajos. Así lo reconocería años más tarde: «*Prefiero al hombre que sepa quererme como yo he soñado que me quieran. Apasionadamente, sin ficciones ni titubeos, llegando hasta el sacrificio y hasta el heroísmo, si ello fuera preciso, por mi amor. El tipo de aristócrata español que figura en la hermosa novela de Guido da Verona «Suéltate las trenzas, María Magdalena», me es profundamente simpático. Un hombre caballeroso, jovial, desprendido y galante, con más corazón que cerebro, guapo, ¡naturalmente!, un poco torero y un poco cosmopolita. Por lo demás, si no es absolutamente perfecto, ni posee todas estas bellas cualidades que arriba quedan apuntadas, para eso estamos las mujeres, para ir conquistando paulatinamente, con el placer de realizar una obra humana y casi divina, y en beneficio propio, sus afectos, sus sentimientos y su alma. El hombre puede llegar a ser como la mujer se proponga que sea. Que no se considere un juguete nuestro, pero sí materia propicia para ser modelada por el talento y el corazón de la mujer. ¡Cuántas veces llega la felicidad matrimonial por caminos insospechados! Consecuencia: preferiré siempre al que, además de quererme apasionadamente, sea capaz de someterse a la influencia de mi cariño, que acaso pudiera dignificarnos a los dos...*» (Sarto, 1933: ?).

En 1920, Celia, con tan sólo quince añitos, tiene su primera aventura amorosa con un hombre cinco años mayor que ella. Así lo relataría años después a la revista *Crónica* (1932: 12-13): «*En realidad, no sé si fue frus-*

trada la aventura amorosa que voy a relatar. Era yo tan joven aún, que llevaba las trenzas sueltas sobre la espalda y el corazón todavía lleno de ilusiones y de ensueños, de optimismos y de esperanzas. Pues, señor... Y no crea, por esta manera de empezar, que va de cuento, pues realidad, y muy grande, y para mí, por cierto, muy dolorosa, es la que voy a referirle.

Él era apuesto, rubio, hermoso como un Apolo, y... marino. Tenía la piel curtida por los vientos de los cuatro puntos cardinales y por el yodo de todos los mares. Cuando sonreía, sus dientes tenían la impoluta blancura de las espumas. En sus pupilas de cielo ardía la lumbre serena de todos los horizontes, y el uniforme -gorra y pantalones blancos, americana azul, galones y botonadura de oro- le sentaba maravillosamente. Y sucedió que yo iba a pasear todas las tardes, con mis amiguitas y mis hermanas, a uno de los malecones del muelle de Buenos Aires. El gran trasatlántico de lujo erguía su majestad bruñida y refulgente, anclado en el puerto, como un maravilloso palacio flotante. Así nos conocimos. Me asedió durante varios días, recitándome junto al oído su cantilena amorosa en un lenguaje y con unos acentos exóticos y apasionados. Era inglés, tenía veinticinco años, hablaba siete idiomas -entre ellos, y casi mejor que todos, el español-, y había recorrido todo el mundo.

Me interesó, porque Óscar Witing -éste era su nombre- era realmente seductor e interesante. Y correspondí, con la divina inconsciencia de mis floridos quince años, a su pasión absorbente y arrolladora. Nuestro noviazgo era un idilio ingenuo y provinciano, con todas las seducciones de la inocencia, todavía no contaminada de apetencias engañadoras. Él lo comprendió así, y procuraba refrenar sus ímpetus amorosos. Y yo era feliz, completamente feliz, pidiendo prender todas las tardes en la solapa azul de la americana de Óscar la diminuta estrella perfumada de un nardo de mi huerto. Creo que llegamos a adorarnos. Pero un día... Un día que había un brillo extraño en las pupilas de mi novio y un temblor delator y febril en sus labios, me dijo:

—Chiquilla, por mí, ¿serías capaz de todo?

Lo miré con asombro, sin llegar a comprender, sin poder adivinar el alcance de aquella actitud y de aquellas palabras.

—No te comprendo— le dije clara y sencillamente.

Y entonces él, acercando más sus labios junto a mi oído, con las pupilas extraviadas y la voz ronca de temor y de deseo, infirió en mi alma inocente la puñalada artera y terrible de su tremenda revelación.

¡Pobre Óscar Witing! Yo no volví más al malecón del muelle. Me resignaba a llorar desde lejos mi ensueño desvanecido. Otro día recibí una carta suya rogándome que le perdonase su locura y que volviese a los *paseos junto al mar y junto a su corazón. No volví. Y no volví, porque... no hubiera podido resistir a las insinuaciones apasionadas del rubio y arrogante marino inglés. Yo estaba también envenenada de su belleza y de su amor. No nos volvimos a ver nunca. Al poco tiempo de este episodio que refiero, nos invitó mi padre al teatro una noche a toda la familia. En un entreacto cogí yo de las manos de mi padre el periódico que aquél estaba leyendo. Me puse a ojearlo, y apenas pude contener un grito de sorpresa y de dolor. En primera plana, y en caracteres negros y abultados, venía el suicidio de Óscar Witing.*

¿Sería por mí por quien se había suicidado? ¿Acaso por otra? ¡Quién lo sabe! Mas lo que sí puedo asegurar es que aún no he dejado de amar a aquel hombre, ni creo posible dejar de amarle ya nunca. Y que aquella noche inolvidable del teatro, mis lágrimas por él, por mi gran amor muerto, pasaron por sensiblerías de chiquilla ante las escenas emocionantes del drama que se estaba representando. Y de esto nadie nunca nada. Hasta hoy, que me he decidido a revelar el secreto...».

Corre el año 1922. Celia empieza su meteórica carrera artística trabajando como comparsa en *Las corsarias* donde salía ataviada de militar, llegando a sujetar, incluso, una espada casi más grande que la propia morochita. Sus nervios a la hora de salir al escenario eran tales que la espada temblaba al compás de su cuerpecito: «*El director me decía: «Celia, procura tener la espada sin que te tiemble». Y entonces yo la tenía que coger entre las dos manos de la emoción que sentía delante del público».*

Quizás fuera por su arrolladora simpatía, sus ganas, su ilusión o su buen hacer sobre las tablas que, a los tres meses pasa al conjunto de vicetiples pero el destino quiso que una de las vedettes que interpretaban la obra, Rosario Pacheco, enfermase. Su sustitución no estaba siendo nada fácil para los empresarios y el quebradero de cabeza que ello suponía hizo que Celia, armándose de valor y, no sin cierto reparo, se presentase ante aquellos conminándoles a que la probaran para reemplazarla. La idea era buena, al menos así lo creía Celia quien se sabía la obra de memoria: «*Llamaron al pianista para que me acompañara. Losada, al oírme cantar, dio un brinco y llamó a gritos a la sastra: «¡A ver, la ropa de la Pacheco, prepárela para Celia!» Aquella noche el público me hizo repetir tres veces «La banderita». Cuando el telón cayó por última vez, la emoción, contenida hasta entonces, me venció. Rompí a llorar como una tonta de lo feliz que me sentí. Me ascendieron así de categoría. Me subieron el sueldo»* (San Martín, 1984, I: 68).

Precisamente y, trabajando en el Teatro de La Comedia bonaerense con la revista anteriormente enunciada, Celia conoce al hijo de

Fernando Rey, uno de los empresarios del citado coliseo, cuyo primogénito, Vicente cautivó a la morochita.

Vicentito, como gustaba llamarlo a la propia Celia, poseía un portentoso físico. Era alto, fuerte, guapo, afable, simpático, educado, cariñoso e incluso con un toque pícaro que encandilaba inmediatamente a las mujeres. Nada más verla sobre escena, Vicente quedó prendado de Celia. Sus profundos ojos negros, de los que siempre haría gala la futura supervedette, fueron objeto de requiebros y galanteos constantes. Muchas noches solía acompañarla a ella y a su madre a casa. Otras tantas solían entrar en una confitería y las invitaba a un café con bollos. El chico había caído en gracia en la familia. Y claro, la familia Gámez Carrasco, estaba encantada.

Declarándose a Celia una tarde en la última fila del teatro, cogióla de las manos e imprimió sus labios en los de la chica. Nervios... cosquillas... mariposeo estomacal... Y el primer beso de amor seguido de la consiguiente declaración sincera de intenciones. Ambos se hicieron novios y cumplieron con el tópico protocolo social de pasear amartelados por la ciudad, aunque no siempre con «carabina» materna. Todo parecía ir viento en popa para la morochita hasta que... ¡ay, qué poco dura la felicidad en casa del pobre!

En cierta ocasión y, tras haberle propuesto Vicentito en matrimonio a Celia, ésta, aún muy joven para vestirse de blanco, lo rechazó. Ambos eran jóvenes y tenían mucha vida por delante. Celia quería seguir volcada en su carrera artística y no estaba preparada para ello. Vicente pareció entenderlo hasta que un día, la chica recibió una extraña misiva que nunca llegó a entender del todo: «*Queridísima Celia, por cosas que algún día sabrás, me veo obligado a tomar viaje hacia el otro mundo. Que Dios te acompañe y te dé mucha suerte. Te lo mereces por buena, por guapa y por artista. Te besa, Vicentito*» (San Martín, 1984, I: 69).

El joven galán hacía tiempo que no se encontraba bien. Celia pensó que bien pudiera haberse debido al rechazo a su incipiente propuesta matrimonial, pero el carácter del chico comenzó a cambiar paulatinamente... algo le aquejaba... algo íntimo...

Días antes de remitírsela, Vicente Rey había pedido a Celia que acudiese a verlo a la imprenta que su familia poseía en el centro de la ciudad. La chica, que tenía entonces ensayo, no pudo asistir a la cita. Aquella nota que envió a Celia acabó por confirmarle que algo extraño había sucedido: Vicentito Rey se había suicidado pegándose un tiro: «*La trágica muerte de Vicentito conmovió a todos. Era un muchacho muy conocido. Todos le querían. Su padre quedó destrozado. Para mí fue un golpe terrible: durante años sólo me recuperaba de él cuando estaba en escena, entregada en cuerpo y alma a mi trabajo. Fuera de ella me acordaba de Vicentito y sufría mucho. ¿Por qué lo hizo? Se habló de un problema íntimo que le obsesionaba y que prefirió no confiarme. De haberlo hecho, quizás hubiera encontrado en mí consuelo y comprensión y no habría buscado voluntariamente la muerte»* (San Martín, 1984, I: 69-70).

Fue el segundo suicidio que padeció Celia en su alma y en su corazón. ¿Acaso el destino le tenía reservada la frustración amorosa?

Guardando aún luto en su corazón por la trágica pérdida de su primer gran amor, probablemente un presagio de lo que habría de ocurrirle con los hombres, Celia recibe una llamada del cercano Teatro Porteño donde el primer actor que actuaba en el mismo, Marcelo Ruggero, ha formado una compañía de revistas en la que quiere enrolar a la morochita. Al parecer, Ruggero ha visto en La Comedia a Celia y le han encandilado su sonrisa, sus ojos, sus piernas… su físico, en definitiva, así como la arrolladora pasión que imprime sobre las tablas en todas y cada una de sus salidas a escena.

En el cosmopolita y apabullante Buenos Aires de 1922, el género frívolo tenía un indiscutible sello español, puesto que muchos de los títulos que habían triunfado en las carteleras nacionales, se trasvasaban a los coliseos porteños que se dedicaban, ex profeso al mismo. Según Carlos Szwarcer (2010: 48), los cambios y el acercamiento hacia una revista oriunda y típicamente argentina comenzaron con la llegada de la compañía del teatro Bataclán parisién:

> «En mayo de ese año, en el Teatro de la Ópera se representó *París Chic*, en dos actos y 20 cuadros. La ex modista francesa Madame Rasimi, que había saltado a la fama pasando de Lyon a París, aprovechando su habilidad para crear modelos finos y atrevidos, vistió y dirigió a un selecto grupo de bataclanas que se deslizaban por el escenario de un remodelado centro de divertimento de la Ciudad Luz. Paseó su espectáculo por la Costa Azul y llegó a Londres en 1913. Luego de la Gran Guerra arribó a los Estados Unidos en el año 20. Su visita a Buenos Aires dos años después, tuvo una gran repercusión. Decían: «Un decorado suntuoso; sus mujeres seductoras, cubiertas sus morbideces por costosas pieles, que dejan ver, al bailar, senos de nieve y rosa… tantas siluetas gallardas, tantas gasas y tules, tantas perlas y plumas sobre las cabelleras rubias… el ingenio, la melodía, la gracia, la espiritualidad, brotan de los cuadros, entre la gama opulenta de la escenografía y la presencia perturbadora de las vedettes».

La compañía de Madame Rasimi causó sensación en los escenarios bonaerenses hasta el punto de extenderse y popularizarse el término «bataclana» para aludir a las chicas del conjunto de cualquier revista porteña. Las tiples criollas «capitalizaron» aquella suntuosa presentación y ahora «tenían que saber sonreír perfectamente en escena, como moverse con elegancia, *savoir faire* y desnudarse «artísticamente» (Szwarcer, 2010: 49). Un año más tarde, en 1923, se produciría la segunda visita de la troupe parisién, en esta ocasión, acompañada por la exhuberante Mistinguette con el espectáculo *C'est la miss* en el mismo escenario del Teatro de la Ópera argentino.

Buenos Aires, la gran metrópoli de la América hispana visitada por reyes, príncipes, banqueros, millonarios viajantes, escritores, científicos... poseía una intensísima vida teatral con la visita de compañías esplendorosas. Celia Gámez, no pudo resistirse a tan embriagadora visita y, apostada en la puerta del teatro, conoció a la mítica francesa: «*Los espectadores contenían la respiración mientras cantaba «Mom home». Recuerdo que todos hablaban admirados de su voz grave y sensual y de sus piernas largas y perfectas. Estaban aseguradas en un millón de francos y se harían legendarias. [...] Solía ir en un gran coche negro, que conducía ella, siempre sonriente y desenfadada; el chófer y el secretario ocupaban los asientos posteriores [...] y al verla llegar con sus aires de mito viviente, se encendían mis sueños artísticos*» (San Martín, 1984, II: 64).

Sobrevenían aires de renovación en el mundo del espectáculo bonaerense. Ahora, la revista porteña se configuraría como un espectáculo alejado del sainete y la zarzuela españolas, eliminaría el argumento lineal y se transformaría en un pasatiempo configurado en torno a una serie de cuadros independientes entre sí con números musicales y *sketches* totalmente autónomos: «El género emuló el brillo de la revista francesa que se basaba en el colorido y el lujo del musical, y valoraba más lo estético que lo actoral. Nuestras bataclanas aprendieron a lucirse despojadas de sus mallas color carne y a moverse con tocados de plumas» (Szwarcer, 2010: 49).

La relevancia de los nuevos aires que toma la revista en Argentina, hace que ya, en septiembre de 1923, encontremos a Celia trabajando en el Teatro Porteño con una compañía encabezada por el anteriormente enunciado primer actor, Marcelo Ruggero, junto a José Ramírez y Alfredo Camiña acompañándole en las tareas interpretativas. A su lado, la primera bailarina Hortensia Arnaud, la característica María Fitaliani, el actor cómico León M. Zarate y un nutrido conjunto de tiples cuya nómina la encabezan las agraciadas Ida Delmas y Aida Martínez secundada por Victoria Corbani, Lucía Bessé, María Dormal, Encarnación Fernández, Cristina y Celia Gámez. La compañía representa con enorme éxito la considerada primera revista criolla que abordó el género revisteril afrancesado, *Pasen a ver el fenómeno*, original de Ivo Pelay y Manuel Romero.

Un bello conjunto de bonitas artistas y una cuidada y lujosa puesta en escena, mantuvieron latente el enorme interés que suscitó entre los espectadores el estreno de mencionado título y teatros cercanos como el Maipo, consagrado hasta entonces a las variedades, con su empresario Humberto Cairo a la cabeza, se lanzan a producir espectáculos frívolos adscritos a la nueva modalidad imperante que arrasaba en las carteleras. De esta forma y, tras haber viajado hasta París donde adquiere espectaculares trajes y decorados con la intención de hacer la competencia al Porteño estrena así, el 29 de octubre de 1924, *¿Quién dijo miedo?* que, original de Roberto L. Cayol y Arturo Bassi, contó con un formidable elenco encabezado por Iris Marga, Carmen Lamas, Dora Galez o Tita Merello, para la que supone su debut como vedette estrenando el tango «Sonsa» que, con letra de Emilio Fresedo y música de Raúl de los Hoyos, meses más tarde, ya en España, popularizaría Celia Gámez.

Por aquellas fechas, el empresario del Teatro Porteño había contratado a Josephine Baker, «la Venus negra» por un sueldo astronómico para la época: nada menos que tres millones de francos por tres meses de actuación una vez concluidas las representaciones de *Pasen a ver el fenómeno* y mientras se preparaba el estreno de un nuevo título. Celia, admiradora de la «sirena de los Trópicos», así recordaba la actuación de la misma: «*La Baker, elástica como una pantera y cimbreante como una palmera, aparecía con un faldellín de plátanos anudado a la cintura. El pecho, si no recuerdo mal, todavía no lo llevaba desnudo, lo cubría con un leve sostén. Yo trabajé en la misma revista que la Baker, quien interpretaba encima de un piano, su famoso número de las bananas. Lo curioso de esta historia es que tuvo que interrumpir Josefina la temporada por enfermedad y el empresario del Porteño me pidió que me encargara yo de «Las bananas» porque el público estaba encantado con esta canción. [...] Cuando en un ensayo mi madre me vio con el faldellín de plátanos, luciendo las piernitas y el estómago, se quedó de una pieza*» (San Martín, 1984, II: 64).

Celia, ataviada con su sugerente faldellín de plátanos, aparecía sobre el escenario cantando en español aquello de…«Yo vendo bananas,/ bananas que son del Brasil./ No compren manzanas ni peras,/ ni compren fruta de aquí./ Vengan a mí,/ compren bananas/ maduras y frescas./ Vengan a mí./ Yo vendo bananas,/ bananas yo vendo aquí».

Humberto Cairo, quien tuvo la fortuna de asistir a una representación de aquella revista del Porteño en que Celia sustituía a la Baker, se fija en ella y le ofrece rápidamente trabajar en su teatro. Quizás fuera por su físico, aún menudito pero muy resultón, sus formidables piernas, sus impresionantes ojos o su voluntarioso trabajo sobre las tablas, que la alista en la nómina de la exitosa *¿Quién dijo miedo?* para integrar como tiple, el cuerpo de bataclanas de la obra. De esta forma, la nueva compañía de revistas argentinas que debuta en el Teatro Maipo, logra inmediatamente atraer los favores del público. Bien es cierto que los esfuerzos y afanes de la empresa por presentar suntuosamente los distintos cuadros que poblaban el anteriormente citado espectáculo, contribuyeron de manera más que notoria a este primer gran triunfo de la revista porteña en el Maipo. Mujeres bonitas, trajes vistosos, escenarios lujosos, amenidad, discreción y alegría fueron las claves del sonado triunfo.

Cairo observa el enorme potencial que Celia posee y le toma un gran cariño hasta el punto de ir poquito a poco apareciendo más tiempo sobre escena. El empresario la pone en los *sketches* y en algunos números de baile de las revistas con las que, andando los meses, el coliseo de la calle Esmeralda renueva su cartelera: *¡Viva la mujer!*, revista de Roberto Lino Cayol y H. Orlac (seudónimo de Humberto Cairo) con música de Arturo Bassi además de *¡De punta a punta!*, de los mismos autores, ambas estrenadas el 13 de mayo de 1925; *Las alegres chicas del Maipo*, el 9 de junio, también de Cayol y Orlac, y que se erige como la revista más exitosa hasta entonces presentada en el escenario del Maipo con nada menos que 370 funciones y en la que Celia alcanza enormes aplausos con su interpretación del tango canción «Sonsa» que ya estrenase Tita Merello en las mismas tablas la temporada anterior.

A estos títulos le seguirán otros estrenos en los que también interviene Celia quien, con veinte añitos, luce una figura colosal y comienza a destacarse como futura gran artista en *Me gustan todas*, de Lino Cayol y Oriac con música de Arturo de Bassi, que llega a las tablas del Maipo el 14 de agosto.

No son excesivamente largas las intervenciones de Celia en las anteriormente mencionadas obras pero sí lo suficientes como para demostrar su inherente valía; sin embargo, poco tiempo más llegaría a actuar en el Maipo. Un telegrama recibido desde España iba a cambiar su vida para siempre...

Una jovencita Celia Gámez en sus tiempos del Maipo. Archivo J. Torremocha.

Al parecer, Rafael Juan Gámez tenía que acudir al malagueño pueblo de Casaragonela para recibir una herencia de sus padres. Preguntando a su mujer e hijos quién deseaba acompañarle en aquella aventura de cruzar el Atlántico y regresar a la «madre patria», Celia no dudó en ofrecerse. Conocería así España, de la que tanto le había hablado su madre, uno de sus sueños y, tras resolver los asuntos que a su padre le habían hecho regresar, retomaría su carrera artística en su Buenos Aires natal. Pero entonces ignoraba que la vida iba a guardarle más de una sorpresa… Sin embargo y, de momento, su destino era otro: Málaga.

II. LA MOROCHA EN ESPAÑA

A finales de noviembre de 1925, Celia embarca junto a su padre en el vapor «Re Vittorio» y no en el «Américo Vespucio» tal y como ella misma llegó a afirmar en sus edulcoradas memorias en la revista *Semana* (1984, II: 65).

La gentilísima y joven actriz, una de las más aclamadas y destacadas figuras del Teatro Maipo, en el que Humberto Cairo logró reunir a un admirable conjunto de artistas, caracterizada como una adolescente gentil, con su gracia risueña, su belleza criolla y el depuradísimo arte de su canto, logró ganarse cierto prestigio durante su estancia en el coliseo de la calle Esmeralda. Al parecer, la despedida de Buenos Aires fue emocionante puesto que no sólo acudieron al puerto sus compañeros del teatro, además del director de escena, Luis César Amadori (quien siendo una chiquilla le había confesado, además, sus sentimientos amorosos), sino toda su familia: «*Mi madre, mis hermanos, nuestra familia, aireaban banderitas de Argentina y de España. Lloré vencida por la emoción de aquella despedida inolvidable. Mi padre, tan emocionado como yo, me cogió en sus brazos. Me daba palmaditas en la espalda y me acariciaba la cabeza. Los compañeros y seres queridos ya estaban lejos, diminutos. A unos, volvería a verlos muchos años después; a otros, nunca más*» (San Martín, 1984, II: 65).

La travesía duraría nada menos que diecisiete días.

Rafael Juan Gámez y su hija pisaron tierra española a mediados de diciembre, aproximadamente hacia el día 12 de este 1925. Y lo harían desembarcando en el puerto de Barcelona para trasladarse inmediatamente hasta el Hotel Oriente donde padre e hija descansarían un día antes de tomar el tren y proseguir destino a Madrid y, posteriormente a Málaga.

Aquella mañana del día de Santa Lucía, poco iba a saber la joven morochita de veinte años que su destino estaba a punto de escribirse con letras... nobiliarias...

El tren partió bien temprano desde la estación de Barcelona. Tardarían bastantes horas en llegar hasta Madrid y, para matar el tiempo, a Celia no se le ocurre otra cosa que hacer alarde de su arte y ponerse a cantar. Junto a ellos iba un conocido de Rafael Juan Gámez, a quien la morochita deleitó con hermosos tangos, zambas y canciones criollas: «El organito de la tarde», «Julián», «Claveles mendoncinos»... Al compás del interminable traqueteo del tren, Celia entonaba con ímpetu juvenil haciendo alarde de su arte, sintetizando plásticamente su habilidad y esencialidad castiza de su criollismo. De esta forma, pues, y, mientras se encontraba en pleno fervor canoro, delante de la puerta de su compartimento apareció una señora muy bien vestida y muy simpática que felicitó entusiasmada a la joven. Celia se presentó y agradeció educadamente aquellos halagos de la anónima fémina. Hasta que aquélla se presentó: se llamaba doña Paula Guazo y Martínez Atienza, marquesa de la Corona, viuda de don Fernando Patiño y Carrasco, quien había transitado el 16 de abril de 1922. La citada señora, tras conocer que la argentinita se dedicaba al mundo artístico y habiendo observado y escuchado sus innegables cualidades, no tardó en ofrecerle, gustosa y animada, participar en un festival en el madrileño Teatro Pavón que, bajo sus auspicios, iba a celebrarse a finales de mes a beneficio de la Protección Escolar: «*La marquesa de la Corona me introdujo, gentil y generosamente, en la vida escénica española*» (San Martín, 1984, II: 65).

Al caer la tarde, el tren de Barcelona ya se avistaba por la estación del Mediodía...

Padre e hija se hospedaron en el Hotel Metropolitano, situado entonces en la Red de San Luis, esquina a la Gran Vía. Alquilaron dos habitaciones al precio de tres pesetas cada una. Por aquellos años, la Gran Vía sólo existía hasta Callao. El resto de tramos se encontraba en obras: «*Madrid, que tardaría veinte años en dar el estirón, me desilusionó muchísimo al principio. Me pareció una ciudad provinciana, pequeña, destartalada y entristecida. Las gentes populares vestían humildemente. Las diferencias sociales eran grandes. Pero los madrileños me ganaron en seguida por cordiales, llanos y hospitalarios. Y luego, todos los españoles según los fui conociendo y queriendo gracias a mis giras*» (San Martín, 1984, II: 66).

En este 1925, la guerra con Marruecos constituye la gran pesadilla de España. Las tropas francesas y españolas, estas últimas al mando del propio Presidente del Gobierno, el general Primo de Rivera, desembarcan en Alhucemas. Aquel festival benéfico en el que Celia iba a debutar por primera vez en España estaba previsto para el sábado 26 de diciembre a las cinco de la tarde; sin embargo y, vista la situación bélica, el mismo ha de aplazarse hasta el día siguiente habida cuenta de que el tenor Miguel Fleta iba a actuar ese mismo sábado a beneficio del denominado «Aguinaldo del soldado» con la intención de recaudar fondos destinados a las familias de los soldados desplazados en el conflicto bélico del Rif:

«*Aquellas Navidades fueron las más tristes de mi vida porque eran las primeras lejos de mi casa y de los míos. Papá y yo las pasamos llenos de melancolía y de nostalgia. Y muertecitos de frío, porque eran nuestras primeras Navidades en invierno; en Argentina, como es sabido, la Navidad cae en pleno verano*» (San Martín, 1984, II: 66).

El domingo 27 de diciembre de 1925, a las cinco de la tarde, Celia Gámez debuta por primera vez en España. El Festival benéfico se realiza, tal y como aventurábamos líneas atrás, en el madrileño y castizo Teatro Pavón, situado en el distrito Centro y ubicado en el número 9 de la calle de Embajadores.

Proyectado por el arquitecto Teodoro de Anasagasti por encargo de Francisca Pavón y Marcos, empresaria y promotora cultural de quien el teatro tomó su nombre al ser poseedora de los terrenos en que iba a ubicarse aquél con un coste invertido en su construcción de setecientas mil pesetas de la época.

Eregido entre 1924 y 1925, fue uno de los primeros edificios madrileños construidos enteramente en Art decó y que supuso el afianzamiento del modelo de edificio ensayado con anterioridad por Anasagasti en el Real Cinema y el Teatro Monumental.

Inaugurado en abril de 1925 acto al que asistieron los monarcas don Alfonso XIII y doña Victoria Eugenia de Battenberg con la representación de *Don Quintín el amargao*, sainete de Carlos Arniches y Antonio Estremera con música del maestro Guerrero, con una capacidad de cerca de 1700 espectadores, en su seno, vivirá Celia Gámez, posteriormente, algunos de sus más resonantes e impertérritos triunfos.

Al Festival benéfico del Pavón, cuyas entradas oscilaban entre las 10 y las 20 pesetas, asistieron Sus Majestades, las reinas doña Victoria Eugenia y doña Cristina, esposa y madre respectivamente del rey don Alfonso XIII, también presente, así como los infantes doña Isabel, doña Beatriz de Sajonia, don Alfonso y don Fernando, los hijos de éste y la duquesa de Talavera.

El interesante programa lo componían el primer acto del sainete de Arniches y Estremera con música del maestro Pablo Luna, *El tropiezo de la Nati*, graciosamente interpretado por la compañía titular del citado coliseo y el estreno de una zarzuela romántica que, con letra de Santiago Aguilar y Fernando Ballesteros llevaba música de Joaquina Ortiz y se llamaba *Malena*. Junto a ello, debuta con éxito nuestra protagonista que, acompañada por una heterogénea orquesta, cantó deliciosamente varios tangos cerrando así la primera parte del programa. La segunda lo hacía Miguel Fleta quien, aquejado de cierta afección en la garganta, solicitó a Celia alterar el orden de las actuaciones de ambos: «*Me dejó helada al pedirme que, por favor, cambiáramos nuestro orden de actuación. Presentía que iba a quedarme sin voz y quería cantar cuanto antes* [...] *pero Fleta lo arregló y anunció que el final de la segunda parte estaría a cargo de una jovencísima, guapísima, estupendísima y no sé cuántas cosas más, artista argentina llamada Celia Gámez:* [...] «*Seguro que ha de encantarles y ustedes tendrán el privilegio de haber asistido al nacimiento de una gran artista*» (San Martín, 1984, II: 66).

Fleta, que, al finalizar la primera parte había levantado pasiones y «calentado» a los espectadores interpretando la jota «Guitarrico», las granadinas «Emigrantes», una canción del maestro Camprubí denominada «Te quiero» y la «Romanza del preso» de *La linda tapada*, recogió aquellos interminables aplausos y se «refugió» en su camerino.

Celia, nerviosa, aún no daba crédito a que un artista de la talla y valía del tenor, le hubiese dejado el cierre del espectáculo a una desconocida como ella. Y no era para menos. Aquel público, entre el que se encontraban los reyes y altos cargos del Gobierno, entre ellos su presidente, Miguel Primo de Rivera, exigía mucho y había que demostrar su valía. Su presentación en España, la «madre patria» de sus padres había de ser espectacular, así que, ni corta ni perezosa, se atavió de gaucho con el mismo traje que se había puesto para la fiesta del paso del Ecuador que, a bordo del «Re Vittorio» se hubo celebrado, y salió a cantar al escenario. ¡Una mujer cantando tangos! Lo nunca visto hasta ese instante, algo totalmente infrecuente y fuera de lugar pero que dejó entusiasmados a los espectadores. Y es que el tango había sido puesto de moda en Madrid gracias a Spaventa, un joven elegante, aunque un tanto estático, pero dotado de una estupenda voz que le hizo triunfar de forma fulminante. No era frecuente ver a una fémina vestirse de hombre y cantar un género tan «masculino» como aquel. Las mujeres comenzaron a destacarse en el tango a comienzos del siglo XX, cuando esta música adquirió su perfil definitivo. Ellas fueron cantantes y bailarinas y abrieron su camino en Argentina y en el exterior actuando en teatro, radio, cine y televisión. Asimismo tocaban instrumentos musicales, dirigían orquestas y escribían partituras y letras para tangos, creando, además, conjuntos de mujeres dedicados al largo moderno (Sosa de Newton, 1999).

Haciendo así alarde de su arte, los tangos y vidalitas que interpretó, cautivaron a los asistentes. Celia obtiene, pues, el primer gran éxito de su larga y fructífera trayectoria artística en España y comienza a levantar al público de sus butacas. El triunfo, por tanto, ha sido total.

Halagos, beneplácitos, parabienes, piropos, más aplausos, flores, galanterías, más aplausos, ¡bravos!, ¡olés!, ¡vivas!, y siguen los aplausos…

Uno de los entusiasmados espectadores que tuvieron la fortuna de contemplar aquella primigenia y exitosa actuación de la morochita fue José Luis Demaría López, popularmente conocido como Pepe Campúa, pionero de la fotografía en España ahora reconvertido en empresario teatral y con cuya faceta pretendía potenciar el espectáculo en el Madrid de los años veinte y treinta, principalmente. Será en esta década cuando inaugure su labor empresarial con la apertura, en septiembre de 1921 del Teatro Maravillas, al que seguirá el Teatro Romea con el que emprende una gran reforma.

En el Madrid de finales del siglo XIX había existido un primer Teatro Romea de corta vida (1873-1876) cuya construcción había sido llevada a cabo por el arquitecto Francisco Verea en la calle de la Colegiata. Muy popular en su época, un incendio acabó por destruirlo en la madrugada del 3 de abril de 1876. Años después y, nuevamente en honor del actor Julián Romea se levanta, en el patio interior de la finca número 14 de la calle de Carretas, en el mismo lugar donde antes se ubicó el Café-Teatro de La Infantil, un nuevo coliseo en 1890 que será el que adquiera fama en el ámbito de las variedades y la revista. Esta aplaudida recuperación se debió, al parecer, al empeño del violinista Leopoldo Marco. Los primeros estrenos, en plena explosión popular del género chico y del teatro por horas fueron piezas de Manuel Meléndez París como *Juez y parte*, *Lucifer* o *El chaleco negro*; si bien es cierto que el acontecimiento teatral más importante fue la presentación, por primera vez juntos de la pareja de actores cómicos Loreto Prado y Enrique Chicote. Además, durante unos años, el Romea de la calle Carretas ofrece los primeros filmes que se alternan con las intervenciones de cupletistas y artistas como la Argentinita. José Campúa se hace con la propiedad del mismo llevando sustancialmente una serie de mejoras en su decoración y dedicándolo a espectáculos de variedades y revista: «Se ampliaron las estancias, se reorganizaron los espacios y la sala fue completamente remozada. Su antiguo techo se demolió en parte y sobre la sala se creó una bóveda lucernario de hierro y cristal. Se amplió el espacio escénico abriendo un gran hueco en su fondo y creando una chácena, y se establecieron los camerinos en la segunda planta del edificio de la plaza de la Aduana Vieja. Incluso se construyó una cabina de proyección sobre el graderío de la primera planta a la que se accedía a través de un pasillo lateral desde el piso alto» (Sánchez Fernández, 2013).

Aquel local constituyó un auténtico hervidero popular en el Madrid de su época. Grandes colas se apostaban a sus puertas antes de iniciarse sus funciones. Las variedades, el cuplé o la revista eran los géneros de moda y el Romea, con la compañía titular que forma Campúa, se hace como el más popular de su tiempo. Imperio Argentina, Concha Piquer, Raquel Meller, Laura Pinillos, Perlita Greco o Celia Gámez pasaron por su escenario.

Campúa, tras aplaudir entusiasmado a Celia en aquel festival del Pavón, le ofrece su teatro a la artista argentina para incluirla en su próximo programa de variedades por un sueldo de nada menos que doscientas pesetas, nada mal para los tiempos que corren en España. Nuestra protagonista debuta en el escenario de la calle Carretas el 15 de enero de 1926 en un programa doble de variedades a las 18.30 y 22.30 horas que incluía las actuaciones de Teresita Vargas, Adelita Adrián, los *skecthes* y bufonadas *Tenorio bien*, *El truco de Wenceslao*, *De polo a polo* y *Mi tía* interpretados por Moreno, Manolo Vico y Lepe así como las canciones criollas que interpretaba Celia Gámez. Rafael Marquina (1926: 5) en su crítica llegó a calificarla de «una intérprete auténtica, maravillosa y afortunada cuya ágil belleza cimbreña tiene todo el encanto de un criollismo puro y depurado. [...] Su arte, de un fuerte sabor castizo, restablece entre nosotros el verdadero concepto de la canción criolla, al modo con que la gracia juncal, morena y suave de su hermosura, es como síntesis de una raza [...] porque en ella su estilo, su manera, su forma, son esenciales y no fortuitas, profundamente fieles al interno mandato racial y no obedientes al capricho de veleidades escénicas».

Aquella noche, Celia, sin saberlo, había iniciado su meteórica ascensión al olímpico firmamento de las estrellas españolas. Hubo de repetir algunos de sus números ante los interminables aplausos que estos cosecharon. Su agraciado físico, sus interminables piernas y sus no menos bellos y profundos ojazos negros, la convirtieron en *celebrity* de algunas de las revistas más celebradas del momento como *Crónica*, *Estampa* o *Nuevo Mundo*, donde se daba cumplida cuenta de su depurado arte: «Celia Gámez, que, en la morena belleza esbelta de su grácil figura, es una espléndida encarnación del tipo porteño depurado en la maravilla de los mestizajes», rezaba un pie de foto aparecido en una de ellas.

Días más tarde, José Campúa, para reforzar las variedades que ofrecía en el Romea, decide contratar a Carlos Gardel para una «semana argentina», debutando éste el día 18 de enero, en un «combate» de tangos entre la morochita y el también artista argentino que levantaba pasiones por doquier. Celia, quien siendo niña y gracias a su padre lo había visto actuar en un café de Buenos Aires, no daba crédito a la noticia que el empresario le había dado. ¡Compartir escenario nada menos que con Carlos Gardel! La casualidad quiso que ambos, antes de actuar juntos, se tropezasen en el Hotel Metropolitano donde los dos se hospedaban: «*Me gustaba estar en su habitación viéndole ensayar con sus guitarristas. Me pedía que le cebara mate. Su voz era extraordinaria. Se te ponía la carne de gallina al oírle cantar*» (San Martín, 1984, III: 67).

El éxito que cosechan ambos artistas en el programa de variedades que diariamente ofrece, en doble programa, el Teatro Romea, es indiscutible. El público se «comía» con los ojos a Celia y vibraba con el inigualable estilo de Gardel. Tan bien y compenetrados estaban ambos artistas que en no pocas ocasiones aquél solicitaba a su compatriota que cerrase el espectáculo habida cuenta de algún que otro escarceo amoroso con las chicas del conjunto del teatro. Paulatinamente y, a medida que transcurren los días y, consecuentemente las actuaciones, el programa de variedades se renueva con la incorporación del *sketch* musical del maestro Alonso, *Zulima la Capitana* hasta finalizar las actuaciones de ambos intérpretes el domingo 31 de enero ya que, al día siguiente se presentaba en el mismo otra estrella de la «frivolidad»: Laura Pinillos.

Una vez que Celia concluye su contrato con José Campúa cumple con el objeto de su visita a España: que su padre cobrase la herencia en Casaragonela. De esta forma, pues, visitan el pueblo durante cuatro días para resolver el asunto. Un asunto consistente nada menos que en una iglesia, un convento y un colegio.

Rafael Juan Gámez, reunido con el notario y otros familiares, vende la parte que le corresponde de aquellos tres vetustos edificios de la herencia de sus padres, y se regresa para Madrid junto a su hija no sin antes haber cobrado un sustancioso dividendo pecuniario que les vendría de maravilla y al tiempo que su estancia allí le hace revivir algunos nostálgicos recuerdos: «*Las horas más inolvidables de aquel viaje las vivimos en Málaga. Allí, en el entrañable barrio del Perchel, estaban mis raíces. Visitamos la casa donde mis padres vivieron muchos años. El cementerio donde reposaban mis hermanos malagueños a los que nunca conocí. Estuvimos sentados largo tiempo en una de las tumbas. Mi padre lloraba dulcemente. Nunca le había visto llorar así. Sus lágrimas me hicieron sentir por él una ternura infinita»* (San Martín, 1984, III: 64).

Celia, que se había hecho tremendamente popular gracias a su estancia en el madrileño Romea entonando milongas, tangos, vidalitas y otras tantas canciones gauchas, es contratada por el entonces joven representante Juan Carcellé, quien también había presenciado alguna de sus actuaciones, para llevar su arte en distintos fines de fiesta recorriendo con ello varios coliseos madrileños y diversos lugares de nuestra geografía nacional.

Las visitas a España de Carlos Gardel, Hirsuta, Fugazot, Demare o Celia Deza (todos ellos intérpretes de tangos), hacen que las canciones porteñas estén de moda. Celia ensalza en las letras de sus tangos a barrios y personajes netamente argentinos, lo mismo cantinfleros y rufianes que otarios o infelices, destacándose en su repertorio títulos como «Maldonado», «Por una mujer», «La mina», «Miráte bien al espejo», «Entra no más», «Puede el baile continuar», «Una limosnita», «La cieguita», «Trago amargo», «Noche de Reyes», «El gavilán», «Julián», «Rinconcito», «A orillas del plata», «Mariposa de fuego» o «Milagrosa Virgencita» de la que hace una soberbia interpretación enormemente aplaudida.

Rafael Juan Gámez acompañaba a su hija allá por donde quiera que iba. Deseaba verla triunfar y no se volvería a Buenos Aires hasta verla asentada convenientemente. De esta forma, pues y, tras la gira por diversos teatros, reaparece en Madrid el 2 de junio de este 1926 en un programa de varietés, en el Teatro Infanta Isabel, ya que había sido contratada por Arturo Serrano, donde ya es anunciada como «la Perla del Plata». Allí, demostrando su arte, comparte escenario con el ventrílocuo señor Wences, la cupletista Matilde Lara, la afamada cantante regional Emilia Vez, los bailarines hermanos Lara o la espléndida pareja de danzarinas las Manolas. Los precios son tan populares (a 2,50 la butaca) que el teatro de la calle Barquillo se abarrota diariamente.

El triunfo de Celia Gámez fue tan justo como unánime, hasta el punto de ser requerida en otros teatros para participar en distintos homenajes, beneficios y fines de fiesta como el llevado a cabo en el Apolo donde comparte escenario en la denominada Fiesta del sainete el 15 de junio con Acacia Guerra y sus canciones argentinas, la virtuosa del violín Cristeta Goñi o la bailarina Reyes Castizo «la Yankee» o el día 22 en el beneficio de la actriz Pepita Meliá en el Eslava.

A finales de mes parte de nuevo, auspiciada por el empresario Fraga, en una gira para recorrer distintos coliseos españoles. La popularidad que Celia Gámez alcanza por toda España se ve recompensada con la grabación de algunas de sus creaciones más celebradas a través de discos de pizarra en Odeón, Columbia, Regal o La voz de su amo e incluso se emiten algunas de sus más famosas interpretaciones a través de las ondas de Unión Radio.

Nuevamente en Madrid, Arturo Serrano hijo la invita a participar en los fines de fiesta que tienen lugar en el Infanta Isabel de la calle Barquillo donde actúa junto a María Esparza para ya, a finales de 1926, ser contratada por la hija de don Cándido Lara, Milagros, y por el director artístico del coliseo de la Corredera Baja de San Pablo, Luis Yáñez, para actuar en el teatro que llevaba el apellido de su creador a partir del jueves 16 de diciembre en un programa doble a las seis de la tarde (donde se incluía la comedia de Muñoz Seca, *Poca cosa es un hombre*) y diez y cuarto de la noche (con la puesta en escena de *Alfilerazos*, de Jacinto Benavente) como artista invitada en los fines de fiesta que cerraban ambas funciones.

Los empresarios y promotores de espectáculos no cesan de reclamar la asistencia a distintos eventos para que en ellos tome parte «la Perla del Plata», lo que repercute positivamente en su andamiaje artístico y en su bagaje por los escenarios en los que es requerida, prosiguiendo así una ardua andadura hasta finales del primer trimestre de 1927. Será entonces cuando Celia Gámez emprenda un nuevo rumbo en su trayectoria artística. La revista llamaba su puerta.

Celia Gámez durante sus primeros meses en España cantaba tangos vestida de gaucho. Archivo del autor.

III. LAS PRIMERAS REVISTAS DE «LA PERLA DEL PLATA». MADRID 1927

Tras haber participado en un nuevo festival benéfico en el Circo Price madrileño, Celia, ya en abril de 1927, recibe una proposición suficientemente atractiva por parte de Honorato Andrés, empresario del madrileño Teatro Eslava tras la partida de Gregorio Martínez Sierra, que le permitirá subir un peldaño más en su meteórica ascensión artística por los escenarios y proscenios patrios.

El Sábado de Gloria, fecha esperadísima en el ámbito teatral al renovarse la cartelera, es el día elegido para que la Compañía de Zarzuelas y Revistas «Celia Gámez», Titular del Teatro Eslava de Madrid, haga su debut ante una expectante concurrencia.

Por primera vez, Celia, aquella chiquilla porteña que había llegado a España dos años antes para cobrar una herencia a Casaragonela y luego regresarse junto a su padre, había conseguido algo inaudito. Ser nada menos que la titular de su propia compañía en un teatro tan celebrado como el Eslava donde pondría en escena un programa doble compuesto por el «apropósito-revista» *El carnet de Eslava*, de Sebastián Franco Padilla en la autoría del libreto y el maestro Guillermo Cases en la musical junto a *Las burladoras*, «fantasía bufa en ocho cuadros» original de José Andrés de Prada y Franco Padilla en la parte dialogada y partitura del celebrado maestro José Padilla. Éste, quien se encontraba por aquellos días en París, hubo de regresar a España para iniciar los ensayos de la obra mencionada en segundo lugar.

Es la primera vez que la celebradísima y popular Celia Gámez va a estrenar dos obras completas, por lo que la expectación levantada en el mundillo farandulero y en la prensa es enorme. El público acaba por agotar las localidades incluso desde varios días antes, habiéndose éstas de sacar a la venta para sucesivas funciones con hasta tres y cuatro días de antelación. La butaca, a cinco pesetas.

La noche del sábado 16 de abril de 1927, ante una interminable cola de espectadores, el Teatro Eslava da la bienvenida a la revista a la que, en un futuro no muy lejano, será su reina.

Los nervios, ante el estreno, se huelen por entre bambalinas, y no digamos en los camerinos donde la principal estrella de la velada se acicala llena de ilusión ante su primer papel protagónico.

Mientras tanto, un jaleo en la parte posterior del teatro parece llamar la atención de los espectadores que guardan cola para entrar. Al parecer se trata de Rosa Oruechevarría, ex esposa del maestro Padilla que lo espera en la entrada de artistas ubicada en el Pasaje de San Ginés. Aquélla organiza al maestro tal clase de escándalo, desconocemos los motivos para ello, que los espectadores han de avisar a la policía para que se la lleven detenida. Padilla, a punto de dirigir la orquesta, acaba de pasar uno de los instantes más desagradables de toda vida ante el escándalo formado; pero, haciendo de tripas corazón, se vuelve hacia el interior de la sala y se dispone a disfrutar del estreno (Montero, 2015: 146).

De esta forma, pues y, con un plantel de mujeres bonitas y esculturales, un inusitado derroche de sedas, gasas, plumas y tisúes junto a una pimpante, enérgica, popular y alegre partitura musical, Celia Gámez sale a escena deslumbrado a sus incondicionales, que ya comienzan a ser abundantes, y encandila al público.

Las críticas que recibe por su intervención en ambas obras no deja lugar a dudas de su incuestionable nuevo triunfo: «Inimitable de comprensión y gesto dijo con sumo acierto un tango argentino que bisó entre grandes aplausos y dio una nota de comicidad al bailar un *black-bottom*» (*ABC*, 1927: 27); «Es una delicia de mujer, un encanto. Su belleza triunfa, su hablar mimoso lleno de querenciosos dejes americanos, se adentra en el alma. Su voz, su gusto artístico y su hermoso cuerpo, llenan la escena» (*La opinión*, 1927: 1).

Con respecto a las obras, *El carnet de Eslava* poseía todos los ingredientes del género, destacándose la deslumbrante exhibición de lujo que destilaba su puesta en escena a la que coadyuvaron las lindas artistas que en la misma intervinieron con su belleza y buen hacer sobre la pasarela. En cuanto a la música, algunos números destacables fueron el anteriormente mencionado *black-bottom* «Éramos pocos» interpretado por Celia Gámez, el «Pregón del Chinito», «El Tecolote» (canción popular mejicana), «Los porteros» o el cuadro «A media luz», en el que nuestra morochita hacía una insuperable creación junto al actor Rafael Labra, habiendo de bisarlo ante las constantes ovaciones del respetable.

De *Las burladoras*, pudo destacarse el buen gusto y el divertido libreto confeccionado con amenidad y graciosos diálogos y su inspirada partitura musical de la que hubieron de repetirse algunos números, lo que motivó que tan inigualable velada acabase más allá de las dos y media de la madrugada.

Junto a Celia, contribuyeron a su máximo esplendor las también artistas Loló Trillo, Victoria Argota o María Mateu y los actores Roberto Iglesias, Ignacio León, Antonio Segura o Arsenio Becerra.

Pese a la infructuosa búsqueda para que el lector pudiera conocer de primera mano el argumento o sinopsis de las anteriormente enunciadas obras, nos ha sido del todo imposible su localización, no teniendo más datos al respecto que lo referido en las distintas críticas aparecidas en los medios de prensa escrita del momento.

En aquellos días, Celia comienza a ser muy popular hasta el punto de ser invitada a diversos estrenos. Acude al Lara para ver una representación de *El hijo de Polichinela*, de don Jacinto Benavente, donde conocería al consagrado dramaturgo y fraguaría con él una férrea y duradera amistad: «[...] *Resultó ser un entusiasta de la revista. Durante años acudía casi a diario a los teatros en los que yo actuaba. Veía toda la función o permanecía un ratito. La primera vez, tras conocernos en el Lara, le dije:*

—Don Jacinto, venga usted al teatro siempre que le apetezca... Ya sabe que aquí se le requiere y se le admira. Usted me avisa y le abrimos un palco.

—No tienes que molestarte, Celia- me contestó con su simpática vocecilla-. ¡Si a mí lo que me gusta es estar entre cajas! Me preparáis una sillita y ya está.

Efectivamente, don Jacinto fue un asiduo espectador de mis espectáculos. Siempre en la sillita de tijeras que le poníamos en alguna caja. Le gustaba, como él decía, vivir el frenesí de la representación. Pero las cajas son angostas y oscuras... Y, como las girls y los boys se pasaba la función entrando y saliendo a toda velocidad, más de un choquetazo y no sé si algún derribo se ganó el bueno de don Jacinto.

Era un vicioso de los pasteles. Yo siempre le tenía preparada media docena, que me traían de las mejores pastelerías. Decía que los Lhardy eran dulces tentaciones. Lo peor de todo era que don Jacinto me obligaba a compartir con él la nutritiva merienda. Con grave riesgo de mi esbeltez, naturalmente, porque soy propensa a engordar.» (San Martín, 1984, XII: 49-50).

Una tarde y, mientras «la perla del Plata» se preparaba para salir a escena, cierto rumor comenzaba a invadir las bambalinas del teatro: al parecer, Su Majestad, don Alfonso XIII, conocedor del éxito que la argentina estaba cosechando en el Eslava, iba a asistir a presenciar el espectáculo. Celia, quien ya había coincidido con el monarca en el festival benéfico del Pavón aquel ya lejano diciembre de 1925, se mostró nerviosa. En aquella ocasión, y, a través del marqués de Viana, don Alfonso XIII, al parecer, había invitado a la artista a tomar té con él en El Pardo, invitación que, gentil y educadamente la Gámez declinó. Desconocemos si en aquella merienda iba a estar también la reina Victoria Eugenia pero lo cierto es que, y de aquí nace la celebérrima leyenda popular, el monarca, ante aquel incipiente rechazo, no paró hasta conseguir poder hablar con la morochita: «*Me quedé rígida cuando, ya empezada la representación, me comunicaron que don Alfonso deseaba saludarme y que tuviera la amabilidad de acudir a su palco en el entreacto. [...] Según avanzaba la primera parte (todavía no me explico cómo pude hacerlo sin que los nervios me traicionaran) y se acercaba el entreacto, aumentaban mis ganas de lanzar el clásico «¡Trágame, tierra!» Me daba vergüenza mirar hacia el palco de don Alfonso y sus acompañantes...*

Llegó la hora de la verdad. Ya no podía estar más nerviosa y azorada. Mi padre prefirió quedarse en el antepalco. El rey me recibió con su inconfundible sonrisa, abierta y madrileñísima. Los tres o cuatro señores que le acompañaban se apartaron de nosotros discretamente. Me cogió las dos manos entre las suyas: «*Tenía muchas ganas de verte para decirte que te sigo desde tu primera actuación y me pareces una artista extraordinaria. Llegarás muy arriba, Celia*». *[...] Llevándome de las manos, que seguían entre las suyas, me hizo dar unos pasos hacia el interior para, seguramente, quedar a cubierto de las miradas curiosas del público que, como es natural, estaban clavadas en el palco. Mis nervios y azoramiento no remitían. El rey acentuó su sonrisa franca, que verdaderamente transmitía confianza*» (San Martín, 1984, II: 67-68).

Don Alfonso XIII, con su encantadora sonrisa, su traje negro a rayas, su sombrero y un blanco clavel en la solapa, cautivó a una entregada Celia, absolutamente abrumada porque el monarca de España hubiese querido presenciar su función y saludado personalmente. Aquel clavel blanco fue entregado por Su Majestad a la morochita. Un clavel que la artista conservaría durante mucho tiempo. Finalmente y, antes de despedirse, el monarca solicitó a Celia que repitiese el tango «A media luz», hecho éste que hizo al finalizar la representación de las dos obras en un fin de fiesta con el que, además, deleitó al regio español, en agradecimiento, con una de las melodías favoritas de aquél: «Mamita,/ yo sé que mi culpa/ no tiene disculpa,/ no tiene perdón./ Mamita,/ yo sé que sos buena/ y comprendés la pena/ de mi corazón».

A las 18.15 y 22.30 horas diariamente representa Celia las dos obras anteriormente enunciadas en doble programa concluyendo el mismo con el correspondiente fin de fiesta en el que la argentina hacía alarde de su inimitable arte para cantar tangos, incorporando a su repertorio nuevos títulos conforme iban siendo popularizados en Buenos Aires.

Mientras tanto, don Alfonso XIII había acudido alguna vez que otra a presenciar el espectáculo del Eslava sólo por el simple hecho de poder escuchar a Celia cantar «A media luz» o «Mamita»: «*Aquella noche, en las redacciones de los periódicos, se comentó que el rey había ido a ver a «la Gámez». Al día siguiente lo hizo el «todo Madrid». Yo no tenía la menor idea de que así se empezaba a tejer mi leyenda*» (San Martín, 1984, II: 69).

El carnet de Eslava y *Las burladoras* se mantienen en cartelera hasta el jueves 12 de mayo, para dar lugar, al día siguiente, a un nuevo estreno que dará mucho que hablar y marcará, oficialmente, el inicio del reinado de Celia dentro del olímpico firmamento de la frivolidad escénica.

El 13 de mayo de 1927, coexisten en la cartelera teatral madrileña, títulos adscritos al género frívolo tan sobresalientes como *El sobre verde* en el Teatro Apolo, *Las mujeres de Lacuesta*, *Los cuernos del diablo* y *Los ojos con que me miras* en el Martín; *Todo el año es Carnaval o Momo es un carcamal* en el Novedades o *Las inyecciones*, en el Romea, revistas todas ellas que gozan del beneplácito del respetable. Pero, sin lugar a dudas, *Las castigadoras*, título que viene a renovar la marquesina del Eslava, será el que mayor atracción posea al despuntar como primerísima figura de la misma la inigualable Celia Gámez. Con esta «historia picaresca en siete cuadros» que poseía los populares y siempre eficaces aditamentos musicales del maestro Francisco Alonso y unos divertidos, picantes y cómicos diálogos de Francisco Lozano y Joaquín Mariño, nuestra protagonista, vuelve a alcanzar un merecido triunfo. La acompañan en esta nueva aventura un plantel interpretativo de bellezas que secundan Loló Trillo, Julia Castillo, Victoria Argota, María Mateu y Carmen Lamas, mientras que en el bando de los «feos» se encuentran dándoles la réplica, Ignacio León, Faustino Bretaño, Rafael M. Labra, Enrique Suárez, Antonio Segura, Luis Gago y Arsenio Becerra.

Con la dirección escénica de J. Ortiz de Zárate, decorados de Olalla y Balbuena amén de vestuario de Peris Hermanos, la acción de la obra nos trasladaba al imaginario pueblecito de Villafogosa. Allí nos encontramos con Robustiana, apasionada mujer del alguacil del pueblo. Mientras limpia el despacho del nuevo juez, a quien se espera impacientemente de un momento a otro, recibe la visita de dos vecinos de la villa: Niceto y Jenara que vienen a separarse porque, según aquél, a su mujer le estaba «enseñando la batuta» un joven músico mientras venían en el tren desde el pueblo vecino. Como el nuevo juez aún no ha llegado, la pareja se va esperando impaciente que el legislativo llegue.

Tras la marcha de ambos, llega un simpático catalán, Magín Moncheta preguntando por el despacho del alcalde. Nada más ver a Robustiana, ambos se conocen: al parecer, aquélla tuvo un desliz amoroso con él mientras ella estaba en Madrid limpiando en una casa de huéspedes donde Moncheta residía. Tras la alegría inicial, Moncheta le explica a Robustiana que ha llegado al pueblo con la intención de hacer propaganda de uno de sus inventos de reciente creación: un aparato de telefonía sin cordel gracias al cual, además de oír, se puede también ver y palpar la efigie de las personas que cantan. Ambos pegan sus oídos al curioso aparato y escuchan «Noche de cabaret»: «Noche de cabaret,/ cuando le conocí,/ nunca la olvidaré,/ porque me hizo feliz./ Mientras sonaba un *fox*/ en sus brazos me vi,/ y ya loca de amor/ suya siempre yo fui».

El maestro Alonso llegó a reconocer en cierta ocasión que el citado *foxtrot* se lo inspiró una mujer: «Tras su máscara de fingida alegría, en un gesto creyó ver cierto tedio, leve cansancio y abatimiento» (Alonso González, 2014: 243).

Concluido el número, Moncheta comienza a flirtear con Robustiana. En ese instante llama Casiano «el Pachón», esposo de aquélla, incrédulo y escamón, por lo que, para que éste no sospeche, Robustiana le advierte a Moncheta de que corra a esconderse en el calabozo. El catalán así lo hace entre divertido y abrumado un poco por las circunstancias que le han impedido seguir su romance con la mujer.

Como Casiano es un hombre bastante celoso, le espeta a su mujer el motivo por el que tenía la puerta cerrada con llave y a ella no se le ocurre otra cosa más que decirle que alguien la había cogido por la cintura y le había dado un beso en la boca. El Pachón la echa a la calle y se queda a solas en el despacho con una pistola y amenazando con matar a la persona que se halla allí escondida si no sale. Aparece entonces Moncheta con el birrete de juez y Casiano lo toma por tal pidiéndole su ayuda para que hable con su mujer y averiguar si lo que le ha dicho no es sino una estratagema femenina o es que verdaderamente se la está «pegando» con otro. Efectivamente, Robustiana y Moncheta ríen contentos la ocurrencia del pobre Casiano hasta que vuelven ambos a las andadas. Se abrazan y hacen mimos conjuntamente hasta que el Pachón los descubre. Moncheta salva la complicada situación haciéndole ver al celoso alguacil que su mujer es inocente de todo. En ese instante y, cuando pretende el catalán huir dejando su disfraz aparte, un conjunto de mujeres de Villafogosa, al enterarse de la llegada del nuevo juez y, con la alcaldesa Angelita (Celia Gámez) al frente, vienen a darle su particular serenata. Ellas se hacen llamar «Las castigadoras». Éstas vienen a invitar al nuevo juez de Villafogosa a la fiesta que aquella misma noche los vecinos de la localidad van a celebrar para homenajearlo. Todas, incluida la alcaldesa, quedan prendadas de Moncheta. Junto a ellas aparece entonces en escena don Cornelio Topete y Becerra, alcalde de la localidad y marido de Angelita que viene a presentarle sus respetos a don Leonardo García del Rebenque, nuevo juez del pueblo. La situación para Moncheta comienza a complicarse cuando el matrimonio lo invita a vivir a su casa.

Al quedarse a solas Moncheta con Angelita, ésta no puede reprimir más sus impulsos y se abalanza rápidamente hacia él declarándole su amor. Le promete noches interminables de pasión ya que su marido suele acostarse muy temprano y tendrán el camino libre para dar rienda suelta a sus instintos amorosos.

Pero las cosas no son tan fáciles como parecen. El verdadero Leonardo García del Rebenque se presenta en el despacho del alcalde cuando Moncheta está a solas y, éste, viendo que va a descubrirse todo, decide intercambiar sus papeles por los del verdadero juez. Llama entonces a Casiano y le revela que el individuo que antes se había propasado con Robustiana es don Leonardo, por lo que inmediatamente la emprende a golpes con él tomándolo por Moncheta.

Aquella noche, todos los personajes se reúnen en el teatro del pueblo para presenciar la función que Villafogosa ha preparado como homenaje al nuevo juez. Así, pues, se dan cita varios números musicales, entre ellos el célebre chotis de «Las taquimecas» que encabeza una sensual Angelita: «Con la falda muy cortita, muy cortita,/ ajustadita, luciendo el talle/ y el pelito muy cortito, muy cortito,/ yo, muy airosa, voy por la calle./ Los zapatos muy chiquitos, muy chiquitos;/ las medias finas a lo Rebeca,/ las muchachas taquimecas, mecas, mecas,/ son la admiración/ de los chicos cañón».

La fiesta prosigue. Todo es alegría y color. Despreocupación. El siguiente número es el «*Charles* del pingüino». Moncheta, Casiano y Cornelio lo bailan desenfrenadamente. Al finalizar el mismo, una lluvia de globos de colores inunda la escena: «Baila, Jacobo, sin tino/ el *charles* del pingüino./ Deprisa, Jacobo,/ que se desinfla el globo;/ aviva, pelmazo,/ que al verte, me arrobo,/ Jacobo, cobo, cobo,/ no seas tumbón/ y baila hasta la descoyuntación».

Tras la fiesta, Moncheta, antes de dormir, recibe la inesperada visita de Robustiana, quien llega para hacerle un recordatorio de los buenos momentos que juntos pasaron en Madrid; claro que, en ese instante, Angelita también se prepara para pasar la noche con el catalán... Esta situación da lugar a cómicos malentendidos cuando aparezcan, alternativamente, Casiano y don Cornelio mientras Magín se encuentra con Robustiana y Angelita alternativamente, tomando a cada una de ellas por la otra.

Finalmente todo se resolverá favorablemente para las castigadoras de Villafogosa, especialmente para Robustiana y Angelita, quienes no podrán consumar su ardorosa pasión por el catalán y éste, mientras, huirá del pueblo sin haber tan siquiera comprobado el calor de las villafogosas.

La obra, dedicada por sus autores en la edición lanzada al mercado por Mireya al precio de 50 céntimos el ejemplar, a Celia Gámez «bellísima y admirable, que hizo una castigadora como para castigar al más santo de los mortales y que, con su arte y sugestión ha logrado en esta obra colocarse entre las primerísimas figuras de este género», obtiene un éxito fabuloso.

Las castigadoras, «que no era sino un vodevil pero servidos los números musicales como en una revista» al decir de Álvaro Retana (1964: 243), poseía, contrariamente a lo establecido en las revistas, un enorme atractivo, residente, qué duda cabe, en la actuación masculina. El elemento femenino se limitaba a intervenir plásticamente en los distintos cuadros, dialogados y musicales, puesto que actores como Ignacio León o Faustino Bretaño, mantenían encandilados al auditorio llegando a intervenir más que la propia vedette o las viceriples.

Los autores del libreto habían sabido dar con una nueva e infalible fórmula para el género: unos diálogos repletos de situaciones hilarantes no exentos de picardía y mucho más cercanos a la comedia que a la simple hilvanación de chistes verdes y, junto a ello, la incorporación de ritmos que comenzaban a ponerse de moda por influencia americana: *charles, blues, foxtrot, jazz, black-bottom...* junto a los ya clásicos del chotis, cuplés y pasodoble teniendo como única vía de comunicación a la mujer.

El triunfo de la obra impuso, a partir de entonces un nuevo estilo en la revista musical española: el de un vodevil travieso, confiado a la gracia de los primeros actores quienes corrían por el escenario tras la hermosura de una despampanante vedette a la que no hacía falta cantar, bailar y actuar, puesto que con su simple físico bastaba para rellenar la escena. Paradójicamente, no fue el caso de Celia quien, pese a que tenía una voz metálica y muy nasal (posteriormente a instancias del propio maestro Alonso acabaría por operarse), su imponente presencia sobre la pasarela servía para, como afirmaba la crítica de *ABC* (1927: 36), «múltiples gracias, realzadas por su maravillosa escultura, a la que no hay más remedio que entregarse, y apenas sí queda tiempo para otra cosa que admirar sus encantos».

La noche triunfal del 13 de mayo de 1927, siempre fue muy especial para Celia. Su tan ansiado sueño de llegar a ser primerísima figura artística se había, por fin, materializado: «El público la acogió sin protestas, dejó otras que la claque se despachara a gusto y aplaudió sobre todo a Celia Gámez y a sus segundas tiples» (*La opinión*, 14 de mayo, 1927: 1). No solamente se repitieron todos los números musicales de la obra sino que, además, se popularizó por todo Madrid, el chotis de «Las taquimecas», que rápidamente Celia grabaría en discos de pizarra para la casa Regal junto al «*Charles* del pingüino» y al *fox*, «Noche de cabaret»: «*Era el alegre y desafiante himno de un nuevo tipo de mujer que entonces surgía. Yo salía con la falda muy cortita, muy cortita, cinco dedos por encima de la rodilla. Si no fue la primera minifalda que se vio en Madrid, poco faltó. Lo cierto es que tras el estreno de «Las castigadoras», las madrileñas empezaron a acortar sus faldas. Si no cinco dedos por encima de la rodilla, ¡qué atrevimiento! sí dos o tres*» (San Martín III, 1984: 68).

Por aquellos años se llegó incluso a hablar, a veces muy acaloradamente de la «falda cortita de la Gámez», sirviendo así de fuente de inspiración en la nueva moda hecho éste que, con el paso de los años y el estreno de nuevos títulos y canciones, volvería a suceder en más de una ocasión. Pero, junto a la falda cortita, Celia impuso también el denominado pelo «a lo garçonne», igual de corto y con tres picos detrás y a ambos lados de la cara llegando a ser confundido con un chico dado lo «masculino» del citado corte de pelo.

Las castigadoras fue un auténtico *hit parade* de su tiempo. Fue tal su éxito y repercusión social que, frente a la adoración femenina por los modelitos que sacaba, la masculina hacía correr el rumor entre sus amistades de ir a ver a «Nuestra Señora de los Buenos Muslos», hecho éste que no pasaría desapercibido para la vedette, cariacontecida y divertida a la vez con tal denominación, valiéndole el rechazo de ciertas autoridades eclesiásticas por tan pecaminoso apelativo. Y lo cierto es que ella no tenía la culpa. Todo se debió, qué duda cabe, al atuendo que lucía en el «*Charles* del pingüino»: un simple mallot de lentejuelas blancas sobre el que aparecía dibujado un felino. Como casquete, un hermoso sombrero con plumas. Esta vestimenta dejaba lucir sus interminables piernas, verdadero objeto de deseo del onanismo de la época.

Las castigadoras comparten doble programa en la cartelera con *El carnet de Eslava*, ofreciéndose ambas funciones a las 18.30 y 22.30 diariamente. Las señoras estaban encantadas porque, por fin, podían asistir a una revista diferente en donde las auténticas protagonistas eran ellas. La ausencia de chabacanería, no de picardía, permitía la asistencia a un género, tradicionalmente relegado a los varones, por lo que el triunfo de Celia fue doble. A partir de entonces, sería la vedette preferida por las señoras, quienes, complacidas, podían acompañar a sus esposos a presenciar las revistas en las que intervenía la morochita junto al hermoso y nutrido conjunto de 50 bellísimas tiples que la secundaban.

Un año más y, prosiguiendo con el éxito de *Las castigadoras*, Celia participa en la tradicional Fiesta del Sainete celebrada a primeros de junio en el Teatro Apolo donde, junto al cuerpo de tiples, deleitará a los asistentes con el pasacalle «Mantillas y claveles» de la anteriormente enunciada obra y compartiendo, además, cartel, con una jovencita Concha Piquer. La cartelera del Eslava se renueva reponiendo el 4 de junio el «apropósito cómico-lírico en medio acto» con libreto y música de los mismos autores que *Las castigadoras*, *Tute de pelmas*, que ya había sido estrenada en el mismo escenario el 3 de junio de 1923 cuyo elenco protagónico es el mismo, ya que ambas obras se representan en programa doble a las 18.45 y 22.45, horario que, con la llegada del verano, se amplía.

Esta nueva obrita no era sino una adaptación del entremés lírico *Mi novio* de una duración que no llegaba a la hora y que fue escrita sin más pretensiones que la de servir de pretexto para el lucimiento de una, entonces, celebrada tiple Carlota Paisano, quien había causado furor por su intervención en *Las corsarias* (1919) años antes entonando el celebrado pasacalle de «La banderita». Ahora, en *Mi novio*, configuraba a una cantante quien decide abandonar el género chico para dedicarse a las varietés y coquetea con varios pretendientes, algunos de ellos unos auténticos pelmazos de muy variado pelaje; si bien es cierto que la artista ya posee novio: su público. Para ella, escribe expresamente el maestro Alonso un fado, número muy de moda en 1919, junto a unos cuplés picarescos.

En *Tute de pelmas*, los autores hicieron las debidas modificaciones del libreto, si bien el papel de la Paisano lo ejerce ahora Celia Gámez, quien abandona las varietés para dedicarse a la revista. El fado primigenio lo reemplaza el maestro Alonso por un tango-milonga de tema sentimental «entonces una novedad que la crítica encontró un tanto «lúgubre» y sustituye los originales cuplés picarescos por un pasodoble «donde la Gámez capitaneaba a varias chulas madrileñas» (Alonso González, 2014: 143-144).

Días después y, prosiguiendo con las funciones de *Las castigadoras*, *Tute de pelmas* es reemplazada por otra reposición: *La niña de las planchas*, «entremés lírico» que, original de Enrique García Álvarez y Pedro Muñoz Seca con música del maestro Alonso, había sido estrenada el 14 de abril de 1915 en el escenario del Teatro Apolo. Celia compagina, por tanto, sus intervenciones con estas dos obras. En la última de las citadas, nuestra protagonista encarnaba a Marina, joven y agraciada madrileña de Embajadores, de profesión planchadora, que acababa de llegar a la academia de canto del profesor Da Capo, porque su padre, expendedor de postales para más señas, don Jacobo de Murillo y Murillo, quiere que se haga cupletista para así poder ganar mucho dinero. Claro que uno de los problemas con que se tropieza la pobre Marina, además de los palos de su padre si no accede a sus pretensiones, es la familia de su novio, un noble venido a menos, Emiliano Toro de Bengoa y Blanco de Albornoz, que, si bien puede pasar por alto su oficio, no puede por menos consentir que aquélla se dedique al arte frívolo; de ahí que amenace al profesor Da Capo con una pistola para que le haga creer a su futuro suegro que la chica no sabe cantar.

Marina, de voz angelical, se ha ofrecido revelarse a los deseos paternos por numerosos que sean los mamporros que ésta reciba y, además, cantar y accionar infamemente para que el maestro Da Capo, dé ante su padre, su opinión desfavorable. Así las cosas, la chica canta, adrede, fatal, el «Cuplé del jamón».

El estacazo que don Jacobo propina a su hija Marina por haber cantado mal el anterior número es morrocotudo, es por esto por lo que, harta ya de su progenitor y de Rosario, Salud y Engracia, tres aprendices de Da Capo que, envalentonadas ante el «desafino» de la chica le dan la razón al maestro, Marina decide demostrarles finalmente su valía ante la mirada incontrolable de su padre. Entona así el chotis de «Las truchas».

Da Capo, viendo el potencial de Marina no puede por menos que rendirse a sus encantos pese a seguir amenazado por Emiliano quien, enterado de las astronómicas cantidades que podía ganar su media naranja en el mundo artístico, accede a que se dedique a ello de forma «voluntariosa», conminando a Da Capo a que le enseñe los nuevos ritmos de moda: la machicha, el *cakewalk* y la habanera. Emiliano, finalmente, es aceptado como yerno y se hace pareja artística de Marina, quien elige tener como nombre artístico el apodo por el que la conocen en su barrio, «La niña de las planchas».

La noche del 16 de junio las funciones se ofrecen a beneficio de la Ciudad Universitaria, con la asistencia de Sus Majestades los Reyes de España y sus Altezas Reales. Celia, brilla con sus creaciones argentinas en el fin de fiesta y se arredra ante las candorosas miradas que don Alfonso XIII no cesa de echarle. Lo que nadie sabía es que, la noche del estreno de *Las castigadoras*, entre los innumerables ramos de flores que llenaron el camerino de la estrella, una hermosa cesta repleta de violetas se la había enviado el Rey de España: «*Ordené que la colocaran encima del piano de cola que había en escena, siempre iluminada por el foco. Yo ya tenía por costumbre repartir entre los compañeros las flores que me enviaban. Pero esa noche advertí: «¡No me toquen la cesta del piano!» Al terminar la función, me la bajé al camarín. ¡Cuál no sería mi sorpresa al descubrir entre las violetas un rollito de papel envolviendo un pequeño estuche! Lo abrí. Admiré una maravillosa perla en degradé, negra, gris y blanca, con una gargantilla de brillantitos cuadrados. La primera joya que me regalaban. Para mí nunca tuvo precio porque simbolizaba el profundo afecto y cariño que sintió por mí un caballero excepcional*» (San Martín, II, 1984: 69).

Años más tarde, aquella joya llegaría, por azares de destino, a manos de Elizabeth Taylor. Y es que la Guerra Civil despojó a Celia de todas sus joyas al haberlas dejado en el Banco de España…

Pero aquella no sería la última vez que el monarca asistiera al teatro para aplaudir a su más firme estrella.

El 17 de junio, desaparece de la cartelera del Eslava *La niña de las planchas* y se reemplaza por el estreno de una nueva obra que la morochita compaginará con las interminables funciones de *Las castigadoras*: *El cabaret de la academia*, «humorada lírico-bailable en dos actos y once cuadros» original de Domingo Goitia y Miguel Monter con música de los maestros Conrado del Campo y Juan Tellería. En sus intervenciones, la compañía al completo, más la adición del tenor Eladio Cuevas, quien mucho tendría que ver en el devenir posterior de Celia. Pero no adelantemos acontecimientos.

Partiendo de la incorporación oficial y representativa de nuestros dialectos a la Real Academia de la Lengua, los anteriormente señalados autores, se lanzaron a escribir unas cuantas escenas para glorificar a las regiones españolas y, por ende, a los pueblos americanos vinculados a la «madre patria». De esta forma nos encontramos que, para celebrar mencionada incorporación, una serie de personajes, representantes de las lenguas de España, catalán, gallego y vasco, se pasearán por dicha academia donde va a tener lugar un cabaret que festejará la variedad lingüística. Claro que, además, y, procedentes de Hispanoamérica, llegan Rosario la argentina (Celia Gámez) y su amigo Guadalupe, dispuestos a ensalzar el español americano y deseosos, como sus hermanos españoles, de poder entrar en dicha institución. Para ello, Rosario entona un hermoso «Tango» que dará cumplida cuenta del amor y suficiencia de la lengua criolla.

La partitura acabó repitiéndose íntegra porque, sus localizados temas (el «Chotis preguerrista», «Charleston de las Ramblas», la «Marcha de los académicos», «El tiritón», «Tango de Rosario», «Pase de Galicia», la sardana «Pase de Cataluña», el zortzico «Pase de Vasconia», «América española» y el pasodoble de «Las españolas») hábilmente tratados por otra parte, hablaban al sentimiento regional y patriótico de los agradecidos espectadores que premiaron con aplausos a todos sus intérpretes. La humorada, pues, alcanzó un trepidante éxito y, a tenor de sus creadores, la misma podía ser vista y oída por toda clase de público. La estilizadas escenografías y el vistoso vestuario pusieron en la obra una nota muy sugestiva que permitió el saludo final de sus autores en repetidas ocasiones.

El martes 28 de junio ya se van anunciando las últimas representaciones de la compañía del Eslava por tener compromisos contraídos con provincias. De esta forma, ese mismo día se repone el «sainete en un acto» de Carlos de Larra y Francisco Lozano con música del maestro Alonso, *La Magdalena te guíe*, quien será representada en el clásico doble programa que ofrece el coliseo de la calle Arenal. La misma había sido estrenada previamente el 13 de julio de 1920 en el escenario del Teatro Apolo a beneficio del actor Paco Gallego «Galleguito». La obrita, que contaba tan sólo con tres números musicales («Las lavanderas», los «Cuplés del *boy-scout*» y el «*Fox*-terrier»), nos presentaba al gandul de don Dalmacio, un *snob* moderno que deja entera libertad a su chica, Magdalena (Celia Gámez) para que se críe con total libertad y haga lo que quiera. Claro que este método educativo choca frontalmente con el de su severa madre Vicenta, quien no ve con buenos ojos que su hija se encuentre todo el día en la calle yendo con chicos y cometiendo toda clase de travesuras. Para acentuar la acción, se presenta ante Dalmacio, Floro junto a su apocado y tímido hijo Casildo, un *boy-scout* para más señas. Dalmacio ofrece a Floro que sea su hija Magdalena quien eduque a Casildo con la misma y entera libertad que él la ha criado. Y así lo hace. Magdalena y Casildo rápidamente vivirán cómicas escenas en las que ella le demostrará su «naturalismo educativo» tirándole piedras y arremetiendo contra él hasta que el celoso «novio» de la chica, apodado «el Cabezota», lo arroje al río. Casildo se armará de valor y, tras dejarse guiar por Magdalena, la defenderá del «Cabezota».

La obrita, que dejaba entrever el aire de nuevos tiempos que corrían, como la reivindicación sindicalista del gremio de lavanderas al que pertenecía doña Vicenta, madre de Magdalena, duró poco en la cartelera del Eslava con tan sólo dos funciones en su haber. Aún así, el ritmo de trabajo es, por tanto, frenético: a las 18.45, *La Magdalena te guíe* y *Las castigadoras*. A las 22.45, *El cabaret de la academia* y *Las castigadoras*.

Estos últimos días, Celia celebra su beneficio en una función extraordinaria que, con brillantísimo éxito permite, una vez más, lucir todo su arte entonando tangos y canciones argentinas con su «sabroso» estilo, objeto, por otra parte, de clamorosos e interminables aplausos, siendo obsequiada por sus incondicionales admiradores con decenas de ramos y cestas de flores, profusión de regalos e incluso palomas, levantándose el telón en repetidas e incontables ocasiones. Además, en homenaje a la bonaerense, bailó la celebrada pareja Rimaldi-Castro con sus bailes argentinos y el notabilísimo bailarín de la compañía, Arsenio Becerra. También celebran su beneficio en días posteriores los autores, en homenaje a los cuales Celia les dedica «La banderita» de *Las corsarias* (1919) que tantos éxitos le procuró allá en Buenos Aires.

En la primera decena de julio, se suspenden las representaciones en Eslava por final de temporada con la ya centenaria *Las castigadoras* y el también éxito, *El cabaret de la academia*. La compañía parte, tras unos días de descanso, para provincias hasta que, el 8 de septiembre, se dé comienzo a la nueva temporada con mencionadas obras, incorporándose a la compañía dos excepcionales valores: Ramón Peña y Pilar Escuer, quienes, para su presentación ante el público se repone el vodevil *El capricho de las damas*, original de Ricardo Blasco y Ramón Asensio Más junto a la partitura del maestro Luis Foglietti y a la que se le dan tan sólo once funciones. En la misma hace una verdadera creación Ramón Peña, que fue acogido con los más cordiales y encendidos aplausos junto a Celia Gámez, quien volvió a despertar nuevas admiraciones al lado de la gentil Loló Trillo.

El vodevil ya había pisado las mismas tablas del Eslava durante su estreno la noche del 17 de noviembre de 1915 y su acción transcurría en París donde los socios Morot y Marat, regentan un establecimiento de costura que no atraviesa por sus mejores momentos. Examinando el balance de la empresa, la pérdida de fondos es debida a que la clientela va desapareciendo de su casa para trasladarse a la de Robinet y Compañía, otro modisto de menos fama, pero que tiene un gran cortador, Lamberto Matiflán, que por su galantería y forma de tratar a las señoras consigue que éstas queden encantadas de su taller y vuelvan a él repetidas veces. Es por ello por lo que preparan un plan para traer a su casa al referido cortador y ver si por este medio consiguen levantar su negocio, pero ninguno de los dos se atreve ni se decide a traerle, pues temen por sus oficialas y hasta por sus propias mujeres. Ambos creen a sus esposas verdaderos modelos de virtud, y sin embargo juzgan mal, ya que, aunque a espaldas ambas se critiquen, sienten verdadera pasión por el afamado diseñador, del que no solamente les gusta los modelitos que confecciona sino su forma de tratar a las mujeres.

A todo esto, se presenta Sixto Rastifiac, socio capitalista y protector de Valentina (Celia Gámez), una de las empleadas de Morot y Marat, para obligarles a que contraten a Matiflán con el único fin de recuperar el prestigio perdido aunque ello pueda poner en peligro su estabilidad conyugal. Pero con lo que Marat y Morot no contaban es que el diseñador les solicita que se muden a un barrio más aristocrático, que las pruebas de los vestidos deben hacerse con música y hacer una instalación elegantísima de los talleres, todo lo cual supone un gasto enorme; pero al fin se convencen de todo y ceden con tal de no perder la ocasión de poseer los servicios de Lamberto. Éste, como última condición, les advierte que no asiste al negocio los miércoles, pues son los días que destina para atender a sus amistades, que las ha adquirido todas en el negocio de la casa Robinet y Compañía. Su fortuna para conquistar la amistad de las damas es inmensa, y con este motivo cuenta a sus nuevos amos infinidad de sucedidos. Éstos comienzan a tomar tintes rocambolescos cuando cada uno de los socios, Morot y Marat sospechen que las esposas del contrario, poseen una aventura con Matiflán y que, de conocerse, podría arruinar el negocio. De esta forma y, para evitar que Lamberto pueda pasar a mayores, conciben el plan de que se enamore una de las oficialas de él, para lo cual escogen como víctima a Valentina por creerla más inteligente que las demás, pero se topará con la intransigencia de ésta al rechazarle ya que ella no es como todas las que ha conocido y tratado. Lamberto, al escuchar a Valentina hablar de aquella forma, acostumbrado a no sufrir nunca rechazo alguno, herido en su vanidad y lleno de cariño se dirige a ella para declararle su amor. Sin embargo, don Sixto, quien se había escondido, agradeciendo a Valentina el desprecio que acaba de hacer a Matiflán, casi loco de alegría, desaparece diciendo que volverá muy pronto. Quédanse solos y se reconcilian, sintiendo el uno por el otro una gran simpatía. Valentina se entera por Lamberto de que Morot y y Marat han sido los que han preparado la escena y aquélla jura vengarse, por lo que ruega a Lamberto que conquiste a las mujeres de estos, Elena y Carlota, respectivamente. Así, entre cómicas entradas y salidas de habitaciones, los socios reciben su merecido y Valentina, finalmente, acepta el amor del arrepentido Matiflán, rechazando a Sixto porque éste se niega a casarse con ella.

La partitura musical de *El capricho de las damas*, obra a la que la Compañía de Celia Gámez le dio once representaciones, estaba compuesta por el «Dúo de Sixto y Valentina», «Yo soy Lamberto Matiflán», «La buenaventura», «Moda militar», «Terceto del cortador», «Dúo de las palomas» y el «Apoteosis final», aunque ninguno de ellos pasó a la historia del género que nos ocupa ni alcanzó tintes de repetición.

A primeros de octubre, nuestra protagonista interviene en la función a beneficio del Montepío de actores en las mismas tablas del Teatro Eslava en una entretenida velada por su amenidad y variedad, puesto que los principales artistas que en aquellos momentos se encontraban trabajando en los teatros madrileños, acudieron a demostrar su apoyo a tan magnánima función realzando su programa: Cándida Suárez, Pompoff y Thedy, Sagi-Barba, Carmen Díaz o Gaspar Campos, entre otros.

Llegado el décimo mes del año, concretamente el día 1, el programa del Eslava vuelve a cambiar: se repone *La Remolino*, de García Álvarez y Muñoz Seca con música del maestro Alonso («sainete en un acto» que ya había sido estrenado en el Teatro Novedades el 26 de marzo de 1921) en horario de tarde, a la que tan sólo se le dan ocho funciones, pese a tener un divertido argumento, centrado en una casa de vencindad en la que conviven Venancia, la portera entrada en años y un pícaro, Casimiro, quien convive en la buhardilla y se hace pasar por ciego ganándose la vida escribiendo cuplés, junto a su amigo, el pícaro Serapio, quien malvive de tocar en las calles chotis y polcas. Casimiro posee una bella sobrina, apodada «la Remolino» (Celia Gámez), que trabaja como tiple en el Teatro Apolo. La acción se complica cuando aquél venda, para salir de su paupérrima situación económica, participaciones de loterías falsas. Así e, intentando aplacar a todos los agraciados por las participaciones, Casimiro finge un desmayo intencionado. Cuando la situación se hace del todo insostenible, un vecino, el carbonero, soluciona el entuerto: al parecer, ha habido un error tipográfico en el periódico y no les ha tocado nada en la lotería.

La Remolino convive en la cartelera vespertina junto a *El cabaret de la academia* mientras *La Magdalena te guíe* y *Las castigadoras* se mantienen en horario nocturno. Al día siguiente tiene lugar la representación número 143 del gran éxito de Celia Gámez agotándose las localidades día tras día. Madrid entero se daba cita para volver a ver su estrella más aplaudida. La más española de las argentinas. «Nuestra Señora de los Buenos Muslos». La perla del Plata...

La empresa del teatro, viendo el enorme interés que suscita Celia y, con la firme intención de que públicos de todo tipo puedan acudir a verla, vuelve a renovar su cartelera vespertina retirando *La Remolino* e incorporando la «humorada carnavalesca» *Periquito entre ellas*, de Antonio López Monís con música de los maestros Rosillo y Luna, otra gran creación del dúo Ramón Peña-Celia Gámez, dos intérpretes que saben darse oportunamente la réplica sobre escena despertando la sonora e inmediata carcajada del respetable.

Con esta nueva incorporación, la empresa del Eslava da un nuevo aliciente para agregar a su ya sugestivo cartel que, desde principio de temporada, venía ofreciendo dicho coliseo junto a *Las castigadoras* y *El cabaret de la academia*.

De humorada carnavalesca estaba calificada una obra que brindaba ocasión a su autor para presentar en el primer cuadro, el animado aspecto de una tribuna de Carnaval en la Castellana; un pintoresco desfile de tipos y personajes que en sucesivos cuadros se mueven, a través de regocijantes escenas, salpimentadas de chistes y situaciones ingeniosas que mantuvieron a los espectadores en constante regocijo.

No faltaban en el libro los clásicos números de visualidad para las tiples y demás señoritas del brillante conjunto que supieron dar con acertada alegría la brillante y pegadiza partitura musical de la que se llegaron a repetir un «Terceto cómico» con ritmo de jota, un *fox*, un chotis y un charlestón.

Hasta el miércoles 26 de octubre se representa con éxito esta obrita que dará paso, al día siguiente, a un nuevo y esperadísimo estreno, puesto que la prensa de la época no había cesado de anunciarla insistentemente desde varios días antes.

Todas las noches, la cada vez más celebrada historieta de *Las castigadoras*, continuaba agotando los billetes.

El Eslava, deseando ofrecer a su público de las tardes una obra adecuada al ambiente familiar de las matinés que solía ofrecer en horario vespertino, había montado una nueva obra, *La deseada*, cuyo libro, de Luis Fernández Ardavín y Ceferino Palencia Tubau poseía los aditamentos musicales compuestos por los maestro Alonso y Julio Gómez.

Al enorme éxito, por tanto, alcanzado por *Las castigadoras*, habría que agregarle el que supuso el nuevo estreno, dada la alcurnia literaria y el prestigio musical de los autores amén del lujo y dispendio con el que se montó, pues, la Casa Paquita de Barcelona hubo confeccionado los 150 modelos originales de Álvaro Retana que no eran sino una estilización de los empleados en la época de Luis XV de Francia. Celia lució, además, para tal ocasión, algunas majestuosas creaciones confeccionadas por la casa H. Thiele.

Componen la compañía en aquellos momentos, junto a nuestra protagonista, Loló Trillo, Amelia Robert, Carme Lamas, Carmen Mazo, Teresa Montoya, Pepita González, María Rivas, Gerardo Fervás, Ramón Peña, Faustino Bretaño, Rafael M. Labra, Emilio Stern, Luis Gago y Arsenio Becerra, principalmente.

Al parecer, el libreto de *La deseada* se había fraguado dos años antes, durante el verano de 1925. El maestro Alonso comentó a sus autores durante un almuerzo en el Círculo de Bellas Artes que no podría acabar la música de forma inmediata porque se encontraba ocupado componiendo dos zarzuelas para la temporada 1925-1926. Uno de sus autores, Julio Gómez se molestó un poco, ya que los empresarios tenían en mente poder estrenarla en septiembre de 1925. Para finales de agosto, su primer acto ya estaba escrito, pero la obra, como enunciábamos líneas atrás, no llegaría a las tablas hasta el 28 de octubre de 1927 (Alonso González, 2014: 255-256).

Inicialmente titulada *El parque de los ciervos*, la denominada como «zarzuela en dos actos divididos en seis cuadros, en prosa y verso», poseía una partitura musical con nada menos que catorce números, es decir, la música poseía más importancia que el propio libreto, con diálogos en prosa y verso graciosamente construidos, pero de intrascendente argumento, situado éste en un pueblecito francés, próximo a París. Allí conocemos a Ernestina (Celia Gámez) bella y soñadora sobrina de un herrero que hace dos meses acababa de llegar a Francia procedente de Jamaica, donde su madre, casada con un rico mercader criollo tenía plantaciones de café. Ernestina poseía lujo y toda clase de placeres, hasta que sus progenitores fallecieron y ella, sin quien defendiera su heredad, en escaso tiempo, fue despojada arteramente de sus bienes. El herrero, su tío, al saber de su orfandad, la hizo venir a Francia.

La chica acaba de recibir una proposición del Intendente para trabajar, en París, al servicio de una dama misteriosa cuya identidad no le revela, hecho éste que escama a Ernestina y a su novio, Gilberto, de rancio abolengo y cuya familia no consiente que mantenga relaciones con una mujer pobre como ella. Precisamente y, con el deseo de poder medrar y gustarle a la familia de Gilberto (pese a las reticencias de éste creyendo que en París encontrará su perdición), Ernestina, herida en su amor propio porque su novio no la va a acompañar, se marcha a París, despidiéndose para siempre de aquél.

En Versalles, Ernestina entra a trabajar para Madame Pompadour, quien mantiene una doble personalidad: amante y favorita del Rey y adorada de Jorge de Brisac, quien la conoce como Juana Antonia de Poisson. Jorge no puede comprender cómo, para seguir manteniendo su lujoso y cómodo estilo de vida, la Pompadour puede llevar aquella doble vida, de ahí que le ofrezca abandonar al Rey e irse junto a él a Provenza, proposición que ella rechaza, quedándose cariacontecida al ver marcharse a su único y verdadero amor en soledad. Pero Jorge la ama demasiado. Lo que su amor no ve es el desvío del Rey. La Pompadour ya no significa nada para Su Majestad. Ha tenido que valerse del disfraz para llegar a ilusionarle. En cuanto sale, no hay aldeana o comedianta sobre la que el monarca se digna poner sus ojos, por lo que allá que ella se disfraza de comedianta o aldeana para complacerle. Aconsejada por la Duquesa de Brancas, Madame Pompadour ya se ha prevenido: quiere que el Rey, verdaderamente, entre en contacto con su pueblo y para ello va a conocer a una herrerita, Ernestina, que se le presentó en una de sus partidas de caza y que, naturalmente, no pasó inadvertida a sus ojos. A todo esto, Madame Pompadour hace llamar a Jorge para pedirle una última espera: tiene entre sus manos un arma para apoderarse nuevamente del favor del Rey. Si el procedimiento responde, Su Majestad no volverá a fijarse en ella, porque otra, Ernestina, atraerá sus deseos, pero le deberá el motivo de su felicidad, y entonces, poderosa ella y fiel a Jorge, su dicha será completa para siempre. ¿Pero y si falla? ¿Y si la nueva favorita se apodera de la voluntad real? No es fácil. Según Juana Antonia, le falta inteligencia para ello. No hay dos marquesas de Pompadour en el mundo. Es una hermosura silvestre. Pero también será para siempre de Jorge. De uno o de otro modo, la pertenece...

Claro que, pese a que todos suponen inocente a Ernestina, ésta que es muy lista, entra en la habitación de su señora y descubre una carta del Rey solicitando a aquélla que le presente ya a Ernestina. En esto llega Gilberto que, recriminándole su abandono, no puede por menos que seguir enamorado de ella. Pero... alguien viene. Es el abate y poeta Bernis, otro rendido admirador de la Pompadour. Ernestina, temerosa, esconde a su novio en un armario. Afortunadamente, nada ocurre, puesto que la chica piensa que el poeta podrá ayudarla con Gilberto, quien reaparece vestido como un afeminado petimetre y solicita del abate que lo saque de palacio. Entre divertidas peripecias, Gilberto ha de esconderse tras un biombo por la llegada de la Pompadour y Brissac. Aquélla, al parecer, ha mandado llamar a Bernis porque el rey piensa asistir a una mascarada en el Parque de los Ciervos, y es preciso que componga un breve pase de farsa capaz de distraerle. Para ello, piensa que si hiciera intervenir a Ernestina en la farsa, sería el mayor divertimiento real. En ese momento aparece el monarca que, sin quitar ojo a Ernestina, llega para llevarse a jugar al ajedrez a la Pompadour.

Celia Gámez en el celebrado número del «Charlestón del pingüino». Por fotos como ésta recibió el apelativo de «Nuestra Señora de los Buenos Muslos». Archivo del autor. Foro, Walken.

Iniciada la mascarada, Ernestina, bellamente disfrazada, se convierte en el objeto de deseo, no sólo del Rey, sino también de Jorge de Brisac, de ahí el apodo con el que se la empieza a conocer en la corte: la deseada. La situación se tensa cuando Ernestina exige a Gilberto que, convertido ahora en palafrenero con la ayuda del abate, la deje en paz y éste se encara con Brissac por el amor de Ernestina quien, tras ofrecerle una rosa en la farsa escrita por Bernis, a Su Majestad, encandila a todos. La Pompadour, algo celosa, le echa en cara que su medro en la corte depende de ella, por lo que propone a la chica suplantar su identidad, dándose cita todos los personajes en el Parque de los Ciervos donde el Rey pretende intimar con Ernestina.

La representación se sigue desarrollando con varios cuadros metateatrales en los que los autores dan pie, sin hilazón, a la inserción de tres números musicales y un recitado como parte de la fiesta que se celebra en el citado Parque de los Ciervos Allí, en el pabellón de caza, Pompadour se pone el antifaz de Ernestina y se hace pasar por ella ante Jorge, en el jardín, y ante el Rey, en el pabellón. Este último aparece por una puerta secreta, que se ha abierto sigilosamente. A partir de aquí se desarrolla una doble escena en el pabellón y en el jardín, simultáneamente, hasta el momento en que sale Gilberto quien, batiéndose en duelo con Brissac, la verdadera Ermestina, al interponerse entre ambos, cae herida al suelo. El monarca, para finalizar, pone orden. Ernestina admite que quería medrar en la Corte, pero no a cualquier precio, ya que aquélla no es lugar para ella. El Rey, así, decide darle una dote para casarse con Gilberto, un título de marquesa y un ducado a aquél: lo que no se posee es lo que se desea...

Pese a que la obra había sido calificada como «zarzuela», lo cierto es que la espectacularidad de los cuadros plásticos y el ingenio de los diálogos la hacían acercarse más a la revista; sin embargo, este hecho, junto al espectacular vestuario y los efectistas trucos llevados a cabo «de policromada visualidad», por ejemplo, para los recursos metateatrales del segundo acto, no acabaron por convencer a la prensa, para quien la obra tan sólo se sostenía por la presencia de Celia Gámez, «alma del espectáculo» para la que fueron todos los honores: «La más leve inquietud del auditorio era contenida apenas la gentil criolla mostraba sus magníficas columnas» (Floridor, 1927: 36).

La música, además, gustó y fue muy aplaudida, siendo calificada por la crítica de «agradable», repitiéndose varios de los catorce números titulados «Coro de los herreros», «No te vayas, Ernestina», «Adiós de Ernestina», «Marcha de la Guardia Real», «El arte de besar», «Gavota de Bernis», «La favorita del Rey», «Coro de cortesanos», «A la flor y a la mujer», «Mesié l'abé», «Un príncipe lo menos», «Los arlequines», «Cuadro americano», «Flor de Faubourg» y «Marcha final».

También destacaron los actores Ramón Peña (Gilberto) y Faustino Bretaño (Bernis), quienes consiguieron distraer con sus comicidades al público selecto del Eslava que premió, a tono con la obra, la variedad y frivolidad que exhalaba todo el desarrollo de la misma. De esta forma, pues, las tardes del coliseo de la calle Arenal se llenan con las desventuras de la pobre Ernestina mientras que en las noches siguen reinando las imperturbables castigadoras, quienes superan, a mediados de noviembre las doscientas representaciones.

Sin embargo y, pese a ser del agrado del público, *La deseada* no consigue despegar lo suficiente, dándole tan sólo 45 funciones y siendo retirada de cartel: «[...] *Yo encarnaba a una princesa y lucía unos vestidos maravillosos. Para hacerme las fotografías publicitarias, buscamos un escenario idóneo, que no fue otro que el palacete, rodeado de un precioso jardín, de la familia Sorolla, en un paseo madrileño.* [...] *«La deseada» gustó, pero no tuvo un éxito arrollador. El libro y la música, de gran lirismo, eran demasiado serios. El público, mi público, estaba acostumbrado a espectáculos más ligeros y alegres. Pero guardo un gratísimo recuerdo de esta obra por lo que sucedió cuando don Alfonso acudió a verla*» (San Martín, II, 1984: 69).

Efectivamente, don Alfonso XIII volvió a acudir a presenciar y disfrutar con la presencia de Celia en su nuevo estreno. En un momento de la obra, concretamente en el cuadro primero del segundo acto, una vez iniciada la farsa de Bernis escrita para el Rey, Ernestina (Celia), sucedía lo siguiente...

> ERNESTINA.- *(Cogiendo una rosa y ofreciéndola al Rey. La escena queda a oscuras. Sólo el foro ilumina, las figuras de Ernestina y el Rey).*
> *Majestad: os ofrezco esta flor,*
> *homenaje de toda la Francia.*
> *Ella os da con su viva fragancia*
> *el cariño de un pueblo.*
> BERNIS.- *(Apuntándola). Señor.*
>
> ERNESTINA.- *Señor.*
> *Si elegí para vos una rosa,*
> *fue porque ella es la flor soberana*

> *hoy lo mismo que ayer y mañana,*
> *una rosa es la flor milagrosa,*
> *que parece tener alma humana.*

Celia dirigió su mirada hacia el palco de don Alfonso XIII y sustituyó «Francia», por España. El público se puso en pie ovacionándola:

> *Majestad: os ofrezco esta flor,*
> *homenaje de toda España.*
> *Ella os da con su viva fragancia*
> *el cariño de un pueblo, Señor.*

«Sin duda, captó mi sinceridad, porque al recibirme en el entreacto me dijo: «Celia, esta noche has conseguido emocionarme. Muchas gracias por tu gentil obsequio, que te agradezco en el alma». «Me ha salido del corazón, Majestad», le contesté.
También don Alfonso me había emocionado a mí.
Cada noche que el Rey iba al teatro, me enviaba un emisario con el ruego de que me pasara un momentito por el palco para saludarme. Yo lo hacía con sumo gusto, aunque sin conseguir vencer el azoramiento que me producía Su Majestad. El Rey siempre se mostraba conmigo atentísimo y afectuoso, interesándose por mi vida y mi carrera. Una vez me preguntó si tenía novio, y al contestarle que no, se quedó muy sorprendido: «No creo que pase mucho tiempo sin que encuentres al hombre de tu vida», me dijo. «Estoy volcada en mi carrera, Majestad» (San Martín, II, 1984: 69).
Pocas veces más acudiría el Rey a ver a Celia. Aquel velado rechazo de la artista, para quien tan sólo primaba su familia y su trabajo, fueron suficientes para el que monarca de España dejase las cosas como estaban. Al menos... de cara al público, porque, por el Madrid de la época comenzó a correr el rumor de que el monarca y Celia mantenían una relación amorosa en secreto. Así recordaba don Andrés Lozano, hijo y nieto de empresarios teatrales, aquella historia:«*Si hago caso a lo que mi padre me contaba, no tengo más remedio que decirle que sí, que Celia fue amante del rey. Mi padre estuvo en el Teatro Pavón la primera vez que Celia Gámez pisó un escenario en España [...] Los tangos y canciones argentinas de Celia embelesaron al monarca. Pepe Campúa, amigo de mi padre, la contrató para actuar en el Teatro Romea que él regentaba.*

Allí empezó a brillar de verdad,«La Perla del Plata», como era ya conocida Celia Gámez. Al Romea, iba precisamente Alfonso XIII a verla cada vez que podía, que fueron muchas, la verdad. Mi padre la conoció ya entonces, cuando empezaba a hacer su tabla de gimnasia sueca todas las mañanas para mantenerse en forma. ¡Menudas piernas que conservó siempre la Celita! Media hora antes de la función se empolvaba la cara en el teatro, tras retocarse el maquillaje. Esta operación llegaba a repetirla once veces por la tarde y otras tantas por la noche, cada vez que se cambiaba de vestido. Era muy coqueta. Mi padre recordaba que solía almorzar muy poco, para no engordar pero... ¡Pobre Celia! ¡Qué desdichada fue en el amor! Alfonso XIII la utilizó en su provecho personal, como a todas sus amantes. El Rey siguió viéndola mientras actuaba en el Teatro Eslava. Celia debió pedirle entonces que le ayudara a conseguir la nacionalidad española. [...] Mi padre me contó que poco después de su comienzo en el Pavón, Celia recibió la visita del marqués de Viana, a quien el Rey había enviado para invitarla de su parte a tomar el té a solas con él. Celia debió de quedarse de una pieza. El caso es que, desde entonces, los dos se vieron muchas veces. He oido decir, incluso, que Alfonso XIII le regaló unos preciosos pendientes de perlas con brillantes. Luego Celia perdió todas sus joyas durante la Guerra Civil. Se las llevaron a México en la yate Vita, junto con otras muchas alhajas desvalijadas de las cajas particulares de los bancos. Entre tanto, la reina Victoria Eugenia, posiblemente, era ajena a la nueva aventura de su marido con Celia Gámez hasta el extremo de que visitó a la supervedette acompañada de sus dos hijos mayores, el príncipe de Asturias y don Jaime, el sordomudo. El encuentro fue muy cordial y comentado en todo Madrid. Celia fue, hasta su muerte, muy monárquica: «Mi madre- afirmaría Celia años después- siendo yo muy niña, me había hablado mucho de los reyes... Hoy puedo decir que la monarquía, los reyes, son como me los imaginé de pequeña, como luego los encontré en los palcos y salones y del mismo modo a como Madrid les juzgaba y consideraba: seres para querer con desinterés y sin celos, así como parientes lejanos, pero que no dejan de ser parientes, amigos de toda la vida a los que se ve con frecuencia y cuya relación se hace un día imprescindible. Yo soy monárquica, y lo he dicho siempre sin ningún recato. Pienso que en España hay dos maneras de ser: o porque sí, o porque se sienta. Yo soy de las que sienten». ¿Comprende ahora porqué Celia Gámez mantuvo la boca cerrada durante toda su vida?» (Zavala, 2010: 69-71).

Por el Madrid de la época, también corre el rumor de que don Alfonso XII, camuflado bajo el seudónimo de Monsier Lamy, viajaba hasta París para encontrarse con su diva. Lo que no podemos afirmar dado que solamente se trataba de una de las múltiples leyendas urbanas que circundaban la figura del controvertido monarca y una de las leyendas que acompañaría a Celia Gámez hasta el final de sus días, incapaz de haber despejado la verdad sobre la misma en sus *Memorias* de 1984. Así las cosas, ¿quiénes somos nosotros para desmentirlo o afirmarlo? Las leyendas, son simplemente eso, bulos infundados sin base certera alguna propagados por, en este caso, los españoles del momento. Lo que sí es cierto es que el Rey, en agradecimiento, entregó la nacionalidad española a Celia.

Frente al monarca, su esposa, doña Victoria Eugenia, sí proseguiría honrando a la bonaerense con su presencia, aunque en las funciones de tarde frente a las nocturnas de que gustaba el regio Borbón. Pero a Celia no le faltaban admiradores... Uno de ellos, quien ya se había dado a conocer mientras actuaba en Romea fue Darío López, una de las figuras más importantes en la vida privada de Celia que también tuvo mucho que ver en su ascensión artística.

Darío era acaudalado. Amable, generoso, educado, que colmaba de atenciones a una rendida Celia. Del Romea siguió admirándola en el Eslava. Mayor que ella, era el clásico otoñal apuesto y distinguido, moreno, alto, culto, caballeroso. Y en definitiva, una buena persona. Pero mientras Celia prosigue arrasando en Madrid, su rostro es primera portada de la revista de espectáculos *El Teatro*, a primeros del mes de noviembre de 1927. Su popularidad se acrecienta. La noche del 17 de noviembre se celebra una función extraordinaria a beneficio de los autores de *Las castigadoras*, en el que toman parte artistas de otros teatros de Madrid como la bailarina Antoñita Torres, Ruth Bayton, la pareja Rosaleda y Pagán o la orquesta Paramaunt, entre otros. Aquella velada, cuyo programa se había iniciado con la puesta en escena de *La Magdalena te guíe* y continuaba con el anteriormente enunciado éxito de la vedette, Celia estrena la canción del maestro Alonso «Siempre España», quien, además, dirigía la orquesta. Al día siguiente, la compañía del Eslava vuelve a añadir un reestreno más a su repertorio. Se trataba de una nueva versión de *El chivo loco* o *Las pícaras glándulas*, «historieta cómico-lírica en dos actos» original de Enrique Arroyo y Francisco Lozano, amén de la siempre eficaz partitura del maestro Alonso que ya había sido estrenada el 18 de diciembre de 1923 en el Teatro Martín de Madrid, y que ahora es rebautizada como *Mimitos*, reduciéndose a un acto sólo su nudo argumental, tan divertido como entonces: el doctor Jacinto Flores del Campo, en uno de sus tantos experimentos, consigue rejuvenecer al ser humano gracias a las glándulas que ha conseguido extraer de un chivo. Esto hace que Plácida convenza a su marido Rogarciano para que se inyecte dichas glándulas y recuperar así la pasión amorosa de su juventud. Paralelamente, Horacio, yerno de los anteriores, recibe el encargo de «La Ligaantitanguistas» de denunciar a una cantante de varietés por frívola, quien resulta ser una antigua amante de aquél. La acción se va complicando cuando Rogarciano flirtee con Mimitos «la Revoltosa» (Celia Gámez), nombre de susodicha cupletista, o cuando llegue el adinerado protector de ésta, un rico portugués de Coimbra, celoso e impulsivo que ardientemente desea protegerla. Sin embargo, para complicar aún más el divertido vodevil, Floripondio Espejuelo, prometido de otra de las hijas de Rogarciano, Sol, convence a Mimitos para que se haga pasar por su amante, ya que su suegro le ha dicho que, todo hombre ha de tener una y, posteriormente, romper con ella para formar un buen matrimonio. Y así lo hace. Claro que, no contentos con ello, todos los integrantes de la obra se citan, de una u otra forma en el apartamento de Mimitos provocando una maraña de confusiones que, finalmente, provocarán un desenlace feliz acorde con este tipo de género.

Para su remozamiento, el maestro Alonso había compuesto una partitura breve e inspirada en la que descollaban algunos números de carácter internacional como un fado que fue repetido a requerimiento del público. Éste, mostró su regocijo de forma ostensible, riendo y aplaudiendo por doquier. Pilar Escuer, Matilde Velázquez y Celia Gámez se hicieron admirar por su gracia y belleza quienes, en compañía de los autores, salieron a saludar en repetidas ocasiones a lo largo de la representación.

Mimitos comparte cartel con *La deseada* y *Las castigadoras*, dándosele a la primera un total de tan sólo veintidós representaciones. Aunque la cartelera del Eslava goza de consolidado prestigio y Celia sigue acaparando aplausos, el empresario del teatro, don Honorato Andrés, desea completar su cartelera con una atracción visual. De esta forma contrata a una troupe norteamericana, el Ballet Negre, de la que formaban parte ocho beldades negras figurando como estrella principal en el mismo, Evelyn Dove, considerada entonces la criolla más bella del mundo. Con el Ballet Negre se representan *Las castigadoras* en horario de tarde y *La deseada* en la noche, estrenándose, durante la representación de la primera, el 30 de noviembre, el tango de moda en Buenos Aires, «Un tropezón (He tenido un mal momento)» que, con letra de Bayón Herrera y música de Raúl de Hoyos, Celia pone en escena con su muy peculiar estilo.

El Eslava es, en estos momentos, centro neurálgico del arte frívolo. Es una época, estos años finales de la *Bélle-Epóque*, cuando triunfan vedettes como Tina de Jarque, Margarita Carvajal, Isabelita Nájera, Perlita Greco, Amparito Taberner, Amparo Sara, Olvido Rodríguez, Conchita Rey, Conchita Leonardo, Loló Trillo, las hermanas Pyl y Myl... entre otras muchas; aunque, será Celia Gámez quien adquiera mayor notoriedad y eso que su voz atiplada y metálica no se congratulaba demasiado con el buen gusto de muchos espectadores lo mismo que su forma interpretativa. Celia no hubo recibido ninguna formación declamatoria, hecho éste que no acababa de convencer a una parte de su propio público, pero suplía ambas carencias con su buen hacer sobre la escena, su vitalidad y, por supuesto, su envidiable físico.

A finales de 1927, este año tan especial e importante para «Nuestra Señora de los Buenos Muslos», triunfa Reyes Castizo «la Yankee» en el Apolo con *Las alondras* y *El sobre verde* mientras que en el Pavón se representan *Los bullangueros*, *Cornópolis* y *Las mujeres de Lacuesta* y *Noche loca* en el Maravillas, aunque, sin lugar a dudas, *Las castigadoras* sigue siendo la reina indiscutible de la temporada a la que se incorpora, como final de fiesta, una vez concluido el contrato con el Ballet Negre, «el negro con su alma blanca», Fina-Levi-Winess, cuyos bailes internacionales constituyeron el acontecimiento artístico del último mes del año. Es tal la demanda de localidades para ver a Celia que Honorato Andrés no puedo por menos sino programar en horario de tarde y noche la ya celebérrima creación principal de la bonaerense a la que añade nuevas y más atrayentes atracciones visuales que enriquecen y complementan el llamativo espectáculo como el entonces denominado «mago de la danza y el baile» Sacha Goudine con su *partenaire* Enriqueta Pereda y las hermanas Rubin como fin de fiesta del espectáculo o la orquesta Thoe Werky para amenizar la espera mientras se inicias las representaciones.

Aunque el ritmo de trabajo que Celia posee es realmente frenético, no cesa de acudir a cuantos beneficios y fines de fiesta le permiten sus representaciones en el Eslava, no sólo cantando tangos sino entonando números como el chotis de «Las taquimecas», cuya letra se imprimió en octavillas por todo Madrid corriendo la misma como la pólvora.

Económicamente Celia y su padre, que aún se encontraba junto a ella, pasan por momentos de cierto apuro hasta no haberse materializado la herencia de sus abuelos de Casaragonela, hecho éste que se llevará a cabo ya a primeros de 1928 en la extraordinaria cifra de nada menos que tres millones de pesetas de la época al decir de la revista

Mundo gráfico (6 de febrero de 1928) aunque en la publicación se sostenía, erróneamente, que la artista había heredado semejante cantidad de un tío suyo de Buenos Aires.

La leyenda de Celia comienza a acrecentarse hasta el punto de escucharse por Madrid el siguiente chascarrillo: «Hay que estar escámez/ hasta de la piedra pómez./ Ni es argentina ni Gámez,/ que es de Betanzos y Gómez».

La vida personal de Celia parece interesar más que la artística, pese a que ella era enormemente austera en la misma y exuberante en la segunda. Escándalos inventados como su supuesto romance con don Alfonso XIII, nunca probado absolutamente por nadie (hubo hasta quien afirmó que obtuvo la nacionalidad española entonces gracias a su amistad con el monarca). El hecho de que el Rey de España le concediese la nacionalidad española es posible que fuera cierto, pero no a cambio de ningún tipo de favor. Celia se llevó el secreto, si es que lo hubo, a la tumba. El regio español le profesaba una venerada admiración que nunca sabremos si tuvo otro tipo de consecuencias, si bien nos atrevemos a aventurar que con escasa probabilidad por dos razones bien establecidas: la primera es que en aquellos años, Rafael Juan Gámez vivía con su hija y, en segundo lugar, a Celia sólo le importaba su trabajo pese a «dejarse querer» y admirar por la legión de espectadores que día tras día se apostaban a las puertas del teatro o en su camerino para celebrarle su innegable arte.

Por aquellos días finales de 1927, Rafael Juan recibe un espinoso telegrama en el que se le comunica que uno de sus hijos, hermano de Celia, Antonio, se encontraba muy enfermo. De esta forma, deja a su hija que, económicamente ya estaba bien acomodada. Celia ganaba aproximadamente unas seis mil pesetas mensuales, mandando, por iniciativa propia la mitad del mismo a su madre a Buenos Aires, por lo que ella y su padre habían de defenderse con tres mil pesetas. Con esa cantidad no todos los meses podía hacer frente a sus gastos de mujer: maquillaje, vestuario... Pese a estar delgada, a Celia siempre le gustó el buen yantar. Muchas noches de aquel 1927 se iba a la cama con un triste café con leche. Había que ahorrar y pagar la pensión en que se encontraba junto a su padre. Sin embargo, cualquier carencia era bien suplida con la ilusión y el optimismo que siempre la caracterizaron. Gracias a *Las castigadoras*, una vez la obra obtuvo un rodaje asegurado, Celia vio un horizonte económico mucho más despejado. Además, Celia, pese a la marcha de su padre, contaba con un amigo y admirador de excepción: Darío López: «*Fuimos intimando. Me llevaba a los toros, a la sierra, a comer en los restaurantes de moda. También comimos varias veces en su casa, un piso grande y señorial en la Gran Vía, al lado de la Gran Peña. Tenía a su servicio un criado de confianza, Ignacio, y una doncella, cocinera y chófer. Pronto pude comprobar que era un hombre conocido y estimado en todos los ambientes. Aunque poseía fortuna propia, trabajaba de agente de cambio y bolsa. Especialmente considerado en los medios bancarios y financieros. También estaba muy introducido en la Casa Real. Un hombre, en fin, importante, interesante, influyente. Y, al principio, para mí, enigmático»* (San Martín, 1984, III: 69).

Darío López se convirtió en el mejor amigo de Celia. En su protector. En su consejero. Habitualmente salían juntos a todas partes tras acabar el teatro. Siempre educado, correcto, generoso, cariñoso, displicente, dispensando a la artista un trato verdaderamente exquisito.

Y mientras la vida personal de Celia es tema de conversación en los mentideros y corrillos de la Villa y Corte, el 23 de diciembre, la Compañía del Eslava estrena un nuevo título, el vodevil de Antonio Paso (hijo) con música del maestro Pablo Luna, *El tiro de pichón*, una obra de menor entidad que pasa prácticamente desapercibida con tan sólo treinta funciones en su haber. Pese a ello, la crítica del momento elogia la presentación escénica, muy especialmente la elegancia y riqueza de los trajes que diseñaron para la ocasión Demetrio y Álvaro de Retana, realzando los bellos contornos de las protagonistas femeninas: Celia Gámez, Loló Trillo, Matilde Vázquez, Pilar Escuer y las bellas señoritas del conjunto. Además, la música de Luna constituyó todo un acierto por «su elegante estilo» aunque se rechazó el libreto «de cansada gracia, manipulado en los más viejos recursos del vodevil» (*ABC*, 24 de diciembre: 35).

1927 toca a su fin. Ha sido un año de mucho trabajo. De esperanzas y sueños conseguidos. De sudor, esfuerzo y mucha pasión. De entrega y vida… mucha vida… En el horizonte y, para 1928, un deseo: «*Ir a la Argentina para abrazar a mis padres y con ellos pensar en todo momento en esta querida tierra, a la que tanto quiero y a la que volveré enseguida para reanudar mis éxitos, pues nada puede halagar tanto a una artista argentina, como los aplausos recibidos en la madre España*» (*Blanco y Negro*, 1 de enero, 1928: archivo del autor, s.p.).

IV. DEL ESLAVA AL ROMEA...

Una legión de chiquillas pimpantes y maquilladas corretea por los pasillos vestidas para la escena y pendientes de la voz del avisador. Piernas finas, ágiles y nerviosas, prieta la malla de seda; espaldas desnudas hasta la cintura. La risa... suelta en las gargantas juveniles de tan bellos cisnes, inunda de gorjeos los cuartos de las artistas mientras hacen gárgaras. Da la primera. Celia Gámez, la vedette del Eslava pasea la mirada absorta de sus ojos diablescos. Negros... muy negros... Profundos... Observando... Escrutando... Vigilando... Nada puede salir mal. El éxito no es suerte. El éxito se llama trabajo duro. En el pintado y carnosuelo corazón de sus labios, ha quedado inerte la sonrisa. Erguida, arrogante, se coloca el pesado traje de lentejuelas. Su Ernestina de *La deseada* luce unos modelos que la hacen aparecer en escena con cierta gallardía y prestancia. Da la segunda. Don Honorato Andrés, fiel observador de lo que late tras las bambalinas de su teatro afirma que su recinto es el templo del arte frívolo. José Campúa, en el Romea, afirma lo mismo. Ambos lo saben. Y ambos se hacen la competencia ofreciendo los mejores y más exitosos títulos del momento. Claro que el Pavón no se arredra y también se inmiscuye en tan hermosa y cruenta lucha de «piernas» al aire. Don Honorato, en el Eslava, pone todo su empeño en conseguir el éxito. Su plantel de mujeres es célebre en todos los círculos teatrales de Madrid... y fuera también. Las gentes de provincias que a la capital llegan, van enseguida a ver a las «chicas del Eslava». Y a Celia, por supuesto. Claro que ello no supone un elevado ideal del arte, pero la frivolidad tiene sus fueros, sus matices, sus apasionados y sus detractores. La frivolidad no hace pensar. La frivolidad entretiene. Libera de problemas. Produce la catarsis en quienes contemplan embelesados sus obras...

El 1 de enero de 1928, Celia celebra el Año Nuevo con la 263 representación de *Las castigadoras* y *La Magdalena te guíe*, a las cuatro de la tarde. Otra función, a las seis y cuarto de la tarde y diez y media de la noche la compone *El tiro de pichón* y nuevamente *Las castigadoras*. Todo un plan para pasar el primer día del año. Pero la noticia de este mes de enero es, sin lugar a dudas, la herencia cobrada por Celia, quien llega a afirmar, en una de las constantes de su leyenda a lo largo de los años: su retirada de los escenarios; aunque nada más lejos de la realidad. Celia cobra su herencia y la reparte, ahorra un poquito y se hace traer desde Argentina a su madre y a sus hermanas Albina y Cora auspiciada por Darío López, quien las invitó haciéndose él cargo de todos los gastos. Pasarán con ella una larga temporada, compartiendo sus éxitos y sus ilusiones y, en el caso de Cora, además, llegando a trabajar junto a su hermana en años venideros.

Celia no cesa de ser entrevistada. La prensa afirma que un tío suyo, muerto en Argentina, le ha dejado en herencia tres millones de pesetas y que se piensa retirar de escena. Sin embargo, nada hace presagiar que ello fuera verdad y que la noticia no fuese sino un reducto de lo cobrado por lo dejado por sus abuelos en Casaragonela. Semanas más tarde, la noticia se corrige en los principales diarios: «CELIA GÁMEZ SÍ HA HEREDADO... PERO NO TANTO». Efectivamente, la vedette confirma que ha heredado pero que no ha sido tanto dinero como la prensa ha afirmado, que el mismo lo va a compartir con sus hermanos y que, por supuesto, no piensa retirarse ni abandonar la escena y que cuando finalice su contrato con el Eslava dará una función a beneficio de los niños pobres y otra para el autor José Jackson Veyán. Pero las cosas no saldrán como Celia espera...

Es cierto que el contrato de Celia con la empresa del Eslava finalizaba esa temporada. Sin embargo, la empresa decide cortarla en pleno éxito para renovar su cartelera, a partir del 10 de abril con el estreno de la revista del maestro Guerrero, *¡Abajo las coquetas!* Al parecer, el maestro Alonso había propuesto a José Campúa alargar la temporada del Romea con la compañía de Salvador Videgain reponiendo *Las castigadoras* a sabiendas del enorme éxito que el célebre intérprete había alcanzado durante la temporada con la también revista del maestro granadino, *Noche loca*. Videgain reforma el libreto, lima las procacidades y reestrena el 18 de mayo, dándose a la reposición medio centenar de funciones. Videgain pensaba dirigir el Romea durante la temporada 1928-1929, pero Francisco Alonso le pide que le ceda el coliseo de Campúa para consolidar el estrellato de Celia Gámez, reestrenando la citada revista como principal estrella femenina de la compañía de Videgain (Alonso González, 2014: 258). Así las cosas, Celia Gámez, aún ha de estrenar, antes de marcharse, por contrato, dos títulos más en el coliseo de la calle Arenal (el «juguete cómico-lírico en dos actos dividido en cinco cuadros», *La Cascada (balneario de moda)*, original de Carlos Jaquotot y música del maestro Díaz Giles el 25 de enero más *Roxana la cortesana*, «cuento musical en dos actos divididos en prólogo, siete cuadros y apoteosis», de Ángel Torres del Álamo y Antonio Asenjo con música del maestro Pablo Luna el 9 de febrero); pero antes de irse del Eslava demandará a la empresa, con ayuda de Darío López, ante los Comités Paritarios de Espectáculos Públicos de Madrid que, dirigidos por Jordán de Pozas, fallan a su favor en el mes de marzo, por lo que han de pagarle una indemnización por incumplimiento de contrato, ya éste se extendía hasta finales de temporada y Honorato Andrés sólo quería pagarle hasta donde llegasen las representaciones de las dos funciones anteriormente enunciadas. Celia podía marcharse en cualquier momento como así lo hizo al recibir una oferta mejor del Romea, por lo que el contrato estipulaba que, además, si ello se produjese, debería cobrar hasta final de temporada, motivo por el cual hubo demandado a Honorato Andrés, empresario del local, al obcecarse en no pagarle sino hasta el día de su marcha.

En aquellas fechas, Darío López y Celia se habían convertido en amigos inseparables. Su demanda contra el Eslava, ganada a favor de ella, reafirmaron sus sentimientos hacia el bueno de Darío, un maduro otoñal casi veinte años mayor que ella pero por el que comenzaba a sentirse enormemente atraída hasta el punto de enamorarse perdidamente de él...

Las últimas obras que Celia estrena esta temporada en el Eslava llevan en nómina a Loló Trillo, Matilde Vázquez, Jacinta de la Vega, Julia Monge, Victoria Argota, Josefina Pastor, Elisa Ceperis, María Téllez, Faustino Bretaño e Ignacio León, entre otros.

La Cascada (balneario de moda), no fue del agrado del público a pesar de habérsele dado 43 representaciones. Si bien es cierto que su primer acto pasó sin pena ni gloria aunque el maestro Acevedo, director de la orquesta, repitió todos sus números musicales constituidos por los titulados «El programa del balneario», «Chotis de Cleu y Eleuterio», «Kirikis y reclutas», la «Canción argentina»...

También tuvo enorme éxito y fue muy aplaudido el denominado y divertido «Cuplé del ta-ca-tac», entonado por Celia acompañada de varias segundas tiples con trajes fantásticos quienes evolucionaban y acompañaban la letra del citado cuplé con una especie de sonajeros de cartón que se distribuyeron también entre el público para que lo hiciese sonar y coresase junto a ellas.

La partitura de la obra finalizaba con los números titulado «Nocturno», «Danza diabólica», «Flores», «Charlestón final» donde todas las tiples salían por los laterales del teatro arrojando confeti, pétalos y serpentinas.

Referido al segundo acto, éste constituyó toda una enciclopedia «de cuantas vulgaridades y frases de deplorable gusto son conocidas. El balneario se vino abajo, entre una polvareda de groserías, aunque no fueran de lamentar desgracias personales» (F., *ABC*, 1928: s.p.).

Aún así, merece la pena reseñar su argumento habida cuenta del tipo de espectáculos frívolos que se montaban en el Madrid de finales de los años veinte.

Su acción circunscribía al espectador al citado establecimiento, en los Pirineos catalanes, cerca de Francia. Allí, su propietario, don Plá, se frota las manos dada la abrumadora cantidad de reservas que posee, ya que ha descubierto recientemente un manantial cuyas aguas favorecen la fecundidad de todas las señoras casadas. Al mismo acaban de llegar los barones de Salto, matrimonio formado por doña Valentina Rubia de Palomo y su esposo Cándido, que, tras heredar una ingente cantidad de millones, no tienen descendencia a quien poder dejárselos, de ahí que hayan acudido al balneario a tenor de la fama que profesa para la fecundidad. Sin embargo, las cosas comienzan a complicarse cuando el portero del balneario descubra que las aguas se han secado. Don Plá, apesadumbrado porque puede quebrar su negocio, recibe entonces una sorprendente noticia: resulta que Eleuterio fue antes ayudante de farmacia y descubrió una crema capaz de hacer fecundas a las mujeres. Esa crema basta con ponerla en la comida de todas las féminas para que se queden embarazadas. Lo mismo en el solomillo que en la ensalada. Ante esta noticia, don Plá ordena que cambien de imagen a su nuevo «descubridor» y le hagan pasar por un eminente científico que ha devuelto la alegría y la fama al establecimiento. Claro que no todo va a ser miel para Plá. Su esposa, Cleo (Celia Gámez), no cesa de recriminarle que sólo viva para su negocio descuidando sus deberes maritales.

Cambiada su imagen, Eleuterio se hace pasar por Domingo, maitre del hotel, del que Cleo queda prendada repentinamente. Al mismo tiempo llega al balneario Juliana Ruiz, novia de Eleuterio, para buscar a éste y llevárselo consigo habida cuenta de que la tiene muy abandonada. De esta forma y, para evitar que Juliana descubra a Eleuterio, don

Plá se las ingenia para asegurarle que no se encuentra allí trabajando, afirmación que ésta rechazará ya que, pese a su infructuosa búsqueda, nada más ver a Domingo se ha quedado extasiada con su «belleza», por lo que no cesa de perseguirle. De igual manera, Hermoso, gerente del balneario, enamorado en secreto de Cleo, se manifiesta celoso ante los constantes arrumacos que ésta profesa a Domingo, descubriendo ante su novia la verdadera personalidad de éste. Así, ambos planean su venganza: interrumpirles en su habitación cuando estén juntos a eso de las doce en punto, introduciéndose ambos en la habitación de Domingo. Pero las cosas se complicarán sobremanera para todos, especialmente para Eleuterio (Domingo). El barón le pide su habitación para mantener una aventura con una hermosa bibelot. Se han citado a las doce. Cleo, creyendo que la bibelot va a pasar la noche con Domingo, le advierte que a las doce estará también allí. La baronesa le da a don Plá dinero para que cite en la habitación de Domingo a éste a las doce porque bebe los vientos por él. Y, finalmente, también a las doce acudirá a la habitación del susodicho doña Urraca, anciana cliente del hotel que, como ustedes lectores habrán averiguado inteligentemente, también está loquita loquita de amor por Domingo. ¿Quién fuera día festivo, verdad, señores?

Durante el segundo acto de la obra, todos los personajes se darán cita en la habitación de Domingo. Unos se esconderán debajo de la cama, otros tras un biombo, otros en el cuarto de baño o dentro del armario produciéndose un ir y venir constante de malentendidos que acabará con el escarmiento de Domingo quien, tras ver a Juliana, se arrepiente. Para Cleo y don Plá el asunto no acaba tampoco del todo malamente puesto que ella, conocedora de que su esposo vigila la habitación para que no se monte un escándalo, abandona sigilosamente la misma y aquí no ha pasado nada... hasta que llega al balneario Míster Black, un aparente inglés que viene auspiciado por el dueño, para intentar espantar los «duendes y fantasmas» que han colonizado la habitación del maitre y cuyos ruidos han hecho despoblar el establecimiento de clientes, sin embargo, el inglés es un policía disfrazado que viene a detener a los supuestos barones del Salto, dos pilluelos que se han hecho pasar por nobles para aprovecharse de todo cuanto puedan. Detenidos y arregladas las cosas, el balneario celebra una suntuosa fiesta con los clientes que... aún le quedan...

A primeros del mes de febrero de este 1928, Celia forma parte de la comisión femenina de propaganda que iba a organizar espectáculos y festivales en aquella temporada, compartiendo méritos con Margarita Xirgu, Carmen Ruiz Moragas, Irene Alba, Loreto Prado, Eloísa Muro o

Selica Pérez Carpio. Sin embargo, no pasaría mucho tiempo más hasta darle al público del Eslava otro nuevo estreno tal y como aventurábamos anteriormente. Se trataba de *Roxana, la cortesana*, divertidísimo cuento musical que sí deleitó a los incondicionales del Eslava en sus 61 funciones teniendo como hilo conductor del mismo el príncipe que recorre el mundo en busca de lecciones de amor que le vayan preparando para su último y definitivo destino: el matrimonio. Se plantea así, hilvanado por un ameno e ingenioso diálogo, veladas alusiones eróticas repletas de una gracia legítima a la que coadyuvaron las artísticas escenografías: pero resulta que el Infante Augusto de Nápoles no quiere casarse y no le importa, por tanto, conocer el amor pese a las advertencias de su maestro mentor, el señor Gasparini, quien sí se vuelve loco por cuantas féminas pone delante del Infante. Éste, que aparenta odiar a las mujeres, no es sino una estratagema. Al parecer en el reino vecino tiene pena de muerte la infidelidad, en el marido y en la mujer, por eso ha fingido de horror al sexo femenino, porque si llegara a casarse y le aplicaran la ley, le ahorcarían todos los días cuatro o cinco veces. Tanto es así, que lleva consigo un pequeño librito donde apunta, cual donjuán, las impresiones que poseen cada mujer que ha conquistado. De esta forma y, para intentar solventar el encargo que su rey le ha hecho, Gasparini contrata a la cortesana Roxana (Celia Gámez) con el objetivo de engatusar al Infante y hacerle pasar junto a ella una inolvidable noche de amor. Sin embargo, Agusto vuelve a rechazar en apariencia a la cortesana habiéndola dejado el corazón roto, puesto que Roxana se ha quedado prendida de sus encantos. Viéndose «maltratada» en el amor, acude a una nigromante, Musidora, quien le hace entrega de unos polvos para que el príncipe caiga rendido a sus encantos sin sospechar que también ha ido a ver a aquélla Gasparini solicitándole ayuda para solventar el acuciante problema que aqueja a Augusto, haciéndole igualmente entrega de los mismos polvos que, en su momento, Roxana, con ayuda de su doncella Fiametta, verterá sobre el vino que servirá al Infante en una fiesta en su casa, aunque la criada se equivocará y los verterá sobre una cuba de la que tomarán todos los invitados menos el príncipe. Así las cosas, la fiesta romana preparada por Roxana se convierte en todo un canto al amor juvenil donde retozan las parejas de enamorados... hasta que las cortesanas amigas de Roxana le descubren que todas han sido conquistadas por el Infante en secreto y que su aparente desprecio hacia el sexo contrario no es sino un ardid para conquistar a más mujeres. Roxana, al descubrirlo, no puede por menos sino quererle más todavía... sin sospechar, además, que Augusto también la desea y que va a poner fin a sus conquistas.

Enterado también Gasparini de la mentira del Infante, aquél le regaña para que reflexione en su cuarto, prohibiéndole más visitas de mujeres pero Fiametta, auspiciada por su señora, consigue embaucarle para que, aquélla, disfrazada, entre en sus aposentos para demostrarle lo que es el verdadero amor. Así, finalmente y, tras descubrirlo, el Infante sólo tiene un deseo que cumplir: quedarse con Roxana con quien reinará, en el reino del amor...

Tanto libro como música (cuya partitura incluía los números musicales titulados «Las rosas más bellas del parque cogí», «La fuente del amor», «El tocado de Roxana», «Es amor», «Es el mayor placer poder vencer en el amor», «El pasquín» y «Amor triunfador») fueron muy del gusto del público del Eslava, aplaudiendo notablemente las intervenciones de Loló Trillo, María Mateu, Celia Gámez y, por supuesto, el nutrido cuerpo de las 50 vicetiples 50 del teatro.

Celia Gámez continúa actuando en el Eslava hasta el viernes 23 de marzo, dejando las funciones de *La Cascada (balneario de moda)* y *Roxana, la cortesana* a merced de la también exitosa y popular vedette Amparo Miguel Ángel, quien ya había estrenado la citada en último lugar en Barcelona. Así las cosas y, habiéndose despedido de la empresa, Celia, a instancias del maestro Alonso, y, con vistas a estrenar en la próxima temporada en el Romea, que el maestro ya tenía apalabrado, comienza a formarse artística e interpretativamente: «*Me aconsejó que cuidara mi voz y estudiara canto. Aquélla era metálica, porque yo cantaba con la nariz. Decían que era una voz muy personal, con encanto propio, y así debía ser, a juzgar por mi éxito. Pero tenía razón el maestro: no era una voz normal. El célebre doctor Tapia me operó de la garganta, extrayéndome las amígdalas: en ellas estaba la causa de mi voz metalizada. Posteriormente siguió tratándome su hijo Antoñito, quien me operó en dos ocasiones. Pero la cirugía no bastaba para normalizar mi voz. El maestro Alonso me puso un profesor de canto que, pacientemente, me preparó como si fuera a debutar en la Scala de Milán. Para completar mi formación artística, tomé una maestra de baile, María Esparza. De manera que mis éxitos iniciales no me cegaron. No me impidieron comprender mis limitaciones, que traté de subsanar*» (San Martín, 1984, IV: 57-58).

El 18 de mayo, Celia reaparece ante un expectante público, reponiendo en el escenario del Romea *Las castigadoras* con la compañía de Salvador Videgain y, para aderezarlas, la orquesta argentina Bianco Bachicha, quien acompaña a la vedette en los tangos que interpreta en el fin de fiesta junto al célebre caricato Ramper. A la obra llegaron a dársele medio centenar de funciones más, el tiempo que estuvo hasta finalizar la temporada y comenzar el periodo estival.

La reaparición de la vedette supone un nuevo y personalísimo triunfo en la interpretación de la revista, presentada con esplendidez y buen gusto tras las oportunas reformas y limaduras de procacidades. Junto a Celia y Videgain, fueron también enormemente aplaudidos José Álvarez «Lepe» y Carlos Saldaña «Alady» quien, en sus *Memorias* (1965: 88-89), así lo recordaba:

> «[…] Conocí a Celia en San Sebastián. Yo trabajaba con Mercedes Serós en el Teatro Príncipe y Celia Gámez actuaba en cuatro o cinco números en el Petis Palais. Una noche se presentó en el café del Paseo de María Cristina. Celia era entonces aún una desconocida. Carcellé la había contratado para una gira por el Norte cantando tangos, con la poca suerte de que, allá donde actuaba, previamente había estado, también cantando, Carlos Gardel. En aquel café me di cuenta de aquellos profundos ojos negros que la caracterizaban. Al presentarme, me contestó: «Yo seré alguien grande algún día. No es precisamente ir por los teatros cantando tangos lo que a mí más me agrada del mundo. Algún día triunfaré en España y me haré famosa». Y así fue. Meses después se presentaba en el Eslava con la revista *Las castigadoras* consiguiendo triunfar en Madrid con su arte inconfundible.
>
> Campúa, que siempre fue un águila para los negocios contrató a Celia Gámez para su Teatro Romea. Ella iba a representar *Las castigadoras* con más éxito todavía si cabe que en el Eslava. Porque bien es verdad que el Romea era el teatro de las caras bonitas y sobresalir en un elenco como el que ofrecía Campúa constituía ser la más bella de todas. Y Celia lo era.
>
> En la obra, yo interpretaba el papel de un juez catalán que se llamaba Moncheta. El papel me salió bien y era el protagonista de la obra. Mi pareja, claro, era Celia. A ella, le encantaba meter «morcillas» en el texto, y claro, a mí, contestarlas. Ella, por ejemplo decía muy efusiva y ardiente: «Señor Moncheta, ¡es que soy sudamericana!» Entonces yo le lanzaba una miraba de fuego y la ponía en marcha: «Pues yo la miro a usted y sudo la americana, el chaleco y los calcetines…» La gente se retorcía de risa. Y yo me reflejaba en los profundos ojos negros de Celia recordando cuando nos encontramos en San Sebastián y ella me confesaba que no era nadie en España y que le gustaría triunfar. Al poco tiempo, había conseguido un triunfo clamoroso. Entonces, en el fondo del fondo de aquellos ojos, encontraba la explicación: era una mujer de mucho temple, de una enorme fuerza de voluntad, de un talento innato excepcional».

Encontrándose trabajando en el Romea, Celia es requerida, junto a otras tantas compañeras, para actuar en la función a beneficio de la Asociación española de la Prensa interpretando algunos números de la celebérrima zarzuela de Amadeo Vives, *Bohemios*, donde, junto a Paquita Torres se mostraron encantadoras en las dos grisetas de mencionado título, encarnando la primera de las citadas el papel de Cecilia.

Durante su estancia en el coliseo de la calle Carretas, en el horario de tarde se representa la «suplantación cómico-lírica en dos actos» original de Paso y Estremera con música de los maestros Calleja y Rosillo, *El viajante en cueros*, que había sido estrenada el 13 de abril, por la compañía que encabezaba Salvador Videgain pero interpretada por la también vedette Pilar Escuer junto a Ramper; sin embargo, no tenemos constancia de que con la llegada de Celia a las filas de Campúa, ésta se incorporase al reparto de mencionado título. Dejando de lado esta cuestión menor, la presencia de Celia es requerida para intervenir en multitud de eventos como la tradicional Fiesta del Sainete o un festival artístico a beneficio de del colegio de huérfanos de ferroviarios de Madrid, entre otros muchos.

El 22 de junio, los del Eslava se trasladan al Teatro Fuencarral por cierre de temporada en aquél. Salvador Videgain es reemplazado por Mariano Ozores para interpretar el principal papel masculino y director escénico de *Las castigadoras* al lado de Celia en horario nocturno, continuando las funciones de *El viajante en cueros* en horario vespertino. La compañía se compone de las hermanas Ofelia y Angélica Cortesina, Conchita Constanzo, Conchita Rey, Antoñita Torres y Celia Gámez en el lado de «las guapas» mientras que la nómina de «los feos» está integrada por Mariano Ozores como primer actor y director, el popular caricato Ramper, José Álvarez «Lepe» y el admirable primer actor genérico, Alady, obteniendo todos ellos notabilísimo éxito junto al incuestionable beneplácito del respetable. Así y, tras 39 funciones en el Fuencarral, la compañía parte para provincias.

Tras haber sido operada por el célebre doctor Antonio García Tapia, éste, a finales del mes de julio celebra en su casa una función en honor de los asistentes al Congreso de la Sociedad Otorrinolaringológica en la que toman parte, además de Celia, las notables bailarinas Pilar Calvo y Antoñita Torres, el gran bajo José Mardones, el tenor Juan García, la tiple señorita Galatti y un cuadro de cante flamenco con la intervención de la Niña de Écija y el Niño de Cáceres. Todos los números que formaron el programa fueron aplaudidísimos por los congresistas e invitados a la fiesta, que resultó una nueva prueba de gentileza del buen gusto del admirado y apreciado galeno.

En Celia Gámez teníamos entonces un magnífico ejemplo de artista impuesta rápidamente al público. Aunque hacía poco tiempo que había desembarcado en nuestro país, casi desde el primer instante se la pudo ya a considerar como una primera figura del género frívolo. Su belleza, su fuerza expresiva, su clara sensibilidad artística y su incuestionable arte, triunfaron inmediatamente sobre el público, que la tuvo ya, desde entonces, como una de sus favoritas.

Actualmente, en este verano de 1928, Celia era una de las artista de quienes, con toda justicia, podía decirse que contaba con un grupo nutridísimo de admiradores. Admiración doble: hacia la artista y hacia la mujer. La argentina supo hacer de su arte algo propio y dotarle de una flexibilidad artística que le permitió pasarse de la canción y las variedades a la revista con enorme acierto y mayor desenfado; aunque Celia no era la única admirada por los espectadores. Poseía una hermosa y sana competencia: las también vedettes Tina de Jarque y María Caballé. Si coincidían en algún teatro mientras Celia actuaba en otro, la taquilla de ésta se resentía porque ambas exhalaban arte y belleza por los cuatro costados... hasta que ambas, contratadas por el empresario Eulogio Velasco se marcharon a Argentina donde hicieron una larga y exitosa temporada que permitió a la morochita cierto «respiro».

A todo esto, la relación de Celia con Darío López iba viento en popa... ambos se encontraban profundamente enamorados... hasta que llegó la esperada proposición: «Si alguna vez me caso, será contigo, Celia». La chica, henchida de orgullo, se manifestaba exultante. Pero algo parecía no ir bien. Y así se lo manifestó aquél a su amor: no podían mantener relaciones íntimas a causa de un «problema físico»: *«Así fue. Nos quisimos toda la vida. Siempre me tuvo a mi lado. Le profesé un amor grande, limpio y sincero. Durante quince largos años. [...] Darío López nunca fue mi amante, como muchos creían. Me quiso más que nadie. Me amó con pasión. Me veneró. Pero nunca me poseyó porque el destino no quiso que eso fuera posible. De haberlo sido, me habría entregado a él sin dudarlo. Porque yo también le quise con toda mi alma. Y hubiera sido su esposa. Darío llegó a ser como mi segundo padre. Hizo por mí cosas que ni mi verdadero padre hizo. Fue el hombre más extraordinario y generoso que he conocido. Uno de esos hombres excepcionalmente buenos que, aunque muchos lo duden, existen en el mundo. Dios dispuso que apareciera en mi vida, a la que él consagró la suya. Vivió por mí y para mí»* (San Martín, 1984, IV: 56).

La relación de Celia y Darío López dio mucho que hablar en el Madrid de su tiempo. La leyenda que corría por los mentideros afirmaba que ambos eran amantes consumados y que la morochita había conquistado a un buen «pez gordo» que, con dinero e influencias, podría sacarla de cualquier apuro que se le presentase. Pero, más allá de las maledicencias, imposibles de corroborar hoy en día, lo cierto es que Darío López fue un fiel protector de nuestra protagonista a la que ayudaba en todo cuanto aquélla le solicitaba o pedía. Precisamente él sería quien le regalase a Celia su primer coche, un Fiat 2800 que causaba sensación en aquellos años por su escasez y que la artista solía aparcar frente a su casa: a finales de los años veinte vivía en un piso del edificio La Adriática, esquina Gran Vía con Callao junto a su madre y hermanas.

Llegado ya el último trimestre del año, José Campúa vuelve a apostar por Celia a instancias, recordemos del maestro Alonso, para abrir temporada en el Romea. De esta forma, el 7 de septiembre regresa la compañía que dirige Mariano Ozores reponiendo *Las castigadoras*, aunque Celia no reaparecerá como protagonista de la misma hasta la función del 14 de septiembre, siendo hasta entonces encabezada por Conchita Constanzo. También se repone *El viajante en cueros* y se reestrena *Ali-Guí*, un «pasillo cómico lírico en un acto» que, original de Pedro Muñoz Seca y Pedro Pérez Fernández con música del maestro Rosillo que se había estrenado la temporada anterior en el mismo escenario. En ambas funciones interviene Celia, alternando su protagonismo con el de Conchista Constanzo. De esta forma, pues, y hasta la llegada de un nuevo y esperado estreno, que acaecerá el 19 de octubre, a *El viajante en cueros* se le dan diez funciones, 76, al segundo de los títulos citados y 176 más a *Las castigadoras* que llega a las 500 funciones en su haber el 26 de septiembre con una función extraordinaria a beneficio de su principal intérprete.

Las lloronas, nuevo estreno de la compañía, «historieta en dos actos» de Joaquín Vela, José L. Campúa y Francisco Alonso llega a la marquesina del Romea el citado día 19 de octubre de 1928 intentando revalidar otros éxitos de los mismos autores. Era, por tanto, una mezcla de revista y vodevil con diálogos ocurrentes y graciosos que hábilmente incorporaban variados ritmos de moda en la época como el *foxtrot*, el danzón, el charlestón, la java o el clásico chotis. La dirección musical, que corrió a carga del maestro Alonso frente a la escénica de Mariano Ozores, completaron una puesta en escena que ostentaba una espectacular escenografía de César Balbuena, influenciada por el cine.

La acción del primer cuadro se desarrolla en Madrid, en uno de los cuartos destinados a viajeros de un gran hotel. Hércules Lacuerda es un mozo de cuerda, madrileño, castizo y «más fresco que un témpano», que hace el servicio de transportar los baúles al hotel. El pobre hombre tiene una numerosa descendencia, y él mismo afirma que cada vez que fija sus ojos en alguna señora, a los pocos meses se celebra el bateo. Acuciado por la necesidad, se ha puesto en combinación con el *maitre* del hotel para desvalijar a los viajeros. El *maitre*, a su vez, ha formado un estupendo cuerpo de «ratas de hotel» femenino, encargados de robar al amparo de las sombras de la noche, y el tal don Hércules tiene la misión de llevar los objetos sustraídos a las casas de empeño, pasando con tal motivo unos sustos terribles.

Llega al hotel un viajero, rico hacendado de un pueblo extremeño, don Patrocino Meléndez, tipo clásico de «pardillo». Meléndez viene a Madrid de paso, con sus sobrinos Sarita y Luquitas, a quienes se propone llevar al Balneario de Villalegre, famoso por sus maravillosas curas a los neurasténicos, hipocondríacos y melancólicos. Meléndez consuela a sus sobrinos, que no cesan de lloriquear un solo momento, y váse a arreglar unos asuntillos. Cuando se quedan solos Sarita y Luquitas abandonan sus lloriqueos y se comunican sus impresiones rápidamente. Entonces nos enteramos de que su tío quiere casarlos a todo trance para cumplir la voluntad de las familias de ambos y que pase a ellos su cuantiosa fortuna. Pero Luquitas no ama a su prima, porque está en relaciones con Amarinda, una famosa tiple de opereta, y Sarita tampoco siente ninguna inclinación por su primo, por hallarse súbitamente interesada en el doctor Mata, un médico que pasó por el pueblo y que la enamoró, con su sola presencia.

En tal situación, Sarita y Luquitas han inventado el truco de fingirse enfermos de tristeza, para que el tío retrase la boda y ver el modo de conseguir la felicidad que ambos ansían. Los dos marchan en busca de Amarinda, que vive en el mismo hotel, a comunicarle su llegada y a que les aconseje lo que deben hacer.

Hay un oscuro total en escena y entonces aparecen los ratas de hotel que, misteriosamente, entran a robar en la habitación.

Al terminar el número, hacen una entrada cómica Hércules y el *maitre* del hotel, que vienen dispuestos a llevarse todo lo que encuentren. Cuando se hallan en esta faena, ven llegar a los ocupantes de la habitación. ¿Qué hacer? El *maitre* obliga al mozo de cuerda a que se esconda, asegurándole que a los pocos minutos apagará todas las luces del hotel para darle tiempo a que salga de allí sin ser visto.

Entran en escena Sarita y Luquitas, acompañados por Amarinda, que viene radiante, comentando con exaltación el triunfo que acaba de conseguir aquella noche en el teatro con el estreno de una opereta. Sarita y Luquitas calman un poco sus entusiasmos y la ruegan que busque con su imaginación volcánica, algún recurso que les saque del trance apurado en que se hallan. Amarinda asegura que en las operetas que ella interpreta hay trucos para todo y repasa en su memoria algún asunto teatral que le ayude a representar una farsa, encaminada al logro de sus aspiraciones amorosas. Pronto da en el *quid*. Una opereta de gran éxito, que ella hizo hace algún tiempo, le inspira la idea salvadora. Y propone a Sarita y Luquitas el plan a seguir: los dos primos se irán al balneario con el tío; ella aparecerá allí a los pocos días, y procurará, por todos los medios, enamorar a Meléndez, para que la sorprendan en sus brazos y pedir una reparación a su honor manchado. Como el tío es casado, Luquitas será quien se ofrezca a salvar las apariencias, casándose con ella. Así quedan los dos primos libres del compromiso; Luquitas puede casarse con Amarinda y Sarita buscar al hombre de su ideal. Y todos tan contentos.

En este instante sorprenden a Hércules. Luquitas va a llamar a la policía, pero el avispado mozo de cuerda amenaza con contar todo lo que ha escuchado desde su escondite. Amarinda tiene una de sus geniales ideas operísticas y escoge a Hércules para que vaya con ella al balneario y pase por su padre, siendo él quien exija la debida reparación a su honor en entredicho.

El cuadro segundo transcurre en la terraza del establecimiento principal del Balneario de Villalegre. Meléndez y sus dos sobrinos se disponen a tomar un aperitivo y la camarera, siguiendo los procedimientos curativos del balneario, pide un «*aperitif-dansant*», lo cual da pie al número de «Las cocteleras».

Meléndez protesta indignado de que a todas horas le estén molestando con músicas, se dispone a decirle «cuatro cosas» a la directora del balneario, en el preciso momento que aparece doña Agripina y le corta su discurso. ¿Quién es capaz de enfadarse con una señora tan «estupenda» y tan... mimosa?...

Celia Gámez en el número de «Las ratas de hotel» de *Las lloronas* (1928)

Doña Agripina expone a Meléndez los procedimientos curativos que emplea con gran éxito para combatir la neurastenia y la hipocondría, apareciendo en tal instante el gran don Hércules, con Amarinda, doña Agripina aprovecha esta situación entonces para hacer las correspondientes presentaciones. Sarita confiesa a Luquitas y Amarinda que está loca de felicidad, porque ha sabido que Mata es el médico del balneario. En este instante aparece el doctor, rodeado de las enfermeras.

El doctor Mata reconoce a las enfermeras que apenas pueden soportar su mirada asesina, pues hay que advertir que el tal doctor posee unos ojos grandes y rasgados, capaces de hipnotizar a la propia Cibeles. Sarita tampoco puede sostener la mirada frente a frente de la de Mata, y cae en sus brazos pidiéndole que la cure, a lo que el «fascinante galeno» se ofrece incondicionalmente, prometiéndola poner en práctica el método de su invención, único para aliviar las enfermedades de las «niñas citröen», dando esto lugar a un hermoso dueto.

Luquitas viene furioso, increpando a su novia Amarinda, pues cree que ha tomado excesivamente en serio su papel y que el coqueteo con su tío es cada vez mayor. En esto aparece Meléndez y la tiple de opereta pone en práctica uno de sus recursos escénicos desmayándose en sus brazos. Sarita, por su parte, no quiere ser menos, y para dar celos a Mata, cae desmayada en brazos de su primo. La directora del balneario se ofrece a curarlos con su infalible receta para los desmayos, momento aprovechado para insertar la divertida «Java del mareo».

Agripina (Celia Gámez) queda en escena leyendo unos periódicos y don Hércules se dispone a «castigarla» un poquito, lo cual logra muy de veras, dando esta situación lugar a un castizo chotis genuinamente madrileño.

Luquitas, que sigue con la mosca tras de la oreja, se sale de quicio al ver al doctor Mata reconociendo a su novia Amarinda, e, impulsado por los celos, provoca un conflicto, obligando a don Hércules a desafiar al desaprensivo doctor para defender el honor de su supuesta hija.

En el acto segundo y, antes de subir el telón, se oye una copla que entona un labriego a lo lejos: «Son las mujeres ovejas/ para cazar compañero,/ pero endispués de la boda el hombre es siempre borrego».

Aparecen las afueras del balneario, en pleno campo. El doctor Mata y don Hércules se disponen a batirse, y el frescales del mozo de cuerda tiembla como un azogado. Al fin, entre unos y otros, consiguen salvarle de las garras de su rival, después de numerosos incidentes cómicos. Pasando este cuadro, doña Agripina organiza una fiesta en el teatro del balneario, empezando dicha fiesta por un precioso número mímico-bailable de soldaditos de plomo, que constituye el cuadro cuarto.

Para finalizar, Meléndez consigue descubrir la farsa que sus sobrinos y el sinvergüenza de don Hércules han urdido y, hombre bueno al fin, perdona a todos. Don Hércules queda en ridículo representando una comedia más, pero halla una compensación a su mala fortuna en el amor de doña Agripina, que ya no podrá vivir por más tiempo sin las caricias del ex mozo de cuerda.

Con *Las lloronas*, el Romea encontró su primer gran éxito de la temporada que, andando el tiempo (y las representaciones) se hará centenaria en el cartel (sólo en el coliseo de Campúa llegará a las 280 funciones; posteriormente la amoldarán otras compañías a sus repertorios como la de Luis Caseca que, entre el Fuencarral y Pavón ofrecerá 24 funciones; la de Luis González, con 112 o Lino Rodríguez con 19 además de incontables representaciones más por provincias y de formar parte inherente del repertorio de Celia a lo largo de los años). La obra constituyó un verdadero éxito, confirmado y acrecentado en las representaciones posteriores al estreno. Un libro lleno de gracia y movilidad; una música deliciosa, de línea popular, elegante y moderna; una interpretación esmeradísima donde se destacaron las bellezas femeninas encabezadas por Celia, «de elegancia personalmente distinguida» (*ABC*, 1928: 47) y una presentación alegre y vistosa, factores todos ellos que permitieron que el telón se alzase en numerosas ocasiones. Además, los intérpretes masculinos como Faustino Bretaño, Mariano Ozores o Ramper, arrancaron las más sonoras carcajadas y animaron al público con su particular gracejo.

Las lloronas (22.30 hs.) comparten escenario con *Las castigadoras* (a las 18.30 hs.) si bien éstas se representan en unas funciones vespertinas acompañadas por la orquesta argentina Maipú, siendo muy celebradas estas matinés del Romea consolidando el estatuto olímpico de su principal protagonista femenina que no cesa de intervenir en cuantos homenajes y funciones benéficas es requerida: homenaje a Joaquín Vela y José L. Campúa, festival organizado por la Unión Juventud Hispanoamericana...

El 26 de diciembre se celebran las 600 representaciones de *Las castigadoras* con un homenaje dedicado especialmente al maestro Alonso y en la que Antoñita Torres y el bailarín Titos ejecutaron la machicha brasileña de *Noche loca* (1927), Celia entonó clásicos tangos argentinos, Bretaño dio una charla humorística sobre el cine y, finalmente, los actores del Teatro Maravillas, que habían estrenado con formidable éxito otra revista del maestro Alonso, *Las cariñosas*, entonaron el ya célebre chotis de «La Lola» y que Celia entonaría públicamente por vez primera, con las principales figuras de la compañía, meses más tarde, concretamente el 5 de marzo de 1929 con motivo de la 202 representación de *Las lloronas* y una gran fiesta homenaje a libretistas y compositor de la misma.

La popularidad de Celia la confieren como una artista que constantemente es solicitada por periodistas para dar interviús, como la que ofrece a Eduardo Quiñones para la revista *Estampa* (20 de noviembre, 1928: s.n.) bajo el título de «El secreto de Celia Gámez» y en la que afirmaba que le encantaban *«esta clase de espectáculos revisteriles, frívolos, pimpantes, cascabeleros... Me parece que las variedades no volverán a tener el esplendor de otros tiempos. Han sido ahogadas por la revista».* Ella misma reconoce, además, que se siente abrumada con tantos regalos como recibe, *«principalmente joyas y flores. Lo que ocurre es que yo los devuelvo»*. Pero, sin lugar a dudas, el mayor aliciente de la entrevista es aquélla a que daba título, ese secreto de la artista que tanto estaba dando que hablar (como todo lo que hacía) en el Madrid de su tiempo. Y es que Celia solía aparecer en escena con un exquisito lunar en la parte izquierda de su barbilla que cautivaba a la masculina concurrencia y que ella acentuaba pintándoselo. Pero, ¿era de verdad?: «*Supone usted que es postizo, ¿verdad? Son muchos los que así se lo creen. Pues no, señor, es natural. Completamente natural. Fíjese»*. Y, efectivamente, el dichoso lunar era de verdad. Tanto, que incluso José Bohr y Víctor Soliño le escriben y musican un gracioso *foxtrot* en homenaje a su lunar que Celia graba y populariza.

El 13 de marzo de ese 1929 y, compartiendo cartel con la citada obra, tiene lugar el estreno de la «travesía cómico-lírica en dos actos» original de Antonio Paso y Tomás Borrás con música del maestro Pablo Luna, *El antojo*.

La compañía del Romea la integran en aquel entonces la propia Celia junto a Antoñita Torres, Conchita Constanzo, Conchita Rey, Amparito Sara, Amparito Taberner, Rosa Ortega, Milagros Fortuny, Rosario Higueras, Faustino Bretaño, Mariano Ozores, José Vilches y José Álvarez «Lepe». Con figurines creados por Álvaro Retana y decorados de Mollá, Carratalá y Muela, los espectadores pudieron escuchar un inicial preludio musical tras el que inmediatamente se levantaba el telón de boca y aparecía otro telón anunciador. En él había pintado un lujoso paquebote y varias viñetas de ciudades mediterráneas muy características; por ejemplo, el Cairo, con pirámides y la esfinge; el golfo de Nápoles; una vista de Barcelona, etc.

Durante la exhibición del cartel, la música había seguido tocando y continuaba cuando, subido el telón anunciador, aparecía el decorado del acto primero.

En primer término, un saloncito en el que desemboca, perpendicular a la concha, un pasillo. A cada lado del pasillo tres camarotes numerados. El pasillo termina, al foro, en una toldilla, practicable a derecha e izquierda. Una barandilla a modo de balcón sobre cubierta y un toldo de lona, cuya lona cae ocultando lo que se vería del barco, constituye la toldilla. En el saloncito de primer término, algunas butacas, una mesita, etc. Puertas laterales. Está amaneciendo...

Hace veinte años que el capitán Gustavo vive con un remordimiento. Sí, él ya sabe que engañó a Torcuata, que la abandonó, que tuvo un disgusto enorme y que tuvo un chico; un fruto de sus amores; un fruto de su locura. Pero claro, en lo de fruto, no fue suya toda la culpa. Torcuata también hizo lo suyo... ¡Y si vieran ustedes, amables lectores, qué ganas tiene de conocerle, de estrecharle entre sus brazos!... Con qué ganas iría hasta Buenos Aires para verlo hecho ya todo un hombre. Pero el capitán, claro, conoce a Torcuata y sabe que nada más verlo, le propinaría un fuerte puñetazo.

La desgracia del capitán Gustavo la conoce tan sólo una de las camareras del barco, Marina. Una desgracia que no tendrá término, según, al parecer, le predijo una gitana, Macabea, hasta que consiguiera el amor de una mujer que tuviera un antojo en forma de guinda en la cadera derecha. ¡Casi un imposible! Y quién mejor que Martina lo sabe, ya que la chica hace los menesteres de bañista por orden del capitán con el sólo objeto de ver si le encuentra a alguna «guinda»... pero nada... al menos, de momento.

En el «Luna de miel» se alojan tres parejas de recién casados: Casta, que la han obligado a casarse por dinero con el dueño de varias fábricas de jabón, Reparado, tras haber abandonado a su novio, Panchito, a quien conoció en Buenos Aires; Adelia y Juanito, un pollo pera que de soltero era un auténtico donjuán y, ahora, con el matrimonio parece haberse vuelto «formal» y Paula y Protasio, hombre hecho y derecho muy enamorado de su esposa que bebe los vientos por un antojo que, en forma de guinda, posee su mujer en la cadera derecha.

La acción comienza a complicarse cuando Martina descubra a un polizón, Panchito (Celia Gámez) que ha subido al barco para buscar a su novia y que la camarera lo va a hacer pasar por el hijo del capitán y Torcuata, aprovechando que Gustavo no lo ha visto nunca ni sabe cómo es. Sólo así, podrá librarse del castigo que supone subir sin haber pagado su pasaje. Ahora se llamará Torcuatín. Claro que como en el barco no hay cabida para los solteros, el capitán le hace pasar por un barman. Éste, mientras sirve unas copas a Casta, Adelia y Paula junto a sus respectivos esposos, reconoce en la primera a su novia, lo mismo que ella a él, al tiempo que Martina ha descubierto que el antojo con forma de guinda lo ostenta Paula y así se lo hace saber a Gustavo. Éste, para salirse con la suya y solventar su problema, finge que el «Luna de miel» ha chocado y han de abandonarlo; eso sí, primero las mujeres. Los hombres se encerrarán en sus camarotes hasta nueva orden. Así las cosas, Gustavo puede conquistar a Paula y Panchito hablar con Casta: «Vedles, se marchan tan encantados/ y tan decididos,/ pronto serán suyas las mujeres,/ ¡ay, pobres maridos!».

El segundo acto se inicia con una perspectiva de Orán a lo lejos. Seguimos a bordo del barco. El capitán Gustavo ha hecho creer a

Reparado y Potasio que, tras la tormenta, a sus respectivas esposas se las ha llevado una ola y ahora son viudos. Lo mismo les hace creer Gustavo a Casta y Paula. Panchito y Gustavo precisan de tiempo: el primero, para volver a despertar el amor en Casta, quien, haciendo honor a su nombre, no desea, pese a ser «viuda», manchar su matrimonio. Gustavo con Paula, lo mismo, y es que ambas son adictas a la «fidelina», una sustancia que sus extintos maridos les hacían tomar para que les fueran fieles. Visto así, Martina propone la idea de buscar entre el barco la sustancia contraria, la «cornalina» que, según le consta, han tomado varias pasajeras para serles infieles a sus maridos. Y se dispone a encontrar a alguien que posea de la misma. Subsanado este problema y, con Paula y Casta ya embriagadas de «cornalina», el «Luna de miel» atraca en Orán.

Por su parte, Juanito y Adelia, desembarcan no sin antes y, por error, haberse esta última tomado una buena dosis de «cornalina» lo mismo que su marido y, si éste se echa en brazos de Martina, aquélla hace lo propio con el capitán.

Nos trasladamos ahora hasta el jardín del Gran Hotel de las Palmeras, en Orán. A la derecha y a la izquierda, un pabelloncito en ochava con puerta practicable. Cada una de estas puertas estará cerrada con una cortina de dos lienzos vistosos y agradables de color. Al foro y derecha la fachada principal con puerta practicable del gran hotel, monumental y de arquitectura árabe. Palmeras, constituyendo el jardín, repartidas por toda la escena, de modo que adornen pero no estorben la acción. Mucha luz, mucho color, mucha alegría... y mucho amor, todo ello regido por el director del hotel, Ali-Maña. Al mismo llegan muy amartelados para pasar los tres días que el «Luna de miel» precisa de «reparación» por su accidente, Gustavo con Paula y Panchito con Casta sin sospechar que Juanito y Adelia también se han hospedado allí y han visto entrar a las parejas, cada una en un pabellón. Claro que, al mismo hotel y, esperando que otro barco, el «Lucano» llegue desde Argel, han ido a parar Reparado y Protasio con la firme intención de buscar alojamiento mientras esperan sin sospechar que sus mujeres, a las que creen muertas, se alojan también allí. Hasta que Juanito los reconoce y les cuenta que todo ha sido una treta del capitán: «A ellas les han hecho creer que los que se ahogaron fueros ustedes, y a ustedes que fueron ellas».

Dispuestos, pues, para la venganza, los maridos se disfrazan de árabes y, en la fiesta que tiene lugar en el hotel, cantan su triste historia ante la presencia de sus esposas.

Tras esta actuación, el desenlace no se hace esperar: el capitán descubre a los maridos burlados y, sus respectivas mujeres, arrepentidas, vuelven a su lado no sin antes perjurarles que les han sido fieles. Por su parte, Juanito descubre que el ansiado antojo que con forma de guinda buscaba el capitán en su mujer, no es tal sino una cereza y que Panchito no es hijo del capitán sino un impostor caradura, al menos así, se lo hace saber Martina, enloquecida de amor por él. Por su parte, Panchito, viendo que Casta le es fiel a su esposo, decide marcharse hacia Buenos Aires a buscar el amor... De esta forma, cada oveja sigue su «Luna de miel» con su pareja: Casta junto a Reparado; Paula al lado de Protasio y Juanito con Adelia, quien, mientras todos se encontraban enzarzados en descubrir las mentiras que los han rodeado, ha ganado una olimpiada de besos. Al menos, así lo anuncia enardecido Ali-Maña.

Las vodevilescas infidelidades que ocurrían a bordo del «Luna de miel», configuraron una «travesura» muy del gusto del público que fondeaba en el Romea. La obra fue del agrado de los espectadores y supieron premiar la partitura del maestro Luna, «de melodías fáciles y jugosas, de ritmos graciosos»: «El despertar de los recién casados», «Jóvenes y pícaras», «La chacarera», «La Torcuata», «El cóctel del amor», «Dady-doll», «Danza mora» «El antojo», o el cuarteto cómico que, a ritmo de pasacalle, «Tanta ventura yo no la creo», hubo de ser repetido hasta en tres ocasiones.

En cuanto a las interpretaciones, Celia Gámez, que encarnó a un hombre y se pasó toda la obra ataviado como tal, volvió a dar cumplida cuenta de «sugestiva expresividad a un tipo argentino de artísticas maneras» (*ABC*, 14 marzo: 42), recordando, con su particular acento, sus primeros tiempos en España cuando cantaba tangos ataviado de varón y levantando pasiones y asombro como tal. No era tampoco frecuente que una vedette se pasase la obra vestido de hombre. Celia, una vez más, se adelantó a su tiempo y al travestismo escénico que tanto juego daría en obras posteriores, encarnando al Panchito de la obra.

Tradicionalmente, el espectador veía sobre el escenario el glamour de una hermosa efigie femenina envuelta en plumas y lentejuelas. Ésta, lo mismo bailaba que cantaba o hacía un papel acorde a su sexo en los cuadros dialogados de la revista. La aparición de una Celia Gámez vestida de hombre y cantando tangos (género tradicionalmente masculino) supuso todo un choque sociocultural para los españoles de su tiempo que, paulatinamente, se acrecentaría con decenas de incorporaciones traídas de las manos de Celia al aparecer en sus obras: la minifalda, el peinado a lo garçon, las primeras medias y sombreros de cristal que se vieron sobre un escenario, una mujer fumando en escena, conduciendo por Madrid... o una fémina vedette desempeñando durante toda la obra un papel masculino, enamorando a hombres a tenor de los diálogos y parlamentos del libreto. Celia abrió así el camino a las mujeres. Se atrevió con todo. Y con todo, cual César imperator, vino, vio y venció pese a las leyendas que correrían de boca en boca por los mentideros de su tiempo.

Su papel de Panchito en *El antojo* sorprendió y abrió camino a que otras mujeres pudiesen representar papeles masculinos. Recuérdese a este respecto el caso contrario en nuestra época teatral áurea cuando muchas mujeres no podían representar y eran los actantes masculinos quienes habían de representar sus personajes.

El travestismo escénico daba pie a divertidísimas y ocurrentes escenas y parlamentos que, con ingenio y sin procacidades, el comediógrafo bilbilitano, José Muñoz Román, sabría, sabiamente, incorporar a escena en títulos tan celebrados como la posteriormente exitosa *Doña Mariquita de mi corazón* (1942), aunque en aquélla, sería un hombre quien se vistiese mujer.

El disfraz distorsiona lo que uno es por aquello que quisiera ser como si de un espejo deformante de feria se tratase. Revela más de lo que intenta camuflar. Conmina a aquél que lo lleva a sintetizar el papel que representa y el que desearía representar. Es un artificio asumido de forma consciente, especialmente en el marco de ciertos rituales sociales y culturales.

Celia Gámez emplea el travestismo única y exclusivamente como parte del espectáculo al cantar tangos y canciones gauchas, dejando entrever una doble sexualidad sin que ésta haya de ser propiamente específica de ella misma o del personaje que encarna. En este sentido juega un papel importantísimo la metateatralidad de la propia supervedette quien traveseaba constantemente con la sexualidad como un medio más de acrecentar su popularidad y ser objeto de deseo tanto de hombres como de mujeres. De hecho, en cierto momento nuestra celebrada morochita llegaría a espetar, tal y como posteriormente tendremos oportunidad de comprobar, como si se reflejase en un espejo: «¡Ay, si fuera hombre me casaría conmigo mismo!». De esta forma, nos vamos a encontrar en algunos libretos, a una mujer que se transforma en hombre puntualmente o a una mujer que encarna a un hombre (quizás como personaje principal al ser ella la vedette del espectáculo como ocurre en *El antojo* o como simple recurso escénico que conlleve a la hilaridad del público formando así parte del juego teatral del libreto que representa como veremos en obras posteriores también interpretadas por la propia Celia).

De esta forma, pues, algunos libretos de revista explotarán no sólo el equívoco sino además la confusión de identidad, la ambigüedad y las distintas contradicciones sexuales que aquejan a muchos de sus protagonistas. En este sentido, un personaje travestido no necesariamente ha de ser homosexual. Antes bien, el travestismo es empleado como un signo de identidad libremente adquirido en clara contraposición a los valores de represión y anquilosamiento de algunos miembros de la sociedad. La sexualidad que represivamente vivirían algunos intérpretes contemporáneos de Celia como Antonio Amaya o Miguel de Molina no les permitía rebelarse contra el nacionalcatolicismo de la sociedad en la que se integraban, de ahí que cuando se subían a un escenario el grito de libertad supusiera un acto de rebeldía, acto en el que venían a converger estereotipos sociales que vedettes como Celia, gracias a su valentía, supieron y pudieron abrir el camino a mujeres y hombres travestidos en la revista musical española.

De esta forma, pues, la *performance* que lleva a cabo el actor/actriz travestido permitía construir un personaje socialmente libre sobre el escenario pero culturalmente reprimido.

En el caso del personaje que Celia encarna en *El antojo*, se trataba de una actriz/vedette, protagonista (masculino) indiscutible de la obra que encarna a un personaje varón durante todo el desarrollo de la misma. Éste, caracterizado como un novio que llega a recuperar el amor de su novia, permitía cierta «bisexualidad escénica» en determinados momentos de la obra: Panchito cuando, por ejemplo, en un momento de la acción agasaja a Martina o cuando se reencuentra con Casta; sin embargo son recursos llevados a cabo para captar la hilaridad del público y provocar, qué duda cabe, cierta ambigüedad donde el juego sexual está latente a lo largo de toda la obra. Ver a Celia como hombre tirarle pellizcos a una actriz o un beso era realmente toda una novedad que no pudo pasar desapercibida, levantando incluso pasiones. De ahí que nos hayamos detenido unos instantes en ahondar en esta cuestión que Celia se encargaría de explotar hasta la saciedad jugando con cierta ambivalencia en momentos puntuales sin que ello tuviese en absoluto nada que ver con su propia sexualidad pero que sí serviría para acrecentar su leyenda y que corriera por los mentideros teatrales su posible lesbianismo. Aunque nada más lejos de la realidad.

Junto a Celia, la crítica de la época aplaudió notablemente las divertidas intervenciones de sus compañeros Bretaño, Ozores y Lepe amén del inherente atractivo de Conchita Constanzo, quien hizo una Casta ciertamente divertida e irrepetible.

En estos momentos, la popularidad de Celia es notabilísima. Si en 1927 ya había grabado para la casa Regal el «Charlestón del pingüino», «Noche de cabaret» y el célebre «Chotis de las taquimecas» de *Las castigadoras* y en 1928 para Odeón, «Las ratas de hotel», «Las cocteleras», «La java del mareo», «Las enfermeras» y el «Chotis» de *Las lloronas*, ahora, en 1929 hace lo propio para la misma casa grabando algunos números de *El antojo* y el mítico chotis de *Las cariñosas*, vendiéndose los mismos enormemente junto a otras grabaciones de tangos que realiza de forma constante.

Las lloronas y *El antojo*. *El antojo* y *Las lloronas*, las dos obras con las que bate récords de taquilla José Campúa tarde y noche en el Romea hasta que el 9 de mayo, el empresario decide reponer nuevamente *Las castigadoras*, alternando las tres obras en su cartelera y ofreciéndolas a precios realmente populares: tres pesetas la butaca.

Celia estrena además, el 10 de mayo, la revista en dos actos de Luis Germán y Mariano Gálvez, *La martingala* con música de José María Palomo y que pasó prácticamente desapercibida puesto que tan sólo llegaron a dársele cinco únicas funciones. En la misma, la prensa del momento afirma que Celia se presentó «verdaderamente sugestiva en los diferentes cuadros luciendo trajes espléndidos aunque de reducidas proporciones» (*ABC*; Madrid, 11 de mayo: s.n.) al tiempo que la escena estuvo también servida con mucho gusto además de haber proporcionado sus autores un libreto con cuadros de acusado efecto cómico y que la música era pegadiza, ligera y alegre. Y concluyendo esta primera exitosa temporada en el coliseo de Carretas, Celia baja el telón del mismo el 2 de junio, participando a partir de entonces nuestra protagonista en homenajes como el festival benéfico del Montepío de Actores, el homenaje a «La Goya» en el restaurante La Huerta junto a María Caballé o Tina de Jarque al tiempo que no cesa de grabar canciones para la casa Odeón durante el resto del año: «Una plegaria», «Mamita», «La mina del Ford», «Entra no más», «Noche de Reyes», «Bandoneón arrabalero», «Always, Sevilla, Yes», «Esta noche me emborracho», «El carrerito», «Y tenía un lunar», «Hola, señorita», «Hacéme caso a mí», «Madre, cómprame un negro», «Ché, papusa, oí», «Niño bien», «El trigémino», «La novia», «Canción del ukelele», «Pero hay una melena» y «Mi caballo murió».

La temporada 1929-1930 se inaugura en el Romea el jueves 3 de octubre con las representaciones de *El antojo* y *Las lloronas*, a las que más adelante se les unirá *Las castigadoras* esperando los espectadores pacientemente la fecha anunciada en prensa para un nuevo estreno.

¡Por si las moscas! (1929), de Vela, Campúa y Alonso fue una exitosa revista con una espectacular Celia Gámez cantando el chotis de «La Manuela», el pasodoble de «Las pantorrillas» o la romanza «Media noche» junto a Faustino Bretaño, Enrique Povedano y José Álvarez «Lepe». Junto a ellos, el *blues* de «Los botones», el *fox* de «Los pollitos», el *foxtrot* de «Los baños de sol», el gracioso «Miss Chinchita» compuesto a ritmo de *jazz* con toques de *blues*, la mazurca de la «Danza rusa» y el fantástico apoteosis con *jazz-band* incluida titulado «Anda, dale, dale» en el que Celia dejaba mostrar un formidable abrigo de visón con gigantesco cuello de piel tamizado de cabezas de muñequitas de porcelana con chistera y que causó sensación, conforman la partitura musical del presente título.

José Campúa, le había solicitado a los anteriormente mencionados autores, una obra con la que se abriese la temporada y durase hasta la primavera. Tratándose, por tanto, del trío de creadores, el éxito estaba, pues, asegurado.

Estrenada con gran éxito de público y crítica la noche del 30 de octubre en el madrileño Teatro Romea, la obra contó con decorados de Balbuena y Martínez Mollá, sastrería de Thiele y Cornejo de Madrid y Capistrós de Barcelona; figurines de Álvaro Retana, atrezzo y muebles de la casa Sotoca de Madrid y la dirección escénica de Luis González Pardo, todo ello bajo la indiscutible batuta de la dirección orquestal del maestro Faixá.

La obra nos presentaba al director de la Sociedad de Seguros «¡Por si las moscas!» don Deseado Riesgo, un tipo bastante malhumorado al que últimamente las cosas no parecen irle demasiado bien ya que han fracasado varios de los seguros que uno de sus agentes, León Cordero Lacerda, ha vendido, por lo que la sociedad se encuentra prácticamente en la ruina. Así las cosas, Deseado le propone a León un negocio redondo para salir de la crisis y es que mantenga una aventura amorosa con una señora (no de muy buen ver precisamente) y tenga con ella descendencia para así poder cobrar la herencia de un asegurado fallecido. León se niega en redondo a hacerlo, por lo que es despedido de la sociedad. Pero a Deseado las cosas no parecen irle demasiado boyantes hasta que, otro de sus empleados, Filemón, le propone la que podría ser posible solución a la crisis financiera de «¡Por si las moscas!»: realizar un seguro de fidelidad conyugal a cualquier matrimonio de tal forma que siempre y cuando la mujer no consiga mantener relaciones extramaritales, la agencia cobraría suculentos dividendos de mencionados seguros;

por el contrario, cuando una mujer tuviera un *flirt* con un hombre, los ingresos menguarían considerablemente.

Deseado acepta y comienza, pues, el enredo de la obra.

Días más tarde, ya en el segundo cuadro, los personajes se dan cita en un hotel de lujo de San Sebastián, donde el Barón de Vista Alegre ha contratado un seguro de fidelidad conyugal a la agencia que dirige Deseado. Aquél espera impaciente la visita de un agente de la compañía disfrazado de príncipe oriental para vigilar a Albertina (Celia Gámez), bella y coquetona esposa del aristócrata a la que hace la corte un afamado deportista, Ángel Tirado, para procurar que no le engañe. El destino hace que al hotel llegue León Cordero vendiendo alfombras persas fabricadas en Tarrassa ataviado con un turbante, por lo que el Barón lo toma como el agente de seguros que estaba esperando. Así, pues, León pasa a ser considerado como el Príncipe Alí-Ben-Pachá. Lo que el aristócrata desconoce es que, en realidad, León ha tomado a la mujer de aquél como parte del negocio que en su día le propuso Deseado. Las diversas situaciones cómicas a que ello da lugar se ven colmadas por la aparición de Filemón, disfrazado esta vez como aristócrata oriental o la falsa identidad que esconde el maitre del hotel, Magallanes, amigo de León al que ayudará.

Finalmente todo se resolverá favorablemente para León, aunque a la agencia «¡Por si las moscas!» no le hayan concedido el derecho a la explotación pública del seguro de fidelidad conyugal.

La obra constituyó un nuevo triunfo de Celia Gámez. El estreno puso de relieve, una vez más, los méritos de tan inigualable artista. Méritos que hacían de ella, acaso, una figura única dentro del género frívolo español, puesto que en su figura se daban todas las condiciones exigibles en una intérprete de esta modalidad teatral: la belleza, la elegancia, el desenfado... Los ojos negros de la Gámez eran una magnífico poema de belleza. Su figura de Venus moderna reunía las máximas perfecciones. Su gracia escénica, su desenvoltura, su seguridad, su desparpajo y soltura, coadyuvaron al realce del libreto, ya de por sí gracioso, y contribuyeron a arropar los constantes aplausos con que el público tributó a todos los artífices de la obra. Sus autores, justificaron el título de la misma, aportando cuantos factores y elementos pudieran hacerla amena y viable poniendo en juego toda una serie de recursos para que el público no se aburriera: la vistosidad y espectacularidad de los cuadros, el deslumbrante decorado, el fascinante vestuario, el movimiento escénico, la belleza de sus intérpretes femeninas y la gracia del elemento masculino...

La partitura de Alonso se mostró «bullanguera, bailable y pegadiza», repitiéndose íntegra, destacándose, qué duda cabe el chotis de

«La Manuela» que rápidamente comenzó a correr como la pólvora por todo Madrid y su principal baluarte femenina no tuvo más remedio que grabar antes de finalizar el año junto a otros números de la obra para la casa de discos Odeón.

La crítica validó la interpretación de Celia calificándola de «figura saliente de la revista a la que da todo el incentivo de su cálida y mórbida belleza criolla y de su travesura» (ABC, 1 de noviembre: 33). Acompañaron a Celia en el estreno Aurora Peris, Antoñita Torres, Concha Rey, Amparito Taberner, Nena Rubens, Faustino Bretaño, Lepe... el éxito acompañó a la obra durante toda su andadura en la presente temporada teatral. Sin embargo, Celia da su última representación de la misma el 14 de diciembre, sustituyéndola Perlita Greco en la representación número cincuenta. Dos días más tarde, volvería a incorporarse «Nuestra Señora de los Buenos Muslos».

Como advertíamos anteriormente, ¡Por si las moscas! fue el acontecimiento teatral de la temporada madrileña, dándosele, tan sólo en el escenario del Romea la nada despreciable cantidad de 330 representaciones; posteriormente la compañía se trasladaría hasta el Teatro Fuencarral por cierre de temporada en aquél, y allí le darían otras 26 funciones desde el 16 de julio regresando el 10 de octubre nuevamente a la calle Carretas para darle treinta y cuatro funciones más. Posteriormente la llevarán en repertorio diferentes compañías, como la liderada por Laura Pinillos y Faustino Bretaño que, en el Eslava, le dan siete funciones desde el 6 de mayo de 1931; por la compañía de José Alba en el Pavón desde el 29 de julio con quince funciones más, además de girar por provincias en otras tantas compañías.

Durante el mes de diciembre de 1929, Celia Gámez es objeto de una curiosa noticia y es que se ha ofrecido, junto a otros artistas, para apadrinar a tres gemelos huérfanos.

Llegado el año 1930, se produce un acontecimiento político de gran trascendencia: tras la dimisión del general Miguel Primo de Rivera en enero, el rey Alfonso XIII intenta devolver al debilitado régimen monárquico a la senda constitucional y parlamentaria, a pesar del evidente agotamiento de los partidos dinásticos. Para ello, nombra presidente del Gobierno al general Dámaso Berenguer, aunque por poco tiempo, puesto que éste fracasaría en su intento de volver a la normalidad constitucional.

Celia lamenta la dimisión de Primo de Rivera, puesto que no hacía mucho tiempo acababa de conocerlo en un encuentro breve e inesperado realizado con motivo de un baile de Carnaval llevado a cabo en el Teatro de La Zarzuela aquel mismo año al que Celia había acudido disfrazada como princesa hindú con antifaz incluido: «*[...] era prácticamente imposible reconocerme. Pero el general, que se encontraba en un palco bajo, me descubrió enseguida. Les dijo (según me contaron después) a sus acompañantes: «¡Esa princesa es Celia Gámez!» Cuando a ruego de uno de ellos subí al palco porque el general quería saludarme, le pregunté: «Mi general, estoy muerta de curiosidad, ¿cómo me ha reconocido?» A lo que el general me contestó: «Por el cimbreo, Celia, por tu cimbreo. No hay mujer en España que se cimbree como tú».*

Cuando el perspicaz general me identificó, yo estaba bailando el charlestón de «Las castigadoras». Mi cimbreo (como decía el general) fue la pista que le llevó a descubrir mi personalidad. Muy pronto comprendí que a Primo de Rivera, alto, bien parecido, arrogante, fortachón, le gustaban las mujeres y sabía tratarlas con simpatía y con clase. Se contaban muchas historias al respecto...» (San Martín, 1984, IV: 57).

Durante el transcurso de aquella velada, Celia también conocerá al general Sanjurjo que, más adelante se sublevaría contra el Gobierno de la Segunda República siendo Director General de la Guardia Civil y Carabineros. Sería condenado a muerte, si bien la pena le sería conmutada por la de cadena perpetua, aunque fallecería a inicios de la Guerra Civil. Sanjurjo (le presentaría a Celia a su hijo Justito, otro incondicional de la vedette), contrajo matrimonio con la hermana de Amparito Taberner, una de las artistas más celebradas de la época, amiga y compañera de Celia en aquellos años.

Nuestra protagonista, en estos inicios del año 1930, prosigue con la representación de *¡Por si las moscas!* compaginándolas con *Las lloronas* en el escenario del Teatro Romea. Es entonces cuando el notable actor cómico, Lino Rodríguez, integrante de la compañía del Eslava, le ofrece regresar al escenario de sus primeros éxitos...

V. ...Y VUELTA AL ESLAVA...: ¡CELIA GÁMEZ SE METE A MONJA!

Anita Lasalle y Lino Rodríguez triunfaban en aquel 1930 en el escenario del Teatro Eslava. Las excepcionales facultades artísticas y, la belleza de la primera de las enunciadas, configuraban un dúo ciertamente exitoso y que complacía notablemente los gustos del público del momento. Junto a ellos, obtenía un triunfo muy personal, la sevillana Reyes Castizo, popularmente conocida como «la Yankee» y que se convertiría en una buena amiga y compañera de Celia desde entonces.

Reyes Castizo Bello había nacido en la calle Amor de Dios (Botica) de Dos Hermanas el 18 de marzo de 1905. Su padre, Juan Castizo, trabajó en la empresa Hijos de Ybarra y su madre, Ángeles Bello, era natural de Cádiz.

El 14 de marzo de 1927, en el escenario del Teatro Apolo de Madrid, hace una de sus primeras apariciones haciendo una perfecta imitación de Josephine Baker, bailando el charlestón con su famoso cinturón de plátanos. Aunque ya era conocida (por su forma de bailar y de cantar) desde 1920 en diversos teatros madrileños (como el Eslava, Romea, Parisiana o La Latina), la nazarena Reyes Castizo, conocida con el nombre artístico de «la Yankee» (se lo puso un cuñado) saltó a la primera línea de la fama tras su aparición en la revista del maestro Guerrero *El sobre verde*, título que causó furor en la capital. La obra se estrenó en Barcelona el 22 de enero del anteriormente mencionado año pero para su estreno en Madrid la empresa Vicente Patuel decidió contratar a «la Yankee», cuya apuesta se convirtió en un tremendo éxito.

Algunos críticos la calificaban de «muy española, doblemente castiza y enormemente graciosa», llegando a afirmar de ella que triunfaba «por su arte personal, libre y antiacadémico». Sea como fuere, su forma de bailar (no sólo el charlestón, también otros bailes, como el tango o el *fox-trot*, aunque eso sí: no bailaba flamenco), su simpatía y desparpajo así como su innegable y exhuberante belleza, acabó por enamorar a los madrileños. Su forma de interpretar el charlestón, sobre todo el popular «Madre, cómprame un negro» o «Al Uruguay», la llevaron incluso a actuar en el Teatro Olympia de París. Un sueño hecho realidad para una nazarena de origen muy humilde que empezó en el Kursaal Internacional de Sevilla y en el verano de 1920 se fue a probar fortuna a Madrid. Pero Reyes no debió sentirse muy orgullosa de sus orígenes nazarenos, o quizá por no desmitificar su apodo de «la Yankee», en las entrevistas que aparecían en la prensa solía afirmar haber nacido en Cleveland (Estados Unidos), adonde su padre tuvo que ir a trabajar, regresando de allí cuando tenía sólo diez añitos.

De esta forma, pues, Celia abandona las huestes del Romea en pleno éxito de *¡Por si las moscas!* y se incorpora a la compañía que dirigía Lino Rodríguez donde Reyes Castizo y Anita Lasalle eran las principales baluartes femeninas. Con la incorporación de Celia y su regreso al Eslava, aún auspiciado por Honorato Andrés, se intentaba reforzar una nómina teatral para hacer competencia al coliseo de Campúa que seguía arrasando con la anteriormente mencionada obra.

La cartelera se renueva, por tanto, el 14 de marzo de 1930 con la reposición de la «historieta picaresca en siete cuadros» *Las cariñosas*, que, original de Francisco Lozano, Enrique Arroyo Lamarca y Enrique Arroyo Sánchez con música de los maestros Alonso y Belda había sido estrenada estrenada la noche del 15 de diciembre de 1928. Interpretada entonces en sus principales papeles por Manuel Alares, Blanquita Rodríguez, Matilde Vázquez, Carmen Losada, Olvido Rodríguez y el dúo que formaban Rosita Cadenas y Lino Rodríguez cantando el celebérrimo e inmortal chotis de «La Lola» (y que ahora, en esta esperada reposición, entonaría Celia con castizo garbo y juncal figura). Ahora su nómina de actantes estaría encabezada, junto a la anteriormente mencionada pareja, por Reyes Castizo, Anita Lasalle y José Bárcenas, principalmente, configurándose este último intérprete como uno de los mejores colaboradores de Celia y al que recurriría para integrarlo en las filas de su propia compañía en estrenos y años posteriores.

La vodevilesca obra nos sitúa, en su inicio, en el jardín del hotelito que, en la sierra madrileña, posee Malasio Cordero, maduro, celoso y puritano esposo de África, quien también convive en el citado domicilio junto a su hermana América. Ambas, que ya llevan una temporada allí, se mueren de aburrimiento. Es más, la esposa de Cordero padece de insomnio, neurastenia y fuertes palpitaciones. Precisa de un médico. A buscarlo ha ido el criado, Pancracio, que, al parecer no ha podido encontrarlo por encontrarse el galeno de visita en otro pueblo pero, en cuanto llegue, se pasará por el hotelito. Al poco tiempo quienes llegan en su automóvil son don Frumencio Barcenilla, tipo cómico de nuevo rico que viste exageradamente: traje a grandes cuadros, botines color canario y sombrero hongo color lila. Luce en sus dedos multitud de sortijas, y en la muñeca un reloj de pulsera descomunal. Marina (Celia Gámez), por su parte, elegante y con un buen tipo, es una niña de las llamadas «Ultra Molinero» y, para más señas, sobrina de Malasio a la par que pretendida de Moncho Berúlez, «primer premio de *black-botom* de la Academia de Jorgito una muchacho con un tipo cristal de Bohemia y una elegancia para tomar el té... ¡porcelana!» que prepara oposiciones a «hombre mosca». Pero resulta que a la madre de Marina, socia comercial de Frumencio, doña Emilia Tarángano, viuda de Capilúcio, no la hace ninguna gracia el tal Monchito, uséase el futuro «joven insecto» y le ha encargado a Frumencio que lleve a la chica hasta el hotelito con el fin de que allí pueda pasársele el amelonamiento que siente por el pollo de Berúlez. Claro que éste acude al hotelito en busca de Marina y se presenta cortejado por varias veraneantes. Despedidas éstas, Moncho le regala a su novia un prismatoscopio, un canuto por el que al mirar, observa una vista animada. Frumencio, al observar a los enamorados, se ofrece a ayudarles ocultando la verdadera identidad del chico: se hará pasar por el esperado médico. Éste recetará pintorescos remedios a la familia de su novia, incluyendo las visiones de mencionado prismatoscopio: «La sombra del Siux», número musical escrito a ritmo de *blues*. El enredo estará, pues, servido, cuando se presente el verdadero médico, propiciando el correspondiente desmayo del impostor. Así las cosas y, para relajar el ya de por sí «cargado» ambiente, Pancracio roba el prismatoscopio, motivo empleado por los autores para insertar el número de «Las pompas de jabón». Don Frumencio también aprovecha para mirar por el dichoso aparatito que arrebata a América y aprovecha para hacerle cucamonas a ésta.

Pero Moncho Berúlez, ayyyy... pobrecito, se siente acosado por las féminas del hotelito. Éste, junto a Malasio y Frumencio deciden utilizar nuevamente el susodicho regalito de Marina y poseen una visión bacanalesca trasladándose hasta el parisino Palacio del Ruido donde contemplarán «La fiesta del sombrero». Para ello, y, al aparecer el cuadro, el fondo del escenario lo ocupa un gran sombrero de paja, en cuya copa se halla sentado el bailarín caracterizada de negro, vestido con *smoking* del mismo color y sombrero de paja. Aparece primero el grupo de las del sombrero de copa (grupo de ocho mujeres); su cintura representa un gran cuello de pajarita con corbata de lazo negro. Después salen las del sombrero flexible de paja con cuellos bajos y corbata de color en la cintura. Siguen las del sombrero de fieltro, con cuellos de diferente forma y chalinas; después, las del sombrero hongo gris, cuellos y corbatas en la cintura de diferente forma. Finalmente van apareciendo las tres primeras tiples y la bailarina representando, una, el sombrero cordobés y la otra, el flexible de fieltro; otra, el de copa, y la bailarina, el de paja redondo.

Se produce a continuación un baile desenfrenado, que termina lanzando todas los sombreros al aire. En este momento caen del telar una lluvia de sombreros que cubren el escenario... y volvemos a la realidad.

Escondido tras su falsa personalidad de médico, las distintas mujeres del hotelito van pasando por la alcoba de Moncho con el fin de que éste las reconozca, alcanzando la obra tintes de complicada resolución cuando aparezca Malasio, pistola en mano, encerrándolos a todos en la alcoba. Intentando huir por la ventana, los «secuestrados» golpean y amordazan al pobre Berúlez quien, al final, no tiene más remedio que confesar su verdadera identidad y ser perdonado por los tíos de Marina y autorizando estos la boda de la niña con el pollo pera.

La crítica de esta reposición aplaude las interpretaciones de todos los miembros de la compañía basándose en la agradable arquitectura de la obra, sus populares números musicales, especialmente el del de «La Lola» y la genial caracterización que de esta chulapa madrileña llevó a cabo nuestra protagonista quien, al finalizar la representación y, para agradecer las múltiples muestras de afecto del público, obsequió a éste con un recital de tangos acompañada por la orquesta Los Bolivios.

Junto a *Las cariñosas*, la compañía de Lino Rodríguez estrena también un entremés cómico en un acto original de José de Lucio con música del maestro Alonso, *La guita*, que, si bien ya había sido estrenado el 22 de diciembre de 1928 en el Teatro Maravillas de Madrid, ahora es reestrenado, dándose en el proscenio de la calle Arenal quince funciones tan sólo. Aunque no hemos podido encontrar información alguna referente a este último título, la crítica señaló que fue también muy aplaudido (*ABC*, 15 de marzo: 37).

Tras retirar del cartel *La guita*, la empresa anuncia un nuevo título de estreno: *La bomba*, «historieta cómica-cinemática en un acto corto» original de Lozano, Arroyo, Loygorri y Alonso que llega al Teatro Eslava de Madrid la noche del 22 de marzo de este 1930. La llegada del cine sonoro en 1927 con *The jazz singer* va a tener un papel decisivo en la revista puesto que, gracias a los primeros musicales, nos acercaremos al mágico mundo de Broadway, Busby Berkley y *The Ziegfeld Follies* intentando incorporar al musical español los ritmos que triunfaban en París y Nueva York.

La bomba, precisamente trata de homenajear a las primeras películas sonoras ya que, pese a su intrascendencia (sólo obtiene 37 representaciones en esta compañía aunque luego la llevarían en repertorio Luis Ballester o el propio Lino Rodríguez) nos circunscribía hasta el patio de butacas del Parcheo Cinema donde la aparición de la sonoridad en los primeros filmes es la causa de que muchos de los espectadores se duerman en el mismo. Claro que luego hay otros que como Reparado acude para averiguar si verdaderamente su mujer «se la está dando» en uno de los palcos. Decidido a descubrir si ello es o cierto, fabrica una bomba en el interior de una lata de sardinas que Espronceda, el acomodador, confundirá con la que él tiene para comer. Así las cosas, la obra transcurre entre los diálogos de distintas parejas hasta que se descubre la infidelidad de su esposa, una hembra que sincopa y por la que bebe los vientos todo aquel que se topa con ella. Finalmente se descubrirá la confusión habida en las latas de sardinas, yendo a parar todos a la comisaría.

Realmente la obra casi carece de asunto y, aunque posee diálogos de doble sentido no exentos de comicidad, la aparición de Celia Gámez se ciñe única y exclusivamente a intervenir como Jefa de acomodadoras en el número de las ídem, al que acompaña un charlestón titulado «Las stars de Hollywood» donde el maestro Alonso hace referencia a la novedad del cine hablado.

Con *La bomba* y *Las cariñosas* en el Eslava, la empresa decide reponer *Las castigadoras* a partir del 28 de marzo, conviviendo en la cartelera las tres obras y dándole a la última de las citadas, dieciocho representaciones, puesto que se vuelve a renovar la marquesina entre el 8 y el 24 de abril con el reestreno de *El ceñidor de Diana*, «extravío mitológico» de Antonio Paso, Ricardo González del Toro y Francisco Alonso que ya había sido estrenado la noche del 11 de mayo de 1929 en el mismo escenario del Teatro Eslava con un elenco que entonces capitaneaban Eugenia Zúffoli y el propio Lino Rodríguez.

Ahora, al nuevo elenco se incorporaban Olvido Rodríguez, quien también participó en su estreno junto a su hermana Blanca. Ambas eran hijas de Lino Rodríguez, y, en el caso particular de Olvido, quien compartiría en años venideros multitud de estrenos junto a Celia, pasa por ser una de las grandes estrellas del firmamento frívolo de la época.

Desde su infancia vivió el teatro muy de cerca trabajando lo mismo en zarzuela, opereta, revista o comedia así como en el cine y triunfando siempre en todos ellos. Estrenó obras de los maestros Moraleda, Guerrero o Padilla y fue «segunda» en la compañía de Celia Gámez con la que trabajaría en múltiples títulos. Además, ejerció sus tareas artísticas, ya en plena madurez, en comedias de notables dramaturgos como Miguel Mihura para el que estrenó, junto con Fernando Fernán-Gómez *El caso del señor vestido de violeta* en 1954. Fue superviviente del famoso incendio del Teatro Novedades.

El prólogo de la obra escrito en verso, nos presentaba a un conjunto de dioses (Marte, Venus, Juno, Apolo, Minerva, Euterpe, Terpsícore, Diana -Celia Gámez- y presidiendo a todos, Júpiter) que reían y bailaban animados hasta el momento en el que a Diana, la cazadora, se le desprendía su ceñidor y caía a la tierra, manifestando su honda preocupación para quien lo encontrase, especialmente si es un varón.

Así pues, en castigo a su tremendo descuido, Júpiter arroja del Olimpo a Diana y la envía a la tierra para que regrese con el preciado objeto.

Concluido el prólogo, comienza el acto primero de la obra trasladándonos a una betunería o salón limpiabotas moderno propiedad de la señá Cova, una cincuentona que tiene dos hijas, Gabina y Castora, de padres distintos. Junto a ellas tres y, empleada también en la tienda, Milagritos (Celia Gámez), una madrileña chula y bonita. Las cosas parecen no irle demasiado bien a la señá Cova puesto que sus hijas, a requerimiento de sus novios, Perico y Custodio, respectivamente, se niegan tajantemente a limpiarle los zapatos a cualquier señor que quiera entrar al salón ya que, según aquellos, los clientes suelen poner las «miras más bajas» fijándose en los escotes de las muchachas. El sueño de la señá Cova es que alguna de sus hijas se case con Benito Pando, un camarero de posibles no excesivamente viejo pero sí muy feo, pero no de una fealdad repugnante, sino cómica, a lo que las chicas se oponen rotundamente. Ni qué decir tiene que será Benito quien encuentre el ceñidor y se lo ponga quedando todas las mujeres de la obra prendadas de su «belleza»: la señá Cova, Milagritos, Gabina, Pastora y Márgara, recién casada y cuyo marido, don Aquiles, pillará «in fraganti» junto al camarero, por lo que los diversos números cómicos y malentendidos que ello provoca será parte del *léitmótiv* que inunde esta obra.

En el segundo acto, Diana consigue encontrar el ceñidor justo en el momento en que Benito iba a destruirlo harto del acoso constante a que lo someten todas las féminas que lo ven. Tras contarle la diosa la verdad, aquél le pide como favor que le deje el ceñidor por una sola noche puesto que el Sindicato Feminista de las Damas de Medianoche ha organizado en el cabaret «Fémina», una fiesta en su honor y no quisiera perdérsela ya que a ella acudirá Milagritos y él está perdidamente enamorado de ella; pero lo que ni Diana ni Benito sospechan es que su conversación ha sido escuchada por Serapio, profesor de baile, también enamorado de Milagritos, y que se propone hundirle el «negocio» al camarero. Tras las diversas peripecias que ocurren en el cabaret «Fémina» donde se dan cita todos los personajes para, de una forma u otra, arrebatarle a Benito el ceñidor (en el caso de los hombres) y todo su amor (en el caso de las mujeres), el camarero es adormecido por los esclavos de una princesa india y aquellos consiguen arrebatarle el preciado presente.

Finalmente, el camarero sale escarmentado al intentar aprovecharse de situación tan privilegiada para con el sexo femenino y aparece con el ojo amoratado al tiempo que explica a los espectadores concluyendo la obra con sus palabras: «Que en este mundo traidor/ nada es verdad ni mentira,/ todo es según el amor/ con que una mujer nos mira/ a través de un ceñidor».

De su hermosa partitura musical destacáronse números como el pasodoble «La reja sevillana», «Las morenas y las rubias», el tango de «El moreno» o la canción de «Las castañas», que, interpretada por Olvido Rodríguez, años más tarde Rocío Jurado insertaría dentro de su álbum *Un clavel*, en 1971 y que Celia también interpretaría.

Como era de esperar, la puesta en escena resultó muy del agrado del público, habiéndose de repetir la casi totalidad de su partitura en la que se distinguieron por su buen hacer, desde la propia Celia hasta Reyes Castizo, Anita Lasalle o Lino Rodríguez.

Con *El ceñidor de Diana* alternándose en cartelera con *La bomba* y *Las castigadoras* se prepara ya un nuevo y absoluto estreno: el de *Las pantorrillas* que, siendo original en su autoría de Joaquín Mariño, Francisco G. Loygorri y música de los maestros Soutullo y Vert es estrenada el 26 de abril e interpretada en sus principales papeles por Celia Gámez, Olvido Rodríguez, Anita Lassalle, Blanquita Rodríguez, Reyes Castizo, Lino Rodríguez y Pepe Bárcenas con el siguiente argumento: Tristán Lapena, hombre adusto, severo, serio y muy, pero que muy formal, tiene a la moralidad como eje y centro de su vida; no obstante es el Presidente de la Liga Antipornográfica y regenta, en compañía de su esposa Daría y de su joven hija Rosita, una funeraria que le trae más penas que alegrías ya que su intachable conducta contra todo aquello que huela a carne y sexo le ha puesto tanto a él como a su familia casi en la ruina. En este instante, los autores incorporan el «Número de la censura», donde, tras la pertinente mutación, aparece un telón corto pintado con una mesa revuelta de cosas censurables: unas escenas de cine besándose, la portada de los semanarios *Muchas Gracias*, *La Saeta*, un desnudo artístico de mujer, un ama de cría dando el pecho a un bebé y una novela verde, todo tachado, a su vez con unas aspas rojas coincidiendo con el cruce en el punto de peligro. Las segundas tiples visten trajes ligeros muy frívolos con un cinturón de castidad con un candado a un lado y un monumental lápiz rojo a la espalda en forma de bandolera y que es interpretado por la propia Celia antes de descubrirse su identidad como cantante de cabaret.

Acabado el número, vuelve la acción: suena el teléfono. Edmundo, sobrino de don Tristán ha sido detenido en el célebre cabaret «El cuerno de oro» debido a la enorme juerga que se ha corrido en brazos de la Pom-Pom (Celia Gámez), una bella cantante de mencionado local, y ha pasado toda la noche en comisaría. Las cosas comienzan a complicarse cuando a la residencia de don Tristán llega Pom-Pom preguntando por Edmundo. Bárbara, criada paleta y muy muy avispada, la esconde en la habitación de aquél no sin antes advertirle de que si el señor de la casa, esto es, don Tristán, se entera de que ha sido ella quien la ha escondido, puede su vida peligrar. En esto llega a la casa Edmundo, visiblemente borracho seguido del comisario. Tras las oportunas explicaciones de rigor, el muchacho acude a su habitación encontrándose sorprendido y contento al toparse allí con la bella Pom-Pom. Así, llega a la casa don Pantaleón de Vicuña, notario amigo de don Tristán que viene a darle una gran noticia y no es otra que tras el fallecimiento de Casiano Taravilla, tío de nuestro protagonista, aquél le ha dejado una herencia de más de un millón de pesetas... pero no en metálico, sino en la propiedad de «El cuerno de oro», el cabaret que tanto odia Tristán por lo inmoral de sus espectáculos. Tras cómicas peripecias en que don Tristán habrá de aceptar su herencia para salir del apuro económico en que se halla inmerso, recibe la visita de Marcial Laostra, Catedrático de Religión y Moral en la Universidad de Guadalajara, que llega a Madrid para concursar a unas oposiciones y alojarse en casa del intachable funerario, lo que provoca simpáticas escenas.

El cuadro tercero de la obra, «Noches de Venus», nos traslada al cabaret «El cuerno de oro» con un fantástico decorado. A lo lejos, una vista del llamado «Palacio del Amor» con una escalinata que baja al jardín donde se celebran las bacanales, a un costado una fontana sobre la que se arrullan dos enamorados. Un letrero luminoso sobre el decorado indica las «Noches de Venus». Las muchachas y cuerpo de baile con unos trajes de brazaletes ajustados al cuerpo de tela desde los pies al pecho y con unos aros grandes impregnados de fosforita y envueltos en mirtos y flores bailan este número formando posturas artísticas y entrelazando los aros.

En el acto segundo de una manera u otra, todos los personajes de la obra se van dando cita paulatinamente en «El cuerno de oro»; por una parte, Daría y Rosita acuden, a escondidas de don Tristán para que la chica pueda disfrutar de una noche de juerga; por otro, Edmundo que ha conseguido colocar en el guardarropa a Bárbara. Los sucesivos malentendidos y equívocos a que dan lugar el encuentro de todos los personajes forman parte ineludible de la comicidad de la obra: como don Tristán se niega a tomar posesión del cabaret, su notario obliga a la Pom-Pom a conquistarlo diciéndole que es un mujeriego; Marcial Laostra a su vez acude al «Cuerno de Oro» para correrse también una buena juerga puesto que las oposiciones que venía a hacer a Madrid no son sino un pretexto para dejar a su mujer en casa y echar «una canita al aire»; claro que, lo que éste no sospecha es que Lidia, su propia mujer, es la amante secreta de un cantante de tangos del mismo cabaret al tiempo que la Pom-Pom cantará el célebre número a que da título la obra.

Inspirada en el pasodoble del mismo título que ya Celia había cantado en *¡Por si las moscas!*, ninguna grabación discográfica se llevó a cabo de la presente revista, si bien la crítica de la época señaló al respecto que se trataba de una revista «con aspiraciones de vodevil y que en alguna ocasión la trama se presentaba confusa y arbitraria» pero por el simple hecho de poder presentar varios cuadros y múltiples trajes, justificando así los distintos números musicales que la poblaban. Estos, calificados como «originales, frívolos, pegadizos, alegres» constituyeron el gran aliciente de una obra que fue muy aplaudida y cuyas interpretaciones le valieron a los actores salir varias veces a saludar, muy especialmente a los tipos masculinos o la simpar presencia de la propia Celia sobre la pasarela, quien encajaba a la perfección en el personaje de la Pom-Pom con arte, gracia y velada picardía (*ABC*, 27 de abril, 1930: s.p.).

Llegados a este punto, resulta curioso hacer ver al lector cómo determinados y ya consagrados autores de zarzuela como Francisco Alonso, Soutullo y Vert o Pablo Luna y más adelante Padilla o Guerrero, se interesaron por el arte inigualable de Celia Gámez, musicando muchas de las obras escritas expresamente para ella a la que aportaron su talento para realzar la imparable carrera ascendente de la artista bonaerense.

Junto a *Las pantorrillas*, el Eslava ofrece también funciones de *La bomba* o *Las corsarias*, reestreno que, ya en mayo de este 1930 llena de emoción a la propia Celia, ya que, no olvidemos, fue con esta celebérrima obra con la que se subió por vez primera a unas tablas allá en Buenos Aires.

Durante la mañana del domingo 11 de mayo, de tres y media a cinco y media de la tarde, un conjunto de celebradas artistas de los teatros madrileños vendió localidades al público para asistir al festival del Teatro Gran Metropolitano en el espléndido puesto que para tal fin se instaló en la puerta del teatro, Avenida Reina Victoria, junto a la boca del metro. En el salón de baile, lucieron su belleza junto a Celia Gámez, Perlita Greco, Antoñita Torres o Reyes Castizo, quienes estuvieron acompañadas por las segundas tiples de los teatros Romea, Martín y Eslava, interpretando, durante los descansos, los números musicales de las revistas de mayor éxito en aquellos años. Junto a ello, los medios de comunicación adelantan la noticia de que durante el verano de este año, el Sindicato de Actores preparaba interesantes festejos benéficos para el Montepío de los mismos. Además de la ya clásica verbena del Retiro (en la que todos los años actuaba Celia cantando tangos o los números más sobresalientes de sus revistas), organizó dos encuentros de fútbol: uno masculino y otro de señoritas cuya alineación presidía la propia Celia Gámez acompañada por «la Yankee», Aurora García Alonso, Perlita Greco, Nena Rubens, Aurora Peris, Teresita Zorí y otras artistas. Una alineación para quitar el hipo, vamos.

Es la época, además, en que dada la popularidad que cada vez va alcanzando Celia, distintas compañías solicitan su imagen para anunciar determinados productos como es el caso de los abanicos «Vicente Rico». Aparecidos en prensa y vallas publicitarias, Celia, ataviada con un turbante, que le daba un aire misterioso pero a la vez enormemente femenino, sostenía en sus manos un abanico que dejaba tarslucir su poderosa y profunda mirada, mientras la frase publicitaria acuñaba: «¡Qué arma más terrible fue siempre el abanico en nuestras manos!, dice Celia Gámez».

También en este año, con la llegada del buen tiempo, Celia se convierte en la primera vedette en anunciar nada menos que la célebre Coca-Cola, apareciendo en prensa escrita una foto de la vedette tumbada en una *chaiselonge* y, mientras sostiene una vaso del edulcorado refresco, el pie confirma: «Celia Gámez, la bellísima vedette dice: *«¡Qué deliciosa es la Coca-Cola y qué placer siento cuando acabada la representación o el ensayo puedo beberla bien fría!»*.

Además, Celia reconoce que, por esas fechas, primeros de junio de 1930, le encanta jugar al tenis y disfruta del poco tiempo libre que le dejan los ensayos y las funciones, en ejercer mencionado deporte de la que, por otra parte, es una consumada practicante: «*Practico el tenis desde hace ya muchos años. En mi tierra, todos los días a las once, jugábamos nuestra partida una amiga y dos amigos nuestros en el club. Claro que ahora, con el trabajo constante que tengo, me es imposible. Esto no quiere decir que lo tenga olvidado. En cuanto puedo, me voy a Puerta de Hierro a recordar los partidos de mi tierra. No cabe duda. Es el juego más elegante, más serio, más sobrio. Desde luego, yo no lo cambiaría por ningún otro*» (Díaz Morales, 1930: 9).

La llegada de la primavera y, consiguientemente el alargamiento de los días, supone para los empresarios teatrales una buena época, ya que pueden programar más funciones en sus respectivos coliseos. Mientras Celia triunfa tarde y noche con *Las pantorrillas*, un nuevo estreno está a punto de suceder en el mismo escenario...

Hablar de los inicios artísticos de Celia Gámez Carrasco, nuestra Celia, como estrella indiscutible y reina de la revista musical española, no sería posible si antes no mencionamos a su «padre» artístico, el bilbilitano José Muñoz Román, uno de los más pródigos, fecundos e importantes comediógrafos del género frívolo, cultivador y creador del denominado «sainete arrevistado».

Muñoz Román no conoció la tragedia ésa que los periódicos registraban lapidariamente con un «la obra estrenada anoche no fue del agrado del público». Ni siquiera la vida lánguida de una comedia que fenece a las pocas representaciones. Muñoz Román salió siempre a saludar al público entre aplausos enfervorizados y entusiastas de unos espectadores que deseaban agradecerle con creces su dedicación a hacerles reír. Y esa gracia madrileña de sus sainetescos personajes la tenía, sin duda, porque Dios le quiso agraciar con ese don.

Muñoz Román, baturro y del mismísimo Calatayud, donde nació en 1903, llegó a Madrid hecho un mozo; al poco tiempo estrenó su primera obra, llena de gracia castiza y chulapa que contagió de alegría a sus primeros espectadores. Al parecer, el bilbilitano descubrió a Madrid, sus tipos, sus costumbres, yendo a Zaragoza a un teatrillo que se llamaba Variedades, donde por dos perras gordas veía desde la entrada general, todas las joyas del género chico.

Con nueve añitos, en la capital maña cursa estudios de bachillerato en el Colegio Santo Tomás de Aquino, marchándose con dieciséis a Madrid. En 1921, al mismo tiempo que gana unas oposiciones a

Correos con el número uno entre mil trescientos aspirantes, estrena la que se convierte en su primera obra: *Quereres primeros*.

El jovencillo que llegó a Madrid sin amigos y sin recomendaciones no conoció el tan repetido «calvario» del autor novel. Su primer gran estreno, en 1925, fue sencillísimo: *«Yo llegué una tarde al Teatro del Cisne. Pregunté por el empresario, a quien no conocía ni de nombre, y cuando me recibió le dije que quería leerle una obra. «Ahora mismo», me dijo don José Corrales. Se la leí. A los quince días se estrenó. Se titulaba «El rayo de sol»*[1].

Lo mismo sucedió con la segunda, que se llamó *La suerte negra*. La escena, más que en Madrid, pareciera haber ocurrido en Nueva York, tal como nos la presentan algunos de los filmes que allí se ruedan. Fue así:

-¿Quién es el empresario de este teatro?- preguntó Muñoz Román.

-Ese señor- le dijeron.

-Muy buenas- saludó-. Vengo a leer una obra.

Se la leyó.

-¿Quién quiere usted que le ponga la música?

-Hombre, por mí, figúrese... ¡el maestro Alonso!

Lo decía el entonces joven autor como quien pide un imposible. Al mes se estrenaba *La suerte negra*, y era el mismísimo maestro Alonso el autor de su partitura.

Luego llegarían otras populares obritas: *Los mandarines* (1928), *El romeral* (1929)...

Muñoz Román proporcionaría a Celia Gámez algunos de sus más importantes y longevos trabajos en el teatro, fraguándose entre ambos una inquebrantable amistad que sólo el fallecimiento del bilbilitano en 1968 pudo quebrantar.

El célebre comediógrafo acaba de finalizar su nueva obra: *La Tirana del Candil* que, meses más tarde se estrenará con relativo éxito en el Teatro Nuevo de Barcelona.

Nos encontramos en abril de 1930.

El ya consolidado maestro escénico que es Emilio González del Castillo, ha visto en el joven bilbilitano un futuro potencial. El maño acepta sus consejos, toman juntos su habitual vermú, pasean y diatriban largas horas por el Madrid de la época. Asisten a estrenos y repre-

---

[1] Palabras extraídas del programa de mano especial de la revista *¡A vivir del cuento!* en 1952 editada por la empresa del Teatro Martín de Madrid, págs. 23-24.

sentaciones varias. Charlan del antes y el ahora del mundo escénico. De los pros y los contras de escribir una obra. De las enormes dificultades que entraña, no sólo su composición sino también su consiguiente estreno... En sus respectivas mentes planea la idea de poder escribir juntos una obra dado el éxito que han tenido en el Madrid del momento, algunas mayores que otras, obras como *El rayo de sol* (1925), *La suerte negra* (1928), *Los mandarines* (1928), *El Romeral* (1929) –obra que gusta enormemente a González del Castillo- o *La Tirana del Candil* (1930).

El maestro es ya todo un veterano en esto de las lides del teatro. Posee cuarenta y ocho años y Muñoz Román tan sólo veintisiete. Pero su enorme y contagiosa alegría, sus ganas de ser alguien en el mundo teatral y, sobre todo, su amor por la escena, infunden en el viejo González del Castillo la ilusión necesaria para empujarle a conseguirlo. Uno recuperará ilusiones que creía ya perdidas. El otro iniciará un fulminante ascenso al olimpo de las plateas españolas como ningún otro autor de su tiempo.

Muñoz Román siente verdadera veneración por el maestro y éste enorme admiración por el muchacho. Ambos prometen colaborar juntos en un futuro no demasiado lejano...

El teléfono y el telégrafo son los medios de comunicación que emplean ambos para comunicarse. Tienen ideas, las plasman. Los dos toman nota de las impresiones que causan en el otro las líneas que escriben... Poco a poco, los primeros diálogos van saliendo... las escenas... la configuración de los personajes...

Han salido para San Sebastián y un pueblo del Pirineo cada uno por su cuenta. Uno, el maestro, a descansar. El otro a seguir cosechando éxitos con *El Romeral*, que en esos momentos se encuentra de gira por España. Los dos llevan el sano propósito de estrenar próximamente. Tienen sus partes ya casi acabadas y, dentro de poco se reúnen en un pueblecito gallego donde, aparte de comer y descansar, se intercambiarán lo escrito para darle uniformidad...

Para ponerle música, los maestros escogidos son Francisco Alonso (quien en aquellos momentos escribía casi exclusivamente pensando en su musa inspiradora, que no era otra que «la Gámez») y Joaquín Belda, convirtiéndose ésta en la segunda obra de Muñoz Román a la que, tras *La suerte negra* (1929) pone su saber hacer el compositor granadino.

La obra se lee en el escenario del madrileño Teatro Eslava sin aún poseer título definitorio. Los autores barajan la posibilidad de denominarla *Las tentadoras* pero, al parecer, no es muy del agrado del maestro Alonso y les comenta a Muñoz Román y González del Castillo que un cambio de título resultaría mucho más favorecedor habida cuenta del argumento. Finalmente se deciden por el más neutral de *Las guapas*, hecho éste que agradecerían los libretistas más tarde.

En la nueva obra tenía un papel destacado una hermosa bonaerense que ya llevaba cinco años en España y estaba despuntando como una auténtica diosa del firmamento escénico frívolo...

Celia y Muñoz Román junto con Alonso y González del Castillo formaron un indisoluble cuarteto que revolucionará por completo el panorama teatral español *antebellum*. El mito de Celia Gámez ya tiene sentadas sus bases...

Las guapas, «pasatiempo cómico-lírico en dos actos, divididos en un prólogo, cuatro cuadros, varios subcuadros y una apoteosis» llega a la cartelera del Eslava el 13 de junio de 1930 con una compañía en la que en el bando de los «feos» se sitúan Lino Rodríguez, Paco Gallego, Carlos Garriga, Pepe Bárcenas, Andrés Calvo, Paulino Casado, Pedro Cruz o César Antolinos, frente al bando a que da nombre el título de la divertida obra encabezado por Celia Gámez, Reyes Castizo «la Yankee», Olvido Rodríguez, Blanquita Rodríguez, Carmen Losada, Agelita Navalón, Carmen Lamas, Angelita Velasco, Paquita Martino, Charito Higueras o Manolita López.

Con la coreografía admirablemente puesta en escena por Manolo Titos; decorados de Balbuena, Carratalá, García y Rosa y Viuda de Muñoz; figurines y vestuario de Pepe Zamora y Pastrana; atrezzo de Vázquez Hermanos y apuntadores, José Camacho e Ignacio Planas.

La acción transcurría en Madrid donde, en una reunión de acreedores del Barón de Guadarrama, Alberto Montellano, un noble arruinado, medio soltero (porque tiene una novia «oficial», Florinda -Celia Gámez-, más chula que un ocho) y lleno de deudas, aquellos trazan un plan que les permita cobrar el dinero que dicho Barón les adeuda desde hace mucho tiempo. Para ello han de encontrar a una muchacha rica que se case con el Barón, único camino a través del cual todos podrán cobrar lo que se les debe. Por fin la encuentran. Se trata de María Cayetana, hija a su vez de don Apolinar Carrascosa y doña Exuperia, millonarios que, por encima de todas las cosas, desean que su hija obtenga un título nobiliario; pero resulta que el Barón es un mujeriego empedernido, cualidad que los acreedores tratan de ocultar al futuro suegro para no deshacer el compromiso. Y para deshacerlo, Florinda le advierte que o se casa con ella o romperá esa boda a como dé lugar. Y no se le ocurre otra cosa mejor que hacer para llevarlo a cabo que, mediante una llamada anónima decirle a don Apolinar que el Barón se comporta como un lirón por las noches sin ser capaz de cumplir con sus obligaciones como hombre y que de Barón sólo tiene el apelativo, ya que no posee título nobiliario alguno.

Para comprobar si lo que le ha dicho la llamada anónima de Florinda es cierto, don Apolinar tiene la brillante idea de, en la fiesta de compromiso de su hija con el Barón, reunir a las mujeres más guapas de Madrid y ver con sus propios ojos si le gustan o no las mujeres a tenor de la frialdad con la que trata a María Cayetana y de las palabras que el anónimo le ha hecho advertir: «Tengo que probar al Barón, antes de entregarle a mi hija», espetará.

Así las cosas y, enterándose los acreedores del Barón de que corre peligro el matrimonio, se prometen impedir que ninguna mujer se le acerque a aquél para demostrarle a su prometida que para él no existe más mujer que ella.

De esta forma, todas las mujeres que acuden a ver al Barón son «seducidas» con el dinero con el que los acreedores de aquél las compran, quedándose totalmente perplejo don Apolinar ante la indiferencia de la juventud para con un joven apuesto como el Barón de Guadarrama.

Suceden una serie de cómicas escenas en las que los espectadores comprueban cómo don Apolinar, al llegar la doncellita del Barón, enamorada de éste, vuelve a ponerlo a prueba; pero aquél lo rechaza. Viendo desconsolada a la guapa chica, promete ponerle un pisito si se va a «trabajar» con él, a lo que la chica acepta encantada y no digamos de don Apolinar, quien, a su vez, tiene una pequeña aventura con otra chica a expensas de su mujer. Sin embargo, quien más le llama la atención es Florinda, por la que bebe los vientos y con la que no cesa de coquetear descubriendo, por fin, que fue ella la autora de la llamada anónima que recibió.

A todo esto, María Cayetana encuentra a Florinda en brazos de su padre. Rápidamente se excusa y acuerda éste con aquélla esperarla más tarde. Visto, por tanto, que a ninguna mujer hace caso el Barón y que de Barón sólo tiene de nacimiento el ser hombre, don Apolinar le dice a su hija que cancela el compromiso. Al enterarse los acreedores prometen vengarse del Barón quien, ahora, estaba comenzando a enamorarse verdaderamente de María Cayetana. Ésta se escapa entonces con el Barón. Al enterarse Florinda de ello le desvela toda la verdad a don Apolinar: «Usted no sabe de lo que es capaz una mujer celosa», le dirá.

Finalmente a casa del Barón acuden raudos don Apolinar y su señora, descubriendo que ambos están enamorados, perdonando a aquél. Su hija, por fin, podrá casarse con el hombre que ama. Su regalo de bodas será el propio apoteosis de la obra en el que Florinda, dirigiéndose al público recitará: «Y dirán ustedes:/ ¿dónde están *Las guapas*?/ Están en los palcos/ y están en las butacas,/ y están en el paraíso/ en las delanteras.../ ¡Ellas son las guapas,/ las guapas de veras!/ ¿No es cierto, señores?/ ¿No es verdad que sí?»

Hasta veinte veces hubo de levantarse el telón tras dos horas y media largas de representación debido a los constantes aplausos y ovaciones del público, quien, premiando con su calor, aplaudió notablemente esta revista con tintes vodevilescos construida en torno a diez números musicales insertos en la propia acción del libreto: «Bailable ruso», «Pasodoble de las chicas bien», «Noche de primavera», escrito a ritmo del trepidante *fox-trot* que tan en boga estaba en aquel momento; uno de los números más sobresalientes de la obra, el charlestón «¡Mozo, venga whisky!», que hubo de ser repetido en varias ocasiones levantando, incluso al auditorio.

«Dúo de Florinda y Apolinar» hablando por teléfono a telón corrido, cada uno en los laterales del escenario con la única iluminación de un reflector enfocando a cada uno; el *black-bottom* de «Las backeritas» en homenaje a la mítica Josephine Baker, donde Celia Gámez (Josefina Negra) y Reyes Castizo (Josefina Blanca) bailan trepidantemente con una formidable orquestación para finalizar el número montadas sobre sendos gigantescos cocodrilos en mitad de un escenario de selva tropical; «Chacarera argentina», donde Celia Gámez se lucía particularmente entonándola con su acento argentino o el fabuloso «Pasacalle de los Pepe-Hillos» de corte netamente patriótico que se erige como un canto al mítico matador de toros y a aquellas tardes en que ir a ver una corrida se convertía en una tradición con mujeres bonitas ataviadas al más clásico estilo castizo.

Se hacía entonces el oscuro y al iluminarse de nuevo la escena aparecía un decorado de la Puerta de Alcalá en tiempos del citado matador, aquél dejaba entrever una perspectiva de la vieja plaza de toros. Delante, dos carrozas practicables donde iban una duquesa (Celia Gámez), un cochero, dos lacayos ataviados con librea verde y un paje. Celia aparecía en el número suntuosamente vestida de maja junto a Pepehíllo y su cuadrilla y varios petimetres con casaca roja. En un trémolo de la orquesta, formando prodigioso cuadro plástico, estos ofrecían su mano a las duquesas para que descendieran de la carroza, mientras los pajes sostenían las portezuelas. Al atacar el pasacalle, las figuras cobraban artístico movimiento y Celia Gámez, en su papel de Florinda, cantaba armoniosamente...

Prosiguía la obra con un divertido «Quinteto cómico» y finalizaba con un soberbio apoteosis con fantástica decoración en donde una monumental fuente luminosa sostenida por tres mujeres desnudas presidía el escenario mientras la orquesta recordaba los principales temas musicales.

Junto a unos diálogos entretenidos y graciosos, en ciertos momentos hasta picantes y una partitura agradable, de lozana inspiración, modernamente instrumentada y pegadiza, *Las guapas* se erigió como el éxito del verano madrileño: «[...] El libro es muy gracioso, lleno de situaciones regocijantes y de frases ingeniosas, aunque de ingenio y gracia bastante obesos. [...] entre todos los colores de los chistes sobresale el verde, un secreto que en esta clase de obras son un éxito. Es entretenido y da margen a ellas a exhibir sus bellezas, a los actores cómicos a demostrar que lo son, al pintor a manifestar su arte dentro del carácter frívolo de la obra, al modisto a probar su habilidad y buen gusto, a las señoritas del conjunto a enseñar sus encantos y sus proezas y a los músicos a que den lo que quieran y como quieran» (*ABC*, 14 junio, 1930: 48).

En cuanto a la parte interpretativa, sin lugar a dudas, Celia Gámez se apuntó otro tanto en su ya meteórica carrera escénica junto a Reyes Castizo, ambas muy del agrado del público siempre que aparecían sobre la escena.

El 22 de junio, la revista *Crónica*, en vistas del caldeado ambiente político que latía en nuestro país, que acabaría desembocando con la proclamación de la Segunda República Española al año siguiente, decide dar un pequeño «golpe de Estado» y formar Gobierno para hallar respuesta a aquella pregunta de qué pasaría si las mujeres mandaran o mandasen... De esta forma, constituye un hermoso gabinete femenino encabezado por algunas estrellas del momento ocupando cada una de ellas un gabinete concreto: Carmen Flores (Presidencia), Consuelo Hidalgo (Gracia y Justicia), Matilde Vázquez (Hacienda), Conchita Piquer (Estado), Felisa Herrero (Marina), Blanquita Pozas (Gobernación), Eloísa Muro (Economía), Conchita Constanzo (Trabajo y Previsión) y Celia Gámez en el Ministerio de Instrucción Pública y Bellas Artes y cuya prerrogativa máxima, si ella llegase a ocupar dicho gabinete sería el de «eliminar de todos los museos los desnudos sean en piedra o lienzo porque eso es mejor dejarlo para los escenarios...» (Ortega-Lissón y Castillo, 1930: 8-9).

La vedette bonaerense tiene un ritmo de trabajo frenético, ya que combina en función de tarde *Las pantorrillas* con *Las guapa*s de noche, participando, además, en la función homenaje al artista cubano Ciro

Dewal en el Teatro de La Zarzuela de Madrid, postulándose como abanderada de la Fiesta de la Flor y repartiendo claveles con fines benéficos junto a otras compañeras artistas o en la Verbena del Montepío de Actores, ya en el mes de julio. Precisamente, el día 8 de ese mismo mes, Celia celebra su beneficio con una función extraordinaria de su último gran éxito donde la estrella es enormemente elogiada a la par que objeto de las más encendidas muestras de apoyo y simpatía a su arte y persona, tomando a modo de fin de fiesta la palabra múltiples artistas y compañeros que actuaban en los teatros madrileños.

Indudablemente esta mezcla de sainete, revista y vodevil había sido la clave para el éxito de la misma y en esa línea proseguirían colaborando González del Castillo-Muñoz Román y Alonso, obteniendo el beneplácito de todos cuantos disfrutaban de sus creaciones.

Sostiene a este respecto Celsa Alonso (2014: 317), que quizá una de las claves del éxito de la obra era que, a pesar de ser una revista y poseer desnudos, el libro tenía fuerza dramática, una trama vodevilesca con buenos diálogos y unos personajes cómicos bien configurados, por no hablar de la innegable calidad de la música del maestro Alonso junto a las adecuadas interpretaciones de sus actantes.

El jueves 17 de julio se prepara en los jardines del Hotel Ritz, en honor de los autores de *Las guapas*, una verbena-agasajo en donde la propia Celia, junto a Anita Lasalle y las tiples del Eslava entonó el «Pasacalle de los Pepe-Híllos» que tanto éxito le había procurado en esta nueva obra. Tuvo este número el aliciente de que el torero Nicanor Villalta ocupara, en una segunda interpretación, el puesto de Pepe-Híllo entre el alborozo y aplauso de todos los asistentes, quienes hubieron de pagar la cantidad de 12,50 pesetas el cubierto por disfrutar de la velada, que se celebró a altas horas de la madrugada, siendo amenizada la misma por una orquesta española y americana. «La Yankee», Amparito Navarro, Matilde Vázquez, Olvido Rodríguez, Blanquita Suárez, Carmen Losada y Victoria Pinedo, entre otras bellezas del momento, contribuyeron a dar a la fiesta un encomiable realce artístico. Celia lució para la ocasión una hermosa mantilla negra española y se pudo fotografiar con los autores de su gran éxito. De hecho, una de las fotos más publicadas de la simpar «heroína» es aquélla en la que se encuentra junto al maestro Alonso, sosteniendo ambos dos copas de vino brindando por el merecido triunfo.

Diez días más tarde, finaliza la temporada en Eslava, *Las guapas*, que habían tenido la virtud de alterar el orden de las estaciones e hicieron estival la temporada de invierno, descansaron hasta septiembre.

El éxito de la misma animaría a ser llevada como repertorio por otras compañías de revistas del momento como la Serrano-Bretaño, Pinillos-Bretaño, Lino Rodríguez, o la de Cabañas, entre otras.

Celia Gámez ya es enormemente popular y querida y su figura rara es la semana que no aparece en la prensa.

Durante el mes de julio, la revista *Crónica* publicó una información sobre «Cómo estarían atendidos los servicios públicos si los desempeñasen las mujeres guapas». En ella Celia Gámez y Reyes Castizo, vedette incomparable y elegante bailarina, respectivamente, actuaron como conductora y cobradora en un tranvía, en cuya plataforma aparecieron seductoras en una foto, luciendo breves trajes de baño. Una agencia fotográfica extranjera, la Casa Keystone, reprodujo dicha instantánea, y la echó «a rodar por el mundo»... Los ingenuos periodistas del diario *La Dépéche*, de Toulouse, la publicaron con un pie en el que se podía leer lo siguiente: «El calor en Madrid. Es tal el calor en Madrid, que dos actrices, las señoritas Celia Gámez y Reyes Castizo, tuvieron piedad de los cobradores de tranvía, ofreciéndose para sustituirles; mas como para esto usaron trajes de baño, fue enorme la recaudación obtenida en el tranvía en que trabajaron las lindas cobradoras».

Como ustedes podrán comprender, amables lectores, la españolada con que los candorosos colegas amenizaron la monotonía estival no llevaba capa, ni navaja, ni toro. Era una españolada simplemente en traje de baño, desde luego más europea que nunca. Y este pie de foto fue el origen del caso belicoso que ocupó los diarios del momento, puesto que *La Dépéche* no atendió a las graves consecuencias que para ellos iba a tener su credulidad. Hasta tal punto llegó el malentendido que los principales diarios españoles no cesaron de producir artículos en los que ponían entredicho su profesionalidad.

En fin... lejos de tomárselo en serio y, con su habitual sentido del humor, Celia emprende sus más que merecidas vacaciones. Un necesitado asueto del que tampoco dejará indiferente a nadie... Celia se encontraba insatisfecha, algo deprimida, necesitaba descansar y, como tal, se retiró a un pueblecito de la sierra madrileña, San Rafael. Precisaba retomar fuerzas, desconectar. Sentía una imperiosa necesidad de reorganizar su vida, una vida que estaba dedicando exclusivamente al teatro, mientras que la otra, la sentimental, la tenía aparcada. Darío López le daba mucho cariño, pero no el amor que toda mujer precisa de un hombre. Recordaba nostálgica a Vicentito Rey y lo que sufrió por el...

Un día se acercó a Segovia para conocerla más de cerca, admirar sus monumentos, degustar su célebre comida... y sucedió algo extraordinario para alguien que nunca pasaba desapercibida allá por donde quiera que fuese...

De esta forma, el 26 de agosto de 1930, en su número 137, la revista *Estampa*, hace temblar los cimientos del Madrid de la época con el siguiente titular: «CELIA GÁMEZ, ¿SE HACE MONJA?» junto a un hermoso primer plano de la artista que cubre su cabeza con una mantilla y lleva en sus manos un breviario oracional.

Ni la propia vedette iba a figurarse que sus vacaciones en Segovia iban a dar tanto que hablar aquel año. Los periodistas ansiaban dar cualquier clase de noticia relacionada con ella, incluso aunque ésta fuera una mera invención...

El Adelantado de Segovia, primero, y los diarios de Madrid, después, habían dado la impactante noticia de que la artista predilecta del público, iba a profesar como religiosa en el convento segoviano de monjas bernardas de San Vicente el Real. El fotógrafo de la citada revista, Udall, capturó a Celia a la entrada del convento y de ahí vino la noticia... Pero nada más lejos de la realidad...

Es cierto que Celia estuvo en Segovia unos días descansando junto a su familia. Estuvo rezando en dicho convento y en la Catedral. Allí, a la salida, le llamó la atención un redactor de *El Adelantado* y le preguntó si era cierto que se iba a meter monja. La conversación duró un instante y Celia contestó de un modo evasivo... este hecho le vino a confirmar al periodista su respuesta afirmativa a la cuestión que le hubo planteado. Celia Gámez callaba y quedaba absorta mirando voltear sobre su cabeza las hojas secas que el vivo viento serrano arrancaba de los árboles.

Nos encontramos en San Rafael, paseando por el jardín de la finca en que ella veraneaba. Ella, quien iba a trabajar en unos días a Barcelona para dar inicio a la nueva temporada 1930-1931, se había topado, ingenuamente, con aquella noticia inesperada: «*Lo curioso es que yo no he leído esa información de «El Adelantado», que me atribuye el propósito de hacerme monja. No he podido encontrar ni un ejemplar; de Segovia me dicen que se ha agotado...*»

El Adelantado era uno de los diarios castellanos de más tirada en la época... En el tan cacareado número, correspondiente al viernes 22 de agosto de 1930, y cuya información la firmaba el periodista segoviano Fermín Cristóbal, se apuntaba al respecto:

> «Un amigo nos comunica que Celia Gámez, la bellísima vedette, reina y señora de los escenarios de Romea y Eslava, había venido a Segovia. A la vez que la noticia de su llegada nos da otra a la que -a pesar de que quien nos habla es persona respetable -y formal, que nos merece entero crédito- no dimos crédito por el momento: que Celia se hallaba en Segovia para preparar su ingreso en el convento de monjas Bernardas de San Vicente el Real. Debimos poner cara de verdadero asombro, pues nuestro comunicante se creyó en el caso de insistir, muy serio, sobre la certeza de la noticia. Por el momento no quisimos saber más. Nuestra misión de captador de la actualidad segoviana estaba al lado de la popular estrella...
>
> En unos minutos salvamos la pendiente que separa la parte alta de la población del convento de San Vicente el Real. Nuestra llegada coincide con la salida de Celia Gámez del convento. La acompaña otra bella muchacha, que pronto supimos era su hermana. Ésta vestía un traje de tonos claros, pero Celia iba vestida con una severidad chocante: traje oscuro, modestísimo, y un sencillo velo sobre la cabeza, muy echado sobre la cara, con el propósito de ocultarla. A través del velo se adivinaban unos ojos grandes, grandes, esos ojos que más de una vez hubimos de contemplar y admirar desde el patio de butacas. En la mano lleva Celia un pequeño libro de oraciones. Su continente es también chocante: la cabeza baja, la mirada hacia el suelo esquivando

la de las contadísimas personas que la contemplamos, como aplanada por interiores pensamientos. ¿Qué lucha hay entablada dentro del alma de la artista? Es la primera pregunta que nos formulamos.

A pesar de su evidente deseo de pasar inadvertida, Celia no lo había logrado del todo: allí estaba yo, pobre reportero provinciano, y allí se encontraba también uno de sus admiradores, aficionado a la fotografía, que veranea en La Granja, el señor Udall, que, no sabemos cómo tuvo noticia del viaje, la había seguido y había logrado sorprender a la admirada artista al entrar y salir del convento. Celia se negó rotundamente a hacer declaraciones. Con mucha amabilidad, pero con firmeza, nos dijo: «Éste es un momento de mi vida que ya no interesa a los periódicos, porque no he venido aquí para hacerme oír de los hombres, sino de DIOS».

-Luego ¿es cierto que va usted a profesar en este convento?- insistimos.

-Perdóneme- repite la bella actriz con un mohín como de disgusto. Y, montando en el auto que la espera, añade: «No puedo hablar; no puedo...»

A la puerta de una iglesia, una interviú periodística me parece así como una profanación... Rogamos aún a su hermana, pero ésta nos dice que es en balde que insistamos. «Celia no hablará por ahora», nos asegura.Camino del Santuario de la Virgen de la Fuencisla, por entre los olmos de la alameda de los huertos de Santa María del Parral, rueda el auto».

Celia no da crédito a lo publicado y es requerida por otros medios para confirmar o negar con rotundidad la notica. Insiste en que dentro de unas semanas viajará hasta Barcelona para dar comienzo a la nueva temporada teatral: «*Yo tengo grandes y locos sueños... Ya sé que no se pueden contar. Ya sé que la ponen a una en ridículo. Pero, los tengo. A pesar de todo; por encima de todo; contra todo, los tengo*», responderá una abrumada Celia que ni confirma ni desmiente la noticia pero que insiste en iniciar su nueva temporada en Barcelona en el mes de septiembre y que todo lo escrito sobre ella no siempre es cierto. Lo único certero es que su leyenda se acrecentaba por momentos...

VI. NUEVOS ESTRENOS.
LLEGA LA REPÚBLICA

Corren tiempos convulsos en España mientras Celia veranea aquel agosto de 1930.

Tras la aceptación por parte del rey don Alfonso XIII en enero de ese mismo año de la dimisión del general Miguel Primo de Rivera cuya dictadura había regido España desde hacía más de seis años, el rey nombró Presidente del Gobierno al también general Dámaso Berenguer con el propósito de retornar a la «normalidad constitucional», actuando como si la Corona no hubiera estado implicada en la violación de la Constitución de 1876 que se inició con el golpe de Estado en septiembre de 1923 y que la Corona apoyó.

Los políticos republicanos y los autodesignados «monárquicos sin rey» (como Ángel Osorio y Gallardo), así como numerosos juristas, denunciaron que la simple vuelta a la «normalidad constitucional» era imposible.

Con objeto de tranquilizar los ánimos, Berenguer afirma que el nuevo Gobierno quiere la pacificación del país y la vuelta a la normalidad constitucional, prometiendo, entre otras cosas, la convocatoria de elecciones generales, a lo que se oponen los partidos tradicionales, desarbolados tras el paréntesis dictatorial. El movimiento obrero liberado después de años de represión incrementa sus protestas y se produce un incremento de los desórdenes públicos. El líder socialista Indalecio Prieto, en una conferencia pronunciada en el Ateneo de Madrid el 25 de abril de 1930, llegó a afirmar que para él «*era una hora de definiciones... Hay que estar con el rey o contra el rey*». Unos días antes, el ex ministro monárquico Niceto Alcalá Zamora, que acababa de pasarse a las filas del republicanismo, afirmó que sólo existía un poder legítimo:

las Cortes Constituyentes. Así se fue fraguando la confluencia de partidos republicanos, nuevos y viejos, que se reunieron en San Sebastián el 17 de agosto de 1930, unidos para provocar la caía de la monarquía... (Juliá, 2009: 26).

Mientras tanto, Celia Gámez ha concluido sus vacaciones y la casa Odeón la sigue reclamando para grabar varios discos con números que había popularizado, no sólo en *Las guapas*, de las que graba «La chacarera», «*Fox* del recuerdo», «Pasacalle de los Pepe-Híllos» y «¡Mozo, venga whisky!», junto a los tangos «No salgas de tu barrio» o «La salteñita», el fado «Canta trovero», «Una limosnita» y la canción «Sonajas y madroños», entre otros.

La compañía del Eslava llega hasta Barcelona con una nueva formación en la que como primer actor y director figura Faustino Bretaño y como vedette, la propia Celia. A ellos se une como bailarina, Angelita Durán; las tiples, Pepita Arroyo, María Asensio, Carmen Lamas, Carmen Navarro, Angelita Navalón, Aparito Perucho y Marina Rubí. A su lado, los actores José Bárcenas, Pedro Cruz, Luis Gago, Carlos Garriga, Manuel Montón, Antonio Murillo, Cecilio y Emilio Stern y Eduardo Vidriero. Como maestros directores y concertadores, Ramón Santoncha y Manuel Mira. Director de coreografía, Manuel Tito.

Luis Cabañas, director artístico y gerente, presenta a la citada compañía en el escenario del Teatro Apolo, donde harán temporada entre el 19 de septiembre y el 8 de enero de 1931 llevando consigo todo un rosario de reestrenos y reposiciones. De esta forma, el primero de los días citados se reponen *Las guapas*, consiguiendo llenar a diario y acabándose las localidades al poco tiempo de ponerlas a la venta. Y es que la obra venía precedida del éxito que había cosechado en Madrid y el público barcelonés no quería ser menos y perderse tan magno suceso. Desde el día siguiente, se reponen en horario de tarde *Las castigadoras* y *La bomba* y en la noche, *Las guapas*.

A partir del 3 de octubre y, en horario de tarde se repone *El antojo* y prosigue *La bomba* mientras que en horario nocturno, *Las guapas* continúan llevándose los aplausos más cálidos del público catalán.

Mientras tanto, el ambiente político se va caldeando en Madrid y sus resquicios llegan hasta la Ciudad Condal.

Así, pues y, tras un largo y difícil debate interno, las dos organizaciones socialistas, PSOE y UGT, se suman al Pacto de San Sebastián con el propósito de organizar una huelga general en Madrid que fuera acompañada de una insurrección militar que metiera «a la monarquía en los archivos de la Historia y estableciera la República sobre la base de la soberanía nacional representada en una Asamblea Constituyente». Para ello, se pretende llevar a cabo un pronunciamiento militar el 15 de diciembre próximo....

El Teatro Apolo se llena diariamente desde el día del debut de la compañía Gámez-Bretaño. Los valiosos elementos con que contaba la aplaudida formación eran dignos del constante favor que el público les dispensaba en cada nueva función, considerando a su principal baluarte femenina su mejor representante.

Durante este mismo mes de octubre, Celia se «significa». Y es que en Barcelona se había suscrito una instancia dirigida al jefe del Gobierno en súplica de que, siguiendo el ejemplo de los gobiernos de otros países en defensa del arte nacional, y particularmente el de Bélgica, que había suprimido indefinidamente todos los impuestos sobre el teatro, se proceda en España en la misma forma en bien de los artistas, autores y músicos españoles. «Si fuera imposible- decía el documento- la supresión total de los impuestos, al menos que se reduzca en un cincuenta por cien, abonando los teatros y salones que se dedican a la proyección de películas el seis por cien que tributan actualmente, siempre que vaya unido a la película, un fin de fiesta, y a los que prescindan en absoluto de músicos y artistas, dedicándose al cinematógrafo, que se les grave un quince por cien la tributación». Firmaban la susodicha instancia, entre otros, la propia Celia (*ABC*, 5 de octubre 1930: 49).

El 22 de octubre, la cartelera del Apolo prosigue programando *La bomba*, *El antojo* y *Las guapas* hasta que el día 30 se renueve la misma de la siguiente forma: tarde, *La bomba* y *Las guapas*; noche, reestreno de *¡Por si las moscas!* Estas tres últimas obras proseguirán ocupando el programa que diariamente ofrece el Apolo durante todo el mes de noviembre hasta que, llegado el último mes del año, concretamente el día 5 se reponga *La guita* junto con *Las guapas* por la tarde y por la noche prosigan *¡Por si las moscas!*, títulos todos ellos que comparten con intérpretes y autores las ruidosas manifestaciones de agrado de toda la concurrencia que asiste a las mismas.

Especialmente querido por el público barcelonés es el último de los títulos citados hasta el punto de que la Asociación Española de Escritores Noveles Teatrales proponga la idea de organizar un banquete en homenaje a Celia Gámez y Faustino Bretaño con el objeto de celebrar el éxito alcanzando por ambos en dicha obra.

El día 12 de diciembre y, mientras en Madrid existe una calma tensa que no tardará mucho en estallar, la compañía reestrena *El ceñidor de*

Diana. Pero desde Madrid no llegan buenas noticias. Y eso preocupa a Celia y al resto de miembros de su compañía.

Para liderar la huelga general y el pronunciamiento militar de las izquierdas previsto para el 15 de diciembre de este 1930, se forma un comité revolucionario integrado por Niceto Alcalá-Zamora, Miguel Maura, Alejandro Lerroux, Diego Martínez Barrio, Manuel Azaña, Marcelino Domingo, Álvaro de Albornoz, Santiago Casares Quiroga y Luis Nicolau d´Oler, por el lado republicano y Fernando de los Ríos y Francisco Largo Caballero, por los socialistas. Sin embargo, la huelga general no llegó a declararse y el pronunciamiento militar previsto fracasa fundamentalmente porque los capitanes Fermín Galán y Ángel García Hernández sublevaron la guarnición de Jaca tres días antes, el doce de diciembre. Tras estos hechos, los dos capitanes insurrectos, fueron fusilados inmediatamente.

Por su parte, en Cuatro Vientos (Madrid), el comandante Ramón Franco y el general Gonzalo Queipo de Llano encabezan una sublevación republicana en el aeródromo de dicha localidad madrileña. En esta acción, el primero de los citados, junto con otros aviadores como Indalecio Cisneros, después de despegar con un avión, llega a amenazar con bombardear el Palacio Real, aunque al final sólo arrojó proclamas revolucionarias. Por su parte, Queipo se hace con la estación de radio y difunde la falsa noticia de que se había instaurado la República en toda España: «Sublevada guarnición Madrid. Proclamada República. Toque diana». Sofocada fácilmente la asonada por el general Orgaz, que rodeó el aeródromo y aprisionó al personal sublevado, huyeron en tres aviones en dirección a Portugal no sin antes arrojar unas octavillas sobre Madrid. En Lisboa solicitó pasaportes para Francia, Bélgica y Holanda refugiándose en Francia, donde trabó conocimiento con Indalecio Prieto así como con Marcelino Domingo, entre otros republicanos españoles. Fue incoado un proceso militar a los responsables del pronunciamiento, pero al encontrarse huido ante las requisitorias judiciales, Queipo sería dado de baja en el Ejército por una Real Orden «por hallarse ausente de su destino más de dos meses». Sin embargo tal desatinada aventura convirtió a Queipo de Llano en un popular héroe republicano.

A pesar del fracaso de la acción en favor de la República dirigida por el comité revolucionario, cuyos miembros (unos fueron detenidos y otros huyeron fuera del país o se escondieron), el general Berenguer se sintió obligado a restablecer la vigencia del artículo 13 de la Constitución de 1876 (que reconocía las libertades de expresión, reunión y asociación) y convocar por fin las elecciones generales para el 1 de marzo de 1931 con el fin de «*llegar a constituir un Parlamento que, enlazando con las Cortes anteriores a la última etapa* (la Dictadura de Primo de Rivera), *restableciera en su plenitud el funcionamiento de las fuerzas cosoberanas* (el rey y las Cortes) *que son eje de la Constitución de la monarquía española*». No se trataba, pues, ni de Cortes Constituyentes, ni de unas Cortes que pudieran acometer la reforma de la Constitución, por lo que la convocatoria no encontró ningún apoyo, ni siquiera entre los monárquicos de los partidos que se habían turnado en el poder (partidos liberal y conservador) durante el régimen de la Restauración (Juliá, 2009: 26-27).

Mientras tanto y, a la espera de acontecimientos políticos de singular relevancia para la vida de los españoles, estos asisten día tras día copando las butacas de los teatros madrileños o distrayéndose con los incontables reportajes de los que la musa de la frivolidad, la inigualable Celia Gámez, es objeto. Es así cómo, a finales de año aparece en una divertida estampa como aviadora en el que, por primera vez, va a montar en una avioneta junto a Faustino Bretaño en el aeropuerto barcelonés de El Prat. Los españoles se vuelven locos con Celia, con cada noticia que tiene que ver con ella. Con cada entrevista que hace. Con cada estreno que lleva a cabo. Con cada fotografía en que aparece... Celia es tan popular como una estrella cinematográfica y aparece en distintos reportajes y fotografías: Celia montando a caballo. Celia conduciendo. Celia pilotando un avión. Celia retocándose en su camerino. La colección de muñecas de Celia. El día a día de Celia en la intimidad del hogar...

Y llegó 1931.

El día 8 de enero, Celia celebra su beneficio tras haber representado por la tarde ¡*Por si las moscas!* y en la noche, *El ceñidor de Diana*. Al finalizar el mismo, regala a los concurrentes un hermoso recital de tangos, siendo muy aplaudida por el público asistente. Ella, en compensación, les obsequió además con un monólogo de Santiago Rusiñol, en catalán, que, además, ocupaba una localidad en el Teatro Apolo. Sin embargo y, por tener la empresa compromisos contraídos con la compañía lírica de Saus de Caballé que lideraba el primer actor y director Pedro Segura, las huestes de Celia han de trasladarse hasta el vecino Teatro Cómico donde actuaba la compañía de revistas de Enrique Torrijos representando *Los faroles*, *Los claveles* y *El país de los tontos* con notable éxito. De esta forma, pues, el 15 de enero de 1931, Celia Gámez se reintegra a sus quehaceres artísticos con las reposiciones de *La Magdalena te guíe* y *Las cariñosas* para, diez días más tarde, participar en el festival organizado a beneficio de la sección benéfica del Sindicato profesional de periodistas en el Teatro Barcelona junto a otros compañeros y cambiar la cartelera del Cómico reponiendo *¡Por si las moscas!* desde el día 29.

En febrero, Celia actúa en el baile de máscaras que la Unión de Chóferes de Barcelona celebra a primeros de mes junto al también actor Josep Santpere. Pero las circunstancias políticas se imponen y comienzan a copar los mentideros teatrales y todos los ámbitos sociales de la España del momento. Se viven momentos tensos. Nadie sabe lo que va a ocurrir y ello se nota en la asistencia a los espectáculos públicos. Hay miedo. Hay tensión. Hay temor. Algo parece flotar en el ambiente después de que, a mediados de mes, el rey Alfonso XIII ponga fin a la «dictablanda» del general Berenguer y nombrar nuevo Presidente al almirante Juan Bautista Aznar, a cuyo Gobierno entraron viejos líderes de los partidos Liberal y Conservador, como el conde de Romanones, Manuel García Prieto, Gabriel Maura Gamazo o Gabino Bugallal. El nuevo Gobierno, pues, propone un nuevo calendario electoral: se celebrarán primero elecciones municipales el 12 de abril, y después elecciones a Cortes que tendrían el carácter de Constituyentes, por lo que podrían proceder a la revisión de las facultades de los Poderes del Estado y la precisa delimitación del área de cada uno, es decir, reducir las prerrogativas de la Corona (Santos, 2009: 27-28).

El 20 de febrero, la compañía cambia su programación nuevamente y, junto a *La bomba* acomete el estreno de *¡Me acuesto a las ocho!*, «historieta cómica-vodevilesca en dos actos, divididos en ocho cuadros y un telegrama», que, con libreto de Joaquín Vela y José López Campúa además de la partitura del maestro Alonso, ya había sido estrenada en el Teatro Romea de Madrid la noche del 29 de noviembre de 1930 con una extraordinaria acogida.

Habiendo sido interpretada entonces en sus principales papeles por Perlita Greco, Reyes Castizo, Concha Rey, Concha Costanzo, Amparo Taberner y Lino Rodríguez, ahora llegaba al escenario del Teatro Cómico amparada en el éxito que había cosechado en un Madrid cada vez más convulso, notándose la incertidumbre política en un descenso de títulos y funciones aunque no de estrenos, ya que, aunque predominaron obras de contenido político, teatro extranjero y de vanguardia, se observaba cierta continuidad con la permanencia en cartelera de Muñoz Seca y las obras arrevistadas.

La citada obra nos trasladaba hasta la Casa de Modas «Popelín y Compañía», regentada por dos socios, don Concordio y Policronio Popelín. Mientras el primero se pasa el día, además de atendiendo clientas, persiguiendo a las modelos (entre ellas Angelina -Celia Gámez-, casada para más señas, y enamorada de Popelín aunque ninguna le hace caso), el segundo se finge amanerado para poder estar con las señoras que desee sin peligro alguno. Una de ellas, a la que constantemente elude, es a Alicia, una *femme fatale*, que trae la desgracia a cualquier hombre que se encuentre con ella, de ahí que Popelín finja ser su otro socio y así poder deshacerse de mencionada mujer. Las cosas comenzarán a complicarse cuando entre en escena el marido de Angelina, Albino Seco, quien, buscando a Popelín para que financie uno de sus inventos, ha ido a encontrarse con que su propia esposa ha huido hasta un pueblecito de la Costa Azul francesa, *Ville-jolie-sur-mer* junto a su amante, huyendo aquél de la desgracia que trae Alicia.

Celia Gámez en el «*One-step* del golf», de *¡Me acuesto a las ocho!* (1930)

De una u otra forma, todos los personajes acabarán en mencionada localidad para enredar aún más el entramado argumental de la obra: en el hotel de *Villa-jolie-sur-mer* también se dará cita el príncipe africano Tongo IV, una de sus esposas, Kati, y su servidor, Akaké, antropófago. Albino será entonces tomado allí por Popelín sin sospechar que su mujer se encuentra con su amante en mencionado hotel. Los continuos sucesos y equívocos a que da lugar este malentendido serán la nota dominante de la historieta que, como suele ser habitual, acabará felizmente para todos sus protagonistas con un formidable apoteosis dedicado a los cócteles de moda del momento.

Con frenéticos números musicales propios de la época como el «*One-step* del golf», el *fox* de «Los pijamas», el «*Two-step* de los jockeys» o el chotis de «El castigador», destacaron, además, de entre su partitura musical, junto a los anteriormente enunciados, los titulados «Concertante bufo», «Bulerías», «Armónicas», «Allá, en Florida», el enunciado «Apoteosis del cóctel» y, junto a todos ellos, los cuplés de «Jacobo, cómprame un globo», interpretados por Faustino Bretaño y Celia Gámez en una caracterización insuperable, ya que la vedette aparecía sobre escena ataviada de bebé con un racimo de globos entre sus manos, que arrancando las sonrisas del público en su reestreno durante este 1931 a la par que tarareaba el coreado estribillo de los mismos.

A finales de febrero, la compañía programa por la tarde *Las cariñosas*, una selección de tangos y canciones por Celia Gámez y el estreno del «apunte de sainete en un acto», original de Enrique Arroyo y Francisco Lozano al que puso música el maestro Alonso, *La caracola* o *La buena pasta*. La obrita se pone por primera vez en escena la noche del 28 de febrero de 1931, llegando al Teatro Eslava de Madrid el día 17 de marzo. Según Celsa Alonso (2014: 328), la obrita se trata «de una parodia del teatro, la revista y la vanguardia en torno a las veleidades modernas del patrón de una tahona empeñado en que sus trabajadores hicieran teatro de arte y ensayo», con adulterio incluido, pues la esposa del panadero le es infiel, además: «Toda la obra es una sátira de la modernidad y el esnobismo, el furor del cine, la música de vanguardia y la insensibilidad ante el público». Precisamente y para oponerse a la creciente e imperante modernidad, Alonso escribe un pasodoble cómico y un chotis como claros símbolos de la tradición en contra de la vanguardia.

En la puesta en escena de la misma no interviene Celia, ya que en ella toman arte otros miembros de la compañía como Anita Lassalle, Pepita Arroyo, Carlos Garriga y José Bárcenas.

Por la noche, se programa junto a *¡Me acuesto a las ocho!* y, antes de la representación de la misma, *La terraza*, otro sainete con música del que apenas hemos encontrado una mínima referencia en prensa a excepción de su título.

La compañía que lidera Celia Gámez permanece en el Teatro Cómico de Barcelona hasta el martes 31 de marzo, despidiéndose del público catalán con las dos obras mencionadas anteriormente y un fin de fiesta en el que intervinieron todos los miembros de la compañía y en donde Celia, acompañada por la orquesta Los Bolivios, entona una serie de tangos propios de su repertorio, poniendo al público de pie antes de marcharse de gira a provincias con la formación no sin antes haber intervenido en una gala en honor de los presidentes de las Diputaciones castellanas, en la gala homenaje a la colonia argentina en Barcelona o en la función homenaje a las mecanógrafas barcelonesas en el mismo escenario del Cómico.

Celia, pues, emprende una gira por España con un repertorio formado por *La terraza*, *¡Me acuesto a las ocho!*, *¡Por si las moscas!*, *La bomba*, *El ceñidor de Diana*, *La caracola*, *Las cariñosas*, *Las guapas* y *Las castigadoras*, alternando los mismos en la programación del teatro en el que recalan a tenor de los gustos del público o el éxito de los títulos del repertorio enunciado. De esta forma, pues, tras unos días de descanso, la compañía se embarca en tren con destino al Teatro Apolo de Valencia donde recalará entre el 4 y el 19 de abril de este 1931...

En aquellos momentos, en Madrid, la situación era ya prácticamente insostenible...

Todo el mundo entendió las elecciones celebradas el 12 de abril como un plebiscito sobre la monarquía, por lo que cuando se supo que las candidaturas republicano-socialistas habían ganado en todas las capitales, el denominado comité revolucionario hizo público un comunicado afirmando que el resultado de las elecciones había sido «desfavorable a la monarquía y favorable a la República» y anunció su propósito de «actuar con energía y presteza a fin de dar inmediata efectividad a los afanes de esa España, mayoritaria, anhelante y juvenil implantando la República».

El odontólogo Florestán Aguilar, amigo personal del Rey don Alfonso XIII, y, a requerimiento del conde de Romanones, le envía al monarca la siguiente nota:

> «Señor: el conde de Romanones me ha llamado para encargar con toda urgencia transmita a V.M. las palabras que van a continuación: los sucesos de esta madrugada les hacen temer (a los ministros) que la actitud de los republicanos pueden encontrar adhesiones del elemento del Ejército y fuerza pública que se nieguen, en momentos de revuelta, a emplear las armas contra los perturbadores, se unan a ellos y se conviertan en sangrientos los sucesos. Para evitarlo, en opinión del citado ministro, podría V.M. reunir hoy el Consejo para que cada cual

tenga la responsabilidad de sus actos y el mismo reciba la renuncia del rey para hacer ordenadamente la transmisión de poderes. Así, se haría posible en su día la pronta vuelta a España del rey por el clamoroso llamamiento de todos. Sólo como servidor de V. M. cumplo con el encargo de la urgente transmisión de las anteriores palabras».

Celia se encuentra nerviosa. Su amistad con el regio Borbón la granjeó un sentimiento monárquico del que hará gala hasta el final de sus días. La incertidumbre en torno a lo que le pudiera pasar al Rey y el destino de la nación, le hace estar constantemente informada de los sucesos acaecidos en la capital.

El martes 14 de abril, mientras Celia se encuentra en el Apolo y representa en horario de tarde *La bomba* y *¡Me acuesto a las ocho!* y en la noche, *¡Por si las moscas!,* se proclama en Madrid, desde los balcones ocupados por los nuevos concejales, la Segunda República Española presidida por Niceto Alcalá Zamora.

El rey Alfonso XIII se ve obligado a abandonar el país. Así recordaba Celia aquellos históricos momentos: «*La proclamación de la República me sorprendió en Valencia. Llevaba varios días representando en el Teatro Apolo con el éxito clamoroso de siempre. Solía levantarme a mediodía, dado que por exigencias de los horarios teatrales me acostaba bastante tarde. Pero aquel 14 de abril, mi sueño fue bruscamente interrumpido por el gran escándalo que llegaba de la calle. Me levanté para mirar por el balcón. En ese momento irrumpió en la habitación una camarera del hotel: «¡La República, señora, la República!», gritaba alterada. Me asomé al balcón. Pasaron camionetas llenas de gente. Todos lanzaban gritos. Algunos estrellaban las sillas de las terrazas contra el pavimento. Otros rompían mesas. El gentío parecía fuera de sí. También cantaban y bailaban. Era una explosión de júbilo desconcertante: «¡Dios mío, qué va a pasar en España», pensé en voz alta. Siguieron tres días de incertidumbre. No salí del hotel. Las funciones, naturalmente, se interrumpieron. En el hotel no se hablaba de otra cosa. A todos se les veía muy sorprendidos. Porque sucedía, sencillamente, que España, que se acostó monárquica, se había levantado republicana. Unos tardaron más que otros en acostumbrarse a la nueva situación... ¡Cambiaron tantas cosas en tan poco tiempo...!*» (San Martín, 1984, IV: 59).

Tres días más tarde, el 17 de abril, *ABC* publicó una carta de don Alfonso XIII que, con el título de «Al País», explicaba los motivos de su renuncia al Trono:

«Las elecciones celebradas el domingo me revelan claramente que no tengo hoy el amor de mi pueblo. Mi conciencia me dice que ese desvío no será definitivo, porque procuré siempre servir a España, puesto el único afán en el interés público hasta en las más críticas coyunturas.

Un Rey puede equivocarse, y sin duda erré yo alguna vez pero sé bien que nuestra Patria se mostró en todo momento generosa ante las culpas sin malicia.

Soy el Rey de todos los españoles, y también un español. Hallaría medios sobrados para mantener mis regias prerrogativas, en eficaz forcejeo con quienes las combaten. Pero, resueltamente, quiero apartarme de cuanto sea lanzar a un compatriota contra otro en fratricida guerra civil. No renuncio a ninguno de mis derechos, porque más que míos son depósito acumulado por la Historia, de cuya custodia ha de pedirme un día cuenta rigurosa.

Espero a conocer la auténtica y adecuada expresión de la conciencia colectiva, y mientras habla la nación suspendo deliberadamente el ejercicio del Poder Real y me aparto de España, reconociéndola así como única señora de sus destinos.

También ahora creo cumplir el deber que me dicta mi amor a la Patria. Pido a Dios que tan hondo como yo lo sientan y lo cumplan los demás españoles».

Don Alfonso XIII nunca más volvería al teatro a ver a Celia.

Pasados los primeros días de nervios, Celia concluye sus compromisos laborales con la empresa del Apolo de Valencia donde ha subyugado al público con su belleza, con la dulzura de su voz, con la armonía de sus movimientos, con los múltiples y variados encantos de su feminidad además de por su excelencia como actriz que canta y baila como las mejores artistas de opereta extranjeras y, reanuda, pues, su gira: Bilbao, Sevilla, Zaragoza, Palma de Mallorca...: «*A la gente se la veía ilusionada. Yo también lo estaba. Si la República era capaz de resolver los viejos problemas que afligían a España y a los españoles, bienvenida fuera*» (San Martín, 1984, IV: 59).

Encontrándose actuando la compañía en el Teatro Arriaga de Bilbao, Celia se ve envuelta en un pequeño escándalo «moral»: la policía, a requerimiento de la de Barcelona y Valencia, se presenta en el citado coliseo y detiene a tres tiples que trabajaban en la formación y que poseían dieciséis años, por lo que eran consideradas entonces menores de edad.

Consuelo López Monleón, valenciana, y las hermanas Victoria y Carmen Lara, catalanas, habían engañado a la empresa y a Celia para ser reclutadas entre sus filas, conscientes de la necesidad de trabajar y medrar de las mismas, dado el éxito y repercusión que para ellas tenía trabajar con «la más grande». De esta forma, pues, los familiares, tras reclamarlas mediante vía policial, denuncian la situación. Celia, no da crédito y declara que ella no sabía que contrataba a menores de edad habida cuenta del evidente desarrollo físico que poseían y de la falsificación por parte de las citadas muchachas de la documentación pertinente. Así las cosas, tras pagar la multa correspondiente, nuestra protagonista prosigue con su trabajo mientras que las chicas son devueltas a sus puntos de procedencia, quedando el asunto como una mera anécdota.

En Zaragoza, por ejemplo, se reciben múltiples cartas de adhesión a la vedette argentina por parte de toda una legión de señoras admiradoras de la misma y de su arte, pero detractoras de la revista, solicitando que hubiese en los teatros secciones a base de conjuntos y una larga serie de intervenciones de la bellísima vedette, a la que las mujeres admiraban por su delicadeza sobre la escena.

Celia, que viaja con su madre y con dos de sus hermanas, a las que trajo desde Buenos Aires, recala en el Principal de Zaragoza donde recuerda a Marcelino Álvarez, periodista del *Heraldo de Aragón* (3 de junio, 1931: s.p.) una triste anécdota que refleja a la perfección el carácter de la vedette: «*Me acuerdo de una noche, cuando yo salía de actuar en un teatro de Madrid. Escuché a una niña, mal trajeada, que llevaba de la mano a un ancianito, y para implorar caridad, cantaba una música que yo había popularizado. El contraste me produjo una emoción dramática. Aquella canción, que a mí me dio nombre y me conquistó halagos y elogios, tenía que utilizarla aquella criatura para llamar a la caridad de las gentes... Y de pensarlo me puse triste. Mucho más que ante otras tragedias de grandes proporciones*».

A principios de julio, *ABC* da la noticia de que Celia Gámez va a recalar en el Teatro Victoria de Madrid donde debutará con *Las guapas* desde el día 8 de julio pero, por motivos que desconocemos, tal presentación no se llega a hacer efectiva ni la prensa ofrece datos de la permanencia de la estrella bonaerense en la capital española durante los meses de julio a septiembre, lo que nos induce a pensar que la compañía prosigue su gira por distintas provincias españolas. Aunque a la cita a la que la vedette no falta es a la tradicional verbena estival del Montepío de Actores a primeros de agosto; sin embargo, no será hasta finales de septiembre cuando la prensa recoja una instantánea con la nueva compañía que ha formado gracias al maestro Alonso y a los entonces empresarios del madrileño teatro donde debutará a primeros de octubre, Agustín y Enrique Pavón con la dirección de Luis Caseca.

La temporada 1931-1932 marcará un antes y un después en su carrera, ya que los comediógrafos José Muñoz Román y Emilio González del Castillo terminaban, durante aquel verano, el «pasatiempo cómico-lírico» que encumbraría al olimpo de las diosas escénicas, a «Nuestra Señora de los Buenos Muslos».

VII. DE CUANDO EL PICHI SE PASEABA POR LA CALLE DE ALCALÁ

La revista musical fue el primer género teatral en asimilar más fácilmente los cambios políticos que se introdujeron en nuestro país. Títulos todos ellos de 1931 como *Las gatas republicanas*, de Antonio Paso, José de Lucio y los maestros Cayo, Vela y Tellería; *¡Viva la República!*, de Manuel Penella; *El nuevo régimen*, de Paradas, Jiménez y el maestro Guerrero o *Alfonso XIII de Bom Bom*, de Ángel Custodio y Javier de Burgos, quienes satirizaban la extinta monarquía, fueron buena prueba de ello.

Durante este período, la revista y, concretamente nuestra protagonista, va a vivir momentos de auténtico paroxismo al estrenar títulos emblemáticos dentro de su carrera artística como *Las Leandras* en este 1931, *Las tentaciones*, en 1932 o *Las de Villadiego* en 1933; además, la libre exhibición de desnudos sobre el escenario, las libertades otorgadas por los políticos en muchos ámbitos de la sociedad y de la cultura, van a quedar patentes en los argumentos de las revistas al tratar temas como el divorcio, la libertad de la mujer, el derecho al voto y a la profesionalización de ésta, el acceso a los estudios, la moda, el peinado, etc.

Junto a ello, la renovación de la escena española proclamada por la Segunda República al acercar la cultura teatral a una clase social que había estado permanentemente alejada de los escenarios, reservados casi exclusivamente para una burguesía complaciente que consideraba el teatro más como un pasatiempo que como una manifestación artística, va a motivar que la revista sea uno de los géneros fundamentales durante esta época. Así pues, múltiples son las compañías de revista que estrenan continuamente una enorme cantidad de títulos durante los años de la República: la de Lino Rodríguez, Laura Pinillos, Francisco Arias;

Blanca Pozas y Miguel Ligero; Margarita Carvajal, Faustino Bretaño, por supuesto Celia Gámez, Eulogio Velasco, la mejicana Lupe Rivas Cacho, Amparo Miguel Ángel, Francisco Torres, Manolo Sugrañes, Campúa, Jacinto Guerrero; la Compañía de Zarzuelas, Revista y Sainete dirigida por Luis Bori: la Compañía del Niño del Museo, la argentina de Azucena Maizani, la de Mariano Ozores y Conchita Constanzo y más adelante la de Mariano Ozores y Laura Pinillos, la del maestro Guillermo Cases, maestro Belda, José Romeu, Ramón Peña, Isabelita Nájera... o las titulares de teatros como el Eslava, La Latina o el Martín; pero 1931 es el año del cuarteto formado por Muñoz Román, Emilio González del Castillo, Francisco Alonso, Celia Gámez y *Las Leandras*.

Tras haber intervenido en varios éxitos como *Las castigadoras* (1927), *¡Por si las moscas!* (1929) o *Las guapas* (1930), etc. Celia ensaya entusiasmada el que espera que se convierta en gran éxito de la temporada. Muchas esperanzas poseían en ella tanto sus autores como su máxima protagonista femenina; aunque en el último trimestre de este histórico 1931, también los espectadores madrileños pudieron disfrutar en las carteleras de los principales teatros de la capital de otras obras del género como *De Nueva York a París*, en el Teatro de La Zarzuela; *Aquí hacen falta tres hombres* y *Me caso en la mar*, en el Eslava; *Flores de lujo* o *Cocktail de amor* en el Victoria; *Pelé y Melé*, *¡Duro con ellas!* o *La sal por arrobas*, en el Martín o *La carne flaca* y *Todo el año es Carnaval* o *Momo es un carcamal* en el Maravillas.

Sin embargo, éstas y otras revistas de la época se ven desplazadas por el inconmensurable éxito obtenido por *Las Leandras* y Celia Gámez. Este éxito duró casi tres años y más de mil representaciones seguidas a teatro lleno prácticamente todos los días. Fue tal éxito obtenido, que, gracias al dinero que Celia ganó con la obra, pudo comprarse un piso en la calle de la Salud, en Madrid.

La noche del 12 de noviembre de ese histórico año se estrena en el madrileño coliseo situado en Embajadores nº 9, esto es, el Teatro Pavón, *Las Leandras*.

Pero retrocedamos por unos instantes antes de llegar a aquella inigualable jornada que marcará un antes y un después en la historia del teatro frívolo español.

La nueva formación teatral que capitanea Celia se encuentra compuesta en esta ocasión por los siguientes intérpretes: Amparito Sara, Conchita Ballesta, Pepita Arrollo, las bailarinas Pyl y Myl, Mary Darson, Mercedes y Antoñita Rodríguez, Lola Caballero y, debutando junto a Celia, su hermana Cora, quien la acompañaría en distintos estrenos en estos años. En el bando masculino, acompañaban y daban la réplica a la Gámez, Pepe Alba, Enrique Parra, José Bárcenas, Manuel Rubio, Julio Lorente, Emilio T. Ruiz, Arsenio Becerra, Andrés Gago, Manuel P. Moulián y Alfredo Perdiguero. Dirigida por Luis Caseca, como maestros concertadores y directores se encontraban Enrique Estela y Ramón Santoncha.

En Pavón, comienza la temporada 1931-1932 el viernes 2 de octubre, fecha en la que la citada compañía presenta la reposición de *¡Me acuesto a las ocho!*, cuya cuidada presentación y el ritmo trepidante que imprimen a la obra, le confiere el beneplácito del público madrileño, quien ansiaba la reentrée de su más querida baluarte. El teatro lleno, la repetición de sus números musicales y lo constantes aplausos, coadyuvaron a ello: «*Regresamos a Madrid. Al Pavón con un programa doble de éxito seguro [...] pero el plato fuerte de la temporada sería «Las Leandras», cuya partitura ya estaba escribiendo el maestro Alonso. Éste, bajito, con gafas gruesas y bastón, granadino y dicharachero, solía venir a mi camerino y charlaba conmigo mientras me maquillaba y en los entreactos me tarareaba lo último que había compuesto. Lógicamente unas musiquillas me gustaban más que otras y yo se lo decía sinceramente*» (San Martín, 1984, IV: 59).

Celia Gámez, la linda pebeta que había engolosinado a sus queridos seguidores regresando a Madrid para darles aquello que querían, cumplió con creces los objetivos que se había propuesto. Ella, tan buena animadora de revistas como experimentada directora, se hubo rodeado para tal ocasión de nada menos que veintiocho viceptiles, muchas de ellas debutantes en aquel momento pero que, seguras de su triunfo, lo dieron todo sobre el escenario. En connivencia con Luis Caseca, a Celia no se le escapaba nada. Ni un sólo detalle. Ni un sólo diálogo (a pesar de que de vez en cuando improvisaba y metía morcillas). Ni un sólo movimiento. Dirigía y su opinión intentaba ser llevada a su praxis. Todo había de resultar perfecto. El éxito es producto del esfuerzo y del trabajo, no consecuencia de un simple golpe de suerte. Celia se había propuesto ser la mejor en todo. Y lo iba a conseguir. La que mejores espectáculos ofrecía. La que daba a las señoras y a los señores aquello que deseaban ver. La que mostraba los mejores trajes. Las chicas más disciplinadas y hermosas. Los libretos más divertidos y ocurrentes exentos de procacidades y chabacanerías. Limpios. Aptos para todos los públicos. En sus revistas nunca hubo desnudos. Por eso las damas acogían con enorme beneplácito que sus esposos acudieran a verla. Y ellas encantadas, claro, porque ir a ver a Celia se convertía en todo un protocolario ritual y un deleite para los sentidos. Las mejores plumas, las sacaba Celia. Las música más pimpantes, populares y alegres, se las componían a Celia los mejores compositores de su tiempo. Los chistes más ocurrentes y los diálogos más graciosos repletos de ingeniosas frases de doble sentido, los escribían para ella los mejores comediógrafos de su época. Celia daba de todo, lo mejor, porque ganaba mucho y todo lo invertía en sus espectáculos. Y ahora, con esta nueva compañía, labraría un camino en su reinado muy difícil de arrebatárselo.

Su reaparición ante el público de la capital de España provoca que los medios de comunicación la persigan incansablemente para que aparezca en reportajes, noticias, fotografías, encuestas... en una de ellas, para la revista *Crónica* (18 de octubre, 1931: 12-13), Celia hace unas declaraciones que mantienen viva la llama de su sexualidad. De esta forma, pues y, ante la pregunta de «Si hubiera sido usted don Juan, ¿qué habría hecho con doña Inés?», ella, sin temor y, seguramente siendo consciente de su respuesta, echando yesca a la llama, afirmaba: «*Si yo hubiera sido don Juan, habría hecho con doña Inés, lo mismito que usted, lector...*».

El público, que llenaba el teatro, reía de buena gana toda la representación de esta nueva compañía. Y, junto a *¡Me acuesto a las ocho!*, que se programa en horario nocturno, en el de tarde se reponen también *Las guapas*, obteniendo también un fabuloso éxito. La Gran Compañía de Revistas de Celia Gámez, había vuelto a triunfar, revalidando el aplauso de estrenos y títulos anteriores. Así, y, mientras ensaya un nuevo título con vistas a su estreno en noviembre, Celia acude, el sábado 17 de octubre al Teatro Metropolitano para formar parte del jurado que iba a designar a la mujer que poseyera la cara más bonita y a «Miss Final». La fiesta resultó muy animada y las segundas tiples del Teatro Pavón, encabezadas por la Gámez, bailaron e interpretaron algún número de su repertorio.

A partir del día 20, se reponen *¡Por si las moscas!* en horario nocturno y *¡Me acuesto a las ocho!* pasa a ser representada por la tarde, si bien ya había sido anunciado el estreno del nuevo título, *Las Leandras* que, originalmente se denominó *¡Viva Madrid que es mi pueblo!*, para el jueves 5 de noviembre y luego para el viernes 6, pero, finalmente, se decide aplazarlo definitivamente y cambiarle su título al más convincente citado en primer lugar...: «*Poco a poco fui conociendo en la voz de Alonso (un compositor que no había nacido para cantante, ¡qué manera de desafinar!) la partitura de «Las Leandras». El estreno se aplazaría varias veces. ¿Por qué? Porque los decorados y el vestuario me parecieron ramplones. Inadecuados para una revista que, en mi opinión, exigía una presentación lujosa y espectacular. Yo adivinaba un éxito de locura..., histórico.*

-Hay que cambiarlo todo- dije a los hermanos Pavón y al señor Barbás, los empresarios del Pavón- ¡Si no, no estreno!-.
Me puse flamenca. Pero no fue difícil convencerles. Creían en mi ojo clínico. Del material existente sólo aprovechamos unas cortinas de terciopelo. Todo lo demás se hizo nuevo, sin reparar en gastos. Mis trajes costaron cerca de cincuenta mil pesetas, un dineral en 1931. Tal inversión obligó a subir el precio de las localidades a ¡5 pesetas! Yo cobraría diariamente 200 y un porcentaje de taquilla. Como el teatro se llenó siempre cobré más de 1500 pesetas al día durante un año» (San Martín, 1984, IV: 59-60).

Celia se había mandado hacer nada menos que diez lujosos trajes. Uno de ellos, el que luciría en el apoteosis final de la revista llegó a costarle la nada despreciable cantidad de seis mil pesetas de la época. Una verdadera locura: «[...] ¡Todos son preciosos! Pero buenos disgustos me han costado. Dos modistos y el dibujante estuvieron a punto de llegar a las manos aquí, en mi camerino, discutiendo detalles. Y con los que me enviaron de París, no le digo a usted nada. En la frontera, al revisarlos, me mancharon uno y, gracias a que Thiele en veinticuatro horas me hizo otros más bonito» (*Ahora*, 6 de noviembre, 1931: 27).

Con figurines de Álvaro Retana, vestuario de Cornejo, coreografía de Arsenio Becerra, decorados de Bulbena, Morales y Asensi y teniendo como apuntadores a Francisco Baeza y Alfredo Vega, *Las Leandras* suben por primera vez a un escenario a las 22.30 hs. la noche del 12 de noviembre de 1931: «*El ambiente era extraordinario aquella noche de estreno. Se «olía» el éxito. Pero éste, incomprensiblemente, se hizo rogar. El público tardaba en entrar en situación. Alonso, batuta en mano, estaba preocupado. Y yo aún más. ¿Qué estaba pasando? Eran los misterios indescifrables del teatro. Hasta que llegó el número de «Las viudas». Este número levantó la obra, y a partir de ese momento el acabóse. La «Canción canaria», «Clara Bow, fiel a la Marina», «La cuarta de Apolo», «Divorciémonos»... Con «Las aventuras del Pichi» el Pavón se vino abajo. Si «El Pichi» hizo vibrar hasta los cimientos del teatro, éste se convirtió en un manicomio cuando sonaron los primeros compases del pasacalle de «Los nardos». ¿Cuántas veces lo repetimos? Tres, cuatro, cinco... No recuerdo. Todos, público y artistas, nos sentíamos inmersos en una inenarrable borrachera de frenética alegría*» (San Martín, 1984, IV: 60).

Las Leandras ya había entrado en la historia del teatro español lírico.

Acto Primero. En un teatro de Madrid en el tiempo del estreno, tras el apoteosis final de la representación de una revista, un grupo de personajes celebran el éxito de la joven vedette de la compañía Concha

(Celia Gámez). Entre ellos están el apuntador Porras y su hija Aurora, una chula moderna, no del género castizo, que despunta entre las tiples. Se encuentran también un caricaturesco vejete catalán llamado don Cosme que es el empresario del teatro y Leandro, el celoso novio de Concha, un bruto pintoresco y un negociante compulsivo que no para de echar cuentas de cómo sacar algún dinero. Concha, la vedette, cuenta entonces su historia: al morir su madre se hizo cargo de ella su tío don Francisco, hombre adusto y severo que, por residir en Canarias, la internó en un colegio de Madrid cuando era pequeña y, desde entonces, sólo tenía relación epistolar con ella. Sin que lo supiera su tío, Concha se escapó del colegio detrás de un novio, quien pronto la dejó y, después, comenzó su carrera en el teatro frívolo. Su tío le había prometido que, al completar sus estudios en el colegio, le haría un importante «ingreso» que le proporcionaría buena renta anual y, por ello, Concha sigue escribiéndole pretendiendo estar todavía en la institución docente.

Contento con el éxito de la última revista y con la temporada que acababa de concluir, don Cosme prepara una fiesta en el escenario del teatro y Leandro la emprende a golpes con dos abonados que llevaban unas flores a Concha, dado que es enormemente celoso y no permite que se le entreguen cartas sin haber pasado por su particular «censura». En plena discusión, Nati, la doncella de Concha, entrega a ésta una carta de su tío Francisco en que le dice que pretende acudir a Madrid para visitarla y trae consigo un primo suyo, oficial de Marina, con el que pretende casarla. Así, ante la posibilidad de perder el «ingreso» prometido a Concha por su tío, a Leandro se le ocurre la peregrina idea de rehabilitar un desalojado hotelito que posee desalquilado en un colegio con las vicetiples como colegialas, Porras como el conserje y él mismo como director para engañar de esta forma al tío de Concha. Claro que, lo que ninguno de los personajes conoce, a excepción del propio Leandro, es que, mencionado hotelito, fue, no mucho tiempo atrás, una extinta casa de citas. El colegio, así pues, se llamará «Las Leandras»...

Se da paso así al cuadro primero, trasladándonos al *hall* de un hotel en las afueras de Madrid. Al fondo, gran cristalera artística que da al jardín. Salidas laterales. Mesitas y sillería de médula. Plantas de salón y, en general, aspecto vistoso y alegre. Son las primeras horas de una tarde de junio. En escena, Leandro, con batín largo, birrete y borla de doctor junto a Aurora y las vicetiples ataviadas como colegialas cantan los «Cuplés de las colegialas» a ritmo de *foxtrot*.

Instantánea de «El jardín de los suspiros» con una sensual
Celia Gámez a la cabeza. Archivo del autor

Para disimular mejor todo el entramado que han montado, Leandro hace anunciar el colegio en el periódico y, ante la sorpresa de todos, comienzan a matricularse una docena de señoritas y algunas madres. Tres chicas quedan internadas con las vicetiples: Clementina, sobrina de un canónigo y dos más que pagaron su trimestre por adelantado. Aparece también Manuela, una paleta adinerada que lleva al colegio a su hija Fermina con la pretensión de que la eduquen mínimamente en las labores típicas de su sexo antes de contraer matrimonio con su primo Casildo, ya que, por cierta mala fama que posee en el pueblo, nadie quiere casarse con ella. Su primera lección dentro del colegio será prevenirla para una posible viudez, dando así paso al cuadro denominado «El jardín de los suspiros».

A continuación y, tras levantarse el telón, aparecía el citado jardín que simulaba un hermoso paraje lleno de pinos, fuentes, templetes... y el nutrido conjunto de jóvenes viudas encabezadas por una Concha que dejaba traslucir su hermosa anatomía... «Adminístreme usted/ lo que el pobrecito dejó./ Hágalo para que/ su vacío no sienta yo./ Enviudé/ y estoy sin amor./ ¡Ay!/ Adminístreme usted/ lo que él me dejó».

Cerrado un buen trato en el colegio, Manuela y Fermina se van a por el dinero y, acto seguido, llegan el Tío Francisco, marido de Manuela y criador de canarios flauta, y Casildo, primo y prometido de Fermina, respectivamente. El Tío Francisco, en sus escapadas a Madrid, era un asiduo al extinto lupanar, por lo que trae a su futuro yerno para que lo inicien en las artes amatorias ya que el chico, que no quiere de ninguna manera casarse con Fermina, se estaba haciendo el «panoli». Porras, convertido ahora en conserje, pensando que se trata del tío Francisco de Canarias, lo entretiene con el propósito de avisar a todos de su llegada. Concha, al ver al que cree su tío, se lanza a sus brazos al mismo tiempo que se pregunta por qué su «primo Casildo no ha sido capaz de enamorar nunca a una mujer», y el caso es que, como se quiere casar pronto, está preocupadísimo, aunque, como ella misma le dice «eso de casarse no tiene importancia, ¿no ves que te puedes divorciar cuando quieras?»

Tras unas breves palabras, Francisco, que no entiende nada de lo que está pasando pero que prefiere mantenerse a la expectativa, presenta a su sobrino al que todos toman por el oficial de Marina. Después de las presentaciones, Concha anuncia a «su tío» que las alumnas de la escuela han preparado un número especial dedicado a él. Francisco, antiguo cliente del local, no da crédito a lo que ven sus ojos. A partir de entonces se producen toda una serie de cómicos malentendidos, entre ellos el que el Tío Francisco mantiene con una de las alumnas, Clementina Manglano, a la que cree una nueva «señorita de mala compañía», con quien pretende repasar «Las aventuras del Pichi», título del tebeo que está leyendo en esos momentos. Se hacía entonces el oscuro y aparecía una decoración que figuraba una calle de Madrid, de noche, y una gran figura del muñeco «Pichi». Y es que «Pichi» era el título de un célebre semanario infantil ilustrado (en cuadernos de 49x35 cms. de seis páginas con portada a color e interior bicolor) que había tenía un enorme éxito desde que el 5 de octubre de 1930, apareciese por vez primera en los kioskos españoles al precio de 20 céntimos el ejemplar. La popularidad alcanzada por este singular personaje de tebeo, motivó la creación de su inmortal chotis y, tras el éxito del mismo, consecuentemente, toda clase de productos derivados. Hubo así tirantes «Pichi», pimentón «Pichi», anís «Pichi», viseras y gorras «Pichi», semillas «Pichi», crema «Pichi», cerillas «Pichi», caramelos «Pichi», pastillas «Pichi», muñecos «Pichi», polvo de talco «Pichi», navajas de afeitar «Pichi»...

Editado por «La casa de Pichi» (establecimiento de objetos de escritorio que utilizaba el semanario para su publicidad, sita en calle Pi y Margall 18, 3º, nº 16 de Madrid), el semanario tuvo una vida de 194 números que se extendieron hasta el 6 de enero de 1935. En sus páginas, de 1930 a 1935, se publicaron numerosos comics norteamericanos redibujados en España; principalmente su héroe protagonista se basaba en el comic *Little Jimmy*, que Swinnerton dibujaba para el King Features Syndicate americano. Puede señalarse este tebeo, sin lugar a dudas, como el más completo intento para la popularización del género en Madrid y, por ende, en España, no obstante, en su interior y, teniendo como personaje principal a Pichi, también se ofrecían cuentos, reportajes, curiosidades, adivinanzas, pasatiempos, recortables, historietas, concursos, chistes, noticias... siempre destinado a los niños, potenciales lectores del mismo.

Tras aparecer en escena la citada decoración, aparecía Celia ataviada como el principal personaje del homónimo tebeo cantando...

«Pichi/es el chulo que castiga / del Portillo a la Arganzuela, / porque no hay una chicuela / que no quiera ser amiga / de un seguro servidor... / ¡Pichi!,/ pero yo que me administro, / cuando alguna se me cuela, / como no suelte la tela, / dos morrás la suministro; / que atizándolas candela / yo soy un flagelador».

El enredo continúa complicándose cuando Casildo le confiese al celoso Leandro que no se quiere casar con su prima porque tiene muy mala reputación, por eso se ha hecho pasar por tonto, para que lo rechace. Claro que cuando el tío Francisco le cuente también a Leandro las correrías amorosas que ha vivido junto a Concha (la extinta madame del lupanar), el novio de la vedette, al borde del infarto se dispone a aclarar el asunto. En ese instante, Porras anuncia la celebración de una fiesta en honor a Casildo, y la van a hacer porque se han enterado de que es oficial de «la Marina», la dueña de la zapatería en que trabaja y, para ello, van a recrear una imitación de la actriz neuyorquina Clara Bow, conocida por su trabajo en el cine mudo de los años veinte, fiel arquetipo de lo que se dio en denominar como *flapper* (nuevo estilo de vida de mujeres jóvenes que usaban faldas cortas, no llevaban corsé, lucían un corte de cabello especial *bob cut* y escuchaban música no convencional para esa época como el *jazz*, la cual también bailaban). Las *flappers* usaban mucho maquillaje, bebían licores fuertes, fumaban, conducían frecuentemente a altas velocidades y tenían conductas similares a las de un hombre. Estas mujeres significaban un desafío a lo que en aquel tiempo era considerado socialmente correcto.

Para dar paso al número al número, se alzaba el telón dejando entrever una decoración de un puerto de Nueva York, de noche, apareciendo Celia caracterizada como Clara Bow. Tras ella, cinco marineros: inglés, yanki, francés, alemán y español... «Ginebra quiere el inglés;/ el yanqui pide champagne;/ Marié Brizard el francés;/ y potter el alemán;/ y el español el chartreusse».

Acto Segundo. Las chicas se empiezan a quejar de los abusos del tío Francisco y llegan al colegio Manuela y Fermina con el dinero para matricular a la joven en la escuela. Fermina está preocupada porque su madre ha decidido su ingreso sin tener en cuenta a su padre y a su novio.

Mientras, se presenta de incógnito el verdadero tío Francisco, que ha estado haciendo averiguaciones sobre el centro *amoscado* por el súbito cambio de colegio de su sobrina; pero tras una conversación llena de equívocos con el otro tío Francisco, se va convencido de que el nuevo colegio es una institución muy decente. Esa decencia es la que desespera y confunde al cateto tío Francisco, cuyas pretensiones eran otras, y no para de recibir bofetadas de las sorprendidas y castas colegialas, pues según les había contado Concha su tío era muy religioso y recto. Es entonces cuando Casildo le dice que las colegialas, en honor a su profesión como criador de canarios, le van a cantar la canción de las canarias...

Celia Gámez ataviada como el mítico «Pichi». Archivo del autor.

Al mismo tiempo, entre el conserje-apuntador Porras y el falso tío Francisco, surge una conversación llena de equívocos y malos entendidos en los que el primero, creyendo en que la identidad de aquél es el de ser el verdadero tío de Concha, le ofrece la posibilidad de asociarse juntos en el negocio teatral y así montar compañía propia con su hija Aurora como cabecera de cartel, entendiendo el otro que la «compañía» se refiere a la femenina...

A continuación, se corría el telón y, delante del mismo aparecía un personaje, El Viejo del Hongo, que, interpretado por Emilio Ruiz, daba paso, mediante un hermoso monólogo en verso, al cuadro tercero, ambientado en la calle de Alcalá madrileña. Aparecía la escena convertida en la calle de Alcalá frente a la entrada del teatro de Apolo, tal como estaba en sus buenos tiempos. Por las puertas se podía observar el pórtico vivamente iluminado. En escena y, tras un breve diálogo recitado sobre la música entre Aurelia y su pretendiente, El Gomoso, animaba a ésta a que se fuese por temor a que apareciese Paco, El Garboso y le montase un escándalo. Y he aquí, que, ido aquél, aparece el susodicho Paco, entonando junto a Aurelia la hermosa habanera de «La verbena de San Antonio» para después dar paso el celebérrimo pasacalle de «Los nardos» donde un grupo de floristas capitaneadas por la incombustible Celia cantaba... «Por la calle de Alcalá/ con la falda almidoná/ y los nardos apoyaos en la cadera,/ la florista viene y va/ y sonríe descará/ por la acera de la calle de Alcalá./ Y el gomoso que la ve /va y le dice: Venga usté/ a ponerme en la solapa lo que quiera,/ que la flor que usté me da/ con envidia la verá/ todo el mundo por la calle de Alcalá. / Lleve usté nardos, caballero,/ si es que quiere a una mujer.../ Nardos... No cuestan dinero/ y son lo primero para convencer...»

El tío Francisco se encuentra con su mujer y su hija, a las que pregunta los motivos de su estancia en esa casa. Ante su total perplejidad, Manuela le dice que trae a su hija para que vaya bien preparada al matrimonio.

Al oír semejante explicación las encierra en una habitación para aclarar qué pasa. Averiguado ya que la actual casa no es lo que él creía intenta contar la verdad a Concha, pero ella se lo impide prodigándole mimos y caricias. Leandro, al ver a la pareja abrazada, advierte a Francisco que, si no fuera el tío de Concha, su vida peligraría.

Vuelve entonces don Francisco con su sobrino Ernesto, los cuales, al ver a Concha, la abrazan. Leandro, confundiendo a don Francisco con un antiguo amante de Concha, les propina una monumental paliza.

Finaliza el cuadro cuarto de ese segundo acto con un número musical a cargo de la pareja de baile que nunca ha sido editado en las ediciones que de *Las Leandras* llevó a cabo la Sociedad de Autores Españoles en 1931, editorial Cisne en su colección Teatro Frívolo en 1936 o Fundamentos-Resad en su edición de 2006 y que Manuel Moreno-Buendía dio a conocer en 2005 dentro de la edición crítica de la obra editada por el ICCM. Nos referimos al denominado *fox* de «La polvera» o «El budoir», que ha desaparecido, sin explicación alguna, de todas las anteriormente enunciadas ediciones así como de las sucesivas puestas en escena de las versiones tradicionales de la obra, no así de la versión televisiva que en 1985, el realizador Fernando García de la Vega llevó a cabo dentro de su programa *La comedia musical española*, donde sí la incorporó, por lo que es probable que el maestro Alonso lo insertase a posteriori: «Dime si me encuentras hermosa,/ si mi boca de fresa es/ promesa sabrosa cuando besa/ suave y amorosa./ Si mis besos prefiere,/ y al llegar tentador,/ y al llegar tentador/ le querré sin rubor./ Que cuando se quiere,/ no es pecado el amor».

Finalmente, en el cuadro quinto y último de la obra, el tío Francisco comunica a su sobrina que ha descubierto todo el engaño, por lo cual le retira su ingreso en el banco. Concha, que no quiere perder dicho ingreso, pregunta por la cantidad de éste, a lo cual su tío le responde que no se trata de dinero, sino de un puesto de mecanógrafa. La chica, pues, al oír tales palabras, comienza a gritar y a perseguir a su tío. Leandro, al verla persiguiendo a don Francisco, piensa otra cosa y anuncia a los presentes que pide la mano de Fermina y rompe su noviazgo con Concha, dado que está harto de que le haga el salto. La compañía de revistas, resuelto todo el entuerto, decide celebrarlo con el ensayo del apoteosis de la obra que pueden estrenar por fin.

Tras el oscuro, se dejaba entrever una decoración fantástica entonada en rosa y plata. Al fondo, sobre un medallón de artísticos calados, se levantaba un pequeño trono consistente en un columpio practicable, suspendido del telar por cables poco visibles. Adherido a mencionado trono, un gran manto de ricos bordados en los mismos tonos de la decoración. Ese manto ocupaba todo el ancho del escenario y poseía una altura equivalente a dos terceras partes de la embocadura del teatro. Por grupos entonces, iban saliendo las tiples y viceatiples, portadoras de flexatones que hacían sonar cuando lo indicase la partitura. Salía inmediatamente Celia y, tras de unos compases de baile, se sentaba en el columpio del trono y éste, a medida que iba subiendo, se extendía el manto en toda su longitud. La alegría y el derroche de luz permitían a todos los miembros de la compañía cantar al unísono... «El beso de una mujer,/ cuando lo da con amor,/ es alegría y placer./ ¡No existe nada mejor/ que el beso de una mujer!»

La importancia manifiesta de *Las Leandras* no sólo se encontraba en su preciosa partitura musical, compuesta con la gracia y el salero del popular maestro Alonso, y que incluía ritmos americanos como el *fox* combinados con los clásicos números de patrones más regionalistas como el chotis, la habanera, el pasacalle o la folía canaria, siendo capaz de unir así tradición y modernidad a partes iguales, sino en su divertido libreto lleno de enredos, chistes algo subidos de tono, personajes propios del sainete más castizo y juegos de palabras, muchos juegos de palabras de doble sentido que hicieron las delicias de los asistentes a su estreno como el siguiente:

LEANDRO.- [...] *¿Qué quiere usté, señorita Manglano?*

CLEMENTINA.- *Vengo a decirle que han regañado dos señoritas en el encerado.*

LEANDRO.- *¿Qué han regañado? ¿Cómo ha sido eso?*

CLEMENTINA.- *¡La una ha querido pegarle a la otra con el puntero, porque la otra le quitó a la del puntero, la tiza. Y la de la tiza le ha dicho a la del puntero que o le da el puntero y la tiza o le tira la tiza y el puntero; y la del puntero le ha dicho a la de la tiza que o le da con la tiza el puntero o con el puntero la atiza.*

LEANDRO.- *(Un poco mareado). Bueno, señorita. Pues dígales usté a la del puntero y a la de la tiza que ahora voy a resolver ese logogrifo.*

CLEMENTINA.- *Además ha venido una señora con su niña, para que usté matricule a la niña, que es lo que desea la señora, porque la señora y la niña...*

LEANDRO.- *¡Basta! Que si sigue usté, la enreda, señorita Manglano. Dígales que pasen aquí, y usté siga con la Fisiología elemental. ¿En qué capítulo estaban ustés?*

CLEMENTINA.- *En el tercer capítulo, que trata del esqueleto. En el otro colegio, porque*

> *ya sabe que yo he estado en Las Irlandesas, no pasamos del*
> *capítulo de los huesos, y a mí se me atragantó uno.*
>
> LEANDRO.- *Sería de melocotón.*
>
> CLEMENTINA.- *No, señor. Fue el peroné.*
>
> LEANDRO.- *No conozco esa fruta.*
>
> CLEMENTINA.- *Si no es fruta, señor Director.*
> *El peroné no tiene que ver con la fruta*
> *para ná. Por lo del pero, sí parece que es fruta el peroné, pero no.*

El éxito de la obra estribó, qué duda cabe, en haberle dado una vuelta completa a la revista que hasta entonces se hacía en España, toda llena de procacidades y algún que otro desnudo. Ahora, Muñoz Román y González del Castillo habían ideado una fórmula en donde el tradicional y castizo sainete, aderezado con algún que otro elemento picante (nunca soez ni chabacano) y personajes entresacados de las más clásica tradición popular, convergían en un sainete arrevistado, combinación ella que acabaría por imponerse en títulos posteriores y en autores que seguirían el mismo modelo explotándolo hasta la saciedad. La obra, en palabras de Celia Gámez, fue de las que «hizo época»: «*[...] El ambiente era extraordinario. El Pavón se vino abajo. [...] Los libretistas citaban en la letra del choti del «Pichi» a Victoria Kent, entonces popularísima porque era la primera mujer española que ocupaba un cargo público: Directora general de Prisiones. También fue la primera mujer abogado que abrió bufete en Madrid. Sus declaraciones tras el nombramiento en la obra adquirieron carácter de grito de guerra feminista: «Estoy muy contenta, más que por mí, por lo que creo que esto representa para las mujeres españolas. ¡Hemos vivido en un atraso tan lamentable! Ya era hora de que los gobernantes se acordaran de nostras para algo más que para piropearnos». Muchas espectadoras vitoreaban a Victoria Kent al mencionarla en el chotis*». (San Martín, 1984, IV: 60).

Pero es que, además, al éxito de la obra coadyuvaron las excelentes críticas que todos los medios madrileños otorgaron a la obra: «La partitura se repitió íntegra; un número se triplicó, y otro se cuatruplicó... Toda la música es alegre, como corresponde a la fama del autor y al género al que se dedica. La letra. Muchos chistes, muchos; y algunos de efecto tan fulminante que motivaron salidas a escena de los autores.

En el género de la obra, el pasatiempo *Las Leandras* puede pasar por una obra acabada. Precisa insistir en que es una obra maestra...» (*ABC*); «Consiguen los autores hacer reír al público con un buen número de chistes de todos los tonos y con algunas situaciones cómicas un poco subidas de color. Alonso ha compuesto una partitura inspirada, como todas las suyas, que mereció los honores de la repetición íntegramente» (*El liberal*); «[...] Con *Las Leandras* han escrito una obra que responde por completo a su finalidad... Situaciones y diálogo tienen todo el valor de brochazos aplicados con maestría para mantener la hilaridad constante del auditorio. Y el elemento espectacular, manejado con soltura, ofrece a la vista decorados de brillante aspecto y vestuario llamativo y ligero. El maestro Alonso reverdeció sus triunfos con una partitura alegre, pegadiza, variada, llena de casticismo» (*Heraldo de Madrid*); «[...] Con esto queda dicho que la jornada ha sido triunfal y que el éxito ha rebasado todas las previsiones. Porque de la «esperada» obra se decía que el asunto era originalísimo y llevado con una habilidad y un *savoir faire* nuevos; que menudeaban las situaciones ultracómicas y los chistes más graciosos y desenfadados. Se decía, en fin, que su partitura era una de las más inspiradas creaciones del maestro Alonso... Pues... todo eso, y más» (*Ahora*); «No acierto a comprender cómo en Madrid, ¡con el precio que tienen las subsistencias!, se pueden dar por tan módica cantidad espectáculos tan costosos... Diréte, curioso hermano, que si quieres reírte las tripas, aumentar tu repertorio musical para la hora del afeitado, alegrarte los ojillos y dejar la murria de la seriedad y las preocupaciones constitucionales, te des una o varias vueltas por el Pavón. Con penetración zahorí llamaron los autores de la revista *Las Leandras* a su obra, y mucho me equivoco sino hay *Leandras* para rato en el cartel y en los bolsillos de los felices fraguadores del pasatiempo» (*La voz*); «Tiene tal vez *Las Leandras* un motivo mejor ligado que otras obras de su género. Escabrosillo, no cabe duda. Pero discreto en su gracia picante, se acepta, se ríe, se aplaude. Triunfa la frivolidad» (*El socialista*)... (*Guión*, 1932: 10).

Para Celia Gámez, aquel supuso un estreno que nunca llegaría a olvidar. Su actuación en el mismo le valió los calificativos de «gentilísima artista en la plenitud de sus aptitudes. Celia es la revista misma, alegre, sonriente, cantarina, carnal y apasionada de su arte» (*Ahora*, 13 de noviembre, 1931: 24); «Celia está sencillamente deliciosa» (*ABC*, 13 de noviembre, 1931: 49); «Celia reaparece más fina de línea y con una voz nueva en ella que nos causó muy grata sorpresa» (*La libertad*, 13 de noviembre, 1931: 3); «Celia es una espléndida escultura viviente» (*El sol*, 13 de noviembre, 1931:. s.p.)...

Las Leandras se representan exitosamente a diario en horario nocturno y compartiendo cartel con *¡Por si las moscas!*, obra esta última que sería reemplazada por la tarde con la reposición de *Las castigadoras* desde el 19 al 30 de noviembre para dar paso, ya entre el 1 de diciembre y el 12 de enero de 1932, en su mismo horario a *Las lloronas*. Ninguna obra de las que competía en cartelera con *Las Leandras*, llegó a igualarle en éxito, fama y durabilidad: *Buena gente*, de Rusiñol, en el Español; *Vivir de ilusiones*, de Arniches, en el Lara; *Cuando los hijos de Eva no son los hijos de Adán* y *Lo cursi*, ambas de Benavente en el Calderón; *La melodía del jazz-band*, también del inmortal dramaturgo; *El conejo de Indias*, de Bertrán, Bellido y Sama en el Maravillas; *A.M.D.G.*, de Pérez de Ayala en el Beatriz o *El embrujado*, de Valle-Inclán en el Muñoz Seca.

La tremenda importancia de *Las Leandras* en el futuro devenir del género radica en que sus autores supieron confeccionar un divertido sainete con los elementos propios de la revista: giros y constantes alusiones a la sexualidad a través de juegos de palabras de doble sentido que, lejos de caer en la procacidad y chabacanería, gozaban de un gran aplauso tanto por la parte masculina como por la femenina, a quienes ya no se trataba en la obra como simple instrumento de goce carnal sino como parte imprescindible y *léit-mótiv* de la misma.

Aun encontrándose representándose en Madrid, *Las Leandras* viaja hasta Barcelona para ser estrenada ese mismo mes de noviembre de 1931, concretamente el día 26 (días antes, el 21, Unión Radio Española había retransmitido en directo un ensayo desde el propio Teatro Pavón) para debutar en el Teatro Cómico de la Ciudad Condal con la rutilante Sara Fenor, Laura Pinillos y el primer actor y director Arturo Lledó, titulares de la Compañía de Revistas del Teatro Romea de Madrid. Y es que, *Las Leandras*, era una gran revista. El maestro Alonso, reconocerá entonces: «*La obra la comencé este verano. El pasodoble se me ocurrió en Fuenterrabía; el número de «Las viudas», en Alzola; el de «Clara Bow», ensayando ya la obra y el chotis de «Pichi» lo concebimos en el bar del teatro. Letra y música quedaron trazados allí. El estreno en Barcelona ha sido rotundo. Igual o más de éxito que en Madrid. Aunque teníamos compromiso con la Gámez, compromiso reservado de estrenarla ella allí, al saber que nos la pedían con premura, han tenido la empresa y Celia la gentileza de relevarnos de nuestra palabra, contentándose ellos con reprisarla en julio. Eso sí, nos han exigido que les tengamos otra obra para estrenarla ellos en Barcelona, y nosotros lo hemos prometido, teniendo ya algo hecho*» (Muñoz Delgado, 1931: 5).

Muñoz Román y González del Castillo habían derramado ingenio y gracia a raudales componiendo los diálogos de la obra. La música, por su parte, llena de inspiración y garbo poseía una indudable calidad con la que el público se sentía inmediatamente identificado. Era prácticamente imposible no tararear alguno de sus números o corearlos cuando se salía de asistir a una de sus representaciones. Se había convertido en la obra favorita del público. El día 5 de diciembre habían pasado por el Pavón para ver la obra nada menos que 41.841 espectadores llenando completo el teatro y colocando el tan ansiado cartel de «Localidades agotadas» a diario. Era prácticamente imposible obtener una entrada a menos que se cogiera con varios días de antelación.

Por aquellas fecha, finales de noviembre de 1931, el joven médico Herminio Garcerán López, en colaboración con su hermano Adolfo, llevaron a cabo una «iniciativa patriótica»: se trataba de la escritura de la obra *República de trabajadores*, dedicada a la República española con la idea de que, su puesta en escena, sirviera para iniciar una subscripción popular con vista a la futura erección de un monumento a Galán y García Hernández, los dos capitanes que fueron fusilados en 1930 en Huesca por encabezar la fallida sublevación de Jaca contra la monarquía de Alfonso XIII.

Planteado el proyecto a algunos diputados, y entre ellos a Eduardo Ortega y Gasset (hermano mayor del célebre ensayista y filósofo), y, por su mediación, fue elevada la iniciativa al subsecretario de Presidencia, Enrique Ramos, quien con el mayor agrado orientó a los Garcerán en el sentido de que para dar un carácter más democrático a dicha idea debiera formarse una comisión de diputados pro-monumento que estuvo integrada por Eduardo Ortega y Gasset, José Pareja Yévenes, Rafael García Duarte Salcedo, Clara Campoamor y Antonio Acuña Carballar. La función benéfica de la obra se celebró el 12 de diciembre en el Teatro Pavón, cuyo empresario, Enrique Pavón, y el gerente, Luis Casaseca, dando una gran prueba de cariño a la República, se pusieron gustosísimos a la disposición de los iniciadores. No siendo posible por la premura del tiempo la escenificación de *República de trabajadores*, hecha exprofeso para ese día por los hermanos Garcerán, se representó una selección con varios números musicales de la misma entre los que figuraba una solemne marcha dedicadas a los héroes de Jaca. A su término, Celia Gámez representó, ante los miembros de la citada comisión amén del Presidente de la República, Niceto Alcalá Zamora y del

Gobierno en pleno, *Las Leandras*. Aquella sería otra jornada histórica. En el instante en que Celia, encarnando a la florista Aurelia comenzó a cantar y arrojar nardos al público, uno de ellos, fue a parar a manos de don Manuel Azaña. Así lo recordaba nuestra singular heroína: «*Una noche fue al teatro Manuel Azaña, recién nombrado Presidente del Gobierno. Me quedé de piedra al verle en la primera fila como un espectador más.*

-Pero, ¿no dije que le abrieran un palco al señor Azaña?- dije bastante molesta, al representante.

-Se lo hemos ofrecido, Celia, pero ha preferido una butaca.

Por supuesto que el primer nardo de la noche fue para él. Yo me agaché y don Manuel se incorporó. Sonrió cordialmente detrás de sus gafas tan características, de cristales redondos y gruesos. Cogió el nardo que le ofrecía y lo besó. Se lo puso en la solapa. Un nardo del que, años después, me hablaría con simpatía y nostalgia» (San Martín, 1984, IV: 61).

El nardo, lo atesoraría en su cartera el Presidente hasta el final de su vida.

El 15 de diciembre de 1931 tras aprobarse la Constitución y después de rechazar el Partido Republicano su participación en la misma por estar en desacuerdo con la continuidad en el Gobierno de los socialistas, se profundiza en las reformas iniciadas por el Gobierno Provisional cuyo propósito era modernizar la realidad económica, social, política y cultural españolas. El nuevo gobierno se formó tras la elección de Niceto Alcalá Zamora como Presidente de la República, quien confirmó a Manuel Azaña como Presidente del Gobierno. Julián Besteiro Fernández, Presidente de las Cortes, no pudo evitar el murmullo que entonces ocurría entre los congresistas. La alegría inundaba el hemiciclo y los diputados comenzaron a entonar «Pichi» y «Los nardos». *Las Leandras*, realmente, habían hecho historia...

Trece días más tarde, y, coincidiendo con el Día de los Santos Inocentes, se celebra una función especial en el que, a manera de gran inocentada, toman parte en la representación, el maestro Alonso junto a Muñoz Román y González del Castillo además de otros grandes y prestigiosos compositores del momento. Al mismo tiempo, pasados unos días, Celia Gámez recibió un anónimo en el que la hablaban de una pobre artista que, en su miseria, debiendo tres meses de alquiler del cuarto que ocupaba en la calle de las Amazonas de Madrid, estaba a punto de ser desahuciada. Celia visitó a su compañera (cuyo nombre omitimos ya que ella nunca lo quiso decir tampoco) y la socorrió espléndidamente, habiendo recibido por ello, entre sus amistades enormes aplausos. Pero a Celia no le gustaba alardear de aquel asunto y prosiguió recibiendo incontables muestras de adhesión y apoyo gracias a su papel en *Las Leandras*. Y es que la vedette estaba inconmensurable. No era Celia, sino el Pichi, Aurelia la vendedora de nardos, la chulapona ansiosa de ir a la verbena de San Antonio con Paco el garboso, la viuda picarona que lloraba la ausencia de su fenecido cónyuge, la deliciosa mujer canaria de paso menudo y agudico... Una soberbia interpretación, todavía hoy en día no superada, clave esencial sin duda del ruidoso éxito alcanzado por la obra. Todo el mundo quería más y más de Celia. La más española de las argentinas es, sin lugar a dudas, más célebre que una estrella hollywoodense y se muestra encantada en las distintas interviús que no cesan de reclamarle los medios de prensa de la época hasta el punto de salir ataviada de Pichi con un gigantesco yoyó demostrando su entusiasmo por mencionado juguete, o apareciendo en su piso, encima de su cama, rodeada de decenas de muñecas por las que manifiesta una sincera afición o con un buen puñado de cartas entre las manos, dado el volumen de misivas que sus admiradores diariamente le remitían.

Después de cada función, el escenario del Pavón se llenaba de flores día tras día, pero es que, además, los admiradores de la artista le remitían también inmensas cestas de coloridas y exóticas frutas, cajas de pescado, botellas de vino que ella repartía entre los más necesitados, entre sus compañeros, entre sus familiares... El éxito es rotundo:

«Un avispado fabricante lanzó el muñeco «Pichi» y se hizo de oro. Los niños en las fiestas se vestían de «Pichi». Niños que veían «Las Leandras» llevados por sus padres, aunque en la obra abundaban las «verdulerías». ¡Pero se reían tanto unos y otros! Creo que las situaciones cómicas de «Las Leandras» no han sido superadas en revista alguna.

-Esto parece el circo- comentó un día uno de los empresarios-¡Aquí hay niños de dos a noventa años!

No existían cortapisas de ningún género de razón de la edad para acceder a los espectáculos. La libertad, en este aspecto, era absoluta. Pero yo no estoy segura de que los espectadorcitos de pantalón corto entendieran todos los equívocos y las frases de doble sentido de la obra... Esto lo digo porque yo tardé mucho tiempo en comprender por qué el público reía alborozadamente este chiste, aquélla réplica... ¡Si sería ingenua...!

La vedette Olvido Rodríguez y el cómico Pepe Bárcenas fueron explicándome, día a día, los equívocos y los juegos de palabras que yo no cogía.

Otro fabricante, éste de calzados, creó los «zapatos Celia Gámez», de tacón alto y fino, inspirados en unos que yo lucía en «Las Leandras» [concretamente en el número de «Las viudas»]. Un buen día los contemplé por primera vez en el escaparate de una zapatería de la Gran Vía. El dueño me vio desde el interior y salió corriendo a saludarme, al igual que varias clientas: algunas de ellas, por cierto, descalzas. Aquella temporada estuvieron de moda» (San Martín, 1984, IV: 61).

Llegado 1932, el tercer día del año, y, organizado por el *Heraldo de Madrid*, se celebró en el campo de la A. D. Ferroviaria, un partido entre mencionado equipo y el Pavón F.C. cuyos beneficios iban a destinarse a engrosar los fondos para el reparto de juguetes a los niños pobres. Nuestra gentilísima Celia hizo el saque de honor y fue obsequiada por el presidente del último de los clubes citados con el esférico por su éxito en *Las Leandras*. Esta participación no es sino una más de las múltiples que lleva a cabo la argentina ya que, su febril actividad, no le impide seguir grabando discos, y no necesariamente de las obras que interpretaba sino de otras estrenadas por compañeras como *¡Colibrí!* (1930) original de Vela, Campúa y Rosillo, de la que graba la java «Ven junto a mí», deliciosamente interpretada junto a Enrique Povedano y una marcha, «Las excursionistas», inspirada, alegre, desenvuelta, pegadiza amén de agitados números como «Los banjos» y «Las claquetas» o *El gallo* (1930), de Lozano, Arroyo y Alonso donde graba otra java, «La pava», la marcha «El turquestán», el elegante «*Fox* de las pieles» con una magistral interpretación de Celia que acertaba plenamente en el tono sensual y voluptuoso requerido y la madrileñísima «Tonadilla de la capa», largamente ovacionado en sus representaciones. Junto a ellos, Celia graba las canciones de *Las Leandras* así como algunos tangos, de los que destacamos especialmente «Fuelle lindo», en el que la artista retorna a sus raíces y, sin abandonar su particular y peculiar estilo, hace gala de una sentimentalidad y una compenetración musical que ya no abandonaría a lo largo de su carrera. También graba para la casa Odeón, dos canciones muy populares que formaban parte de la partitura musical de *Las mimosas*, «pasatiempo cómico-lírico en dos actos» de González del Castillo, Muñoz Román y el maestro Rosillo que había sido estrenada la noche del 13 de diciembre de 1931 en el Teatro Maravillas de Madrid por Perlita Greco. Si bien Celia no llegó a interpretar la citada revista, sí que graba, en 1932, dos de sus números más populares, el «Pasodoble verbenero» acompañada por Marcelino Ornat donde refrenda su madrileñismo a ultranza y el más popular y reivindicativo chotis de «Las diputadas» que llegó a tener también una gran difusión y del que Celia hace una estupenda creación avalada por sus anteriores éxitos.

El hecho de que Celia grabe números de obras no interpretadas por ella, frente a las artistas originales que sí las estrenaron, demuestra la enorme importancia de nuestra protagonista y el sentido comercial que empresas como Odeón o Regal ven en ella, ya que el público demanda constantemente discos cantados por la propia Celia.

El mes de enero de 1932 supone un período terriblemente agotador para Celia. No sólo participa en el homenaje a su compatriota Azucena Maizzani celebrado en el Hotel Palace sino que es requerida para formar parte del jurado que va a elegir a «Miss España». El concurso de belleza, organizado por la redacción del diario gráfico *Ahora* y patrocinado por la Asociación de la Prensa, se celebró en el Teatro Gran Metropolitano la noche del 20 de enero y resultó elegida Miss Cataluña, Teresa Daniel por diez votos a favor y uno en contra.

Ya el 25 de enero se celebra la centésima representación de *Las Leandras* que se erige como mastodóntico homenaje a sus autores, llevándose a efecto un emotivo festival en el que tomó parte el humorista Pepe Medina, «Palitos» (actor cómico del Teatro Romea) y el tenor del Calderón, Faustino Arregui, cerrando el fin de fiesta un recital de tangos por Celia Gámez. Terminado aquél, Muñoz Román, en compañía de González del Castillo y Alonso, invitaron, junto con los hermanos Pavón y Luis Casaseca, a varias botellas de champán a los presentes. Hubo, además, bailables de la obra recogidos en música de organillo, extendiéndose hasta altas horas de la madrugada tan magnánimo acontecimiento; puesto que en él, además, tomaron parte, todos los integrantes de la compañía y decenas de invitados más que quisieron unirse al extraordinario festejo. Al día siguiente, se celebra una función de gala en honor a la propia Celia, que ha sido proclamada por la revista *Sparta*, «Musa del Arte Frívolo», para lo cual se configura un programa especial en el que, tras la representación de *Las Leandras* (elegida por mencionada publicación como la obra preferida del público), se lleva a cabo un fin de fiesta donde Faustino Bretaño, el popular actor cómico ofrece una charla lírica y Celia canta nuevos tangos incorporados a su repertorio.

Cinco días más tarde se organiza un sentido homenaje en el madrileño Hotel Ritz en honor a autores y vedette al precio de 12,50 pesetas la tarjeta, que podía adquirirse en el Café Kutz, Unión Musical, Casa Pichi, Sociedad de Autores, Casino de Madrid o en el propio hotel y Teatro Pavón.

En torno a los agasajados compartieron mesa unos trescientos comensales, entre los que figuraban los artistas de casi todos los teatros de Madrid, muchos periodistas e intelectuales así como otras tantas personalidades de la vida social, cultural y política madrileña y española. También se hallaban presentes el general Sanjurjo, Eduardo Marquina, el torero Villalba, Darío López (quien aconseja a Celia que invierta parte del dinero que está ganando con *Las Leandras* en joyas), el eminente doctor López Vidriero, etc.

En el menú ofrecido podía degustarse un jugoso caldo de ave «a lo Clara Bow», hojaldres «Pichi», jamón de York «con nardos», solomillo «a lo Celia Gámez», ensalada rusa «de viudas y canarias», bizcocho helado «Pavón» y pastel «mil representaciones» con un cup de plátanos y peras «colegialas» regado con champán.

Visto el éxito de *Las Leandras* y que a Celia siempre la solicitaban para que cantase el «Pichi» en los distintos festivales, homenajes, beneficios y fines de fiesta en los que tomaba parte, el maestro Alonso decide «casarlo» con «La Nati», componiéndole otro celebrado chotis que, con letra de J. Soriano, también graba para Odeón y del que se reparten tarjetas postales con su letra al dorso.

En febrero, Celia continúa igual de imparable: participa en el gran baile de máscaras de actrices españolas en el Teatro de la Comedia a beneficio de su Montepío, en el banquete-homenaje que se le tributa al dramaturgo y poeta Eduardo Marquina, en la fiesta con motivo de las cincuenta representaciones de la comedia *Jaramago*, original de los hermanos Cueva; en el fin de fiesta con motivo de la 111 representación de *Las mimosas* en el Teatro Maravillas... y sus piernas, no hay nada que genere mayores conversaciones que las piernas de la Gámez, por algo era conocida como «Nuestra Señora de los Buenos Muslos» (algo tendría el agua cuando la bendecían, ¿verdad?) y ella misma no duda en responder a la prensa al respecto: «*La expresión de una pierna está compuesta de su forma y de su actitud. Y para que de ambas surja una sensación de belleza plena, la más perfecta armonía debe hacer que no se noten diferencias entre la materia y el alma de la pierna*» (Barberán, 1932: 14).

La Compañía del Pavón, además, para que se entretuvieran los millares de espectadores que cada día se quedaban sin billetes para ver *Las Leandras*, estrena, a partir del día 23, *Los laureanos* en función de tarde junto a la reposición de *La bomba*, mientras que el Pichi seguía haciendo de las suyas en horario nocturno.

En las obritas vespertinas, las esculturales Amparo Sara, Elenita Cánovas o Aurelia Ballesta y los señores Alba, Parra o Pepe Bárcenas, deleitaban a la concurrencia. No así Celia Gámez, que reservaba sus apariciones exclusivamente para encarnar a la vedette Concha de *Las Leandras*.

Refundición de *La suerte negra*, aquel sainete en un acto que, escrito en colaboración con Domingo Serrano y música de los maestros Francisco Alonso y Emilio Acevedo, Muñoz Román estrenase en 1928, ahora, con las reformas realizadas, pasaría a llamarse *Los laureanos* y en las tareas de reelaboración pondría todo su saber hacer el entonces habitual colaborador de Muñoz Román, González del Castillo. Dialogada con gracia, en ella abundaban los chistes típicos de este tipo de obras, cuya acción se desarrollaba en un ambiente alegremente cómico y distendido sin apenas importancia: un infeliz carbonero, el señor Blanco, quien ha perdido su fortuna y vive en la más extremada pobreza, lleva una participación en un número de la Lotería Nacional que sale premiado con «el gordo». Como de ella ha dado también parte a otros convecinos, al enterarse estos de la buena nueva, se producen las naturales escenas de alegría con el consiguiente convite a las pertinentes amistades.

La ilusión, sin embargo, dura poco, puesto que resulta que el señor Blanco ha sido estafado por un amigo suyo, Julián, medio novio de Soledad, hija a su vez del señor Blanco, quien, haciéndole falta diez pesetas, dio al carbonero la participación falsa que distribuyó entre los demás.

Cuando el castillo de naipes que se habían forjado se desvanece ante la descorazonadora realidad, optan por perdonar al carbonero y éste al amigo que le engañó. Pero, además, el destino procura que Reguera, amigo de Blanco sea agraciado verdaderamente con nada menos que diez mil duros en la lotería, pues lleva un décimo legítimo del número premiado que le enviaron desde Barcelona. Promete devolver el préstamo que en su día le hiciese el señor Blanco y asociarse con éste, estableciendo ambos una carbonería agraciada con el nombre del propio sainete: «La suerte negra».

Los pintorescos tipos populares que salpimentan la obra son, sin lugar a dudas los artífices de la gracia que rebosan los diálogos de la misma. Además, acompañan a aquellos, cinco números musicales como la mazurca de Blanco y Tinita (sobrina del matarife Siméon, no muy agraciada físicamente, solterona y presumida), el pasacalle «Modistillas y oficiales» completamente ajeno a la acción pero que complementa a la misma en franco contraste con el más arrevistado de los «Besos de mujer» a ritmo de *foxtrot*, un castizo dúo que se establece entre Sole y su adorado albañil Fortunato y, para finalizar, el imprescindible pasodoble, en esta ocasión, cantando las excelencias de la mujer ataviada con mantón de Manila.

La música gustó tanto que todos los números llegaron a ser repetidos hasta en dos ocasiones, destacándose, además, en la parte interpretativa las intervenciones muy elogiadas por la crítica de la época. Y es que se trataba de un sainete de corte ajustado a la medida y construcción de los antiguos, de los que dieron vida al género y ahora estaban en franca decadencia. Los tipos, caracteres y modos estaban copiados a la perfección, de tal forma que llamaba poderosamente la atención el hecho de que la obra tuviese tan buena acogida. Pero Celia se circunscribía a intervenir en *Las Leandras*, puesto que las dos horas y media que duraba la función, la dejaban realmente extenuada, ya que proseguía su periplo artístico compaginándolo en cuantos compromisos era requerida como el simpático festival que, a primeros de marzo se organiza en el Teatro de La Zarzuela para despedir a la compañía García-León, mes en el que, además, repone *El ceñidor de Diana* en horario de tarde desde el día 8 y hasta primeros de abril que, en ese mismo horario y mientras el simpático chulo que castigaba del Portillo a la Arganzuela seguía impertérrito noche tras noche desde las 22.30, la compañía reestrena *¡¡Que se mueran las feas!!* «última voluntad cómico-lírica-bailable» original de Antonio Paso (hijo), José Silva Aramburu y Enrique Paso con partitura de los maestros Faixá y Mollá hasta que, una vez más se cambie el programa vespertino desde el 24 de abril programando *La bomba* y *¡Campanas al vuelo!*, aunque no tenemos constancia de que Celia interviniera en ninguna de ellas, como tampoco lo hacía en el «incidente jurídico-voluptuoso cómico-lírico-bailable», *Vista... a la vista*, que la empresa programa en la tarde desde el 7 de mayo.

La ya, mítica revista, celebra sus doscientas representaciones el 8 de abril, ofreciendo para ello un reparto de comida a los más necesitados junto a otros artistas madrileños.... A finales de mayo, la bonaerense celebra su beneficio, programándose la citada revista en horario de tarde y noche dada la demanda del público, tomando parte en el espectáculo Aurora Redondo, Valeriano León o Matilde Revenga, los tres enormemente aplaudidos.

Por tener la empresa compromisos contraídos en provincias, Celia se despide del público madrileño el 7 de junio y emprende una gira que la llevará a Barcelona donde, entre el 15 de junio y el 2 de agosto recala en el Teatro Cómico al cual llevan como repertorio *Las Leandras*, el reestreno del sainete *¡Agua! ¡Agua! ¡Agua!* y de *¿Qué pasa en Cádiz?*, que pondrán en escena desde el 6 de julio. Esta última, calificada por sus autores, Joaquín Vela, José Campúa y Francisco Alonso como «historieta cómico-vodevilesca en ocho cuadros», había sido estrenada con gran éxito el 5 de febrero en el Teatro Romea de Madrid por Carlos Casaravilla, Margarita Carvajal, Faustino Bretaño, Lina Gracián, Conchita Constanzo y Aurora Sáinz.

Su argumento rebosaba enredos propios del género al contarnos cómo para conseguir dinero y aliviar en la medida de los posible su desastrosa situación económica, Recaredo divorcia a los matrimonios contratando amantes, bien masculinos o femeninos, según sean los clientes que desean divorciarse. Aldegunda (Celia Gámez) y Aurelia desean poder verse libradas de sus respectivos cónyuges, por lo que no encontrarán mejor solución que acudir al despacho de Recaredo. Éste alquila un pequeño hotelito en Cádiz para llevar a cabo la trama que ha urdido y así poder divorciar a sus dos clientes; aunque las cosas se complicarán cuando aparezcan los maridos de Aldegunda y Aurelia y las parejas de los respectivos amantes contratados.

De esta forma y, a través de situaciones cómicas e hilarantes, chistes de todos los colores y los típicos *deshabillés* del conjunto femenino del Romea, el maestro Alonso vistió esta historia con una docena de números musicales entre los que se aplaudieron el *foxtrot* de «Las estrellas de Hollywood», en el que Celia aludía a las estrellas del cine y sus amores, recordando vagamente a aquella «La Manuela», de *¡Por si las moscas!* (1929).

También sobresalieron números como «Los marmitones», la canción mejicana «Relajo», el «Charlestón anglo-andaluz» o el chotis de «Las chulas del porvenir», un chotis futurista no exento de gracia y que la argentina interpretaba con su particular acento. Celia que, aunque se disfrace de caprichoso y estilizado golfillo madrileño de fantasía sigue siendo una belleza de ultramar, es la auténtica china de Buenos Aires y, en la cabellera negrísima, corta a lo moderno, y dividida por delante en aladares, posee unos profundos y electrizantes ojos negros que encandilan a quien los mira. Son unos ojos espléndidos, románticos, italianos, como su voz tanguera, arrabalera que cuando canta parece que te subyuga y encandila.

Dichas canciones también las grabará en discos de pizarra para la casa Odeón. Su estancia en Barcelona no está exenta de éxito. El público se vuelve loco con ella y ella se crece cada vez que deambula por la pasarela. Ambos se funden en un abrazo que cobija su inigualable arte. La crítica catalana califica sus intervenciones de «sencillamente deliciosas».

Componen la compañía en la Ciudad Condal, además de Celia, el primer actor y director Pepe Alba, las sugestivas Conchita Rey,

Amparito Sara, Pyl y Myl, las hermanas Cortesinas, Corita Gámez, Pepita Arroyo, Paquita Martino, Amparito Cortés y los actores José Bárcenas, Luis Sanmartín, Julio Lorente, Emilio Stern, Luis Gago, Juan Cortés, Is¡gnacio Caro y 30 hermosas y sugestivas viceteples 30.

La formación arrasa en cartelera y Celia, como era de esperar, es solicitada para intervenir en distintas funciones benéficas, fines de fiesta, banquetes y homenajes como el tributado nuevamente a Azucena Maizzani, para recaudar fondos destinados al Hospital de la Esperanza, en el homenaje tributado a Antonio Palacios, en la verbena del Sindicato de Periodistas...

Dos sucesos dignos de mención le ocurren a Celia durante su estancia en Barcelona. El primero es que concurre como la imagen publicitaria del aparato de radio Kolster International. En los anuncios aparecidos en prensa, la artista, sentada cómodamente, escucha uno de los aparatos que anuncia, certificando su funcionamiento el siguiente lema: «La gran artista española Celia Gámez certifica que no ha oído nada tan maravilloso en radio como el superheterodino perfeccionado KOLSTER INTERNATIONAL», ofreciendo ocho modelos de radio y radio-fonógrafos que funcionaban con corriente alterna de 100 a 250 voltios y de 40 a 60 períodos. Además, Celia sigue siendo imagen de Coca-Cola junto a Conchita Piquer, Perico Chicote o Gorostiza y prosigue apareciendo en diversos anuncios promocionando mencionado refresco alabando su frescor, exótico sabor y exaltando la elevación de ánimos que el consumidor poseerá una vez la haya tomado.

Junto a ello, Celia es objeto, además, a finales de julio, de un robo. La vedette denunció ante el juzgado que al entrar el domingo 24 de dicho mes en su camerino, notó que el candado de la puerta estaba roto. Como en el interior del cuarto también advirtiese señales de violencia y desorden, hizo una requisa minuciosa de sus pertenencias advirtiendo la falta de varios *maillots* y otras prendas de ropa y tres collares, valorando todo lo robado en unas mil pesetas, aproximadamente. No se recuperó nada.

La temporada realizada por Celia en el Pavón de Madrid la ha dejado extenuada. Sólo faltaba finalizar su compromiso con Barcelona y tomarse unos días de descanso. La prensa anuncia que va a viajar hasta París para hacer los preparativos de su próximo estreno con vistas a la nueva temporada que iniciará en septiembre; sin embargo y, por prescripción facultativa y, aun en contra de su voluntad, se toma un mes de reposo en la sierra madrileña donde la visitan múltiples amigos, entre ellos Perlita Greco, dejándose fotografiar ambas montadas en un burro.

Celia Gámez en el apoteosis final de «Las Leandras» (1931). Archivo del autor.

Pero el hito de *Las Leandras* prosiguió durante mucho, mucho tiempo más: durante la temporada de 1931 llegaron a darse en el Pavón doscientas representaciones, 225 en la de 1932, 75 reposiciones en el Maravillas con la Compañía de Celia Gámez en la temporada de 1934, cuarenta funciones en el Madrid sitiado en 1936, cincuenta en el Maravillas durante el verano de 1938...

Sus números fueron publicados en discos de pizarra. Cantables con las letras corrían por todo Madrid. Tarjetas autógrafas ofreciendo la letra de «Pichi» o «Los nardos» junto a un hermoso retrato de Celia Gámez. No había un patio de vecindad o emisora radiofónica en los que no se escucharan sus números musicales. Y es que, desde su estreno, la obra no ha cesado de representarse ininterrumpidamente por compañías profesionales y amateur en España y Sudamérica.

VIII. ALONSO Y GUERRERO FRENTE A FRENTE

Nos encontramos en septiembre de 1932. Celia, dada su popularidad, ha posado para aparecer como musa en un extraordinario cartel taurino, una Gran Corrida de Beneficencia que tiene lugar el domingo 11 de septiembre en San Sebastián a favor de la Casa de Misericordia, Hospital de San Antonio Abad y Sanatorio Nuestra Señora de las Mercedes donde se lidiarán ocho extraordinarios astados de la ganadería de don Vicente Martínez para los diestros Marcial Lalanda, Nicanor Villata, Luis Gómez «el Estudiante» y Antonio García «Maravilla». La imagen de Celia empapela literalmente media ciudad donostiarra. Aparece bellísima, con una mano en la cadera y la otra reposando en su regazo, cubierta con un gigantesco mantón, mantilla a la cabeza y enorme peina. Sobre la barrera, un capote verde. Expresividad en sus profundos ojos negros. Hasta a ella ha ido a buscarla el director Luis César Amadori que, procedente de Argentina, no puede olvidarla. Le había estado escribiendo encendidas cartas de amor que ella leía y guardaba. Llegado a España, acudió a verla. Le propuso en matrimonio. Celia lo rechazó. No podía ser. Ella no lo quería. Se escudó en su trabajo. En sus compromisos profesionales. En su carrera...

El Teatro Pavón, trono del triunfo de Celia y el maestro Alonso, se encontraba actualmente cerrado a causa de una serie de reformas que se estaban llevando a cabo en la sala con vistas a su mejora y comodidad, sobre todo en lo que a decoración se refería, con el fin de que ese otoño volviera a actuar otra vez con una compañía reforzada, Celia Gámez, para seguir, no solamente con las representaciones de *Las Leandras* sino para llevar a cabo otros estrenos análogos que enriquecerían el currículum artístico de nuestra inigualable estrella. De esta forma, el sábado 1 de octubre, reaparece en Pavón la compañía de revistas que presidía la gentil vedette argentina pero de alma y corazón españoles en la que, ahora, figuraban los siguientes componentes: Luis Caseca (director artístico), Pedro Segura (primer actor y director), Cayo Vela y Ramón Santoncha (maestros directores y concertadores), Olvido Rodríguez (primera tiple cómica), como tiples figuraban Conchita Rey, Corita Gámez, Pilar Talisa, Paquita Martino y Lupe R. Azteca; tiple de carácter, Pepita Arroyo; estrella coreográfica, Polita Bedros; otro primer actor, Eduardo Pedrote; tenor cómico, Antonio Garrido; actor cómico, Pepe Bárcenas; actor cómico y bailarín excéntrico, Pablo Pablos «Palitos»; actor genérico, Julio Lorente; actores, Rafael Gallegos, Ramón Lobera y Luis Gago; maestro de baile, Manolo Tito; vicetiples, Teresa Osiris, Carmen Olmedo, Conchita Astorga, Anita Campoamor, Lola Caballero, Conchita Martino, Elvira Muñoz, Charito González, Narcisa Azaña, Angelita González, Pepita González, Ana Ramírez, Soledad González, Encarnación Suárez, Maruja Rey, Pilar Moya, Miki Costa, Soledad González, Milagros Iglesias, Angelita Velasco, Luisa Escrivá y como apuntadores, Francisco Baeza e Ignacio Plana. La compañía debuta con *Las Leandras* en función de tarde (18.30 hs.) y noche (22.45 hs.), aunque a demanda del público hay días que programan tres funciones, incluyendo otra a las 16.00 hs. Butacas a dos pesetas y 0,75 céntimos: *«Las Leandras» fue una mina inagotable durante tres temporadas: 1931, 1932 y 1933. ¡Casi mil días sin moverme del Pavón! Y sin las ayudas y promociones que disfrutan los artistas de hoy. Porque entonces no había televisión y la radio tenía una difusión muy limitada. La industria discográfica seguía en su minoría de edad. No había casetes ni transistores, ni revistas a color. Tampoco existían esos linces de las relaciones públicas que hay ahora, que te ponen en órbita en veinticuatro horas aunque cantes como un gato y hables como un loro.*

En cuanto al famoso play-bak, estaba aún por inventar. Tenías que cantar de verdad. Sin micrófonos. Con una orquesta de 30 profesores en el foso. Triunfar en tales condiciones, sin trampa ni cartón, y más aún conseguir la popularidad, tenía un mérito excepcional que no seré yo quien lo silencie.

El público nos exigió tres sesiones diarias. Tres funciones, tres llenos. Trabajábamos a un ritmo vertiginoso. Pero cuando hay profesionalidad y disciplina y cuentas con el favor del público, todo es posible» (San Martín, 1984, V: 68).

A finales de año y, tras intervenir en la Fiesta del Entremés celebrada en el Teatro Cómico de Madrid cantando algunas canciones de su repertorio, Celia comienza a ensayar, a mediados de diciembre, una nueva obra con vista a estrenarla antes de que acabe el mes. Corre entonces por Madrid, muy especialmente entre algunos amigos monárquicos de Celia, la indisimulable crítica, no exenta de acritud, del repentino fervor republicano de la artista; pero, por no enzarzarse en discusiones probablemente inútiles, Celia prefería no darse por enterada. ¿Qué querían, que no trabajase? ¿Que cuando el Presidente o el jefe del Gobierno acudiesen al teatro no les tratara con el debido respeto?: «*[...] Mi profundo afecto, públicamente sabido hacia don Alfonso XIII y la familia real, y la consideración que me merecían las autoridades republicanas, eran actitudes compatibles; más aun en una persona como yo, artista, y ajena a la política*» (San Martín, 1984, V: 68). Y es que Celia, pese a no manifestar públicamente nunca su ideología, siempre se llevó bien con los altos cargos políticos de su tiempo sea cual fuere el régimen imperante: Alfonso XIII, Primo de Rivera, Manuel Azaña, Francisco Franco, Juan Carlos I de España... monarquía, dictadura, República, democracia... Celia era artista. Y tenía que trabajar por encima de todo.

Las tentaciones, «humorada lírica a base de una infidelidad conyugal en dos actos y varios cuadros», original de Antonio Paso, Antonio Asenjo, Ángel Torres del Álamo y Jacinto Guerrero llega al Teatro Pavón de Madrid la noche del 23 de diciembre de 1932. Pero hablar de esta obra, es hablar de los «celos» que el maestro Guerrero sentía por Alonso, al haber otorgado a su musa inspiradora, Celia Gámez, de dos de los mayores éxitos de la época como fueron *Las castigadoras* y, posteriormente, *Las Leandras*; de ahí que el popular maestro de Ajofrín decidiera deleitar a la estrella porteña con una obrita para su lucimiento personal con la que, nuevamente, alcanzaría un éxito inusitado: «*[...] A finales de ese año estreno, también en Pavón, una revista del otro «monstruo del género»: el maestro Jacinto Guerrero. A Francisco Alonso, mi músico habitual hasta entonces, no le sentó bien la idea. No en vano Guerrero y él eran compañeros, amigos... y «rivales». -¿Vas a traicionarme, Celia?- me dijo Alonso entre bromas y veras.*

Lo extraordinario del caso es que a las pocas semanas de estrenar «Las tentaciones», que obtuvo un éxito apoteósico, el público empezó a pedir la reposición de «Las Leandras». ¡Por lo visto ya no podían vivir sin el Pichi! Entonces se me ocurrió una programación maquiavélica: hacer «Las Leandras» por la noche y «Las tentaciones» por la tarde. O al revés.

Aquel apasionante «match» Alonso-Guerrero fue uno de los sucesos teatrales del año.

[...] Alonso y Guerrero coincidían en el Pavón porque les gustaba asistir a las representaciones de sus obras. Lo malo era que, aunque eran

amigos, se tenían unos celos terribles. Si a Guerrero se le metía en la cabeza que «Las Leandras» nos había salido mejor que «Las tentaciones», se ponía de mal humor y pagaba los platos rotos con su inseparable puro: en vez de chupadas, le daba mordiscos. Otras veces el enfurruñado era Alonso, cuando se empeñaba en que el público aplaudía con más calor la música de su colega que la suya. Yo, que les conocía bien, tenía el mejor tratamiento para sus simpáticos ataques de celos: no hacerles caso. Y se les pasaba enseguida...

¡Inolvidables Paco Alonso y Jacinto Guerrero! Un granadino y un toledano afables, chispeantes, de simpatía arrolladora, que conquistaron Madrid con su música alegre y vivaz, vibrante e inspiradora. Y España entera... La gente sentía por ellos verdadera pasión. Salía del teatro tarareando sus partituras, que inmediatamente se hacían populares» (San Martín, 1984, V: 69).

El argumento de la revista nos presenta a Rafael Cohete, un ganadero andaluz, casado para más señas, que se vuelve loco por el sexo femenino. Hace unos años falleció un tío suyo, correcto, amante del matrimonio y millonario que dejó estipulado en su testamento que, tras su muerte, toda su fortuna recaería en aquel sobrino que no engañase a su mujer. Como el tío conocía las constantes infidelidades de su sobrino Rafael, dejó toda su fortuna al primo de aquél, Casto, que, según las apariencias, es un perfecto casado. Claro que, en mencionado testamento, el tío millonario dejó una cláusula con una condición: si Casto engañaba alguna vez a su mujer, toda la fortuna pasaría a manos de su primo Rafael quien, para obtenerla, no cesa de poner mujeres en el camino a Casto. Éste, para poder resistirse a la tentación, toma unas píldoras llamadas «aflojalina», que deja toda su libido por los suelos. Junto a él y, para evitar que no tiente, viaja su secretario, Teodolindo Bonito Hermoso, misógino y con claras connotaciones amaneradas. Rafael cita a su primo Casto en un cabaret para presentarle a una doctora, a quien el ganadero ha prometido la mitad de su fortuna si consigue que Casto caiga rendido a sus encantos amorosos. Así pues, Mari Sol (Celia Gámez), nombre que recibe la sensual doctora, efectúa un primer reconocimiento a su paciente quien intenta eludir como buenamente puede su bien formada anatomía, quedando ambos citados para el día siguiente en su consulta y así reconocerlo más en profundidad, algo que desespera a Teodolindo y alegra a Rafael; sin embargo, el reconocimiento no produce los efectos deseados gracias a la gran cantidad de aflojalina que se ha tomado con la que no consigue apenas excitarse. De esta forma y, ante la desesperación de Rafael, quien no sabe cómo

Casto puede seguir resistiéndose ante los encantos de Mari Sol, acuerdan, junto a ésta, conducirle al balneario de Villa Venus para poder así curarlo de su dolencia, una dolencia que, Rafael inclusive, cree que es debilidad y que no es sino los efectos de las pastillas que Casto toma para evitar caer en la tentación de engañar a su mujer.

Una vez en Villa Venus, todo son atenciones, tentaciones y halagos por parte de las enfermeras para intentar aliviar a Casto quien, ante la sorpresa de su primo, continúa resistiéndose; sin embargo, Mari Sol escucha una conversación entre su paciente y su secretario y lo que éste le da a aquél para poder resistirse. Al conocerlo y, mientras ellos duermen, envía a una de las enfermeras junto con Rafael para cambiarle la aflojalina por otras pastillas, la ardorosina, que crean el efecto contrario...

Durante el segundo acto, las constantes situaciones cómicas entre Casto y las mujeres que pueblan Villa Venus serán la tónica dominante en el mismo ya que no sabe lo que hacer para poder seguir resistiéndose a tan sensuales y bellas tentaciones. Junto a ello, se descubre que Teodolindo, para no sufrir más por amor, se finge amanerado y misógino hasta que, dos bellas enfermeras acaban por disputárselo, con lo que el secretario no tiene más remedio que revelar la verdad y confesarles que es virgen y que, gracias a su mentira, las mujeres consiguen acercársele más, algo que excita sobremanera a las dos enfermeras, ya que creen ambas que un hombre virgen da muy buena suerte a la mujer que consiga desvirgarlo, de ahí que ambas queden con él a distinta hora en sus respectivas habitaciones.

Por su parte, Casto que ya no puede resistirse más a los encantos de Mari Sol, decide fugarse. Rafael y la doctora, contrariados preparan un plan: mientras Casto duerme, le cubren de besos. Una enfermera se tiende en su habitación semidesnuda y Mari Sol se esconde en el cuarto de baño. Cuando Rafael aparece con el notario, éste levanta acta de la doble infidelidad de Casto, con lo cual se hace efectiva la cláusula de su tío ante la mirada atónita del propio Casto quien no consigue comprender cómo ha ocurrido todo y por qué se ha resistido a las tentaciones de bellas mujeres si, más tarde o más temprano, iba a caer rendido a sus encantos.

La crítica elogió como era de esperar el nuevo y esperadísimo estreno de la Gámez, afirmando de la obra que tenía «letra y música todos los motivos revisteriles que se precisan para amenizar dos horas largas de existencia. ¡Y de qué modo! En algunas ocasiones, el público, de pie, hacía una ovación al maestro Guerrero entreverando los aplausos con bravos y vivas. ¡Maestro, una buena noche! El argumento..., el argumento no se puede contar. De los chistes, algunos se ríen» (*ABC*, 24 diciembre, 1932: 43).

Con respecto a su partitura musical, cuyos números se repitieron todos, algunos de ellos tres veces, sobresalieron el apoteosis del primer acto, una fiesta cubana, el bailable de los bomberos que, sin letra y a ritmo de charlestón, Celia ofrecía toda una lección de destreza gracias a la buena labor del maestro Tito. El mismo se circunscribía a una alegoría de mencionada profesión con rompimientos rojos en escalas, mangueras, etc. y, coronándolo todo, un enorme corazón rojo envuelto en llamas con luz roja que inundaba todo el escenario. Este charlestón bailable en el que Celia y las vicetiples electrizaban al público, fue ovacionado clamorosamente, habiendo de acudir a escena el mencionado coreógrafo para ser aplaudido dada la vertiginosa composición que del mismo había llevado a cabo. El escueto atuendo de Celia, acompañada por casco y manguera incluidos, obtuvo también el beneplácito del respetable que convirtió al número, en uno de sus favoritos pese a no tener letra, llegando a afirmarse que si Celia iba realmente a apagar fuegos o a... encenderlos...: «*[...] Muy movido y lleno de ritmo, me obligaba a cantar y bailar hasta la extenuación. Una noche no pude más, me fallaron las fuerzas y me desmayé en plena representación, aunque sin más consecuencias que el susto de rigor. Pero al día siguiente cierto rumor ya estaba en la calle. Un periodista se hizo eco de él y lanzó a los cuatro vientos esta pregunta: «¿Será verdad, como anoche aseguraban algunos tras su desvanecimiento, que la Gámez se encuentra en estado de buena esperanza?» ¡Mi leyenda ya iba muy adelantada en 1932!*» (San Martín, 1984, V: 69).

La crítica aplaudió el número afirmando del mismo que tenía «[...] verdadero tono de ballet, de gran ballet para altos escenarios. Justo es añadir que el número está puesto de manera prodigiosa por Manolo Tito, reputado ya como el mejor maestro de baile de los teatros actuales. Y es más justo decir que las chicas del conjunto lo bailaron maravillosamente, inmejorablemente, con gusto, con disciplina, con coraje, con arte. ¡Muy bien, chicas!» (Romero Cuesta, 1932: 27).

También sobresalió, por su añoranza «Los madriles de Chueca», un hermoso homenaje a los tres simpáticos ratas de *La Gran Vía* (1886), recreación ciertamente superior de Celia quien cantaba, acompañada por el cuerpo de vicetiples ataviada como aquellos lo hicieron en su día y que hubo de ser repetido hasta en tres ocasiones dado el halo nostálgico que exhalaba.

Destacáronse, además, un dúo muy original con motivos del chotis y tango argentino, sabiamente mezclados por el maestro Guerrero para que la Gámez y Bretaño demostrasen sus respectivas etnografías y su jacarandosidad en la danza o el número de presentación de Celia cuya letra rezaba... «Soy argentina,/ vivo en España./ Mi padre es español,/ ¡español!/ Nacido bajo este sol,/ ¡este sol!/ Gaucha, la tierra donde nací;/ gaucha, ya miraba desde allí,/ a esta tierra que yo adoro/ y siempre añoro cuando estoy allí».

La intervención de Celia en la obra le valió el calificativo de la prensa de ser denominada como «la Sarah Bernhardt del género»: «[...] Celia Gámez puso en el empeño de triunfar su innegable talento artístico, deseo de alcanzar la victoria, responsabilidad de lo que hacía, gracia, gachonería, buena voz y buen estilo de cantatriz. Bailó muy bien, estupendamente bien y disimuló su miedo como lo disimularía el propio Belmonte. Además, se vistió con verdadero lujo y batió como grande, noqueando, por esta vez a todas sus competidoras» (Romero Cuesta, 1932: 27).

Las tentaciones sobrepasan toda alabanza. Son sencillamente la consagración de Celia Gámez, creadora de la revista, en donde el arte y la fina picardía no lastimaban el sentido moral de quienes acudían a presenciarla.

Nuestra protagonista es objeto de distintos reportajes y entrevistas con vistas a tan extraordinario éxito. Uno de los más llamativos y que mejor nos acercan a la intimidad del ser humano por encima del de la artista, es el publicado por Rafael Martínez Gandía para *Crónica* (1933: 14-15) en el que relata cómo es un día normal en su vida antes de marcharse para el teatro:

«12,00 hs. Mediodía. Celia Gámez acaba de levantarse y, después del baño y correspondiente desayuno (le encanta el chocolate con churros), se entrega a la sesión de gimnasia sueca indispensable para conservar la línea, que es la preocupación máxima de la vedette.

13,00 a 14,00 hs. Celia estudia sus cantables al piano y repasa algunas escenas de las funciones que está representando.

14,00 hs. Hora del almuerzo. En compañía de su madre Antonia y de sus hermanas Amelia y Cora, Celia come un poquito, lo suficiente para mantenerse y no engordar.

15,00 a 16,00 hs. Celia descansa un poco. Después da un paseo en automóvil por El Pardo o por otro sitio de las afueras, merienda y acude al teatro, eso siempre que no tenga que actuar en la función de tarde, si no, a las 16,00 hs. ya está allí y merienda entre función y función. Del teatro no regresará a casa hasta bien entrada la madrugada. En el teatro, Celia Gámez, antes que una estrella frívola, es una víctima del trabajo. Se tiene que cambiar de traje once veces por la tarde y once veces por la noche. O sea, que al terminar la jornada, ella, que tiene su camerino en un primer piso, ha subido y ha bajado las escaleras veintidós veces. Después de la función nada de particular. Celia, generalmente, se marcha a casa y se acuesta. Al día siguiente se levanta, se baña, desayuna, algo de ejercicio, ensaya, almuerza, descansa... y vuelta a empezar».

Celia Gámez en el número de «Los bomberos», de *Las tentaciones* (1932). Archivo de la Comunidad de Madrid. Fondo Santos Yubero.

A comienzos de 1933, y, mientras por las tardes se representan *Las tentaciones* y por la noche *Las Leandras* (ello cambiará en enero, dándose la última de las citadas por la tarde y la primera en la noche) el Teatro Pavón acoge, el domingo 1 de enero, una función de gala en horario de mañana para recaudar juguetes con vistas a los próximos Reyes Magos. En el espectáculo ofrecido, Celia canta algunos tangos de su repertorio acompañada por la orquesta Los Bolivios. También para el 23 de enero se anuncia, en el restaurante del Hotel Victoria, un banquete homenaje a Celia Gámez y los autores de *Las tentaciones*, que ha de aplazarse hasta alcanzar mencionado título la centésima representación. Celia, incorporada al ritmo alegre y frívolo de la revista, se había convertido en una de sus principales deidades. Aunque porteña de nacimiento, el alma de Madrid se había metido en ella de tal suerte que el público la consideraba hechura suya, es por ello por lo que, un año más, es proclamada «Musa del Arte Frívolo» por los lectores de la revista de espectáculs *Sparta*, conmemorándose tal título en una función homenaje llevado a cabo en el Pavón el 26 de enero de este iniciado 1933. Tres días más tarde, los jugadores del Real Madrid (entonces Madrid F.C.) y el C.D. Español, asisten al coliseo de la castiza calle de Embajadores para aplaudir a la vedette, regalándole un balón firmado por todos los jugadores del equipo merengue.

Con la llegada de febrero, la compañía repone en horario de tarde *El país de los tontos*, «travesía amorosa en dos actos» que, con libreto original de Enrique Paradas, Joaquín Jiménez y música del maestro Guerrero había sido estrenada el 2 de mayo de 1930 en el Teatro Martín de Madrid y que ahora protagonizaría Olvido Rodríguez, mientras Celia prosigue con *Las tentaciones* en horario nocturno, obras que se mantendrán en cartelera durante todo el segundo mes del año. Celia, como aliciente a los espectadores que asisten a verla, regala fotos suyas dedicadas, lo que produce el beneplácito de los afortunados que consiguen una en la que la vedette, con las piernas cruzadas y señalándose la barbilla, manifiesta una pícara ingenuidad y hace alarde de seguir siendo llamada «Nuestra Señora de los Buenos Muslos».

El 7 de febrero la cartelera vespertina vuelve a cambiar ofreciendo la reposición de *¿Qué pasa en Cádiz?* en la que sí interviene Celia (y que permanecerá en cartelera hasta el 4 de abril) mientras que las noches prosiguen «tentando» al público, aunque, algún que otro día se doblen las funciones de ésta en tarde y noche, alcanzando la centésima representación y celerándose el aplazado banquete-homenaje, a posteriori. Ello cambiará en abril, manteniéndose *Las tentaciones* en ambos horarios durante todo el mes y hasta el 11 de mayo para dar lugar, al día siguiente, a otro nuevo y esperado estreno de la compañía. Pero mientras éste llega, y, a beneficio de la Liga Antituberculosa, Celia interviene en un festival organizado por la Tuna Universitaria de Madrid, en una gala homenaje al vicepresidente argentino Julio A. Roca, en un banquete honorífico a Luis Fernández Ardavín y otro al maestro Guerrero...

Y, nuevamente para contrarrestar el enorme éxito popular obtenido con *Las tentaciones*, Francisco Alonso compone una nueva partitura para Celia Gámez musicando el divertido libreto que otra vez han escrito el dúo formado por José Muñoz Román y Emilio González del Castillo: *Las de Villadiego*.

La nueva obra se configuraba como un «pasatiempo cómico-lírico en dos actos, divididos en cinco cuadros, varios subcuadros y apoteosis» y fue estrenada el 12 de mayo de 1933, ya avanzada la temporada, en el Pavón madrileño.

En esta revista, el famoso dúo de libretistas ideó un original argumento en el que las falsas apariencias y la reciente aprobación del sufragio universal femenino, formaban el *léit-mótiv* básico del mismo: Villadiego de los Montes y Valdeperales de la Sierra son dos tranquilos pueblos españoles hasta que, por unas rencillas políticas, especialmente en lo referido al voto de la mujer, hacen que éstas se agrupen todas juntas en torno a Villadiego con su alcaldesa Remedios a la cabeza, mandando a todos los hombres hasta Valdeperales. La cuestión es demostrar quién puede resistir más, si los hombres sin las mujeres o viceversa. Así las cosas, el paso del tiempo sin mantener relaciones con sus hombres hace que las mujeres de Villadiego estén hartas de tanta sequía sexual. Por su parte, los hombres de Valdeperales, tras una temporada solos arden en deseos de estar con una mujer, sea cual fuere el origen y condición de ésta, por lo que Prudencia, la llamada «tonta» del pueblo, se «pone las botas» cada vez que un hombre de Valdeperales quiere estar con ella. De esta manera, el alcalde decide enviar una carta a un diputado madrileño para que intente paliar la situación en la que se están viendo sometidos por parte de sus mujeres y le solicitan que les envíe chicas de vida alegre para, al menos, satisfacer sus apetencias. La carta es interceptada por Remedios, que ve en ello la oportunidad de comprobar si los hombres y, especialmente su marido, son capaces de valerse por sí mismos, motivo que se aprovecha en la obra para que ésta entone la canción «Abajo los hombres».

Hasta Villadiego acude el pastor Cabrales, novio de Prudencia, que presenta sus quejas a la alcaldesa ya que no puede soportar que los hombres se peguen por conseguir los favores de aquélla. Al mismo tiempo, sorprenden a la secretaria del ayuntamiento en brazos de su esposo, Genovevo. Así las cosas, las de Villadiego retienen a Genovevo y Cabrales para que, antes de dejarlos marchar, les den una «satisfación»; aunque, milagrosamente consiguen huir.

Claro que las cosas en Valdeperales no están mejor. La ausencia femenina ha motivado que el alcalde, Bartolo, se vaya a «consolar» hasta Portugal, pues, al parecer, han interceptado un billete de ida y vuelta hasta Estoril junto a un folleto donde se les muestra sus fabulosas playas y a sus hermosas fadistas, momento en que, tras la mutación correspondiente, Celia interpreta el fado «Playas de Portugal».

Los hombres de Valdeperales están alterados y todos se quieren aprovechar de la pobre Prudencia que harta ya de tanto «magreo» por parte de Genovevo y de que éste la reprenda porque no desea que «sirva» al alcalde para trabajar en su casa, le amenace con irse a Madrid a servir con su prima Colasa, quien tiene un estanco muy lujoso junto a la puerta del Pavón. A continuación y, tras el oscuro pertinente, se da paso al chotis «La Colasa del Pavón», también conocido como «Tabaco y cerillas», donde Celia vuelve a lucirse, no obstante el maestro Alonso lo había compuesto expresamente con tal fin. «La Colasa» venía a recoger el testigo de «La Lola», «La Manuela» o «La Nati», aquella mujer del Pichi, y cuya interpretación por parte de nuestra protagonista, no defraudó, ya que lo hizo con una gracia y un desparpajo extraordinarios que motivó su repetición hasta en tres ocasiones nada menos.

Para darle paso, en el escenario se reproducía la fachada principal del Teatro Pavón, de noche. Se encontraban encendidos todos los anuncios luminosos. Aparecían en escena vendedores de caramelos, lotería, argumentos, porteros, parroquianos y camareros del bar. Sentada en el suelo, junto a la puerta, la Colasa, golfilla madrileña, vendedora de tabaco. Al atacar la orquesta, entraban en el vestíbulo del teatro ficticio, que era practicable, todos los personajes... «¡Tabaco y cerillas!/ ¡Aquí no hay colillas!/ Si quiere fumar,/ no debe dudar:/ mi estanco está abierto/ y puede usté entrar./ ¡Tabaco y cerillas!/ ¡Y qué cajetillas!/ Ya llevo dos horas/ y aún no me estrené.../ ¡Tabaco y cerillas...!/ Estréneme usté».

El éxito del chotis motivó que Francisco Ramos de Castro y el maestro Pablo Luna creasen una «fantasía cómico-lírica» titulada *La Colasa del Pavón*, ya en 1935 o que fuese el número estrella de la posterior «Emperatriz de la Frivolidad», Addy Ventura, en su feudo del Teatro Calderón de Madrid donde lo reestrenó con enorme éxito en la revista de 1976, *¡Lo tengo rubio!*

La casualidad hace que a Valdeperales llegue un autobús cargado de estudiantes procedentes de Edimburgo en un viaje cultural en el que figura la bella Fifí (Celia Gámez), estudiante de Medicina. De esta forma, pues, se lleva a cabo un sorteo entre los hombres para sorteárselas creyendo que son las prostitutas que estaban esperando. Para su presentación, el maestro Alonso compuso un rítmico *fox-trot*, el de «Las escocesas».

Evidentemente, los hombres de Valdeperales piensan que las recién llegadas estudiantes escocesas son las pilinguis que estaban esperando, quedándose cada uno con una de ellas a excepción del alcalde, quien se queda con Fifí como mandamás que es. Claro que no todos los varones han podido entrar en el sorteo, pues se han quedado fuera del mismo todos los solteros. Estos, indignados, encabezados por Cabrales, deciden ir de ronda y solicitan ayudan a Genovevo, de esta forma conseguirán perturbar las distintas situaciones amorosas provocadas por la llegada de las escocesas, dando lugar a las divertidas y no exentas de picardía, «Coplas de Ronda».

Las peripecias y constantes situaciones cómicas que ello provoca hace que los hombres de Valdeperales se vean envueltos en una serie de enredos de los que únicamente su hombría podrá salvarlos. Mientras tanto, las escocesas han recibido instrucciones de su director, Sir Play, que sean cariñosas con los de Valdeperales. El argumento se enreda notablemente con la llegada de José Ramón, novio de Fifí, quien se ha planteado ganar un premio de mil libras para la estudiante más destacada, adelantándose así a sus compañeras en sus zalamerías hacia el alcalde. En este instante Celia, en su papel de Fifí descendía por la pasarela hasta el patio de butacas para dirigirse a los espectadores masculinos acariciándoles la barbilla, atusándoles el pelo y entonando el marcado *foxtrot* «Zalamerías».

Enteradas las mujeres de Villadiego de la tropelía que van a cometer sus esposos al haberse sorteado a las estudiantes, aquéllas deciden darles una lección para descubrirlos. La alcaldesa recuerda entonces cuando sus maridos les prometían amor eterno caminito de la fuente... Este hecho motivaba el paso al siguiente cuadro con una decoración que representaba una fuente en las afueras del pueblo de Villadiego formando un pintoresco paisaje. Toda esta decoración, así como los trajes de las artistas y los cántaros que sacaban, en colores azul y una leve nota de amarillo sobre blanco, intentaban imitar en lo más posible la loza de Talavera. La decoración daba la sensación de estar hecha a base de azulejos lo mismo que el rompimiento primero del cuadro. Celia, encarnando a la capitana de las mozas, cántaro en la cadera, cantaba un inspiradísimo pasacalle compuesto con una sobriedad y justeza ciertamente admirables, en el que intervenían, además, siete tiples y dieciséis vicetiples: «Caminito de la fuente/ van las mozas del lugar/ con la cara sonriente/ por el ansia de llegar./ Encendidos los colores/ y brillante su mirar,/ van pensando en sus amores,/ y se adornan con las flores/ que les echan al pasar».

Finalmente todo se resolverá y las de Villadiego volverán junto a sus respectivos maridos, novios y hermanos haciéndoles ver lo importante que es una mujer en la vida de cualquier hombre, sobre todo si éste está casado. Los hombres entonces deciden hacer las paces con aquéllas al mismo tiempo que Sir Play informa de que Fifí ha sido nombrada madrina del regimiento de granaderos de Edimburgo, lo que aprovechan los autores para incorporar el apoteosis final de la obra con la marcha «Granaderos de Edimburgo».

La obra, nuevamente, se convierte en un éxito colosal (su estreno duró nada menos que cuatro horas debido a los aplausos y al bisado de los números) y Celia aplaca numerosos elogios por parte de crítica y público convirtiéndose en la actriz mejor pagada del momento. El público enardece con el estreno recordando lo sucedido dos años atrás con *Las Leandras*. Las páginas musicales que adornan los múltiples chascarrillos y diálogos de la obra son coloristas, populares y deleitan por igual a la concurrencia, destacándose, además, junto a los anteriormente citados, el blues «Rosalía» o la «Romería de San Juan».

Autores y actores han de salir a saludar en repetidas ocasiones y el público, aunque protesta por algunos chistes que los autores han de cambiar posteriormente, premia incondicionalmente con llenos a diario las butacas del Pavón. Pero las comparaciones con *Las Leandras*, son evidentes: mismos autores, números musicales en la misma línea, un argumento de equívocos y chistes de doble sentido harto subidos de tono en algunos momentos... tanto es así que, tal y como recuerda la propia Celia Gámez (San Martín, 1984, V: 69-70), las dos obras han de convivir juntas durante un tiempo, en funciones de tarde y noche, respectivamente:

«[...] El éxito de esta revista lo celebramos en un restaurante que estaba de moda: «Fuentelarreyna». Como dato curioso, y, sin pretender poner los dientes largos a nadie, incluyo el precio del cubierto (con vinos y champán): 25 pesetas de la época.

Por aquellos días, un periódico de Madrid, «El Heraldo», publicó una anécdota mía que dio mucho que hablar... Algunos al leerla, comentaron: «La Gámez se lo tiene creído...»

Conservo el recorte y voy a reproducirlo porque el chascarrillo es divertido. Eso sí, hoy no estoy muy segura de que respondiera fielmente a la realidad, me temo que el periodista le echó picante de su cosecha:

«Durante el entreacto de «Las de Villadiego», Celia Gámez se retoca mejillas, labios y ojos ante el espejo de su camarín. Un maestro de música, andaluz, popularísimo, contempla a la artista. Ésta lanza una larga mirada al espejo y suspira:

—¡Ay, si yo fuera hombre!

—¿Qué harías?, le pregunta el músico.

—¡Pediría inmediatamente mi mano!»

Palabra que yo nunca he sido tan vanidosa... ¡Sólo lo imprescindible!

El enorme éxito de «Las de Villadiego» no impidió que ocurriera otra vez lo que ya parecía inevitable: ¡la enésima reposición de «Las Leandras»! El público lo exigió una vez más. Y recurrí otra vez a la rentable fórmula del doble programa: «Las Leandras» por la tarde y «Las de Villadiego», por la noche. Alonso no cabía en sí de gozo».

Efectivamente, desde el 16 de mayo, *Las Leandras* son repuestas en función de tarde (celebrando sus quinientas representaciones seis días más tarde con un formidable fin de fiesta) mientras en horario nocturno a partir de las diez y media se ponen en escena *Las de Villadiego*. Compiten ambas con Laura Pinillos, quien en esos momentos es la protagonista principal de la divertida *Socorro en Sierra Morena*, en el Teatro Cervantes junto a Lino Rodríguez; *Los jardines del pecado* y *Las mujeres bonitas* en el Maravillas; Margarita Carbajal en el Romea enardece a la masculina concurrencia en *¡Gol!* y *La pipa de oro* al tiempo que en el Eslava prosigue Gloria Guzmán con *Las faldas*.

Las de Villadiego había caído como un caramelo de menta que refrescaba el cargado ambiente arrevistado del Madrid republicano rebosante de argumentos que transcurrían en *halls* de hotel, casas de modas, balnearios, gabinetes médicos, playas... Era agradable ver a los habitantes de Villadiego de los Montes y Valdeperales de la Sierra hacer de las suyas. Se conseguía con ello bellas estampas azarzueladas, nuevas situaciones de revista hasta entonces nunca vistas y, sobre todo, motivos para una música popular, casi folklórica, que se agradecía entre tanto ritmo exótico como pululaba por el teatro frívolo español de la época. Claro que a ello cabría añadirle la magnífica interpretación de una Celia Gámez cada día mejor y más bella y los divertidos diálogos ideados por Muñoz Román y González del Castillo, autores cuya fértil imaginación, parecía no tener límites.

Brillantez y vistosidad en los decorados ponían la guinda a la nueva creación de nuestra imparable protagonista que veía, una vez más, aplaudir su obra por parte de la crítica en los principales diarios de la época, llegándola a calificar de «tipo perfecto» el encarnado por ella. Junto a su actividad profesional, requieren sus servicios en múltiples eventos, como el homenaje que se le tributa a su querida amiga Perlita Greco con motivo de su beneficio como vedette en el Teatro Maravillas.

Desde primeros de junio, *Las de Villadiego* se programan tarde y noche, obteniendo Celia su beneficio a mediados de mes sobre las tablas del coliseo de Embajadores. Aquella noche el escenario parecía un vergel valenciano, tal era la cantidad de cestas de flores remitidos a la artista que apenas sí podía moverse sobre el mismo. Para tal ocasión, los hermanos Álvarez Quintero obsequiaron a la Gámez con un lindo entremés, *La manga ancha*, cuyo estreno constituyó todo un éxito para la agasajada, ya que, además, estuvo ilustrado musicalmente por el maestro Cayo Vela. Finalmente la homenajeada y, para agradecer a sus incondicionales su asistencia, aplausos y obsequios, cantó unos tangos con la gracia, emoción y picardía que la caracterizaban, viéndose obligada al final del acto a dirigir la palabra al público agradeciendo su adhesión fervorosa y constante hacia su arte y su persona.

Uno de los múltiples espectadores que tuvieron la fortuna de contemplar una función de *Las de Villadiego*, fue el insigne escultor Mariano Benlliure, viudo de la célebre Lucrecia Arana. Celia, quien hubo asistido al entierro de aquélla amén de encontrarse personalmente con el artista para darle su más sentido pésame, le tenía en gran estima y, como todos los españoles, admiraba su obra y sus maravillosas creaciones: «[...] *Recordó mi pésame y me dio de nuevo las gracias. Yo le confesé la gran admiración que me producían él y su obra. Se interesó por mi carrera. Sentía mucha curiosidad por conocer algunos entresijos del teatro y procuré satisfacérsela. Le pregunté por sus fuentes de inspiración y me contestó con palabras sentidas y bellísimas. Fue una conversación larga y muy amena. De pronto, me propuso:*

—Celia, me gustaría hacerle un busto... si mis manos le inspiran confianza...

—¡Encantadísima de posar para usted, maestro!» (San Martín, 1984, XII: 53).

Desgraciadamente aquella colaboración entre ambos artistas, por unas u otras circunstancias, especialmente incompatibilidad de horarios laborales entre ambos, no llegaría a materializarse hasta muchos años después...

La compañía de Celia se despide el público madrileño el 2 de julio de este 1933 para emprender una tournée que le llevará a recorrer distintos coliseos españoles. ¿Su primer destino? Barcelona.

Su llegada a la Ciudad Condal estriba entre el 12 de julio y el 19 de agosto donde recala con sus huestes en el Teatro Barcelona representando sus más recientes obras de repertorio: *Las guapas* (del 12 al 14 de julio); *Las de Villadiego* (del 15 al 16) y ambas obras del 17 al 29 de julio en horario de tarde y noche, respectivamente para ya, a partir del 30, programar la última de las obras citadas hasta el 1 de agosto. Desde el 2 y hasta el 18, comparte tarde con *Las Leandras* en un programa doble que causa furor entre el público catalán ya que las noches continúan siendo de las mujeres de Villadiego, celebrándose el último de los días citados el beneficio de la vedette con un soberbio recital de tangos de la misma. Así permanecerán hasta el domingo 19 de agosto, fecha en que volverá a recorrer los principales teatros de España en una agotadora gira por provincias en donde las críticas volvieron a resultar impecables, ya que Celia, en cada revista era una nueva mujer, una artista diferente cincelada en el más puro y limpio mármol por la magistral gubia de unos autores que, conociéndola, sabían servirle las mejores músicas y los más entretenidos y ocurrentes libretos:«*En aquel verano se vieron por primera vez los pantalones femeninos, cuya aparición, no sin cierta polémica, al igual que años atrás causara la falda corta o el peinado «a lo garçon»; todos ellos se consideraban evidentes signos de la emancipación y modernización de la figura femenina en una sociedad patriarcal que no veía con buenos ojos que la mujer llevara pantalones*». Celia, fue una de las primera mujeres en llevarlos, como también lo fue cuando llevó la falda cortita cortita y el peinado también cortito con las puntas redondeadas para fuera: «*[...] Por ser una artista popular, creo que influí notablemente en la implantación de las nuevas modas [...] así quizás colaboré a que mis admiradas y respetadas colegas de sexo ganaran alguna batalla de la larga guerra por su libertad*» (San Martín, 1094, V: 70).

A finales de agosto, la compañía recala en el Teatro Bellas Artes de San Sebastián. Celia, que era acompañada por su madre Antonia y su hermana Cora se hospedaba en la residencia La Nicolasa donde cada noche, tras la función correspondiente, solían cenar. Una de esas noches, Celia reparó en que un comensal cercano no cesaba de mirarla, hasta que acabó por presentarse. Se trataba de Fernando de Amboage, otro rendido admirador de Celia. Alto, guapo, moreno, caballeroso, culto, ameno y de la misma edad que la artista. Aquél acudiría noche tras noche a un palco del teatro para aplaudirla y admirarla. Hasta que solicitó salir con ella formalmente y le declaró su amor.

Celia, enamorada, se encontraba feliz. Había encontrado al hombre de su vida. Su relación fue un absoluto flechazo hasta el punto de confesárselo a su buen amigo Darío López, quien, como caballero que era, también se alegró enormemente por la felicidad que irradiaba su admirada Celia y a la cual nunca podría oponerse habida cuenta de lo que él también sentía por ella. Aquel amor de Darío López por Celia fue puro, sincero, honesto, único, extraordinario. Se entregó a ella con toda su alma... pero no con su cuerpo... Su presencia nunca le faltaba. Le pedía consejo, y allí estaba él. Le solicitaba un favor, y él acudía solícito y encantado para prestarle su ayuda. Nunca le decepcionó, por eso se alegró enormemente de que Celia hubiese conocido a un hombre como Fernando de Amboage, procedente de una de las familias más influyentes de San Sebastián.

Celia había sufrido mucho por amor hasta entonces. ¿Y quién no, verdad? El suicidio de su adorado Vicentito Rey, la impotencia física del gran Darío López y ahora... el amor llegaba con varonil figura encarnado en la imponente presencia de Amboage pero, junto a la ilusión que le transmitía aquel hermoso sentimiento, también latía un ente de tristeza al no saber si aquella relación llegaría o no a funcionar...

Y desde San Sebastián, la compañía de Celia prosigue su gira recalando, ya en septiembre, en el Teatro Iris de Zaragoza donde permanecerán entre el 7 y el 20 de septiembre, incluyendo ahora entre sus huestes la figura de un actor que, andando el tiempo será aplaudido y enormemente respetado por la profesión: Rafael López Somoza.

El triunfo, una vez más, es indiscutible.

Celia Gámez ejerce poderosa atracción sobre el público. Su nombre hace llenar los teatros y, pese al género al que se dedica, llena de señoras lo mismo que de señores, palcos y butacas. Lo mismo su estilo creador al interpretar escenas que, al cantar y bailar, tiene distinción y sugestiva plasticidad en cada papel que encarna. Su triunfo es decisivo para que la obra funcione. Es ovacionada, admirada, aplaudida, vitoreada donde quiera que va. Es ya todo un mito de la escena española. Su arrebatadora personalidad arrasa donde quiera que va.

También durante este mes de septiembre, el Pavón inaugura su temporada teatral con la reposición de *Las de Villadiego* con la asistencia de sus autores y de Francisco Alonso, quien dirige la orquesta desde el foso. Amparito Taberner lidera esta nueva formación teatral secundada por Conchita Rey, Maruja Vergel, Lina Mayer, Elva Roy,

Castrito, Marcelino Ornat, Tomás González y José Vázquez mientras Celia Gámez, junto a su compañía titular se encuentra en provincias: de Zaragoza a Almería, Alicante, Sevilla... hasta que la visite José Juan Cadenas, empresario del hasta entonces Teatro Reina Victoria (ahora durante la República Victoria a secas) y le ofrezca una idea determinante para su futuro artístico. Una idea que la marcará profesionalmente el resto de sus días...

IX. DIVA DE LA OPERETA MODERNA

Celia odia el invierno, porque durante él hace mucho frío: «*Me sienta muy mal. Prefiero el verano, durante el cual se puede lucir la figura. El invierno es horrible. Cuando hace frío, las mujeres perdemos algo muy importante: el tipo. Debajo de un abrigo de pieles, todas somos hermosas. Sin embargo, para mi trabajo en el teatro sí que prefiero el invierno. El verano es detestable. Se fatiga una mucho más, se suda y además va menos gente al teatro... Aunque si hay algo que me gusta es vestir con sombrero. La moda de llevar grandes cuellos de piel es molesta y muy sucia y, además, estropea los sombreros. Lo detesto*» (Júcar, 1935: 6-7).

En los últimos meses de 1933, y mientras prosiguen sus éxitos con *Las Leandras* y *Las de Villadiego*, Celia concibe una nueva idea que será determinante para su futuro artístico. De un lado, su intuición le hace ver el peligro del encasillamiento excesivo en el género revisteril con el consabido riesgo de anquilosamiento, y de otro lado, su deseo expreso de atraer en mayor medida al público femenino (algo reacio a la revista), son factores que, unidos a su afán constante de renovación, le hacen tomar una decisión trascendente: cambiar de género y pasarse a la opereta.

Escribía Álvaro Retana (1964: 111), que en los alegres años veinte aparecieron los deslumbrantes espectáculos arrevistados. Componíanlos autores de personalidad literaria como Tomás Borrás, libretista de *Arco Iris*, presentada en Apolo por los hermanos Velasco con las vedettes Eugenia Zúffoli, María Caballé, Enriqueta Serrano...; el poeta José María de Sagarra, confeccionador en Barcelona de las suntuosas revistas de Manolo Sugrañes en el Cómico, defendidas por Rosita Rodrigo, Amparito Miguel Ángel, *Miss* Dolly... con las cuales competía el Reina Victoria de Madrid, regentado por José Juan Cadenas, autor de *El prín-*

cipe Carnaval, elegante pretexto para un sensacional desfile de beldades como Consuelito Hidalgo, Laurita Pinillos, Teresita Saavedra, Cándida Suárez, Rafaelita Haro, Pilar Escuer... ¡Hasta Conchita Piquer, que hubo de actuar de príncipe cuando hizo mutis Teresita Saavedra!

Efectivamente, durante las primeras décadas del siglo XX, convive, junto a la revista de tintes europeos, otro género, el de la opereta, que produjo un verdadero interés entre el público de la época.

Importada de Europa y símbolo del cosmopolitismo imperante durante estos años, la opereta de Offebanch ya había sido la inspiradora de Arderius para formar sus célebres Bufos; pero ahora, la opereta se convertirá en una de las vías de recuperación económica de los empresarios constituyéndose como un auténtico revulsivo, dado que sentaba la novedad de no partir de temas estrictamente hispanos sino más bien de corte internacional y exótico con una gran riqueza de vestuario, bailarinas y escenografía.

Casares Rodicio (2006: 369-377), sin embargo, señala otros dos motivos para explicar la imposición de la opereta en los inicios del siglo XX, ya que, por una parte su éxito fue una tabla de salvación para los empresarios, dada la magnífica respuesta del público, y con ello una de las vías de recuperación económica, y en segundo lugar, fue un género que se convirtió, en una época en que los valores de visualidad eran fundamentales y estaban en perpetuo crecimiento, quizá por la influencia añadida del cine y de las variedades, en el género por excelencia para la visualidad a través de una gran riqueza de escenografía, vestuario y bailarinas. *La viuda alegre* de Franz Léhar es el modelo y los estrenos de Paul Linke, Edmond Audran o Leo Fall produjeron un fuerte revulsivo.

La presencia y el éxito de público continuado de operetas de corte extranjero en ciudades españolas de referente nacional para el teatro como Madrid, Barcelona o Valencia, va a motivar una demanda de obras que implica, además, la traducción y adaptación españolas de múltiples operetas de autores como los anteriormente citados Leo Fall, Franz Léhar, Robert Planquette, Franz von Supe, Edmond Audran o Paul Lincke con títulos como *Las manzanas de oro* (1905), *La taza de té* (1906), *La princesa del dólar* (1909), *El conde de Luxemburgo* (1910), *La niña de las muñecas* (1911) o *La mujer divorciada* (1911), entre otras. Estos estrenos de operetas se vieron incrementados notablemente en la década que parte de 1910, muy especialmente gracias a los compositores Amadeo Vives y Vicente Lleó, quienes firmaron como empresarios de los teatros Zarzuela, Cómico y Eslava e impulsaron el género; primero como empresarios y, segundo, como creadores. Importantísimo a este respecto fue el papel jugado concretamente por Vicente Lleó en el Teatro Eslava o José Juan Cadenas en el Reina Victoria, autor y traductor este último de múltiples operetas extranjeras y de creación propia.

La moda de la opereta fue seguida por abundantes autores a los que junto a los anteriormente citados, se unieron Teodoro San José, Manuel Penella, Ricardo Sendra o López Torregrosa, entre otros, en las labores musicales, acompañados por libretistas como Carlos Fernández Shaw, Félix Limendeux, Aurelio López Monís, Ricardo González del Toro, Guillermo Perrín, Miguel de Palacios, etc. Sin embargo, el público, paulatinamente, comenzó a saturarse de tanta opereta, iniciando ésta su declive en la década de 1920 e incrementándose sucesivamente a medida que transcurrían los años; si bien es cierto que aún durante los años treinta y cuarenta, algunos autores la seguirán cultivando pero con reminiscencias revisteriles. Es el caso de los maestros Alonso, Guerrero, Montorio o Padilla en títulos como *Doña Mariquita de mi corazón* (1942), *Luna de miel en El Cairo* (1943), *¡Cinco minutos nada menos!* (1944), *¡Yo soy casado, señorita!* (1948) o *La hechicera en palacio* (1950), entre otras.

Si la opereta se agotó más rápidamente que la zarzuela grande, aunque nadie negará que los músicos españoles se adaptaron pronto y bien, demasiado pronto y demasiado bien, a la manera de los vieneses, fue porque, sobre ser exótica, en sus componentes musicales, no tenía en sus libros la fuerza dramática que aun en los mismos sainetes castellanos suele haber (Dougherty y Vilches de Frutos, 1992: 299).

Formalmente, la opereta nace en España en un contexto en el que la sociedad, acarreada por las modas europeas, buscaba nuevas fórmulas para entretenerse donde la variedad y la espectacularidad fuesen los dos factores fundamentales que la definieran. De esta forma, las operetas cultivadas en centroeuropa y Francia por Lincke, Audran, Léhar y Fall, serán los modelos elegidos por los autores españoles para confeccionar nuevos títulos: «Apresurémonos, por lo pronto, a reconocer que esta forma de la opereta responde con oportunidad al momento, entrelazando con la marcha de sus alegrías, pródigas y coloreadas, la sensación levemente dolorosa, la de un amor que sufre entre esperanzas, que llora dulcemente entre asombros de sonrisas y que gusta de una tortura antes de arribar gloriosamente a paladear la dicha que le ofrecen las cumbres pasionales» (Casares Rodicio, 2006: 369-377).

A finales de 1933, Celia Gámez recibe la visita de José Juan Cadenas, empresario y dueño del Teatro Victoria, entonces llamado así durante los años de la Segunda República Española: «*[...] De entrada me sorpren-*

dió con esta pregunta: «Celia, ¿por qué no cambias de género?» Pensé: «Éste va a proponerme pasarme al drama». Pero no. Su oferta, aunque inesperada, encajaba con algunos proyectos que me revoloteaban en la cabeza. «Te sigo desde que llegaste a España- dijo-. He estudiado a fondo tus posibilidades y yo, que entiendo de esto, te digo que eres una gran «soubrette». Tu sitio está en la opereta».

Yo ya había pensado en eso, porque me tenía muy sorprendida que en España iban muchos más hombres que mujeres a los teatros de revista. Frecuentemente, la mayoría masculina, era absoluta. Las señoras y señoritas, tradicionalmente, no asistían a este tipo de espectáculos. «¡Pues yo haré que vayan!», pensaba para mis adentros. La oportunidad que buscaba me la brindó Pepe Cadenas. Sin renegar a la revista (¿cómo iba a hacerlo si le debía todo lo que yo era?) tomé la decisión, que sorprendió a muchos, de pasarme a la opereta [...] género que apenas se representaba en España, con dobles objetivos: ganarme al público femenino, pero sin perder al masculino. Me cabe la satisfacción de decir que lo conseguí. Ése fue mi mayor éxito profesional» (San Martín, 1984, VI: 65).

Cadenas, recién llegado de Londres, se había sentido entusiasmado por una opereta de Oscar Hammerstein con música de Paul Abraham, obra que había sido un éxito en el Drury Lane londinense y de la que había adquirido sus derechos: *Ball at the Savoy*, el éxito del año en la capital británica.

De esta forma y, al terminar sus compromisos profesionales, Celia, a propuesta de Cadenas, viaja hasta Londres para presenciar una función de la misma. Posteriormente se trasladan hasta París junto a Amelia, otra de las hermanas de Celia que vivía junto a su madre y Cora en España, y, una vez en la capital del Sena, Cadenas contrata al galán *chansonnier* Pierre Clarel, considerado entonces como el «otro Chevalier».

Clarel, nacido en Baiona el 13 de enero de 1904, había debutado en el *music hall* tres años atrás una vez hubo abandonado unos estudios de Medicina obligado por sus familiares. Asentado en el país galo, se había convertido en todo un galán cantante que enloquecía a las damas dada su apostura y su innegable voz, algo que llamó poderosamente la atención de José Juan Cadenas. Sería el primer galán que acompañase a Celia en su nueva aventura artística: «*Un día, paseando por los Campos Elíseos, vi en un escaparate las famosas medias de cristal, de las que tanto se venía hablando. Empezaban a estar de moda en Europa. Entré y me probé un par. ¡Qué maravilla! Era como si llevaras las piernas desnudas. La media, totalmente adherida a la pierna se convertía en una segunda piel, tersa y brillante. A pesar de su altísimo precio, compré una docena de pares y dejé pagados varios más, que me enviarían a Madrid. «¡Vas a dar la campanada!, vaticinó Pepe Cadenas». No se equivocaba. Las medias de cristal de la Gámez, fueron uno de los pequeños grandes sucesos de la crónica mundana de Madrid en 1934. Las lucía en «El baile del Savoy», la célebre opereta que, con música de Paul Abraham, Pepe Cadenas y yo estrenaríamos en enero de ese mismo año»* (San Martín, 1984, V: 65-66).

Efectivamente, Cadenas había adquirido los derechos de mencionada opereta y encargado a Antonio Paso su adaptación a la escena española y a Pablo Luna algunos nuevos números musicales.

Es la época en que triunfan los primeros musicales de Hollywood como *Volando hacia Río* (1933), *La calle 42* (1933), *Desfile de Candilejas* (1933) o *La alegre divorciada* (1934) que lo mismo que en su país de origen, en España alcanzan verdadero éxito. Cole Porter, George Gershwin, Irving Berlin, Jerome Kern, Richard Rodgers o Nacio Herb Brown son los compositores de moda. Surgen grandes orquestas como la capitaneada por Glenn Miller y Cole Porter no para de vender discos a raudales. El claqué era la expresión danzante que estaba de moda mientras que el *blues*, el *jazz* o el *swing* marcan la tendencia en cuanto a los ritmos. Triunfan Fred Astaire, Ginger Rogers, Alice Faye, Betty Grable, Irene Dunne o Jeanette McDonald. Así las cosas, no es de extrañar que Celia Gámez y José Juan Cadenas, giran su vista hacia lo que se hacía en el exterior y que, paulatinamente, se fuera incorporando a la mentalidad española empleando muchos elementos que triunfaban en la gran pantalla. De esta forma, pues y, junto a Pierre Clarel como galán cantante, Celia contrata a un apuesto tenor, Pepe Romeu y a un joven y gracioso cómico procedente del cine, Manuel Russell.

Calificada como «comedia musical en tres actos y varios entrecuadros», la citada opereta llega al Teatro (Reina) Victoria de Madrid la noche del 28 de enero de 1934 con una compañía totalmente renovada a tal efecto, ya que, junto a la pareja Gámez-Clarel, se incorporan a la nueva formación Cándida Suárez, Carmen Alcoriza, Cora Gámez, Matilde Gallardo, Rosa Agustí, Clary Mitzger, Matilde Pallarés, Raquel Albéniz, Carlota Bilbao, Lydia América, María del Carmen Gavilán, Angelita Villate, Anita María, Amelia San José, Lolita Pacheco, Hilaria Pinedo, Ángeles Cuesta, Pascual Latorre, José Viñas, Joaquín Roa, Antonio Palomino, Fernando Berrailda y Francisco Pérez Barco.

Los trajes que Celia Gámez lucía en la nueva producción fueron encargados al modisto Pascaut, de París. Peletería, Florida. Peluquero, Luis Aparici. Sombrerera, Carmen Rubio. Zapatero, Ángel. Decorado de Castel. Trajes de Hortensia Gelabert. Vestuario de la apoteosis de Theaterkunst-Hermann J. Kauffmann, de Berlín. Representante para España y Portugal, Andrés Von Kramel. Servicios de maquinaria dirigidos por Rafael Mellado. Jefe de electricidad, Enrique Delgado. Regidor del espectáculo, Gumersindo Rodríguez. Manolo Titos, profesor de baile. Representante, Ticiano F. Lombia. Director concertado, maestro Santoncha.

El baile del Savoy poco o nada tenía que ver con los espectáculos en los que Celia había intervenido hasta el momento ya que conectaba, claramente, con los que habría de representar tras la guerra. La deliciosa música de Abraham y el leve hilo argumental de la opereta permitieron la inclusión de toda una amplia gama de ritmos como el *fox*, el *blues*, el vals o el dueto donde la Gámez volvía a demostrar sus incuestionables dotes canoras e interpretativas. Junto a ello, el gusto y riqueza del vestuario y el lujo en su puesta en escena, constituyeron el alma de una opereta con la que la bonaerense iniciaba una importante nueva etapa en su carrera artística. Pero es que, además, Celia incorpora, por primera vez en sus espectáculos, a un cuerpo de baile masculino, sus particulares *boys*, que, desde entonces, figurarían en todos los espectáculos que montase. Para ello, puso un anuncio en el periódico al que se presentaron diversos chicos. Uno de ellos, andando el tiempo, sería el Presidente del Grupo Planeta, José Manuel Lara. Una vez éste se presentó delante de la vedette, Celia le espetó: «*Jaro, a ver lo que sabes hacer*», y Lara, que entonces medía 1,90 y pesaba 63 kilos, contestó: «*Vengo a dar clases de cómo se baila*». Y Celia, ante el desafío planteado por un joven principiante no falto de empaque, eligió a una de sus chicas, de sus *girls*, y con ella como pareja se puso a ejecutar varios pasos de claqué en perfecta sincronía (Abella, 2021: 46). Al poco, Celia lo admitió entre sus filas, incorporándose también a éstas, otros bailarines: Luis Cernuda, José Cartagena, José Santoncha, David Martín, Francisco Simón, Antonio Barber y Benito Ballesta. Como curiosidad destacaremos que los bailarines cobraban 10 pesetas diarias que luego, a medida que las representaciones transcurrieran y el éxito de las mismas se acrecentase, se les subirían dos pesetas más: «En la compañía nadie aventajaba en estatura a Lara: su etapa madrileña le estaba dando un desparpajo que, unido a su gracia andaluza, le permitía tener gran entrada entre las chicas. No es extraño que, apoyado en lo físico y con su labia, le tirara los tejos a la mismísima Celia Gámez, aunque ésta, velando por la disciplina de la compañía, no le otorgó favor alguno» (Abella, 2021: 46).

Al lado de los *boys*, un nutrido conjunto de 21 bailarinas cuyos nombres merecen ser incorporados al presente para que no caigan en el olvido: Rosita Contreras, Maruja Alcantur, Maruja Muñoz, Angelita Cuesta, Nati Esteban, Carmen Ubach, Flora Rubens, señorita González, Alicia González, Consuelo López, Lolita Pacheco, Angelines Yangüez, Matilde Gallardo, señorita Gallardo, Manolita Morquecho, Flora Rubio, Esperanza Rodríguez, Anita Martín, Pilar Álvarez, Hilaria Pinedo y Angelita Villate.

La prensa anuncia el estreno de *El baile del Savoy* para el jueves 25 de enero, pero retrasos de montaje hacen que se aplace al domingo 28, ofreciendo dos funciones diarias, a las seis y diez y media:

Venecia. Noche de luna llena. Es una noche fantástica de verano, calurosa, apacible. El cielo clarísimo tachonado de estrellas. Tras un rompimiento que sitúa al espectador en un amplio balcón, sobre el célebre gran canal, aparecen Magdalena y Alberto de Faublás en una góndola estrechamente unidos. Están disfrazados y cantan un lindo dúo de amor. La feliz pareja está pasando la luna de miel en la romántica ciudad italiana.

Niza. *Hall* de la villa, propiedad de los esposos. Al fondo gran terraza sobre el Paseo de los Ingleses. Todo muy lujoso. Magdalena y Alberto regresan a casa después del viaje de novios. Espéranles sus amistades.

Alberto tuvo una amante llamada Tangolita, a la que un día firmó un cheque que valía una noche de amor. Ésta reclama el pago de la deuda precisamente en el baile del Savoy, lujoso local de moda, que es aquella misma noche. Alberto no puede separarse de su esposa y teme no acudir a la cita de la que fue su amante. Un amigo de su esposo, Mustafá Bey, agregado de la Embajada turca, simpático, divorciado de seis esposas, con las que conserva relación de amistad y de mil libras que les pasa de renta, piensa la solución. Y la encuentra. Forja una graciosa historia de agradecimiento al músico Jacinto Polkilla que es un compositor de fama mundial y al que nadie conoce pero que trabó supuesta amistad con Alberto. Pero Jacinto Polkilla es -cosa que ignoran el forjador de la historia y Alberto- Kety Pasker (Celia Gámez), una prima de la esposa, norteamericana, que para no casarse con Boby, hijo del Rey del Chocolate que le impone su padre, se compromete a, en un año, alcanzar fama y dinero, teniendo en ese caso, derecho a elegir el marido que quisiera. Si por el contrario no lo consiguiera, se vería resignada a ser, de por vida, «chocolatera». Así las cosas, Kety se presenta en casa de los Faublás contándole toda su historia a su prima y que aquella noche en el baile del Savoy romperá el secreto, que debe permanecer siéndolo hasta el momento del baile, puesto que, por primera vez, va a dirigir, en público, una composición suya.

Para ayudar a Alberto, Mustafá cuenta delante de su esposa la relación de amistad que le une a Polkilla y que, conociendo que esa noche va a acudir al Savoy, pretende ir él también. Esto, que origina una graciosa e incómoda situación, pues lo cuenta delante de Kety y Magdalena, deja cariacontecidas a ambas, jurando la esposa de Alberto que se vengará de su marido y engañarle si aquél la engaña también a ella. Llama inmediatamente a un modisto, le prepara un traje y, hermosísima, se dispone a acudir al baile del Savoy..

Claro que Mustafá, al conocer a Kety, se enamora de ella y le propone si quiere ser su séptima esposa. La americanita acepta, a condición de que le presente al maestro Polkilla en el baile.

Acto segundo. *Foyer*-bar del Savoy. Antesala del gran salón de baile. Al mismo acaba de llegar Tangolita para reclamar el cobro de su cheque y Mustafá junto a sus seis esposas para invitarlas por última vez: piensa casarse de nuevo y esta vez, con una americana. También llega Alberto y Magdalena, cuyo rostro oculta tras un velo. Su aparición llama poderosamente la atención de Alberto que, recordando su pasado de conquistador, desea invitarla a bailar, contestándole ella que es casada y que ha llegado en busca de una aventura: junto a él; pero cuando le dice el precio que le costará, el simple hecho de cenar con ella, Alberto se excusa y se retira caballerosamente alegando que está comprometido para esa misma noche. Nada más verlo salir junto a Mustafá, Magdalena se reitera en que ha de engañarlo con el primero que encuentre... y ése no es otro que el tímido y apocado pasante de abogado, Celestino Rabadilla, un redimido solterón que, año tras año, acude a la cita anual del baile en el Savoy para encontrar una romántica aventura con la mujer soñada.

Mientras tanto, acaba de llegar Kety, a quien Mustafá no cesa de requebrar, para solicitar de éste que le presente a Polkilla; sin embargo, el turco afirma que es un latoso y no merece la pena conocerlo, habida cuenta de que sabe que ha mentido, claro está. Mustafá le dice que es mejor olvidarlo y pasar la noche juntos, le va a contar cómo besan las mujeres turcas...

Por su parte, Alberto y Tangolita acaban de entrar al reservado número ocho. Magdalena y Celestino hacen lo propio en el contiguo. Ya están las dos parejas en los reservados... claro que lo que Alberto no sabe es que ha dado dinero al maitre, Pomerol, para que le informe en todo momento de lo que está pasando en el reservado de al lado...: escenas cómicas en donde el maitre irá de un lado hacia el otro informando lo que hacen Alberto y Tangolita mientras Magdalena intenta levantar el ardor amoroso de un cariacontecido Celestino que aún no comprende cómo una mujer como aquélla ha podido fijarse en él. El cuadro termina cuando Alberto intente llamar a Magdalena y ésta haga lo propio contestándole desde el reservado contiguo como si estuviera en su casa. Su furia es total... no puede soportar que su marido la vaya a engañar con esa Tangolita...

De la oscuridad comienzan a resplandecer luces de candelabros, siempre más fuerte, hasta que, de pronto, aparece toda la luz en la sala grande del Savoy. Ambiente frenético de baile, pues se está llegando al punto culminante de la fiesta. Por todas partes, parejas bailando, flirteando, todo rebosa alegría. Al fondo se ven unos palcos con personas conversando.

La gran escalera del Savoy. Un gong interrumpe la fiesta y el baile. La parejas se separan. Sobre la escalera se encuentra el *speaker*, ante el que baja un elegante micrófono de níquel con diferentes bombillas de colores anunciando que la redacción del diario *El Fígaro* ha concedido el premio de todos los años y, en esta ocasión, el mismo ha recaído en el maestro Polkilla, y que se trata del seudónimo de una bella mujer... Es entonces cuando, Kety, situada en lo alto de la escalera es acompañada por elegantes caballeros. Va ataviada de frac, claque y una elegante batuta de plata en la mano. Mustafá, no sabe dónde meterse ante aquel descubrimiento. Kety saluda por el micrófono a su padre y a *Baby Chocolate* y, como ha ganado la apuesta, les comunica que concede su mano a Mustafá Bey. Éste se desmaya de gusto y, después de saludar también por el micrófono a su suegro, cae en los brazos de Kety en un largo beso de despedida para después comenzar a cantar y bailar...

Cuando todos se divierten y bailan, incluso Tangolita y Alberto, aparece en lo alto de la escalinata Magdalena, que declara haber engañado a su marido. Éste va a lanzarse sobre su esposa y varios amigos se lo llevan del salón.

Celia Gámez y Pierre Clarel en una escena de *El baile del Savoy* (arriba) y *La ronda de las brujas* (abajo), ambas de 1934. Archivo del autor.

Acto tercero. Desenlace del pequeño lío. El matrimonio, ante la insistencia de haber engañado a su marido, va a divorciarse y llama al abogado. Acude un pasante, que es el joven Rabadilla y que no reconoce a Magdalena, sin duda por su defecto de la vista. Éste declara que el hombre con quien engañó a su esposo es Rabadilla; todos -menos Magdalena, que se ha retirado- quieren obtener del pasante la confirmación del pecado, pero como dio su palabra de honor de guardar el secreto, no obtienen de él más que vagas palabras. Kety se decide a ser ella la que averigüe la verdad, y a solas con su prima, diciéndole a ésta que Rabadilla ha contado y dicho hasta el color de la combinación que llevaba Magdalena, la hace confesar que... no pasó nada y que no hubo pecado. Total, Magdalena y Alberto se reconcilian al tiempo que Mustafá va a casarse con la hermosa Kety quien, de día seguirá siendo el maestro Polkilla a todos los efectos. La obra finaliza con la elección de ésta como reina del Carnaval en un brillante apoteosis.

Hilvanado, por tanto, un libreto en torno a dos infidelidades conyugales (la del esposo y la fingida de la esposa), se presentó *El baile del Savoy* ante el público madrileño. Los inspirados números musicales, junto a los anteriormente enunciados de «¡Viva Mustafá!», la «Presentación de Ketty», o los rítmicos y muy aplaudidos *foxtrots* de «Las turcas saben besar» y «¡Si es Chevalier!», ambos cantados a dúo junto a Pierre Clarel, tuvieron como máximos exponentes algunos más, de entre los que podemos destacar el vals, nostálgico y romántico titulado «¡Qué pronto su amor olvidó!», cadencioso y lleno de matices sentimentales cantado a la perfección por Celia en claro contraste con los duetos, rítmicos y frenéticos que interpreta junto al galán, y que hubieron de ser bisados o el titulado «La tangolita», donde Celia Gámez emana una perfección sentimental absoluta.

Gran éxito obtuvo *El baile del Savoy*. José Juan Cadenas había sabido montar un espectáculo de verdadero buen gusto en el que todos los factores que en aquélla intervenían se encontraban irreprochablemente bien conjuntados; pese a la, quizás, excesiva duración del libreto para un argumento tan nimio y manido, casi tres horas y tres actos, la crítica alabó encomiablemente «la musa festiva» que era Celia Gámez en su nuevo paso de la revista a la opereta. Las cuarenta chicas del conjunto evolucionaban y vestían favorablemente consiguiendo captar la atención del auditorio que vio con buenos ojos un lujo hasta entonces inusitado en los teatros musicales españoles. Celia, la indiscutible estrella, gustó mucho en su papel de Ketty y, junto al resto de sus compañeros, hubo de saludar ante los encendidos y calurosos aplausos con los que el público premiaba a la compañía por su ingente esfuerzo en tratar de convertir a Madrid en capital de grandes espectáculos a nivel europeo. Y es que el traspaso a la opereta no podía haber resultado mejor ni más brillante.

El baile del Savoy transcurría a caballo entre la revista más refinada y el más clásico vodevil francés cuyo fastuoso ambiente y cuya cosmopolita acción, salpicados ambos de intrigas apicaradas de amor, lances entretenidos, situaciones graciosas y chistes con los que los autores alegraban el más serio libro primigenio del que partía, otorgaban a mencionado título una frivolidad deliciosa, ligera y melódica, abundante en dúos, bailables modernos, canciones sugestivas, romanzas, valses temáticos, primorosos y pegadizos, coadyuvando todos estos factores al indiscutible éxito alcanzado. Si a ello se le une la lujosa postura de la obra, Celia Gámez volvía a obtener un nuevo triunfo grande y legítimo, como mujer bella y como artista de singular talento, en una americanita llena de desenvoltura, picardía y encantadora sugestividad que armonizaba a la perfección con el resto de elementos integrantes: «*[...] Pocos días después del estreno, que fue un enorme éxito, empezaron a verse por Madrid las primeras piernas envueltas en medias de cristal. Causaron sensación porque con ellas puestas no había piernas feas. En el escaparate de una tienda chic de la Gran Vía, podía leerse este cartelito: «Aquí se venden medias de cristal, las mismas que lleva Celia Gámez en «El baile del Savoy». ¡Maravillosas! ¡Elegantes! ¡Europeas!». También lucía en esta obra fabulosa un sombrero con ala de cristal, que compré en París. Llamó poderosamente la atención y fue comentadísimo.*

-¡Qué cosas se le ocurren a «la Gámez»!- decían las señoras, admiradas. Naturalmente, los sombreros de cristal, al contrario que las medias, no se pusieron de moda. Eran, además de carísimos, demasiado llamativos y frágiles para llevarlos por la calle... ¡Podrían hacerse añicos al menor contratiempo!

En «El baile del Savoy» todo era fino y elegante, limpio y espectacular. El libreto, la música, los decorados, el vestuario... La opereta gustó mucho a las señoras y no disgustó a los caballeros. A las sesiones de tarde acudían familias completas» (San Martín, 1984, V: 66).

A raíz del estreno de esta nueva obra, Emilio Carrere (1934: 1) llegó a afirmar «la fuga de Celia Gámez había matado a la revista. Sus ojos maravillosos eran los dos metros de ese cielo en que las viceples eran las huríes. Pichi ha tirado su gorrilla de golfo y se ciñe el *smoking* de las operetas [...]. La revista muere. ¡R.I.P. sobre toda su grosería, sus chascarrillos burdos y su música de negros! El vals de Léhar triunfa sobre el *charles*. Ello significa un pequeño retorno a la civilización [...] tanto más interesante cuanto son los ojos verdes de Cándida Suárez y las pupilas negras de Celia Gámez. La señorita Opereta regresa desde el fondo de los días de antes de la guerra».

El baile del Savoy proseguirá representándose ininterrumpidamente en funciones de tarde y noche hasta el 6 de mayo, puesto que empresa y compañía han de dejar paso a un nuevo estreno para el que precisan montaje y ensayos, no obstante la postura del mismo, al igual que la de su precedente era terriblemente complicada y costosa, de ahí que hubieran de tener los montadores varios días para su preparación y revisión de los mecanismos pertinentes.

Precisamente y, tras presenciar a Celia en el Teatro (Reina) Victoria, una noche coinciden en el mismo Benavente y Valle-Inclán, ambos admiradores de la artista: «*[...] Ofrecí a don Jacinto los pastelitos de costumbre que, naturalmente, aceptó de mil amores. Don Ramón prefirió un café con un chorrito de coñac. Yo me estaba maquillando. Ellos entablaron una conversación intrascendente. ¡Qué delicia escucharles! La ironía de don Jacinto. El sarcasmo de don Ramón... Y luego, la gran anécdota. Iba a empezar la función. Le dije a don Jacinto que ya tenía su silla en la caja de costumbre. Valle arqueó las cejas. Él solía ocupar una butaca. ¡Pues esa tarde le apeteció ver la función entre bastidores como su amigo Benavente! Así que mandé poner otra silla en otra caja. ¡Había que verlos en sus sillas de tijeras a ambos lados del escenario y encogiditos, para obstaculizar lo menos posible las idas y venidas de los artistas. Aún así, crearon no pocos problemas de «circulación». Esa tarde y otras más, porque el autor de «Divinas palabras», no volvió a ocupar butaca alguna. Le tomó gusto a la silla de tijeras en el escenario*» (San Martín, 1984, VII: 68-69).

La ronda de las brujas (1934), fue el siguinete estreno que Cadenas y la Gámez llevaron a cabo tras finalizar las representaciones de *El baile del Savoy*. Se trataba de una opereta arrevistada original de Franz Léhar y Antonio Paso junto a José Juan Cadenas, quien previamente había viajado hasta París y Berlín para comprar el decorado y el vestuario y en la que Celia Gámez se atrevía, incluso, a bailar de punta: «*Durante las representaciones de «El baile del Savoy» me ofrecieron otra opereta: «La ronda de las brujas». Leí el libro. Me gustó. La música también era de calidad. Podría ser otro éxito... La única pega- me advirtieron lealmente- estriba en que hay tres bailes de punta que no pueden eludirse...*

-Yo no veo la pega por ninguna parte- dije. Llamé a mi maestra de baile, María Esparza, y le expliqué la situación.

-¿Cuándo quieres empezar las clases- me preguntó. -Mañana mismo-, le contesté.

En un par de semanas aprendí el baile de punta, que es realmente duro y difícil. María me daba las clases por las mañanas, en la azotea de mi casa. Desde allí, Gran Vía, esquina a la Plaza del Callao, podía contemplarse un hermoso panorama de Madrid, pero yo no estaba para deleites visuales: tras las primeras clases se me cayeron las uñas de los pies. Con estos vendados y sufriendo fuertes dolores seguí representando tarde y noche «El baile del Savoy». Así durante más de quince días. Sólo yo sé la tremenda fuerza de voluntad que saqué, no sé de dónde, para no suspender ninguna representación. «La ronda de las brujas» se estrenó con enorme éxito y mis bailes de puntillas fueron ovacionadísimos. La verdad es que tenía los pies rotos, pero aquellas ovaciones interminables obraron el milagro de que me olvidara del fuerte dolor que sentía» (San Martín, 1984, V: 66-67).

Para estrenar la opereta, Cadenas contrató al tenor italiano Adolfo Ferrini, quien iba a ejecutar un importante papel en la misma como el Paganini protagonista de *La ronda de las brujas*, cuya trama se encontraba dividida en tres actos: Nicolo Paganini (Ferrini), acompañado por su empresario, Bertuccio, visita el pequeño pueblo de Capannari, en el Principado de Lucca (Italia), para dar un concierto donde tocará por vez primera «La ronda de las brujas», uno de sus mejores números. Allí, los habitantes tienen la oportunidad de escuchar su violín, diabólicamente tentador. Las opiniones de los lugareños están divididas con respecto a este «hechicero musical». Todas las mujeres están hipnotizadas por su forma de tocar. Los hombres, sin embargo, son bastante escépticos, deseando que se vaya al diablo.

El exaltado alcalde de la ciudad y chambelán de la princesa Ana Elisa (Cándida Suárez), Pimpinelli (Pierre Clarel), ordena una comida para la Sociedad de Caza y su alteza real, la princesa, en la taberna del pueblo, puesto que han estado ejecutando el noble arte de la cinegética por los contornos acompañada, además, de la duquesita de Pelofosco. Pimpinelli frunce el ceño ante la idea de que la Princesa haya elegido una taberna ordinaria para cenar. Así, anuncia su llegada inminente, sin embargo, una vez que está allí, duda sobre la conveniencia de quedarse en una taberna del pueblo. Ana Elisa responde que aunque a la hermana de Napoleón le guste la pompa y la ceremonia, también está dispuesta a burlarse de la etiqueta cuando quiere ser libre.

La princesa está enfadada porque su marido aún no ha aparecido, por lo que manda a Pimpinelli a buscarlo. Aunque acordaron seguir sus propios caminos (él le deja los asuntos de gobierno a ella), ésta, que es hermana de Napoleón, y que puede permitirse todo lo que desea, al escuchar el violín de Paganini, exige saber quién es y, desde la distancia, queda cautivada de inmediato. Aparece Paganini, «sereno, sonriente. Es joven, alto, fascinador; cutis pálido, imberbe, largos cabellos ligeramente ondulados y de un tono negro azulado. Usa patillas a la moda de la época. El mirar vivo y penetrante revela en todo que es un maestro acostumbrado a mandar. Es nervioso y brusco, pero cuando habla a las mujeres, su voz se vuelve acariciadora. Lleva frac azul oscuro, del corte de la época». El artista, en agradecimiento por la ovación de los aldeanos hacia su arte, les da algo de dinero dinero para que puedan beber a su salud. Brinda así por Italia, el arte y las mujeres. Nicolo se acerca al ver a Ana Elisa y ambos, rápidamente, comienzar a sentir una atracción mutua, pero ella no revela su identidad, afirmando ser la señora Bonaventa. Entonces le suplica escuchar su arte por segunda vez.

En ese instante les interrumpe Bertuccio, quien llega corriendo con la noticia de que la princesa ha prohibido el concierto en Lucca ya que, al parecer al artista se le atribuye, además de su exquisito arte y su poder personal irresistible, influjos maléficos. Nicolo entra en furia y decide no volver a tocar en Lucca. Ana Elisa le aconseja a Paganini que busque una audiencia con la princesa, pero él se marcha enojado. Ella admite la fascinación de sus ojos brillantes, a pesar de su grosería. La princesa, que primero se embriagó con el violín de Paganini, ahora es capturada por el encanto del artista...

Pimpinelli se encuentra con la hermosa Bella Girette (Celia Gámez), prima donna de la Royal Opera House. Actualmente es la amante del Príncipe, pero siempre está lista para coquetear con un admirador adecuado. Ella se ríe de las declaraciones de amor de Pimpinelli, ya que él admite haber puesto su corazón a los pies de todas las mujeres de Lucca.

Durante un segundo encuentro entre Ana Elisa y Paganini, éste se disculpa con la princesa por su mal genio, e intenta besarla, siendo interrumpido por los campesinos, que han venido a presentar sus respetos a la princesa, enterándose así Nicolo de que la mujer con la que ha estado hablando es Su Alteza Real, la hermana del emperador Napoléon. El príncipe Felice, que es miope, (Joaquín Roa) llega entonces con sus cazadores, pero se desarrolla una discusión entre la pareja real sobre el concierto cancelado de Paganini y confirma que fue él quien ordenó cancelarlo. La astuta Ana Elisa amenaza con anunciar públicamente el romance entre el Príncipe y Bella si se niega a permitir que el concierto de Paganini se lleve a cabo. Al Príncipe no le queda más remedio que levantar la prohibición.

En el segundo acto, han pasado seis meses. Nos encontramos en el salón del palacio de los príncipes de Lucca. Paganini ha sido nombrado director de orquesta y director musical de la ópera del Principado de Lucca. Los artistas se han juntado para jugar un juego de cartas. Superado por su pasión por los naipes, Paganini se juega su Stradivarius de valor incalculable; pero, durante la partida, pierde su preciado violín. El ganador, Pimpinelli, promete devolvérselo si el artista le confía su secreto para conquistar a las mujeres. Cuando le da el consejo (simplemente saber besarlas), Pimpinelli se vuelve ambicioso con la esperanza de alcanzar sus objetivos con esta exitosa receta, yéndose a probarla con la primera fémina que se cruce en su camino.

Ninguna mujer está a salvo en presencia de Pimpinelli y él vuelve a probar suerte con Nora, otra artista que le propina una fuerte bofetada y con la encantadora Bella, pero sin éxito. A todo esto, Ana Elisa le confiesa a Paganini que está deseosa de volver a escucharlo y de que el precio a su trabajo será un beso de amor que ella le dará... aunque siempre cabe la posibilidad de cobrarlo por adelantado... pero el violinista se niega por temor de ser descubiertos por el Príncipe. Ante la pregunta de por qué Ana no vio a Paganini en todo el día, éste le contesta que se encontraba retocando su «ronda de las brujas», que esa precisa noche va a tocar en el concierto previsto y que dedicará a la princesa.

Pimpinelli le hace insinuaciones a Bella, quien le explica que el tipo de hombre que le gusta es el que haría cualquier cosa, por loca que sea, por una mujer. Bella, sin embargo, está interesada en Paganini, quien organiza un ensayo privado con ella, para consternación de Bertuccio, quien advierte que coquetear con la esposa del príncipe es una cosa, pero ser su amante es otra muy distinta. Mientras tanto, los rumores sobre el asunto de la princesa Ana se han extendido incluso hasta París. Su hermano Napoleón se enfurece y envía al conde Graf Hedouville a Lucca con las órdenes del rey: ¡Paganini debe abandonar la ciudad de inmediato! Su relación con él está dando lugar a demasiadas habladurías. De no hacerlo, lo mandará arrestar; pero ella, se niega a ceder ante las órdenes de su hermano.

Enfurecida, la princesa exige que se anulen estas órdenes: no puede separarse de su amante. A pesar de su indiscutible amor por Ana Elisa, Paganini todavía tiene ojos para otras mujeres, por ejemplo, Bella. Aquél, sin sospecharlo, sucumbe a sus encantos y la besa. Ella quiere a cambio la canción que dedicó a Ana Elisa. Él se niega. Ella se la roba. Se besan apasionadamente...

¡Bella triunfa! Ana Elisa se encuentra con ellos y se enfrenta a la cantante, quien, celosa, y, cuando la princesa está a punto de ordenarle a la *primadonna* que abandone la corte, le muestra la canción de amor de Paganini. Ana Elisa jura venganza y ordena al Graf Hedouville que arreste a Paganini durante el concierto que va a dar esa misma noche. Paganini es advertido por Bella de que está en peligro, pero ignora sus palabras.

Y llega, por fin, el gran concierto del violinista...: «[...] Paganini, seguido de Bertucci aparece en lo alto de la escalera, con el violín y el arco en la mano, desciende unos escalones y saluda de lejos con reverencia a los príncipes y afina su violín [...]. Se rebaja la luz de escena. Paganini comienza en un silencio profundo, después su ejecución y sentimiento al tocar tiene algo de evocador, de sobrenatural. Después se rebaja aún más la luz hasta el oscuro. De esta oscuridad surgen brujas bacantes, con vestiduras muy ligeras, moviendo y ondulando su cuerpo en un ritmo voluptuoso. Simulan ser atraídas como las mariposas a la luz, por el maravilloso sonar del violíen de Paganini y dan vueltas en torno suyo con mayor frenesí hasta que caen a sus pies. Se agrupan en rededor suyo y dan la sensación de aprisionarle. La cara y cabeza de Paganini quedan magníficamente iluminadas en las tinieblas. Con la última nota, vuelve la luz que inunda la sala. Paganini continúa inmóvil en su puesto con la mirada perdida, vaga. Todos los espectadores convertidos en estatuas tienen los ojos fijos en él con admiración».

La princesa, olvidando su enfado se reitera en sus sentimientos hacia el violinista interponiéndose ante su inmediata detención y amparándolo con su autoridad. Pagannini, en vista del cariz que toman las cosas, decide fugarse.

El último acto de la opereta nos traslada hasta la hostería de «La herradura vieja», en la frontera del Principado de Lucca, tugurio frecuentado por contrabandistas donde aquellos pasan su tiempo jugándose su dinero y bebiendo. Paganini, quien ha salido huyendo de la Corte, llega hasta la taberna solicitando ayuda para poder cruzar la frontera. También llegan Pimpinelli y Bella pidiendo hospedaje para pasar la noche. En la hostería, Bella le dice a Nicolo que la princesa le sigue y que está dispuesta a no dejarle salir del Principado. El maestro, asombrado, se pregunta por qué, a lo que la cantante le responde que ella ha venido para salvarlo a él y al pobre Bertuccio, a quien el general ha mandado arrestar y embarcarlo en una galera anclada en el puerto. ¿Pero cómo llegar hasta él? La solución se la otorga Bella: con la ayuda de Pimpinelli, gran figura de la Corte de Ana Elisa. Una vez dentro de la embarcación, la astucia suplirá lo demás.

Una vez en la galera, Bertuccio agradece a Bella su liberación y la del maestro Paganini. Ahora lo inmediato es partir y salir del Principado antes de que.... Pero no... acaba de llegar la princesa quien desea pasar inadvertida intentando buscar a Paganini. Ambos acaban encontrándose en la cubierta...

Pero Ana Elisa está equivocada... Paganini no huye con ninguna mujer, ni mucho menos con Bella. Sacrifica su amor por su arte. La princesa le dice que lo dejará libre por la otra mujer que él ama, creyendo que es Bella. El violinista contesta que la única mujer que ama es la música de su violín. Bertuccio entonces llega afirmando que ambos tienen que desembarcar pronto y huir lejos. La princesa, no en vano, ya les ha otorgado su perdón: «Vive solo para el arte/ cada beso es un dolor./ Ya que nunca he de olvidarte/ no me guardes tu rencor/ y algún día en cualquier parte/ canta en tu violín mi amor».

La ronda de las brujas, cuyo título procedía de la melodía que había compuesto el inmortal violinista para la princesa, y que da, en un momento de pasión, en manos de la artista rival, originando el conflicto de celos, se representaba en escena como un aquelarre en forma de bailable con muchos bellos demonios súcubos en la que Celia bailaba de puntas, constituyendo una de las más interesantes páginas de la partitura, y un magnífico cuadro que fue enormemente aplaudido la noche de su estreno. El solo de violín, que da nombre a la obra, fue ejecutado en escena por el notable solista Enrique García, como contrafigura del personaje protagonista que encarnaba Pierre Clarel.

El libro de la opereta, arreglado por Antonio Paso, distraía lo suficiente como para mantener la atención y la atracción del espectador, no faltándole al mismo las gracias propias del conocido comediógrafo, si bien la comicidad del mismo, conservado enormemente fiel al original, estribaba en distintas escenas cómicas a que daban lugar personajes como Bertuccio, que siempre veía en peligro su contrato con Paganini y su dinero y los incidentes de Pimpinelli, noble a quien le desairan todas las mujeres por su cortedad y ridiculez o el despojo de éste por parte de los bandidos y contrabandistas que pernoctan en la posada: «[...] La gracia española ha colaborado menos con el ingenio extraño, y el resultado se nota en la menor agilidad y fuerza del diálogo» (Carmona, 1934: 47). Paradójicamente y, frente a la acción, marcada por la aventura amorosa de la hermana de Napoleón con el célebre violinista, el verdadero mérito de la opereta radicaba en su hermosa partitura musical, cuya fuerza irradiaba vitalidad durante todo su desarrollo. Así, pues, junto al anteriormente citado número de las brujas, de gran efecto visual, se dieron también dos bellísimas romanzas y dos duetos con bailables lucidísimos que interpretaban Celia Gámez junto a Pierre Clarel: « [...] El trabajo de estas dos figuras es ímprobo en la comedia, pero particularmente el de Celia Gámez, que no cesa de intervenir en diferentes trajes, cantando cosas picarescas, bailando pasos difíciles, actuando en la escena y en la sala, ejecutando *flinflanes* de bailarina de ópera y ritmos de vedette de revista moderna, celosa, incansable y ajustadísima siempre. El triunfo de la obra corresponde a ella, en primer término», (Carmona, 1934: 47).

Durante todo el mes de mayo, la opereta se representa con gran aplauso del público tardes y noches hasta el 9 de junio en que se vuelve a reponer *El baile del Savoy* hasta la finalización de la estancia de la compañía en el Teatro Victoria dos días más tarde, celebrándose durante los mismos el beneficio de su principal protagonista y de las segundas tiples y *boys* del cuerpo de ballet.

La actividad de Celia prosigue siendo frenética: participa en el Baile de las Flores celebrado en el Círculo de Bellas Artes, en la fiesta que organiza la Agrupación de Representantes de Espectáculos en el Teatro Calderón, en un festival benéfico en el Circo Price, graba para Discos Odeón cuatro números de *El baile del Savoy* («¡Si es Chevalier!», «La Tangolita», «Las turcas saben besar» y «¡Qué pronto su amor olvidó!») que son los que han llegado hasta nosotros aunque, paradójicamente, no graba ninguno de los números de *La ronda de las brujas*, desconociendo los motivos de ello; interviene junto a los *boys* del Victoria en la función de fiesta con motivo de la centésima representación de *La miss más miss*, de Antonio Paso y Emilio Sáenz en el Teatro de la Comedia.... También ofrece un cóctel al que invita a sus amistades con motivo de su beneficio el 9 de junio en el escenario del propio Teatro Victoria tras la representación de *El baile del Savoy* y en el que Perico Chicote sirvió deliciosas mixturas hasta bien entrada la madrugada. Al parecer, se retiraron algunas butacas del patio, convirtiéndose éste en un amplio salón recibidor donde los amigos de la vedette pudieron departir alegremente. La velada fue amenizada por un sexteto a cuyos sones «charlestónicos» pudieron bailar las chicas de la compañía junto a los *boys*. Celia, haciendo los honores y, a petición del público, bailó hasta flamenco, acompañada a la guitarra por uno de los presentes. El maestro Luna prestó su adhesión interpretando una jota que cantó Cándida Suárez y que bailaron casi todos los concurrentes. El cómico

Castrito llevó a efecto una exhibición de boxeo con algunos integrantes del ballet masculino.

A inicios de julio, la compañía emprende una larga gira estival que la llevará a recorrer buena parte de los grandes coliseos nacionales. Así, por ejemplo, entre el 10 y el 22 de julio, recalan en el Teatro Pereda de Santander donde, al repertorio de operetas que forman *La ronda de las brujas* y *El baile del Savoy* (título con el que debutan con más de 200 funciones ya en su haber), se unen las reposiciones de *El príncipe Carnaval* y *La araña azul*.

Se trataba de una compañía de operetas muy completa y admirablemente conjuntada en la que se atendía con enorme esplendor a dos factores esenciales: al número y calidad de los elementos artísticos y a la fastuosidad y buen gusto en el vestuario y decoración. Precisamente por ello, José Juan Cadenas quiso dotar a la formación de todo lo necesario para la comodidad de quienes la componían, en clara competencia con otros empresarios que dejaban mucho que desear al respecto. Celia volvía a demostrar el tono elegante y frívolo que circundaba todo el desarrollo de las operetas que llevaba en repertorio. La artista, en plena madurez de su talento, supo renovarse adaptándose al nuevo género con una aguda intuición artística. Llevaba así a esta nueva modalidad del arte lírico el dinamismo y la gracia picaresca que le valieron sus grandes éxitos en el campo de la revista musical española, dando a los personajes que interpretaba las características psicológicas justas y adecuadas que, de forma elegante y bellísima, sabían cautivar a los santanderinos, quienes la ovacionaron calurosamente. Su éxito causa sensación y demuestra su acusada personalidad como intérprete de gran temperamento donde juventud, belleza, dinamismo, gracia y soltura sobre la escena le confieren una arrolladora personalidad cuya sola presencia inunda la pasarela por la que deambula.

Junto a las dos nuevas operetas estrenadas por Celia Gámez, José Juan Cadenas incorpora al repertorio de la compañía otros dos títulos ya estrenados por él.

El Príncipe Carnaval, que había nacido en los escenarios argentinos en 1914, había sido reestrenada en el Madrid de 1920 reformada y ampliada por Cadenas y el compositor José Serrano, convirtiéndolo en un espectáculo en tres actos: «A partir de una excusa argumental nimia, el viaje fantástico a través de los carnavales del mundo, los libretistas, Mas y Cadenas, ofrecieron una serie de elementos novedosos que no tenían que ver solamente con la inclusión de números de danza modernos, importados desde el otro lado del Atlántico. [...] Presentaba en España una revista de estilo parisino donde todo, por lo tanto, debía ser grandioso: la iluminación, la escenografía, los trajes, los bailes y las mujeres» (Figueroa, 2021: 132-166).

Con 643 representaciones en su haber entre 1920 y 1923, ahora volvía algo renovada, introduciendo en ella abundantes *sketches* dándole mucha más animación y variedad; si bien se conseguían conservando los números musicales más interesantes, algunos bailables y cuadros de más espectáculo.

La obra se abría con una perspectiva del Manzanares canalizado. A medida que va amaneciendo sobre la escena, se dejaba traslucir la aparición de un inmenso buque que surcaba dicho río: era el Carnaval, del que descendía un grupo de pasajeros tras largo tiempo ausentados de la madre patria. Entre ellos, uno joven que daba la impresión de ser un gran señor que lucía chistera y frac (Celia Gámez): ¡Un Príncipe! (Otra vez Celia travestida de hombre).

A ritmo de vals, salían de siete baúles siete mujeres, cada una de ellas de una nacionalidad distinta: España, Francia, Italia, Berlín, Viena, Nueva York e Inglaterra. El argumento nos situaba, tras una rápida mutación, en la madrileña calle de Sevilla. Allí, una Dama acompaña al Príncipe Carnaval, quien le propone, sin moverse de Madrid, distraerla y hacer que recorra junto a él unos cuantos países por arte de sugestión.

De esta forma, pues, comienza tan asombroso recorrido. En la calle de Alcalá da inicio el carnaval madrileño por el que transita un coro de amas de cría con sus correspondientes trajes regionales y un pasacalle de chulas con mantones de Manila. El cuadro tercero se convierte en un pequeño sainete de enredo en donde el cruce de varias líneas de teléfono pone en evidencia las infidelidades de un matrimonio con otras parejas. A continuación, el cuadro cuarto nos traslada hasta la Gran Ópera de París donde va a tener lugar su artístico Carnaval em el que el Príncipe va a mostrarle a la Dama el número de las violeteras con el rey de Palestria, quien acaba de ser destronado y el *foxtrot* de «El champán» que, en medio de una total algarabía, manifiesta la alegría y despreocupación de la citada celebración que da paso a que el Príncipe muestre cómo es la moda parisién y los elegantes modelos de costura que se realizan para Carnaval. Seguidamente, aquél, dirigiéndose al público, conmina a éste a seguirle hasta Venecia donde, tras un bailable entre los personajes de La Noche y El Arlequín junto a una serenata de Pierrot, nos trasladaremos hasta el barrio chino de Nueva York donde el Príncipe, a ritmo de *fox-trot*, entonará el denominado, célebre y muy aplaudido «Credo del amor moderno».

En Nueva York, el Príncipe lleva a la Dama a un fumadero de opio, donde se drogan «todos los neurasténicos, los agotados, los hombres castigados de la vida, los hartos de todo, los que no encuentran distracción en ninguna cosa ni placer en nada». Finalmente, la obra se cierra con un brillante apoteosis que tiene lugar en un lujoso ático neoyorquino donde el Príncipe explica que «aquí no existe el Carnaval, la gente está muy ocupada en hacer dinero y no pierde el tiempo en ciertas cosas. Verá usted. Aquí se improvisa todo. Un millonario da una fiesta en su palacio y quiere reunir una representación del Carnaval de cada país. [...] Los reyes del carbón, del petróleo y de la cerveza se congregan aquí en esta suntuosa mansión y, aquí, en el último piso de este palacio se celebra el triunfo del Carnaval. Mi triunfo». Y como tal se celebra con la aparición exultante de distintas comparsas (francesas, inglesas, vienesas, alemanas, españolas, argentinas y yanquis).

La puesta en escena de *El Príncipe Carnaval* en Santander no fue, desgraciadamente, todo lo bien que la compañía pudo desear. Dificultades de montaje de los decorados, que aumentó el retraso en el transporte de una de las expediciones y por apremios de tiempo para los ensayos de conjunto, la función se inició con cerca de tres cuartos de hora de retraso. Este hecho no tendría la menor importancia si no hubiese sido porque, debido a la longitud de la obra, se repitieron algunos números del primer acto, sin embargo el segundo fue a ritmo tan rápido que desconcertó a los espectadores y deslució el reestreno, haciendo levantar a alguna parte del teatro y a patear en otros instantes de la representación, perdiendo parte de su inherente atractivo. Lo cierto es que la obra defraudó al público.

Celia, que, una vez más, volvía a aparecer en escena vestido de hombre como ya lo hiciera en obras pasadas, desconcierta al auditorio que no esperaba ver a su estrella ataviada de frac y chistera sino con deslumbrantes vestidos cargados de lentejuelas y plumas. La crítica afirmó acerca de su intervención en la obra que «las breves actuaciones de Celia, la bellísima vedette, las animó con su gracia y con su arte, siendo aplaudidísima tanto en la interpretación del Príncipe, en varios momentos en que asoma la opereta por entre la urdimbre varietística, como en el *sketch* «La mala vida» (incorporado para este reestreno), en que hizo gala de sus condiciones de cantante y actriz» (19 de julio, 1934: s.p., archivo del autor).

Indudablemente la obra se presentó con demasiada precipitación e insuficiencia notoria de ensayos, «a esto se ha debido la supresión de dos números al final y la endeble del conjunto en el último».

Tres días tan sólo la compañía pone en escena dicha opereta para dar lugar, los días 21 y 22 al también reestreno de otra nueva incorporación al repertorio de la formación de Cadenas.

La araña azul, calificada por sus autores, señores Keroul y Barré como «vodevil en tres actos», tuvo su adaptación castellana por José Juan Cadenas y Sinibaldo Gutiérrez con música de los maestros Calleja y Floglietti, habiendo subido al escenario del Teatro Reina Victoria de Madrid la noche del 15 de febrero de 1918.

Acto primero. Hall en un hotel de provincias, en Pantin, París. Nos presentan a la pareja de recién casados que forman Gorito (un notario mujeriego que tuvo una aventura con Sidonia de Valpurgis «La araña», célebre bailarina y cupletista) y Simona, hija de Anselma y Duportal, quienes parten para iniciar su luna de miel al piso que este último les ha preparado en la ciudad del Sena. La suegra, que no ve con demasiados buenos ojos el matrimonio habida cuenta del pasado frívolo de su nuevo yerno, recela de éste y advierte a su hija de que tenga cuidado. También para despedirlos llega el comisario Laverdet, quien acaba de recibir una carta en la que, aparentemente, necesitan que con urgencia se presente en París para resolver un problema aunque, en realidad, a lo que va es a tener una cita con Sidonia (Celia Gámez), la célebre artista. Así las cosas, antes de marchar para París, llega a Pantin la compañía que encabeza Sidonia, haciéndose anunciar para actuar en el Eden Concert, el teatro local. Al verlo, Laverdet se queda pálido, pues su matrimonio corre serio peligro: su mujer es la que lleva el dinero en su hogar y si se da cuenta de que la artista va a actuar, sería capaz hasta de divorciarse de él y quedarse sin un céntimo. Lo mismo que le ocurre a Gorito: si su esposa se llegase a enterar de la aventura que tuvo con Sidonia... adiós matrimonio y felicidad.

De repente, Sidonia se presenta en el hotel en que se está celebrando la boda de Gorito y se arroja en brazos de éste con indisimulada alegría, ya que su actuación en el pueblo ha sido una mera excusa para poder verle. Gorito, viendo peligrar su futuro matrimonial, le dice a Sidonia que está allí en calidad de padrino de boda de su amigo Enrique, y éste, que no da crédito, no tiene más remedio, a requerimiento de aquél, que de seguirle en la mentira. Mientras tanto, Laverdet ha conseguido, pagando una astronómica cantidad de dinero al director de la compañía, que ésta y Sidonia no actúen en el pueblo, de esta forma conseguirá que su mujer no se entere de la presencia de la artista. La cual, suspendida la función, acuerda en verse con el comisario en su pisito de París, lugar al que Valentina, esposa de aquél, sabe que acudirá, pues se siente escamada con el hecho de que se haya suspendido la actuación de Sidonia.

Los novios parten hacia París de un lado. Laverdet por otro, sin sospechar que su mujer le sigue, mientras que la compañía de la artista regresa a la ciudad.

Acto segundo. Alcoba de Sidonia en su casa de París. Allí se da cita Ramona, portera que, conociendo que su señorita Sidonia se ha ido a actuar a provincias, ha alquilado su piso a una pareja de recién casados que, como el lector ha supuesto, resultan ser Gorito y Simona; pero lo que la pareja no sospecha es que la artista se presenta también en su casa mientras Simona se encuentra cambiándose para pasar su noche de bodas, algo que enloquece a Gorito. Para complicar más las cosas, también acude al citado piso Anselma buscando a su hija. Gorito, para disculparse con ella, le dice que ha ido acompañando a Enrique y a su novia (en realidad es su mujer Simona, a la que hace pasar por aquélla). Claro que entonces tocan al timbre: es nada menos que Enrique y Laverdet quien han llegado para buscar a Anselma y llevársela. Las constantes mentiras y falsas identidades que Gorito inventa con tal de que Simona no descubra su desliz con Sidonia hace que vierta un jarabe en la copa de champán que ha servido a ésta para dormirla pero, con tan mala fortuna que la copa, obligado por su suegro, acaba bebiéndosela él y teniendo un horrible sueño, motivo empleado por los autores para llevar a cabo «La danza de los insectos», hermosa y plástica pantomima.

A todo esto, y para rematar el ya complicado entuerto, se presenta en el piso de Sidonia, Valentina, en busca de su marido junto a la policía, acabando todos detenidos por ésta. Descubierta la mentira de Gorito, Simona decide pagarle con la misma moneda. Ella pasará su noche de bodas con un hombre, aunque no sea su marido.

Acto tercero. Despacho oficial en una comisaría de París. Gorito, que aún duerme, ha sido encerrado. Hasta la citada institución llegan los distintos personaje prestando declaración, entre ellos, Laverdet protestando y afirmando que él no es amante de Sidonia. También ha llegado una carta nombrándole nuevo comisario del distrito, pero los policías hacen caso omiso de la misiva ya que no pueden creer que Laverdet sea el nuevo comisario hasta que éste acaba demostrándoselo. Así las cosas, Sidonia, para vengarse de Gorito, le pide a Tupet, su empresario, que graben ambos una escena en la que ella se haga pasar por Simona y él por Enrique declarándole su amor a la mujer de Gorito para así, una vez lo escuche, pueda sufrir. Y así que lo hacen. Gorito cree enloquecer y desvela que Laverdet es también amante de Sidonia, pero éste, que acaba de tomar su nuevo puesto, no está dispuesto a perderlo, por lo que le promete a Sidonia que, si desmiente esa afirmación, le pasará una cantidad de dinero mensualmente.

El enredo se resolverá favorablemente para los personajes cuando aparezca Simona detenida junto con las chicas del teatro y desvele la mentira de la grabación al mismo tiempo que aquélla perdone a su marido. Valentina también hará lo propio tras haberle dicho toda la verdad.

Este entretenido y gracioso vodevil obtuvo una excelente interpretación por parte de todo el elenco de la compañía, destacándose, sin lugar a dudas, la intervención de Celia Gámez. La bonaerense era tan personal, tan original, tan personalísima, ponía tal emoción en cada papel que ejecutaba y tal arte en sus canciones, que el público interrumpía la representación en cada mutis que realizaba la artista, siendo ovacionada con enorme entusiasmo allá por donde quiera que iba.

La compañía abandona el día 22 de julio el Teatro Pereda de Santander y se traslada hasta el Príncipe de San Sebastián con el mismo repertorio para después trasladarse, dentro de la misma localidad, al Bellas Artes o al Campos Elíseos, todo ello durante el mes de agosto. A finales de mes viajan hasta el Gran Teatro Iris de Zaragoza entre el 30 de agosto y el 9 de septiembre donde agotan las localidades durante toda su estancia y cosechan formidables críticas. Celia Gámez tiene una obsesión que la acompañará hasta el final de sus días: agradar con sus obras al público. A toda clase de público. Cuando las obras atrevidas constituían la base de su repertorio, la presencia de Celia las dignificaba. Suprimió frases de su diálogo contra la voluntad de los autores. Y a las que dijo, le dio un matiz tan natural, que jamás el afán de un aplauso, borró en Celia el buen gusto y la dignidad de todos sus montajes. Celosa siempre de la originalidad, aclimató un género primero: la revista. Y ahora, en estos años, resucita a la opereta moderna, haciendo que el público acudiese a ver obras que antes hubiera declinado. Convirtió a las revistas antiguas en operetas modernas arrevistadas.

Encontrándose en Zaragoza y, próximo a terminar su contrato con José Juan Cadenas, se presenta en la ciudad maña Manuel Carballeda, empresario del Teatro Maravillas de Madrid para ofrecerle su local con vistas a inaugurar la próxima temporada 1934-1935. Manuel tenía una ventaja con respecto a algunos empresarios anteriores que habían contratado a Celia, y es que sometía a la aprobación de la vedette las decisiones que había que tomar para mejorar y perfeccionar cualquier detalle en el montaje de una obra. Junto a Carballeda llegan también Leandro Blanco y Alfonso Lapena, dos dramaturgos que habían escrito un nuevo título expresamente pensando en la bonaerense y a cuyo libreto estaba terminando de poner la música el maestro Pablo Luna. Se titulaba *Los inseparables*, «humorada cómico-lírica arrevistada en un prólogo, dieciséis cuadros y dos entrecuadros, dispuestos en dos actos» que los autores leen a Celia a finales del verano de 1934. Celia acepta interpretarla así como un ventajoso contrato en el Teatro Maravillas, cuya temporada comenzará el 14 de septiembre, prorrogándose la misma hasta el último mes del año.

Se anuncia así, pues, la llegada de Celia Gámez, quien, arropada por su querido Fernando de Amboage y por Darío López (siempre en la sombra velando por su anhelada estrella) pone en pie con su nueva compañía, *Las Leandras*, título a la que seguirán las reposiciones de *Las de Villadiego* y *El ceñidor de Diana* antes de dar paso, el 27 de octubre, al nuevo título mencionado con anterioridad en el que Celia interpreta al principal personaje femenino de una historia rocambolesca: Indalecio y José María son dos hermanos siameses unidos por la cintura y muy diferentes entre sí; mientras uno es de izquierdas, el otro de derechas; uno, conquistador; otro, aún no ha conocido mujer alguna; rico, el uno; pobre, el otro. Así pues, un día José María lee en el periódico que Carola (Celia Gámez), la hija del rey de los prismáticos, una mujer riquísima está buscando un marido para casarse, pero con una única e indispensable condición: que no haya mantenido relaciones con mujer alguna. José María, aún a regañadientes con su hermano consigue que Carola vaya a verle. Paralelamente se presenta en casa de los inseparables una afamada doctora, Mickey, atraída por el fascinante caso de la unión entre los siameses, labor que ella ya ha podido desempeñar trabajando en la separación de otras parejas. Cuando coinciden Mickey y Carola, la primera descubre que la pretendiente de José María es la hija del mayor rival de su padre, al que causó su quiebra económica, por lo que, en venganza, se niega a separar a los hermanos. Sin embargo y, como el amor es ciego, Carola, con el apoyo indispensable de su padre, el señor Villasante, continúa en su empeño de contraer matrimonio con José María, el hombre que ella siempre deseó. Para el doctor, su yerno significa más dinero ya que, la unión de los siameses puede procurarle una muy buena publicidad a su negocio de prismáticos.

Una vez celebrada la ceremonia, las situaciones cómicas que se establecen son de lo más disparatadas ya que la doctora Mickey ha dado una pastilla a José María que le resta fuerza a su masculinidad, de tal forma que así no podrá complacer a su nueva mujercita en la noche de bodas. El enredo está más que servido cuando la doctora se enamore de Indalecio y decida operar a los siameses para poder separarlos gracias a unas glándulas procedentes de un habitante pontevedrés hercúleo y con fama de ser muy fogoso en la cama.

Celia volvía a la revista. Y lo hacía ofreciendo más ancho campo escénico a sus aptitudes y más amplia visualidad a sus perfecciones físicas. El papel de elegante voluble, casi obligado que le había impuesto la opereta, se multiplicaba en la revista con la chulona, el golfillo, las diferentes encarnaciones afrodisíacas, y los numerosos personajes de fantasía, que acertaban a concebir los comediógrafos que le servían sus libretos. Lo que se perdía así de arte fino, lo ganaba la artista en la variedad de sus representaciones y en lo heterogéneo de sus artes, pues había de cantar con música de muchos países del globo y bailar con todas las notas de la danza ya clásica, ya modernísima amen de semivestirse o semidesnudarse con todos los trajes que habían imaginado los figurinistas de teatro en sus calenturientas invenciones.

Ahora, con *Los inseparables*, Celia se reencontraba con el género (más pulido y menos soez que antaño) pero con un matiz refinado que deleitaba a las damas. La obra fue elegantemente vestida con suntuosidad y brillantez, ofreciendo un originalísimo argumento que fue reído y aplaudido desde la noche de su estreno, debido a las notables ocurrencias de sus autores y a los chistes que, de variada policromía, salpimentaban los diálogos del mismo. La música del maestro Luna fue repetida a pesar de que la mayoría era bailable, con aires modernos sin que faltasen números como el vals con el que se presentaba Celia, «Danubio azul», el «*Foxtrot* de las campanas de boda», magníficamente presentado por el decorador y el satre, el tango argentino «Por un clavel», donde la principal figura femenina de la velada dejaba mostrar las raíces de su tierra de nacimiento, la rumba de «La banana», el coro de la «Mantilla española», además de los titulados «De profesión médica», «Las mironas», «¡No hay un hombre!», «¡Ay, corazón!», «Dúo de Carola y José María», el apoteosis «Mujeres del can-can» o quizás el más aplaudido, un *charles* bailado por Celia Gámez sobre un piano de cola y continuado luego por los *boys* en escena y que fue acogido entre aclamaciones delirantes por los asistentes titulado «La muñeca». Su magnífica puesta en escena se llevó a cabo con unas cortinas negras a todo foro. Un piano de cola en escena sobre el que se encontraba sentada la figura de Watteau. En derredor, los *boys* de frac blanco y pantalón negro. Antes de levantarse el telón empezaba a oírse el tema en el piano.

Se oían voces dentro. Al hacerse la luz aparecía el cuadro. La muñeca (Celia Gámez) empezaba paulatinamente a cobrar vida. Se erguía sobre el piano y bailaba...

En el momento oportuno y cuando lo indicaba la partitura, bajaba la muñeca del piano en brazos de los *boys* y terminaba el impresionante número.

Junto a Celia, compartieron éxito, aplausos y saludos, Olvido Rodríguez, Paquita López, Cora Gámez, Julio Castro «Castrito», Ignacio León, Rafael Cervera y Joaquín Roa, principalmente.

Los inseparables había constituido uno de los mejores éxitos de Celia Gámez, aunque, paradójicamente y, al igual que sucediera con obras posteriores al 36, sus números nunca fueron grabados.

A finales del mes de noviembre, un complicado proceso gripal, ha de mantener a nuestra protagonista alejada de los escenarios, obligando a Olvido Rodríguez a ocupar su puesto en las representaciones de *Las de Villadiego*; sin embargo y, en vista de que la vedette no mejoraba, el empresario Carballeda no tiene más remedio que contratar para sustituirla a otra célebre artista del momento, Amparo Miguel Ángel, quien debuta el 6 de diciembre, prosiguiendo mencionada estrella con la temporada en el Maravillas.

La gripe había dejado algo tocada a Celia, quien, tras superarla y debido a la debilidad que aún tenía, decide descansar unas semanas antes de seguir cumpliendo sus compromisos profesionales, puesto que la compañía del Maravillas, llegado el mes de enero, parte de gira para provincias recalando en el Teatro Novedades de Barcelona donde permanecerán entre el 1 de febrero y el 31 de mayo con formidable éxito, ya que el público catalán ardía siempre en deseos de ver, disfrutar y aplaudir los trabajos con los que Celia les sabía entretener y divertir.

Como repertorio, la compañía lleva *El baile del Savoy* (obra con la que debutan), *La ronda de las brujas*, *Los inseparables* y *El ceñidor de Diana*, incorporando a la formación al tenor Juan Riba. La programación del Novedades se articula entonces durante esos meses de la siguiente forma:

Febrero: día 1, estreno de *El baile del Sayoy* en horario de tarde y noche hasta el día 20 que toma el relevo *La ronda de las brujas*. Del 21 al 24, por la tarde se programa la primera de las obras citadas y por la noche, la segunda. El 27 se ofrece una función especial de *La ronda de las brujas* en el Teatro Olympia y el 28 prosigue la misma programación.

Durante todo el mes de marzo se programa en doble función diaria *La ronda de las brujas*. En abril, el día 4 se ofrece la última función de este título y se da paso al día siguiente a *Los inseparables*, tarde y noche hasta el 24 que se ofrece por la tarde *El ceñidor de diana* y por la noche, el anterior título y así durante el resto del mes hasta el 4 de mayo, para despedirse del público catalán al día siguiente con *Los inseparables*.

La estancia en Barcelona de Celia le otorga el beneplácito de crítica y público dando muestras de haber aumentado su caudal de cualidades artísticas y de sus atractivos personales. Ya era, cierto es, una artista mucho más madura y con un gran bagaje a sus espaldas, pero ella, no contenta, siempre intentaba superarse en su arte. 10 maravillosos *boys* 10 y 36 hermosas viceptiles 36, son los que acompañan a la vedette en esta aventura catalana donde la compañía estrena, además, *Las chirimoyas*, interpretado por Pepita Arroyo, Joaquín Roa y Julio Castro que fueron muy aplaudidos durante el mes de marzo antes de la representación de *La ronda de las brujas*.

Pero no todo era tan idílico como parecía: «*El empresario, un tal Calvo, nos adeudaba el sueldo de varios días. Tenía, al parecer, otros negocios que se comían las ganancias del teatro. La crispación de los actores aumentaba por momentos. Algunos de ellos carecían de medios para afrontar sus gastos. Yo, como primera figura y directora de la compañía, era el paño de lágrimas de sus lamentaciones. Lo inaudito de esta historia es que al cómico «Castrito», no se le ocurrió otra cosa que plantearme el problema... ¡En plena representación! Los espectadores no daban crédito a lo que oían. Yo estaba estupefacta. Le pedía al Altísimo que me fulminara. «Castrito», no hacía más que interrumpir el texto del libreto para intercalar sus peroratas alusivas al problema. [...] Algunos espectadores creían que eran morcillas de «Castrito», quien tenía fama de ocurrente. Lo peor de todo es que después de cada morcilla me resultaba dificilísimo reanudar el diálogo normal. Terminé con un espantoso dolor de cabeza y con ganas de ahogar al tal «Castrito». Aproveché uno de los mutis para ponerle verde. Fue mi primera (y única) trifulca con un compañero. Qué cosas le diría que el pobre «Castrito», se echó a llorar y me pidió perdón. Me sentí culpable de todo y, después de calmarle, le prometí: «Hablaré con la empresa y exigiré que os paguen a todos, aunque yo no vea un duro...»*

Así fue. Conseguí que mis compañeros cobraran hasta el último céntimo. ¡Yo todavía estoy esperando! » (San Martín, 1984, V: 67).

La actividad y trabajo de nuestra morocha no le impide participar en cuantos actos la requieren, prueba de ello es su intervención en el agasajo que diversos artistas madrileños otorgan a la mítica Lola Membrives, el festival de actrices españolas a beneficio de su Montepío, en el homenaje que se le tributa al maestro Guerrero... Precisamente es éste quien le propone actuar durante la próxima temporada 1935-1936 en su Teatro Coliseum de la Gran Vía, para lo cual, Celia disuelve la compañía y, en lugar de partir de *tournée* por provincias como hace habitualmente todos los años, se toma unos meses de descanso con vistas a esta ilusionante nueva etapa que iba a afrontar. Para ello, Celia viaja hasta París donde espera poder comprar algunos bellos modelos que lucir en su nueva temporada teatral, visionar algunos espectáculos y, por qué no, disfrutar con las maravillas que en todos los sentidos le ofrecía la Ciudad del Sena. Y lo hace acompañada de Fernando de Amboage.

X. A LAS SIETE EN PUNTO ANTES DEL 18 DE JULIO

Hasta llegar a septiembre de 1935, Celia Gámez había triunfado en la revista tradicional con *Las castigadoras* (1927), alcanzado las mieles del triunfo con el sainete arrevistado en *Las Leandras* (1931) y *Las de Villadiego* y probado suerte en la opereta con títulos como *El baile del Savoy* o *Las ronda de las brujas* que, si bien habían cosechado un enorme aplauso por parte de público y crítica, Celia no se siente del todo satisfecha. Todavía queda mucho por hacer hasta conseguir limar al género de asperezas, chistes soeces, algún que otro desnudo y, sobre todo, acercarla a la mujer y hacerla apta para todos los públicos. El cambio que Celia intuyera en un mundo donde la revista era prácticamente un género patriarcal, está cada vez más cerca, y presiente el derrumbe de la revista sólo para hombres, de ahí que, a partir de entonces, se decidiera por una variante del género, a medio camino entre la opereta y la revista: el de la comedia musical arrevistada de la que será abanderada y principal baluarte a partir de los años cuarenta, si bien comenzará a dar sus primeros pinitos en este 1935.

El germen de la comedia musical, se encontraba intrínsecamente unido a su desarrollo estadounidense y sus características serían implantadas en España hacia mediados de los años treinta, pero con mayor intensidad acabada la Guerra Civil, durante los años cuarenta, de la mano de nuestra inigualable protagonista.

Pero para comprobar cómo se implantó la comedia musical en nuestro país, hemos de remontarnos antes a sus orígenes.

Durante el periodo colonial estadounidense, varias son las formas de entretenimiento que triunfan entre la población: las *ballad opera* (mezcla de opereta inglesa con sátiras sociales y políticas), el *burles-*

que (caracterizado por la parodia y la caricatura), la *extravaganza* (que como su propio nombre indica es una obra extravagante, entendiendo como tales la fantasía y la espectacularidad), los *ministrils shows* que constaban de tres partes bien diferenciadas: I. El olio o miscelánea, constituida por una serie de atracciones; II. La fantasía, parte dedicada a la actuación de especialistas de diversos tipos y III. El *burlesque*, incorporado a esta clase de espectáculos, si bien es cierto que, tanto la presencia femenina como el esplendor de la escena fueron dos factores fundamentales que influirían tanto en el *burlesque* como en la revista (Fayolle, 2008: 17). De estas tres partes, la I y la II darán lugar más tarde a la revista en sí y la pantomima (que no se limitaba solamente a espectáculos de mimo sino también a incluir cantos, bailes, efectos espectaculares y partes de comedia).

Todas estas formas de teatro musical se cruzan y entrelazan, se sobreponen unas a otras y acaban por desaparecer, dejando, en su lugar, sólo dos espectáculos: la revista y la comedia musical (VV.AA., 1967: 286-287). Definir fronteras entre unos y otros sería una tarea que se saldría fuera de los límites impuestos dentro del presente trabajo, pero aún así, hemos de afirmar que muchos de ellos eran géneros importados de Europa, fundamentalmente.

La comedia musical tiene sus raíces, qué duda cabe, en las óperas cómicas y operetas europeas, «participa de la amabilidad, de la facilidad, de la música y del diálogo. Sin embargo, hay una característica que es exclusiva de la comedia musical norteamericana y que, al individualizarla frente a sus parientes cercanos, le da un tono propio. Este elemento es lo que en Italia se llama *tempo* narrativo, o sea, el ritmo de la narración. El *tempo* de una comedia musical es siempre mucho más acelerado que el de una opereta o el de una zarzuela» (VV.AA., 1967: 288).

Efectivamente, si comparamos una comedia musical con una zarzuela, podremos comprobar cómo la acción, en el primero de los casos, nunca se detiene, ni tan siquiera para dar lugar a un baile o una canción. Antes bien, en la comedia musical estos han de integrarse al argumento mismo de tal forma que no representen un descanso, tal y como sí sucede en la revista, sino un avance en el argumento de la obra. La canción y el baile han de brotar de diálogo «con una facilidad tan pasmosa que, en la mayoría de los casos, el público no sabe en qué momento se ha realizado el cambio del elemento narrativo. Pero hay más, los cultivadores de la *musical comedy,* han puesto gran empeño en que el público no intuya nunca en qué punto van a surgir las canciones o los ballets.

Es decir, que estos y aquéllas irrumpan en el ánimo del espectador sin haberlos presentido con antelación» (VV.AA., 1967: 289).

La comedia musical, pues, nació de la simbiosis de muchos elementos como la *ballad opera*, *burlesque*, *extravagaza*, la música, el diálogo y hasta el baile; sin embargo, aún tardaría unos cuantos años más en definirse y, en su definición, intervendrían dos factores importantes: la opereta y el cine.

Por un lado, la opereta europea trasladada a la escena americana acarreaba varios cambios, entre ellos, la inclusión de números musicales netamente estadounidenses frente a los clásicos ritmos que se imponían en la vieja tradición europea. Así, los valses, por ejemplo, fueron sustituidos por el *ragtime*, el *foxtrot* y el charlestón, «[...] con semejantes ideas, empezó a formarse el concepto puramente norteamericano de un teatro musical. Pero este concepto no se lograría en su integridad hasta que el nacionalismo invadiera también el terreno literario. Y esta invasión se realizó a través del *jazz*, divulgado y aceptado como neta expresión norteamericana. El *jazz* fue el medio de expresión de una soledad y de una nostalgia que iba imponiéndose como verdad de la vida nacional (en las grandes ciudades, por lo menos); además, el *jazz* servía de soporte al habla rápida, sincopada y espasmódica del ciudadano medio. Cuando esta habla fue aceptada a través de las canciones, pudo pasar al diálogo y servir de base a unos textos teatrales» (VV.AA., 1967: 290).

A finales del siglo XIX, las operetas de Viena (compuestas por Johann Strauss y Franz Léhar), Londres (de Arthur Sullivan) y París (de Jacques Offenbach) eran populares entre el público urbano del este de Estados Unidos. Al mismo tiempo, las revistas (canciones, bailes y números sin una trama unificadora) abundaban no sólo en los teatros, sino también en los cabarets elegantes, como la sala de música que dirigía en Nueva York el equipo de comediantes formado por Joe Weber y Lew Fields. Frente a ellos, Ned Harrigan y Tony Hart tenían éxito con otro tipo de espectáculo; eran revistas, pero con diálogos que conectaban y daban continuidad a los personajes. Esta compañía representó, a partir de 1901, los espectáculos musicales del productor-autor teatral-actor-compositor George M. Cohan, quien comprendió formidablemente las posibilidades que ofrecían la música, el baile y las costumbres de su país. Por otra parte, la invención del cinematógrafo (que acarreaba consigo una lógica quiebra teatral al arrastrar más público y ser más barato) hace que los productores y empresarios pongan más empeño en sus producciones, siendo éstas mucho más lujosas y espectaculares. De esta forma, al vacilar muchos puestos teatrales, algunos actores se ven privados de trabajo. Muchos de ellos sucumben, otros pasan al cine y, algunos con grandes aptitudes para el canto, son incorporados a las comedias musicales. Éstas, pues, sufren una honda renovación que, anulando la importancia exclusiva de la parte cantada, favorece la interpretación. Ello se vio favorecido por la traslación al cine de numerosos musicales que triunfaban en los escenarios de Broadway, así como muchos de los actores que los protagonizaban: Fred Astaire, Ginger Rogers, Dianne Durbin, Ruby Keeler... en películas espectaculares donde la coreografía, los constantes números musicales, el argumento y hermosísimos y lujosos decorados daban la réplica a los personajes y servían como trasfondo a la trama.

En los años anteriores a la I Guerra Mundial, varios jóvenes compositores de operetas emigraron de Europa a Estados Unidos. Entre ellos estaban Victor Herbert, Sigmund Romberg y Rudolf Friml. Obras como *Naughty Marietta* (1910) de Herbert, *The Firefly* (1912) de Friml y *Maytime* (1917) de Romberg son representativas del nuevo género que crearon estos músicos. La opereta estadounidense se ha dividido desde entonces en libreto, que son los diálogos hablados, y canciones. Ambos solían ser obra de diferentes autores.

En 1914 el compositor Jerome Kern comenzó a producir una serie de espectáculos en los que se integraban todos los elementos de un musical en un único cuerpo. Kern utilizó situaciones y sucesos actuales, en contraste con lo que pasaba en las operetas, que solían situarse en países imaginarios; sin embargo, había una gran divergencia entre ambos mundos (el mundo de la opereta y sus derivados, el mundo de las comedias musicales), ya que las obras europeas respiraban, en su fondo, un sentido aristocrático de la sociedad, mientras que las comedias musicales eran, desde el principio, portadoras de un claro sello de republicanismo.

La vieja fórmula del musical comenzó a cambiar. En lugar de tramas complicadas pero nunca serias, se introdujeron letras de canciones galantes y libretos sencillos. Se añadió el *underscoring* (músicas tocadas como fondo a los diálogos o a los movimientos) y los compositores utilizaron elementos musicales nuevos, como el *jazz* o el *blues*. Además, los cantantes empezaron a prestar más atención al arte de la actuación (en 1932, *Of Thee I Sing* se convirtió en el primer musical que ganó el Premio Pulitzer en la categoría de drama. Su letrista y compositor respectivamente, los hermanos Ira y George Gershwin, alcanzaron el éxito con una sátira inteligente de las situaciones políticas contemporáneas).

Estos elementos también se dieron en las comedias musicales cinematográficas que llegaron a España; por lo que muchos de sus factores serían trasladados al propio teatro nacional: «En todas sus obras se funden con extraordinaria habilidad las palabras y la música, permitiendo que las canciones desarrollen la caracterización de los personajes, amplíen el argumento o la situación, haciendo avanzar la historia sin que falten en todas las producciones unos ballets siempre importantes. Así, quedan integradas al fin de manera plenamente fluida la palabra, la música, la canción, la danza y la historia» (Fernández Montesinos, 2008: 187).

En la década de 1920 las ideas y el ingenio eran los rasgos característicos de la revista americana, género en el que destacaron la pareja de compositores-letristas, Richard Rodgers y Lorenz Hart, con *Pal Joey* (1940). Rodgers, junto a Oscar Hammerstein II como nuevo colaborador, produjo *Oklahoma!* (1943), que incorporaba ballets con coreografía de Agnes de Mille. El coreógrafo y director sería la figura que con el tiempo se convertiría en la pieza más importante tanto en la escenificación como en el argumento (contenido) del musical estadounidense. Jerome Robbins, Michael Kidd, Bob Fosse y Michael Bennettare son los ejemplos más destacados de entre los grandes coreógrafos que llegaron a crear musicales de prestigio, como *A Chorus Line* (1975) o *Dancing* (1978): «El gran modelo de comedia musical según la crítica especializada, llega con el estreno en 1943 de *Oklahoma!,* original de Richard Rogers y Oscar Hammerstein, la mejor muestra de cómo la música y el argumento aparecen fundidos en una cohesión total. Estamos ante la completa integración total de la palabra, música, canciones y baile» (Fernández Montesinos, 2008: 187).

A medida que éstas y otras innovaciones alteraban el aspecto del teatro musical, el público esperaba cada vez más variedad y complejidad en los espectáculos. Así surgió todo un amplio ejército de compositores y letristas renovadores e imaginativos.

En España, sería nuevamente Celia Gámez la introductora de una fórmula teatral mucho más cercana a la comedia musical norteamericana que a la de la propia revista, si bien se observan todavía en muchas de sus producciones elementos netamente arrevistados.

Los inicios de Celia dentro del ámbito de esta comedia musical se cifrarán en el inicio de la temporada 1935-1936 auspiciada por el maestro Jacinto Guerrero, con quien, recordemos, ya había colaborado en la praxis de *Las tentaciones* (1932) y forma su primera Compañía de Operetas y Comedias Musicales con la vedette argentina como cabecera de la misma. A su lado, una nómina de intérpretes que la acompañarán en esta nueva aventura teatral: Amparo Miguel Ángel, Cora Gámez, Pedro Terol, «Castrito», Carlos Casaravilla, Miguel Arteaga, Pepita Cantero, Clarita Mitzger, Carmen Ubago, Lola Zazo, Paquita Martino, Francisco Muñoz y Manuel Vico, principalmente, siendo, además secundados por 40 guapas *girls* 40 de conjunto, un cuadro de 14 varoniles *boys* bailarines 14 y una orquesta de nada menos que 30 profesores 30. Y lo hará en el Teatro Coliseum entre el 7 de septiembre de 1935 y el 1 de marzo de 1936, reponiendo algunos títulos del repertorio clásico de Celia como *El baile del Savoy* y estrenando otros tantos más cercanos a esa nueva modalidad teatral que ardientemente desea cultivar la morocha, el de la comedia musical arrevistada.

De esta forma, pues, y, con la citada opereta de Paul Abraham, en la que se hicieron algunas variaciones para darle mayor animación al espectáculo, Celia se presenta el primer sábado de septiembre amparada en una enorme expectación, pues la prensa la anuncia ya como «primera figura de la opereta española». El público, como el día en que la estrenó por primera vez, le dedicó sus más incondicionales y enfervorizados aplausos. Lo cierto es que Celia, tras descansar durante el verano, llegaba transformada. Más elegante, adaptada con singular intuición artística a un género radicalmente diferente a la revista verde, en que la gracia era confundida con la grosería y el lujo con la profusión de plumas, purpurina y colores. La vedette que ahora se presentaba para todos en el Coliseum, era una vedette más madura. Más hecha artísticamente. Más girada. Cantaba, bailaba, recitaba con elegancia.... era toda una estrella.

Acaba de comenzar una temporada teatral algo convulsa en la que, junto a Celia, compiten en la cartelera madrileña títulos frívolos como *Las de armas tomar* y *Las de los ojos en blanco*, en el Martín; *Al cantar el gallo*, en el Pavón y otros líricos como *Doña Francisquita* en el Calderón junto a *El monaguillo*, *El barbero de Sevilla* y *La casita blanca*; *La del manojo de rosas* y *Los gavilanes* en el Ideal y *Katiuska* y *El beso del remedio* en el Cervantes con la compañía de Felisa Herrero en cuyo homenaje, a mediados de septiembre, participará Celia con sus *boys* del Coliseum. Claro que, frente al teatro lírico, la cartelera madrileña también está poblada de comedias costumbristas y dramáticas donde alcanzan un resonante triunfo las compañías de Milagros Leal-Salvador Soler Marí, Hortensia Gelabert, Loreto Prado-Enrique Chicote, Isabel Brú-José Isbert, Aurora Redondo-Valeriano León, Niní Montiam-Luis Roses o Enrique Rambal con su Gran Compañía de Espectáculos, siempre dejando boquiabiertos a los espectadores con sus trucos y mastodónticas producciones.

Perlita Greco, Margarita Carvajal, Tina de Jarque, Amparo Sara, Isabelita Nájera, Laura Pinillos, Esperanza Arquero, Blanquita Suárez, Isabelita Hernández, Concha Rey, María Caballé o Conchita Leonardo son las estrellas frívolas que deleitan sobre la pasarela, aunque la triunfadora indiscutible, la predilecta del público es Celia.

Celia es aclamada. Aplaudida. Venerada. Alabada. Criticada... Cualquier cosa que hace llama poderosamente la atención. Se ha convertido en todo un icono y símbolo del progreso y la modernidad. Muchas mujeres comienzan a fijarse en ella. La ven como un espejo en el que reflejarse. Quieren imitarla. Lucir sus mismos trajes y vestidos. Celia, la mujer, es muy hogareña. Le encanta el calor del hogar y, cuando puede, ayudar en las tareas domésticas. Ella trasnocha mucho porque acaba a altas horas de la madrugada de su trabajo y, por consiguiente, se levanta tarde: «*Me entusiasma la casa... ¡Che!... Me encanta, el piso muy enseradito... Y el mobiliario muy brillante... Y me gusta, ¡che! cómo me gusta sacudir las alfombras por el balcón... Sobre todo cuando pasa gente por debajo... y, claro, he tenido que pagar algunas multas. Y eso que armé un bochinche, ¡macanudo, che!... Y que el juez era un admirador mío... Pero me condenó... Poca cosa, pero resulta una macana echarle a un transeúnte por el balcón un poco de polvo de una alfombra... Por un duro, ¿sabe?..., se le sacude encima a la gente el museo de tapias del Patrimonio. Claro que también me gusta enserar el piso. Lo hago como aperitivo antes de comer, ¡ah! y como gimnasia, porque las artistas debemos guardar la línea, y ayudo a poner la mesa también*» (Romero Cuesta, 1933: 6), relataba una divertida y despreocupada jovencita.

Claro que, Celia, como artista, cuando el teatro le deja tiempo, también se dedica a leer las largas misivas de amor que le remiten sus admiradores: «*Me escribe tantísima gente que estoy acobardada. No sé qué hago yo para tener tantos adoradores. Especialmente, los viejos y los locos no me dejan un momento tranquila. A cada instante estoy temiendo que van a venir aquí, a mi casa, para cumplir alguna de sus amenazas... Me escriben con tinta roja, que ellos dicen que es su propia sangre, y, después de contarme todo lo que sufren ante mi indiferencia, me amenazan con degollarme, con incendiar mi casa, con el estrangulamiento... Firman siempre con nombres de personajes históricos. El Cid, Colón, Napoleón, el general Prim, son mis habituales enamorados... Pero, frente a ellos, también recibo cartas encantadoras de personas mayores. Estos ya son más sensatos. Me ofrecen dinero y experiencia. Algunos me envían ver-*

sos. Todos están dispuestos a casarse conmigo, claro. El decano de todos ellos es un viejecito de setenta años que me escribe todas las semanas unas cartas muy románticas, desde Barcelona. También me escriben muchos jóvenes. Una vez, trabajaba entonces con mi compañía en Zaragoza, empecé a recibir cartas de amor muy graciosas. Un día en que estaba de buen humor me dio por contestar a una de ellas e invité al desconocido firmante a tomar café conmigo. ¡Qué desilusión! Era un chiquillo, un muchacho de diez y seis o diez y siete años que estudiaba todavía el Bachillerato. Llegó a mi hotel muy confuso y completamente encendido. Apenas sí supo saludarme con unas cuantas palabras, y, desde luego, no se quiso sentar. «Siéntese -le dije yo-; tomará un «copetín» y hablaremos un rato». «No..., no tengo tiempo...; me están esperando... » Y se fue... » (Sánchez-Ocaña, 1935: 15).

Precisamente, una de las misivas recibidas por Celia afirmaba al respecto:

> « [...] porque sabréis que doña Jimena ha muerto. Vos sois un ángel de dulzura con el que sueño en mis noches agitadas mientras montando en mi Babieca recorro los campos de Castilla. ¿Me amaréis por ventura, señora? Si es así, comunicádmelo a mi castillo o venid vos misma para que os estreche en mis brazos que tantas batallas ganaron. Soñad conmigo, doña Celia, y si os decidís a venir a mi castillo de Ciempozuelos haréis feliz a un señor que pone su corazón a vuestros pies. Yo, El Cid» (Sánchez-Ocaña, 1935: 13).

Con *El baile del Savoy*, Celia estará hasta el 29 de septiembre, fecha en que comienzan los preparativos de ensayos y montaje de su nuevo y esperado estreno que levantará nuevamente el telón del Coliseum el 8 de octubre de este 1935...

Mientras tanto, en las calles madrileñas cada vez se huele más tensión...

El público asiste embelesado a los distintos espectáculos que ofrecen los teatros de la capital española en un vano intento de hacer caso omiso al caldeado ambiente político que se respira por todos lados...

El 1 de septiembre de 1935 en una concentración de las Juventudes de la CEDA el diputado Gil Robles declaró que aspiraba a una revisión total de la Constitución republicana y añadió que, si no la aprobaban, «son Cortes muertas que deben desaparecer», discurso que siempre combinó con declaraciones en las que se sometía a la legalidad, haciendo un discurso conscientemente confuso. La cuestión del alcance de la reforma de la Constitución y la de la devolución a la

Generalidad catalana de algunas de las competencias que habían sido suspendidas abrió una crisis en el Gobierno. Así el 17 de septiembre, Lerroux aprovechó la dimisión del ministro de Marina, Antonio Royo Villanova, un furibundo anticatalanista que exigía la derogación del Estatuto de Autonomía de Cataluña, al que le siguió su compañero de partido Nicasio Velayos para disolver su Gobierno y renunciar a seguir al frente del mismo (Gil Perrochán, 1997: 82).

Lerroux fue sustituido por un hombre de confianza del presidente de la República, Alcalá Zamora, el financiero liberal Joaquín Chapaprieta, quien mantuvo la alianza radical-cedista con Lerroux y Gil Robles en el Gobierno, e incluyó un ministro de la Liga Regionalista para ampliar la base parlamentaria del mismo. Pero este Gobierno, formado el 25 de septiembre, se vio afectado por el estallido del denominado escándalo del estraperlo, raíz de la denuncia que presentó Daniel Strauss al presidente de la República en la que exigía una indemnización por los gastos de instalación del juego conocido popularmente como estraperlo en los casinos de San Sebastián y Formentor y por los sobornos que decía haber pagado a políticos del Partido Republicano Radical y a familiares y amigos de su líder, Alejandro Lerroux, lo que provocó la salida de éste del gabinete el 29 de octubre y del resto de ministros radicales, y más tarde por el asunto Nombela, que constituyó el golpe definitivo para el Partido Republicano Radical, del que no se recuperaría. Al parecer, el funcionario de colonias Antonio Nombela acusó a varios dirigentes del partido de Lerroux, y especialmente al subsecretario de la Presidencia del Gobierno de haber resuelto de forma fraudulenta un expediente por el que se indemnizaba a la Compañía de África Occidental, propiedad del empresario catalán Antonio Tayá, que había conseguido un contrato público para conectar por barco la ruta entre Fernando Poo, Río Muni y Annobón por la pérdida de dos buques en la colonia española de Guinea Ecuatorial. Los escándalos, por tanto, estaban enfervorizando a los partidos más radicales...

Peppina, es el nombre que recibe la denominada «comedia musical en dos actos y 26 cuadros» que, con libro de Francisco Lozano y Enrique Arroyo y partitura de Robert Soltz con la adaptación musical y números originales de Guillermo Cases, se convierte en el nuevo y esperadísimo estreno de Celia en el Teatro Coliseum de Madrid.

Con coreografía de Sacha Goudine, decorados de Ramaga, escenografía de Castell y López y figurines de Álvaro Retana y Max Weldy, Celia alcanzó aún más el fervor del público, de un público que asistía cada vez más expectante a que su rutilante estrella apareciera en el escenario. En su representación, Celia aparecía luciendo un hermoso sombrero de cristal que ganó el primer premio del concurso de sombreros de la casa Ambassedeur de París.

La obra tenía gracia, ingenio, bella música. Presentaba ocasión para que una empresa generosa demostrase su rumbo y su buen gusto; dando a nuestra diva oportunidades constantes de lucimiento. Y todo esto lo aprovecha felizmente Celia Gámez, quien había tenido el talento de renovarse para mejorar, convirtiéndose poco a poco en una artista de opereta considerable, y acrecentando con un estudio concienzudo y poco frecuente las cualidades que ya le prestaba su belleza espléndida. El triunfo rotundo y animador para continuar por la buena senda emprendida, rodeó la actuación de la vedette y acompañó cada momento de la linda opereta, que puede considerarse como modelo de buen conjunto, de disciplina, de lujo y de agradables momentos musicales.

Asistamos, pues, a una de sus representaciones...

Acto Primero. Salón de la villa de Óscar Kramer en Viena en donde se celebra una pequeña fiesta. Entra Ludovico Barbo, joven ex oficinista y propietario de la fábrica de discos «La Voz de su Tío», seguido de Cirilo, ayuda de cámara, a quien dice que viene buscando a una señora que debe encontrarse en la casa. Como el criado no le deja pasar, comienza a dar voces para que le oigan. Sale Óscar y entonces Ludovico se presenta. Viene a ver a una dama de la que está enamoradísimo y Óscar le invita a que se quede por si está entre las amigas que asisten a la alegre reunión que se celebra aquella noche en su casa. Entran alborozadamente varios invitados y amigas de Óscar quienes gastan bromas al joven Barbo, que se muestra contentísimo. Entre ellas está Floriana, bella dama divorciada por séptima vez y que es la misma por la que hace número el joven ex contable. La fiesta está en todo su apogeo cuando es interrumpida por don Ovidio, hermano de Óscar; hombre de aspecto severo y aburrido que entra dando gritos para que cese aquella «orgía». Como dice que tiene que hablar con Óscar, reservadamente, los invitados se retiran.

Quedan solos ambos hermanos y Ovidio, después de reprender a Óscar por su «depravada conducta», le anuncia con toda solemnidad que acaba de enterarse de que es padre. Óscar se asombra; pero su hermano dice que la muchacha, que tiene ya diecinueve años, estuvo en su despacho pretendiendo una colocación. Al hojear su documentación leyó, con el natural asombro, su nombre, fecha de nacimiento y otros datos que coinciden con la época en que Óscar estuvo en Budapest pernoctando en casa de una viuda; añade que la ha admitido como secretaria para Óscar, claro está que sin decirle una palabra de que su nuevo jefe va a ser su propio padre. Después llama a Cirilo, a quien le ordena haga subir a una señorita que aguarda ante la puerta, en un taxi.

Entra Suzy (Celia Gámez), acompañada del criado. Suzy es una muchacha moderna, despierta, pero ingenua al mismo tiempo, que se pregunta si encontrará en aquella casa la solución de su vida.

Suzy cuenta a los hermanos su odisea de mecanógrafa y muestra su asombro y regocijo al hallarse en una casa donde la ofrecen tantas comodidades y un sueldo insospechado. Se retira a sus habitaciones, después que lo ha hecho Ovidio precipitadamente, al comprobar que está corriendo el contador del taxi desde hace más de una hora. Al quedarse solos Suzy y Óscar, ésta le agradece tanta felicidad como va a obtener en aquella casa. Recuerda entonces, cuando las realidades económicas le apremiaban, cómo tuvo la ocurrencia de ir a visitar a una adivinadora para que le leyese un venturoso presagio, momento en que, tras la mutación pertinente, la escena se oscurecía lentamente y un reflector proyectaba una luz blanca sobre las figuras de Suzy y Óscar. Instantes después, se levantaba un telón de cortina, apareciendo otro de hule negro. Salían las hechiceras con traje de gasa roja que evolucionaban de derecha a izquierda mientras la pareja, formando un grupo a un lado de la escena, cantaban. Los focos daban distintas tonalidades de color sobre el telón de hule...

Después de unas escenas cómicas en las que intervienen Ludovico y las invitadas, queda solo Óscar, quien llama al criado y le pregunta si distingue algunas canas en su cabeza. Cirilo le contesta afirmativamente y añade: «*Al señor le dan un aspecto interesante*». Óscar le dice que le sirva champaña, que le traiga la bata y que al entrar no deje de repetirle estas palabras: «*Señor, es usted un perfecto carcamal, que se imagina que conquistar a las mujeres es fácil. ¡Iluso!*» Cirilo cree que su amo ha bebido en demasía. Óscar, entonces, comienza a cantar una inspirada romanza retirándose al tiempo que Suzy baja de puntillas por la escalera y, creyéndose sola, se atreve a tomar unos bombones de una cajita.

Óscar la sorprende y al tratar aquélla de disculparse le pregunta si aún no ha cenado. La chica le contesta que tan sólo un par de bombones. Óscar ordena a Cirilo que le sirvan a la mujer inmediatamente la cena y le ofrece, como aperitivo, una copa de champaña, terminando esta deliciosa escena musical despidiéndose Suzy de Óscar al tiempo que canta el número de las hechiceras anteriormente expuesto. Una vez desaparece en lo alto de la escalera, cae un telón de cortinas. A su tiempo, sobre una plataforma donde se encuentra la orquesta hasta la altura de la batería, Suzy, sentada sobre el piano y Óscar, junto al atril del director dirigiendo el número. Ella a su tiempo, marca unos compases bailando...

Desaparecen ambos y, terminado el número musical, descendía la plataforma con la orquesta. Inmediatamente atacaba otro número musical y por delante de las cortinas, en artísticas evoluciones, iban desfilando, con distintos pasos de baile, primero las vicetiples y después los *boys*. Ellas, con trajes azules y pelucas blancas. Ellos, con fracs azules. Se levantaban las cortinas y aparecía el cuadro final: escalinata formada por cinco tramos de escaleras concéntricas que venían de gran altura hasta cerca del proscenio. El foro y los laterales con cortinas de terciopelo. Iluminación fantástica. Van saliendo por la parte alta de la escalinata las vicetiples y después Suzy seguida de los *boys*. Evolucionan formando artísticos grupos. Ellas, jugando con grandes abanicos. Suzy y las tiples en primer término. Final animadísimo.

El espectacular número final del primer acto de *Peppina* (1935). Archivo del autor.

Acto Segundo. Parque de la villa de Óscar. Entran Ludovico y don Ovidio que traen regalos para Suzy. El primero, unos discos de su fábrica y el segundo, dos pichones que acaba de comprar en la pajarería. Con Cirilo cantan juntos un número cómico en el que intervienen las vicetiples. Llega entonces Suzy del baño en una escena que tiene con Óscar. Se dispone a trabajar dictándole algunas palabras de la obra que están haciendo sobre «Agricultura» y que la chica escribe a máquina. Interrumpe en seguida el trabajo diciendo a Suzy que no quiere cansarla más. Le pregunta por qué no cambia de nombre. Él la llamaría Luminotecnica o Aerodinámica. Suzy, riendo, le dice que eso «jamás» y Óscar entonces la propone para que por lo menos se deje llamar «Peppina», como recuerdo de cierta muchacha que conoció hace tiempo en Budapest y que le sugiere algo poético y evocador.

Entra Cirilo anunciando que una acreditada casa de modas, «Tachín-Tachín» acaba de enviar los últimos modelos para la señorita. Ante el asombro de Suzy, le dice Óscar que si siempre la ve con la misma ropita no podrá tener la inspiración que necesita para proseguir la obra que está componiendo. Desfilan varios modelos, Suzy, luciendo un magnífico vestido.

En una escena cómica entre don Ovidio y Floriana, ésta se entera de que Suzy no es hija de Óscar, sino un invento realizado por aquél con la intención de atraer a su hermano hacia el buen camino. Floriana, entonces, concibe la esperanza de atrapar a Óscar para hacerle su octavo marido y junto con Ovidio sale en su busca.

Sigue una escena graciosa entre Suzy y Ludovico, quien ahora le trae un nuevo obsequio, consistente en seis pares de zapatos que la chica rechaza, dando lugar a un número musical: el vals de «Peppina», el cual es bailado a continuación por las tiples y los *boys*.

A la repetición del estribillo en la segunda letra intervenían Ludovico, Ovidio y Cirilo, quienes rodeaban a Peppina. Finalmente, un *chansonnier*, desde un palco proscenio, también cantaba el estribillo y saltaba al escenario bailando con Suzy en tiempo de *one-step*. A continuación una mutación rápida dejaba ver un jardín fantástico donde Suzy y el conjunto de *boys* y vicetiples bailaban el vals de Peppina.

Después de otras escenas entre ellos, sucede una cómica en la que a Ludovico y don Ovidio se les ocurre vestirse de marineros para conquistar a Suzy. Óscar sorprende al joven Barbo cuando se dispone a entrar en las habitaciones de la quinta. Al reprenderle por sus constantes impertinencias le hace saber que «Peppina», o sea, Suzy, es cosa suya y que se abstenga más de importunarla. Oye estas últimas palabras la chica y, condolida por la actitud de Óscar, quiere tener con él una explicación. Retírase muy compungido Ludovico por este desengaño y quedan solos Suzy y Óscar. Éste se disculpa diciéndole, cariñosamente, que entre ellos dos nunca podrá ocurrir nada que sea censurable. Suzy le responde que hace mal en asegurarlo y en un humano arranque de sinceridad le dice que ella le ama. Óscar entonces le confiesa lo que él cree la verdad y añade que entre los dos no puede existir otro sentimiento que el afecto puro de un padre hacia su hija y le refiere el episodio de su juventud, en Budapest, en una inspirada escena musical. Suzy le contesta que nunca estuvo en esa ciudad y que su madre no se llamaba «Peppina» sino Ambrosia. Se descubre por lo tanto la patraña inventada por don Ovidio y la chica, aprovechando la salida de Óscar, que ha ido, loco de contento, a disponer una gran cena, escapa de la casa, en donde pensaba hallar su ventura y sólo encontró el cruel desengaño de un amor que, como otros tantos, sólo pudo concebirlo el egoísmo de los hombres; sin embargo, Óscar va tras ella para hacerla su mujer, no puede dejarla marchar sola: el amor, ha triunfado...

Así, con una magnífica marcha final terminaba esta comedia musical que constituyó uno de los más brillantes éxitos de la compañía que acaudillaba con su dirección la genial artista Celia Gámez, aunque hoy se la recuerde más por otras de sus creaciones que por esta simpática y elegante obra. A pesar, incluso de que su partitura musical poseía números tan bien conseguidos como el *slow-fox* «Aquellos ojos negros», el vals a que daba título la obra, el cuadro de «Los abanicos», «Un hombre nunca es bueno para amar», «Salida de Suzy», «¡Vuelve, juventud!», «El baño de medianoche», «Elegancias», «El vestido nupcial», «Duetino de Suzy y Óscar», la «Marcha final» o la machicha de «El mabaco» que, pese a ser enormemente aplaudida, el maestro Cases se negó a repetirla habida cuenta de la ya larga duración del espectáculo.

Peppina poseyó un costoso montaje con escaleras múltiples, lujoso vestuario y una fastuosa presentación. Un gran espectáculo de tipo europeo, en el que, desde el primero hasta el último de sus intérpretes salía a escena a cumplir su misión con la sencillez y el entusiasmo del que cabría esperar en un un conjunto armónico. No hubo un espectáculo con la disciplina más perfecta que el que aquella noche ofreció Celia Gámez en el Coliseum. La dirección de escena triunfó plenamente. Era un espectáculo magnífico. Las revistas y operetas que se habían estrenado en Madrid en aquellos años, no podían compararse con la presentada por la compañía de Celia Gámez. Y es que reunía una serie de condiciones que la hicieron comparar a las mastodónticas producciones europeas: dinero, mucho dinero invertido en su postura. Imaginación. Buen gusto. Sentido del arte. Belleza y armonía. Sencillez y elegancia. Imaginación para combinar los efectos de luz y los escenográficos. Buen gusto para elegir el tono elegante de la puesta en escena.

Sentido del arte para no caer en la vulgaridad. Sencillez y elegancia en el vestuario, para que fuera en todo momento una combinación complementaria de todos los matices conjuntados. No se debe gastar una peseta de más ni una de menos. El lujo no consistía en amontonar, en desproporción inadecuada, telas, telones y vestuario, sino en distribuirlo acertadamente en su justa medida. Justa, por eso *Peppina* cumplía con todos esos parámetros holgadamente. Aunque, la obra tenía una protagonista indiscutible y única: Celia Gámez: «[...] Se ha transformado su espíritu, su manera de hacer, su sentido de la elegancia. Ha conseguido un estilo de vedette internacional. Anoche sorprendió en dos o tres aspectos. Por ejemplo, en todos los trajes que lució no vimos ni pieles ni plumas, sino sencillez encantadora. En una escena de comedia del segundo acto la vimos actriz, que daba expresión emocional a las frases delicadas. Y algo más: cada día baila mejor, es decir, que se perfecciona visiblemente. ¡Qué lejos estos aspectos que descubrimos de aquella vedette que decía procacidades y bailaba con movimientos de exagerada lujuria! Un milagro de ductilidad, de adaptación, de inteligencia de artista que desea, y lo logra, renovarse» (Somoz Silva, 1935: 4).

Junto a Celia, compartieron el éxito el resto del elenco interpretativo, destacándose sobremanera la acusada disciplina y formalidad de las *girls* y los *boys* del ballet. Ellas, acertadas y bellas. Ellos, discretos y elegantes. La música, alegre e inspirada, elegante y sentimental, con ritmos propios del *jazz*, el *blues*, el vals, bailables exóticos, *fox*, marchas, romanzas, evocaciones... causó profunda sensación aunque, paradójicamente, tan sólo dos de sus números («Aquellos ojos negros» y «El mabaco»), fueron grabados por Celia.

La suntuosidad de *Peppina* es enormemente elogiada por crítica y público, quien nunca había tenido la oportunidad de comprobar un espectáculo español a la altura de las grandes capitales europeas. La unánime proclamación del éxito de la nueva comedia musical presentada por Celia, hace que se programen diariamente dos funciones: 18.30 y 22.30, abarrotando sin tregua las butacas del Coliseum. Y precisamente debido a tantos elogios como por parte de la prensa especializada está realizando, la Gámez ofrece a los críticos teatrales en el madrileño restaurante Lhardy, un cocido clásico en agradecimiento a los piropos, halagos y positivas reseñas como publicitan los diarios, tanto a nivel local como regional y provincial. Pero es que, además, nuestra morocha, participa en una función especial de *Peppina* a beneficio de la Asistencia Social en el mismo escenario de la Gran Vía en la que, también, el ilustre caricato y académico José Francés disertó sobre

«El buen amor del hombre» en el que, con bellas imágenes de piedad y filantropía, excitó a la caridad como medio de suavizar las diferencias sociales, por lo que fue enormemente aplaudido. A su término, la Orquesta Filarmónica, bajo la batuta del eminente Pérez Casas, interpretó después de la obertura de Rimsky Korsakoff sobre temas litúrgicos de Rusia titulada «La gran Pascua rusa», siendo igualmente ovacionados por el público que allí se dio cita a mediados de octubre.

El penúltimo mes del año nos trae a una divertida Celia ataviada como enfermera entre las páginas del semanario *Blanco y Negro* donde es acompañada por un gracioso «Castrito» en el papel de paciente manteniendo ambos un divertido diálogo escrito por Carlos Primelles.

Con motivo del éxito alcanzado por la fiesta de arte hipanoamericano celebrada en el estudio de la emisora Radiodifusión Iberoamericana, éxito que pregonaban los radiogramas recibidos por numerosos radioescuchas de la América española, el actor Ernesto Vilches tuvo la gentil iniciativa de que se celebrasen periódicamente este tipo de fiestas para que los artistas conservasen el contacto con los públicos hispanos.

La propuesta de Vilches, acogida por todos cuantos intervinieron en la fiesta de referencia con el mayor entusiasmo, fue aceptada en el acto por la dirección de la emisora, conviniéndose en que se celebrarían en los teatros después de la función de la noche. Celia Gámez indicaba entonces la conveniencia de que se cobrara una pequeña cantidad por presenciar estos espectáculos con destino al Instituto Cervantes, residencia de escritores y artistas desvalidos, institución benéfica por la que la bella vedette venía manifestando constantemente su simpatía y su generosidad sin límites hacia ellos cada vez que la requerían.

El 8 de diciembre concluyen las representaciones de *Peppina* con 132 funciones en su haber, ya que la compañía se dispone a ensayar el nuevo libreto que Leandro Blanco y Alfonso Lapena entregaron hace tiempo a Celia y que, en esta ocasión, ha vuelto a musicar el maestro Pablo Luna. ¿Su título? *Las siete en punto*, «reportaje de gran espectáculo en dos partes, divididas en un prólogo, veinte capítulos, cuatro intermedios, un epílogo y un apoteosis».

Celia se siente muy agusto en estos espectáculos, se mueve con soltura y facilidad sobre el escenario donde predomina su constante naturalidad; además, el gran fasto de la puesta en escena, no aminora en absoluto su arrolladora personalidad y su talento artístico, siempre sobresaliente y descollante. Siguiendo, por tanto, el esquema y parámetros de estrenos anteriores, *Las siete en punto* retrata una magnífica nueva obra de la que las críticas no dudaron en calificar como «deslumbrante» (Menéndez de la Cuesta y Galiano, 1995: 16-17).

El estreno, previsto para el domingo 16 de diciembre ha de retrasarse hasta el día siguiente que, de nuevo ha de aplazarse por enfermedad de Sacha Goudine, primer bailarín y actor de la compañía. Finalmente, Goudine es reemplazado y la obra se estrena el martes 17. Claro que, en realidad, los problemas que surgen en el seno de la compañía no son baldíos para haber aplazado el estreno de *Las siete en punto*. A las dificultades de montaje y la enfermedad de Goudine, se ha de añadir el despedido insospechado del galán Pedro Terol, quien pidió aumento de sueldo a la empresa y ésta lo rechazó tajantemente, de ahí que se buscasa rápidamente sustituto, recayendo éste sobre el joven y simpático *chansonnier* argentino Roberto García.

Componen ahora la Compañía de Operetas y Revistas Celia Gámez, los siguientes miembros tras la citada estrella: Carlos Casaravilla que, de galán, pasa a representar el papel de actor de carácter; «Castrito», Roberto García (nuevo galán de Celia en la obra), Miguel Arteaga, Corita Gámez, Francisco Muñoz, Paquita Martino, Lala Zazo, Carmen Ubago, Carmen Fresno, Isabel de Miguel, Flora Rubio o María Tamayo, entre otros, a los que cabría añadir el cuerpo de 40 vicetiples bailarinas 40 y 12 *boys* 12 y una orquesta de 30 profesores 30 bajo la dirección de Enrique Estela con la cooperación de la Orquestina Cases y las coreografías de Manolo Tito y Sacha Goudine.

La escenografía corrió a cargo de Castell y López, de Barcelona y Maquede y T. Aunon, de Madrid; sastrería de Humberto Cornejo; decorados sintéticos y cortinas de Ramaga; óptica, Giner; peluquería, Mingo; muebles, Vázquez Hermanos; figurines de Álvaro Retana y proyecciones de Wasman. Además, los formidables modelos lucidos por Celia fueron encargados expresamente a las casas Max Weldy de París, Pepita Navarro, de Madrid y Meneses. Junto a ello, las fuentes luminosas y el cuadro «Sueños de pintor» que aparecían en la obra fueron construidos por la casa Boetticher y Navarro, de Madrid. De lo bueno, lo mejor. Ése era el lema que Celia mantuvo. Cada montaje debía ser superior al siguiente, ofreciendo a los espectadores brillantez, lujo, suntuosidad, fantasía, decoro, orden y disciplina sin perder nunca de vista el sentido del espectáculo de la función.

Lo cierto es que *Las siete en punto* se acercaba más a la revista que a la opereta o a la comedia musical, si bien es cierto que, como hemos advertido páginas atrás, delimitar hasta dónde llegada cada género es francamente complicado, por lo que el nuevo y esperado estreno de la artista continuaba manteniendo los parámetros de excelsitud y magnificencia que caracterizaban sus últimos espectáculos. Además, la trama del libreto se salía fuera de los cánones tradicionales del teatro lírico español, al añadir una trama policiaca al mismo...:

Nos encontramos en una calle desierta de Madrid donde acaba de cometerse un crimen. Un marido burlado acaba de disparar contra el amante de su adúltera esposa. De repente, dos periodistas, ávidos de noticias porque están a punto de perder su trabajo, se acercan al cadáver para contemplarlo y asegurarse de que está muerto y de pronto... ¡Corten! El director de la película *Bajo los techos de Madrid*, felicita al «cadáver» que acaba de levantarse, por tan magnífica escena.

Jesús Mondragón «el Fantasma» y Eugenio Balcázar «el Duende», son dos jóvenes reporteros del diario *La Luna* que acaban de ser despedidos por su redactor jefe, Santaolalla. Ambos le recriminan que los eche cuando están a punto de dar a conocer un suceso sensacional: el de una serie de robos de joyas valiosas que desde hace algún tiempo se están cometiendo periódicamente y a plazo fijo en las principales joyerías de Madrid con el agravante de que los ladrones anuncian el día antes al joyero que han elegido como víctima, las alhajas que piensan robarle. Y hasta dan la hora exacta a que cometerán el robo: indefectiblemente la de las siete en punto.

Al parecer, los reporteros conocen ese suceso porque han recibido unos anónimos en los que se les anuncian los robos, igual que a los joyeros, y se desafía a su sagacidad para que sean capaces de descubrir a los ladrones. De momento, han conseguido dos pistas: una mujer hermosa, elegante y adornada con joyas valiosísimas se halla siempre en las joyerías en que los robos se cometen al mismo tiempo que un Caballero, quien siempre lleva una camelia en el ojal, y que está en combinación con la dama, puesto que coincide con ella en el momento del robo en las joyerías.

A la redacción de *La Luna* llega en ese preciso instante un anónimo conminando a los reporteros a que descubran la identidad de misterioso Caballero de la Camelia, donde, además, les incita a que den cumplida cuenta de sus fechorías en la primera página del citado diario. Como prueba, «roba» el reloj de Santaolalla ante la cariacontecida mirada de éste, su secretaria Asunción, el botones que ha traído consigo el citado anónimo, San José, otro periodista, y los dos reporteros. A continuación, aparece ante el umbral del despacho de Santaolalla, el misterioso Caballero con el reloj de aquél y le hace entrega del mismo. Y desaparece. Hay cierto miedo en el ambiente....

Son las siete en punto... ¡Han robado el brazalete de la zarina!

Los reporteros se topan nada menos que con la Dama Misteriosa (Celia Gámez) a la que estaban siguiendo. Ésta, quien sabe todo acerca de ellos les explica que, si quieren resolver los robos, habrán de viajar hasta París. Cuando ella se va, el Caballero de la Camelia se topa con ellos y les advierte de que no hagan caso a la Dama Misteriosa si desean solventar los sucesos que están ocurriendo... Ellos se niegan a hacerle caso. De repente y, como si hubieran vuelto de un sueño, se dan cuenta de que poseen los bolsillos llenos de dinero, de joyas... y del brazalete de la zarina junto a un nuevo anónimo que les indica que, con ello, han de recuperar su puesto en el periódico y devolver las joyas que, al día siguiente y, en presencia del público, volverán a ser robadas. Y, efectivamente, así sucede. El brazalete vuelve a desaparecer dejando cariacontecidos a todos los clientes que se encontraban en la joyería, especialmente a los reporteros que, al ver aparecer a la Dama Misteriosa y al Caballero, piensan que han sido éstos; sin embargo, un registro confirma que están equivocados, advirtiéndoles el del ojal que el brazalete se encuentra en manos de unos emigrados rusos y que, si desean recuperarlo, han de asistir a una fiesta que dan en recuerdo de los pasados días en su patria lejana. Concluye así el primer acto con un hermosísimo y espectacular apoteosis que refleja un salón del trono en el Palacio imperial de Moscú. Una escalinata al fondo y, en el rellano superior, el trono sobre el que aparece sentada la Zarina rodeada de sus damas de honor. Lujo y esplendor en trajes y decorados.

En el intermedio entre el primer y segundo acto de la obra, y, nada más caído el telón, salían por la sala y localidades altas unas muchachas vestidas de vendedores de periódicos que repartían entre el público ejemplares del periódico *La Luna* en los que aparecía un reportaje relativo al suceso. Resumen de todo lo ocurrido y conjeturas respecto a lo que podría ocurrir. El periódico llevaba insertos anuncios y el programa de la propia función, fotografías de la obra, principales personajes, etc., en suma, era el programa pero en forma de diario.

En el segundo acto, los reporteros, persiguiendo a la Dama Misteriosa para poder recuperar el dichoso brazalete acabarán llegando a su casa donde aquélla les revelará, tras haberlos «envenenado» que si desean recuperar la joya deberán viajar hasta las islas Hawai. Una vez allí, la Dama se les presentará nuevamente para advertirles que el preciado brazalete no se encuentra... La personalidad de la misteriosa fémina trae de cabeza a los periodistas, especialmente a Eugenio, loquito de amor por ella... lo que éste desconoce es que ella siente lo mismo, por eso, el Caballero de la Camelia le contará un cuento, para ver si es capaz de reconocer ya a la citada Dama... un cuento que transcurre en la isla de las mimosas «donde una princesa espera en vano la llegada del príncipe ideal. ¿Quién puede ser? ¿Dónde encontrarle? Un día la princesa reúne en la selva a su corte de amor y canta al hombre soñado...»

Se abría entonces una hermosa decoración compuesta por flores de las denominadas mimosas. Flores que se iluminaban a su tiempo. Al fondo, el mar y el cielo... Al hacerse la luz aparecían en el suelo las mimosas vistiendo trajes adornados exclusivamente con dichas flores junto a varios guerreros que traían un prisionero. Una de las mimosas se adelantaba y le acariciaba. Al poco salía la Reina de las Mimosas (Celia) y cantaba...

A medida que la canción iba acabando, se debilitaba la luz del escenario hasta quedar completamente a oscuras. Las flores de los vestidos de ellas y las del decorado se empezaban a iluminar e iban intensificándose. El escenario quedaba iluminado únicamente por las mimosas del decorado y de los vestidos. Mientras todos iban repitiendo pianísimo la frase central del número, a la par que apagándose las luces de las mimosas. Cuando iba a hacerse el oscuro total, caía al mar, en el telón de fondo, una lluvia de estrellas. Crecían de nuevo las luces del decorado y los trajes. Lucían las estrellas sobre el mar y la escena era toda una «orgía» de luz. Fuerte en la orquesta y telón de cortinas.

Finalmente, todo acabará arreglándose: el Caballero de la Camelia en el ojal no era sino un editor de periódicos, americano, para más señas, que había comprado un nuevo rotativo en España. El tipo clásico de las revistas, las operetas y las películas modernas. Ella, la Dama Misteriosa, su hija. La hija de un millonario, también como aquél de opereta y de película. Caprichosa, extravagante... Una muchacha de hoy que nutría su imaginación leyendo los folletines modernos que eran los reportajes de los periódicos. Y leía... y leía... y leía... y leía... y a fuerza de leer, vino a dar en la extraña manía de vivir lo que había leído. Se enamoró de la prosa de un reportero español, Eugenio Balcázar «el Duende», y quiso cautivarle tejiendo en torno suyo otro folletín en el que ella se adjudicó el papel de protagonista misteriosa para interesarle más. Resuelto todo, Eugenio, quien tenía el brazalete en su bolsillo, pide la mano de la Dama en matrimonio.

La obra concluía con un soberbio apoteosis con una gigantesca escalinata al fondo en rosa y plata bajo una puerta de estilo gótio por la que salía el acompañamiento de la boda. Celia, vestida de novia, y Ernesto, de chaqueta y chistera, aparecían por la puerta del fondo. Máxima intensidad de luz y fuerte en la orquesta mientras caía el telón lentamente...

Y ella vino. Vio y venció. Celia vuelve a sumar a su ya elevado repertorio artístico, un éxito más. La prensa la califica de «prodigio dinámico y acomodación feliz a las distintas interpretaciones de su papel. Ella dice, canta y baila todo con buen arte» (F., 1935: 49-50). Aplausos cosechó de igual manera la suntuosa decoración de los múltiples cuadros que poblaban la obra, «de fulgurante esplendor». Ambos factores, unidos a la partitura musical donde el maestro Luna describía en bellas páginas musicales toda un amplio abanico de ritmos «agitados y epilépticos imitados de la horrísona música americana»: «Dúo del Duende y el Fantasma», «Bailable de las muchachas modernas», «Danza de las bacantes», «La dama y los detectives», «Pantomima de la reina del Barrio Chino», «Lamento del spahí», «Canción de los cosacos», «Rusia canta», «¡Notición! », «Como tú no hay ninguna», «Canción hawaiana», «¡Embustera!», «La isla de las mimosas», «Un beso es siempre un beso», y «La boda»: «[...] Todo está bien, nos parece muy bien, pero hay que cortar para reducir la revista a más discretas proporciones. Ocioso es decir que salieron al proscenio muchas veces a la conclusión de cada acto».

Y es que, efectivamente, las dos horas y media que duraba la representación, hacían de ella algo verdaderamente extraordinario en un panorama teatral abogado a funciones de hora y media o dos a lo sumo en su duración. Una excesiva duración que no mermó su éxito, habida cuenta de que, en función de tarde y noche llenaba día tras día las butacas del Teatro Coliseum de la Gran Vía madrileña.

Mientras que los madrileños contemplaban a Celia Gámez, no muy lejos del coliseo del maestro de Ajofrín, en el Parlamento, las cosas no eran tan hermosas.

El hundimiento de los grupos radicalesde izquierdas convenció a Gil Robles de que había llegado el momento de poner en marcha la tercera fase de su estrategia para alcanzar el poder y retiró el apoyo al Gobierno de Chapaprieta, con el pretexto de su desacuerdo con un proyecto de reforma fiscal. El 9 de diciembre de 1935, el día en que se cumplían cuatro años de la Constitución de 1931 (por lo que a partir de ese momento no era necesaria la mayoría de dos tercios de los diputados para modificar la Constitución sino que era suficiente con la mayoría absoluta), exigió para sí mismo la presidencia del Gobierno. Pero el Presidente de la República, Alcalá Zamora, se negó a dar el poder a una fuerza de derechas como la que representaba Gil Robles que no había proclamado su fidelidad a la República y encargó la formación de Gobierno a un independiente de su confianza. De esta forma, Manuel Portela Valladares, el 15 de diciembre de 1935, forma un gabinete republicano de centro-derecha excluyendo a la CEDA, pero pronto se comprobó que esa opción no contaba con el suficiente respaldo en las Cortes y al final Alcalá Zamora acaba por disolver el Parlamento el 7 de enero de 1936 y convoca elecciones para el 16 de febrero, la primera vuelta, y el 1 de marzo, la segunda.

Celia Gámez, no siendo ajena a los acontecimientos políticos que se estaban fraguando en aquellos momentos, no cesa de preguntarse si estrenar un nuevo título o poner tierra de por medio por lo que pudiera pasar, porque los ánimos no estaban demasiado calmados y en el ambiente flotaba algo extraño... Y es que, desde su tierra natal, le habían ofrecido un contrato para participar en una película y Celia, aún se lo estaba pensando, habida cuenta de los compromisos profesionales que había adquirido con el maestro Guerrero, aunque tenía en mente viajar hasta Buenos Aires con toda su compañía en 1937 y, posteriormente, viajar hasta Estados Unidos. Pero las cosas no iban a salir tal y como ella esperaba...

Así las cosas, Ángel Custodio y Javier de Burgos, a primeros de 1936, entregan a Celia un libreto que acaban de concluir y al que iban a ponerle música los maestros Guillermo Cases y Enrique Estela y cuyo primitivo título era *La princesa Maniquí*, si bien es cierto que, por sugestión de la propia Celia, hubieron de cambiar el nombre al más sonoro de *Fifí*. Pero mientras llegaba ese nuevo estreno, el 3 de enero, diversos artistas, entre los que se encontraba nuestra gran vedette, toman parte en el festival que para recaudar dinero con vistas a comprar juguetes a los Reyes Magos para los niños más necesitados, y que se celebró en el Teatro Cómico de Madrid.

El 1 de febrero de 1936, Celia estrena la «gran opereta con adornos de revista en dos actos y catorce cuadros», *Ki-Ki*, que es como, finalmente, acaba por denominarse el libro presentado por Ángel Custodio y Javier de Burgos con el mismo equipo anterior. En esta ocasión, 40 vicetiples bailarinas 40 y 13 *boys* bailarines 13, acompañarían a su principal protagonista.

Con decorados de Fontanals y coreografía de Esteban Palos, no nos ha sido posible encontrar el libreto de la citada obra habida cuenta de que no se dispone del mismo ni en el Archivo General de la Administración de Alcalá de Henares ni en el Centro de Documentación y Archivo de la SGAE (CDOA). No obstante, podemos denotar por las distintas críticas encontradas que el mismo era un cuento sentimental en el que Celia encarnaba a la modistilla parisién a que daba título la obra, romántica, soñadora, que se enamoraba del príncipe Leopard, un hindú en viaje de placer por Europa, y que aquélla se fingía princesa de verdad para conseguir su amor. Y en París se llegaba al desenlace, que no era otro sino la vuelta del príncipe enamorado y rendido para llevarse a su lejano y fastuoso reino a la modistilla que soñó con ser princesa y que convertía su sueño en realidad.

Celia Gámez, siempre animosa, bizarra e incansable... volvía a deslumbrar a sus incondicionales. En la sala, ovaciones, aplausos, ¡vivas!, ¡bravos!, piropos, gritos de entusiasmo más o menos auténticos, caras satisfechas entre el público... y Celia que toma la palabra al final del estreno: «*No hace diez días me han ofrecido un magnífico contrato para Buenos Aires. Lo acepté en principio, ¡era tan tentador! Pero luego, en la cama, en consulta con la almohada, me llegó aterradora la idea de abandonar España. De tal forma intensa, que por la mañana renuncié sin el menor titubeo. ¿Esto qué es? Pues que no puedo ya vivir sin vosotros, que tanto me alentáis y que os halláis en posesión de toda mi alma*» (Morales Darias, 1936: 3). Más aplausos, ¡vivas!, ¡bravos!, ¡olés!, gritos de entusiasmo y caras de satisfacción entre el público.

Y es que *Ki-Ki* superaba a los anteriores estrenos de Celia. Era una auténtica fábula pueril, cuentística, donde su principal baluarte estaba bella como nunca. Admirable. Graciosa. Simpática. Elegante. Insigne. Genial. Deslumbrante. Maravillosa: «[...] se supera a sí misma, si ella de por sí no fuera insuperable» (Custodio y Burgos, 1936: 14). Y claro, el empeño y el desbordante entusiasmo que había puesto en la postura de la obra, trajeron sus resultados. *Ki-Ki* fue enormemente alabada y elogiada en todos los medios y por todo el mundo: crítica, dramaturgos, compañeros de profesión, público... Era «la obra», por excelencia. Un sueño hecho realidad. Un sueño como el de muchas jovencitas que acudían a sentirse identificadas con Celia y a vivir su romántico amor por un príncipe de cuento: «Un nuevo triunfo espléndido, rotundo, de Celia Gámez, como mujer, como artista y como animadora y guía de un género. [...] Con la apoteosis alcanzada por Celia a la terminación del espectáculo triunfaban, no solamente la bellísima y sugestiva vedette, su notable compañía, su director, el escenógrafo, el maestro de bailables, dos excelentes compositores junto con los libretistas sino que, sobre todo, se imponía un criterio de arte, de decoro espectacular, defendido hace tiempo con ejemplar tesón y; al fin, victorioso, que a Celia Gámez; debemos. Esa gentilísima quería que en España pudiera haber revista «para todos», es decir, revista de buen gusto, lo mismo en el texto -limpio de procacidades y chabacanerías- que en la música -exenta de chin-chin pedestre y moderna, ágil, elegantemente popular-, que en la, presentación desenfadada, pero presidida por un criterio selectivo que sirva bellas visiones femeninas a los espectadores sin menoscabo del decoro... Y para conseguir todo esto, de lo que Celia estaba segura que constituiría un espectáculo digno de un público civilizado como es el nuestro, aunque otra cosa crean sus más bajos halagadores, la gran artista argentina -¡hoy tan nuestra!- se decidió a encargarlo a la medida, eligiendo los colaboradores que creyó más aptos en el menester de realizar sus sueños e infundiéndoles el mismo entusiasmo que ella sentía por la aclimatación entre nosotros de un género equidistante de la opereta y de la revista, limitado sólo en sus atrevimientos por los dictados de la cortesía debida al público y el respeto a uno mismo. Y esto es precisamente, lo que ha logrado» (J.G.O., 1936: 9).

Y es que la nueva opereta-revista del Coliseum tenía, entre otras, la virtud de la medida. La acción se desarrollaba con la necesaria amplitud; se daba en la realización de los cuadros la necesaria fantasía exigida por el género; nada faltaba, en suma. Pero nada sobraba, tampoco. Y en unas proporciones tan justas se realizaba mejor el ideal de armonía a que los realizadores aspiraban y que el público acogía con agrado y... sin fatiga. Por ejemplo: era necesario dar la sensación de la ausencia de un personaje, de su viaje a Oriente, y todo se resolvía con un teloncillo de serrallo más o menos convencional y un numerito cómico. Y en seguida volvíamos a París. A París, con sus casas de modas, sus cabarets y sus buhardillas bohemias, donde se cena con la luna y adonde llega la musiquilla de un violín sentimental. En París, y en una casa de modas precisamente, empezó la aventura de la modistilla Ki-ki, nuestra princesa fingida que se enamoraba de un príncipe de verdad. Y todo llevado a cabo de forma limpia, discreta, sin chistes soeces ni chabacanos. Lo mismo que los compositores, quienes compusieron una partitura sencilla a base de dúos sentimentales, bailables americanos, motivos orientales, marchas, un tango argentino, el clásico número español, una rumba... Todo se oyó con gusto. Casi todo se repitió sin esfuerzo. Celia Gámez renovó sus anteriores éxitos de actriz, bailarina y cantante y de mujer bellísima y bien vestida. Y al frente, la formidable *troupe* de *boys* y *girls*, todos ellos enormemente diestros y disciplinados en sus piruetas escénicas, y bien vestidos, además. Elegantes y discretos. Pero es que el éxito de *Ki-Ki* también se debió a las magníficas decoraciones que llevó a cabo Fontanals: «[...] El decorado de la buhardilla es tal vez el mejor conseguido de la obra; las paredes, a cuadros azules; la embocadura que encuadra la habitación, con cortinas azules también; la ventana al fondo, con cielo azul-noche, y conseguido la avaloración de todos estos azules por el biombo y algunas telas de color rosado. El cuadro cubano tiene una entonación nueva en los escenarios de revistas: grises, un verde muy discreto y, formando un «todo», con el decorado, los trajes blancos y anaranjados de los artistas; la decoración, sin los trajes, quedaría muerta; los trajes, sobre otro decorado, deshechos» (Durán, 1936: 4).

Celia Gámez presentaba *Ki-Ki* con todo el lujo y decoro artístico propios de su compañía. En esta obra, lo mismo que en las anteriores, demostraba que sabía seleccionar y manejar bien los elementos plásticos de la revista. La obra presentaba, además, un cuadro típico andaluz cuyo decorado se salía fuera de lo abitualmente concebido por los escenógrafos, ya que Fontanals había dibujado un telón de fondo de casitas alegres con tejados que se veían unos sobre otros formando la silueta de un pueblecillo en la montaña terminado con la clásica ermita, encuadrado este telón con una embocadura en forma de arco que lo avaloraba dándole corporeidad y grandiosidad.

El éxito, por tanto, es total. Las funciones de tarde y noche agotan sus localidades. A finales de febrero, Celia celebra su beneficio con una función extraordinaria de su nueva opereta junto al estreno de un entremés escrito por los hermanos Álvarez Quintero y titulado *La manga ancha* en la que ella interviene en un pequeño papelito. Además, se leyeron unos versos de Javier de Burgos en honor de la homenajeada. Bailó a renglón seguido el *boy* Tarpi. Ricardo Calvo recitó algunas poesías. María Esparza bailó danzas andaluzas al son de la guitarra. «Castrito» dio una de sus graciosísimas conferencias en francés... del Norte. Finalmente, Celia Gámez bailó con las bellas vicetiples y los *boys* el danzón de la opereta *Peppina*. A las dos y media de la mañana cayó por última vez el telón. Muchos aplausos, muchas flores. Una jornada triunfal. La que, en definitiva, Celia Gámez se merecía.

Pero mientras Celia vivía en un sueño... la política marcaba diariamente los grandes titulares de los periódicos.

Frente a la coalición electoral de las izquierdas, las derechas no pudieron oponer un frente homogéneo en las elecciones celebradas durante este mes de febrero porque la CEDA, en su intento de obtener el poder y evitar el triunfo de la izquierda, se alió en unas circunscripciones con las fuerzas antirrepublicanas (monárquicos alfonsinos, carlistas) y en otras con el centro-derecha republicano (radicales, demócrataliberales, republicanos progresistas) por lo que fue imposible presentar un programa común. Lo que pretendía formar Gil Robles era un Frente Nacional Antirrevolucionario o un Frente de la Contrarrevolución, basado más en consignas «anti» que en un programa concreto de Gobierno.

A las elecciones también se presentó una tercera opción centrista encabezada por el Presidente del Gobierno, Portela Valladares, y auspiciada por quien le había nombrado, el Presidente de la República, Niceto Alcalá Zamora, que pretendía consolidar un centro republicano.

Las elecciones registraron la participación más alta de las tres elecciones generales que tuvieron lugar durante la Segunda República lo que se atribuyó al voto obrero que no siguió las habituales consignas abstencionistas de los anarquistas. En total, el Frente Popular contaba con 263 diputados, la derecha tenía 156 y los partidos de centro-derecha sumaban 54 diputados.

Nada más conocerse la victoria en las elecciones del Frente Popular se produjo un primer intento de golpe de fuerza por parte de la derecha para intentar frenar la entrega del poder a los vencedores. Fue el propio Gil Robles el primero que intentó sin éxito que el Presidente del Gobierno en funciones declarase el estado de guerra y anulara los comicios. Le siguió el general Franco, jefe del Estado Mayor del Ejército, que se adelantó a dar las órdenes pertinentes a los mandos militares para que declarasen el estado de guerra (lo que según la Ley de Orden Público de 1933 suponía que el poder pasaba a las autoridades militares), pero fue desautorizado por el todavía Jefe del Gobierno en funciones Portela Valladares y por el Ministro de la Guerra, el general Nicolás Molero (Gil Pecharromán, 1997: 118).

El resultado del intento de golpe de fuerza fue exactamente el contrario del previsto. El Presidente del Gobierno en funciones entregó antes de tiempo el poder a la coalición ganadora, sin esperar a que se celebrara la segunda vuelta de las elecciones (prevista para el 1 de marzo). Así el miércoles 19 de febrero, Manuel Azaña, líder del Frente Popular, formaba Gobierno que conforme a lo pactado sólo estaba integrado por ministros republicanos de izquierda. Una de las primeras decisiones que tomó el nuevo Gobierno fue alejar de los centros de poder a los generales más antirrepublicanos: el general Goded fue destinado a la Comandancia militar de Baleares; el general Franco, a la de Canarias; el general Mola, al gobierno militar de Pamplona. Otros generales significados, como Orgaz, Villegas, Fanjul y Saliquet quedaron en situación de disponibles (Gil Pecharromán, 1997: 122-123).

Celia da la última función de *Ki-Ki* el 1 de marzo de 1936 y parte de gira para provincias en medio de un, cada vez, más crispado y exaltando ambiente...

Desde el Coliseum marileño y, tras unos días, la formación que encabeza la vedette se traslada hasta el Teatro Principal de Valencia, donde harán temporada entre el 6 y el 25 de marzo con un repertorio formado por *El baile del Savoy, Las siete en punto* y *Ki-Ki*.

El 8 de marzo tiene lugar en Madrid, en casa de un amigo de Gil Robles, una reunión de varios generales (Emilio Mola, Luis Orgaz, Joaquín Fanjul, Francisco Franco, Ángel Rodríguez del Barrio, Miguel García de la Herrán, Manuel González Carrasco, Andrés Saliquet, Miguel Ponte, José Enrique Varela y los tenientes coronel José Enrique Varela y Valentín Galarza) en la que acordaron organizar un alzamiento militar que derribara al Gobierno del Frente Popular recién constituido y restableciera el orden en el interior y el prestigio internacional de España. También se acordó que el Gobierno lo desempeñaría una Junta Militar presidida por el general Sanjurjo, quien en aquellos momentos se encontraba exiliado en Portugal (Casanova, 2007: 73). No se llegó a acordar el carácter político del movimiento militar, pero para su organización recurrirían a una estructura clandestina integrada por oficiales conservadores y antiazañistas y llegaron a fijar la fecha del golpe para el 20 de abril, pero las sospechas del Gobierno y la detención de Orgaz y Varela, confinados en Canarias y en Cádiz, respectivamente, les obligaron a posponer la fecha (Gil Pecharromán, 1997: 136).

La compañía de Celia Gámez, no ajena a los acontecimientos políticos que se vivían en aquellos momentos, prosigue su andadura en el Teatro Principal con notable éxito de público y crítica. La prensa llega a calificar a Celia de «artista fina de opereta [...] dentro siempre de la mejor corrección, cantando con gusto todos los números [...] y de modo tan brillante, con su estilo apropiado y lleno de emoción» (*Las provincias*, 7 de marzo, 1936: s.p., archivo del autor); «Celia Gámez como actriz, como cantante, como danzarina, lució todas sus facultades y estuvo hecha la famosa artista que el público esperaba» (*Las provincias*, 13 de marzo, 1936: s.p., archivo del autor) o «Celia Gámez fue aplaudida constantemente por la labor de artista graciosa, animada, elegante, que nunca da muestras de cansancio» (*Las provincias*, 22 de marzo, 1936: s.p., archivo del autor).

Tras su estancia en Alicante, la compañía pasa al Gran Teatro Iris de Zaragoza donde permanecen entre el 26 de marzo y el 5 de abril con el mismo repertorio y éxito acostumbrado alabando las interpretaciones y buen hacer de todos los componentes de la formación, especialmente la de Celia; el buen gusto y espectacularidad de los montajes o las bellas estampas musicales que los acompañaban, haciendo especial hincapié en el fastuoso vestuario de su principal baluarte y en la disciplina de los ballets masculino y femenino. Precisamente y, encontrándose en Zaragoza, el *Heraldo de Aragón* (1 de abril, 1936: s.p., archivo del autor) da a conocer que era muy posible que Celia Gámez junto a su compañía hiciera una larga gira por América. Al parecer, ésta iba a iniciarse en Bogotá con todas las garantías económicas para ella y sus acompañantes; si bien, como veremos más adelante, nada más lejos de la triste realidad...

Celia prosigue cosechando aplausos, éxitos y ovaciones. Es una mujer «todoterreno» y muy religiosa, con una fe digna de encomio, enormemente devota de la imagen madrileña del Cristo de la Fe. Tras enterarse del incendio que asoló su capilla y destruyó parte de la imagen en abril de 1936, Celia no puede por menor que acongojarse. ¿Qué estaba sucediendo en España para que se destruyeran imágenes religiosas con tanta devoción, que inspiraban tanta emoción y belleza?

El Cristo de la Fe era también el de muchas gentes de teatro. En su capilla se veían frecuentemente rostros populares, caras sin maquillar, expresiones que en ese momento no tenían el artificio de la escena, sino que eran sinceras y hondas. Autores en víspera de estreno, actores que por devoción tradicional o por verse en un momento difícil acudían ante la sagrada imagen... Celia Gámez tenía, igualmente, una fervorosa devoción por este Cristo. Iba a rezar ante él muchos días. Sobre todo cuando se acercaba un estreno. Quizá el ensayo -esos ensayos febriles de última hora- había durado hasta las cuatro de la madrugada o hasta más tarde. No importaba. A la mañana siguiente Celia oraba ante la imagen. No era la vedette de los trajes lujosos, de las galas deslumbradoras. Llevaba un traje sencillo, un velo sobre los ojos inmensos. Era, sobria y callada, como una más de aquellas muchachitas que a diario pedían al Cristo por su novio, o por el familiar enfermo, o por la suerte que alejase la necesidad del hogar atribulado. Era, confundido su rostro entre todos los otros rostros de las devotas, simplemente una muchacha más: una de aquellas modistas, una de aquellas empleaditas que rezaban por un milagro de amor: «*Tengo por esa imagen una fe ciega. En horas malas para mí, en días de tribulación y de incertidumbre, encontré en ese Cristo el consuelo que buscaba*» (*Mundo gráfico*, 25 de marzo, 1936: 11-12). El día siguiente al de algún beneficio teatral se notaba en la capilla. A los pies del Cristo llegaban enormes cantidades de flores, de las que en la noche anterior habían estado sobre el escenario, a la cruda luz de las baterías. Ningún año dejó Celia Gámez, al día siguiente al de su función de beneficio, de llevar al Cristo de la Fe muchas flores de las que a ella le habían enviado. No hacía incluso un mes que le hubo enviado los sangrientos claveles tras el estreno de *Ki-Ki*.

Y como Celia, su hermana Cora. Y la Chelito. Y Loreto Prado. Y tantos y tantos otros actores y actrices...

La siguiente parada importante de la compañía es el Teatro Novedades de Barcelona donde, desde el 11 de abril y hasta el 3 de junio ponen en horario de tarde y noche, indistintamente y alternando los títulos, *Peppina*, *Las siete en punto*, *El baile del Savoy* y *Ki-Ki*, celebrando Celia su función de beneficio en el mes de mayo. Y las críticas, como era de esperar vuelven a ser extraordinarias: «Celia Gámez obtuvo un tirunfo sincero y merecido. Fina, elegante, dotada de una distinción rara por nuestros escenarios» (*La vanguardia*, 12 de abril, 1936: s.p., archivo del autor); «Celia Gámez constituye, en realidad, el alma de la representación. Lleva su ingenuo papel con toda la posible verosimilitud y hasta que ella no sale a escena, la comedia-opereta-revista puede decirse que no ha empezado. Se coloca en plano muy superior al de la corriente vedette de revista y viste su papel con auténtica elegancia» (*La vanguardia*, 06 de mayo, 1936: s.p., archivo del autor)...

En el mes de abril se celebran elecciones. La única elección de compromisarios que, junto con los diputados, debían elegir al presidente de la Segunda República Española, tuvo lugar el 26 de abril de este 1936. La elección del Presidente de la República, que se realizaba mediante un método indirecto, la llevaba a cabo una asamblea mixta compuesta por los diputados a Cortes y un número igual de compromisarios, elegidos al efecto, que se reunió el 10 de mayo y eligió por abrumadora mayoría al único candidato propuesto por el Frente Popular, Manuel Azaña, que hasta entonces era el presidente del Consejo de Ministros.

En la sección 26 del distrito madrileño de Buenavista se depositó una papeleta con un voto a favor de... ¡¡¡Celia Gámez!!! y otro al del diestro Domingo Ortega. En la sección 86 del distrito de Congreso, hubo votos a favor de los maestros Alonso, Luna, Guerrero y Moreno Torroba.

Desde finales de mes, fue el general Mola quien tomó la dirección de la trama golpista (desplazándose así el centro de la conspiración de Madrid a Pamplona), adoptando el nombre clave de «el Director». Éste continuó con el proyecto de constituir una Junta Militar presidida por el general Sanjurjo, y comenzó a redactar y difundir una serie de circulares o «Instrucciones reservadas» en las que fue perfilando la compleja trama que llevaría adelante el golpe de Estado (Gil Perrachomán, 1997: 136). La primera de las cinco «Instrucciones reservadas» la dictó el 25 de mayo y en ella ya apareció la idea de que el golpe tendría que ir acompañado de una violenta represión: «Se tendrá en cuenta que la acción ha de ser en extremo violenta para reducir lo antes posible al enemigo, que es fuerte y bien organizado. Desde luego, serán encarcelados todos los directivos de los partidos políticos, sociedades y sindicatos no afectos al Movimiento, aplicándose castigos ejemplares a dichos individuos para estrangular los movimientos de rebeldía o huelgas» (Casanova, 2007: 173-174).

Mola logró que se unieran a la conspiración generales republicanos como Gonzalo Queipo de Llano o Miguel Cabanellas. Con este último, que era el jefe de la V División orgánica, mantuvo una entrevista en Zaragoza el 7 de junio en la que acordaron las medidas para dominar la oposición. Mola consigue además comprometer en el golpe a numerosas guarniciones, gracias también a una trama clandestina dirigida por el coronel Valentín Galarza, pero Mola no contaba con todas ellas, tenía dudas sobre el triunfo del golpe en un lugar fundamental, Madrid, y también sobre Cataluña, Andalucía y Valencia.

Así pues, el problema de los militares implicados era que, a diferencia del golpe de Estado de 1923, ahora no contaban con la totalidad del Ejército (ni de la Guardia Civil ni las otras fuerzas de seguridad) para respaldarlo. Las divisiones que se habían manifestado en el seno del propio ejército desde la Dictadura, durante la República habían alcanzado un singular grado de virulencia con la creación de uniones militares enfrentadas por la cuestión del régimen político. Tampoco podían contar como en 1923 con la connivencia del jefe del Estado (el rey Alfonso XIII entonces, y el Presidente de la República, Manuel Azaña, ahora). Una tercera diferencia respecto de 1923 era que la actitud de las organizaciones obreras y campesinas no serían de pasividad ante el golpe militar, como en 1923, sino que como habían anunciado desencadenarían una revolución. Por estas razones se fue retrasando una y otra vez la fecha del golpe militar, y por eso, además, el general Mola buscó el apoyo de las milicias de los partidos antirrepublicanos (requetés y falangistas) y el respaldo financiero de los partidos de la derecha. Pero la participación de estas fuerzas paramilitares civiles fue aparcada por el momento porque el principal dirigente carlista, Manuel Fa Conde quería proporcionar un protagonismo al tradicionalismo en el golpe, llegando a contactar directamente con el general Sanjurjo, algo que los militares no estaban dispuestos a consentir, y porque el líder de Falange, José Antonio Primo de Rivera, preso en Alicante, que en principio se manifestó dispuesto a colaborar, exigió su parcela de poder, lo que tampoco fue admitido por los generales conjurados (Gil Perrachomán, 1997: 136).

El 1 de mayo de 1936, en un mitin celebrado en Cuenca, el socialista Indalecio Prieto, advierte de que se está preparando una sublevación militar liderada por Franco; el 12 de mayo será el alcalde Juan Quintero Guerra, del Ayuntamiento de Candelaria (Tenerife), quien inste a esta corporación municipal para que se tome el acuerdo de solicitar del Gobierno de la República el urgente e inmediato relevo del comandante militar Francisco Franco, así como reiterar al Gobernador Civil de la provincia la adhesión de la Corporación por su actitud enérgica y resuelta en defensa del poder civil.

Durante los primeros meses estivales, Celia participará en sendos homenajes tributados a sus compañeros Sacha Goudine y la actriz Carmen Díaz. La prensa advierte que Celia está ultimado un contrato para actuar en el Teatro Apolo de París. Comenzará, al parecer, en septiembre y hará la temporada de otoño, estrenando una revista de Ángel Custodio y el maestro Sorozabal, que se titula *La España de Merimée*. Hecho éste que queda simplemente en otro de tantos proyectos desvanecidos.

La temporada termina y Celia, una vez disuelta la compañía y sin saber a ciencia cierta lo que iba a pasar en España, se retira a descansar unos días al Parador Nacional de Gredos donde pensaba que iba a pasar sus vacaciones veraniegas. La acompañaban entonces su madre, su hermana Cora, su doncella Margarita y su hermoso galgo ruso Tommy, que había aparecido en *Peppina* y que fue regalo de un admirador. Pero, tras unos días de descanso, Celia abandona su retiro estival y regresa a Madrid para rescindir el contrato que aún le seguía uniendo al empresario Enrique Pavón desde los tiempos de *Las Leandras* y que aquél había pausado con diversas condiciones con otras empresas posteriores para las que Celia había trabajado hasta ahora. Celia llama al empresario: «*Mire usted. Pavón... He pensado eso de su teatro. Y la verdad es que me da miedo. ¿Por qué no rescindimos el contrato amigablemente? Con todos los respetos para su casa, me parece que no voy a dar marcha atrás en mi carrera artística*». Y es que la vedette no quería regresar a aquellas revistas verderonas que programaba el castizo coliseo de Embajadores y que no eran sino una variante de *Las Leandras* con argumentos y chistes parecidos. Celia había descubierto la opereta. Había triunfado en ella. Había conseguido su sueño de dignificar el teatro frívolo español llevando a las mujeres a presenciar espectáculos de este tipo y no estaba dispuesta a dar un paso atrás ni a ceder en absoluto aunque ello le conllevase pagar una elevadísima multa o incluso, la cárcel. A lo que Enrique Pavón le replica: «*Si usted quiere, Celia, rescindamos ahora mismo el contrato. Yo no pretendo que usted trabaje a disgusto en mi casa. Ahora, que si no trabaja usted en mi teatro, le aseguro de una manera amistosa, que no podrá trabajar en ningún otro sitio de España*» (*La voz*, 17 de julio, 1936: 4).

Así las cosas, Celia se regresa a Gredos para pensar... Consulta con Fernando de Amboage. Consulta con Darío López. Ambos le aconsejan que ha de cumplir el contrato o habrá de pagar una multa, o ir incluso a prisión porque Enrique Pavón es capaz de denunciarla por incumplimiento y la vedette puede ir a parar a la cárcel....

A principios de julio de 1936 la preparación del golpe militar estaba casi terminada. El plan del general Emilio Mola era un levantamiento coordinado de todas las guarniciones comprometidas, que implantarían el estado de guerra en sus demarcaciones, comenzando por el Ejército de África, que entre los días 5 y 12 de julio realizó unas maniobras en el Llano Amarillo donde se terminaron de perfilar los detalles de la sublevación en el Protectorado de Marruecos. Como se preveía que en Madrid era difícil que el golpe triunfase por sí solo (la sublevación en la capital estaría al mando del general Fanjul), estaba previsto que desde el norte una columna dirigida por el propio Mola se dirigiera hacia Madrid para apoyar el levantamiento de la guarnición de la capital. Y por si todo eso fallaba también estaba planeado que el general Franco (que el 23 de junio había dirigido una carta al Presidente del Gobierno en la que decía que las sospechas del Gobierno de que se estaba fraguando un golpe militar no eran ciertas, cuando él mismo era uno de los generales implicados) después de sublevar las islas Canarias, se dirigiría desde allí al Protectorado de Marruecos a bordo del avión Dragón Rapide, fletado en Londres el 6 de julio por el corresponsal del diario *ABC*, Luis Bolín, gracias al dinero aportado por el empresario Juan March para ponerse al frente de las tropas coloniales, cruzar el estrecho de Gibraltar y avanzar sobre Madrid desde el sur y desde el oeste (Gil Perrachomán, 1997: 174). Una vez controlada la capital, se depondría al Presidente de la República y al Gobierno, se disolverían las Cortes, se suspendería la Constitución de 1931, se detendrían y se juzgaría a todos los dirigentes y militantes significados de los partidos y organizaciones de la izquierda así como a los militares que no hubieran querido sumarse a la sublevación y, finalmente, se constituiría un directorio militar bajo la jefatura del general

Sanjurjo (que volaría desde Lisboa hasta España). Pero lo que sucedería a continuación nunca estuvo claro, pues nada se había acordado sobre la forma de Estado, o República o monarquía (por ejemplo, no se decidió nada sobre qué bandera se utilizaría, si la bicolor de la monarquía, en lugar de la tricolor de la República, ya que se pensaba en una acción rápida y contundente). El objetivo era instaurar una dictadura militar siguiendo el modelo de la dictadura de Primo de Rivera.

Así pues, lo que iban a poner en marcha los militares conjurados no era un pronunciamiento al estilo decimonónico (pues en estos casos no se discutía en general el régimen o el sistema político, sino que intentaban sólo forzar determinadas situaciones partidistas), sino que iba mucho más lejos. El problema estribaba en que los militares y las fuerzas políticas que les apoyaban defendían proyectos políticos distintos, aunque todos coincidían en que la situación futura no sería democrática, y tampoco liberal, porque el significado social de fondo de la conspiración era inequívoco. Los sublevados llevaron a cabo su acción pretendiendo que se alzaban contra una revolución absolutamente inexistente en la época en que actúan, inventan documentos falsos que compuso el también autor de revistas musicales, Tomás Borrás y que hablaban de un Gobierno soviético que se preparaba, y de hecho lo que representaban era la defensa de las posiciones de las viejas clases dominantes, la lucha contra las reformas sociales, más o menos profundas, que el Frente Popular pone de nuevo en marcha (Aróstegui, 1997: 32).

Celia, en Gredos, escucha por la radio las noticias. Unas noticias que acrecientan su temor ante lo que pudiera pasar y que, en cierta medida, Fernando de Amboage le va paulatinamente aclarando: en la tarde del domingo 12 de julio era asesinado en una calle céntrica de Madrid por pistoleros de extrema derecha el teniente de la Guardia de Asalto, José del Castillo Sáez de Tejada, un militar instructor de las milicias socialistas. Como represalia, sus compañeros policías, dirigidos por un capitán de la Guardia Civil, Fernando Cortés, secuestraron en su propio domicilio y asesinaron en la madrugada del día siguiente a José Calvo Sotelo, el líder de los monárquicos alfonsinos (que no tuvo nada que ver con el asesinato del teniente Castillo), y abandonaron el cadáver en el depósito del cementerio de la Almudena: «*Todos teníamos miedo. Los viajeros que llegaban desde Madrid a Gredos eran portadores de noticias y rumores que aumentaban nuestra incertidumbre. ¿Qué iba a pasar en España?*» (San Martín, 1984, VI: 69).

En el entierro de Calvo Sotelo el dirigente monárquico Antonio Goicoechea juró solemnemente «consagrar nuestra vida a esta triple labor: imitar tu ejemplo, vengar tu muerte y salvar a España». Por su parte el líder de la CEDA, José María Gil Robles en las Cortes les dijo a los diputados de la izquierda que «la sangre del señor Calvo Sotelo está sobre vosotros» y acusó al Gobierno de tener la «responsabilidad moral» del crimen por «patrocinar la violencia» (Casanova, 2007: 175).

El asesinato de Calvo Sotelo aceleró el compromiso con la sublevación y acabó de convencer a los militares que tenían dudas. Además, Mola decidió aprovechar la conmoción que había causado en el país el doble crimen, y el día 14 adelantó la fecha de la sublevación que quedó fijada para los días 17 y 18 de julio de 1936.

INTERLUDIO (1936-1939)
«¡Ya hemos pasao!»

XI. LLANTO POR ESPAÑA

Amaneció en el Parador Nacional de Gredos aquel sábado 18 de julio de 1936...
Fernando de Amboage fue a ver a Celia hasta allí. No traía buenas noticias: «*Las cosas están muy mal. La guarnición de Melilla se ha sublevado y ha declarado el estado de guerra en Marruecos.*
-¿Qué va a pasar?- pregunté.
-Es de temer que nada bueno. Dicen que la sublevación se extiende a la Península» (San Martín, 1984, VI: 69).
Aquel día, Manuel Azañana encarga al Presidente de las Cortes y líder de la Unión Republicana, que formara un gobierno que consiguiera detener la rebelión sin recurrir al apoyo armado de las organizaciones obreras. Martínez Barrio incluyó en su gabinete a políticos moderados y dispuestos a llegar a algún tipo de acuerdo con los militares sublevados y en la madrugada del sábado 18 al domingo 19 de julio, habló por teléfono con el general Emilio Mola de la sublevación, pero éste se negó rotundamente a cualquier tipo de transacción. Así el Gobierno de conciliación de Martínez Barrio dimitió y Azaña nombró el mismo domingo 19 de julio nuevo Presidente del Gobierno a un hombre de su partido, José Giral, quien formó un gabinete únicamente integrado por republicanos de izquierda, aunque con el apoyo explícito de los socialistas, quienes tomaron la decisión de entregar armas a las organizaciones obreras, algo a lo que también se había negado Martínez Barrio porque consideraba que ese hecho traspasaba el umbral de la defensa constitucional y legal de la República (Aróstegui, 1997: 100-103). A causa de esta decisión de entregar armas al pueblo, el Estado republicano perdió el monopolio de la coerción, por lo que no pudo impedir que se iniciara una revolución social, ya que las organizaciones

obreras no salieron a la calle exactamente para defender la República... sino para hacer la revolución.Un golpe de estado contrarrevolucionario, que intentaba frenar la revolución, acabó finalmente desencadenándola (Casanova, 2007: 204-205).

Fernando de Amboage aconseja a Celia que lo mejor es esperar acontecimientos y estar a la expectativa a ver lo que ocurre. El general Franco toma el mando del ejército de Marruecos. El levantamiento comienza a triunfar. Sevilla, Pamplona, Oviedo, Salamanca, Zaragoza... El 1 de agosto, el general Franco da la orden de que las columnas de legionarios, moros regulares y voluntarios avancen en dirección norte desde Sevilla para dirigirse a Madrid a través de Extremadura, teniendo el flanco izquierdo protegido por la frontera de Portugal, cuyo régimen apoyaba a los sublevados. Siguiendo esta ruta para llegar a la capital se unirían las dos zonas controladas por los rebeldes. Se inicia así la Campaña de Extremadura. La llamada «columna de la muerte», a causa de la brutal represión que aplicó en las localidades extremeñas que fue ocupando, y cuyo hecho más destacado fue la matanza de Badajoz, avanzó rápidamente a un promedio de 24 kilómetros por día. El 10 de agosto tomó Mérida y el 15, Badajoz, estableciendo a continuación contacto con las fuerzas sublevadas del norte. El avance se volvió entonces en dirección noreste para alcanzar el valle del Tajo...: «*Quise regresar a Madrid porque prácticamente estaba con lo puesto. No me lo aconsejaron. Era muy peligroso. En octubre ya se combatía con dureza en los arrabales de la capital. Un día, llegaron varias camionetas llenas de soldados nacionales. Un capitán me reconoció: -Pero, ¿qué hace usted aquí?- me dijo.*

-Ya lo ve..., veraneando- le contesté, haciendo gala, sin pretenderlo, de un extraño humor.

-¡Pues rápidamente todos a Salamanca, esto se va a poner feo!

Era una orden. En mi Plymouth recién comprado nos acomodamos mi madre, mi hermana, mi doncella y yo. ¡Ah, y Tommy! Fernando dio cabida en su automóvil a varios huéspedes. Otros montaron en las camionetas de los soldados. A lo lejos retumbaban los cañones. Cuanto más nos acercábamos a Salamanca, más nos alejábamos de Madrid. Y yo, por consiguiente, de todo cuanto tenía: el dinero, el piso, las joyas, las pieles... El fruto de diez años de trabajo. Sentí un escalofrío al pensar que podría quedarme sin nada.

-¿Qué va a ser de nosotras?- me preguntó mi madre, angustiada, mientras el coche devoraba kilómetros hacia Salamanca. En realidad, hacia lo desconocido» (San Martín, 1984, VI: 69).

Celia estaba inquieta. Más quizás que su madre, pero no podía delatarse delante de ella. No quería preocuparla. Procuraba disimularlo para no aumentar su inquietud. No sabían lo que podía pasarles ni tan siquiera si en Salamanca todo estaría tranquilo...

El 2 de septiembre caía Talavera de la Reina, ya en la provincia de Toledo. El rápido avance de los sublevados hacia Madrid, unido a la noticia de la inminente caída de Irún (con lo que el norte quedaría completamente aislado del resto de la zona republicana), provocó que el Presidente José Guiral, sintiéndose falto de apoyos y de autoridad, presentara la dimisión al Presidente de la República, Manuel Azaña. El 5 de septiembre se formaba un nuevo Gobierno presidido por el socialista Francisco Largo Caballero, quien asumió personalmente la cartera de Guerra, con el objetivo prioritario de organizar un ejército que pudiera detener el avance de los sublevados.

La rapidez con que cayeron una tras otra las poblaciones en el avance por Extremadura y el Tajo se debió fundamentalmente a que el ejército de África estaba integrado por las tropas mejor entrenadas y curtidas en combate (legionarios y regulares), quizá las únicas verdaderamente profesionales en los primeros caóticos meses de guerra. En cambio las fuerzas republicanas estaban integradas en su mayoría por milicianos a los que les faltaba adiestramiento militar. Eran indisciplinadas y tendían a huir, presas del pánico, abandonando las armas, las cuales constituían fusiles y piezas sueltas de artillería, dado que el desbarajuste originado en la capital por la sublevación no permitía una adecuada planificación militar. En julio y agosto se perdió mucho material militar. En contraste, los sublevados se armaban cada vez más con material extranjero, aparte del que tomaban al enemigo. Además los milicianos, cuya inmensa mayoría procedía de las organizaciones obreras y los partidos de izquierda, desconfiaban de los militares profesionales que pretendían mandarlos y por motivos ideológicos rechazaban la disciplina y la organización militares, a excepción de los comunistas que propugnaban la completa militarización de las milicias y la creación de un ejército popular: «*[...] En el otoño del 36, ningún español era ya dueño de sus actos; pensara como pensase y estuviera donde estuviese. La tragedia de la Guerra Civil nos empujaba a todos, irremediablemente, a tener que vivir pendientes de azares imprevisibles. Mamá y Cora estaban muy preocupadas. No sólo por lo que a nosotras pudiera pasarnos. Pensaban, como yo, en la familia...*

-Habrán llegado a Buenos Aires las noticias de lo que aquí está pasando. Papá y vuestros hermanos querrán comunicarse con nosotras.

¡Si pudiéramos hablar con ellos! Dios quiera que no les dé por pensar en lo peor.

-¡Cálmate, mamá, ya verás cómo todo se arregla muy pronto. Dicen que esto no va a durar mucho...

Mi madre y yo íbamos en los asientos delanteros. Le daba palmaditas en las piernas con la mano derecha. Con la izquierda sujetaba el volante.

-¡Dios te oiga, hija!-

Margarita no había conseguido telefonear a sus familiares en Madrid. Esto la angustiaba.

-¿Cree, señorita, que cuando lleguemos a Salamanca podré hablar con ellos?

Tenía fe ciega en mí. Me admiraba. Me creía capaz de vencer todos los obstáculos. A mi lado se sentía segura. ¡Pobre Margarita! Entonces ignoraba que según pasaban los minutos y los kilómetros, me sentía más a merced de los acontecimientos. Y tan asustada como ella» (San Martín, 1984, VII: 64).

En su trayecto, camiones, automóviles, autocares... todos llenos de soldados que iban y venían sin saber nadie de dónde ni a dónde. Aquellos momentos de imprecisión, duda, angustia y temor fueron relatados de extraordinaria forma por su propia protagonista en sus Memorias: «[...] *En los cruces de carreteras había tanquetas y ametralladoras. Resonaban los ecos de disparos lejanos. O, quizá, no tan lejanos. Los pueblos del camino estaban engalanados con banderas. Colgaban pancartas con leyendas patrióticas: «¡Viva Franco!», «¡Arriba España!», «¡Viva España!», «¡Franco, Franco, Franco!». Al llegar a Piedrahíta la caravana de coches se detuvo.*

-¿Qué pasa?- le pregunté a un oficial que se acercaba con gesto crispado.

-Nos quedamos aquí a pasar la noche. ¡Bajen de los coches, rápido!

No nos dio ninguna explicación. Vi a varios militares cambiando impresiones entre ellos. Parecían alterados.

-¡Venga, pronto, bajen de los coches!- insistió.

Los que veníamos del parador de Gredos, unas treinta personas, fuimos conducidos a unos cobertizos fríos e inhóspitos. Olía a humedad. Había algunos camastros, montones de paja y mantas viejas. En tan «confortable dormitorio» pasamos la noche.

Tardé en dormirme. Más que por la incomodidad del lecho y por el frío, porque me acordaba de mi entrañable Darío López. Hacía varias semanas que no tenía noticias suyas. ¿Qué sería de él ¿Dónde estaría? Era un hombre de derechas. Todo el mundo lo sabía. En Madrid, tras

la sublevación militar, ser derechista era una etiqueta peligrosa. Tuve miedo, mucho miedo, por Darío.
  Un vocerío nos despertó al alba. Entró un oficial:
  -¡Prepárense inmediatamente, nos vamos! ¡No hay que perder tiempo! Habíamos dormido vestidos. No pudimos asearnos. Pero sí tomar, deprisa y corriendo, unos huevos fritos que nos sirvieron los (supongo) dueños del cobertizo. Me sentaron como un tiro. Creo que por culpa del aceite que, como dijo Margarita con rara perspicacia, «parecía de máquina».
  Con los estómagos revueltos, muertos de sueño y cada vez más preocupados, reanudamos el ya larguísimo e interminable viaje a Salamanca. La música de fondo seguía siendo la misma: los ecos de tiroteos más o menos lejanos.
  Nos detuvimos en varios controles. Pero en ninguno hizo falta que nos identificáramos, porque los soldados que se aproximaban a pedirnos la documentación me reconocían inmediatamente. Uno de ellos resultó ser un bailarín llamado Paco. Había actuado conmigo, cinco años antes, en el Pavón. Se puso muy contento al verme.
  -¿A dónde va usted?- preguntó.
  -A donde quieran llevarme- le respondí.
  Nos deseamos mutuamente mucha suerte. Pensé que los dos íbamos a necesitarla. Al despedirse me pidió que me acordase de él para mi próximo estreno. ¡Extraña petición en aquellas circunstancias! Porque, ¿quién podía saber cuándo estrenaríamos otra vez!
  Y, ¡por fin!, Salamanca» (San Martín, 1984, VII: 64-65).
  El 21 de septiembre el ejército de África tomaba el pueblo de Maqueda, a menos de 60 kilómetros de Madrid. Ese mismo día se reunían los generales sublevados en una finca de los alrededores de Salamanca para nombrar al general Franco como mando único y supremo de las fuerzas sublevadas. Una semana después volverían a reunirse para dilucidar el mando político. En ese intervalo de tiempo, el general Franco decidió desviar hacia Toledo las columnas que avanzaban hacia Madrid para levantar el asedio sobre el Alcázar de Toledo donde guardias civiles y algunos pocos cadetes de la Academia de Infantería al mando del director de la Escuela Central de Educación Física, el coronel José Moscardó, llevaban dos meses resistiendo los ataques republicanos (Alpert, 1996: 128-129). Esta decisión, que hizo perder a los sublevados la posibilidad de tomar Madrid antes de que se organizase su defensa, ha suscitado un debate entre los historiadores. Para una buena parte de ellos fue una decisión más política que militar, pues afianzó el prestigio del

general Franco ante sus compañeros cuando se estaba discutiendo ya el mando único político. El Alcázar encerraba un tesoro de legitimidad simbólica: academia militar, los sitiados resistían en medio de las ruinas, con los muros de la poderosa fábrica medio destruidos, refugiados en los sótanos. Con su liberación, Franco recibió un enorme capital político: el Alcázar era el símbolo de la salvación de España que, como una mártir, resucitaba del sepulcro al que la habían conducido sus enemigos. Además tuvo un enorme valor propagandístico para la causa de los sublevados: «Del Alcázar se hizo posteriormente un mito por los franquistas, cuyos principales extremos -el episodio de los diálogos de Moscardó y su hijo en manos de los asediadores, por ejemplo- están hoy absolutamente desacreditados» (Aróstegui, 1997: 57). Sin embargo algunos historiadores afirman que también tuvo una motivación militar: «Parece convincente la explicación usual: el compañerismo militar y el valor propagandístico de rescatar a los asediados en el Alcázar imponían levantar el asedio cuanto antes. Es posible que hubiera motivos políticos, no separados de la ambición de Franco de ser Generalísimo y Jefe Civil, que impusieran ese gesto heroico. Ahora bien, el hecho de tomar primero Toledo podía justificarse militarmente: asegurar esta ciudad permitiría atacar Madrid desde el sur y el este, protegiendo los flancos por el Tajo y contando con dos carreteras de primera categoría en lugar de una» (Alpert, 1996: 128-129).

El mismo día que era levantado el asedio, el 28 de septiembre, el general Franco era nombrado por sus compañeros de sublevación no sólo Generalísimo de las Fuerzas Nacionales de Tierra, Mar y Aire, sino también Jefe del Gobierno del Estado Español, mientras dure la guerra.

Celia ya había llegado a Salamanca. Una ciudad que era entonces un auténtico hervidero humano: militares, civiles, religiosos... Oíanse por los altavoces canciones y consignas patrióticas hacia el ejército sublevado. Balcones y ventanas se encontraban adornados con banderas españolas y muchas fotografías del general Franco.

Nuestra protagonista se instala en el Gran Hotel, a espaldas de la Plaza Mayor. Pidió tres habitaciones. Una para su madre y ella, otra para Margarita y una tercera para Fernando de Amboage, quien no se había separado de Celia ni unos instantes desde que fue a visitarla a Gredos. Éste le indicó que unos militares, antes de instalarse en el hotel, le habían requisado su coche y que iban a hacer lo mismo con el de ella. Mejor no llevarles la contraria. Y así fue. Todo porque aquellos días acabasen pronto... : «*[...] Me entregó una especie de recibo. Creo recordar que ni lo leí. Me sentía aturdida por los últimos e inesperados aconteci-*

mientos. *Unos soldados se hacían cargo del automóvil. No volví a verlo nunca más. Después de la guerra traté de recuperarlo. Indagué aquí y allá. Todas las gestiones fueron inútiles. Del Plymouth nunca más se supo»* (San Martín, 1984, VII: 65).

En Salamanca, el alzamiento triunfó inmediatamente, por lo que la vida comenzó a transcurrir con normalidad en la ciudad castellana desde bien pronto. Se respiraba un hondo patriotismo que inundaba toda la vida de los salmantinos...

La casualidad o el destino hizo que allí, en el Gran Hotel, también se hospedase el general José Millán Astray, con el que Celia fraguaría una buena amistad.

A Millán Astray, el mundo del teatro no le era indiferente; no obstante, su hermana Pilar era una reputada comediógrafa con éxitos en su haber como la celebérrima comedia *La tonta del bote*, además de haber sido directora del Teatro Muñoz Seca de la capital española y al general le encantaba mezclarse y alternar en el caleidoscópico universo de las variedades, las artistas y los cafés-teatros. Apasionado, además, de la cultura japonesa, Millán Astray sería el responsable, con la colaboración de Luis Álvarez Espejo, de la traducción del inglés de una obra sobre el código samurai del bushido, publicada en España en 1941 con el título de *El bushido. El alma de Japón*. Posteriormente y, en colaboración con los periodistas y escritores José Ruiz Albéniz, Dionisio Ridruejo y Ernesto Giménez Caballero, fundaría Radio Nacional de España, emisora oficial del bando sublevado. Como conferenciante y comentarista radiofónico durante la Guerra Civil, fue uno de los promotores de la subida del general Franco a la Jefatura del Estado del Gobierno en Burgos y propulsor de la identificación de Franco como Caudillo de los españoles; si bien es cierto que su fundación de la Legión Española sería considerada como su mayor legado.

Celia fue una buena amiga del general: «*[...] Le gustaba ir a los teatros y alternar entre bastidores con los artistas. [...] Mi amistad con Millán Astray llegó a ser entrañable; tanto que, en 1944, fue padrino de mi boda. Subí a saludarle. Nunca olvidaré el susto que me dio... Toqué con los nudillos a la puerta. Varias veces. Por fin, oí su vozarrón.*

—¿Quién es?

—Yo, Celia, Celia Gámez... ¿Pero es que no me conoces, Pepe?

Un silencio. Oigo unos pasos. Alguien abre la puerta de un tirón. El vozarrón:

—¡Pase usted!

Es extraño, pienso, que me llame de usted. Todo es muy extraño.

De pronto aparece el general, quien se había quedado a cubierto, a un lado de la puerta. Me apunta con una pistola que a mí más me parece un cañón. Me quedo muda. Al fin recobro el habla y tartamudeo:
-Pepe, por Dios... Baja eso... ¿No me conoces? Soy Celia.
-Ahora te veo- dice tranquilamente como si no hubiera pasado nada-. ¡Cuánto me alegro de verte, Celia!
-¡Sí, sí, pero... baja eso, por tu santa madre...!- le suplico.
Por fin se acordó de guardar la pistola. Al sonreír parecía otro.
-Perdóname, mujer.... Tomo mis precauciones porque hay rojillos empeñados en mandarme al cementerio. ¡Pero lo tienen muy difícil!» (San Martín, 1984, VII: 65).

Y es que la sola visión del general, con o sin arma, hacía temer a cualquiera. Durante la guerra de Marruecos, había sufrido cuatro graves heridas que lo marcaron de por vida, haciendo de su sóla presencia una ser realmente impactante y digno de serle fiel y no contrariarle: la primera se produjo el 17 de septiembre de 1921 en el barranco de Amadí donde fue herido en el pecho cuando estaba dando órdenes para la toma de Nador; la segunda el 10 de enero de 1922 después del combate de Draa-el Asef, donde, tras ser relevado por un compañero, fue herido en una pierna mientras se retiraba; la tercera sucedió el 26 de octubre de 1924 cuando, ascendido a coronel y camino del Fondak de Ain Yedida encontró la carretera cortada por el fuego enemigo. Cuando se aproximó a primera línea para arengar a sus soldados, recibió un disparo que le destrozó el brazo izquierdo. Dicho brazo le fue posteriormente amputado al habérsele diagnosticado gangrena y, finalmente, la cuarta herida la sufrió el 4 de marzo de 1926 cuando se encontraba al mando de una columna, entabló combate con el enemigo y recibió un disparo en el rostro que le destrozó el ojo derecho y le produjo desgarros en el maxilar y en la mejilla izquierda. A causa de esta herida perdió dicho ojo y sufriría de vértigo durante el resto de su vida cada vez que giraba la cabeza.

Millán Astray era todo un mito viviente. Un héroe nacional. No sólo por su incuestionable valor, sino por su fiereza en el combate. Corrían decenas de leyendas en torno a su persona y, claro, su físico, propiciaba que dichas leyendas se acrecentasen. Tenía aureóla de héroe y un aspecto inquietante. Su carácter rígido y dominante era sólo en apariencia, puesto que, en la intimidad y para con los amigos, era un ser encantador, simpático y campechano. No obstante, impresionaba verle con todas sus cicatrices. Lo cierto es que el general, rendido admirador de Celia, le ofreció toda su ayuda: «[...] *Lo hacía de todo corazón, pero cuando lo necesité, no le encontré, porque los avatares de la guerra le llevaron a otros lugares. Volvimos a vernos después de la contienda»* (San Martín, 1984, VII: 66).

Durante la Guerra Civil, Millán Astray tuvo un papel secundario en el ejército sublevado; aun así, cabe destacar su labor como propagandista dentro del bando franquista. El 29 de septiembre de 1936, tras ser nombrado Franco «Generalísimo de los Ejércitos», es designado jefe de la Oficina de Prensa y Propaganda, con sede en el Palacio de Anaya en Salamanca, donde tuvo como principal subordinado al escritor Ernesto Giménez Caballero. Sus discursos radiofónicos contenían multitud de referencias antisemitas, refiriéndose a los «judíos comunistas» como responsables de la situación de España. Dada la ineficacia de su gestión (en parte motivada por la falta de medios) y los incidentes provocados por el modo cuartelario de organizar el servicio (se dirigía a sus subordinados a golpe de silbato) fue finalmente relevado de su cargo en enero de 1937.

Precisamente y, encontrándose Celia en Salamanca, uno de los episodios más célebres que rodearon su figura, fue el cruce de palabras que mantuvo con Miguel de Unamuno el 12 de octubre de 1936 en el paraninfo de la Universidad salmantina, al que habían asistido diversas personalidades adeptas al bando rebelde con motivo de la celebración de la Fiesta de la Raza: el obispo, el Gobernador Civil, Carmen Polo (esposa de Francisco Franco) y el propio Millán-Astray.

El día 8 de octubre, el ejército de África alcanzó San Martín de Valdeiglesias, a unos cuarenta kilómetros de Madrid, donde tomó contacto con las fuerzas sublevadas del norte al mando del general Emilio Mola, que acababa de finalizar la campaña de Guipúzcoa tras tomar Irún y San Sebastián, quedando el norte republicano rodeado por los nacionalistas. Así pues, a principios de octubre, las fuerzas sublevadas se habían desplegado en un semicírculo alrededor de Madrid que partía de Toledo al sur y alcanzaba el noroeste a unos diez kilómetros al norte de El Escorial, y que se encontraba entre 40 y 55 kilómetros de la capital. Aunque las fuerzas republicanas opusieron mayor resistencia gracias a la reorganización militar emprendida por el gobierno de Largo Caballero, las fuerzas nacionales fueron estrechando el semicírculo que atenazaba la capital y a principios de noviembre llegaron a los barrios del sur de Madrid. El ataque a la capital de España marcó el final del primer periodo de la guerra.

A Fernando de Amboage y a Celia les encantaba pasear por la Plaza Mayor. No tenían nada mejor que hacer a la espera de acontecimientos. Ambos eran, como tantos españoles, juguetes de una guerra que acababa de iniciarse y, pese a que muchos sostenían que sería corta, nada más lejos de la realidad. Amboage compartía, sin embargo, la idea de Millán Astray de que aquel enfrentamiento no acabaría tan pronto como muchos soñaban: «*[...] A la mujer y a la hija del Generalísimo, doña Carmen y Carmencita, las vi un día paseando, sonrientes y tranquilas, por la Plaza Mayor. Iban con varias amigas y algunos militares. La gente las miraba con curiosidad y simpatía. Me acuerdo de los modestos abrigos de paño que llevaban. Era la primera vez que las veía y también despertaron mi curiosidad. Entonces no podía suponer que, muchos años después, doña Carmen me haría uno de los mayores favores que he recibido en mi vida... La deuda de gratitud que contraje con ella no podré pagarla nunca*» (San Martín, 1984, VII: 68-69).

Nos encontramos ya a finales de 1936. Hay dos Españas enfrentadas. Mientras una lucha por sobrevivir, la otra permanece ajena a los conflictos bélicos y a la muerte de miles de hermanos en sangrientos y duros enfrentamientos. Celia se encuentra en Salamanca con don Miguel de Unamuno, al que ya conocía tiempo atrás tras haber sido presentados por Margarita Xirgu cuando ésta iba a estrenar la obra de aquél, *Medea* en el Teatro Español de Madrid en 1933. Unamuno, como muchos otros intelectuales de su tiempo, había sido admirador de Celia. Pocas semanas antes de fallecer, la vedette asiste a su casa acompañada de un periodista argentino que lo entrevistó: «*[...] Nos recibió en su despacho, limpio y modesto. Hacía frío.*

-Aquí estaremos calentitos- dijo, invitándonos con un ademán a sentarnos con él en la mesa camilla, al calor de los faldones. Deduje, por sus respuestas, que los acontecimientos que sacudieron la vida española, le habían convertido en un ser escéptico. Parecía desengañado de muchas cosas... Pero no ocultaba cierta simpatía, no exenta de esperanza, por Franco y el Movimiento Nacional» (San Martín, 1984, VII: 69).

Lo mismo que don Miguel de Unamuno, hasta el camerino de Celia se habían apostado muchos otros intelectuales de su tiempo: Jacinto Benavente, Valle-Inclán o el mismísimo Federico García Lorca, quien, solía saludarla en su camerino del Pavón. La noticia de su vil fusilamiento en agosto de aquel año, causó hondo pesar en la artista: «*[...] Yo siempre ejercí cierto atractivo sobre los intelecuales. Todavía no sé bien por qué. Pero me halagaba. Me sentía orgullosa de ello. Además de ver la función, les gustaba hablar conmigo. Y yo, encantada. En los primeros tiempos del Pavón conté con un admirador fiel y entusiasta: Federico García Lorca. Un ser fabuloso, humanísimo, lleno de sensibilidad. Solía ir al teatro con amigos poetas y escritores. Daba gusto recibirles en el camerino después de la función. Federico me seducía el alma con su conversación amena y enriquecedora. Matar a este hombre bueno y de paz fue una villanía»* (San Martín, 1984, XII: 50).

Celia no podía creer los estragos que estaba comenzando a hacer la guerra. También se quedó petrificada cuando hasta ella llegó la noticia del fallecimiento de Emilio García, componente de su compañía. Al parecer, éste había sido hecho prisionero por los regulares en cuyo momento daba grandes gritos en favor de España, de cuya manera pretendía salvar la vida. Sin embargo, cuando era conducido para su entrega a los jefes militares, trató de comprar a sus captores ofreciendo alguna cantidad para que le dejaran en libertad. Los regulares se negaron y entonces trató de escaparse, siendo abatido a tiros por los que le escoltaban. Una historia más del horror de la guerra...

A primeros de noviembre los sublevados daban por hecho la toma de la capital del país; sin embargo, cuando parecía que el ejército rebelde estaba a punto de entrar en Madrid, el Gobierno de Largo Caballero decidió trasladarse a Valencia, encomendando la defensa de la ciudad al general Miaja que debería formar una Junta de Defensa de Madrid. Días después comenzaría la batalla por la capital de España. Su toma, acabaría con la guerra. La esperanza de muchos españoles, pues, estaba en ello... Dado que las fuerzas de los sublevados no eran superiores a las fuerzas republicanas que defendían Madrid, la penetración en la capital tendría que ser rápida y en un frente muy estrecho. Una columna atravesaría el río Manzanares al norte del Puente de los Franceses y avanzaría por la Ciudad Universitaria para luego bajar por el Paseo de la Castellana. Otra columna cruzaría el Parque del Oeste para seguir por los bulevares y llegar a la Plaza de Colón y una tercera cruzaría el barrio de Rosales para alcanzar la Plaza de España y la calle Princesa. Para apoyar este avance se consideraba fundamental tomar la Casa de Campo, donde se podía situar la artillería y desde allí bombardear la ciudad. El éxito de la operación dependía de que los republicanos creyeran que el ataque se produciría por el sur y concentraran allí sus fuerzas, pero en la noche de 7 al 8 de noviembre, precisamente en el momento que iba comenzar batalla de Madrid, el teniente coronel Vicente Rojo, Jefe del Estado Mayor de la Defensa de Madrid, conoció los planes de los atacantes gracias a los papeles encontrados en el cadáver de un oficial italiano del ejército sublevado.

Entre los días 8 y 11 de noviembre se produjeron violentos combates en la Casa de Campo. El día 13 los sublevados ocupaban el cerro de

Garabitas y dos días después lograban cruzar el río Manzanares adentrándose en la Ciudad Universitaria; pero de allí no pudieron pasar gracias a la resistencia que presentaron las fuerzas republicanas, reforzadas por la llegada de las primeras Brigadas Internacionales, de unidades de tanques soviéticos y de aviones rusos que disputaron la superioridad aérea a los aviones de la Legión Cóndor alemana. El 23 de noviembre el general Franco desistió de continuar el infructuoso ataque frontal a la capital y el frente quedó ese día estabilizado (Alpert, 1996: 133-134).

Ante los acontecimientos, Fernando de Amboage le confiesa a Celia, en Salamanca, que va a alistarse: «*[...] En la vida de un hombre hay momentos en los que uno puede eludir los dictados de su conciencia... La mía me dice que en estos momentos, cuando está en juego el futuro de España, mi puesto está en el ejército de Franco. Debo luchar por los ideales que siempre he defendido... No puedo seguir en la retaguardia mientras otros dan su vida por Dios y por España. [...] Voy a alistarme. Debo hacerlo*» (San Martín, 1984, VII: 67).

Celia volvía a perder a otro amor. Al menos... momentáneamente, pero ella, en el fondo de su corazón, sentía... presentía... tenía la corazonada de que nunca más volvería a verlo. Fernando de Amboage, se incorporaría inmediatamente a su unidad.

La resistencia de Madrid cambió el signo de la guerra. Ya no sería un conflicto de rápidos movimientos envolventes, sino de batallas a gran escala, de maniobras tácticas para alcanzar objetivos estratégicos, en las que unos cuantos centenares de metros de terreno tendrían significado y cuyo modelo sería la Primera Guerra Mundial, más que las campañas coloniales, única forma de guerra que los españoles conocían de modo directo (Alpert, 1996: 136).

Tras la marcha de Amboage, Celia comienza a tener problemas económicos. No trabajaba y sus ahorros paulatinamente iban mermando. Tuvo que dejar junto a su madre y Margarita el Gran Hotel y alquilar un pequeño pisito en una plazuela cercana a la catedral salmantina. El pisito, aunque modesto, estaba bien amueblado y lo suficientemente cómodo para albergar a tres mujeres y un galgo y se encontraba en la planta superior de un edificio que tenía en la planta baja una taberna regentada por la dueña del piso, doña Consuelo, y en la que Celia y su madre solían hacer las comidas. Pero la economía de Celia no pudo resistir mucho tiempo más hasta que no tuvo más remedio que acercarse a la sucursal salmantina del banco en que tenía su cuenta corriente y del que percibiría, gracias a la intercesión del director, la nada despreciable cantidad de 1500 pesetas mensuales. Este dinero sería descontado de su cuenta madrileña cada mes; si bien es cierto que las cuentas habían sido todas paralizadas, la de Celia no iba a ser una excepción, aquellas cantidades irían a costa del banco, que, una vez acabada la guerra, tendría que recuperarlas. Celia no pudo ofrecerle garantías al director, otro gran admirador de la artista. Aun así, accedió bajo su responsabilidad a pasarle mensualmente la cantidad estipulada: «*[...] Mi vida cambió a partir de entonces. De vivir como una estrella, sin privarme de nada, pasé a hacerlo modestamente, dependiendo de un sueldo mensual de 1500 pesetas. Y éramos cuatro bocas a la mesa*» (San Martín, 1984, VII: 68).

Conociendo la estancia de Celia en Salamanca, fue reclamada para que participase en un festival a beneficio del Auxilio Social de España que iba a tener lugar en el Teatro Coliseum de mencionada localidad. La incertidumbre ante lo que pudiera pasar, puesto que la artista no estaba muy segura de si participar en el mismo o no, hizo que aceptara la propuesta. Junto a ella, Miguel Fleta y otros tantos artistas que como Aurora Redondo o Valeriano León, no podían negarse a participar en cuantos actos eran requeridos. Había que seguir viviendo y subsistiendo. Malamente. Pero subsistiendo. Ellos eran artistas y debían cumplir con su cometido. Celia siempre lo reconocería: «*[...] Jamás en ocasión alguna me negué a participar en festivales benéficos. Ni durante la monarquía ni con la República. Siempre brindé mi ayuda, ante todo y sobre todo, por mi acendrado amor al prójimo.*» (San Martín, 1984, VII: 68).

Y Celia actuó. Y cantó, a petición del público, el celebérrimo pasodoble de «La banderita» de *Las corsarias* (1919) y volvió a demostrar su gran amor por España. España le dolía en el alma y en el corazón, Su llanto inundaba su garganta. Esa España que le brindó su amor y admiración incondicional, ahora se estaba resquebrajando en dos mitades enfrentadas la una a la otra. Lloraba amargamente por lo que estaba sucediendo. Mientras interpretaba aquel exitoso número del maestro Alonso con el que hubo debutado en su lejana Buenos Aires, Celia podía contemplar subida al escenario las lágrimas de hombres y mujeres presentes en el patio de butacas que irrumpían con aplausos, vivas a España y a Franco aquella interpretación que a Celia le salió del alma. Pero no como muchos de sus detractores intentaban conseguir: adjudicándole el adyacente franquista. Celia amaba España y España amaba a Celia. Con la monarquía. Con la dictablanda. Con la República. En la guerra. Posteriormente en la posguerra, pertinaz sequía y democracia. España era lo único que importaba. España y los españoles. Esos hombres y mujeres de bien que habían reído junto a ella en *Las castigadoras* o cantado su inmortal «Pichi». Vibrado con *El baile del Savoy* o admirando su vestuario en *Ki-Ki* o *Peppina*. Celia le debía mucho a España y siempre se lo devolvería con todo su corazón. Sin ataduras. Sin atavismos políticos de ninguna clase. Ahora tocaba participar en aquel festival benéfico. Posteriormente lo haría en otro: «*[...] Actué en un segundo festival. Estaba satisfecha de donar mi arte a beneficio de los heridos. Era mi modesta contribución a mitigar el dolor de hombres caídos en el frente. Hombres del ejército nacional. Pero si en vez de en Salamanca la guerra me hubiera sorprendido en Madrid, no habría dudado en actuar a beneficio de los soldados republicanos. Para mí, el humanitarismo estaba por encima de cualquier otra consideración. Y tan españoles eran unos y otros...*» (San Martín, 1984, VII: 68).

Pero las cosas se volvían cada vez más «negras» para Celia y su familia. Las bombas se escuchaban muy cerca de Salamanca. La artista y su familia se refugiaban en el sótano del piso en el que se encontraban. Tenían miedo. Mucho miedo. El sótano, no había sido previsamente acondicionado asépticamente, estaba infestado de roedores hasta el punto de que Celia prefería quedarse en el propio piso que bajar cada vez que sonaba la sirena dando la alarma de un posible bombardeo. Este hecho llevó a nuestra protagonista a tomar la decisión de querer que su madre y su hermana regesasen a Buenos Aires, no sólo por la situación de peligro e incertidumbre en que se vivía en aquellos momentos sino porque el dinero cada vez escaseaba más. A finales de 1936, el director del banco al que Celia solicitó una mensualidad con vistas a poder recorbrarla más adelante, le dijo que ya no podía seguir proporcionándole más dinero. Éste era un asunto no por frívolo menos importante, ya que había cuatro bocas que alimentar y un alquiler que pagar. «¿Qué hacer?» Celia convence a su madre y a Cora para que regesasen a Buenos Aires lo más pronto posible, además, allí podían gestionarle algún tipo de contrato y ella también podría regresar. No tenía noticias ni de Darío López ni de Fernando de Amboage y no estaba dispuesta a marcharse sin saber de ellos.

Así las cosas, Celia vende las pocas joyas que aún le quedan (una sortija y un caracol de brillantes) y compra unos pasajes para que su madre Antonia y su hermana Cora regresen a la Argentina desde Lisboa. La artista las acompaña hasta ver partir dolorosamente el barco que las llevará hasta Buenos Aires...

A principio de enero de 1937, tal y como anunciábamos líneas atrás, el general Millán Astray, en colaboración con otros periodistas y escritores, funda Radio Nacional de España el 19 de enero como objeto propagandístico del bando sublevado. Sus estudios se encuentran en el Palacio de Anaya de la capital salmantina, sede, además, de la Oficina de Prensa y Propaganda del Movimiento. El programa inaugural de aquel citado día se lanza al aire desde un frontón, hoy ya extinto, y situado en la manzana comprendida entre las actuales calles denominadas Paseo de Carmelitas, Nueva de San Bernardo y Avenida de Filiberto Villalobos. Su director, Jacinto Miquelarena, periodista. El primer emisor, con una potencia de 20KW, de la marca Telefunken, fue un regalo de la Alemania nazi al Nuevo Estado franquista. Dada la amistad de Millán Astray con Celia y, sabiendo que se encontraba en Salamanca, una vez regresada desde Lisboa, aquél la invita a participar en dicha inauguración junto a otros artistas. Interpreta, acompañada por un pianista y un batería tres de los números más populares de su repertorio: «Pichi», «Los nardos» y «La banderita»: «*[...] Había mucha gente en el estudio. Al terminar mi actuación se acercó el Generalísimo a saludarme. Era un hombre menudo, joven, vivaz. De hablar suave y mirada penetrante. Uniformado, con botas altas, ceñido su fajín rojo. Apretó mis manos entre las suyas. Su sonrisa, aunque no transmitía calor, me pareció sincera.*

—Muchísimas gracias, Celia, por su participación —me dijo—. Ha sido un gesto que nunca olvidaré.

—Lo he hecho con mucho gusto, Excelencia.

—En su caso, el mérito es mayor porque usted es argentina.

—Pero me siento española de corazón. Llevo doce años en España, Excelencia, y ya es mi segunda patria.

—Quedo en deuda con usted, Celia. ¿Qué proyectos tiene?

—Todo depende de la guerra, Excelencia.

—Tiene usted razón, Celia. Todo depende de la guerra—. Se quedó pensativo. Cambió repentinamente de conversación. Me preguntó por Argentina, por mi familia, por mis éxitos. Estaba al corriente de estos, aunque lamentaba no haber tenido ocasión de verme actuar.

—Tal vez algún día...— empezó.

Le interrumpió un oficial que se le acercó. Le dijo algo al oído. Franco mudó de semblante. Se dirigió a un rincón de la sala. Le seguí con la mirada. Varios militares se aproximaron a él. Le darían, seguramente, alguna mala noticia, especialmente dolorosa... Porque vi cómo unas lágrimas se deslizaban por sus mejillas. Sus compañeros estaban serios, impresionados. Aquellas lágrimas me conmovieron muy hondamente. Se me quedaron grabadas para siempre» (San Martín, 1984, VII: 68).

Celia. Nuestra Celia. La Celia de todos los españoles. La que cantó durante todos los regímenes políticos y fue amiga de todos sus dirigentes. De Alfonso XIII, Primo de Rivera, Manuel Azaña, Alcalá Zamora, Francisco Franco...

Las últimas pesetas iban poco a poco menguando la crematística de la morocha. No aguantarían mucho las dos mujeres, Celia y su doncella, y Tommy con lo poco que les quedaba... Pero la suerte o el destino hicieron que una carta llegada desde Buenos Aires les solucionase aquel acuciante problema... La madre patria llamaba de nuevo a la puerta de su hija emigrada...

Antes del estallido de la Guerra Civil, Celia recibía múltiples cartas de admiradores. Nótese, al fondo, una muñeca inspirada en su papel en la opereta *La ronda de las brujas* (1934). Archivo del autor.

Mientras tanto, el tercer y último intento de conquistar Madrid por parte de los sublevados tuvo lugar a principios de enero de 1937 y constituyó la primera batalla importante de la Guerra Civil en campo abierto. Los nacionales organizaron un importante ejército, llamado División Reforzada de Madrid, que contaba con tanques italianos, y baterías antitanque para contrarrestar a los soviéticos y artillería pesada. Frente a ella los republicanos desplegaron un ejército compuesto de cinco divisiones, cada una con tres brigadas, aunque algunas no estaban completas y muy pocas estaban mandadas por oficiales de infantería de carrera. Entre los días 6 y 9 de enero la División Reforzada atacó hacia el norte y luego giró al este al llegar a la carretera de La Coruña, pero las fuerzas republicanas resistieron y los nacionales tuvieron que desistir en su avance...

XII. MI BUENOS AIRES QUERIDO...

La guerra proseguía su curso. Celia apenas tiene dinero. Ha vendido sus joyas y se encuentra en una situación realmente complicada. Ella, Margarita, y su galgo Tommy están a punto de perder la esperanza... hasta que recibe en Salamanca una carta desde Buenos Aires. Al parecer, la carta ha llegado con algo de retraso a tenor del matasellos y la fecha en que se escribió. Según sabría Celia después, al enterarse de la llegada de Antonia Carrasco a Buenos Aires, el empresario del Teatro Casino, creyendo que aquélla había regresado junto a su madre, fue a visitarla. Allí le explicaría la situación por la que habían atravesado y, rápidamente, puso el teatro de su propiedad a disposición de la celebrada estrella. Envióle una carta solicitando su inmediato regreso para preparar su inminente reaparición en los escenarios bonaerenses. Y renació, por tanto, la esperanza en la vedette. Celia no quería abandonar su España querida, pero las penosas circunstancias por las que atravesaba el país, la escasez más acuciante de dinero y el hecho de que casi todos sus compañeros se encontraban desperdigados por toda la piel de toro, acabaron por convencerla de que abandonar España sería lo más conveniente y sensato: «*[...] De modo que la oferta del Teatro Casino no pudo llegar en momento más oportuno. Era, además, muy interesante. Incluso en tiempos normales la habría estudiado con detenimiento. Porque me contrataban por un trimestre cobrando diez mil pesos mensuales. Un sueldo francamente bueno. Y como el empresario, sin duda, daba por hecho que aceptaría, me enviaba dos pasajes para el «Masilia». Era un vapor francés próximo a zarpar de Lisboa*» (San Martín, 1984, VIII: 65). Y así fue cómo, efectivamente, Celia embarca desde Lisboa con dirección a Buenos Aires a emprender una nueva etapa vital y profesional. Celia lleva por todo equipaje, junto a algunos viejos vestidos, un traje que una modistilla salmantina le había tenido que hacer con toallas habida cuenta de la falta de recursos existentes en aquel momento. Es final del mes de febrero del año 1937. Margarita, Tommy y ella contemplan el continente desde la proa del «Masilia». Celia se encuentra algo aturdida. Mil pensamientos sacuden su mente... y su corazón: ¿Volverá de nuevo a España? ¿Dónde se encuentra Fernando de Amboage? ¿Y Darío López? Hace mucho que no sabe nada de ellos. ¿Los habrá separado la guerra definitivamente? ¿Qué habrá sucedido con el dinero dejado en Madrid? ¿Con su piso, sus joyas, sus abrigos, sus pertenencias...? El fruto de doce arduos y duros años de trabajo: «*[...] Me daba pena irme en aquellas circunstancias. Escapando de una guerra. Dejando atrás éxitos, amigos, recuerdos... Los mejores años de mi vida. Pero la lucecita de la esperanza no se apagó del todo en el fondo de mi corazón. La esperanza de regresar algún día a una España en paz*» (San Martín, 1984, VII: 68).

Cuando a primeros de marzo el «Masilia» atraca en el puerto de Buenos Aires, la familia Gámez Carrasco espera emocionada a Celia. Todos han cambiado mucho. Rafael Juan y Antonia están más avejentados. María Elena, Albina, Amelia, Cora... sólo faltaba el varón, Antonio, fallecido en 1930 encontrándose Celia en España. Al día siguiente, nada más llegar, la morocha acudiría al cementerio de La Cacharita a llevarle flores y a rezar delante de su tumba. Todas las hermanas de Celia, ya estaban casadas. Unas, con familia, otras... esperándola...

La noche del 17 de marzo de 1937, Celia vuelve a su actividad artística en el seno del populoso Teatro Casino.

En el solar ubicado en la calle Maipú 326, donde funcionaba una fábrica de coches hasta 1885, tuvo su origen el Teatro Casino, una sala que tuvo dos etapas en su existencia. Durante su primera etapa, inaugurada a fines del citado año, era una pequeña construcción sin gran valor arquitectónico que presentaba una fachada de estilo morisco y además de la sala para 700 espectadores contaba con galerías, salones y confitería. Era por otra parte, una sala menor dedicada a conciertos y variedades. El segundo Casino fue inaugurado en 1892, ocupando un nuevo edificio proyectado por el arquitecto José Arnavat y en 1905 hubo una tercera construcción que tuvo la particularidad de que se llevó a cabo sin interrumpir Domingo Selva, quien se valió de un ingenioso sistema de construcción que permitió que no se tuvieron que interrumpir las funciones que allí se realizaban. En esta segunda etapa, ya en su remozado edificio, se dejó de lado la música lírica y se puso más énfasis en la presentación de espectáculos teatrales con gran despliegue coreográfico, por lo que muchas veces fue mentado como «el Folies Bergères de Buenos Aires». Funcionaba por las noches durante todo el año y los espectáculos eran casi siempre muy variados, figurando en sus programas bailes como el can-can, como pieza principal, *chansonettes*, *vaudeville*, malabaristas, magos, ilusionistas y acróbatas, entre otros (http://www.elarcondelahistoria.com).

Y en aquel recinto, Celia sería presentada al público porteño con dos espectáculos llevados a cabo en el mismo citado día en un programa doble.

De esta forma, pues, y, ante una sala totalmente ocupada, inicia su temporada la compañía de revistas del Teatro Casino de Buenos Aires con dos producciones del género que firman el director del conjunto, León A. Alberti y Aristeo Salgueiro, con música adaptada de Jack Oberman.

La primera, titulada *Bienvenida, Celia Gámez*, como su denominación indica, estaba pensada para recibir a la estrella porteña. Así describía el diario boanerense, *La Nación* (18 de marzo, 1937: s.p., archivo del autor) cómo era mencionado espectáculo:

> «En su primer cuadro, dividido en varios momentos, con un mismo decorado de amplio despliegue en columnas y escaleras, en tonos neutros en su mayor parte y, preponderancia del gris, iban desfilando las principales figuras del conjunto en trabajos de acuerdo con las modalidades que desempeñaban cada una de ellas. Acompañaban a Celia, las también vedettes Mapy Cortés y María Antinea, quienes cantaban y bailaban con su habitual dinamismo junto al grupo de primeros actores que constituían los llamados Alberto Anchart, Pedro Quartucci y Severo Fernández quienes hacían lo propio agregando, además, sus gracias inherentes. Después de haber desfilado casi toda la compañía, simulando espectadores, frente a las puertas del teatro donde actúan, por un ligero movimiento de maquinaria escénica, aparecía Celia en su camerino en un cuadro de tonos patinados, gratos, suaves, en los que predominaba el lila y el rosado. Celia Gámez baila, canta y dialoga, principalmente con Quartucci, que la acompaña con su elegante desenvoltura. Su presentación, tanto por sus números como por su ambiente, sin ser de un gran despliegue espectacular, es agradable y está buscada con discreto acierto. Luego siguen varios números breves, y una canción un poco larga, aunque con un final certero, a cargo de Alberto Anchart, y, en seguida, vuelve Celia Gámez para cantar «La Lola», canción de la que, aunque no pueda borrarse el recuerdo de Lola Membrives, arranca merecidos aplausos por su

gracia intencionada y sin exageración presentado el cuadro con un complemento coral bien combinado. El *hobby* del momento es un pasaje de letra, no del todo gracioso y luego María Antinea dirige la orquesta de *jazz* en escena y baila con un traje que permite vistoso juego de reflectores. Más adelante Celia Gámez, después de bajar a la orquesta, canta con gusto acompañada por Pedro Quartucci, «Aquellos ojos negros», y, luego, de varios cuadros, en uno de los cuales, colorido de vestuario y evocador de decoración, Mapy Cortés pone todo el fuego de su interpretación al servicio de una rumba vuelve Celia Gámez a cantar «Lindas corbatas», con música de cierto sabor brasileño, para terminar la revista tras un baile de visualidad en los aleteos de los abanicos en un final espectacular en el que Celia Gámez llega en un carro dirigiendo un corcel blanco que aparece en escena».

Bienvenida, Celia Gámez se armaba siguiendo el patrón escénico habitual de las revistas criollas: prólogo, presentación de las vedettes, desfile de las atracciones, intervención del cuadro de actores, canciones, actuaciones de los ballets en los cuadros de carácter coreográfico, monólogos, *sketches* y el pasaje final, que era como se denominaba allende los mares nuestro clásico apoteosis, donde se exhibía toda la compañía.

Con respecto al segundo de los espectáculos presentados aquella misma noche, *Co-co-co-co-co-co-rocó*, «también se persigue, aunque con intervención menos preponderante, buscar el lucimiento a la presentación de Celia Gámez. Así, tras un comienzo similiar a la anterior, la vedette inicia su trabajo en esta producción en Ansias, donde canta, con ritmos de vals y de romanzas, rodeada del ballet en vestuario primaveral, muy bien entonados los colores de éste, así como del decorado, pero disonante la indumentaria de los *boys* y luego, tras algunos breves números, interviene Celia Gámez en un discreto *sketch* y canta un tango».

Lo cierto es que tanto *Bienvenida, Celia Gámez* como *Co-co-co-co-co-co-rocó* eran espectáculos más cercanos al *music-hall* que a la revista tradicional que, con argumento y libreto, Celia venía representando en España. Eran dos espectáculos de variedades donde la participación de Celia se ceñía a aparecer en distintos números musicales y en algún esporádico *sketch* cómico; si bien la vistosidad de decorados y evoluciones coreográficas hacían de ambos dos títulos agradables de ver y que el público supo premiar encomiablemente. La crítica califica a Celia como a una vedette que, tras doce años de ausencia de su país, se encuentra nerviosa ante el esperado regreso:

«[...] Al comienzo, la impresión general no fue satisfactoria, pues, en su pasaje de presentación, se mostró, quizá por las causas apuntadas, cohibida y poco vibrante. Después fue afirmándose, a medida que iba familiarizándose con el público, obteniendo aciertos en «La Lola», y, sobre todo, en «Lindas corbatas», su momento de más directa comunicación. Como tiple, canta con poca voz, pero de sonoridad agradable que acreditó especialmente en «Aquellos ojos negros»; como actriz cómica, podríamos llamarle, no sólo en sus breves intervenciones habladas, sino también en sus cuplés con intención festiva, acusa una gracia discreta, mesurada, no muy abundante, pero nada burda. Como bailarina, que los tres aspectos integran a la vedette, parece ser su cuerda menos feliz, pues resulta un poco pesada. En realidad, la primera impresión es que carece del dinamismo, de la animación, de la vivaciadad, que han hecho el éxito en otras artistas del género; pero tiene juventud, tiene simpatía, tiene prestancia, tiene sentido escénico y todo ello una vez que domine con mayor aplomo los escenarios de Buenos Aires, es un conjunto de factores de éxito, que justifican el cariñoso recibimiento que le tributó el público».

Acompañaban a Celia en esta primera aventura argentina, los bailarines Delya y Dragor, Gerda Star y Totó Mignone, los cómicos Thurand Bros y el trío Fax junto a los ballets Satvignus y Arno.

Ambas revistas estaban cortadas por el mismo patrón. Vivacidad, agilidad, gracia y espectaculariad eran denominadores comunes en ambas, aunque con mayor acierto en el primero de los títulos citados más que en el segundo; si bien ambas cumplían, a conciencia, su misión de entretener al auditorio y dar realce al esperado regreso de la vedette argentina.

Las revistas del Casino tenían acrecentado su prestigio desde hacía algunos años. Eran elegantes y finas, desarrollábanse en un marco escenográfico de buen gusto, se las vestía de forma moderna y no carecían de gracia. Los conjuntos se organizaban para animar estos espetáculos y solían ser, además de bellos, de notoria capacidad artística: atracciones extranjeras conocedoras del éxito, ballets de renombre y figuras cotizadas en el género de las variedades. Para esta recién inaugurada temporada, iniciada con los dos espectáculos protagonizados por Celia Gámez, la empresa no vaciló en sostener la fama de sus espectáculos y formó un elenco de excepcional categoría, dando también cabida a artistas nacionales para satisfacer así más holgadamente las exigencias del público porteño, nombrándose así director de la compañía a León Alberti, quien se encargaría de orientar las distintas producciones que iba a ofrecer desde ese momento en torno a dos factores primordiales: lo exótico y lo vernáculo, el equilibrio justo entre el bullicio y el dislocamiento de la revista, entre las variedades del *music-hall* y la gracia zumbona de la revista criolla.

A medida que se van sucediendo, pues, las funciones tanto de *Bienvenida, Celia Gámez* como de *Co-co-co-co-co-co-rocó*, Celia se muestra más hecha, más tranquila, más firme sobre el escenario que cada vez va haciendo más suyo pese a no olvidar nunca a España. Ambos títulos prosiguen representándose hasta el 9 de abril, puesto que, un día después, se lleva a cabo un cambio de programa con el estreno de un nuevo título en el mismo escenario: *Alegrías 1937* que volvían a firmar León Alberti y Aristeo Salguero junto a los aditamentos musicales de Jack Oberman. Predominaban en esta revista el aspecto coreográfico por encima de los diálogos, destacándose algunos cuadros como el inicial, el titulado «La cucaracha» en homenaje a la mítica canción mejicana, el denominado «Carmen», dedicado a la fémina de Merimée donde Celia cantaba una hermosa estampa dedicada al maestro Alonso con algunos de sus éxitos; «Una broma pesada» o «El baño bajo la luna», dos cuadros llenos de viveza y comicidad, y «La gracia cañí», que servía para el lucimiento de María Antinea. Junto a los *sketches*, se destacaba una graciosa pintura de ambiente madrileño en que se injertaba un tipo criollo y que llevaba por título «El estanco 37», eficazmente animado por Celia Gámez, Severo Fernández y Alberto Anchart poniendo en escena una graciosa rivalidad entre un tipo criollo y otro chulo madrileño por el amor de una mujer. En el resto de la revista alternaban el pasillo cómico, el monólogo, algunas exhibiciones coreográficas de carácter acrobático y la intervención de los ballets Stavignus y Arnó, quienes cumplían discretamente su misión al reforzar el espectáculo sobre motivos de hermosas páginas musicales.

Además, el elenco del Casino se vio reforzado en esta ocasión con el debut de las atracciones Vitoria Regal, bailarina acrobática americana; Rita Guilloux, contorsionista y el bailarín Arno, de singular flexibilidad quien actuó con la eficacia esperada junto a Celia Gámez, María Antinea, Mapy Cortés, el trío nacional Anchart-Fernández-Quartucci y los artistas Alímides Nelson y Adela Rodríguez.

La revista poseía 19 espléndidos cuadros y Celia Gámez, a tenor de las críticas vertidas en el momento de su estreno, «supo pasar del chotis al tango y de la jota a la zamba hermanando expresiones artísticas de España y de la Argentina, países en los que cumplió largas temporadas de éxito» (*La Nación*, 11 de abril, 1937: s.p., archivo del autor). La bonaerense, «[...] cumplía una labor más de acuerdo con sus mejores posibilidades: interpreta números muy semejantes, en algunos cuadros casi iguales a los que le dieron nombradía, que la tiene; así, esa daptación de su difundida canción en que ofrece tabaco y cerillas, picaresca, sin exceso, graciosa, de música pegadiza, que ella entona e interpreta con notable gracia destacándose igualmente en la fantasía sobre la Carmen de Merimée» (*La República*, 11 de abril, 1937: s.p., archivo del autor).

El 27 de abril, otro nuevo estreno en el Casino: *El congreso de la revista*, original de Bayón Herrera, Alberti y Salgueiro, con música original adaptada de Alberto Swifer y Jack Oberman, con el que se renueva la cartelera de mencionado coliseo.

Los personajes, las situaciones, las ocurrencias... dejaron traslucir toda una galería de personajes criollos típicamente argentinos donde la gracia zumbona, la alusión política siempre haciendo impacto, el anacronismo de seguro efecto cómico y las frases de doble sentido pintadas de color verde, fueron los temas fundamentales de los cuadros dialogados de mencionado título.

El primer cuadro de la revista servía de presentación a los conjuntos coreográficos y a las primeras figuras del elenco. Adelita Rodrigo, una nueva figura contratada para la ocasión, iba anunciando los números y el desfile que se iniciaba bajo unos surtidores de agua y una hermosa partitura instrumental. Se festejaba a la revista francesa personificada por Alímedes Nelson, a los Thurand Bross que bailaban grotescamente, a Victoria Regal en un desarticulado baile yanqui, a Celia Gámez, quien encarnaba a la revista española y era acogida ruidosamente por el público forzándola a conceder el primer bis de la noche, a Mapy Cortes que cantaba una singular pieza brasileña, a Miss Haití en un baile negro y a María Antinea en una danza gitana de fuerte colorido y honda vibración popular. Enseguida aparecía Celia Gámez y Alberto Anchart dispuestos a defender la revista argentina rubricando su parlamento con un tango. Celia se adelantaba a las baterías y remontaba su intervención con una soflama de hondo acento, conmovido y sincero, en versos octosílabos, transcrita en un grato romance. Sus palabras fueron clamorosamente recibidas y la representación se interrumpió unos instantes para que la vedette pudiera vencer la emoción que le embargaba y que le impidió continuar, terminando su cuadro bailando una zamba junto al conjunto.

Los otros cuadros de la revista servían para presentar a los demás elementos e integrantes de la compañía y venían ensamblados por distintos *sketches* de temática actual y adornados con música ligera y pegadiza como los titulados «Conserve su izquierda» o «Romeo y Julieta», el primero de tintes verderones y el segundo una parodia del mítico romance shakespiriano; «La Venus de bronce», servía para presentar en escena a Miss Haití o Anacona en una danza de fuerte sabor dramático; «La nota de actualidad» ponía en entredicho el trabajo de los políticos de su época; «Fue por un hombre», dialogo humorístico; «El sport distinguido», ocurrente popurrí sobre el mundo de los deportes en el ámbito femenino finalizado con el número musical «La gran Olimpiada» donde desfilaban todos los deportes encarnados en bellas féminas del ballet: «Celia Gámez tuvo esta vez oportunidad de lucir sus cualidades con más desembarazada y servida eficacia que en las revistas anteriores. Canta, baila, dialoga e imprime a cada una de sus intervenciones un acento peculiar, grato por su fineza y la total desenvoltura de sus medios de expresión» (*La Razón*, 28 de abril, 1937: s.p., archivo del autor).

Celia se mostraba más comunicativa y menos nerviosa en este último nuevo estreno. Menos gélida y taimada que en los tres anteriores. Condescendió con la sonrisa y aspiró a comunicarse con el público logrando con ello nutridos aplausos. Su gracia auténtica, su matizada voz y su estilizada figura facilitaron el éxito a su labor, tan encomiable como destacada, demostrando quién era la indisticutible estrella de la revista. En la multiplicidad de su acción, Celia conseguía mostrarse más segura y con férreo dominio de la escena... y la cartelera del Teatro Casino vuelve a cambiar el 8 de mayo de este 1937 con un nuevo estreno: *Mundial Music-Hall* del mismo equipo técnico y artístico que el título anterior.

Mundial Music-Hall presentaba un cuadro inicial que simulaba ser un homenaje al Moulin Rouge francés y que daba pie al desfile de las estrellas de la compañía. Integraba, además, esta primera estampa, la «Java de las viudas» de *Las Leandras* (1931), junto a una caricatura de baile español de buen efecto cómico, cerrándose con un animado baile de marineros ingleses que constituía la presentación del armónico conjunto de Las Mackenzie *girls*, quienes actuaron con singular destreza y seguridad haciendo las delicias del respetable. El diálogo «Pajueranos en Buenos Aires» constituía un diálogo sobre el mundo criollo; le seguía un colorido cuadro titulado «Noches del Riachuelo» donde el protagonismo corría a cargo del conjunto de *boys* del ballet del Teatro Casino en evoluciones coreográficas bien concertadas. El número de los campeones de gimnasia resultó de agradable visualidad y escenificación celebrándose también los cuplés brasileños insertos en el mismo. Le seguía a continuación una «Canción elegante» que reproducía un motivo coreográfico junto a un baile de colegialas que bailaban animadamente una carioca. Otro número era el de «La gitana», quien leía la buenaventura a los espectadores; «Un sistema original», diálogo de eficaz comicidad y el número titulado «Fantasía final», desarrollado por todos los miembros de la compañía y de agradable concepción visual y estética. Sin embargo, el número «bomba» de la obra sería la inclusión de la marchiña, «Mamá eu quero», canción brasileña que, compuesta en su letra por Vicente Paiva y Jararaca y música de Albert Stillman, se había hecho enormemente popular aquel mismo año, siendo comercializada y grabada en Odeón Records por uno de sus compositores; si bien es cierto que la misma no llegaría a alcanzar la necesaria visualidad dado su exótico y trepidante ritmo hasta 1940 cuando Carmen Miranda la popularizase en la película *Serenata argentina* y que en esta obra sonaba acompasada a ritmo de *jazz* en uno de los cuadros integrantes de la misma.

La prensa calificó la intervención de Celia en este nuevo título de «gracia y desenfado cantando un cuplé picante y se lució igualmente en una canción elegante demostrando su capacidad artística y ganando con ello merecidos aplausos. Una vez más quedó demostrado ese concepto en su brillante actuación en la interpretación de la pieza dada a conocer. [...] Con su dominio de la situación, con su gracia dedicada y sin exageraciones, con su don de simpatía que prontamente llega al público, Celia Gámez recogió frecuentes y sostenidas manifestaciones de aplausos al final de cada uno de sus números» (*La Prensa*, 09 de mayo, 1937: s.p., archivo del autor).

Durante tres meses, el Teatro Casino llena sus butacas gracias a la esperada reaparición de su hija pródiga; sin embargo, aquel éxito se volvió realmente escandaloso e inenarrable cuando, finalizado su contrato con el Casino, se presentó en el Teatro Avenida, ya en el mes de septiembre, con tres espectaculares obras: *Las Leandras*, *Los inseparables* y, por primera vez, interpretaba *Las mimosas*.

Durante aquel verano de 1937, Celia celebra su cumpleaños en la cafetería Ideal de Buenos Aires junto a sus compañeros del Teatro Casino. Además, no cesa de escribir a España intentando tener cualquier tipo de noticia de Fernando de Amboage y Darío López. Pasan las semanas... Ninguna noticia... La guerra en España se va recrudeciendo... Cada vez son más los muertos de uno y otro bando y parece que el conflicto no tenga fin...

Aunque al principio el empresario del Teatro Avenida de Buenos Aires había contratado a Celia por un período inicial de diez días prorrogables en función del éxito obtenido, cuando en septiembre repone *Las Leandras*... el teatro se vino abajo literalmente: «*[...] porque el teatro se llenaba de españoles que reían y cantaban, y aplaudían y lloraban. Emigrantes e hijos de emigrantes. Españoles con la sensibilidad a flor de piel a causa de la Guerra Civil. Republicanos unos, franquistas, otros. De corazón estos y aquellos. Y, por encima de todo, hermanos. El pasacalle de «Los nardos» avivaba la nostalgia de todos. Se ponían en pie para ovacionarme con inusitado fervor. Podían oírse algunos gritos: «¡Arriba España!» «¡Viva la República!» Yo creo que a todos les unía, tal vez sin ellos saberlo, un mismo sentimiento y una misma emoción, España*» (San Martín, 1984, VIII: 66).

El exitazo de *Las Leandras* en Buenos Aires motivó el alargamiento del contrato de Celia en el Avenida, llegando a permanecer en el mismo nada menos que cuatro meses a teatro lleno diariamente hasta el punto de, a finales del mes de octubre, reponer *Los inseparables*.

La compañía que actúa junto a Celia se encuentra integrada por Carmen Olmedo, Cora Gámez, Isabelita Hernández, Lola Rosel, Chola Duby, Concepción Ballesteros, Dolores Rossell, Lya Zabay, Marta Monjardín, Marcelino Ornat, Enrique Parra, Fernando Chicharro, Santiago Rebull, Alejandro River, Luis Gago y José Durán, muchos de ellos exiliados españoles que coadyuvan al éxito de Celia, puesto que algunos habían ya trabajado con la artista.

Las críticas de los principales diarios bonaerenses ensalzan los decorados y puesta en escena de ambas obras, elogian sus números musicales y su hermoso vestuario y tienen un aplauso especial para el esfuerzo del elenco actoral, destacándose, sin lugar a dudas, la intervención de la Gámez, mucho más hecha como completa intérprete que canta, baila y dice sus diálogos con tal garbo y gracia que su sola presencia en escena basta por sí misma para llenarla y ser aplaudida cada vez que la pisa.

Pero, sin lugar a dudas, la temporada que Celia pasa en el Avenida está marcada por el estreno que hace, a finales de noviembre, concretamente el 27, de *Las mimosas*, «pasatiempo cómico-lírico en dos actos, divididos en tres cuadros, varios subcuadros y apoteosis», escrita por su gran amigo José Muñoz Román en colaboración con Emilio González del Castillo, poniéndole música en esta ocasión el maestro Ernesto Rosillo.

Estrenada el 19 de diciembre de 1931, unos días después que ella hiciese lo propio con *Las Leandras* en el Pavón, el elenco protagónico de la misma estuvo presidido por Perlita Greco, y ahora Celia asumía ser la principal figura del mismo con enorme ilusión. La morocha tenía en este género o modalidad teatral las necesarias oportunidades de lucir la ductilidad de su arte, ya que a él se avenía como a ningún otro, imponiendo nuevamente su flexibilidad y la riqueza de su temperamento, la sugestividdad de su expresión y la atracción de su juventud y figura, vigorizando, sin duda con tales significativos dones, el valor de su arte, ya que su presencia era síntoma de desenvoltura, gracejo, y fina frivolidad apta para toda clase de públicos.

La acción de la obra transcurría a caballo entre Madrid y la Costa Azul presentándonos a Tomás, mujeriego portero de un edificio de lujo en un céntrico y acomodado barrio madrileño. Casado con Flora, posee una única hija, Pepita, y trae de cabeza a más de una doncellita del condominio en el que trabaja.

Flora, a su vez, es una mujer celosa que sospecha incansablemente de su marido. Además, se niega al noviazgo de su hija con Rosendo, un chófer tan mujeriego como su futuro suegro.

A la ciudad acaba de llegar Honorio, hermano de Flora, con una noticia fabulosa: tiene al alcance de su mano la felicidad de su sobrina, puesto que un multimillonario americano, Míster Claxon, al ver su fotografía, se ha prendado de ella. Claro que Tomás, fiel partidario de Rosendo, se muestra contrario a ese futuro noviazgo que propone su cuñado con el que no se lleva demasiado bien. Sólo al enterarse de la cantidad de dinero que posee Míster Claxon, cambia de opinión. Por su parte, Pepita, enamorada de Rosendo, ha pillado a éste «in fraganti» en brazos de Luz, una pizpireta y coquetuela doncellita del edificio. Renegando, pues de su novio, acepta casarse con el multimillonario.

Cuando Míster Claxon conoce a su suegro, aquél le revela un gran secreto: quiere casarse con Pepita porque le recuerda a otra mujer de la que estuvo locamente prendado. Pero antes de casarse con ella, ha de poder cumplir una venganza personal: se enamoró de una artista cubana con la que acabó contrayendo matrimonio. Un día aquélla enfermó y murió. Desde entonces no ha podido amar a ninguna otra mujer. Pero, tras morir, descubrió una carta en la que su mujer le confesaba que lo había traicionado con un ingeniero chileno amigo suyo. Sólo siendo más rico que él, podía vengarse. Sólo consiguiendo una mujer tan hermosa como la que amó, podría llevar a cabo su plan. Y ahora, al parecer, el ingeniero chileno ha vuelto a contraer nuevamente matrimonio, en esta ocasión, con una hermosa cubana, y Míster Claxon solicita la ayuda de su futuro suegro para encontrar un hombre que le haga al ingeniero lo que éste le hizo a él. Y, claro, ese hombre no es otro que Tomás.

El engaño se producirá antes de que Pepita contraiga matrimonio con Míster Claxon. Para ello, éste citará al ingeniero chileno en su villa de la Costa Azul francesa, «Las Mimosas», donde pretende celebrar su compromiso. Allí, Tomás le ayudará a consumar su plan...

Ya en «Las Mimosas», Tomás conquistará a Gloria, la artista cubana esposa del ingeniero chileno Sinibaldo Matahuana de Talcahuano, celosísimo de todo aquel que intente acercársele a aquélla. Las cosas comienzan a complicarse cuando Luz (Celia Gámez), doncellita madrileña por la que Tomás bebe los vientos, es el objeto del deseo de Sinibaldo, quien, en complicidad con Tomás, le pide que le eche un capote para tener entretenida a su mujer y así poder conquistar a la joven fámula.

Tomás ve entonces la posibilidad de conquistar a Gloria mientras Sinibaldo hace lo propio con Luz sin sospechar el portero que se trata de la doncellita con la que tanto coquetea. Sin embargo las cosas no son tan fáciles como aparentan ser para Tomás, puesto que Sinibaldo ha puesto una pareja de policías tras Gloria para asegurar de que no le es infiel con nadie. Así, el portero planea encontrar a un «hombre de paja» que le ayude a hacer el «quite» con la artista cubana... y ese hombre no es otro que el Marqués de Aguas Calientes, el chófer Rosendo disfrazado que ha viajado hasta la Costa Azul dispuesto a deshacer la boda de Pepita, de la que continúa perdidamente enamorado. Tomás, viendo en ello la oportunidad que esperaba le espeta que se hará lo que Pepita disponga: si ella quiere a Rosendo, se casará con él porque, tal y como asevera, «desde que la mujer española toma parte en las elecciones, no se le pué llevar la contraria. El hombre ha encontrao la horma». «¿Y la mujer?», le preguntará Rosendo. «La mujer, vota», le contesta su futuro suegro, momento éste que aprovechan los autores para introducir el mítico chotis de «Las diputadas» que tanto furor hizo en la época del estreno de esta divertida obra y que Celia, pese a no haber interpretado hasta ahora la obra, ya había grabado en España para la Casa Odeón...

Es entonces cuando, en un oscuro, se levantaba el telón y, al dar la luz, aparecía otro que representaba la fachada principal del Congreso de los Diputados. Salía por la izquierda una Diputada y entonaba el mítico chotis que Celia vuelve a cantar con enorme aplauso por parte del público.

Volviendo a la acción de la obra, Tomás interpela a Rosendo para que sea éste, por su boca, quien se declare a Gloria. Le hará creer que se trata de un amigo quien está perdidamente enamorado de ella por boca del extinto chófer.

Al final, todos los personajes se darán cita en un lujoso hotel de la Costa Azul. Allí, entre dos habitaciones, el ir y venir de inquilinos y las falsas identidades tornarán a dar su escarmiento al mujeriego de Tomás.

Por fin, Míster Claxon descubre que ha encontrado un retrato de una chica mucho mejor que Pepita y más cercano al de su primera mujer, por lo que la chica puede contraer matrimonio con Rosendo.

La obra volvió a ser del agrado del público y contó con el beneplácito de la crítica, quien calificó su libreto de variedad, gracia, estilo y ritmo adecuado amén de poseer una partitura ágil, originalísima y de factura elegante de la que algunos números hubieron de repetirse hasta en tres ocasiones. Destacaban, así, pues, en la misma los titulados: «Las murmuraciones», «Las mimosas» desenvuelto en un impresionante escenario en plata y azul cobalto, el «Bohío cubano», el impresionante «Carnaval en la Costa Azul» con que finaliza el primer acto, «Californianas», el anteriormente enunciado chotis de «Las diputadas», «Los Cupidos», «Hay que ponerse seductor», «Intermedio musical», «En el Hotel», «Apoteosis final» o «Pasodoble verbenero», donde Celia vuelve a lucirse una vez más acompañada por Marcelino Ornat y que también hubo grabado ya en España para Odeón.

Conocida era ya entonces y hasta Buenos Aires había llegado el eco y la habilidad para tejer libros de este género de sus dos autores, Muñoz Román y González del Castillo, cuyos resonantes y aún latentes éxitos de *Las guapas* y *Las Leandras* permanecían incólumes al paso de las representaciones incluso allende nuestras fronteras. Con el estreno de *Las mimosas*, ambos volvieron a forjar una divertida fábula repleta de gracia, interés, rocambolescas situaciones, algo de picardía... y muchas mujeres bonitas corriendo de un lado a otro del escenario.

Mezcla de vodevil y sainete, el nuevo pasatiempo consiguió ser del agrado del público argentino, afirmando la crítica que «Celia jugó en la revista con simpático desenfado y logró sostenidos y justicieros aplausos con acierto y animación» (*La Razón*, 08 de noviembre, 1937: s.p., archivo del autor).

Era de justicia consignar que Celia se anotó con su interpretación en esta divertida pieza un buen éxito. Virtuosa, atrayente, desarrolló vivaz y oportuna su papel de Luz, destacando su intención y el adecuado matiz en los pasajes hablados y musicales dejando entre el auditorio una grata y aplaudida impresión. La voz de Celia posee mucho más caudal y mejor dicción y hace de ella una intérprete que, sobre la escena, deja traslucir su sentir de niña pizpireta que goza con la algarabía y brillantez de música y palabra, habiendo de repetir todos los números en los que hubo de intervenir, poniendo de manifiesto una vez más el rico acervo de su eficacia como estrella indiscutible del espectáculo.

A finales de año, Celia va a poder cumplir, por fin, otro sueño hecho realidad: intervenir en la primera película argentina estrenada en el Teatro-Cine Ópera de Buenos Aires. Sería el 23 de diciembre de este 1937.

XIII. DEL CINE...
¡A ESPAÑA, MI QUERIDA ESPAÑA!

Murió el sargento Laprida, dirigida por Tito Davison según la obra teatral homónima de Alberto Vacarezza, guionista de la misma, supone el primero de los filmes en que actuó nuestra morocha y que había tenido la oportunidad de rodar durante el descanso estival de aquel 1937 entre la finalización de su contrato con el Casino y el inicio de la temporada en el Avenida.

En la cinta, el cabo Rafael (Tomás Simari) y un sargento de bomberos, Laprida (Mario Danesi), se enfrentan por la mujer de éste, la Tigra (Celia Gámez). La película, pese a su escasa duración, 73 minutos, constituía todo un homenaje al cuerpo de bomberos argentinos en la que, junto a los intérpretes citados, también intervinieron Alberto Mendoza, María Esther Duckse, Juan Sarcione, Óscar Valicelli, Pepito Petray y Tita Toy. De la película llegó a decirse que nunca en la pantalla se había reconstruido con tanta fidelidad un incendio.

En la misma cinta, Celia interpreta un tango «Fuego» que, con letra de Carlos Muñoz y música de Julio de Caro, grabaría posteriormente en 1938. Pese a su notable interpretación de dicho número, a Celia no llegó nunca a gustarle su participación en esta película ni en la siguiente que filmaría ya en el mes de abril de 1938, *El diablo con faldas*, a las órdenes de Ivo Pelay.

Celia, la de los ojos de negra inmensidad, la que sabía jugarlos pícaros, prometedores y engañosos, se había entrado en el alma del pueblo hispano con extraña facilidad primero, acariciándolo con la armonía triste del tango argentino, tan gustado en la madre patria; luego, con el atrevimiento del color de la esmeralda de las desenfadadas revistas españolas, Celia Gámez, la porteña que casi llevó a la quiebra a grandes empresas de «electricidad» por el deslumbrante fulgor de sus ojos, asimiló el espíritu pilluelo de los barrios madrileños encarnando como nadie al chulazo que castigaba del Portillo a la Arganzuela y que dio su gracia sinvergonzona a las taquimecas con la falda muy cortita o vendía nardos por la calle de Alcalá, se mezcló con los gauchos argentinos haciéndoles llegar el pasodoble y el chotis como nadie jamás lo hizo.

Celia Gámez regesaba ahora, en 1938, al teatro de sus primeros éxitos, el Maipo, al frente de una compañía de revistas para poner en escena ante el público porteño los éxitos que tanta fama y celebridad le habían dado en la madre patria, aquella España que tristemente dejó un día en Gredos. En el Maipo, alternando el ritmo revisteril de Buenos Aires, Celia pensaba mezclar en esencias sabrosas, el característico Madrid y los números de mayor efecto de las operetas que también hubo representado ante el público español con éxito dándole a su tierra natal cuanto le debía y cuanto en ella aprendió, dándose a los suyos y sintiéndose lo mismo española que argentina, argentina que española.

Celia, quien en Buenos Aires se había independizado de su familia, vivía en un coqueto pisito en Cangallo y se trasladaba a diario hasta el Maipo. Pero hasta allí llegaron malas noticias: Darío López se encontraba preso en una cárcel madrileña.

Los conductos o el medio por el que Celia tuvo dichas noticias, jamás lo desveló, si bien es cierto que desde Madrid podía tener a alguien que estuviese buscando a Darío, un hombre abiertamente conocido por su afinidad con la derecha española. Inmediatamente, Celia se pone manos a la obra para intentar sacar a su querido Darío de prisión: «*Escribí varias cartas dirigidas a su casa de Madrid. En ellas rogaba que me dieran noticias suyas e indicaba la posibilidad de ayudarle a través de la Embajada de España en Buenos Aires. Me moví al respecto. Estuve varias veces en la Embajada española y les expuse el caso de Darío. Me atendieron con interés y simpatía: «En estos tiempos hay muchos casos como el que usted nos plantea -me dijeron-. La guerra, la situación política... Es difícil atuar desde aquí. Haremos cuanto nos sea posible, pero no podemos prometerle nada». Comprendí la difícil situación de mis interlocutores. [...] También contacté con la Embajada argentina en Madrid*» (San Martín, 1984, VIII: 67).

Y mientras Celia espera noticias desde España amparada en su fe y en la esperanza de que nada malo le hubiese pasado a Darío ni a Fernando, el 20 de abril de 1938 estrena su segundo filme: *El diablo con faldas*, escrita y dirigida por el poeta y dramaturgo rioplatense Guillermo Juan Robustiano Pichot, popularmente conocido como Ivo

Pelay, y cuyo argumento giraba en torno a la llegada de una compañía de revistas a un pueblo y cómo trastocaba la tranquila vida de sus habitantes. Celia fue acompañada en esta ocasión por Florencio Parravicini, Pedro Maratea y María Santos con una duración total de 87 minutos. Así reconocía Celia sus, hasta el momento, pequeños papeles en el Séptimo Arte: «*[...] A pesar de ser yo, no me encuentro... Es como esas mañanas que todas las mujeres tenemos, en que nos miramos al espejo y, a pesar de hallarnos bien, no nos gustamos. Ésa es la impresión que me ha quedado después de ver la película. Y puesta a analizar el porqué de mi desagrado, encuentro que es el papel lo que no me gusta. No lo siento en ningún momento. Y es que no me gusta hacer la vampiresa de guardarropía... Hasta ahora, no tuve la suerte de dar con un buen director y un buen argumento. Porque el argumento y dirección son las bases principales para triunfar en el cinematógrafo. «El diablo con faldas» la vi terminada por primera vez la noche de su estreno. Desde el punto de vista técnico, me pareció bien. Estoy bien fotografiada, he salido bien, me han cuidado mucho en el aspecto exterior. Pero no me dieron chance para entrar en mi papel, para explotarlo, para hacer su creación. Apenas sí un poco de diálogo y una o dos escenas en que pude expresar algo intenso y espontáneo. Después, nada... En Argentina Sono Film me han hecho conocer, a grandes rasgos, el asunto en que intervendré muy pronto. Y el papel que en ese asunto me tocará representar, ¡sí me gusta! Se trata de un personaje protagónico. Su acción será llena de dinamismo, alegría y no carece por ello de varios momentos de honda intensidad sentimental. Ahora bien, todo lo que acabo de decir de la película «El diablo con faldas» se refiere a mi personal manera de verme yo misma en el filme. Quiero hacer costar que cuando se trata de mi labor soy sumamente exigente. En esta película no me gusto de ninguna manera. Y no me gusto, simplemente, porque el papel no me queda bien... O demasiado grande o demasiado chico. Pero siempre malo*» (Cine argentino, 12 mayo, 1938: s.p., archivo del autor).

Lo cierto es que, aunque Celia no renegó nunca del tipo de cine que hizo, sí que es cierto que tampoco llegaron a ofrecerle grandes películas ni buenos argumentos en los que poder lucirse a excepción del homenaje que, años más tarde, Eugenio Martín relizaría en la versión cinematográfica española de *Las Leandras*. Sin embargo, nunca le gustó su papel en ninguna de sus dos primeras películas: «*[...] En ninguna de las dos películas me encuentro yo. Al verme, parezco otra. No quiero culpar a nadie más que a mí misma. Pero debo confesar que en los papeles que he tenido que tomar bajo mi responsabilidad no son de los más adecua-*

dos a mi temperamento. En «Murió el sargento Laprida», por ejemplo, hago de una mujer de corte melodramático. Tiene su carácter tintes sombríos y un hálito de cosa turbia está en su corazón. El pesonaje hubiera sido interesante si el libreto otorgara mayor posibilidad de desarrollo. Sólo en dos o tres escenas fugaces me encuentro ubicada dentro de mi papel. En lo demás, no; porque me ha faltado tiempo... En cuanto a «El diablo con faldas», debo aclarar que no me ha quedado muy bien el papel de vampiresa. Aunque tampoco es la labor que a mí me deja conforme, la crítica me ha tratado bien. Y he logrado demostrar que tengo cualidades para el cine» (*Cine argentino*, junio 1938: s.p., archivo del autor).

Y en verdad que a Celia no le faltaba razón. Los directores no le ofrecían buenos argumentos en los que poder lucirse tanto como en su actividad teatral, algo que siempre lamentó la estrella porteña.

Habían transcurrido tres meses desde que Celia tuvo noticias del encarcelamiento de Darío López. Pero ninguna de Fernando de Amboage. En el mes de julio, y, mientras Celia prosigue con su incansable actividad artística, en su desesperación, escribe una carta al mayordomo de López:

> «Buenos Aires, julio de 1938. Apreciado Ignacio: espero que estén todos bien de salud y no les haya ocurrido nada. Ignacio, quiero saber del señor, pero con urgencia, porque estoy tratando por medio de embajadas su salida de España. Dígame cómo está y dónde se encuentra. Le ruego me conteste a la mayor brevedad, pues estoy muy angustiada por saber qué puede haber pasado de nuestro querido señor Darío. Saludos para Conchita y Adriana y para usted, que siempre le tengo presente y recuerdo con mucho cariño. Celia Gámez».

La estancia de Celia en su querido Teatro Maipo es fructífera y duradera ya que reestrena diversas revistas. Se inicia a finales de aquel 1938 y se extenderá hasta finales de enero de 1939 pese a que ella en sus manipuladas memorias para la revista *Semana* en 1984 afirmara que llegaría a España a finales de 1938. Pero nada más lejos de la realidad, pues las críticas aparecidas en diarios argentinos como *La Nación, La Prensa, La Razón, Pregón, Noticias Gráficas* o *El Diario*, nos dan cumplida cuenta de su actividad laboral en el Maipo a través de los diversos títulos en los que intervino.

De esta forma, pues, Celia vuelve a presentarse en el Maipo la noche del 7 de diciembre de 1938 como cabeza de cartel de la Compañía Porteña de Revistas, cuyo contrato estaba estipulado que oscilase entre el último mes del año y febrero de 1939: Margarita Padín, Mario Fortuna, Alberto

Anchart, Serafina Fernández, Osvaldo Miranda, Dringue Farías, Luis García Bosch, Lalo Malcom, Julio Gómez, Margareth Smith, Cora Gámez, Mirna y Margot Mores y Chato García, son los integrantes de mencionada formación teatral que estrenará seis títulos entre diciembre y febrero con la dirección de Marcos Bronemberg y Mario J. Bellini.

Los dos primeros, estrenados como señalábamos anteriormente el 7 de diciembre, son los titulados *Gran frigidaire porteño* y *El mundo se está suicidando*, en un mismo programa doble. De eficacia más o menos pareja, las dos revistas ofrecían las características habituales del género, afianzadas en su delineamiento general por una animación y un dinamismo de cierto efecto. En ambas, abundaba la nota de carácter coreográfico, alternando con el diálogo cómico de los distintos pasillos que componían la parte hablada de las mismas en donde los autores (los propios directores más los aditamentos musicales de Ricardo Devalque) aludían a la actualidad nacional, mientras que en otros desarrollaban tópicos de carácter internacional. *Gran frigidaire porteño* estaba integrada por comentarios de acción más rápida y dinámica y tenía, en sus cuadros de conjunto musical, ciertas notas de realce en los titulados «Acorazado a la vista», una pintura de ambiente criollo, otra denominada «Carmen, la cigarrera» de claro sabor español y que pertenecía a la revista *Mujeres de fuego* (1935) y «El naranjo maravilloso». Junto a estos números, los cuadros o estampas dialogadas complementaban con acierto los anteriormente señalados, debiendo incluirse entre los mismos «Una pitonisa de ley», «Lindo programa» y una caricatura de teatro clásico, «La boda de Nasso Lungo», todos ellos de marcado efecto y diálogo humorístico.

Por su parte, en *El mundo se está suicidando*, se encontraban igualmente combinados certeramente los cuadros de conjunto o musicales y los motivos dialogados, mereciendo destacarse, entre los primeros, el cuadro inicial en el que se reeditaban títulos de novelas de éxito alternando personajes popularizados gracias al cine; una pintura de ambiente azteca, un cuadro hispano de vendedoras de castañas perteneciente a la revista *El ceñidor de Diana* (1929) y un comentario de ambiente mahometano sobre música de *El baile del Savoy* (1934). Por su parte, los cuadros dialogados tenían su eficacia y simpatía en los titulados «Buenos Aires se suicida», una caricatura de los servicios telefónicos argentinos y el final, en el que se comentaban incisivamente la actualidad del viejo mundo y sus sempiternos problemas políticos.

En ambos títulos, Celia volvió a reeditar, en algunos pasajes de conjunto y otros de letra, sus condiciones de intérprete grata y eficiente, de vedette dinámica, ágil y simpática afirmando la prensa acerca de ella que «[...] tuvo destacada actuación y contribuyó con simpáticos recursos, asimismo, al realce de más de una estampa, celebrándosele en muchas de ellas personalmente como en «Las cigarreras» y «Vendo castañas» (*La Razón*, 8 de diciembre, 1938: s.p., archivo del autor).

Pero Celia sigue pensando en sus dos queridos Fernando y Darío. Y es que, junto a la pena de no saber qué les habría ocurrido, especialmente al primero ya que, al menos sabía que Darío continuaba con vida, aunque encarcelado, Celia se siente deprimida... Le cuesta seguir trabajando e implicarse tanto en los espectáculos en que trabaja como lo hacía en España. Se siente desfallecer. Necesita a sus queridos amigos... Continúa escribiendo al mayordomo de Ignacio López al no recibir respuesta alguna por parte de éste... Ya ha estado en repetidas ocasiones en la Embajada de España en Buenos Aires... pero nada. ¡Qué desesperación!...

Mientras tanto, el año 1939 llega con un nuevo título por parte de la Compañía Porteña de Revistas: *La revista tropical*, estrenada la noche del 5 de enero y a la que el público dispensa una calurosa acogida. Se trataba de una producción idéntica a las estrenadas anteriormente con cuadros de conjunto o musicales y de letra o dialogados. La misma se iniciaba con un llamativo cuadro de presentación que, al desarrollarse en Cuba, daba pie a atrayentes motivos folklóricos y finalizaba con otro alarde de presentación que oficiaba de digno broche en la producción. Esos dos cuadros, y uno titulado «Amanecer en Hawai», iniciado con un motivo musical nostálgico y cerrado con una nota de vibrante alegría, constituyeron el aspecto visual de la revista a la que cabría añadir el número final de la misma dedicado al Carnaval. Junto a ellos, los clásicos *sketches* dialogados con alusiones a la realidad social y política de la época, los equívocos inevitables entre un matrimonio y su doncella o el llevado a efecto en una clínica médica con exhuberantes pacientes y sus no menos efebas enfermeras, articularon la parte hablada de la revista donde vuelve a destacarse el papel de Celia Gámez.

Y, al igual que sucediera con los títulos anteriores, se programa otro a diario: *Aquí funciona el aparato Baigorri*, una refundición de cuadros clásicos de revistas porteñas anteriormente estrenados en el mismo escenario donde se destacaron el *sketch* titulado «El aparato de la lluvia» y cuya acción transcurría en el mismo cielo, al que había llegado un ingeniero argentino a dilucidar supremacías con Júpiter en presencia del Sumo Sacerdote, árbitro insospechable en el litigio, mas como acontece que el visitante sólo realizó el experimento para favorecer a un amigo, un fabricante de paraguas, el *sketch* arriba a un final pacífico, tras diez minutos de entretenimiento con el público.

Celia vuelve a actuar «con desenvoltura y fina elegancia», pero no con el ánimo de siempre... Aunque está triste, tiene que continuar...

En los ojos inmensos y renegridos de Celia Gámez descubrimos una gran tristeza. Sus bellos ojos denuncian un pesar, quizás alguna tragedia de la cual fueron testigos. Su dueña cae a veces en abstracciones momentáneas, como perdida en un mar de recuerdos donde la aegría es vencida por el dolor.

De las sierras de Gredos donde se econtraba gozando de un corto descanso, tuvo que abandonar un día aciago el suelo español, su amado suelo español, quizás para no volver en mucho tiempo, emprendiendo un esperado viaje. Ya no pudo regresar a ése, su querido Madrid donde su belleza y simpatía le conquistaran un lugar destacado; a esa villa en la cual era una de las artistas más aplaudidas, mimadas y queridas del exigente público hispano. Víctima, como otras tantas, de la tragedia que en aquellos días sacudía al pueblo español, Celia había abandonado con infinito dolor el escenario de sus triunfos donde durante nada menos que doce años hubo actuado brillantemente y añadiera renovados laureles a su actuación profesional. Allí, dejó todo cuanto poseía: dinero, alhajas, casa, coche, amigos... un amor... para emprender la odisea de un retorno forzado a la patria que la vio nacer. Ansiaba desde el fondo de su corazón volver a su amada Espña pese a amar con toda su alma la tierra porteña; pero con los entusiasmos propios de actriz joven, hermosa, consagrada, para ofrecer a sus compatriotas el espectáculo siempre atrayente de sus interpretaciones. Primero, en el Casino, después, en el Avenida. Ahora, en el Maipo. Pero las circunstancias hicieron que ese deseo fuera cumplido en forma asaz distinta a lo proyectado. La honda pena de ver a su patria adoptiva convertida en un mar de sangre, su partida intempestiva, rodeada de enormes dificultades de todo género, y la pérdida de cuanto poseía, deprimieron en tal forma su ánimo que dejaron en su espíritu un poso de honda amargura.

En tales condiciones había llegado a Buenos Aires. Sus primeros pasos, iniciados nuevamente desde un plano que no correspondía a sus prestigios, fueron orientándose hacia la actividad teatral y luego a la cinematográfica, pero realizando siempre interpretaciones muy por debajo de sus elevados méritos artísticos. Es así que tuvo y aun tenía que luchar de forma denodada con un sinnúmero de obstáculos, porque también acrecentaba su pena y amargura el hecho de no haber podido conocer todavía el enorme éxito que tuvo en su amada España y que Buenos Aires parecía resistírsele.

Encontrándose, pues, en aquella bendita tierra argentina, conoce, aun teniendo en mente a su adorado Fernando de Amboage y querido Darío López, a Alberto Etchebehere, dentro del círculo de amigos teatrales que poseía y quien, con su apostura, gallardía y simpatía, la alentó a que perseverara. Esa amistad sería el principio de cierto refugio sentimental que la prensa bonaerense se encargó de propagar a los cuatros vientos.

En Alberto, Celia encontró al amigo que todos deseamos tener en los momentos decisivos de nuestras vidas, que supo comprender su desencanto y que siempre tuvo la palabra oportuna que hacía revivir la voluntad que flaqueba en ella. Esa amistad, nacida al amparo de una profunda identificación, fue trocándose paulatinamente en un sentimiento de afecto correspondido y malinterpretado por la prensa, pues ésta se encargó de afirmar que acabaría en un próximo enlace matrimonial. Ambos eran dos buenos y grandes amigos. Celia tenía su mente en España. En Fernando y Darío...

Parte de la frustración que obcecaba a Celia en aquellos momentos se debía a la escasa repercusión que sus papeles en el cine habían obtenido, pese a realizar en los mismos una labor satisfactoria para la crítica. Pero no para la exigencia que ella tenía de sí. Y es que no había dado todo lo que el público argentino esperaba ciertamente de ella. De una estrella que había arrasado en las carteleras teatrales españolas durante doce años y que ahora no se mostraba en todo su lucimiento personal y artístico sobre las tablas ni ante el proyector cinematográfico. Y no por falta de méritos, sino, sencillamente, por carecer de obras que se aviniesen con su temperamento dinámico y le permitiesen volcar su inmenso caudal en las mismas: *«Yo admiro profundamente a Joan Crawford. Sus papeles me encantan. En mis películas he interpretado una parte casi dramática y un papel de vampiresa; pero en ninguna me he encontrado agusto. No puedo dar vida con fidelidad a ninguno de los dos. Me agradaría hacer una muchacha alegre, desenvuelta, pizpireta y traviesa, cuya actuación fuera matizada convenientemente con notas sentimentales. Porque soy terriblemente sentimental; tanto, que no puedo observar con indiferencia el dolor cuando nos sale al paso. Me emociono hasta las lágrimas ante la desdicha ajena. Por eso creo que interpretaría con profundo sentimiento un papel parecido al que realiza Joan: el de una muchacha aparentemente frívola y coqueta, pero que oculta en lo más íntimo, un tesoro inmenso de ternura y que sabe reír, sufrir y gozar con igual intensidad. [...] Los argumentos deberían ser escritos especialmente teniendo en cuenta la modalidad del actor. No cabe tomar un asunto cualquiera y elegir al azar la persona que habrá de darle vida, creyendo que todo va a salir bien. Tampoco creo que una obra teatral representada hasta el cansancio y que el público casi conoce de memoria pueda proporcionar material adecuado para ser llevada a la pantalla. Las adaptaciones para el cine pueden surgir de grandes novelas, de temas históricos o aunque sea de algún relato breve, siempre que su sustancia permita desarrollar un tema de interés humano, por las pasiones que muevan a sus protagonistas o por los complejos psicológicos que expongan.*

Lo ideal es que la actriz, tanto en cine como en teatro, cuente con un argumento escrito para sus aptitudes» (Cine Argentino, 05 de enero, 1939: s.p., archivo del autor).

La frustración artística de la actriz es evidente. No obstante y, así las cosas, no hay más remedio que seguir escribiendo... y seguir trabajando...

La compañía estrena nuevamente otro título el 21 de enero: *Se armó lío en la Plata*, de los mismos creadores y directores que todos los anteriormente enunciados, donde Celia obtiene poco lucimiento a tenor de las críticas vertidas en el momento de su estreno.

Así, dentro de los cánones del frivolismo escénico criollo, la revista mantenía los parámetros clásicos del mismo hilvanándose una serie de *sketches* dialogados con numeros musicales y de conjunto, unos de mayor acierto que otros. Por su visualidad, colorido y buena coreografía, debida al experto maestro Eladio Alonso, debemos señalar la impresionante estampa española denominada «Comencemos con alegría»; un rítmico cuadro deportivo que llevaba por título «Por tierras nevadas» y, el no menos atrayente «Escoceses en la Boca» a los que cabría añadir «La salida del cabaret», «El globero» y «El conventillo de La Plata». En cambio, la actualidad política y la nota festiva habían sido tratadas esta vez en forma escasamente ingeniosa, ya que para lograr algunos efectos de dudoda comicidad, se llegó a recargar inconvenientemente los tintes de doble sentido y de la picardía. Aún así, los intérpretes animaron notablemente con acierto sus respectivas intervenciones, sobresaliendo, qué duda cabe, las distintas apariciones de Celia Gámez, que infundió sugestividad e intención a su elegante sabor en las partes en que intervino, volviendo a lucir sus dotes artísticas y su personal simpatía.

De repente, cuando todo se tornaba oscuro, un rayito de esperanza pareció iluminar la vida nuestra protagonista nuevamente. Recibió carta nada menos que del propio Darío López. Embargada por la emoción, abre la carta entre lágrimas en su camerino del Maipo:

> «Queridísima Celia: al fin he tenido noticias tuyas por las cartas que has mandado a casa desde Buenos Aires y que Ignacio acaba de entregarme. ¡Qué gran alegría siento al saber que estás a salvo en tu tierra, con los tuyos y trabajando en paz! Tras tu salida del parador de Gredos, quise localizarte en Salamanca o donde estuvieras, pero me fue imposible porque, como sabrás, me detuvieron con nuestro común amigo Pepe Brujó, y desde la cárcel no me permitieron hacer gestiones. ¡Más de un año sin saber de ti! Estoy deseando verte. Acabo de salir de prisión. Estoy bien. Ya te contaré... La guerra va a durar poco. No puede dudarse que ya es cosa de unos meses. Ni de que Franco obtendrá la victoria final. Te envío un pasaje para que regreses a España en el «Monte Udala», que zarpará de Buenos Aires a finales de octubre[2] rumbo a Gibraltar. De Sevilla no te será tan difícil volar a San Sebastián, donde tendrás reservada una habitación en el Hotel Continental. No te preocupes por tu situación económica ni por nada. Me tendrás a tu lado. Queridísima Celia, cuento los días y los minutos que faltan para verte de nuevo en España. Recibe todo mi cariño. Hasta pronto, Darío» (San Martín, 1984, VIII: 67).

¡Por fin había tenido noticias de su querido Darío!

Es final de enero de 1939. Celia estrena el día 28 *La revista de la alegría*, próxima a finalizar la temporada contratada en el Maipo. Aunque no tarda en tomar una decisión, la morocha informa a los empresarios del Maipo de no llegar a concluir dicha temporada y marchar lo antes posible a su querida España, incluso antes de terminar las funciones del último de los títulos que estrena en el escenario de mencionado coliseo.

Inmediatamente, la noticia corre como la pólvora por todos los medios.

Los empresarios no pusieron pega alguna y comprendieron la decisión tomada, brindándole a su estrella, junto al resto de compañeros, una emotiva despedida en el que había sido su camerino instantes después de dar su última función, la función de una revista que no era sino

---

[2] Celia trastoca las fechas y meses, puesto que el vapor, el «Neptnunia» y no el «Monte Udala», en el que embarca, sale del puerto de Buenos Aires a finales de febrero, tal y como anuncian las páginas del diario *ABC* (26 de febrero, 1939) y no a finales de octubre como ella reproduce en la misiva que dicta a Hebrero San Martín.

una antología y recopilación de cuadros de otros títulos anteriores de la misma compañía.

Comunicada la noticia de su regreso a la patria que vio nacer a sus padres, Celia embarcaría en el vapor «Neptunia» tal y como el diario *ABC* en su edición del 26 de febrero de 1939 anunciaba entre sus páginas y no en el «Monte Udala» rumbo al país que la acogió en su seno... ¡A España, a su querida España...!

Celia junto a Alberto Etchebehere en Buenos Aires. Archivo del autor.

XIV. RETOMANDO LA VIDA DE NUEVO

La ruta que Celia iba a seguir una vez el «Neptunia» arribase a Gibraltar era llegar hasta Sevilla y desde allí, vía aérea a San Sebastián donde Darío López la estaría esperando...

Mientras tanto, en España, el entonces aún Presidente del Gobierno, Juan Negrín, había cruzado la frontera francesa a primeros de febrero; sin embargo, en Toulouse cogió un avión para regresar a Alicante acompañado de algunos ministros con la intención de reactivar la guerra en la zona centro-sur, último reducto aún perteneciente a la zona republicana. Allí se desató una última batalla entre los que consideraban inútil seguir combatiendo y los que todavía pensaban que mejor era resistir que vencer, pero el cansancio de la guerra, el hambre y la crisis de subsistencias que asolaban la zona republicana estaban minando la capacidad de resistencia de la población.

El problema para Negrín era cómo terminar la guerra sin combatir de manera distinta a la de entrega sin condiciones. Su posición fue prácticamente insostenible cuando ya, a finales de mes, Francia y Gran Bretaña reconocieron al gobierno de Francisco Franco en Burgos como el gobierno legítimo de España, y al día siguiente el Presidente de la República, Manuel Azaña, que se encontraba en la Embajada española en París renunció a su cargo.

Celia desembarca en Gibraltar a finales de febrero. Había regresado a su bendita España. La emoción la embargaba. Ardía en deseos de tener noticias de sus compañeros, amigos... pero, sobre todo, de saber el paradero de Fernando de Amboage y de darle un fuerte abrazo a su querido Darío López.

En Gibraltar, Celia pasa la noche en un hotel junto a otros artistas españoles que, como ella, la habían acompañado en el trayecto del

«Neptunia», entre ellos el actor José Marco Davó. Los ánimos estaban muy exaltados y mejor era no hablar de política. Junto al citado artista, Celia coge un taxi y ambos se dirigen desde La Línea de la Concepción hasta Sevilla donde, asombrosamente, parecía no haber ninguna clase de altercado. Nadie hablaba de guerra. Había paz. Mucha paz y sosiego. También alegría. Una vida como la de antes del 36... Calles inundadas de gente que iban y venían y que insuflaron buenos ánimos y esperanzas en el corazón de una Celia, cansada, hastiada, pero llena de ganas de luchar y empezar de nuevo: «*[...] Del vuelo Sevilla-San Sebastián sólo diré que al recordarlo me da vueltas la cabeza. Lo hice en un pequeño y destartalado aparato que sonaba a lata y volaba dando tumbos. Éramos diez o doce heroicos pasajeros muertos de miedo. No sé cuántos rodeos daríamos para evitar los cielos peligrosos de la guerra. Pero sí que me puse mala antes de despegar de Sevilla y que no me recuperé hasta horas después de aterrizar en San Sebastián. Y que durante el largo y temerario viaje les recé a todos los santos de mi devoción: los argentinos y los españoles*» (San Martín, 1984, VIII: 68).

Y, por fin, San Sebastián...

Celia, quien había viajado sola desde Argentina (su doncella Margarita se había quedado a vivir allí tras conocer al amor de su vida junto al galgo Tommy) ahora podría, por fin, intentar volver a la normalidad... a una normalidad que aún había que esperar dados los acontecimientos históricos que quedaban por vivirse en España en aquellas semanas...

Mientas tanto, estaba muy avanzada la conspiración militar y política contra el gobierno Negrín dirigida por el jefe del Ejército del Centro, el coronel Segismundo Casado, convencido de que sería más fácil liquidar la guerra a través de un entendimiento entre militares por lo que había entrado en contacto a través de la Quinta Columna con el cuartel general de Franco para una rendición del ejército republicano sin represalias, algo a lo que los emisarios del general Franco nunca se comprometieron. Casado consiguió el apoyo de varios jefes militares y de algunos políticos importantes, como el socialista Julián Besteiro, que también había mantenido contacto con los quintacolumnistas de Madrid. Todos ellos criticaban la estrategia de resistencia de Negrín y su dependencia de la Unión Soviética y del Partido Comunista, que eran los únicos que apoyaban ya la política de resistencia de aquél.

En San Sebastián, Celia, y tal y como Darío López le había prometido, se aloja en una habitación del Hotel Continental. Allí tiene lugar el esperado reencuentro entre ambos. Al parecer, a López el alzamiento le había cogido en Madrid mientras Celia se encontraba en Gredos y los republicanos, conociendo su afiliación derechista, lo encarcelaron en la cárcel Modelo donde permaneció casi un año. Afortunadamente, sus contactos y la presión ejercida por Celia en las respectivas embajadas, hicieron el resto.

Celia quería entonces reanudar su carrera. Necesitaba trabajar y, consecuentemente dinero. Desconocía lo que había sucedido con todo su patrimonio, pues desde Gredos nunca pudo regresar a Madrid. Sin embargo, su situación económica era mucho más grave de lo que ella misma pensaba...

El 5 de marzo tiene lugar uno de los últimos actos de la Guerra Civil española con el golpe que encabezó el general Segismundo Casado, jefe del Ejército del Centro, en colaboración con las redes de espionaje franquista y la Quinta Columna de Madrid para derribar al gobierno republicano del socialista Juan Negrín, quien defendía continuar resistiendo; sin embargo, las unidades militares controladas por los comunistas opusieron resistencia en Madrid y sus alrededores pero fueron derrotados (hubo cerca de 2000 muertos) firmando finalmente un acuerdo de paso de mando del Ejército republicano al Ejército sublevado. Al día siguiente Negrín y su gobierno, junto con los principales dirigentes comunistas, abandonaron España en avión para evitar ser apresados.

Consumado el golpe de Casado, el general Franco se negó a aceptar ningún pacto que no fuera la rendición incondicional. El 28 de marzo, las tropas nacionales entran en Madrid. El primer día de abril de 1939, Radio Nacional de España, difunde el último parte de guerra en la voz de Fernando Fernández de Córdoba: «En el día de hoy, cautivo y desarmado el ejército rojo, han alcanzado las tropas nacionales sus últimos objetivos militares. La guerra, ha terminado. Burgos, 1º de abril de 1939. Año de la Victoria. El Generalísimo. Fdo.: Francisco Franco Bahamonde».

España, ya está en paz... pero sólo en apariencia... las heridas causadas por la guerra, tardarían muchos años aún en cicatrizar...

Celia Gámez, días después de finalizado el conflicto bélico y, con la ayuda de Darío López, se traslada hasta Madrid. Necesita saber qué ha sido de Fernando de Amboage y de todo su patrimonio. Del primero, Darío López le informa que cayó muerto durante la guerra, algo que entristece enormemente a Celia. En cuanto al segundo de sus problemas, los republicanos habían saqueado el Banco de España y, consecuentemente, todas las cajas de seguridad del mismo habían sido expoliadas. En la de Celia, concretamente, sólo quedaba un pañuelo de hilo que, al parecer, fue el envoltorio de siete pulseras de brillantes, y una cajita de terciopelo vacía: «*[...] Además de estas pulseras, me despojaron de un collar de brillantes, otro de perlas, tres solitarios de 25 quilates cada uno, una flecha con zafiros y brillantes cuadrados, una plaquette de tres solitarios y brillantes, numerosos anillos de rubíes, de brillantes, de zafiros... dos clips de brillantes, tres sortijas de zafiros, rubíes y brillantes y la fantástica perla en degradé que me regaló Su Majestad de España, don Alfonso XIII*» (San Martín, 1984, VIII: 69). Aquello supuso un descalabro económico y sentimental del que Celia no llegaría a recuperarse nunca. Así las cosas, ella y Darío López se trasladan hasta San Sebastián de nuevo. Allí, donde se habían apostado muchos artistas de la época, comenzaban a preparar nuevas formaciones y compañías para intentar retomar su actividad artística, Celia va a recibir la visita del empresario y tenor cómico Eladio Cuevas, quien se encontraba formando una compañía de zarzuelas y operetas para iniciar inmediatamente una gira. Le propone a Celia ir con él, algo que a la bonaerense le cayó como agua de mayo habida cuenta de la imperante necesidad que de trabajar tenía: «*[...] La compañía, efectivamente, era modesta. Pero eso era lo de menos en unos momentos en que lo realmente importante era arrancar de nuevo. Faltaban medios y los sueldos eran pequeños, pero nos sobraba ilusión y ganas de trabajar. A Darío le pareció muy bien mi incorporación al elenco de Cuevas, en el que tuve por compañeros a magníficos artistas y estupendas personas*» (San Martín, 1984, VIII: 68).

De esta forma, pues, se forma la Gran Compañía de Operetas Celia Gámez dirigida por Eladio Cuevas y auspiciados por J. Carietu con el elenco siguiente: vedette máxima (Celia Gámez), tiple cantante (Mercedes Vecino), primerísima bailarina (Lolita Aldana), tiple cómica (María Teresa Klein), actriz de carácctel (María Zaldívar), otra tiple cómica (María Fuster), tiples y bailarinas (Remedios Logán, Paquita Martino, Manolita Ruzafa, Celia Deza, Cristina Pereda, Consuelo López y Carmen Ramos), tiples de conjunto (Angelita Lasanta, Maruja Cristóbal, Charito Crespo, Carmen Ubach, Amelia Navarro, Maruja Gironella, Carmen Utrilla, Lolita Crespo, Maruja Martínez, Antoñoita García, Carmen Estival), primer tenor cómico y director de escena (Eladio Cuevas), maestros directores y concertadores (Antonio Capdevilla y Rafael Pou), primer tenor (Tino Folgar), primer barítono (Antonio Medio), primer actor cómico (Amadeo Llauradó), tenor (Constantino Pardo), tenor cómico (José Torres), actor de carácter (Juan Pascual), otro barítono (Santiago Rodríguez), actores genéricos (Miguel

Pros, José Palomera, Fernando Barraicoa, Demetrio Díez Fabral) y actores de conjunto y *boys* (Alfonso Corral, Ángel Aldea, Daniel Catalán, Julián Baujer, Pedro Rodríguez, José Caráte, José Fenollar, José Payá, Diego Johnson, Santiago García, Luis Dambo, Antonio Caster). Llevan como repertorio títulos como *La duquesa del Tabarín, La del manojo de rosas, El conde de Luxemburgo, La casta Susana* y *La viuda alegre*.

Antes de partir de gira para provincias, a primeros de mayo de 1939, Millán Astray, quien también se encontraba en San Sebastián, al enterarse de que Celia se hallaba también allí, le pide un favor: que grabe una canción para levantar el ánimo de los españoles de bien. Ensaya en el Hotel Continental, donde sigue hospedándose, una canción titulada «¡Ya hemos pasao!» para contrarrestar la célebre consigna republicana del «¡No pasarán!» Claro que Celia no sabía muy bien lo que hacía. Un favor que la marcaría de por vida...

Y es que dicha canción tenía, como todas, su pequeña intrahistoria. Así recordaba Bobby Deglané (1939: 21) cómo surgió:

> «[...] El mismo día del 28 de marzo, gloriosa efeméride de la entrada de las tropas de Franco en Madrid, como es consiguiente, tan pronto como se extendió la noticia por el resto de España, se organizaron en todas las ciudades y en todos los pueblos de la que hasta entonces era zona liberada, manifestaciones y exaltaciones populares, que fueron la válvula de escape al contento nacional. En San Sebastián, como es lógico, también hubo lo suyo. Y entre los actos celebrados con tan feliz motivo, se cuenta el discurso que desde los balcones y a través del micrófono de Radio Nacional de España en la capital guipuzcuana, pronunciaba el camarada, cuyo nombre se escondió durante la guerra, por razones familiares, tras el seudónimo de Manuel Talavera. En su alocución, nuestro camarada analizó el machacón «¡No pasarán!» de los rojos, que ahora se convirtió en nuestro jubiloso «¡Ya hemos pasao!», perfectamente español y madrileño. Manuel Talavera, mientras pronunciaba su discurso, sentía incontenibles deseos de contestar a los rojos en el mismo tono burlesco que ellos emplearon para gritar el estúpido «¡No pasarán!» Claro está que esta intención madrileña del camarada se la vedaba el protocolo de las circunstancias; pero una vez terminado su discurso no pudo resistir más, llamó al maestro Cotarelo que se encontraba en la emisora y le pidió que llevara al pentagrama los compases de un chotis que le cosquilleaba el cerebro, junto con una letra que en un santiamén había improvisado en la misma radio. Así nació, «¡Ya hemos pasao!»
>
> El maestro Cotarelo escribió la música, Manuel Talavera pulió la letra, colocó los acentos en su sitio y momentos después el chotis era

cantado por el mismo micrófono de Radio España de San Sebastián. No habían aún terminado de cantarlo, cuando los oyentes comenzaron a telefonear a la emisora pidiendo que repitieran el disco, sin saber que el tal disco no existía, y que la canción acababa de nacer aquel día a las ocho de la noche ».

Y, efectivamente, a instancias de Millán Astray, Celia ensaya el citado número en el Hotel Continental ante la sorprendida mirada de huéspedes y trabajadores del establecimiento: «Era en aquel Madrid de hace dos años/ donde mandaban Prieto y don Lenín; / era en aquel Madrid de la cochambre/ de Largo Caballero y don Negrín. / Era en aquel Madrid de milicianos, / de hoces y de martillos, y soviet; / era en aquel Madrid de puño en alto / donde gritaban todos a la vez: / ¡No pasarán!, / decían los marxistas. / ¡No pasarán!, / gritaban por las calles. / ¡No pasarán!, / se oía a todas horas / por plazas y plazuelas/ con voces miserables / ¡No pasarán! / ¡No pasarán!, / la burla cruel y el reto. / ¡No pasarán!, / pasquín de las paredes. / ¡No pasarán!, / gritaban por el micro / chillaban en la prensa / y en todos los papeles / ¡No pasarán!».

Y la letra proseguía en su segunda estrofa... «Este Madrid es hoy de yugo y flechas, / es sonriente, alegre y juvenil. / Este Madrid es hoy brazos en alto / y signos de facheza, cual nuevo abril. / Este Madrid es hoy de la Falange, / siempre garboso y lleno de cuplés. / A este Madrid que cree en la Paloma / hoy que ya es libre así le cantaré: / ¡Ya hemos pasao!, / decimos los facciosos. /¡Ya hemos pasao!, / gritamos los rebeldes. / ¡Ya hemos pasao!, / y estamos en el Prado / mirando frente a frente / a la señá Cibeles. / ¡Ya hemos pasao! / ¡Ya hemos pasao!, / y estamos en las Cava. / ¡Ya hemos pasao!, / con alma y corazón / ¡Ya hemos pasao!, / y estamos esperando /a ver caer la bola / de la Gobernación. / ¡Ya hemos pasao! / Ja, ja, ja, ja / ¡Ya hemos pasao! »

Grabada para la Casa Columbia en este año de 1939, Celia, que llevaba desde 1934 sin grabar, lo hace amparada en el beneplácito de Millán Astray, y a sabiendas de que tiene que trabajar para seguir viviendo e intentar recuperar su estatus. Junto al tristemente célebre «¡Ya hemos pasao!», la Gámez graba, en el mismo disco de pizarra de 78 r.p.m, otro número, el titulado «Enfermera», que, original de los mismos autores, pretendía homenajear al citado cuerpo sanitario y a su impagable labor en pro de la salud de los heridos y caídos entre ambos bandos: «Con orgullo de española / junto estoy al combatiente. / Suavizando las heridas / del soldadito valiente. / Mi puesto en el hospital / lo cubro con gran fervor / por mi España idolatrada / soy la novia del dolor. / Y en mi pecho llevo / la roja cruz bella, / el yugo y las flechas / que guían mi estrella. / Enfermera, enfermera, / blanca novia del dolor, / que cuidas al soldadito / con gran dulzura y amor. / Por ti la muerte alejóse, / por ti la vida volvió. / Enfermera, enfermera, / blanca novia del dolor».

La Gran Compañía de Operetas Celia Gámez parte de gira por provincias. Su primera parada: Teatro Apolo de Valencia, desde el 13 de mayo al 4 de junio. Se presentan con *La duquesa del Tabarín*, «opereta italiana en tres actos», original de Leo Bard adaptada al castellano por José Juan Cadenas y en la que Celia encarna a la bailarina del cabaret a que da título la obra, Frou-Frou de la que se enamora el duque de Pontarey, llegando incluso a contraer matrimonio con ella. Ésta, quien echa de menos su antigua y frívola vida, es sorprendida por el duque en uno de sus devaneos, a consecuencia de lo cual se entabla una demanda de divorcio. El tribunal ha concedido un plazo de tres meses, al final de los cuales, y siempre que la duquesa observe durante ellos una irreprochable conducta, deberá recibir medio millón de francos y se hará firme la sentencia de divorcio. En el momento de empezar la acción está a punto de expirar el plazo de los tres meses y la duquesa está preparando una cita con Octavio, su adorador nocturno, para después de las doce de la noche, cuando ya sea firme la sentencia. El duque, que es además Ministro de Comunicaciones, ha organizado una central telefónica nueva y pretende conquistar a Ketty, una de las bellas telefonistas, quien es a su vez, novia de Octavio, príncipe de Chantal, al que ella cree un modesto empleado.

El duque, con pretexto de inspeccionar los servicios de la nueva central, hace frecuentes visitas, y en una de ellas invita a Ketty a ir con él al Bal Tabarin: Ketty rechaza al principio la invitación, pero poco después sorprende el flirteo de su novio con Frou-Frou quien, enterada de que ambos se han citado en el Tabarín, decide aceptar la invitación del duque. Allí se encuentran ambas parejas y Pontarey se indigna al ver a su mujer en su antiguo ambiente. Ella replica que ha expirado el plazo de tres meses impuesto por el tribunal para que su divorcio sea firme, puesto que ya es 28 de febrero, último día del mes; pero resulta que ese año es bisiesto y el último día es realmente el 29. Frou-Frou, desesperada, amenaza con cometer una barbaridad, y el duque la perdona al fin para evitar el escándalo. Octavio y Ketty también por su parte hacen las paces y todo termina felizmente.

El público valenciano no quedó defraudado con la reposición de este título y el estreno de la nueva formación comandada por Celia Gámez y Eladio Cuevas. Desde luego, en el ambiente del Apolo flotaba el nerviosismo de las grandes veladas teatrales. La inmejorable realización, interpretación y puesta en escena de la misma tuvo como resultado las grandes ovaciones que el público valenciano tributó a toda la compañía. Celia fue aplaudida hasta en un mutis: «[...] y no digamos cómo bailó, cómo se movió en escena ni cómo vistió la obra. Fue obsequiada con un centro de mesa hecho con capullos naturales encarnados y amarillos combinados de forma que representaban la bandera de España» (*Las provincias*, 16 de mayo, 1939: s.p., archivo del autor).

A esta primera función asistieron los generales Orgaz, Aranda, Martín Alonso y el Gobernador Civil de Valencia, Planas de Tovar, interpretándose, tanto a la entrada como a la salida el himno nacional, siendo éste escuchado con el debido y fervoroso respeto, brazo en alto y dándose vivas a España.

Las actuaciones de la compañía se cuentan por llenos y el público premia con enfervorizados aplausos las intervenciones de todos los artistas.

Tras una función de honor en homenaje a la valentía del teniente general Orgaz con la misma obra, que se representa en programa doble en horario de tarde y noche, Eladio Cuevas cambia la cartelera una semana más tarde para reponer *El conde de Luxemburgo*, «opereta en tres actos» con música de Franz Léhar adaptada en música y letra por Vicente Lleó, que hasta el 23 de mayo alternará con el anterior título: la acción de la misma se desarrolla en el barrio Latino de París, centrando en una primera escena la acción en el estudio abuhardillado que poseen Armando y Julieta. Él desea pintar y el alboroto de Carnaval no le deja. Julieta insiste en que por una noche, ya que es Carnaval, no trabaje. Son una pareja de enamorados cuyo único problema reside en que Julieta quiere casarse a toda costa y Armando alega que no tiene dinero para ello. Ambos son amigos del escritor René Graf, conocido por el seudónimo de su más celebrada creación, «el conde Luxemburgo», un bohemio por naturaleza, al cual no le importa el dinero lo más mínimo. Cuando están reunidos todos los amigos aparecen tres personajes con antifaces a buscar al «conde». Éste, promete a sus amigos estar a la hora del baile y se va con los tres, quienes le proponen ganarse mil quinientos francos por casarse, a lo que René pregunta si ella es fea o ha tenido algún desliz. Le contestan que no y que es bonita como un sol. René dice que se lo pensará. Cuando va a dar la respuesta observa que junto a los tres personajes está el príncipe Basilio Basilovich, que es quien les ha enviado y el que hace el encargo. René quiere que le explique el por qué de esa boda y el príncipe Basilio -que es viejo y feo- le dice que está enamorado de una chica pero que como no es de su clase, el Zar no le permitiría casarse con una mujer sin título. Ofrece al «conde» los quinientos mil francos para que se case con ella, divorciándose a los tres meses. Así ella será condesa y el Zar no se podrá oponer al matrimonio.

El príncipe Basilio, sin embargo, impone ciertas condiciones para que el matrimonio se celebre: que ellos no se vean, para lo cual instalarán un biombo entre los dos, y, después de la boda, René tendrá que abandonar el país hasta un día antes del divorcio. El «conde» acepta las condiciones, pero queda impresionado por la voz de Ángela Didier (Celia Gámez) «su esposa», no en vano es cantante de la Ópera y por la mano en la que coloca el anillo de compromiso, que es lo único que de ella ve. En realidad Ángela no está enamorada del príncipe Basilio, y lo que busca en él es el título y el dinero.

Transcurridos los tres meses, René regresa. Esa noche va con Armando a ver a una cantante que da su última representación. El «conde», que durante los tres meses ha cambiado de nombre y se hace llamar ahora «el Barón de Reinan», queda impresionado por la belleza de la Didier. Ella, asimismo, siente una poderosa atracción hacia él. René cree haberla visto en otro sitio pero no sabe dónde. Basilio los ve juntos en la fiesta y se pone celoso, e intenta hacer lo posible para que el «conde», se vaya. Tras la impresión que le ha causado verlos juntos, René comprende que la Didier es en realidad, Ángela, todavía su legal esposa. Así y, mientras ellos se declaran su amor, el príncipe Basilio se desespera. La marquesa Natadia, que persigue a Basilio, ha ido a buscarlo para darle una sorpresa: lleva la orden del Zar de que aquél se case con ella. Al enterarse de esto, René y Ángela idean un plan: hacerse pasar la marquesa por Ángela lograrán casarles y mientras el príncipe Basilio creerá que se casa con Angela, se convertirá en esposo de la marquesa. De esta forma, vuelven a poner el biombo diciendo que Ángela quiere repetir la escena del casorio, como la otra vez. Cuando Basilio se da cuenta ya es demasiado tarde. Armando y Julieta logran casarse, mientras que René y Ángela dicen que ellos no lo necesitan, pues les sirve la boda que hicieron en «broma».

Celia Gámez, sin lugar a dudas, era la inductora de toda la transformación relativa del género al que se había circunscrito desde antes de la guerra. En su intervención, presentación, remozaba argumentos y puestas en escena que le volvieron a granjear las simpatías de un público que no la había olvidado y que la seguía queriendo. Eso sí, las operetas que lleva como repertorio la compañía habían quedado algo desfasadas, pero se dejaban ver con agrado, puesto que Celia les añade un toque de modernidad ciertamente agradable a los ojos del espectador.

El 24 de mayo se repone *La casta Susana*, «opereta alemana en tres actos» que, con libro de Jorge Okonkowsky con música del maestro Juan Gilbert en su adaptación española que consistía en una prejuiciada sátira de las pretensiones morales de la burguesía: París, época actual. Casa de Conrado, barón de Aubrais. El barón es célebre por ser ejemplo de virtud y honestidad, un dechado de austeridad. Miembro de la Academia, su reputación es impecable. Sin embargo, en el fondo, es en realidad un juerguista imparable que vive de las dobles apariencias. Su hijo Humberto sigue sus pasos junto a su amigo el teniente René Boislurette. Conrado está casado con Delfina, tan virtuosa y austera como su marido, quien no ve con buenos ojos que su otra hija, Angelina, se encuentre enamorada de un juerguista como René. El barón, fiel a su reputación, tampoco quiere esta relación.

Al hogar de los barones llegan como invitados el perfumista Pomarel y su esposa Susana (Celia Gámez), fundadora de una organización benéfica cuyo objetivo es devolver al camino recto a las mujeres algo descocadas; sin embargo, ella tampoco es un dechado de virtud lo mismo que el barón. René había sido su amante dos años antes.

La realidad, por tanto, está muy lejos de las apariencias. El señor Pomarel viaja a menudo y, además de coquetear con cuanto varón se le pone a tiro, Susana tiene dos amantes fijos que alternan los días pares e impares de la semana. Así, para darle celos a René, entra en escena Charencey, literato a quien Susana ha hecho pasar ante aquél por su falso marido, aceptando, además, los requerimientos amorosos del inexperto hijo del barón, Humberto. La catástrofe, pues, está servida...

Durante el segundo acto, que transcurre en el Moulin Rouge, el barón de Aubrais, llega acompañado de una mujer. Aquél se hace llamar Boboche para no desvelar su verdadera identidad ante la fémina. En realidad, ésta es la esposa de Charencey, Rosina, a quien nunca le habían presentado. Llega Susana con Humberto y René con Angelina. Charencey y Pomarel también aparecen inesperadamente, furiosos de encontrar a sus esposas allí. Se produce una pelea general que requiere la llegada de la policía. Humberto y su padre son arrestados. Los demás logran escabullirse.

Finalmente, en el acto tercero, todos regresaron a su casa, incluso Humberto y su padre, que fueron liberados. Los maridos están furiosos con el comportamiento de sus esposas. Pero allí está Susana para resolver el entuerto: ella estaba en el Moulin Rouge para buscar y devolver a las ovejas extraviadas el camino correcto. Rosina convence a Charencey de que ella estaba allí haciendo lo mismo. Los maridos se contentan con estas explicaciones. René se casará con Angelina... aunque todos tienen esperanzas de poder continuar su vida disoluta con mayor discreción...

Con un lleno de público y una excelente interpretación en la escena, *La casta Susana* logra convencer al auditorio del Apolo valenciano. Si a ello se le unen los animados momentos de la opereta, la vistosidad de los trajes, la ajustada y certera actuación de sus principales responsables y la aparición de Celia como la protagonista, elegante y con gracia, no podemos por menos que afirmar el nuevo éxito que la compañía volvió a tener con la reposición de un título amable que hacía tiempo que no se veía en las tablas españolas.

La obra, bien presentada en trajes y decorado, contribuyó al mejor éxito de su puesta en escena lo mismo que sucedería el 30 de mayo con la reposición de otro clásico ligero, *La viuda alegre*, de Franz Léhar en versión española de A. Roger Junol y en donde el papel protagónico lo ostentarían Mercedes Vecino y Tino Folgar: el barón de Zeta, Mirko, es el embajador en París del ficticio país de Pontenegro. Ana de Clavari es una joven viuda, increíblemente rica, oriunda de aquel país. Para evitar que ésta se case con un extranjero y pierda así la fortuna que ha heredado de su difunto marido, el barón hace de celestina entre Ana y su antiguo amante, el conde Danilo, sólo así la fortuna se quedaría en Pontenegro y salvaría a su país de la ruina. Sin embargo, la trama se complica rápidamente: Danilo no está interesado en volver a encender la llama de su amor por Ana mientras que la esposa del barón, Valencienne, está interesada en el agregado francés Camilo, conde de Rosillón. La pérdida de un abanico en el que pone «Te quiero» y una cita amorosa en una casa de verano, enredan a todos los personajes en una farsa que casi ve a Danilo convertirse en el escolta de Valencienne y al barón pretender casarse con Ana.

Celia Gámez, que no figuraba en el reparto de la obra, hizo junto con la bailarina Lolita Aldana, un fin de fiesta al término de la misma cantando dos de sus canciones con el gracejo y simparía en ella tan peculiares, siendo esta actuación muy celebrada por el auditorio, obligando a la citada bailarina a repetir el número de baile en que actuó.

En suma, una agradable velada que constituyó otro beneplácito para el respetable y compañía. El público se hartó de aplaudir y salió altamente satisfecho, habiendo hecho levantar el telón en todos los actos y varias veces al finalizar la representación. Paradójicamente, donde sí que interviene Celia como tiple es en el último de los títulos del repertorio que lleva la formación y que ponen en escena, 3 y 4 de junio, últimos dos días de actuación en Valencia y que alternan con *La duquesa del Tabarín* en horario de tarde.

Por la noche, pues, se lleva a escena *La del manojo de rosas*, «sainete lírico en dos actos, dividos en seis cuadros» con letra de Anselmo C. Carreño y Francisco Ramos de Castro así como música del maestro Pablo Sorozábal.

La puesta en escena de la obra tiene como aliciente la presentación del notable barítono Antonio Medio y su acción nos situaba en una plaza enclavada en el centro de un aristocrático barrio madrileño donde, junto a otros establecimientos, se encuentra una floristería llamada «El manojo de rosas», en la cual trabaja Ascensión, una señorita venida a menos, pero orgullosa de su trabajo y posición como obrera. La cortejan Joaquín, un simpático mecánico del taller, y Ricardo, un apuesto señorito metido a piloto. Ascensión se decanta firmemente por Joaquín, ella tiene claro que, a pesar de ser una señorita, es una obrera y se casará con un hombre de su clase, algo que entristece a don Daniel, padre de Ascensión, el cual desea para su hija recuperar la posición social y vivir como a su dignidad le corresponde, siendo más partidario de su boda con Ricardo.

En la misma plaza trabaja Capó, un despistado mecánico compañero de Joaquín, el cual corteja a Clarita (Celia Gámez), una manicura cuyas aspiraciones culturales chocan con el carácter sencillo de Capó. Él tiene como rival al Espasa, un camarero que presume de ser la persona más culta, utilizando un lenguaje lleno de palabras rocambolescas y disparatadas. Aparece por la plaza don Pedro Botero, un comerciante de chatarra cuya idea es enriquecerse con la futura guerra que vendrá y cuyos planes comenta siempre con sus vecinos y amigos, llegándole a poner ese mote de «Botero». Ricardo viene a buscar a Ascensión para hablar con ella, saliéndole al paso Joaquín, produciéndose un conato de pelea que se ha cortado cuando Ascensión aparece preparada para llevar un encargo de flores, llevándose a Joaquín y dejando la tensión en el aire.

El segundo cuadro nos sitúa en el recibidor de un elegante piso. Ascensión lleva un ramo de rosas a doña Mariana, mujer de carácter noble y cuya debilidad son las flores; allí se encuentra con su marido, don Pedro Botero, comentando sobre el lance amoroso que tiene la joven. Doña Mariana trata de sonsacarle en confianza quién es él, cuando aparece Joaquín, vestido de señorito. Al verlo Ascensión se lleva una amarga sorpresa, al descubrir la verdad, el mecánico adorado no era más que un señorito disfrazado. Se marcha de la casa con la impresión de haber sido engañada.

Regresamos a la plaza donde el Espasa trata de sonsacarle a Ascensión su tristeza y animarla un poco. Clarita y Capó discuten acaloradamente sobre las diferencias de carácter de ambos, y las intenciones del Espasa sobre Clarita. Joaquín sale del taller y se encuentra con Ascensión, la cual le reprocha en su cara el haberla engañado al hacerse pasar por obrero y ocultarle su condición social. Ricardo, alentado por el Espasa, se anima a cortejar a Ascensión, quien lo acepta como pretendiente y aprovecha para ridiculizar a Joaquín y descubrirlo ante las gentes del barrio.

Al inicio del segundo acto, han pasado varios meses, y en la plaza han cambiado algunas cosas. Ahora Clarita trabaja de encargada de la tienda de flores, Capó sigue detrás de ella y Espasa ha cambiado de empleo, ahora es cobrador de autobuses. Aparecen por allí Ascensión acompañada de don Daniel; en ambos se advierte el cambio social que han experimentado a consecuencia de haber ganado don Daniel el pleito. Por otro lado, aparece Ricardo y se demuesta que las relaciones entre ambos están cada vez más frías y secas. Joaquín vuelve al taller buscando trabajo. Al toparse con Ascensión se produce una desagradable escena en la que él le echa en cara el cambio de posición social, quedando ella completamente desconcertada.

En un patio de vecindad, en los barrios bajos, es donde viven ahora doña Mariana y su familia. Ascensión viene a llevarle un ramo de rosas y a poder hablar con ella sobre Joaquín. Se encuentran Joaquín y Ascensión en el rellano, y agredece éste el detalle de llevarle las rosas, que les lleva a recordar los buenos momentos pasados desde el día en que se conocieron.

En el cuadro tercero, el sitio es el mismo que el del cuadro primero. Delante de la tienda de flores, Clarita regaña incesantemente a Capó, el cual ha abandonado su puesto en el taller debido a cierta discusión sobre política con su jefe. Aparece Ascensión preguntando por Joaquín, lleva varios días ausente del trabajo. En un aparte le comenta a Clarita sobre su situación con Ricardo, la cual es insostenible, y le pide a aquéllas que le comunique su decisión sobre éste. Por otra parte Ricardo trata de hacer lo mismo usando a Espasa como mensajero, para comunicar su decisión a Ascensión.

Al final, tras una disputa entre Ricardo y Ascensión, ponen las cosas en claro, dándose cuenta de que su relación no funciona, quedando como buenos amigos. Aparece Joaquín por la plaza y al encontrarse con Ascensión declara su amor por ella. Al final hacen las paces y vuelven a unirse, celebrando todos los vecinos de la plaza la felicidad de la pareja.

Celia Gámez y Eladio Cuevas, que encarnó a Capó, encandilaron al público con su divertida interpretación junto al *foxtrot* que ambos entonaron titulado «Si tú sales a Rosales» o la farruca «Chinochilla de mi charniqué», dando cumplida cuenta de su buen hacer sobre las tablas y de la buena química existente entre ambos.

Aquella velada, había sido precedida en la función de tarde por un homenaje a Celia en la que, junto a la bailarina Lolita Aldana, la tiple ligera Amparito Taberner y el popular actor Faustino Bretaño, brindaron su amistad pública a la vedette y actuaron para y por ella. Ésta les correspondió estrenando las canciones «Mamá, yo quiero» y «La nieta de Faraón» acompañada por las segundas tiples y los *boys* de la compañía.

Celia no llegó a grabar nunca «La nieta de Faraón», quien sí lo haría sería Estrellita Castro en 1944; sin embargo, lo llevaría a lo largo de toda la gira con la compañía de Eladio Cuevas como parte de los fines de fiesta en los que intervino junto al enormemente popular «Mamáe eu quero». Éste, que ya había sido incluido en uno de los espectáculos que Celia estrenase durante su estancia en Buenos Aires, recordemos que a ritmo de *jazz* en *Mundial Music Hall* (1937), volvía ahora para formar parte de su particular repertorio. Y es que, sin duda alguna, a principios de los años cuarenta, las amistosas relaciones entre España y Portugal, amén de sus conexiones por Brasil por medio del idioma, dan lugar al fenómeno de traslación de números y ritmos exóticos y tropicales a la España de posguerra. De igual forma, Brasil, con figuras como Carmen Miranda, quien se hace enormemente en aquel país derruido y en blanco y negro llenando de color melodías inolvidables que Celia incorporará posteriormente a sus futuros estrenos: «Mamáe eu quero, mamáe eu quero,/ mamáe eu quero mamáe/ dá a chupeta, dá a chupeta/ dá a chupeta pro bebé naó chorá».

La Gran Compañía de Operetas Celia Gámez alcanza un resonante triunfo. Celia es su máximo baluarte y prosigue ostentando, pese a los años de ausencia de España, la indiscutible estrella de un género que alcanzará, durante la posguerra, sus épocas doradas. La formación, pues, finalizada su estancia en el Teatro Apolo valenciano, continúa su ruta por España. Acaba de comenzar una posguerra en la que los españoles sólo deseean pasar página a tres cruentos años de conflicto bélico entre hermanos. Hay que reconstruir el país. Se pasa hambre. Llegarán las cartillas de racionamiento, la censura... pero ahora sólo importa vivir... vivir... vivir y olvidar... vivir...

SEGUNDO ACTO (1939-1992)
«Si me quieres matar, ¡mírame!»

XV. «VIVIR... VIVIR Y OLVIDAR... VIVIR...». UNA CENICIENTA EN EL HOTEL PALACE

Una vez finalizado el compromiso de la Gran Compañía de Operetas Celia Gámez en Valencia, ésta prosigue su gira: Pamplona, Zaragoza, Bilbao, San Sebastián, Burgos, Valladolid, Sevilla, Albacete... Encontrándose en San Sebastián, ante Celia y Eladio Cuevas, los hermanos González Bastida leen la partitura de una nueva opereta que han escrito destinada a la compañía y a cuya lectura asiste también el empresario Luis Damborenea. La impresión recibida ofrece un éxito claro en la audición de la música, en la que coinciden los ritmos más diversos con la poderosa melodía que caracterizaba a tan preciados compositores; aunque tanto Celia como Eladio no prometen nada, sí les dan la oportunidad de estudiar más detenidamente su futuro estreno, hecho éste que nunca llegaría a suceder. Como tampoco llegaría a estrenar la compañía el libreto que Lerena entrega a Celia titulado *El príncipe encantado* y que, con partitura del maestro Alonso, tiene amplias posibilidades escénicas al igual que *La reina cursi*, otra opereta que ofrece el maestro Luna a Celia. Pero mientras Celia estudia las decenas de libretos que le van llegando con vistas a su futura reaparición ante el público madrileño, prosigue su gira por diversas provincias españolas.

Mientras se hallaba en San Sebastián, Darío López le presenta a Celia a un amigo suyo: Antonio Portago, marqués de Amboage, rendido admirador de la vedette quien, desde el día en que fueron presentados, aquél se quedó prendado de ella, convirtiéndose casi en su sombra: «*[...] Me llamaba constantemente, le encontraba en todas partes. Me llevaba a los toros, de paseo, a almorzar... Siempre gentil, siempre correctísimo, siempre generoso. Y siempre con una sonrisa arrebatadora en los labios. Era un hombre fascinante. Alto, muy guapo, interesantísimo, con unos ojos imponentes. No en vano había sido actor. Deportista nato y hombre de negocios, probó fortuna en el cine impulsado por una irrefrenable y quizá tardía vocación. [...] No hacía más que mandarme flores y bombones. Era muy agradable estar con él. Lógicamente, fuimos el banco de rumores más o menos malintencionados. Cuando Portago empezó a mostrarse más insistente, yo inicié una prudente retirada. No porque me incomodaran sus atenciones y galanteos, siempre exquisitos por proceder de un caballero. Pero siendo Darío y él grandes amigos, no me parecía correcto prolongar más el escarceo. El marqués que, por cierto, llegó a presentarme a su hijo, muy parecido a él y aún más guapo, comprendió mi postura y poco a poco fue alejándose»* (San Martín, 1984, Epílogo: 50-51).

De igual forma y, encontrándose actuando con la compañía en San Sebastián, Celia recibe en el teatro a un rendido admirador: el entonces célebre matador de toros, Juanito Belmonte, uno de los toreros de moda, hijo del legendario Juan Belmonte del que, prontamente, Celia se quedó prendada y al que ya había tenido la fortuna de admirar en una corrida gracias al marqués de Portago. Aunque había perdido a Fernando de Amboage, su corazón, ahora libre, nunca lo olvidaría. Pero tenía que seguir viviendo y, en aquellos momentos tan cruciales para la historia de España, un abrazo, un sentimiento, un beso, una emoción, alegraban la vida a cualquiera.

Juanito Belmonte había acudido a verla al teatro junto a otro gran matador de toros, Antonio Márquez. El flechazo fue fulminante. Su apostura, su gallardía, su físico, su temple, su juventud, su simpatía y gracejo andaluces... subyugaron a Celia. Pocos días después, se hicieron novios... y nuevos rumores comenzaron a extenderse por todo el país: ¡La Gámez con un torero! Incluso se llegó a propalar que aquél era Antonio Márquez, por entonces esposo de Concha Piquer. También la prensa creyó que el torero con el que Celia salía era Domingo Ortega... En fin, leyendas urbanas que nunca se desprendieron del halo de estrella que siempre rodeó a las grandes como Celia. Así hablaba ella de aquel sonado nuevo romance: *«[...] Lo absurdo del caso es que Juanito y yo, aunque no nos exhibíamos de manera ostentosa, tampoco nos escondíamos. ¿Por qué íbamos a hacerlo? Los dos éramos libres. Podíamos disponer como quisiéramos de nuestras vidas. Pero quienes por su cuenta y riesgo ya me habían colgado las etiquetas de devoradora de hombres y rompedora de matrimonios felices, no podían concebir que Juanito, con quien salía tranquilamente, fuera mi novio. Obsesionados por los escándalos de la Gámez, pensaban que era sólo un buen amigo y que, naturalmente, mi amante permanecía en la sombra»* (San Martín, 1984, IX: 60).

Dejando a un lado su historia sentimental, la profesional proseguía su rumbo con la compañía de Eladio Cuevas. Allá por dondequiera que va lo hace con extraordinario éxito. Y es que, en realidad, la Celia de hoy, es la misma que la de ayer, la de todos los públicos, porque supo cambiar y renovarse. Ya no es aquella vedette de revista de los años treinta del Romea o el Pavón. Ahora es la estrella indiscutible de la opereta. Lo mismo que supo modificar su línea física (ahora aparecía mucho más delgadita y estilizada sobre escena habida cuenta del régimen de verduras al vapor que seguía) ha sabido renovar su forma de actuar sobre la escena, totalmente perfeccionada. Comienzan así a lloverle los ofrecimientos y las demandas para escoger teatro con vistas a la próxima temporada madrileña...

A finales del mes de junio de este 1939 Celia recala en Burgos para las fiestas de San Pedro con la compañía de Eladio Cuevas. Uno de los días, las autoridades de la localidad decidieron suspender todos los espectáculos para que los burgaleses acudieran ante la catedral a presenciar un auto sacramental llevado a cabo por el Teatro Nacional de Falange, compañía oficial que, fundada por Dionisio Ridruejo, entonces dirigía Luis Escobar. La suspensión, como es normal, no sentó nada bien a los integrantes de la formación, pero, no hubo más remedio que hacer caso de la autoridad competente. Es entonces cuando Celia asiste embelesada a uno de los espectáculos más hermosos que nunca vio en su vida y que siempre recordaría: «*[...] Por la noche, en el Hotel París, me acerqué a Escobar para felicitarle. Estábamos en plena conversación [...] cuando se acercó Fernando Moraleda, colaborador musical de Luis. Les confié mi gran ilusión. Reaparecer en Madrid con una opereta moderna y española.*

-¿Por qué no me la hacen ustedes?- les sugerí. Había un piano en el salón. Moraleda se sentó ante él.

-A ver qué te parece este número-dijo-. No tiene título, ni letra...

Tocó un «slow» que era un prodigio de finura y ritmo, digno de la inspiración de un Cole Porter, el compositor americano que estaba de moda. [...] Aquella noche, en Burgos, Escobar y Moraleda se comprometieron a escribirme una opereta a la española. Nacía «La Cenicienta del Palace» (San Martín, 1984, X: 54).

El propio Luis Escobar (2000: 133-134) en su libro de memorias relata cómo fue concebida la obra y conoció a su célebre intérprete:

> « [...] En una representación de *El hospital de los locos* ante la catedral de Burgos en la primavera-verano del 39, había tenido como espectadora

a Celia Gámez, que después pasó a verme y, muy entusiasmada, me pidió que le escribiera y le dirigiera una obra musical.

Por supuesto accedí agradecido y contento pensando sobre todo en la puerta que podía abrirle a mi joven y querido amigo Fernando Moraleda. Me puse al tajo. El maestro tenía alguna música ya compuesta y además extraordinaria facilidad. En aquel mismo verano del 39, en casa de mis padres en La Granja completamos la obra que se llamó *La Cenicienta del Palace*.

La suerte hizo que Claudio de la Torre, que planeaba hacer una película, me preguntara si conocía a Celia Gámez en quien pensaba como protagonista y si podría acompañarle a verla.

Celia, en cuanto me vio, me preguntó si había hecho algo de la obra que me había pedido. Le dije que la tenía escrita. Con una brevedad ciertamente halagadora organizó una lectura y la obra gustó tanto que pospuso la película y decidió estrenar primero nuestra obra.

Celia tenía contratado el Teatro Eslava. Empezó la temporada con la reposición de *El baile del Savoy* mientras ensayaba *La Cenicienta* dirigida por mí, con Moraleda en la música y decorado y figurines de Víctor Cortezo.

Empecé a pensar en mis enemigos, lo que no era una manía ni una obsesión, sino que estaba seguro de que existían, y no quería sumárselos a Celia ni a Moraleda. Quizá influyera algo también cierta timidez y mi cortedad de genio.

El caso es que decidí estrenar con seudónimo. Tenía una amistad fraternal con Carlos Subíria y se me ocurrió pedirle permiso para firmarla con su nombre y su segundo pellido, que era Somonte. Carlos Somonte sonaba bien y así completaríamos la estratagema puesto que mucha gente podría creer que verdaderamente era el autor».

Celia prosigue su gira por España. Pero ha de llegar y establecerse en Madrid. No posee dinero. Lo ha perdido todo durante la guerra. ¿Qué hacer? Darío López, una vez más, le ofrecerá su ayuda: hospedarse en el Hotel Ritz e intentar averiguar si aún le queda algo. Los meses que Celia pasó en el citado establecimiento, fueron abonados por su querido amigo Darío, quien sin obtener nada a cambio, de forma totalmente altruística, solo deseaba la felicidad de su admirada y amada estrella.

Aquel Madrid de posguerra, causó honda y profunda impresión en nuestra protagonista. Había tristeza y hambre por todos los sitios. Edificios derruidos con brigadas de obreros que afanosamente intentaban quitar los escombros. Se derribaban las obras de defensa que recubrían fuentes, edificios y monumentos. Se destruían parapetos y barricadas. Circulaban pocos tranvías y múltiples camiones iban de acá para allá atestados de viandas para los más necesitados...

Celia quería saber qué les había ocurrido a sus pertenencias, así que, ni corta ni perezosa se dirigió al recién creado Servicio de Recuperación, una oficina llevada a cabo por el nuevo Gobierno que se encargaba de recuperar distintos tipos de enseres y objetos de valor para devolvérselos a sus legítimos dueños. Acude varias veces al Banco de España en cuyas salas se exponía todo cuanto iban recobrando. Pero nunca pudo recuperar nada. Como tampoco pudo tener noticias del Plymouth requisado por los nacionales durante su estancia en Gredos en aquel lejano ya, verano de 1936. En los bancos en los que poseía cuenta corriente, tampoco las noticias eran muy halagüeñas: en la del Santander aún le quedaban seis mil pesetas. La del Urquijo la tenía a cero porque ya le habían descontado, faltaría más, aquellas cantidades que recibía en la sucursal de Salamanca. Darío la animaba. Iba a salir de ésta. Seguro. No le cabría la menor duda. Era una mujer valiente y fuerte. Claro que no todo iban a ser malas noticias: sus acciones de Unión Eléctrica y Telefónica aún estaban vigentes y, poquito a poco, les dejaría cierto capitalito para andar más desahogada. También su querida amiga, la modista Pepita Navarro, tras enterarse de su regreso, le dio una nueva alegría: dos abrigos de pieles, uno de armiño blanco y otro de piel de cerdo junto a varios chaquetones, estaban todavía en su poder y se los entregaría. ¡Gracias a Dios! A cambio, Celia, en justa correspondencia, le encargaría durante muchos años su vestuario para el teatro.

Llega, por fin, el año 1940.

Durante los tres años que duró el terrible conflicto bélico que asoló el país, ciudades como Madrid, Barcelona o Valencia iban a seguir programando en sus teatros, a pesar de las necesidades del momento, revistas que continuaban abarrotando los coliseos proporcionando a su público fiel, un respiro dentro de tanta angustia. Surgieron entonces las llamadas «cooperativas de revistas» como instrumento de propaganda y de divertimento donde todos sus integrantes, desde la primera vedette o el galán hasta el apuntador o atrezzista, cobraban exactamente el mismo sueldo.

Los títulos frívolos promueven en su puesta en escena una libre exhibición de desnudos y libretos llenos de procacidades, groserías y chistes picantes y atrevidos. Ello continuará hasta 1939, fecha en que, con la victoria del bando nacional, se imponga una dura y férrea moral promovida por un aparato de reciente creación: la censura, encargada de salvaguardar el alma de los españoles de la época.

De esta forma, los baluartes del nuevo régimen instaurado «pretendían imponer una estética adecuada a los pensamientos del 18 de julio; por ello, aunque se partía de cero, la comedia convencional que imperaba en el teatro español, vacía casi de contenido, servía perfectamente a los intereses del momento. Nada más adecuado que tratar temas inocentes en los escenarios, con personajes inocuos y sin otra intención que la de divertir y entretener al espectador sin que le hiciese pensar en temas trascendentales o le recordase la cruda realidad» (Oliva, 2004: 137-138). Para ello, el 15 de julio de 1939, se establece la «censura oficial en las obras, teatrales, líricas y partituras musicales», que guarda relación con la publicación de la Ley de Unidad Sindical (26 de enero, 1940) que desarrollaba unas normas que atendían «no sólo a la censura de obras nuevas, sino a la revisión de repertorios, de acuerdo con la Orden circular de la Subsecretaría de Prensa y Propaganda [...] A partir del 20 de diciembre, cualquier obra o espectáculo que se represente en el territorio nacional deberá disponer de hoja de censura, cualquiera que sea su carácter, hecha excepción solamente de las obras consideradas «clásicas» y la de la represión de la masonería y el comunismo, del 1 de marzo del mismo año» (Oliva, 2004: 142).

Estas normas fueron realmente estrictas en su primera aplicación, ya que, en el ámbito que nos ocupa, llegaron a prohibirse espectáculos revisteriles en pueblos de menos de 40.000 habitantes

Desde este punto de vista, los criterios que seguía la censura en lo referente al Estado fueron los siguientes: crítica a la ideología, práctica u obra hostil al régimen o al orden civil, moralidad pública y choques con los supuestos de la historiografía nacionalista y apología de ideologías no autoritarias o marxistas.

En cuanto a la Iglesia: moral sexual, entendida como prohibición de la libertad de expresión que implicaba, de alguna manera, un atentado al pudor y a las buenas costumbres en todo lo relacionado con el sexto mandamiento y, estrecha unión con dicha moral, abstención de referencias al aborto, homosexualidad y divorcio; opiniones políticas en el sentido anteriormente apuntado; uso del lenguaje considerado como indecoroso, provocativo e impropio de los buenos modales por los que se ha de regir la conducta de las personas que se autodefinen como decentes y la religión como institución y jerarquía, depositaria de todos los valores divinos, humanos e inspiradora de la conducta humana arquetípicas (Oliva, 2004: 142-143).

De esta forma, la revista habrá de amoldarse a las nuevas normas que imponga este aparato político y religioso, adaptándose a las nuevas necesidades y prohibiciones, y acercándose más a las formas de la comedia musical que en la pantalla grande promovían estrellas como Fred Astaire, Deanna Durbin o Ruby Keeler.

Durante este largo período, el género vivirá su época más productiva hasta mediados de los sesenta aproximadamente.

Ahora, dos de los compositores más fecundos, Alonso y Guerrero, darán al espectador los títulos más emblemáticos y los de mayor éxito de su carrera, aunque otros maestros como Daniel Montorio, José Padilla, Manuel Parada, Fernando Moraleda o Fernando García Morcillo ofrezcan también grandes obras. Sin embargo, volverá a ser Celia Gámez la que provoque el cambio cualitativo que el género va exigiendo y se adapte a los nuevos tiempos que corren.

Es la época de la hambruna, de la reconstrucción del país, de las enfermedades, de las cartillas de racionamiento y el enriquecimiento urgente del estraperlo; de las largas colas en las puertas de los comedores y asilos para pedir un trozo de pan, de la leche en polvo y del pan de centeno, de la escasez de carne... por lo que la alocada y frenética revista del primer tercio del siglo no parece muy propicia.

Las compañías teatrales, tanto de obras declamadas como musicales, no son muy diferentes de las de décadas anteriores. Ahora «sigue predominando el «empresario de compañía» que, generalmente, solía ser el primer actor acompañado de la primera actriz. Ellos eran los encargados de negociar una proporción de taquilla con el «empresario de local», llamado también «de paredes» por ser el propietario o arrendatario del teatro. El primero se ocupaba del elenco propiamente dicho: actores, actrices, apuntador, regidor y traspunte y, el segundo, del personal de escenario y sala: porteros, acomodadores, taquillera, maquinistas, eléctricos y limpiadoras.

Cada empresario tenía sus representantes, que pagaban a los asalariados por semanas.

El Reglamento Nacional de Trabajo para los profesionales de Teatro, Circo y Variedades propone un preciso modelo de elenco para la clasificación de las compañías del género teatral: Primer actor y Director, Primer actor, Primera actriz, Actor de carácter, Segunda actriz, Actor cómico, Actriz cómica, Dama de carácter, Primer galán, Galán joven, Galán cómico, Característico o Genérico, Característica o Genérica y Racionistas, además de Director artístico y de escena, cuyos oficios (asumir la responsabilidad absoluta de la parte artística del espectáculo, en el primer caso y, seguir las instrucciones del anterior, en el segundo), podían ser ejercidos por el propio empresario. Además, dicho Sindicato proporcionaba un carné a todos los trabajadores, actores o técnicos, imprescindible para ser contratado por cualquier empresa. Estos carnés se obtenían bien directamente por ser hijo de actor, por el título del Conservatorio tras pasar dos meses de meritoriaje o después de seis meses trabajando de meritorio en pequeños papeles o figuración.

La plantilla mínima de una compañía era de ocho actrices y nueve actores, más un meritorio por sexo, con jornada de trabajo de cuarenta y ocho horas semanales, ocho diarias, que comprendían representaciones y ensayos. No había descanso semanal, pues los actores aceptaban cláusulas adicionales que permitían trabajar todos los días. Aunque el número de representaciones era de dos veces al día, incluso en otras ocasiones, si el éxito de la obra lo aconsejaba, se podía ampliar hasta tres y cuatro.

Las consecuencias de una planificación empresarial, apoyada en los datos anteriores, denotan la dificultad de conseguir productos artísticos realmente dignos junto al escaso tiempo que había tanto para ensayar como para preparar algunas veces las entradas y salidas y hacer el ensayo general con público» (Oliva, 2004: 142-146), algo que, en el caso de la revista, había de hacerse pormenorizadamente, ya que era mucho el dinero invertido en el montaje de las obras y, consiguientemente contratación de todos los que la hacían posible, esto es, desde la principal estrella hasta el traspunte pasando por figurinistas, músicos, vicetiples y demás nómina.

Es ahora la época en donde las Milicas Universitarias, uniforme gris, camisa azul y modestos mosquetones desfilan ante enfervorizados patriotas del régimen recién implantado; los coches, los escasos coches que circulaban por España lo hacían a base de carbón, convertido en carburante merced a los gasógenos que daban a los vehículos esa extraña apariencia jibosa; triunfan Manolete, Domingo Ortega, Arruzita y los Bienvenida. La pareja más famosa del cine son Amparito Rivelles y Alfredo Mayo quienes protagonizan un tórrido romance. En 1944 llega una nueva actriz: Sara Montiel y *Locura de Amor* en 1948 constituye todo un acontecimiento cuya protagonista, Aurora Bautista, ensalzada al olimpo del cine patrio.

Llegan a España Jorge Negrete y María Félix causando una tremenda conmoción popular. La leyenda de *Gilda* comienza a tejerse... Maruchi Fresno y Armando Calvo triunfan como pareja protagonista en *Reina Santa*. «Tatuaje», «Ojos verdes», «La Parrala», «La niña de la estación» o «La bien pagá» son constantemente publicitadas en radio. Ana María González, «la voz luminosa de Méjico» pone voz en la España de los cuarenta a las melodías de Agustín Lara. Los españoles se enamoran a ritmo de «Angelitos negros» y «Dos gardenias». Carmen Laforet recibe el Premio Nadal y los españolitos de a pie leen *Radiocinema, Primer Plano, Marca, Legiones y Falanges, Destino* y *Vértice* mientras toman un vermut en Chicote...

A finales de abril, Celia dejó la compañía de Eladio Cuevas con enorme dolor porque su querido compañero le había brindado la oportunidad de volver a trabajar pero, también con gran ilusión porque Darío López le había arrendado el madrileño Teatro Eslava para la reaparición de su nueva Compañía de Comedias Líricas y Operetas que ella misma encabezaba.

El reparto que integra esta nueva formación es incomparable: Julia Lajos, Micaela de Francisco, Eulalia Zazo, Paquita Gallego, Asunción Benlloch, Remedios Logán, Luisa Osiris, Luisa Cernuda, Antonia Alcázar, Enriqueta Broco, Gloria Santoncha, Josefina Gómez, Magdalena Cernuda, Enriqueta Broco, Pilar Pérez Liñán, Luisa Ambit, Alfonso Goda, Pedro Barreto, Miguel Arteaga, Amadeo Llauradó, José Palomera, Fernando Salas, Félix R. Casas, Francisco Garrido, Ángel Rodríguez, Francisco Cernuda, Ángel Selma, Eduardo Vaquero Ramón Ballester, Pepita Arroyo y José Moncayo.

Para iniciar la temporada, el 1 de febrero, Celia repone, reformada y mucho más suntuosa, una nueva versión de *El baile del Savoy*, a la que incorpora la marchiña «Mamá, eu quero», de la que se reparten miles de octavillas con su letra para que pudiera ser coreada por el público asistente, y que representa hasta el 28 del mismo mes a dos funciones diarias, al mismo tiempo que ensaya el nuevo libro que Luis Escobar y Fernando Moraleda le han proporcionado para dar a conocer el 1 de marzo de 1940: *La Cenicienta del Palace*, «comedia musical en dos actos» que, con figurines de Víctor María Cortezo, supone una auténtica revolución para el teatro musical español de su tiempo.

En su acto primero, la obra situaba al espectador en el vestíbulo del Hotel del Mar, en algún sitio de sol y buen clima. Allí se hospedan una serie de personajes entre los que se encuentran la Baronesa del Panipalo y su hijo Robertito, venidos a menos y dispuestos a dar el sablazo a quien se tercie o Irene Vendel y Carlos Aley, quienes apuran sus últimos fondos mientras piensan en una solución que pueda remediar sus problemas económicos, aunque estos pasan irremediablemente por la propuesta de matrimonio que aquél le hace a ella para retirarse al campo, tener una casita y poder trabajar, algo de lo que ella reniega, por lo que está dispuesta a buscar una solución mejor que la que le plantea Carlos para paliar su paupérrima economía. De repente, el Director entra excitado: acaba de recibir un telegrama en el que dicen que van a llegar para hospedarse también en el Hotel del Mar dos melizas millonarias procedentes directamente desde La Habana.

La llegada de ambas crea expectativas en ambas parejas pues creen que, gracias a ellas, sus apuros financieros se verán paliados: de un lado, la Baronesa cree que podrá casar a su hijo con una de ellas; de otro, Irene le propone a Carlos que conquiste a una de las hermanas para comprometerla públicamente, para lo cual ella pondrá en valor las cualidades de aquél: «Apenas me apartaré de su lado y no verá más que por mis ojos. No te preocupes por mí; seremos, enemigas íntimas», afirmará Irene ante un cariacontecido Carlos que no ve con buenos ojos aprovecharse de la ingenuidad de una jovencita por muy millonaria que sea. En ese instante entra un botones anunciando la llegada de una de las muchachas, Celia (Celia Gámez) quien hace su aparición cantando: «Viajar, viajar, es un placer de dioses./ Cambiar, cambiar, ver nuevos horizontes./ Y amar, el mundo abierto me espera/ para que en él pueda gozar;/ entre sonrisas y flores/ sin volver la vista atrás;/ por el aire, la tierra y el mar/ suspirar cada día/ y de nuevo comenzar».

Nada más aparecer, todo son halagos y atenciones por parte del director del Hotel del Mar. Los huéspedes, expectantes, se van presentando también... hasta que Celia les dice que efectivamente ella es una de las mellizas, pero no la millonaria y que se ha adelantado a su hermana Delia para que todo lo encuentre preparado y a su gusto: «Si la naturaleza nos hizo iguales, la suerte nos ha hecho muy distintas. Las dos somos como dos gotas de agua y las dos nacimos pobres. Pero mi hermana heredó la fortuna de su padrino, el Rey del Cobre. Así, no somos las mellizas millonarias, sino que la millonaria es ella y la cenicienta, yo»... «Mi vida es así,/ no hay nada que hacer,/ soy la Cenicienta del Palace Hotel./ Su vida es así,/ no hay nada que hacer,/ es la Cenicienta del Palace Hotel».

Celia se marcha y deja cariacontecidos a los huéspdes, quienes se han llevado un gran fiasco creyendo que era la ansiada melliza millonaria... pero un nuevo cliente acaba de llegar: se trata de don Trino, «caballero con aspecto de uno de los hermanos Marx» un timador sin dinero que se hace pasar por tío de las mellizas para poder hospedarse en el hotel. Por su parte, también llega, de incógnito y con unas gafas negras para no ser reconocida, Delia (Celia Gámez), la otra hermana, buscando habitación; pero se topa con Robertito, quien, mirándola y desconociendo su identidad, no cree que pueda encontrar alojamiento en un lugar tan selecto como el Hotel del Mar, aunque, mirándola bien, parece no desagradarle la muchacha en absoluto...

El detective del hotel, escamado con la llegada de la provinciana, le requisa su maleta y descubre que se encuentra repleta de joyas, por lo que decide detenerla acusándola de robo. Los huéspedes se arremolinan a su alrededor para ver lo que pasa: la Baronesa y su hijo, Carlos e Irene. Ante las acusaciones del detective, Carlos sale en defensa de Delia afirmando que aquellas joyas pudieran ser suyas. La muchacha descubre entonces que efectivamente son de ella y que su hermana melliza puede corroborarlo, dándose cuenta entonces los huéspedes que se trata de la millonaria que estaban esperando.

Poco a poco, entonces, cada bando se va preparando para aprovecharse de ello... a excepción de un reticente Carlos, que no ve con buenos ojos el plan trazado por Irene: es necesario que aquél vaya a su habitación una noche. Entonces entraría ella, le haría una terrible escena de celos afirmando ser su esposa y la amenzaría con el escándalo. Carlos desaparecería y ella se dejaría comprar para evitar salir en todos los medios. Después podrían vivir felices...

El director del Hotel del Mar, para intentar recompensar el malentendido ocasionado con Delia, le informa a la hermana de ésta, tras encontrarse con ella, que el hotel tiene el gusto de celebrar una fiesta en su honor. Celia, conocedora de la falsedad de Robertito y de su poca hombría para defender a su hermana, le «agradece» haber salido en su defensa, momento que aprovecha Irene para corregir su error y dejarle claro que ha sido Carlos quien la defendió con caballerosidad. Celia le pide a Roberto que sea la pareja de baile de Delia mientras Celia, mirando a Carlos, le pide que, si no está comprometido, acepte bailar con ella. Él, acepta encantado. Celia entonces, se despide hasta la noche...

Comienza el segundo acto. La Baronesa le hace hincapié a su hijo para que conquiste a Delia. Ésta aparece del brazo de don Trino y Robertito la saca a bailar. La velada está, indudablemente marcada, por «La marchiña», uno de los números musicales más célebres de su época, de estilo vivo y pegadizo a imitación de los ritmos tropicales que comenzaban a hacer furor en la época; si bien es cierto que en el libreto original el número que aparece es el titulado «La machichumba» que, con otra letra totalmente diferente, obviamos reproducir, puesto que el que alcanzó mayor éxito fue el presente: «Mi pequeño está llorando,/ cómo le consolaría./ Baila la marchiña,/ baila la marchiña/ hasta que se haga el día./ Y si alguien le diera un beso/ no le pone mala cara./ Baila la marchiña,/ baila la marchiña/ que un beso no sabe mal./ Adelante, dos y dos atrás,/ es muy fácil llevar el compás./ La marchiña de este modo es/ como un baile vuelto del revés».

Mientras tanto y, al quedarse solos, la baronesa vende las excelentes cualidades de su hijito al falso tío con la intención de que éste pueda hacer lo propio con su sobrina y que acaben contrayendo matrimonio. Al salir estos también para el baile, Irene se acaba de reunir con unos periodistas. Les interrumpe Carlos al que le confiesa: «Ya está todo arreglado para esta noche. Después del baile subiremos tú y yo al departamento de Delia. Cuatro amigos os sorprenden a vosotros solos finjiendo ser reporteros. Hablan de matrimonio, de proyectos futuros, preguntan cuándo empezó el amor, etc., etc., ... Ella niega, insisten ellos, entro yo y los hago salir. Entonces me ofrezco para arreglarlo todo pero advierto que el silencio es oro y que hay que pagarlo en oro. Firma un cheque, salgo, y al momento vuelvo para decir que todo está arreglado. Como ves, es un *chantage* sin piel ni sangre, es casi un *chantage* blanco». Pero Carlos no está muy convencido de aquello porque cree que Delia no puede ser tan tonta como aparenta para dejarse chantajear y, además, ¿qué ocurriría si ante los finjidos reporteros aceptara al pretendido matrimonio? Alternativa ésta que Irene no había previsto. Claro que, en ese caso, Irene le contesta que tendría que acceder también: «Imagínate, si la primera noche tenemos un plan que vale cincuenta mil duros, después, anunciando vuestro matrimonio, ¿qué no sacaremos? Tienes razón, hay que preveerlo todo, pero esta alternativa creo que es mucho mejor que el plan primitivo. ¡Ojalá no niegue!»

Irene se va y llega Celia. La pareja se mira a los ojos. Algo ha surgido entre ellos. Pero, ¿qué pasaría si fuera Delia? ¿Cómo distinguir a las hermanas? Celia accede al corazón de un taciturno Carlos para decirle que no juege al juego de lo que hubiera sido si ella fuese su otra hermana: «Es mucho mejor otro. El del momento que pasa. Es muy difícil y hay poca gente que lo juegue bien. Las reglas son olvidar que hay ayer y que hay mañana, entregarse del todo al momento que pasa... »: «Vivir, vivir, vivir y olvidar,/ vivir. Vivir y olvidar/ mañana y ayer, vivir, soñar./ Soñar con besar los ojos que amé/ siento la noche quemarme la piel/ tu boca junto a mí».

En ese juego del momento que pasa, Carlos declara su amor a Celia. Pero ésta lo rechaza cuando aquél le confiesa, además, que esa noche va a tomar una copa en la habitación de su hermana Delia. Así las cosas, Celia, con la oportuna llegada de Robertito y, despechada, acepta la propuesta de compromiso del barón. Carlos, es el único que no la felicita por ello.

La acción se sitúa ahora en la habitación de Delia, a la que, visto que ha perdido el amor de Carlos, acude para lo único que le queda ya: revelarle la verdad a Delia; sin embargo, no llega a tiempo. Los periodistas los han pillado «in fraganti» tal y como planeó Irene. Todo se desarrolla tal cual ella pensó inicialmente... todos, menos que Carlos le haya revelado la verdad a Delia diciéndole que, por acceder a ese mal episodio que acaba de ocurrir, ha perdido a la única mujer a la que verdaderamente ha querido... En ese instante, Delia le pide que le mire a los ojos... ¡Es Celia!: «Soy yo. El dinero apartaba de mí el amor. En cada pretendiente veía un cazadotes. Quise saber si con esta pequeña comedia de las hermanas gemelas podía encontrar quien me quisiera de verdad».

Y lo ha conseguido. Así las cosas, todos los personajes, al enterarse del inminente enlace matrimonial entre Carlos y Delia, entran en cólera: Robertito ha de cancelar su compromiso con Celia porque ésta nunca existió y don Trino es descubierto; pero el buen corazón de Delia hace que el cheque de cincuenta mil dólares que inicialmente iba destinado al chantaje, sea repartido entre todos: la Baronesa y su hijo, don Trino, el director, y hasta con la propia Irene. Ahora, feliz, les invita a todos a su boda, que tendrá lugar a bordo de su yate.

Finalmente y, tras el oscuro, aparecía Delia ataviada como almirante y, rodeada por todo el cuerpo de tiples y *boys* entonando felizmente el emocionante «Paloma marinera»: «El barco se va a la mar./ A la mar se va el velero./ Atrás se queda la tierra/ y detrás se queda el puerto./ Blanca de cal y palomas/ queda la ciudad riendo,/ ya todo se vuelve azul,/ azul de mar y de viento./ Alegre barco velero,/ blanca paloma marina,/ surca los mares en calma,/ que contigo va mi vida./ Vuelve a este puerto seguro/ que mi corazón te espera/ y no hay tempestad en mi alma,/ paloma marinera».

Y es que *La Cenicienta del Palace* fue la paloma de la paz que marcó el intento de levantar el vuelo sobre las ruinas de un país. A pesar de la intrascendencia de su argumento, fue un vano intento de remontar a unos espectadores que acababan de padecer tres años de duros enfrentamientos entre hermanos y comenzaban una dura y larga posguerra, era el juego del momento que pasa donde había que vivir y olvidar. Simplemente. También a este respecto resulta interesante destacar una escena suprimida del segundo acto en donde, a través de una mutación, se dejaban ver a dos espectadoras en su palco, Pájaralarga y Pájarapinta, haciendo una serie de comentarios sobre la función en particular y el teatro que se cultivaba en aquella época en general:

> PINTA.- *A mí me gustan que me hagan llorar, todo lo que detesto es que me hagan pensar.*
>
> LARGA.- *¡Ah! ¿Pero alguna vez te han hecho eso en el teatro?*
>
> PINTA.- *¡Mujer! Pensar, pensar... no. Ahora, que ya me entiendes.*
>
> LARGA.- *Perfectamente. Al teatro viene una para que le dejen en paz.*
>
> PINTA.- *Claro está. Y, como al cabo del día, le pasan a una tantas cosas, viene una al teatro de cuando en cuando para convencerse de que no pasa nada.*

Fue, qué duda cabe, el primer gran éxito teatral de posguerra. Sus cantables fueron inmeditamente popularizados por la radio, especialmente en los referido a «Vivir» y «La marchiña», contribuyendo a crear una sensacion de paz y tranquilidad que todos los españoles, especialmente los gobernantes, deseaban. Y es que Escobar y Moraleda habían creado una obra merely evasiva basada en los equívocos que proporcionaban dos hermanas gemelas y cuya carpintería escénica sería imitada hasta la saciedad desde entonces. Había comenzado, pues, el teatro preferido por los españoles: el de un género ligero y cómodo, sin pretensiones ni críticas veladas.

Por supuesto, la acogida por parte del público no pudo ser mejor y la crítica, que llegó a calificar su estreno de «acontecimiento dentro de su género en la vida teatral madrileña» y que presenciarlo equivalía «en el cotidiano trabajar, a saborear un *cock-tail* divertido y optimista, lo cual nunca viene mal al ánimo» se deshizo en elogios a su representación, finura, buen gusto, elegancia y a la labor de todos los intérpretes, especialmente al llevado a cabo por Celia «más afinada su belleza, fue una gentil Cenicienta capaz, con su sola gracia, de llenar la escena con su aire de vedette internacional» (Sáinz de la Maza, *ABC*, 1939: 14).

También la música del maestro Moraleda, fue aplaudida y bisada, especialmente en lo referido a «La marchiña», número que sustituyó a «La machichumba» original, enormemente pegadiza, rítmica y muy celebrada por el público junto al *blues* «Vivir», que, en opinión de muchos críticos musicales, es quizás la canción más bella que Celia cantó jamás: «Desde luego, la construcción y la cadencia musical de esta canción son portentosas, y en ellas se instala la voz de Celia con la precisión de un engranaje de relojería. Pero hay algo en «Vivir» que nos parece todavía más importante, por su trascendencia: la aparición de una veta romántica que ya no abandonará en buena parte de su obra posterior. Aquí, ese romanticismo es ciertamente apasionado, culto, cálido y vehemente, como lo es también la interpretación» (Menéndez de la Cuesta y Galiano, 1995: 4-5).

La partitura musical, se articulaba en torno a nada menos que quince números. A los ya enunciados anteriormente, cabría añadir también los titulados «Después seremos felices», «El palco», «El tirurirurirú» y «Vengan ustedes, vengan», muchos de ellos repartidos en libritos que, con forma de cancionero, se entregaron al público junto con el argumento de la obra a modo de programa de mano de la misma.

Y es que Celia Gámez había dado en la diana y, a partir de entonces, su popularidad se acrecienta notablemente con cada uno de sus estrenos erigiéndose como la indiscutible reina del género. La vedette acerca a la mujer de a pie a la revista, un género generalmente frecuentado por varones, y otorga al sexo femenino el verdadero lugar que le corresponde, muy alejado de la chabacanería y la procacidad a la que solía sometérsela en las primeras revistas de la preguerra. Ahora, Celia convierte a la mujer en alma y *léit-mótiv* del género puesto que será gracias a ella donde el buen gusto, la espectacularidad y la brillantez de sus producciones otorguen a la revista la solemnidad que ésta se merece comparándosele con las grandes producciones europeas y de Broadway.

Había nacido, pues, la comedia musical española y es que la censura había prohibido la denominación de «revista» a este tipo de espectáculos, por lo que sus autores se las ingenian «apellidando» a sus creaciones con las denominaciones más variadas: «humorada cómico-lírica», «pasatiempo cómico-lírico», «zarzuela cómica-moderna», «opereta cómica», «technicolor», «fantasía musical»... son sólo unos ejemplos de la fecunda cantidad de subgéneros teatrales que surgen ahora. Celia, quien había incorporado a sus espectáculos de preguerra a la figura del bailarín masculino, del *boy*, ahora lo refuerza junto al cuerpo de viceties, por lo que sus espectáculos rebosan modernidad y distinción. Figuras como Tony Leblanc, Fernando Fernán-Gómez, Manuel Gallardo, Pedro Osinaga o José Manuel de Lara, son sólo unos ejemplos de los *boys* que salieron de las filas de Celia Gámez; pero es que, además, Celia se fragua una sólida reputación contratando a las viceties más guapas y estilizadas para sus revistas sometiéndolas a un duro régimen de trabajo para que todo saliese a la perfección. Así, pues, distinción, modernidad, belleza, buen gusto y sentido del espectáculo, son las bases por las que Celia Gámez boga en estos momentos: «*Echaba la casa por la ventana en todos y cada uno de mis espectáculos. Los mejores autores. Los mejores artistas. Los vestidos más lujosos. Treinta o cuarenta «girls», doce o dieciocho «boys», treinta profesores de orquesta, setenta personas en escena. En mi condición de empresaria de compañía, cuanto más dinero ganaba con una opereta, más invertía en la próxima. Todo me parecía poco para complacer al público y corresponder al cariño y la fidelidad que me dispensaba. En los primeros años 40 trabajé, como suele decirse, a tope. Mucho antes de retirar una obra, ya estábamos ensayando minuciosamente la próxima*» (San Martín, 1984, XI: 50-51).

Es la época en donde en España hacen furor las películas de Carmen Miranda, por lo que Celia Gámez comienza a incluir en sus espectáculos los ritmos puestos de moda gracias a la artista brasileña, de ahí que, a partir de entonces, se oigan marchas, marchiñas, sambas, zambas, rumbas... Así, por ejemplo y, tras haber grabado «Mamáe eu quero», Celia hace lo propio con «Un Pierrot apaixionado», de Noel Rosa y H. Prazares, otra marcha brasileña que, sin pertenecer a ningún espectáculo concreto destacó rápidamente por su originalidad, dinamismo y cálido acento interpretativo y que Celia graba a principios de 1940 incorporándola al reestreno de *La Cenicienta del Palace* durante su aparición en febrero de 1941 en Madrid.

Pero es que, además, la influencia hispanoamericana se deja traslucir en otra serie de melodías musicales de tipo regional, de ahí que la ranchera, tango, corrido, baiao, guaracha, calypso, conga, gallumba, danzón, mambo, el son o el merengue sean algunos de los ritmos que los compositores de esta época vayan incorporando a las revistas. Precisamente no es de extrañar que sea ahora cuando Celia Gámez, por ejemplo, saque en el escenario gigantescos sombreros repletos de coloristas frutas tropicales que nos trasladan a países de ensueño: las playas de Copacabana en Brasil, la pampa argentina, el exótico Caribe, el tradicional México, imaginarios principados como Taripania, Claritonia, Melburgo, Jaujaria, Taringia... todo era posible con tal de aliviar las penas al público que llenaba las salas de los coliseos durante esta dura época transportándolos a unos lugares de ensueño a los que sólo podían viajar con la imaginación que les proporcionaba la revista. Ahora abundarán en el género princesitas de opereta despechadas, parientes ricos afincados al otro lado del Atlántico, paradisíacos hoteles y residencias repletas de ladrones o de tipos dispuestos a probar fortuna con el primer incauto que se les cruce en el camino, falsas identidades, ungüentos capaces de conseguir a quien se lo ponga el amor no correspondido, estrellas de cine triunfantes que aún no han conocido el verdadero sentido del verbo amar, campeones deportivos que llevan una vida de frivolidad que acabarán rechazándola, mujeres caprichosas dispuestas a conseguir triunfar cueste lo que cueste...

La Cenicienta del Palace permanece en la cartelera del Eslava hasta el 1 de julio con un total de 140 funciones. Para dar paso a nuevos estrenos, la compañía repone el 31 de mayo una versión renovada y con nuevos números musicales de *Peppina*, siempre con el incondicional agrado del público y con la que Celia celebra su función de beneficio en la que Manuel Machado y Manuel de Góngora le dedican emocionantes recitales de poesía alabando su arte, su entrega al público y su trabajo. Con ella finaliza la temporada el 1 de julio. Claro que Celia sigue siendo la estrella indiscutible de aquel país que aún se veía en blanco y negro, por lo que su aparición en la fiesta homenaje al Ejército en el Círculo de Bellas Artes, en la función a beneficio de la Delegación de Educación Física de la Falange Española Tradicionalista, en un homenaje a Pastora Imperio en el Fontalba o en las bodas de plata de Juanito Carcellé en el Teatro de La Zarzuela, son enormemente esperadas a la par que aplaudidas.

Mientras triunfa sobre los escenarios, Celia prosigue su romance con Juanito Belmonte, aunque se manifiesta enormemente celosa cada vez que triunfa sobre los ruedos y las mujeres comienzan a acercásele, besarle, vitorearle... Y es que Juanito era demasiado joven. Demasiado simpático. Demasiado guapo. Demasiado divertido. Demasiado torero... Esto era, quizás, lo que menos gustaba a Celia de su novio. Enfrentarse en cada corrida ante la muerte y esperar, anhelante, la llamada del apoderado diciéndole que todo había ido bien.

Especialmente duras fueron para Celia las cogidas que el torero tuvo en Bilbao y San Sebastián, algo más que percances sin importancia, tal y como llegaron a decirle para tranquilizarla los subalternos. Ella sufría cada vez que se ponía delante del toro. Esa angustia vital que todas las mujeres que han salido con un torero sólo son capaces de sufrir. Y ello tenía que compaginarlo con las deliciosas músicas y canciones que había de interpretar sobre la escena. La vida misma. La cara y la cruz. Talía y Melpómene. Comedia y tragedia unidas en ese ciclo vital de cualquier ser humano. Lo cierto es que Celia sólo vio torear a Juanito en una ocasión en la plaza de toros de Madrid. La vedette recordaba cómo en aquella ocasión se pasó la corrida aferrando a su pecho una estampita de la Virgen de la Paloma, entrecerrando los ojos cada vez que el astado se acercaba demasiado a su novio o éste arremetía contra el toro y rezando... rezando sin cesar. Pero Celia quería a Juanito y Juanito quería a Celia. Y cualquier obstáculo interpuesto entre ambos, en principio, era solventado por el amor que ambos se profesaban.

Y llegó septiembre. Celia acaba de grabar para Columbia en discos de pizarra tres números de *La Cenicienta del Palace* y, con esta misma obra, se presenta para hacer la temporada de otoño en el Teatro Tívoli de Barcelona, a la que acompañan otros títulos de su repertorio: *El baile del Savoy*, *Peppina* y la reposición de *La duquesa del Tabarín*.

Uno de los *boys* que entonces trabajó con Celia, así recordaba cómo fue su contratación para actuar en los títulos anteriormente mencionados, Tony Leblanc (1999: 47-48):

«Estaba por tanto como recluta pero sin hacer nada. Me llegan noticias de que Celia Gámez necesita un bailarín, lo que entonces se llamaba un *boy*. Entré en el Teatro Eslava. Allí, en el escenario, se encontraba Celia, su coreógrafo Tito, un pianista y todos los bailarines de la compañía. Expliqué a qué venía. El maestro Tito me pregunta dónde he actuado como bailarín.

-Durante la guerra lo hice cientos de veces, y ahora mismo soy campeón de España de claqué, maestro-.

Celia me preguntó entonces: Y siendo campeón ¿cómo quiere usted ser *boy*?

-Porque trabajar con usted y para usted es para mí una gran categoría-.

Mitad en serio y mitad en broma, Celia siguió: Pues debe usted bailar muy bien-.

-Señora, yo bailo mejor que todos los *boys* que haya tenido usted, incluyendo a los presentes-.

Celia replicó: Es usted bastante chulo.

-Chulo no, señora, más bien chispero-.

El maestro Tito intervino: ¿Y eso del baile lo puede demostrar?

Yo llevaba mis claquetas en una caja de zapatos. Pedí al maestro de música antes de calzármelas que tocara un vals, un *fox*, o lo que quisiera. El maestro Tito le indica al pianista que toque unos compases de vals y otros de *fox*. Hice mi interpretación, creo que a la perfección. Desde luego eso parecía por las miradas de admiración que me dirigieron. Fui hacia Celia Gámez: Habrá usted comprobado que ninguno de sus *boys* baila la mitad que yo, le dije.

Celia, convencida, ordenó al maestro Tito que me acompañara al despacho del representante para firmar el contrato. Con la compañía de Celia Gámez interpreto *La Cenicienta del Palace*, *El baile del Savoy* y *Peppina*. En esta última revista, los *boys* hacíamos mutis por el lado derecho, nos cambiábamos de ropa aparecíamos por el lado izquierdo, pero en un descansillo, antes de llegar al escenario por la rapidez del cambio de traje, ella hacía ese cambio ayudada por Julia Lajos, porque no le daba tiempo a llegar a su camerino. Por cambiarse de traje y hacerlo donde lo hacía, a mí me impedía salir al escenario a tiempo, por lo cual era multado sin tener yo la menor culpa. Fueron tantas las multas que recibí por ello, que me vi obligado a despedirme».

La acogida del público barcelonés es igualmente calurosa y Celia recibe otra vez grandes muestras de cariño y simpatía tras cinco años de ausencia. La prensa califica sus distintas interpretaciones en la obras citadas como el alma de las mismas y dominadora de la escena. Y es que Celia hace alarde de su elegancia. De su buen gusto. De su belleza, gracia, simpatía y desenvoltura cautivando a toda clase de públicos. Los hombres desean ser su galán. Las mujeres sueñan con vivir las aventuras que ella interpreta, copiar sus modelos y ser cortejadas por guapísimos *partenaires*, románticos, soñadores, apuestos, gallardos...

Del Tívoli, cuyas representaciones concluyen el 27 de octubre, se desplaza hasta el Argensola zaragozano donde permanecerá con el mismo repertorio entre el 29 de dicho mes y el 10 de noviembre. Después, al Principal de Valencia entre 12 y el 24 de noviembre. Gran Teatro de Córdoba, del 27 al 8 de diciembre. Gran Teatro Cervantes de Sevilla, del 11 de diciembre al 7 de enero de 1941. Todas estas provincias acogen con verdadero entusiasmo la llegada de Celia y su compañía, calificando sus espectáculos de «los predilectos de las señoras» y conquistando a todos los auditorios que la contemplan.

Celia Gámez se encuentra pletórica en sus facultades. A finales de 1940, en unos días de descanso mientras sus huestes se encuentran apostadas en Sevilla, viaja hasta Madrid para rodar una película con vistas a su estreno durante el mes de enero de 1941. Se trata de la comedia *¡Rápteme usted!*, con argumento y guión original de Claudio de la Torre, quien firmó ambos con el seudónimo de Alberto Alar.

De la Torre había ideado un filme totalmente escapista, sin pretensión alguna, y que mostraba una sociedad que vivía sin estrecheces. Julio de Fleischner la había dirigido con la finalidad de que el público olvidase la terrible situación que atravesaba España tras la finalización de la Guerra Civil, agravada por el estallido de la Segunda Guerra Mundial.

Fleischner realiza un musical muy distinto del que se realizaba por entonces en España protagonizado por estrellas como Imperio Argentina, Estrellita Castro o Juanita Reina. Antes bien, el filme se inspiraba en el cine musical americano protagonizado por personajes que pertenecían a la alta sociedad y que solían llevar a cabo intérpretes como Fred Astaire o Ginger Rogers, basando su comicidad en una sucesión constante de equívocos y malentendidos. Incluso la cinta contenía un número musical de baile coreografiado al estilo de los ejecutados por Busby Berkeley, aunque ejecutado con mayor pobreza de medios.

¡Rápteme usted! contaba la historia de la popular estrella Áurea Diamantina (Celia Gámez), quien, retirada tras su matrimonio, decide regresar al mundo del espectáculo a pesar de la oposición de su marido (Enrique Guitart). Tras separarse del esposo, decide con la ayuda de su mánager, simular un secuestro para hacerse publicidad. Con la misma intención promocional, Áurea contrata al director de una academia de detectives para que proteja su seguridad. Al mismo tiempo, su marido contrata a la misma persona para que siga sus pasos. Y Áurea contrata al novio de la hija del director para que simule el secuestro. Todos los personajes coinciden en un restaurante con espectáculo en el que, entre bailes y canciones, se prepara el desenlace. Finalmente, Áurea es secuestrada, pero no por quien ella había contratado. El autor resulta

ser su esposo, quien le declara su amor, dice que no puede soportar la separación y anuncia su partida hacia América. Cuando sube al barco, encuentra a Áurea en el camarote dispuesta a viajar con él. El mánager es quien debe responder a la policía por el secuestro.

Los modelos que Celia luce en la pantalla fueron llevados a cabo por Casa Rodríguez siendo estos enormemente admirados por las damas de su tiempo. Con música y canciones de Fernando Moraleda y «Alberto Alar», sobresalieron en su partitura los titulados «¡Rápteme usted!», «Don Juan y doña Inés», «¿Quién es?», «Momento mejor», «Paloma marinera», de *La Cenicienta del Palace*, y el *blues* «Amar, sufrir», de hermosísima factura pero un romanticismo más atenuado que el célebre «Vivir».

Julia Lajos, Rude López, Eva Arión, Leonor María, Manolo París, Pedro Barreto, Luis Porredón y Jacinto San Emeterio, acompañaron a Celia en ésta, su tercera aventura cinematográfica que, estrenada el 14 de enero de 1941 en el Cine Rialto de Madrid, cosechó notables críticas dado el aire cosmopolita, ágil y simpático que invadía toda la cinta. La fábula plasmada, sabiamente dirigida por Fleischner, supo sacar partido a las habilidades artísticas de su principal protagonista, comparándola incluso con los grandes nombres femeninos del Hollywood americano.

Satisfecha Celia con su participación en el filme, había podido quitarse el mal sabor de boca que sus anteriores apariciones cinematográficas en Argentina le hubieron granjeado. Por fin, había conseguido un papel adecuado a sus habilidades y un guión entretenido y sin mayores pretensiones que las de la evasión, muy en consonancia con la línea iniciada en sus espectáculos como *La Cenicienta del Palace*, título con el que, precisamente se presenta nuevamente en Madrid el primer día de febrero de 1941 y cuyo éxito es semejante al del día de su estreno.

XVI. YOLANDA DE MELBURGO EN CLARITONIA. EL PRIMER GRAN *BOOM* DE LA POSGUERRA

A principios de la década de los cuarenta, el teatro entendido como fenómeno cultural y social, comenzó a perder a las clases populares como público, fundamentalmente debido a dos factores primordiales: primero, la paulatina elevación de los precios de las localidades que las hacía prohibitivas para las clases sociales más bajas y, segundo, la competencia con el cinematógrafo, más rentable que el teatro, debido a la exhibición simultánea del mismo en cientos de ciudades. Ello, junto a los condicionamientos comerciales e ideológicos provocarán un panorama teatral nacional más bien pobre si se compara con el extranjero. Pues bien, tal situación persiste tras la guerra con dos agravantes: las compañías, en general, seguirán dependiendo de los intereses de unos empresarios que, a su vez, se someten a las complacencias de un público burgués de gustos dudosos. Junto a ello, se agravan hasta extremos impensables las limitaciones ideológicas, ejercidas por un aparato político y religioso de reciente creación: la censura.

Como para otros géneros, la Guerra Civil produjo un corte profundo en la trayectoria de nuestro teatro. Así pues, al finalizar la contienda bélica, algunos autores ya habían fallecido (García Lorca, Muñoz Seca, Valle-Inclán…); otros sufren el exilio (Alejandro Casona, Rafael Alberti, Max Aub…); de escasa novedad es lo que producen viejos maestros como Arniches o Benavente, todavía vetado, ya que andaba en vías de depuración habida cuenta de sus devaneos con el Gobierno de la República; de tal forma que su nombre no aparecía en las marquesinas ni carteles de aquellos teatros en donde se estuvieran poniendo en escena alguna de sus obras, sino que, en su lugar, podía leerse: «Del inolvidable autor de *La malquerida*», por ejemplo.

Visto este panorama, no es extraño que en las carteleras de la época proliferaran comedias extranjeras; pero, salvo honrosas excepciones, se trataban de mediocres obras de diversión que era lo que pedía un público burgués deseoso de olvidar sus problemas.

Como contrapartida, hay que señalar la meritoria labor de los Teatros Nacionales (Español y María Guerrero), quienes acometieron la empresa de poner la escena española a niveles europeos, gracias a directores como Luis Escobar, Cayetano Luca de Tena, Humberto Pérez de la Osa o Felipe Lluch a cuyas manos debemos inolvidables montajes llevados a cabo por toda una generación de actores que posteriormente seguirían formando parte entre los mejores: Blanca de Silos, María Jesús Valdés, José María Seoane, Luis Prendes, Aurora Bautista, Elvira Noriega, José María Rodero, Adolfo Marsillach, Mari Carmen Díaz de Mendoza...

En esta década, existen dos líneas de cultivo dramático: un tipo de alta comedia muy en la línea del teatro benaventino, cultivado por autores como Pemán, Luca de Tena, López Rubio, Claudio de la Torre, Edgar Neville, Joaquín Calvo Sotelo, Víctor Ruiz Iriarte... Se trata, pues, de un teatro caracterizado, con salvedades, por: predominio de las comedias de salón o de los dramas de tesis, a veces con una amable crítica de costumbres, unida a una defensa de los valores tradicionales y honda preocupación por la obra «bien hecha», con un diálogo cuidado y estructuras escénicas consagradas, aunque a veces con discreta incorporación de técnicas nuevas.

Pero, dentro de estas lides, quien se llevaba el gato al agua a la hora de estrenar fue Adolfo Torrado, en muchas ocasiones colaborando con Leandro Navarro, quien supo llegar a un público que seguía fiel al melodrama, ofreciéndole lacrimosas historias hábilmente aderezadas con situaciones muy cómicas.

Al mismo tiempo, también se cultiva un teatro cómico que presenta a dos de los autores más interesantes de estos años: Enrique Jardiel Poncela y Miguel Mihura.

Jardiel, un adelantado de su tiempo, desde antes de la guerra se había propuesto «renovar la risa» introduciendo lo inverosímil; pero su osadía se estrelló con los gustos del público y tuvo que podar su audacia y la novedad de su ingenio. Semejante caso será el de Mihura. Ambos presentan facetas que se han considerado precedente del teatro del absurdo, al menos por la introducción de un humor disparatado y poético; pero esta línea sólo encontró ciertos continuadores como Antonio de Lara Gavilán «Tono» y Álvaro de la Iglesia.

Otros autores de la época fueron Antonio Casas Bricio, Serrano Anguita, Ramos de Castro, Antonio Quintero, el ya citado Leandro Navarro, Enrique Suárez de Deza, Agustín de Foxá, Carlos Llopis, Luis de Vargas, Felipe Sassone, Julio Alejandro...

Fueron los años cuarenta años buenos para el negocio teatral. La clase media no se perdía función alguna y las compañías realizaban fructíferas giras por todo el país. Destacaban Rafael Rivelles, sobrio y elegante; la pareja Tina Gascó-Fernando Granada constituía un éxito más que asegurado; Concha Catalá, Carmen Carbonell, Manolo González, Antonio Vico, Valeriano León y Aurora Redondo, José Marco Davó y Pepe Alfayate, Irene López Heredia y Mariano Asquerino, Loreto Prado y Enrique Chicote (ya mayores los dos), seguían haciendo las delicias de su público fiel; María Arias, Ismael Merlo, Paco Melgares, Martínez Soria, Carlos Lemos, Isabel Pallarés, Juan Beringola, Társila Criado, Lina Santamaría, Pilarín Ruste, María Fernanda Ladrón de Guevara que en ocasiones compartía cartel con su hija, Amparo Rivelles; Ana Adamuz, Rosita Lacasa, Mará Bassó, Nicolás Navarro, los Muñoz Sampedro (Guadalupe, Matilde, Luchy Soto, Luis Peña), Guillermo Marín, Niní Montiam, Luis García Ortega, Alejandro Ulloa, Enrique Guitart, Ricardo Calvo, don Enrique Borrás, Mari Paz Molinero, Enrique Rambal, que lo mismo montaba *Veinte mil leguas de viaje submarino* que *El conde de Montecristo*, con sus fastuosas presentaciones y no menos increíbles efectos especiales...

Teatros de Cámara había pocos y con problemas. El «T.E.U.», dirigido por Modesto Higueras se afanaba por lanzar nuevos valores. La zarzuela reponía algunos de sus grandes éxitos (*La Revoltosa*, *La verbena de la Paloma*, *Gigantes y Cabezudos*, *Marina*, *Agua, azucarillos y aguardiente*, *La Dolorosa*...) aunque aún se estrenaron algunas obras de indudable valía como *Don Manolito*, del maestro Sorozábal.

Comienza ahora, además, el despegue del «folclore patrio» con el terceto Quintero, León y Quiroga que manufacturaron letras en cantidades industriales. Triunfan Estrellita Castro, Antoñita Moreno, Miguel de Molina, Lola Flores y Manolo Caracol, Carmen Morell y Pepe Blanco, Juanita Reina, Juanito Valderrama, Pepe Pinto, Mario Gabarrón, Pepe Marchena, Concha Piquer, Miguel de Molina... y, en medio de todo este panorama, cobra un auge excepcional la revista, surgiendo más compañías que nunca aún a pesar de existir la censura, que miraba con lupa cualquier gesto o acción que pudiera arremeter contra los principios del régimen o atentar contra la moral católica del Estado español.

Durante esta década y la siguiente, las compañías colapsarán, con sus repertorios, buena parte de los coliseos españoles mostrando las bellezas de vedettes y vicetiples, la gracia de cómicos, la presencia de los galanes, vistosos decorados y montajes y, por supuesto, la gracia de los libretos: compañías titulares de los teatros Pavón, Tívoli, Circo, Apolo, Olimpia, Maravillas, Martín, Fuencarral... Compañía de Revistas de Conchita Páez, Paco Romero, Maruja Tomás, Antonio Paso, Jacinto Guerrero, Joaquín Gasa, Mariano Madrid, Ana María González, Aparicio-Otero, Virginia de Matos, Zori-Santos-Codeso, Navarro-Cuenca, Muñoz Román, Jacinto Guerrero, Francisco Alonso, Compañía Internacional «Los Vieneses»...

Acaba de comenzar la época dorada del género donde van a triunfar Trudi Bora, Lolita Rivas, Marty Begoña, Marujita Díaz, Maruja Tomás, Raquel Rodrigo, Monique Thibout, Pilarín Bravo, Mary Campos, Maruja Boldoba, Gema del Río, Carmen Olmedo, Angelita Navalón, Conchita Páez, Aurelia Ballesta, Maricarmen, Emilia Aliaga... cómicos como Carlos Saldaña «Alady», Eduardo Gómez «Gometes», el cuarteto Lepe-Cervera-Bárcenas-Heredia, Rafael López Somoza, Manuel Gómez Bur, Antonio Garisa, Luis Barbero, Alfonso del Real, Luis Cuenca, y galanes como Alfonso Goda, Carlos Casaravilla, Emilio Goya... en títulos como *Doña Mariquita de mi corazón* (1942), *Luna de miel en El Cairo* (1943), *¡Cinco minutos nada menos!* (1944), *Tres días para quererte* (1945), *La Blanca doble* (1947), *¡Róbame esta noche!* (1947), *24 horas mintiendo* (1947), *A La Habana me voy* (1948), *¡Yo soy casado, señorita!* (1948), *¡Taxi al Cómico!* (1948), *Los babilonios* (1949), *El oso y el madroño* (1949)...

Celia inicia su nueva temporada apostando sus huestes en el coliseo de la calle Arenal de Madrid tal y como anunciábamos anteriormente con *La Cenicienta del Palace*, que alcanza un éxito parecido al del día de su estreno con el aliciente de un nuevo número, «Un Pierrot apaixionado», que fue muy celebrado. La actriz vuelve a escuchar nutridísimos aplausos y ovaciones. Es la estrella indiscutible de Madrid y del género. Pero Celia, siempre preocupada por ofrecer lo mejor, ensaya ya, entusiasmada un próximo estreno. Una nueva obra que le han proporcionado dos autores desconocidos y jóvenes, José Luis Sáenz de Heredia y Federico Vázquez Ochando a la que van a poner música los maestros Juan Quintero Muñoz y José María Irueste Germán.

Entre el 27 de febrero y el 12 de marzo, Celia repone en Eslava, *Peppina* para ya, dos días más tarde, viernes, estrenar *Yola*, «zarzuela cómica moderna en un prólogo y dos actos». Son las 22.15 horas de día

14 de mazo de 1941. Un año. Una hora. Un título. Un estreno que pasará a la historia del teatro español...

El argumento de esta exitosa opereta no deja de parecerse al resto de similares obras que se cultivaban por la Europa central, esto es, transcurría en un mundo cortesano idealizado y poseía unas claras connotaciones románticas, teniendo como claro punto de partida, una historia de amor en toda regla. Poseía los ingredientes necesarios para hacer volar la imaginación del espectador a un tiempo y una época ficticios pero llenos de vibrantes sensaciones como en su época lo hicieran *El conde de Luxemburgo*, *La duquesa del Tabarín* o *La viuda alegre*, entre otras.

El prólogo comienza a telón corto destacándose en el centro del mismo un gran escudo de armas del imaginario Ducado de Claritonia. La cabeza de guerrero que va en la parte superior del escudo es corpórea y un personaje dentro de ella será quién recite el siguiente prólogo, empleando música de piano como fondo del mismo:

> GUERRERO.- *Damas y señores:*
> *He aquí un ducado severo y vetusto,*
> *de rectas costumbres, rancia ceremonia,*
> *donde los que viven, viven tan a gusto*
> *que el cielo bendicen. Esto es Claritonia.*
> *El Duque Calixto es quien lo regenta.*
> *Varón de virtudes casi teologales,*
> *como hace ya tiempo cumplió los setenta*
> *es muy raro el día que está en sus cabales.*
> *Casó cuatro veces con nobles princesas*
> *de aspecto sanote. No faltó ninguna*
> *que en tales momentos no hiciera promesas*
> *de tener en forma lo de la vacuna.*
> *Y a pesar de todo, sin causa normal,*
> *sin haber logrado tener descendencia,*
> *las cuatro princesas de sangre real.*
> *Aunque por su gusto quisiera zafarse,*
> *pues ya cree en brujas con harta razón,*
> *en un mes de plazo habrá de casarse*
> *porque así lo ordena la Constitución.*
> *Y este es el conflicto que aflige al señor;*
> *ansía una rosa temprana y fragante*
> *y no hay principado ni estirpe reinante*
> *que ofrecerle pueda tan preciada flor.*

> *Tan sólo dos damas restan por venir,*
> *y por si el Gran Duque cambia de opinión*
> *y de ellas alguna quisiera elegir,*
> *se acordó asistieran a una recepción.*
> *¡¡Hoy roba la Corte sus luces al cielo!!*
> *¡¡Hoy lanzan las trompas sus claros arpegios!!*
> *¡Fecha memorable! ¡Hoy no habrá colegios!*
> *¡Todas las campanas se echarán al vuelo!*
> *En la regia casa cunde el nerviosismo;*
> *Claritonia entera vibra de emoción,*
> *mas como han de verlo por ustedes mismos*
> *y adelantar nuevas fuera indiscreción,*
> *mi charla termino, vuelvo a mi ostracismo.*
> *Templa un poco, Pepe. ¡Arriba el telón!*

Acto primero. Nos situamos en el Palacio Ducal de Claritonia donde se encuentran la Condesa Mariana, mujer de unos cincuenta años y de tipo intrignte, y su hija Carlota, quien representa veinte y su aparente ingenuidad no le deja levantar los ojos del suelo. Ambas, en traje de noche y es que el país entero arde en fiestas, no obstante se celebra el Quinto Centenario de su Independencia, y la cosa no es para menos, pues se trata, además, de encontrar consorte al Gran Duque Calixto (Pedro Barreto), que recientemente acaba de enviudar por cuarta vez, y antes de que transcurra un mes habrá de contraer matrimonio, pues las leyes del país así lo ordenan. Distintas salvas de cañonazos dan cumplida cuenta de ello y de la llegada de distintas princesas a la corte. El Secretario Mayor, un tipo atildado y exageradamente correcto, hace acto de presencia, manifestándole su preocupación a la Condesa: las dos princesas que acaban de llegar son dos estafermos y ninguna va a ser capaz de complacer al Duque, primo de la susodicha. La intención del Secretario es la de que el Duque Calixto elija a una de las dos princesas electas que quedan mientras que la Condesa ha de encargarse de conseguir que el Príncipe Julio (Alfonso Goda) se enamore de su hija Carlota y se casen cuanto antes, con lo que perderá así su calidad de heredero al trono. Lo mismo piensa Pelonchi, secretario sin cartera, que ve peligrar su puesto si Julio accede al trono.

Se oyen más cañonazos. Gritos y murmullos de gente que se acerca. Comienzan a entrar los invitados al gran salón. El Maestro de Ceremonias anuncia con voz campanuda: «¡¡El Gran Duque de Claritonia!!». Se descorren las cortinas y aparece el monarca, «que es un vejete de la edad que ya se ha dicho. Va vestido como corresponde a su categoría y cargado de bandas y cruces». Reverencias y saludos. Calixto se manifiesta preocupado porque tan sólo le quedan dos princesas entre las que poder elegir esposas y, al parecer, ambas suman, más que restan, años.

Una de ellas es la Duquesa Rufa de Jaujaria (Julia Lajos) «una jamona emperifollada y ridícula de edad más que madura», de fabulosa riqueza, acompañada de un par de damas, tres criados y una cabra (símbolo de su país que regala a Calixto), que acude a la recepción del Palacio Ducal. El Duque ha quedado también a la espera de la anciana Duquesa de Melburgo; sin embargo, acaban de llegarle noticias de que la susodicha yace en su lecho víctima de cruel dolencia. Así las cosas, el Duque entrega su brazo a la de Jaujaria y se disponen a pasar al comedor, pero en el preciso instante en que van a salir, acude presto el Secretario Mayor anunciando que la Duquesa de Melburgo acaba de aterrizar con su avión en los jardines de Palacio. Todos los presentes se retiran, por tanto, a sus respectivos puestos, para dar la bienvenida a la Serenísima Señora Duquesa de Melburgo (Celia Gámez), quien entra por el foro precedida por un nutrido grupo de oficiales de aviación Su aparición en escena está condicionada por el *foxtrot*, «¡Alas!»: «¡Alas!/ Para poder volar./ ¡Alas!/ Pide mi corazón./ Que el viento se lleva/ promesas de amor,/ ocultas en nubes/ y rayos de sol,/ y alcanzarlas/ es mi único afán./ ¡Quiero volar,/ volar!/ El espacio dominar,/ subir, gozar/ del aire/ que en la boca al pasar/ parece querer besar».

Yola, en sustitución de su abuela, quien acaba de abdicar en su persona, ha heredado su Ducado y es una joven elegante y distinguida de la que queda prendado Calixto ante la desesperación de la de Jaujaria, que marcha del palacio indignada y el propio rechazo de la interfecta, que no puede dar crédito a lo que su obligación como nueva monarca de Melburgo está obligada a hacer.

A continuación, sobre la escena, telón de cortina. Por todo mobiliario, un espejo en el centro. En escena, el Príncipe Julio de espaldas al público. Tiene entre sus brazos a una camarera de Palacio, a cual, al notar la notar la presencia del respetable, desaparece turbada y con rapidez. Julio, asimismo, turbado, trata de explicar el germen patológico del amor cantando «¡Lo mismo me da!»

Jardín de Palacio. Cristalera iluminada donde se supone que está el salón de baile en el que todos los claritonianos disfrutan de la fiesta dada en honor de las duquesas de Jaujaria y Melburgo. Al fondo, un banco. Es de noche.

Pelonchi y el Secretario Mayor se manifiestan preocupados por la repentina desaparición de la de Jaujaria, aunque también se consuelan con la alegría de saber que el Duque Calixto ya ha encontrado la horma de su zapato en la persona de la Duquesa de Melburgo. Al instante llega ésta rabiosa porque no desea casarse con el anciano Duque. Su dama de honor le aconseja que ha de cumplir sus obligaciones como estipula su alto cargo, pero ella se niega. Pelonchi, quien anda buscando a la desaparecida Rufa de Jaujaria, se topa con Yolanda y ésta, aprovechando la ocasión le hace ver que la mejor esposa para el monarca de Claritonia es Rufa, habida cuenta de que las arcas de Melburgo están en las últimas y no podrá ayudar económicamente a Calixto. Es entonces cuando aquél se va a buscarlo y llega el Duque quien, amparado en lo que siente por Yola, le declara su amor incondicional regalándole una flor que acaba pisoteándola.

Y así, mientras la Corte celebra que el Duque haya encontrado al fin el amor, éste se cruza para Yola en plena fiesta encarnado en el Príncipe Julio, despertando en la joven un interés proporcionado a la repulsión que por el viejo siente. Durante el tiempo que están juntos, Julio se manifiesta celoso al enterarse de que es posible que la Duquesa de Melburgo acabase siendo su tía, algo que la enerva, aconsejándole a la joven que, en su puesto, se le podría exigir hasta la vida, pero más no: desde abdicar hasta matarse y le molestaría mucho que fuera de su tío Calixto o de cualquier otro hombre porque él sí cree en el flechazo auténtico del amor...: «En mi boca ya no hay risas,/ ni en mis ojos hay fulgor;/ para mí son sólo sueños/ ¡los sueños de amor...!/ Ni el rosal me da sus flores/ ni la flor me da su olor;/ y la alondra cuando canta,/ canta mi dolor...». Son «Sueños de amor».

El Secretario Mayor se da cuenta de ello y se urde en contra de la pareja toda una red de intrigas para evitar que le birlen al Gran Duque su futura compañera. Mientras tanto, el Príncipe Julio ha propuesto a Yola fugarse juntos y casarse, pero para ella, aquella proposición no pasa sino de ser un sueño. Ha de cumplir con la obligación de su cargo.

Acto segundo. Monte abierto de caza con varios accesos y rompimientos en todos los sentidos. Un manantial o fuente rústica en el lateral derecha. El Duque Calixto viene vestido de montero, exhausto, dando prueba de su vejez. Le acompaña el Secretario Mayor. Éste le comenta que ha tenido éxito su plan: de acuerdo con la Condesa Mariana, se ha hecho público que el Príncipe Julio se ha fugado con Carlotita (aunque, en realidad, ha sido secuestrado por su tío en una torre del palacio para evitar que la Duquesa de Melburgo caiga en sus brazos al tiempo que también tienen a la sobrina encerrada en las caballerizas). Sólo así podrán apurar el plazo que marca la Constitución para que Yola contraiga matrimonio con Calixto. Sin embargo, y, mientras ellos confabulan, en la montería, celebrada en honor de la propia Yolanda, Rufa de Jaujaria ha perdido el control de su caballo y ha estado a punto de matarse. Afortunadamente, alguien la ha salvado:

>JAUJARIA.- [...] ¡Pasamos a siete corzos ! Y aún estaría corriendo por esos campos de
>Dios, a no ser por un audaz jinete, que, con su valor, logró detener su caballo el tiempo suficiente para soltar los estribos y tirarme al suelo de cabeza La gente vino, me recogió y ¡aquí estoy ! Ya no sé más. Ni siquiera quién me ha salvado.
>
>MARIANA.- Fue la propia Yolanda de Melburgo.
>JAUJARIA.- ¿Ella ?
>
>MARIANA.- Sí, y sin medir el peligro a que estaba expuesta.
>
>JAUJARIA.- ¿Y dónde está mi bienhechora ? Quiero demostrarle mi gratitud.

En ese instante, por la izquierda del escenario hacen su entrada un nutrido grupo de cazadores de ambos sexos, amazonas y monteros, al frente de los cuales irrumpía la propia Yolanda de Melburgo:

>TODOS.- Me lanzo al galope, cruzo el campo feliz.
>Mi mayor ilusión es llegar a ti.
>Cazando quisiera tu poder lograr,
>tu corazón poder aprisionar.
>
>ELLOS.- Con mis besos te hará mi amor
>suave cepo, lazo traidor.
>
>ELLAS.- Presa en ellos quisiera estar,
>de esos brazos nunca escapar.
>
>TODOS.- Me lanzo al galope cruzo el campo feliz.
>mi mayor ilusión es llegar a ti.

YOLANDA.- *De amor no hablar,*
que es juego arriesgado en la caza el amor.
Para los amantes siempre hay veda,
y has de ir con cuidado por el monte, cazador.
De amor no hablar;
que no es buena razón
ir con disparos, armas y perros
a un débil corazón...

TODOS.- *De amor, no hablar, etc.*

Rufa de Jaujaria, agradecida a Yola por haberle salvado la vida, determina su reconciliación, informándole a aquélla de toda la verdad acerca de la supuesta fuga del Príncipe Julio con Carlotita. Yolanda, llena de felicidad al saber que su amado no se ha fugado con ninguna mujer, prepara sus argucias de mujer para darle una lección al codicioso Duque Calixto. A sus armas de políticos, ella va a anteponer su astucia. La ilusión que creía perdida, acaba de renacer...

> YOLA.- *Siento renacer en mí tu amor*
> *al saber que volverás.*
> *Cuándo vuelvas a mi lado al fin,*
> *buscaré en tu mirar*
> *el inmenso consuelo*
> *de sentirme junto a ti.*
> *Y al llegar te diré:*
> *¡Mírame!*
> *Y al mirarme dirás:*
> *¡Quiéreme!*
> *Y mis ojos dirán:*
> *¡Bésame!*
> *Que tus besos me harán, loca decir:*
> *Si tu amor es verdad.*
> *¡Mírame!*
> *Para hacerme soñar.*
> *¡Mírame!*
> *Para hacerme feliz.*
> *¡Mírame!*
> *Si me quieres matar.*
> *¡Mírame!*

Nos situamos ahora en la biblioteca del castillo de Altás. Julio, en su encierro lee y canta nostálgico. De repente, una figura encapuchada entra a su celda. Se trata de Carlotita quien le revela toda la verdad acerca de la difamación y el secuestro de que han sido víctimas y le propone, además, que se fuguen juntos. Ella le quiere... Pero Julio a quien ama es a Yola...

Se fija el día de la boda de Yolanda con el Gran Duque Calixto. A la celda de Julio ha acudido presto Pelonchi para liberarlo y así impedir la ceremonia nupcial; sin embargo, se topa con la Condesa Mariana quien le desafía a interrumpir la boda. Ella hará también lo propio a como dé lugar..

Nuevamente otra falsa noticia hace creer al Duque Calixto que su sobrino se ha suicidado arrojándose al foso del palacio donde Julio y Carlotita se encuentran secuestrados, y, al fin, cuando Yola se está vistiendo de novia para la ceremonia, todo se arregla con la llegada del Príncipe Julio, que da al traste con los planes de toda la pandilla de intrigantes palaciegos que pretendieron poner fin a la felicidad de la pareja, entre ellos Calixto quien, al ver a su «resucitado» sobrino, le da un soponcio de la impresión. Y en medio de la derrota, surge victoriosa la feliz pareja de enamorados... junto a otra: Pelonchi y la Duquesa Rufa de Jaujaria, que terminan conjugando el verbo amar a toda voz .

«Yola» fue la segunda opereta que estrené después de la guerra. Y al igual que la primera, «La Cenicienta del Palace», tuvo un éxito resonante. Fue, como decimos en el teatro, un bombazo. [...] Lujo, humor, romanticismo... ¡La opereta ideal! [...] Todo era ingenuo, limpio, bonito, elegante, divertido... ¿Qué más podía pedir el público? Mis operetas, ya lo he dicho, invitaban a soñar. El «¡Mírame!» de «Yola» se hizo muy popular. Algunos calificaron la letra de atrevida... Recuerdo el comentario de un censor que, no muy convencido, la autorizó.

-¡Demasiados besos...!- refunfuñaba.

Durante una función de noche la anécdota la protagonizó -por supuesto, involuntariamente- mi madre a la que me había traído nuevamente desde la Argentina. ¡Pobre mamá, qué sofoco me dio ella a mí y qué regañina la di yo a ella! Claro que, al final, terminamos riéndonos, porque lo sucedido tuvo verdadera gracia.

Estábamos haciendo el número más romántico de la obra. Las «girls», de azul. Los «boys», con esmoquin. En el centro del escenario, apoyados en un árbol, el galán Alfonso Goda y yo. Cantábamos: «En mi boca ya no hay risas, ni en mis ojos hay fulgor, para mí son sólo sueños, los sueños de amor...»

De pronto... ¿Qué veo? ¿Estaré soñando de verdad? ¡Veo a mi madre! Lleva un paquete. Anda despacio, con cuidado, como si no quisiera hacer ruido. Cruza el escenario... Alfonso me mira aterrado; en su mirada leo esta pregunta: «¿Qué hace aquí tu madre?» Yo estoy aún más aterrada. Me llegan los susurros del público que, sin duda, comenta la inesperada aparición del «nuevo personaje». ¡Trágame, tierra!

Repuestos de la sorpresa, pudimos terminar el número. Gran ovación. Descendió el telón y corrí en busca de mi mamá. Estaba tranquilamente sentada en mi camerino. Me recibió con estas palabras:

-Mira, te acaban de traer este paquetito... Es azúcar, hija-.

Eran los tiempos de la escasez y del racionamiento, no lo olvidemos.

Pero yo no estaba para regalos en aquel momento. Regañé a mamá por su desafortunada «actuación». Pero ella no comprendía mis reproches... Lógico. Lo sucedido fue que, tras recoger el azúcar en la puerta y, de regreso al camerino, tenía que cruzar el escenario. Se equivocó y lo hizo por delante del decorado, entre los árboles de cartón. Mi madre estaba sorprendidísima...

-¡Pues yo creía que iba por detrás! Claro, como no veía nada por los focos que te dejan cegata... ¡Perdóname, hija!-

¡Lo que nos pudimos reír aquella noche con el inefable «paseíllo» de mamá! Y durante mucho tiempo cada vez que nos acordábamos de él...» (San Martín, 1984, XI: 50-51).

Tras el multitudinario estreno de *Yola* y, consumidos los tan temidos nervios que acucian a cada estreno teatral, todo fueron elogios y celebraciones para la elegante opereta. No sólo el Madrid que acudió a su estreno tarareaba la marchiña «¡Mírame!» o el *fox* «Sueños de amor», sino que, además, la crítica especializada de diarios tan importantes para la época como *ABC, Pueblo, Arriba, Madrid, Hoja del Lunes, Dígame, Gol, Fotos, El Alcázar, Ya* o *Informaciones* aplaudían encomiablemente el descomunal éxito obtenido por todos sus baluartes. Se trata de un auténtico *boom* teatral. Todo el mundo habla de Celia y de *Yola*. Porque *Yola* era Celia y Celia, era *Yola*: «[...] libro limpio, porque es picaresco sin chocarrería, tiene situaciones ágiles y graciosas y una partitura de novísima línea melódica. En ella se acredita la fluida inspiración de unos compositores, que, como los libretistas, en conjunción feliz, han logrado esta zarzuela moderna, que gustó extraordinariamente. Entre fuertes aplausos se repitieron todos los números y alguno de ellos se llegó a pasar tres veces» (*ABC*); «[...] Esta opereta tiene un argumento sencillo, sin exceso de complicaciones y una acción sostenida y que entretiene al público» (*Pueblo*); «[...]es, una vez más, un triunfo rotundo de Celia, como artista y como animadora de todo un modo de entender esta clase de teatro. El éxito se perfiló desde las primeras escenas y fue creciendo hasta alcanzar momentos de verdadero clamor» (*Madrid*); «[...] como la zarzuela es divertida, como la música suena muy bien, como la presentación es fastuosa y como toda la compañía compite en una interpretación esmeradísima, el éxito ha sido grande» (*Dígame*); «[...] se nos llevó al auténtico reino de la opereta. Se nos hizo reaccionar elegantemente. Respiramos a nuestro sabor cuadros de frivolidad de frac, con vivos colores y luces propicias al ensueño. El ambiente era el de los felices tiempos en que la paz reinaba en el mundo y se hablaba de intrigas eróticas en las grandes Cortes y salía Austria a reclamar su derecho al puesto de moda. Era el ambiente de *La viuda alegre*, de *El conde de Luxemburgo* y de otras obras similares. Como en ellas, hay en *Yola* trajes deslumbradores, duquesas y príncipes, generales y chambelanes, cortejos de damas de honor y galanes enamorados. Asimismo, hay noticias sentimentales en medio de la general alegría, noches plenilunares, jardines floridos, juegos amorosos y perfumes de honesta galantería» (*El Alcázar*); «[...] Los autores se sitúan fuera de la realidad, con un desenfado amplio y el libro se reduce a la más mínima expresión, siempre al servicio de la plástica y de la música, con lo que se produce el fenómeno raro de que como los tipos no se manifiestan al público por detalles propios, no llegan a ganarlos en cuanto a tales, sino por el actor que los encarna, con lo que se lleva mucho adelantado y como sobre todo ello está la labor dinámica, viva, graciosa, elegante e intencionada de Celia Gámez, el público lo encontró tan de su gusto, que fue subrayando con éxitos parciales cada momento, cada situación y hasta cada frase en un entusiasmo creciente» (*Ya*); «[...] El triunfo fue, en términos teatrales, aplastante y hasta tal punto agobiador que tuvieron que hablar todos los intérpretes y autores al público» (*Fotos*)... (Montijano Ruiz, 2007: 102-114).

Si *La Cenicienta del Palace* fue ya un espléndido fruto del nuevo y recién injertado árbol de la comedia lírica; *Yola* era la culminación de ese arte y ese género. Fruto éste ya maduro, resultado del esfuerzo de autores, modistos, pintores, músicos, intérpretes... pero ante todo y sobre todo es el fruto del ímpetu, del admirable buen sentido, de la abnegada perseverancia, esplendidez fastuosa y hasta de la prodigiosa intuición de una artista sin par, de Celia Gámez, ya que ella sola había hecho por el género más que cada uno de los diversos elementos que contribuían al gran éxito del mismo. El ruidoso, el clamoroso triunfo de *Yola* se debía, en su infinita parte, a Celia. Sin ella, *Yola* hubiera sido un pasatiempo, una revistilla más o menos bien montada y bailada y movida, con Celia y por Celia Gámez. *Yola* era ni más ni menos que la obra de la temporada, el espectáculo más alto en todos los sentidos porque también en lo frívolo e intrascendente podía y debía haber altura y dignidad artística; pero sobre todo eran las mujeres las que encontraron ocasión de deleite supremo contemplando cómo estaba vestida y montada esta prodigiosa *Yola* de Celia Gámez. No se había hecho nunca nada superior en buen gusto; y no en Madrid, sino en la primera y más afamada capital del mundo en estas materias y géneros teatrales.

Hasta tal punto había llegado la personalidad de la Gámez, que el público que acudía al Eslava no afirmaba: «Voy a ver *La Cenicienta del Palace*» o «Voy a ver *Yola*»; sino que, sencillamente, decía con entusiasmo: «Voy a ver a Celia». Con lo cual lo que de verdad le interesaba al respetable era no el título de la obra en sí, sino la gracia, la belleza y el arte personalísimo de Celia Gámez, en quien, en definitiva, residía lo mejor del espectáculo. Y es que Celia había dignificado un género dándole una categoría artística muy estimable, luciendo su plástica en coreográficas evoluciones llegando a un grado de perfección en el género que muy pocas formaciones podían llegar a alcanzar. La vedette tenía el *mágico poder* de ennoblecer cuanto tocaba, porque su gusto selectivo la llevaba a no desdeñar el menor detalle, desde sus elegantes vestidos a la puesta en escena, pasando por la coreografía, la música... cuidando, pues, todo como un único conjunto plástico y no como un hecho aislado, tal y como venían haciendo otras compañías.

Yola tenía un libro fácil, ameno, liviano, limpio y divertido, elegante y romántico; poseía una música de melodía, de ritmo y de moderno énfasis y moderna factura instrumentalista donde sus autores lograban aciertos plenos en esta modalidad del género lírico. Viva, agradabilísima, llena de motivos bien entendidos.

Con una orquestación compuesta por una flauta, un oboe, dos clarinetes, un fagot, dos trompas, tres trompetas, tres trombones, tres saxofones (alto, tenor, alto), timbales, batería, piano y cuerda, los maestros Quintero e Irueste fueron capaces de conseguir unos ritmos vibrantes que emanaban modernidad, elegancia, distinción y dinamismo: «La música es resultado de una colaboración felicísima en la que el maestro Quintero representa la melodía sentimental y el maestro Irueste la vibración intensa y moderna, con lo que se consigue un concepto armónico muy equilibrado y muy simpático, que se condensa en números deliciosos; algunos se repitieron cuatro veces», afirmaba la crítica de Jorge de la Cueva en el diario *Ya* (Montijano Ruiz, 2007: 112-113).

Citaremos los más sobresalientes por conservarse grabaciones de ellos en discos de pizarra y vinilo:

— «¡Alas!»: (Acto I, cuadro 1º, música nº 4). Se trata de un *foxtrot* lleno de modernidad y dinamismo interpretado por una Celia en traje de viaje secundada por un nutrido grupo de oficiales. Su ritmo trepidante y enérgico evoca una maravillosa sensación de libertad.

— «¡Lo mismo me da!»: (Acto I, cuadro 2º, música nº 5). Interpretado por Alfonso Goda a ritmo de vals y *foxtrot*, trataba de explicar «el germen patológico» del Príncipe Julio con las damas a quienes traía de cabeza.

— «Quiero»: (Acto I, cuadro 3º, música nº 6). La primera marchiña que aparece en esta obra es interpretada por Celia Gámez con un ritmo trepidante y moderno donde la constante repetición del verbo que da título al número evoca los deseos de la protagonista para casarse por quien realmente suspira. La rabia contenida que en ese instante posee el personaje que interpreta al tirar una flor al suelo y pisotearla, demuestra su impotencia y aversión hacia el Duque Calixto, con quien pretenden casarla.

- «Sueños de amor»: (Acto I, cuadro 3º, música nº 7). *Fox* lento interpretado maravillosamente por Celia Gámez y Alfonso Goda en el jardín de palacio declarándose mutuamente sus respectivos sentimientos. Se trata quizá de uno de los mejores números románticos que Celia interpretó jamás donde la melodiosa cadencia del ritmo (lento y pausado) va en consonancia con la manifestación de sensaciones que evoca la conjugación del verbo AMAR a toda voz.
- «Marcha de la cacería»: (Acto II, cuadro 1º, música nº 9). Nos encontramos, sin duda, ante uno de los números musicales más espectaculares, ya no sólo de la obra, sino además de toda la historia del género frívolo español. Su carácter marcial, acompasado por un grandioso despliegue de *boys* y vicetiples caracterizados como monteros y amazonas, respectivamente, mientras Celia, en primer término, evoluciona por la batería como si de una marcha militar se tratase, posee una enorme vistosidad, ya no sólo por su matemática y bien organizada coreografía, sino, además y, muy especialmente, por la conjunción de colorido y elegancia que produce todo el conjunto.
- «¡Mírame!»: (Acto II, cuadro 1º, música nº 10). Por sí solo, este extraordinario y celebérrimo número musical merece el éxito que la obra que nos ocupa obtuvo. Considerado «himno» de la revista musical española, es, junto al «Pichi» y «Los nardos» de *Las Leandras* (1931) y la «Estudiantina portuguesa» de *La hechicera en palacio* (1950) las melodías más populares y célebres que entonó la vedette argentina aún a pesar de tener en su haber otros de inusitada popularidad como lo fueron los pasodobles de «El beso» y «Luna de España», ambos salidos de la portentosa y no menos prodigiosa batuta del maestro Moraleda.

Compuesto a ritmo de marchiña, fue tal la tremenda popularidad alcanzada que hubo de repetirse tres veces seguidas la noche de su estreno. Se encuentra estructurada en dos partes bien diferenciadas; por un lado, una estrofa cuajada de melodía evocadora y sentimental y, por otro, un estribillo de tono más desenfadado y de ritmo más rápido cuyo ensamblaje entre los dos permite pasar al espectador de una ensoñadora esperanza a un deseo hecho realidad. Su interpretación, evidentemente, estuvo plagada por el buen hacer interpretativo de una Celia Gámez más maravillosa que nunca entregada por completo a una melodía evocadora y arrebatante que consiguió arrancar más de un aplauso a una enfervorizada concurrencia. Celia no sólo cantaba o interpretaba el presente tema: lo vivía. Interpretándolo se

encontraba soñadora, exuberante, magnífica, ciertamente arrebatadora, juvenil, exultante... era el triunfo de conseguir el amor y de haber logrado una pequeña joya dentro del teatro musical español.
— «El azahar»: (Acto II, cuadro 3º, música nº 13). Es éste uno de los números musicales menos conocidos de la opereta, aunque su inclusión en este apartado se debe a su composición a ritmo de *one-step*, puesto muy en boga en la época. Ágil y alegre, divertido y rítmico, esta melodía evoca un tiempo y una época felices, los maravillosos y dorados años 20; aunque elegante y refinado, distinguido y aristocrático, exquisito y selecto, no pierde un ápice el estilo que los maestros compositores otorgaron a toda la partitura que puebla la célebre opereta.

Frente a los números musicales anteriormente citados, existen otros en la obra cuya audición nos ha sido prácticamente imposible de descubrir ya que no existe grabación sonora, aunque sí partitura de los mismos a excepción del *foxtrot* titulado «La boda» de ritmo ágil y cuidado aunque sin letra alguna que sirve de marco para la escena final de la obra con una Yolanda y un Príncipe Julio sellando su amor con un beso rodeados por todo el conjunto de vicetiples y *boys* cortejándolos. Destacan además los constantes toques de trompeta en la recepción de palacio; las salvas de cañones anunciando la fiesta en Claritonia; el himno de Jaujaria, cuando hace su entrada triunfal la Duquesa Rufa... Así pues, también se dieron cita algunas otras composiciones de fondo o repeticiones de números musicales anteriores dentro de la misma obra como las melodías nº 1 (prólogo, marcha solemne); la nº 2 (que señala al cuerpo de servidores o criados en el salón de recepciones del palacio ducal de Claritonia con el que comienza el acto I, instrumental); la música nº 3 (una canción entonada por Carlota y titulada «La ruborosa», interpretada cuando la madre de aquélla le pide que conquiste al Príncipe Julio). Finalizado el número se da entrada, entre sones de trompetas, gritos y murmullo de gente, al Duque Calixto en el salón de recepciones de palacio, junto al resto de invitados de forma instrumental; nº 3-bis (marcha-polka que da entrada a la Duquesa de Jaujaria); la nº 8 (interpretada por Carlota con un halo de melancolía preguntándose si Julio verdaderamente podrá llegar a quererla algún día, exhala romanticismo al mismo tiempo que su melodía se une a la repetición del *foxtrot* «¡Lo mismo me da!», puesto en boca de Julio y, seguidamente, de la propia Yolanda de Melburgo). La nº 11, ya en el acto II, cuadro 3º (*blues* que emana tristeza y melancolía cuya letra representa un lamento de Julio al encontrarse secuestrado en una habitación de palacio al creer que su amada, Yola, va a contraer matrimonio con su tío Calixto.). La música nº 12 repite los compases del *fox* lento que cantara la pareja Goda-Gámez en el jardín de palacio, esto es, «Sueños de amor» en un esperado reencuentro entre ambos amantes y, finalmente, la música nº 14 («La boda» de la que anteriormente hemos hablado) da paso al apoteosis que toda revista que se precie de serlo ha de tener y en donde la revisión de los números más populares que se han cantado a lo largo de la misma vuelven a ser interpretados en un alarde de espectacularidad y belleza, de elegancia y majestuosidad, de color, ritmo y ensoñación patente que han sido las bases que han acompañado a todas las melodías de la obra.

Referente a su puesta en escena hemos de afirmar que toda su ambientación y maquinaria escenográfica, según consta en las críticas de la época, fue deliciosamente elegante y espectacular. Con decorados de Casares López y Asensi; cortinajes, propiedad de la empresa «Celia Gámez» y muebles y demás accesorios de utillería y atrezzo obra de Mateos, podemos destacar de toda su ambientación, no olvidemos que gran parte de la misma transcurre en un fastuoso palacio, la riqueza ornamental y bien cuidada iluminación que acompaña a cada uno de los actos y cuadros que componen el libreto. Así, por ejemplo, el prólogo de la obra transcurre en medio de un telón corto en cuyo centro destaca el gran escudo de armas del imaginario Ducado de Claritonia, en algún lugar de Europa. La cabeza de guerrero que va en la parte superior del escudo es corpórea y un personaje dentro de ella será quien lo recite.

Tanto el primer acto como el cuadro primero se desarrollan ya en el salón de recepciones del palacio. La acotación nos lo describe de la siguiente forma: «Detalles del decorado a voluntad del técnico, con tal que tenga la delicadeza de dejarnos un par de puertas para que entren y salgan los personajes». Aquél representaba, a modo de biombo tridimensional con escaleras practicables, un enorme recinto propio del ducado que ostentaba su actual gobernante. Elegancia, espectacularidad y brillantez fueron las notas dominantes de esta decoración. En el centro, puerta que daba entrada a los invitados a la recepción ducal de palacio con cortinas que se abrían y cerraban de forma distinguida. Escaleras practicables adornadas con una enorme alfombra roja. Puertas a derecha e izquierda del escenario con doseles de color rojo y flecos dorados simulando pequeños telones para cubrir la entrada y salida constante de personajes. En el fondo derecha (siempre del espectador), columna pintada a través de la cual un enorme cordón dorado acababa en lazo en su parte superior. Junto a ella, izquierda, tres huecos, también pintados sobre la decoración, que dejan ver la terminación de mencionado cordón. Lámpara de tres brazos sostenida por un ángel tenante, igualmente pintado. En la parte central de la decoración, corona ducal, brochante sobre el todo del escenario. Flor de lis adornada con una corona floreada y un facistol igualmente rodeado de flores. Ambos pintados sobre el escenario flanqueando la entrada central del decorado. Finalmente, dibujos ornamentales simulando figuras geométricas a modo de trapecio sobre toda la decoración.

En el cuadro segundo, nos encontramos ya con un nuevo telón de cortinas y, por todo mobiliario, un espejo en el centro donde el príncipe Julio, de espaldas al público, posee entre sus brazos a una camarera de palacio, la cual, al notar la presencia del respetable, desaparece turbada y con rapidez a la par que Julio, asimismo turbado, trata de explicar al público lo sucedido entonando el *foxtrot* «Lo mismo me da».

El cuadro tercero transcurre en el jardín de palacio. A la derecha, una cristalera iluminada que simula el salón de baile. Por decorado árboles y arbustos, unos pintados, otros corpóreos; gigantesco sauce llorón que deja caer sus ramas casi hasta el suelo del escenario y un banco practicable de madera, fondo a la izquierda, para que puedan sentarse los personajes.

El acto segundo, cuadro primero, transcurre en un monte abierto de caza con varios accesos y rompimientos en todos los sentidos. En el lateral derecha, un manantial o fuente rústica y una piedra o un tronco de cartón donde se sentarán Calixto y Rufa, posteriormente. Árboles en tres dimensiones. Como telón, el palacio ducal en la lejanía rodeado de montes, setos y vallas de madera.

El cuadro segundo tiene lugar en la biblioteca de palacio. He aquí lo que dice la acotación correspondiente: «Volvemos a dejar a gusto del escenógrafo los detalles del decorado. Esperamos de su delicadeza que, para el mejor juego de los personajes, nos deje una puerta al fondo y otra a cada uno de los lados, y en uno de estos, una ventana». Efectivamente, un enorme butacón, donde Julio se sentará para leer un libro junto a una pequeña chimenea que simula tener fuego. Una estantería practicable repleta de libros. Otros muebles por el escenario.

Cuadro tercero. Un *budoir* tan elegante como sencillo, compuesto casi exclusivamente por un tocador, un pequeño taburete, un par de sillas y una butaca. Al fondo, un biombo. Lateral izquierda, un balcón practicable. Puerta al foro y lamparita encima de una mesa que ilumina la escena semi en penumbra a excepción del foco que señala a los intérpretes.

Cuadro cuarto. Telón de cortinas donde terminará la acción de la obra. Elegante, amplio y con vuelo que da paso a la escena final donde Yola y Julio sellan su amor con un apasionado beso mientras son cortejados por el nutrido grupo de *boys* y tiples. Como fondo, un puente en mitad del escenario con escaleras practicables en ambos laterales donde se sitúan las viceitples mientras los *boys*, rodilla en tierra y con la palma de la mano extendida, muestran al público el triunfo del amor. Un foco ilumina a la feliz pareja. A derecha e izquierda del escenario, dos enormes lámparas de múltiples brazos. Balaustrada en el centro del puente con dos viceitples, una dispuesta a cada lado. Como fondo del escenario, telón ilustrado con motivos regios, coronas y estatuas tenantes con un enorme cordel dorado dibujando diversas figuras geométricas elegantemente dispuestas sobre la escena llenándola de una asombrosa plasticidad.

Como habrá podido observarse, aún a pesar de que ni en las propias acotaciones de la obra se especifica claramente parte de la decoración, hemos de afirmar que ésta constituyó una simbiosis absolutamente irreemplazable entre acción e interpretación poniéndose al servicio de los actores e integrándose de forma espectacular en la consiguiente puesta en escena prestándose como un elemento más en el desarrollo de la opereta. Elegancia, distinción, originalidad y sencillez fueron las notas dominantes en la ambientación de la obra; aunque no por ello perdió un ápice su espectacularidad y sirvió para realzar la interpretación de los propios protagonistas.

Sin lugar a dudas, buena parte del éxito de *Yola* se debió también al extraordinario vestuario que se empleó para la misma. Realizado con buen gusto por Pepita Navarro, Humberto Cornejo y Jérome, se contó, además con la labor de peluquería realizada por Mingo, resaltando las diferentes caracterizaciones llevadas a cabo por el reparto.

Así pues, *Yola* tuvo un vestuario magnífico. Bien es sabido por todos los aficionados al género, que Celia gustaba de vestir siempre por los mejores figurinistas de la época y de hecho lo conseguía siempre, aportando a sus obras un toque de modernidad, lujo y distinción como pocas estrellas de la época.

Celia Gámez, en su caracterización de Duquesa de Melburgo, emplea varias mutaciones para cambiar de indumentaria. Así pues, su presentación en escena está caracterizada por un precioso traje de viaje con tocado de plumas, falda y zapatos negros y blusa blanca con incrustaciones doradas acompañada de unos guantes de seda, igualmente blancos. En la mano lleva un pequeño neceser de viaje. Es el momento en el que entona el *foxtrot* «¡Alas!», siendo cortejada por un nutrido grupo de *boys* ataviados como oficiales de aviación: pantalón, casaca, guantes y gorra blancos, galones, pliegue lateral del pantalón y botonadura dorados con zapatos negros. Posteriormente y, en otros reestrenos de *Yola*, Celia interpretaría este número realizando su entrada vestida de aviadora (con gafas, gorro, cazadora y pantalones de cuero) descendiendo de un avión que aparecía en el escenario.

El segundo traje que Celia exhibe, tras la recepción y, ya en la fiesta de palacio, es un vestido de gasa a lo Ginger Rodgers en una pieza. La parte de arriba con incrustaciones de pedrería y plisada a tablillas la parte de la falda produciendo un vuelo elegante y señorial al moverse. Celia llevaba, además, un tocado recogido en su parte de atrás acompañándolo con una gargantilla de oro, pulsera y pendientes de oro con perlas. Es ésta, pues, la indumentaria que posee mientras entona con Julio el romántico *fox* lento «Sueños de amor».

Ya en el cuadro primero del segundo acto, la triunfal entrada de Celia será al entonar la «Marcha de la cacería», muy marcial y ejecutando una coreografía verdaderamente milimétrica. Su presencia está condicionada por el hermosísimo traje de amazona que lleva puesto que formó parte de la campaña publicitaria que se forjó con respecto a la obra al igual que el traje empleado para cantar «Sueños de amor». Así pues, el elegante vestuario de amazona que luce ahora es todo en una pieza. Formado por un espectacular y altísimo sombrero rojo con pequeña visera acabado con un abundante plumaje rosa y circundado en su parte inferior por un cordón dorado, la pieza que cubre el cuerpo es una enorme chaqueta cruzada con hombreras y pecho abierto dejando lucir una camisa y pañuelos blancos en su interior. Cuello abierto y amplio. Pliegues cruzados a la altura de la cintura con botonadura dorada a imitación de las casacas reales rodeada por un cíngulo de pasamanería a juego. La parte inferior del traje muestra una gran abertura dejando entrever parte de las piernas aunque sugerentemente, llegando aquélla hasta el suelo. Calzado oscuro que apenas si deja verse, oculto tras la pieza, toda ella en rosa. Guantes también de color rojo. Precisamente y, también con este traje, Celia canta la marchiña «¡Mírame!» En posteriores representaciones, y es quizá el traje de *Yola* más difundido, Celia vestía ataviada con una preciosa casaca roja con botonadura negra. Falda beige o blanca con abertura hacia la entrepierna. Chistera también negra con pañoleta de color blanco circundándola con motitas brillantes que le llegaba hasta la cintura provocando un delicioso vuelo cada vez que se movía sobre el escenario. Guantes y botas negras.

A continuación (Acto II, cuadro 3º), Celia muestra un salto de cama precioso en una sola pieza con adornos de plumas en los codos, de cuello cerrado y botonadura negra formando pequeños lacitos desde el pecho hasta la cintura todo él a rayas negras y una pequeña cola que le arrastraba y, finalmente, para el apoteosis, un vestido con pecherín de lentejuelas abierto, bocamangas de gasa y una falda a tablillas, también de gasa, todo ello en una sola pieza. Remataba el traje una enorme pamela con aberturas de lentejuelas en ambos lados; pendientes de perlas y gargantilla de oro al cuello con un enorme anillo en su mano derecha y una estola de visón moteda entre las manos.

Por su parte, la Duquesa Rufa de Jaujaria hace su entrada triunfal al salón de recepciones del palacio ducal de Claritonia con un aristocrático traje en terciopelo negro que formaba una cola que le arrastraba. Pañuelo de encaje en la mano. Diadema en el tocado y banda de título al pecho. Guantes blancos a juego. La actriz, en cuadros posteriores vuelve a vestir un elegante traje de noche y una no menos refinada indumentaria para el cuadro de la cacería: un dos piezas con amplia camisola roja hasta la cintura y falda recta hasta el suelo que apenas sí deja ver el calzado. Banda aristocrática al pecho, guantes rosas y pañuelo a juego. Pendientes y pañoleta anudada al cuello elegantemente.

En cuanto al elenco masculino, destaca, sin ir más lejos la indumentaria del Duque Calixto cuya aparición viene marcada por su elegante pechera, toda ella repleta de condecoraciones, cruces y medallas varias. Chaqueta con hombreras y pantalón a juego a imitación de los clásicos uniformes militares. Cordón de pasamanería anudado alrededor de la cintura.

Sobresale, asimismo, la elegante prestancia que el príncipe Julio otorga al frac / esmoquin en algunos momentos de la representación, ambos con camisa blanca y chaqueta, pantalones, pajarita y zapatos negros; aunque, sin lugar a dudas, destaca el uniforme militar que emplea para el apoteosis de la revista: casaca de cola en blanco con botonadura dorada formando pequeños lazos a cada lado del pecho, pantalón y guantes blancos. Zapatos negros y una pequeña capa anunada al cuello, igualmente de color blanco, resaltando de todo el conjunto la banda-pretina alrededor de la cintura. También sobresale el conjunto con el que inicia su aparición en escena, vestido deportivamente con traje de polo.

En cuanto al resto de protagonistas, cabe destacar una elegante conjunción de vestidos de noche para ellas y fracs y uniformes para ellos; bandas de título alrededor del pecho con guantes blancos. En el número de las amazonas y monteros, ellas visten igual que Yola, con trajes en una pieza y chaquetilla corta; guantes rojos y sombrero ladeado con un cordel de pasamanería anudado a la cintura. Ellos, chaqueta y pantalones, guantes y botas negras. Visera pequeña en la cabeza. Todos con fusta en las manos y, para el apoteosis, los chicos visten con un elegante frac mientras que las damas lo hacen con un precioso vestido en una sola pieza, con tres cenefas de volantes a diferente nivel y sombrero a juego.

En definitiva, la indumentaria empleada en la primera puesta en escena de *Yola* se caracteriza por su sencillez y elegancia y deslumbra por su espectacularidad sobre la escena donde no desentona en absoluto con la propia acción, llegando a haber una completa simbiosis entre actor y vestimenta, puesto que, si fundamental resulta la caracterización de un personaje, no menos importante es saberlo llevar con la prestancia y galanura que una obra de estas características requiere. Fue, por tanto, una parte fundamental del enorme éxito que tuvo la opereta: un vestuario acorde con el argumento, con los personajes que en él intervienen y con los propios actores que los interpretan.

El *boom* de *Yola* en el Madrid de la posguerra es brutal. La obra alcanza su 150 representación el 6 de junio y Celia, días después, es agasajada por los críticos de la prensa del momento en un cálido homenaje ofrecido en el Palacio de la Prensa. Además, interviene en un homenaje a los hermanos Álvarez Quintero donde, junto al ya sempiterno «¡Mírame!» que la acompañará el resto de su vida, interpreta el corrido mejicano «Tú ya no soplas», perteneciente al exitoso filme *Ora Ponciano* (1937).

La compañía finaliza su temporada en el Teatro Eslava de Madrid el 13 de julio para salir de gira por diversas localidades del norte español como San Sebastián, donde actuarán en el Teatro Victoria Eugenia llevando como repertorio *La Cenicienta del Palace*, *Peppina* y *Yola*; el Teatro María Lisarda de Santander donde Celia ha de suspender sus actuaciones el 23 de septiembre a causa de una indisposición, retomando las mismas cuatro días más tarde en el Tívoli de Barcelona donde, junto a las citadas obras y, entre dicho día y el 31 de diciembre de este 1941, reponen, además, *El baile del Savoy*; el Argensola de Zaragoza, del 8 al 15 de enero de 1942...

En cada localidad, Celia y su compañía obtenienen un éxito sin precedentes y es enormemente aplaudida. Graba sus mejores canciones en discos de pizarra e, incansablemente, lee los libretos que le llegan con vistas a un futuro nuevo estreno.

Recalan nuevamente en el Eslava madrileño para hacer una larga temporada del 4 de abril de 1942 al 9 de junio de 1943 con un apretadísimo programa: repararecen el primero de los días citados con *Yola*; el 13 de mayo, Celia interviene en el Baile del Candil promovido por la Asociación de la Prensa en el Círculo de Bellas Artes con algunos de sus números más populares y aparece en el homenaje que se le tributa a Estrellita Castro en el Teatro Infanta Isabel; el 29 de mayo, Celia participa en un homenaje en el Teatro Fontalba a Pastora Imperio; el 26 de junio se celebran las 350 representaciones de *Yola* con un homenaje a sus autores y tres días más tarde la compañía se despide para descansar durante el verano, marchándose unos días a Portugal (las malas lenguas afirman que con Juanito Belmonte al Casino de Estoril para jugar a la ruleta) aunque retomará más adelante su actividad para girar por algunas capitales del norte. Sin embargo, nada más lejos de la realidad, ya que el empresario Rocha Brito le había presentado un contrato para actuar durante unos días del mes de julio en Lisboa y, aprovechando su descanso estival, Celia acepta encantada. Será una tónica que, año tras año y siempre y cuando sus compromisos profesionales se lo permitan, pasará parte de sus vacaciones en Estoril o Biarritz: «*[...] Jugué, sí, como tantos españoles que echaban una canita al aire en Biarritz o Estoril. Pero nunca fui tan tonta como para poner en el tapete mi negocio, mi seguridad, mi futuro. Además, o tenía suerte o era muy lista: casi siempre ganaba.*

Mi etiqueta de jugadora empedernida y perdedora nació, creo yo, un día en que un empresario, cuyo nombre no voy a dar, me vio en el casino de Biarritz. A su regreso a San Sebastián, le faltó tiempo para lanzar el infundio.

-¡*He dejado a la Gámez en Biarritz jugándose «El águila de fuego!»*

¿Qué iba a hacer yo? Aguantarme...» (San Martín, 1984, Epílogo: 53º).

Mientras tanto, una triste y devastadora noticia: Ignacio, mayordomo de su querido y entrañable Darío López, informa a Celia de la grave enfermedad que le aqueja. Su salud, desde que hubo salido de la cárcel, nunca volvió a ser buena. Jamás conseguiría recuperarse del todo. Cada día se encontraba más decaído. Apenas salía de casa. Había perdido, por completo, la ilusión de vivir.

Celia se manifestaba enormemente preocupada. No deseaba cumplir su breve contrato con Rocha Brito. Pensaba que si se iba, no volvería a ver con vida a su mecenas. Y así fue. Darío no consitió que suspendiese sus actuaciones y Celia viajó durante unos días en julio de este año 1942 hasta Lisboa para actuar con algunos de los números más sobresalientes de las operetas de su repertorio como *Peppina*, *Yola* o *La Cenicienta del Palace*. Darío murió mientras ella regresaba de Lisboa a Madrid: «[...] *Al llegar me encontré con la triste noticia. Se apoderó de mí una sensación de desamparo. Darío López había significado mucho en mi vida. Tal vez, muchísimo más de lo que yo misma podía suponer. Su vida se apagó musitando mi nombre:*

-¡Celia, Celia... Querida Celia!

Me lo contó Ignacio con la voz trémula. Tenía los ojos enrojecidos de llorar. Me conmovía la fidelidad de este hombre a su señor. ¡Cuánto lamenté no haber estado junto a él en sus últimos momentos! Tuve la impresión de haber cometido una gran injusticia. Me sentí culpable. Lloré con desconsuelo...» (San Martín, 1984, XI: 52).

En septiembre de 1942 reaparece nuevamente en el Eslava el día 9 festejándose las 450 de *Yola* y el 25, las 500, con un suntuoso fin de fiesta. El 20 de octubre la Duquesa de Melburgo cumple 600 representaciones y al día siguiente reponen *La Cenicienta del Palace* hasta el 30 del mismo mes. En noviembre, del 1 al 13 reponen *Yola* y se da paso, ese mismo día a un nuevo y esperado estreno de la compañía.

XVII. ÉRASE UNA VEZ EN CERRO PEPE Y OTRAS BATALLAS ESCÉNICAS

Fue tal el éxito obtenido con *Yola* que Celia Gámez encarga al mismo equipo de libretistas otra obra; pero, en esta ocasión, José María Irueste Germán dejaría paso a «Fernandito» Moraleda, «su» Fernandito acompañando a Juan Quintero en las tareas de composición de la partitura musical:

> «Después del triunfo y con dinero fresco, José Luis, para desintoxicarse y orientar sucesivos envites se dio una vuelta por Europa.
> Al arrullo del coche cama había empezado a tomar notas para una película que llevaba entre cejas tiempo atrás, *El escándalo*, según la novela de Pedro Antonio de Alarcón, un tema en el que creía ciegamente. Sin embargo, al regresar a Madrid, Celia dio un *stop* a *El escándalo*, pidiéndole otra comedia musical para cuando *Yola* dejara de dar dinero. Sáenz de Heredia no pudo decir no. Se puso a la tarea, metió *El escándalo* en el cajón y, a las pocas semanas, Celia volvía a entusiasmarse con otra historia que en nada desmerecía de la anterior: *Si Fausto fuera Faustina*.
> «[...] Porque no ha sido lo mío el teatro aunque estos dos éxitos que tuve con Celia Gámez y que me los dio ella por generosidad, ya que no nos conocía a ninguno de los dos[3], no teníamos nombre, y ella sí estaba ya en todo lo alto del éxito teatral. Y, efectivamente, se hizo *Yola*, que fue un gran éxito teatral». (Vizcaíno Casas, 1988: 152).
> «*Si Fausto fuera Faustina* tenía mejor tema que el de la revista teatral y entonces, pasado el tiempo y recordando el título, hice *Faustina*, que

---

[3] Se refiere a Federico Vázquez Ochando, el otro colaborador de José Luis Sáenz de Heredia en las tareas de libretista para *Yola* y *Si Fausto fuera Faustina*.

es lo mismo que hiciera en teatro, pero con María Félix y en cine» (Abajo de Pablos, 1996: 25-26).

Así, el 13 de noviembre de 1942 y, ante un expectante y enfervorizado público madrileño que anhelaba ansioso un nuevo estreno de la vedette se estrena, organizada por la Asociación de la Prensa, una función extraordinaria de gala de la «comedia lírica en un prólogo y dos actos divididos en varios cuadros» original de José Luis Sáenz de Heredia, Federico Vázquez Ochando y los maestros Juan Quintero Muñoz y Fernando Moraleda Bellver, *Si Fausto fuera Faustina* en el Teatro Eslava de Madrid con nuevos e inspiradísimos números musicales y un reparto encabezado por Celia y acompañada en esta ocasión por Eloísa Muro, Maruja Boldoba, Pepita Arroyo, Alfonso Goda, Miguel Arteaga, Federico Mariné, José Palomera, Félix R. Casas y Jerónimo Díaz, principalmente. De hecho, el clamoroso éxito obtenido con esta nueva «comedia musical» hizo que Sáenz de Heredia se desentendiera por completo del mundo teatral y únicamente se acordase de él en sus visitas a la Sociedad General de Autores gracias a los buenos dividendos que ambas le dejaron en su cuenta corriente.

Nuevamente, la obra constituye otro resonante y apoteósico éxito para Celia Gámez.

La acción del prólogo de *Si Fausto fuera Faustina* transcurría en un lugar indeterminado, concretamente en una destartalada buhardilla de tonos lúgubres donde Faustina (Celia Gámez), ambiciosa mujer de aspecto mísero y un tanto nigromántico, en una noche en que su desesperación llega al límite, invoca al mismísimo Mefistófeles, encarnado en su propio gato, Rasputín, quien acude al llamamiento y pactan ambos. Los deseos de Faustina (ser la más elegante, bella, rica, codiciada y hermosa de las mujeres terrenales) serán satisfechos: Mefistófeles será su servidor mientras viva y después... se trocarán los papeles.

Inmediatamente la acción nos traslada al Gran Casino de Cerro Pepe, en la Costa Azul francesa, donde la codicia y la belleza son producidas a raudales gracias a la ambición de los hombres que en ella habitan. Allí va a realizarse la subasta del célebre brillante «Mon amour», histórica joya que Napoleón regaló a Josefina y que ha sido «donado» por el simpático Maharajá de Ketila, un tipo que, en realidad ha sido introducido por la propia dirección del Casino para despertar el interés del público. Así pues, en el momento de la subasta y disputándoselo a varios pujadores, surge triunfadora Faustina envuelta en pieles y joyas quien, ante la presencia de todos ofrece la astronómica cifra de un millón: «Un millón, sensación,/ no hay empeño que resista/ la conquista,/ si le ofreces un millón./ ¡Un millón! ¡Un millón!/ Al hablar, con pasión,/ los amantes se prometen/ de ternuras y de mimos/ un millón./ Prometer/ es ganar la mitad/ y entregar/ es triunfar de verdad./ Un millón, sensación,/ da lo mismo de suspiros/ que de tiros,/ que un millón es ¡un millón!»

Todos los hombres se rinden a los hechizos de Faustina provocando las iras constantes del género femenino, entre ellas Eva Lopesco y Lupina, esta última célebre viuda de Saint Serenní Dumont, a quienes molestan los incesantes flirteos de los dos hombres que ellas aman, el Maharajá de Ketila y el Barón con la recién llegada y que rivalizarán constantemente por conseguir su amor hasta el punto de querer batirse en duelo o morir envenenados. Sólo a Michel Solís (Alfonso Goda), joven novelista, a quien mortifica la actitud soberbia y dominante de Faustina, permanece indiferente a los encantos de aquélla; actitud ésta que espolea el amor propio de nuestra heroína, quien se propone rendirle a sus plantas, sin conseguirlo...: «Contigo iré/ donde me lleves tú,/ mi luz será reflejo de tu luz».

Mientras tanto, Faustina, prendada del novelista y, a solas en el jardín del Casino, se pregunta si verdaderamente podrá conseguir su amor ante el evidente rechazo de aquél por su constante soberbia.

En vista de ello, Faustina recurre de nuevo a Mefistófeles, pero al observar éste que empieza a brotar en su corazón un verdadero amor, se opone a actuar conforme a su requerimiento. Surge una violenta discusión en la que nuestra protagonista se ve amenazada de volver a la pobreza.

Faustina acepta el reto decidida y de nuevo se presenta en el Gran Casino de Cerro Pepe, vistiendo los andrajos que mal cubrían su miseria la noche del pacto, en el momento en que se celebra un baile de disfraces. Mefistófeles, nuevamente la vuelve a presentar.

Todos los que antes la adularon rechazan su presencia, y cuando Mefistófeles empieza a regocijarse con su triunfo, Michel sale al encuentro de Faustina, que en este nuevo aspecto y desprovista de su soberbia altanería es como realmente le interesa. Triunfa el amor y Mefistófeles confiesa su derrota

Faustina y Michel caminan juntos de la mano y enamorados ante el esperanzador futuro que se les avecina mientras cantan el número principal de la obra.

Una vez más, la crítica volvió a aplaudir el esperadísimo nuevo estreno de nuestra protagonista. Alabó la sencillez, originalidad y limpieza de la trama así como los diálogos blancos y los momentos divertidos y graciosos del argumento, sin procacidades ni chistes soeces. De la principal estrella de la velada, verdadero *léit-mótiv* y baluarte indiscutible que coadyuvó al éxito de la misma, los principales diarios madrileños no cesaron en elogiarla: «[...] Celia Gámez derrochó arte, gracia, simpatía... Las cualidades excepcionales de esta gran vedette -inteligencia, naturalidad, dominio escénico- se manifestaron una vez más en toda su plenitud, dando al papel de Faustina singulares matices. Merced a su temperamento, a la personalidad de un estilo, que dio garbo a la interpretación, fueron ovacionados números a los que Celia sacó un partido inconmensurable» (*ABC*); «[...] Celia Gámez, estrella dinámica, incansable y siempre con su gracia personalísima» (*Pueblo*); «[...] Celia Gámez, la simpar Celia Gámez, ha hecho un derroche de buen gusto artístico, lleno de feminidad hasta en los menores detalles de los vestidos o los sombreros de la última vicetiple y un alarde en su atavío y también en decorados, y todo lo inherente a la puesta escénica. Sólo cuando una vocación decidida por hacer bien las cosas coincide con la elegancia personal de quien debe dirigirlas, se puede llegar a este caso de perfección capaz de complacer a las señoras más exigentes con la moda, y a los caballeros más escrupulosos en el conjunto de la presentación de una obra» (*Informaciones*); «[...] Celia Gámez es un verdadero portento como actriz, como cancionista, como bailarina, como modista, como escenógrafa, como directora del movimiento escénico, como empresaria, como rumbosa, como alma y vida que es de este género, en el que hoy no tiene rival ni podrá tenerlo nunca, ya que, lo repetimos, en cada nueva ocasión, se nos muestra más dominadora de este arte y más entusiasta al dedicarle todas sus energías, sus talentos y su desprendimiento. *Si Fausto fuera Faustina* es, como *Yola*, ante todo y, sobre todo, Celia Gámez. Sin ella, sin el prodigio de sus múltiples aciertos, esta comedia musical hubiera tenido un buen éxito, pero no más que eso. Con Celia el éxito rayó en lo apoteósico y perdurará meses y meses y aun quizás años y años, en los carteles del Eslava» (*Hoja del lunes*); «[...] Celia Gámez, artista siempre genial, supo dar a la protagonista todas las reacciones que el difícil papel pedía, y en los bailables y en las canciones estuvo insuperable» (*Fotos*); «[...] Celia Gámez alcanzó anoche las cimas de su arte personalísimo con doble y noble jerarquía de intérprete sensible y animadora extraordinaria» (*Madrid*); «[...] el talento de Celia Gámez, que sirve a la obra no sólo con su gracia como «vedette», con su talento expresivo y con su arte inimitable, sino como directora de escena en el magnífico montaje de la obra, en su visión de momentos, en el buen gusto, en la captación armónica de colores con luces con un concepto certero de la plástica y de la visualidad» (*Ya*); «[...] Celia nos deslumbró con su lujo, su ductilidad y sus irresistibles seducciones. Simpatía arrolladora, comprensión de su personaje, sentimientos de dolor, romanticismo y frivolidad expresados y movidos como ella sola sabe moverlos y expresarlos» (*El Alcázar*)... (Montijano Ruiz, 2008: 228-257).

También fueron muy alabados ambientación y decorados. Realizados con todos los adelantos y técnicas teatrales de la época, estos estuvieron en manos de Alfredo Asensi con arreglo a los bocetos que Víctor M. Cortezo, Vicente Viudes y Obregonzo llevaron a cabo. Con atrezzo de Mateos y Lumoga y arañas y demás aparatos de luz de la Casa Zumel, *Si Fausto fuera Faustina* gozó de lujosos y espectaculares decorados lo mismo que figurines y vestuario gracias a Pepita Navarro sobre figurines de Víctor M. Cortezo y Vicente Viudes; servicio de sastrería de Humberto Cornejo y peluquería de Mingo. O sea, de lo bueno, lo mejor.

Verdaderamente, uno de los mejores aciertos, junto con el libreto y el reparto, de esta inolvidable comedia lírica, fue en lo relativo a su deslumbrante y moderna, casi vertiginosa, partitura musical. Compuesta por los maestros Juan Quintero y Fernando Moraleda, estos supieron imprimir una gran dignidad artística a todos y cada uno de los números que la pueblan; algunos más fáciles y pegadizos que otros, pero todos con un agudo sentido de la plasticidad y agilidad a que tenía acostumbrados a su público ambos compositores.

Las críticas de la época resaltaron su lozanía, depurada inspiración, gran belleza, joven y ágil línea melódica mucho mejor, para algunos, incluso, que la de *Yola*. Muchos de sus números fueron bisados y otros repetidos en tres y cuatro ocasiones gracias a su prodigiosa facilidad para ser aprendidos: «Los ojos de una mujer» (nº 1, acto I, cuadro 1º) que nunca llegó a ser grabado; «¡Un millón!» (nº 2, acto I, cuadro 1º) compuesto a ritmo de *foxtrot*, en el que Celia irrumpía en el escenario ataviada elegantemente de joyas y pieles. Simbolizaba el triunfo de Faustina. Todos los personajes masculinos que en él intervinieron se iban rindiendo a los encantos de la mujer, terminando Faustina haciendo mutis triunfal en hombros con sus más exaltados admiradores. Dinámico, vivo y animado invita a tararearlo y saborear su deliciosa letra, tal y como anteriormemte el lector habrá podido dar cumplida cuenta del mismo; «¡No, no, no!» (nº 3, acto I, entrecuadro), «Cantando por la ciudad» (nº 9, acto II, cuadro 2º) y «San Serení del monte» (nº 4, acto I, cuadro 2º), tres números de los que no se conserva grabación sonora alguna; «Contigo iré» (nº 5, acto I, cuadro 2º) emotivo y romántico *fox* lento cantado por la pareja Goda-Gámez en el *leaving-room* del Casino. Se trata de una de las más hermosas canciones que Celia cantó jamás con una calidad instrumental y una letra verdaderamente deliciosos. Cargado de romanticismo y emotividad destila un suave aroma de nostalgia y melancolía. Este *fox* continúa la tradición iniciada por *Yola* con su «Sueños de amor» y proseguirá con la misma línea melódica en otros números de revistas posteriores de Celia como «No preguntes por qué» de *Vacaciones forzosas* (1946); «Pantomima» (nº 6, acto I, cuadro 2º). Se trata éste de un espléndido número con una cadenciosa melodía a ritmo de vals («En dónde estás/ que no te puedo hallar...») lánguido que acabará en *foxtrot*. De ritmo pausado y tranquilo pasará a convertirse en un número más dinámico, moderno y atrevido. Cantado por Celia Gámez en el jardín del Casino preguntándose dónde se encuentra el verdadero amor, con él concluirá el primer acto de la obra; «Guarará» (nº 7, acto II, cuadro 1º). Interpretado por Celia junto a un nutrido conjunto de remeros, ágil y dinámico a ritmo de *foxtrot*. Plásticamente muy visual y colorista emana una agradable sensación de bienestar y alegría: «Por favor/ no gritar,/ guarden la energía / para que en la travesía/ tengan ánimos para triunfar./ Con ardor/ a luchar/ y que con la prisa/ marque el ritmo de la brisa/ Vuestro guarará, guarará, rá».

«No es preciso que me ayude usted» (nº 8, acto II, cuadro 1º). Divertido número musical cantado a dúo por Alfonso Goda y Celia Gámez justo en el instante en que aquél, maleta en mano, se muestra decidido a marcharse del parador en el que se encuentra descansando. Dinámico y vivo compuesto a ritmo de *foxtrot* su letra alude a una pequeña lucha de sexos entre Michel y Faustina: «No es preciso que me ayude usted,/ yo me puedo valer bien/ que no hay negocio que no salga al revés/ si su opinión da una mujer».

«Te quiero tanto y tanto» (nº 10, acto II, cuadro 3º). Una nueva marchiña puesta al servicio para el lucimiento de una espléndida Celia Gámez más sensual que nunca. Con ritmo vivaz y dinámico, sus primeros acordes son de un movimiento lento y pausado para después agilizarse y convertirse en un ritmo enérgico y trepidante: «Te quiero tanto y tanto/ que a veces me da miedo,/ porque en mis venas no hay sangre sin ti,/ porque no existe el día/ que no tenga tu imagen/ constantemente delante de mí».

«¡Qué le vas a hacer!» (nº 11, acto II, cuadro 4º). Marchiña dinámica y muy divertida cantada por una deslumbrante Celia Gámez acompañada del cuerpo de viceptiples haciendo referencia a la diferencia de caracteres existente entre hombres y mujeres: «Hace poco que le odiaba/ y ahora besa su recuerdo. /Con tal de tenerle al lado /dices que lo blanco es negro, /que en el tren del matrimonio /son escasos los asientos. /Todo es bueno y todo vale /con tal de coger un puesto. /Por carros y carretas / tenemos que pasar. /Con ruedas de molino /nos hacen comulgar. /Pero no hay cuestión, /la vida es así. /¡Y qué le vas a hacer! /Si en tercera vas /y en eslipinel, /el caso es ir en tren».

Por último, cabe destacar el bello apoteosis de la revista donde, tanto Michel (Alfonso Goda) como Faustina (Celia Gámez), entrelazados de las manos repiten conjuntamente el motivo del dúo principal de la obra, esto es, «Contigo iré» con un suave ataque orquestal para finalizar con la despedida de todos y cada uno de los personajes que en ella han intervenido teniendo como fondo el tema instrumental de la marchiña número 11.

Teniendo como director coreográfico al maestro Manolo Tito y como primer bailarín a Jerónimo Díaz, *Si Fausto fuera Faustina* alcanza rápidamente el centenar de representaciones el 7 de enero de 1943. Celia, como siempre, derrochó durante la celebración de las mismas, garbo, gracia y picardía, cautivando a los espectadores, quienes le tributaron, como asimismo a los autores de la obra, el homenaje de su más rendida admiración y simpatía, traducido en calurosísimos aplausos y constantes ovaciones. Doce días después se celebra otro suntuoso homenaje a los autores de la comedia musical que se vendrá representando hasta la noche del 11 de marzo con extraordinario éxito acumulando la cantidad de 227 funciones.

Al mismo tiempo que Celia triunfa en el teatro, su vida personal mantiene ciertos altibajos. Trajo a su madre desde Buenos Aires para que pasase con ella una temporada cuando estrenó *Yola*, pero tan sólo fueron unos meses. Antonia Carrasco ya estaba delicada de salud y algo mayor. Regresa así hasta la Argentina porque Celia, a causa de su trabajo, no puede estar tan pendiente como quisiera de la misma y contratar a alguien para que esté pendiente de su madre no le parece pertinente. Será la última vez que la vea con vida...

Su relación con Juanito Belmonte sí que parece ir viento en popa, aunque con ciertas reticencias. Ya ha conocido a la madre del torero en Sevilla y a su mítico padre, el gran diestro Juan Belmonte, al que encontró algo triste y desilusionado de la vida. El problema que Celia tenía con Juanito era su carácter extrovertido. Demasiado extrovertido, quizás... y la incertidumbre de ser novia de un hombre que, cada vez que trabajaba en el ruedo, no sabría si iba a vivir o no. Celia comienza a tener relaciones íntimas, ya que deseaba tener un hijo de aquél: «*[...] Pero en mi felicidad hubo siempre un punto de incertidumbre y desasosiego, motivado por la edad de mi querido Juan. Pronto comprendí que era demasiado joven para mí. Al principio de nuestras relaciones, él me hizo creer que tenía treinta años. No los aparentaba, desde luego. Indagué hasta averiguar su edad verdadera: sólo tenía veintiuno; diez menos que yo. Al saberlo se me cayó el alma a los pies. [...] Juan se desesperaba ante la posibilidad de perderme. Me quería con locura. Siempre lo supe [...] pero no podía soportar la idea de que el día de mañana, al ser yo mayor que él, todavía joven, buscase amor y juventud en otros brazos. Tal vez fuera injusta al prejuzgarle así, pero las cosas sucedieron de esta manera. Le dejé. Y al dejarle, le lloré. Como él lloró al perderme. Porque nos dijimos adiós queriéndonos mucho. ¡Qué absurdo y doloroso fue todo*» (San Martín, 1984, IX: 61).

Y es que Celia se torturaba cada vez que se acercaban a Juanito muchachas jóvenes, guapas, sonrientes, muchas de su edad, pidiéndole fotos, autógrafos, un beso... Y Celia comenzó a tener celos. Unos celos malos consejeros. La ruptura, quizás, supuso para Celia una medida quirúrgica porque no podía vivir pensando en «¿Y si Juan me engaña con otra? ¿Y si ahora se está viendo a escondidas con alguien? ¿Estará verdaderamente toreando? ¿Le habrá pasado algo?» Preguntas que se agolpaban incesantemente en su corazón y en su mente.

Lo cierto es que muy pocos creyeron en las relaciones entre Celia y el torero. Para uno, aquél no era sino un mero capricho. Para otros, el desencadenante de una pasión desbordada que toda mujer posee, al menos, una vez en su vida. Hubo hasta quien creyó que sólo pretendían llamar la atención para favorecer sus respectivos trabajos, acrecentando así la leyenda popular que se entretejía en torno a ambos. Pero es que, de Celia, se hablaba ya desde que llegó a España en aquel lejano 1925.

Durante la posguerra, los mentideros españoles sólo hablaban de tres personajes: Franco, Manolete y Celia Gámez. ¿Tenía Franco un doble? ¿Poseía amantes el Caudillo? ¿Es cierto que Manolete toreó a los rojos y los descabelló en mitad de una plaza? ¿Fue Celia amante de Alfonso XIII o Millán Astray?: «*[...] El público, todavía no sé por qué, me mitificó al poco tiempo de llegar a España. Primero, como vedette. Después, como mujer. Hicieron de ambas un personaje ideal y novelesco. Sugeridor de sueños y de fantasías... Y dejé de ser yo misma para convertirme en la Celia Gámez que el público forjó en mi imaginación... Así que, mientras por un lado volaba mi leyenda; por otro, de puertas para adentro, discurría mi historia...*» (San Martín, 1984, X: 53).

Celia rompe con Juanito Belmonte a mediados de 1943. Ha vivido una hermosa historia de amor, pero se siente triste. Otro amor frustrado. Otra historia que no ha llegado a buen puerto. Y se volcó en su trabajo... hasta cierto punto porque, hasta el Eslava, acudió a verla cierto día un distinguido caballero que se hizo anunciar como Manuel Aznar, un rendido admirador del arte de Celia, propietario de la empresa naviera del mismo nombre: «*[...] No le conocía, pero había viajado en sus barcos. Venía a traerme un recuerdito (así lo llamó él) en agradecimiento a los buenos ratos que había pasado viendo mis espectáculos. Se trataba de una fantástica sortija de oro y brillantes. Al verla casi me dio un vuelco el corazón. Más que nada por la sorpresa... Una estaba acostumbrada a casi todo, incluso a los más inesperados regalos*» (San Martín, 1984, Epílogo: 51). Claro que, días más tarde, el citado naviero le entregaría, envueltas en un paquetito con un mensajero, unas llaves de oro a Celia. Unas llaves que abrían un hermoso Citröen que tenía aparcado en la puerta de su casa: «*[...] Me invitó a comer varias veces. Recuerdo que en el famoso restaurante Jockey todos nos miraban e intercambiaban cuchicheos. Formábamos una pareja bastante resonante. Pero, pese a cuanto se dijo, el naviero Aznar no representó en mi vida otro papel que el de rendido, incondicional y gentilísimo adirador. Su única pretensión era agasajarme, sorprendiéndome con sus inesperados regalos. Eso sí; si yo hubiera empleado malas artes o simplemente le hubiera hecho algunas promesas, es probable que aquel hombre habría puesto el mundo a mis pies. Pero en cuestiones de la amistad, del amor y del afecto, mi conciencia nunca tuvo qué reprocharme.*

Acababa de regalarme unos pendientes de oro. Quise verle para agradecerle el presente y rogarle encarecidamente que no me hiciese más obsequios. Pero, incomprensiblemente, dejó de venir por el teatro y de telefonearme a casa. Me extrañé mucho. Al cabo de un tiempo supe que estaba internado en un sanatorio. Le habían operado. Llamé para interesarme por su estado: «El señor Aznar falleció anoche». La noticia me causó un impacto brutal. Tradé muchos días en reaccionar» (San Martín, 1984, Epílogo: 51-52).

Con el éxito todavía latente de *Si Fausto fuera Faustina*, Celia estrena también en el Eslava, el 12 de marzo de 1943, una «opereta en dos tiempos», original de Rafael Duyos y Vicente Vila-Belda, con música del maestro Salvador Ruiz de Luna, titulada *Rumbo a pique*.

Con el mismo equipo que la producción anterior, amén de figurines de Ulessti y Aguirre realizados por Pepita Navarro; sastrería, Lucas y Humberto Cornejo; decorados de Ulesti realizados por Asensi; peluquería de Mingo; calzados de Segarra y atrezzo propiedad de la empresa, Celia, al parecer, era consciente del enorme potencial que como música poseía el maestro Ruiz de Luna, quien había intervenido en varios largometrajes y desea dar un nuevo toque a la producción que le habían entregado Rafael Duyos y Vicente Vila-Belda, llenando de exotismo y originalidad el esperado montaje que posee unos extraordinarios decorados de Manuel Martí Trigueros.

En el mismo, Celia encarna a la célebre tiple Constantina «Tina» Raviolezzi, que acaba de estrenar en Cuba la famosa ópera de Puccini, *Turandot*, y se dispone a embarcar en la motonave «Babel», anclada en el puerto de La Habana, con rumbo a España. A despedirla acude un gran número de admiradores, periodistas, fotógrafos y público en general, entre los que destaca Amable Caracolillo, Rey del Café, que, rendidamente enamorado de la bella cantante, pide a ésta le entregue un recuerdo íntimo para llevarlo siempre sobre su corazón. Constantina, que no tiene a mano ningún objeto apropiado para entregar a su rendido enamorado, dice a su secretaria, Concha, le ayude a salir del apuro, para lo cual ésta le da una peineta, que Amable guarda, embelesado. Un representante de la Cotorring Corporation suplica a Tina acceda a grabar un disco gramofónico en el momento de la partida, y, tras una ligera intervención de Salvador Perecossi, marido de la tiple, para ponerse de acuerdo sobre los honorarios a percibir, canta ella el «Addio a L'Habana».

A bordo del «Babel» dialogan animadamente algunos pasajeros que, timoratos, se retiran ante la presencia de Tina, a quien asedian unos cuantos jóvenes que pretenden conseguir para su álbum un autógrafo de la cantante... o en su defecto un beso: «Un beso es /mejor que una palabra. /Un beso es/ más elocuente aún/ que todo cuanto puedan / decir mis labios./ Que todo cuanto puedas/ pedirme tú».

Salvador reprocha a la Raviolezzi su coquetería, y ella, a su vez, le echa en cara la ordinariez con que él procede, impropia de quien pretende pasar por un empresario italiano de categoría. Discuten airadamente y acuerdan dar por terminado su matrimonio supuesto tan pronto como lleguen a España. Amable Caracolillo, polizón por amor a Constantina, aprovecha la oportunidad de encontrarla sola para hablarla de su amor, y Salvador, que oye los ardorosos párrafos del Rey del Café, decide sacar su partido, y, persistiendo en su plan de «marido de pega» de la tiple, provoca una violenta escena para conseguir que Caracolillo, buscando una excusa, le entregue nueve mil y pico de dólares por oír cantar a Constantina el aria de *Turandot*, su genial creación.

Ésta, marcha a vestirse con el traje adecuado, y, entre tanto, Concha, que descubre la pesencia de Amable, de quien se ha enamorado como «una chiva», coquetea en «plan idiota». Vuelve Tina, radiante de belleza, vestida de princesa china y canta «Turandotita»: «Soy princesa china,/ vengo de Pekín,/ y mi nombre es Turandot;/ me arrulló en la cuna/ la mar de coral,/ con su pálida canción./ Corro el mundo entero/ y en mis labios va/ el afán de una ilusión;/ y en mis ojos negros/ se enciende al mirar/ una llama de amor./ Cantar, cantar,/ yo sólo quiero cantar/ y en mis venas arde como el sol/ un dulce sueño tropical./ Cantar, cantar,/ yo sólo quiero cantar,/ y en mis labios rueda una canción/ ardiente y oriental... »

De repente y, mientras Tina ejecuta su número sobre la cubierta, una gran explosión conmociona el barco, que va a pique entre los gritos angustiosos de sus tripulantes.

En lo más intrincado de un cañaveral de la isla de Pacagüey, del archipiélago antillano, el príncipe Bembo (Alfonso Goda) declara a Truda (Maruja Boldoba), vestal de la tribu, su ardiente pasión, a la puerta de su cabaña.

Truda teme ser sorprendida, pues le espera el fuego sagrado si alguien de la tribu la encuentra en los brazos de un hombre; pero él, impetuoso, la obliga a que le escuche, a lo que ella accede por obediencia; en este momento, un indígena, Pong, da la voz de «traición», y, detenidos el príncipe y la vestal, son conducidos a la presencia del jefe quien, en cumplimiento de las leyes, le condena a ella a morir en la hoguera y a él desterrado por diez lunas a la isla de Panambí. Cuando toda la tribu se dispone a cumplir la sentencia, la presencia de unos náufragos, que no son otros que Tina, Salvador y Amable, les interrumpe, y, rendidos ante la deslumbrante aparición de la Raviolezzi, a quien toman todos por una diosa, quedan suspensos, aguardando sus órdenes.

Ella, que efectivamente, cree ser la princesa Turandot, pues el naufragio le ha trastornado el juicio, tras de pronunciar un camelístico mensaje, deja boquiabiertos a Salvador y Amable, ordena la libertad de Truda, y al reparar en uno Bembo se siente atraída por él poderosamente, mandándole quede a su servicio para no verse privada de su compañía.

Tina, reina y señora de la tribu, recibe el homenaje de todos los indígenas, de entre los que destaca Bembo, que, aunque no ignora que los náufragos no son dioses, guarda el secreto por amor a Tina. Salvador y Amable intentan por todos los medios ver la forma de escapar, y uno y otro se cree con derecho a alcanzar el amor de la Raviolezzi. Mientras

Salvador va a pedirla que le atienda en sus pretensiones, Amable es sorprendido por un grupo de isleñas, que le despojan de su frac, poniéndole a cambio una indumentaria del estilo de las que ellas llevan. A Caracolillo no le importa la ropa, lo que le desespera es que la hayan quitado la peineta, a la que considera como su mascota, pues cree que con ella conseguirá el amor de Tina; ésta le rechaza una vez más, así como a Salvador, pero este último, al darse cuenta de que Truda le mira con ojos lánguidos, decide sustituir la indiferencia de la Raviolezzi por las insinuaciones de la indígena, a quien insensiblemente ha flechado. La llegada de Concha, providencialmente salvada, agarrada al palo mayor del «Babel», hace que Tina pueda verse libre de Caracolillo, a quien confía a su secretaria, que ve el cielo abierto con ello, ya que así tendrá ocasión de que él comprenda dónde está el verdadero amor. Mientras tanto, Bembo y Tina mantienen su particular romance...

Tina, que corresponde a los sentimientos de Bembo, decide, ante la insistencia del jefe de la tribu, por casarse con ella, reproducir la leyenda de la auténtica princesa Turandot, y anuncia que sólo entregará su mano a quien adivine tres enigmas, que de antemano pone en conocimiento de aquél.

Reunida toda la tribu ante la expectación que supone quién podrá ser el que alcance la mano de la diosa Turandot, Bembo, como es lógico, da tres respuestas satisfactorias, y en el momento en que con toda solemnidad se efectúa la boda, un vigía da la voz de «barco a la vista» y Caracolillo reconoce que es un *yatch* de su propiedad el que se aproxima a la isla, y todos a una, en piraguas, canoas, e incluso a nado, se lanzan al encuentro de la nave.

Los indígenas han asaltado el «Caracolillo» provocando la indignación de la madre de Amable, la que, a pesar de ello, lo da todo por bien empleado, pues ha conseguido recuperar a su hijo; éste, que no pierde las esperanzas de conquistar a Tina, aun cuando claramente ve la preferencia de ella por Bembo, al averiguar que es española, y de Torrelodones, en lugar de italiana, como todos creían, organiza una castiza verbena en su honor, y fervorosamente pide a la peineta, su mascota, le ayude a cumplir el juramento empeñado en casarse con su dueña; en este momento, Concha, que escucha sus frases, no puede contenerse, y le confiesa que la peineta le pertenece a ella, que es soltera y sin compromiso, y, por lo tanto, bien puede cumplir lo que juró. Salvador y Truda encuentran muy acogedor el balanceo del barco para arrullarse, y Tina, convencida de la seguridad del cariño de Bembo, brinda por la felicidad que encontró al ir rumbo a pique. ¡Rumbo a España y por el amor!

Rumbo a pique fue otro espectáculo de enorme categoría a juzgar por las críticas que despertó en su tiempo, presentado con el buen gusto y estilo a que ya tenía acostumbrados a sus incondicionales la vedette argentina. Celia, vuelve, una vez más, a ser el centro del espectáculo por la simpatía, gracia, arte, picardía y donosura que pone en todas y cada una de sus intervenciones sobre la escena, teniendo en cada una de ellas un triunfo personalísimo.

El libreto, escrito en prosa y verso, era ameno, gracioso sin procacidades y lleno de un exotismo muy del gusto del momento donde se pretendía trasladar al espectador a países y escenarios de ensueño para que pudiera olvidar la triste y penosa realidad que le acuciaba. La parte musical, además, conservaba una línea melódica de buen tono con números de hermosa factura, muchos de los cuales hubieron de repetirse: se iniciaba la representación con el titulado «Pregones y para quién», seguido de «Addio a L'Habana», ninguno de los dos fue grabado por Celia; «Un beso es...», de melodía alegre y movida; «Un amor tengo en cada puerto», que tampoco llegó a grabarse y que fue cantado por un coro de marineros; «Turandotita», gracioso y estilizado con una Celia cantando tras un gigantesco pay-pay japonés transparente; el lamento magníficamente interpretado por Alfonso Goda, romántico y sentimental, «Quebrando tu puerta de caña»; «¿Y cómo vas a dejarme?» y «Mi poder es tan extraño», de los que sólo tenemos constancia gracias al libreto original de la obra, el primero entonado por Goda y la Boldoba constituye una declaración de amor en toda regla mientras que el segundo lo componen unos graciosos cuplés para repetir «Matariileré, Mataró», entonados por todos los intérpretes; «La polkachina», divertida y rítmica; «Sólo a ti podré querer», apoteosis del primer acto cantado a coro; la marchiña «¡Aló, aló, aquí Guayaquil»; «Sol tropical», un nuevo dúo entre Goda y la Gámez magníficamente encajado en el entramado argumental, melancólico y romántico; el divertido pasodoble «Mi peineta» con un graciosísimo Miguel Arteaga rodeado de bellas indígenas quienes le han despojado de su ropa; un nuevo dúo para la pareja protagonista,«Mi color marfil»; el coro «Los náufragos», entretenido y rítmico; las adivinanzas del «¿Sí?... ¿No?...», que son cantadas al plantear Tina sus tres enigmas; el son interpretado por Trío Camagüey a bordo del *yatch* de Caracolillo, «Eso es que estás enamorado»; la rítmica «Guajira»; una «Mazurca» que no se llegó a grabar tampoco al igual que los dos últimos números finales de la obra, de carácter nacional y muy patrióticos, «¡Ay, Sevilla de mi querer!» y «Rumbo a España».

Pasodobles, sones, marchiñas, lamentos, pregones, *foxes*, guajiras, mazurcas, cuplés... todos ellos encajados en el ambiente fantástico en que transcurría la nueva obra que volvió a ser, como era de esperar, del agrado del público, alcanzando prontamente la centésima representación el 6 de mayo de este 1943.

Pero mientras Celia representa día tras día en el escenario de la calle Arenal, *Rumbo a pique*, desde Buenos Aires no le llegan buenas noticias: su madre está gravemente enferma. La vedette telefonea a diario allende los mares para tener noticias acerca de su progenitora. Unas veces hablaba con ella. Otras, la mayoría, con alguna de sus hermanas, lo que significaba, evidentemente, que el estado de salud de Antonia Carrasco, no era nada favorable. Sin embargo, esa tristeza que le producía la enfermedad que aquejaba a su madre (y que nunca desveló su origen) contrastaba con la alegría que había de imprimir a su Constantina Raviolezzi día tras día... La intención de Celia, de hecho, era suspender la temporada, abandonarlo todo y desplazarse hasta Buenos Aires para estar al lado de su madre por si ocurría lo peor. Pero su padre y sus hermanas le aconsejaron que se quedase. Ellos la mantendrían informada de todo cuanto aconteciese. Pero Celia sólo tenía en mente al ser que la trajo al mundo. Intenta viajar hasta Buenos Aires pero el recrudecimiento de la Segunda Guerra Mundial hace que todas las rutas, marítimas y aéreas, se encontrasen suspendidas; sin embargo, lo intentó todo.

Una tarde, antes de salir a escena, Celia recibe un telegrama informándole que su madre está gravísima. No pudo leer más. Salió corriendo y pidió una conferencia a Buenos Aires. Se puso su hermana María Elena: su madre había ya fallecido. Es el 9 de junio de 1943. Era la hora de la función. Celia la suspende. Le habría sido absolutamente imposible reír y cantar sobre la escena pensando en que no había podido despedirse de su madre. Entonces toma una decisión muy dura para ella: suspender la temporada en pleno éxito de *Rumbo a pique* y con 168 funciones en su haber: «[...] *Fui honrada conmigo misma y, sobre todo, con mi querido público. Comprendí que mi estado de postración me impedía actuar con el ánimo de siempre. Entonces, tomé una importante decisión: suspender la temporada. Como yo era empresaria de compañía, tuve que hacer frente a los gastos que la suspensión acarreaba. Pagué a todos hasta la última peseta que les correspondía. Un desembolso extraordinario que afectó seriamente a mi precaria economía de posguerra*» (San Martín, 1984, XI: 49). Quince días más tarde, Celia ha de ser ingresada en una clínica madrileña. Los medios de comunicación afirman que se trata de una indisposición, pero lo cierto es que tuvo que ser internada con toda urgencia. Nunca se supo el por qué.

Poco a poco, Celia se va reponiendo. Así, pues, tras unos días de descanso, rehace su compañía a finales de julio y emprende una turné por el norte llevando como repertorio *Yola*, *Rumbo a pique* y *Si Fausto fuera Faustina*: del 29 de julio al 4 de agosto actuán en el Teatro Lisarda-Calderón de Santander; del 19 al 31 de agosto en el Victoria Eugenia de San Sebastián donde afirmará a la prensa que está cansada de la vida en escena, se encuentra fatigada y piensa retirarse de las misma durante una temporada para poder descansar; sin embargo, allí la vida le tendrá reservada una hermosa sorpresa: conocerá a su futuro marido, el dentista donostiarra José Manuel Goenaga Alfaro; de 15 de septiembre de este 1943 al 6 de enero de 1944, las huestes de Celia se aposentan en el escenario del Teatro Tívoli de Barcelona donde volverá a recibir otro duro mazazo. No habían hecho sino pasar cinco meses tras la pérdida de su madre, cuando Rafael Juan Gámez emprenda también su viaje definitivo. Lo cierto es que, tras la pérdida de su esposa, Rafael Juan Gámez, ya muy mayor, perdió a su compañera del alma. Con la que había viajado de Málaga a Brasil y desde allí a Buenos Aires para intentar tener una vida mejor. Ya era muy mayor y se encontraba enfermo, pero la pérdida de su esposa, acabó por apremiar a la muerte... Celia representaba *Yola* en el citado coliseo barcelonés. Un telegrama informándole de la pérdida de su progenitor acaecida una semana antes y que el empresario del teatro había guardado al tener todas las butacas vendidas, acabó por excitar sus ánimos. Al enterarse de aquella jugarreta, Celia entra en cólera. No puede suspender porque se debe a un contrato; pero nunca lo olvidó.

Hospedada en el Hotel Ritz de Barcelona, la artista recibe a cuantos amigos y conocidos desean manifestarle sus condolencias en un pequeño saloncito que el director del establecimiento había habilitado a tal efecto, si bien la misa *corpore in sepulcro*, como sucediera con la de su madre, acaecería días más tarde, en la madrileña iglesia de San Ginés: «[...] Recibí telegramas de condolencia de toda España. *La dolorosa pérdida de mis queridos padres, estrechó aún más los vínculos de afecto y cariño que desde el principio me unieron a los españoles. Ellos, al compartir mi dolor, lo mitigaron* » (San Martín, 1984, XI: 50).

Pese a los duros golpes de la vida, Celia se vuelca en su trabajo para mitigarlos. Recibe constantes ofertas para, con vistas a la nueva temporada, estrenar en Madrid distintas obras: *Bacarrá*, libreto que le hace llegar el comediógrafo Francisco Ramos de Castro; *Tobogán*, de Leandro

Navarro y Sebastián Caldera; *La princesa Bebé*, de Jacinto Benavente que iba a adaptar al ámbito lírico o *La Venus de chocolate*, del maestro Alepuro, entre otras tantas; pero ninguna de las nombradas acaban por convencerla a excepción de la primera, a la que solicita un cambio de título a su autor, denominándola *Fin de semana*, a requerimiento de la artista. Será su próximo estreno.

La bonaerense prosigue cosechando triunfo tras triunfo en cada título que levanta sobre la escena y las críticas no cesan de piropear su buen hacer, su arte y su incuestionable entrega para que todo esté a la perfección. Recibe homenajes donde el cariño y el aplauso de quienes la admiran y quieren constituyen el mayor alivio para las penas que atesora en su corazón tras la pérdida de sus padres.

Del 8 al 18 de enero de 1944, la compañía viaja hasta el Argensola zaragozano y de allí, entre el 19 de enero y el 14 de febrero al Principal de Valencia donde junto al Trío Camagüey, Celia incorpora a su compañía al cuarteto vocal Los Xey para que la acompañe en sus obras. Cuatro días más tarde, Celia comienza su nueva temporada en Madrid pero cambiando de escenario: el Eslava, que se lo había alquilado Darío López a principios de los años cuarenta, había sido clausurado por el Ayuntamiento porque, al parecer, su vieja entrada por el callejón de San Ginés, era estrecha y peligrosa. Para proceder a la reapertura era condición inexcusable abrir una nueva entrada en la fachada que daba a la calle Arenal. Obra complicada y costosa y Celia no tenía dinero suficiente ni humor para afrontarla. Estando así a la espera de una solución satisfactoria, Celia se traslada hasta el vecino Reina Victoria con la reposición de *Si Fausto fuera Faustina* completamente reformada (añadiendo a su compañía las incorporaciones de Milagros Leal, Asunción Benlloch, Eloísa Osiris, Vicente Marí, Santiago Rodríguez, Chiqui L. Rezola y Manolita de la Vega) hasta el día 14 de marzo para dar paso al día siguiente a la reposición de *Yola*, que durará hasta el 28 del mismo mes y, ya el 29 reponer también *Rumbo a pique* hasta el 18 de abril.

Mientras tanto, el maestro Alonso llega a comprar la casa contigua al Eslava para intentar reabrirlo, pero nada consiguió ya que también daba al callejón en entredicho. Finalmente sería Luis Escobar a quien se le ocurriera la solución al hacerse con el citado coliseo con la influencia de Manuel Paso, otro extradinario comediógrafo de gran influencia en la Sociedad de Autores. Celia no volvería a actuar más en aquel bello escenario. A partir de ahora, otros serían sus reductos.

Anuncio en prensa de la reposición de la citada opereta. Archivo del autor.

Celia asiste, la noche del 11 de febrero a la representación de *Los endemoniados*, de Dostoievski, en el Teatro María Guerrero. En el reparto de la obra trabajaba José Luis Ozores, de cuya interpretación quedó prendada la vedette. La casualidad o el destino hizo que, días después, una mañana de fin de semana, se disputase un encuentro futbolístico amistoso entre los componentes de la compañía del María Guerrero y los de la compañía de Celia, hecho éste que sirvió para que Ozores conociera a Conchita Muñoz, una joven cinco años menor que él que había comenzado a trabajar con Celia desde los catorce años bailando claqué esquivando la normativa legal que prohibía dedicarse a la revista con esa edad; aunque la compañía había sido multado en Portugal por tener a menores trabajando en su espectáculo «La curiosidad que el actor despertó en Celia Gámez con su interpretación en *Los endemoniados*, se tradujo en una intermediación de ésta para liberarle de toda responsabilidad en los meses que le quedaban de servicio militar. La vedette, que entonces mantenía relaciones con José Millán Astray, hizo valer sus influencias y desde entonces José Luis pudo dedicarse exclusivamente al teatro» (Combarros Peláez, 2003: 24). Ozores proseguiría su contrato con la Compañía del María Guerrero hasta llegar a Barcelona en el verano de 1945 donde volvería a coincidir con la compañía de Celia Gámez...

Mientras tanto, el 19 de abril de 1944, la Compañía de Comedias Líricas Celia Gámez estrena *Fin de semana*, «comedia musical en dos actos dividida en diez cuadros» escrita por Francisco Ramos de Castro con música del maestro Jorge Halpern.

Con decorados de Asensi realizados sobre bocetos de Ferrer y Fontanals; vestuario de Pepita Navarro, de Madrid, Capistrós de Barcelona y Lucas de Madrid confeccionados sobre figurines de José Fernando Aguirre y Pilar Aranda; atrezzo, de Jesús Mateos y peluquería, de Juan Mingo, la obra era un ejemplo más del buen gusto estético y artístico de su principal promotora: a la Casa de Modas de Madam Micael, va a asistir a una exhibición de trajes el barón René de Malmaisón, gran financiero internacional, joven de buen tino y multimillonario para más señas.

Madam de Micael está casada con un antiguo maestro de obras, un tipo algo cómico al que el frac le siente como a un tiro. Se trata de don Casto que, tras enriquecerse y, para congraciarse con su esposa, le ha puesto la susodicha casa de modas. Aquélla se siente enfadada porque su esposo no es capaz de seleccionar sus amistades y, claro, las que tiene, desacreditan el negocio. Y es que don Casto sólo sale hablar con don Paco, el tío de una de las modelos que desfila para el establecimiento, Corita (Celia Gámez), que siempre anda detrás de las chicas. Todo ello viene porque dependiendo de la seriedad de la casa de modas, el barón concederá un crédito a la misma para instalar nuevas sucursales. René es tan caprichoso como acaudalado y cuando vea la representación de modelos tan hermoso que posee la casa, accederá, al menos así lo cree Madam de Micael, a sus deseos; claro que siempre y cuando, don Casto, no lo espante con sus modales.

Corita es primera modelo de la casa de modas y tiene prometido: Isidoro (Alfonso Goda), hijo a su vez de don Paco. Ambos llegan dispuestos a llevarse a la chica, pues aquél ha ascendido de trabajo y la madre de Corita, tiple de ópera, acaba de regresar desde Portugal donde ha hecho una pequeña fortuna, por lo que la modelo ya no necesita trabajar. A ello se opone tajantemente Madam de Micael, quien ve cómo parte del prestigio de su negocio puede perderla si se va la muchacha. Y es que el problema está en que, tal y como afirma don Paco, a causa de vestir esos modelos fantásticos y verse rodeada del gran mundo, Corita, que tiene una imaginación más calenturienta que un palúdico, se pasa la vida soñando con grandezas... y su actual situación no le permite tenerlas. Para evitar que se vayan en aquel momento en que está a punto de llegar el barón, Micael les pide solícito que se queden al desfile de modelos que preparan para darle la bienvenida al citado multimillonario. Allí, Corita hará acto de aparición cantando: «Dime por qué / la vida es bella./ Dime por qué/ lucen estrellas./ Dime por qué/ el cielo es tan azul./ Ha de mentir/ mi dulce encanto/ y es tal mi fe/ te quiero tanto,/ que creeré/ si me lo dices tú».

Tras presenciar el desfile, el barón queda prendado de Corita. Sabe que está prometida y a punto de casarse pero le ofrece viajar, lujo, cosas que nunca podrá tener si se casa con Isidoro; sin embargo ella lo rechaza porque en el corazón no se puede mandar, aunque sí tiene tiempo de reprocharle a su prometido que no sea tan decidido, audaz y valiente como René.

Una vez casados, Corita entra en la monotonía y rutina del matrimonio. Se siente abúlica, triste. Sólo lee novelas de aventuras y aquellos libros que tratan de las hazas del barón. Su marido, hastiado de esa situación, promete ponerle fin... Días más tarde, Isidoro desaparece. Llega la policía para comunicar a Corita que su marido es sospechoso de robar cuatrocientas mil pesetas en su trabajo y, además, le muestra una carta muy cariñosa que le ha escrito una mujer. Corita, no puede dar crédito a todo lo que está sucediendo, pues a la preocupación que siente por la repentina desaparición de su esposo se le une la supuesta infidelidad del que creía era un marido modelo. Sin embargo, Isidoro se presenta de improviso en la casa a punta de pistola y pide que a su esposa y a su tío que se vayan junto a él porque van a vivir las aventuras más emocionantes con el dinero que, efectivamente, ha sustraído del banco en que trabaja...

Y así lo hace... Cambian los tres de identidad y pasa el tiempo... Corita vive rodeada de lujos y dinero. Tras salir de España, Isidoro se ha asociado con el barón y ahora nadan todos en la abundancia... o casi, porque uno de los negocios que les ha propuesto el citado René ha resultado ser una estafa. Para evitar ser descubiertos deciden escaparse con los pasajeros que van y vienen del hotel en que se hospedan durante el fin de semana... Y hasta el Tirol han ido a parar todos los personajes para refugiarse de la policía francesa. Allí, el barón le pide a Corita que robe, en la gran fiesta que se va a dar en el hotel aquella noche, el collar que va a portar la Gran Duquesa Federica. Una vez en su poder, podrán venderlo y solucionar todos los problemas que le aquejan... sólo que ha de hacerlo ella. Nadie más. De lo contrario el barón obligará a Isidoro a que robe la caja del hotel, acción mucho más peligrosa. Y es que el citado barón ha resultado ser un mangante de tomo y lomo.

Corita, quien reconoce que se encuentran en dicha situación a causa de sus ansias de aventura, acepta y se dispone a robar el collar de brillantes y esmeraldas de la monarca. Una vez robado, Corita junto a don Paco escapan para llegar hasta el lugar convenido en que han quedado con Isidoro; sin embargo, tienen un accidente de motocicleta y han de caminar hasta el palacio del barón, en Budapest. Allí, se descubrirá la verdad: Isidro, en connivencia con René y, para darle una lección a Corita demostrándole lo placentera que es la vida del ser honrado y trabajador, habían planificados los distintos robos y aventuras en que se han vuelto involucrados. La farsa finalizará cuando Corita desvele que va a esperar un hijo de Isidoro.

Una vez más, Celia hace gala de su ductilidad interpretativa en esta leve pero graciosa trama argumental pero que no tuvo el éxito que otras producciones anteriores llevadas a cabo por la bonaerense. La crítica califica la obra como un «relato ficticio que se desenvuelve por vías vacilantes, que da lugar a incidentes y situaciones de escasa originalidad sin otro fin que el de dar pretexto al lucimiento de Celia Gámez y a las evoluciones del conjunto. La música acompaña con demasiada monotonía al libro» (Sainz de la Maza, 1944: 18). Y la verdad es que no le faltaba la razón al crítico de *ABC*, pues casi ninguna de las canciones que salpimentaban la trama anteriormente expuesta consiguieron pasar al repertorio de Celia; si bien es cierto que sobresale de entre su partitura musical el sensual bolero «Nacida para amar» y el *fox* «Dime por qué», interpretado con rabiosa fuerza por parte de la artista. Junto a ellos, se encontraba también los titulados la canción *fox* «Ya no me acuerdo de ti» que entona a dúo con su galán en estos primeros años de la posguerra, Alfonso Goda o el pasodoble «Corita», también junto a él. Sin embargo, es de recibo mencionar otros como «Casa de modas», con el que se inicia la obra presentando a las distintas modelos que pueblan la citada casa de Madam de Micael; el terceto «¡Qué enormidad!», divertido y rítmico; el bailable del «Paso del tiempo»; el «Chaca, chacha, chaca, cha, chacha...», enormemente movido; «¡Fin de semana!», con un pegadizo estribillo para repetir; «Los esquiadores», una pegadiza marcha; el dúo «No sé por qué» que cantan sus dos principales protagonistas; la canción de «La buena pipa» que interpretó el cuarteto vocal Los Xey que hubieron de repetir en múltiples representaciones; el *fox* lento «Noches de verano en Mallorca»; el «Bailable húngaro», sin letra; «Noches de aventura» y la «Canción del bugui-bugui», ninguno de los cuales fue grabado pero sí bisado en la noche de su estreno.

El espectáculo, moderno y vistoso fue del agrado del público y llegaron a dársele, entre su fecha de estreno y de la despedida de la temporada el 19 de junio de este 1944, la nada despeciable cantidad de 124 funciones. La actividad de Celia prosigue siendo imparable y se erige como la estrella indiscutible que todo el mundo desea ver. Tanto es así que celebra una esplendorosa función de beneficio en la que intervienen en su honor Eloísa Albéniz, Manolo el de Badajoz y Gracia de Triana poniendo la nota flamenca a la velada.

Realmente *Fin de semana* nunca fue una obra que convenciese demasiado, probablemente debido a dos factores: su endeble libreto y la brutal competencia que en aquellos días se estaba dando por José Muñoz Román en el Teatro Martín tras haber estrenado el 21 de enero de 1944 la opereta que batió récords hasta entonces en la historia del teatro español (lírico y declamado): *¡Cinco minutos nada menos!* Aun así, Celia prosigue su andadura teatral. Una andadura que habrá de interrumpir por un hermoso motivo: su boda. ¿Gustan presenciarla? Pasen... pasen y lean el siguiente capítulo, pero... eso sí, pónganse elegantes porque la boda fue de aquéllas que hicieron historia. Prepárense para conocer uno de los acontecimientos que estuvo a punto de paralizar a todo un país en el verano de 1944.

XVIII. LA LUNA DE ESPAÑA
¡CELIA GÁMEZ SE CASA!

Teatro Victoria Eugenia de San Sebastián. Del 19 al 31 de agosto la compañía de Celia Gámez se encuentra apostada con sus huestes actuando en el citado coliseo con un repertorio que incluye *Yola, Si Fausto fuera Faustina* y *Rumbo a pique*.

Las empresarias del teatro, las hermanas Berruezo, invitan a Celia a pasar una mañana junto a ellas disfrutando en la playa de la Concha. El sol luce espléndidamente. La brisa templa los nervios. La gente va y viene. Se baña. Sonríe. Los niños juegan... Celia y las citadas Berruezo, apostadas en la arena, reciben entonces la visita de un hombre cuya sombra les tapa el sol. Celia levanta la mirada. Se trata de un hombre alto, apuesto, guapo, distinguido y de ojos claros. No podía apartar su mirada de él. Se presentó:

-Señoras...

-Hombre, José Manuel- le espeta una de las Berruezo (al parecer era amigo de ambas).

Se presentó: José Manuel Goenaga Alfaro. Dentista.

José Manuel inmediatamente se quedó prendado de Celia. Y Celia, de José Manuel. Aquél, aunque no había podido aún ir a verla al teatro, sí que tenía conocimiento de su arte. Imposible no conocer a Celia Gámez en la España de los años cuarenta. Era la estrella del momento solamente tamizada por el aura de Manolete y la «devoción», que buena parte del país tenía hacia su Caudillo. Eran los tres personajes más populares e importantes en aquella España que aún intentaba cicatrizar las heridas de la cruenta guerra. De aquella España en blanco y negro en donde los hombres se dejaban un bigotito corto, muy de moda entonces, y las mujeres su clásico peinado «arriba España».

-El palco de la empresa está a su disposición. Ven cuando quieras- le responde Celia a un José Manuel que aún tenía entrelazadas sus manos.

-Esa misma tarde- acabará concluyendo el odontólogo donostiarra.

Y es que José Manuel Goenaga se encontraba junto a su madre Paulina y su hermana Emilia veraneando en San Sebastián. Celia iba a cumplir entonces 39 años. José Manuel, diez años menos. Un auténtico enamorado de su profesión, deportista y al que le gustaba madrugar, hecho éste que resultaba incompatible con una artista cuyo trabajo concluía a altas horas de la madrugada y se levantaba bien entrada la mañana.

Aun así, José Manuel cumplió su promesa y acudió a ver a Celia al teatro. Fue a la función de tarde. Regresó también a la de noche. Fue a visitarla al camerino. La acompañó al Hotel Londres donde se hospedaba. Al día siguiente regresó a verla. Y al otro. Y al otro. Y al otro... José Manuel ya no podía pasar sin ver a Celia. Y Celia sin ver a José Manuel. Pese a no haber tenido fortuna con el amor, ella, que acababa de perder a sus padres, de haber sufrido con el fallecimiento de algunos de los hombres que más había querido, Celia, se sentía algo retraída. ¿Y si no funcionaba aquella relación? Tenían trabajos incompatibles... Pero José Manuel, la siguió en su gira por el norte. Fue a verla a Santander. Se declaró. Pronto descubrieron que estaban hechos el uno para el otro. Decidieron casarse... Ambos desearon una boda tranquila. Íntima. Celia estaba de luto por sus padres. José Manuel, por su progenitor: «[...] *A mí, lo que más me gustó de José Manuel, aparte de sus virtudes personales, fue su condición de profesional al margen del mundo del espectáculo. Por mi vida habían pasado otros hombres populares y del gran mundo. Les quise y me quisieron. Pero fueron amores que, por unas u otras causas, no llegaron a buen puerto. Ahora podría ser distinto. Gracias a José Manuel, vencí el miedo a enamorarme otra vez. Y despertó en mí, arrolladora, la ilusión...*» (San Martín, 1984, XI: 52).

Al concluir su gira del norte, José Manuel presenta a Celia a su madre, a su hermana y a su sobrina María del Mar, seres maravillosos de los que nuestra protagonista siempre conservó un grato recuerdo. Paulina Alfaro, madre de José Manuel, poseedora de una prestigiosa tienda de modas, se mostraba emocionada y feliz por la noticia del compromiso entre su hijo y una de las mujeres más populares de España. Formalizaron sus relaciones. Él le regaló una sortija de esmeraldas y brillantes. Ella, un reloj de oro de bolsillo. El noviazgo fue corto, pero tranquilo y apacible. Sin sobresaltos. Vivido con enorme ilusión. Se veían cada vez que podían, puesto que Celia continuaba su gira y hasta febrero del 44 no regresaría a Madrid para abrir temporada en el Reina Victoria.

Fijaron la fecha: sábado 1 de julio de 1944 a las doce de la mañana en la madrileña iglesia de Los Jerónimos. Es la propia Celia quien así recordaba aquel multitudinario acontecimiento que casi estuvo a punto de costarle la vida, incluso: «[...] *La boda no tuvo nada de normal... Ahora pienso que tal vez más que por el matrimonio en sí, la gente se alborotó al confirmarse que me casaba con un señor vulgar y corriente. Se difundió el sorprendente rumor y la curiosidad les picó más de lo aconsejable... ¡Todos querían conocer al dentista de San Sebastián que había conseguido rendir el corazón de la Gámez!*

Nos casamos el 1 de julio de 1944. Un mes después del desembarco de Normandía. Mientras los aliados se adentraban en el continente. Mientras las V-1 y V-2 alemanas caían sobre Londres, sembrando destrucción y muerte. Pero aquel día, en Madrid, más que de la guerra, se habló de Celia Gámez y su boda. Un tema infinitamente más agradable.

Las sorpresas empezaron a primeras horas de la mañana.

Yo vivía entonces en la avenida de José Antonio, en un piso alquilado en la novena planta del edificio del cine Rialto. A unos pasos de La Adriática, en Callao, donde residí hasta 1936. Estaba en el dormitorio, vistiéndome. Me ayudaban mis dos fieles Marías, la madrileña Mary y la navarra Maruchi. Cocinera y doncella, respectivamente. Dos chicas excelentes de las que conservo gratísimo recuerdo.

El traje nupcial, regalo de mi suegra y confeccionado en su taller, era sobrio. Y de encaje negro, por el luto. Un modelo Taylor de chaqueta. Completaba la indumentaria con una pamela también negra, zapatos del mismo color y medias grises. Dos clips de brillantes en la solapa. Un buqué de rosas blancas y jazmines en la mano. Hubo señoras que se sintieron defraudadas al verme tan sencilla. Recuerdo un comentario que llegó a mis oídos:

—¡Qué pena, no va como en «Yola»!

Son las diez y media de la mañana. De pronto suena un largo timbrazo. Maruchi abre la puerta. Es el general Millán Astray, mi padrino. El propio militar se brindó a serlo. Dado que éramos buenos amigos de antes de la guerra, acepté encantada. Millán, entonces, estaba casado con una cubana muy guapa Y más joven que él. Formaban una pareja curiosa, llamativa. El general, tremendamente mutilado y de gesto fiero, gustaba de ir arrogante y orgulloso al lado de su hermosa cubana.

Millán irrumpe en el dormitorio. Impecablemente vestido. Cuello duro, botines, bastón. Resoplando. Me dice que hace un calor de mil demonios. Contempla la cama y veo que se tumba en ella a pierna suelta.

—Pepe, ¿qué pasa? —pregunto, entre asombrada y preocupada.

-¿A mí? Nada, querida... ¡Qué bien se está en esta cama! ¡Qué maravilla!
Mary, Maruchi y yo nos miramos perplejas... Al cabo de un rato, el general se levanta. Visiblemente satisfecho. El gesto, dulcificado.
-¡Por fin lo conseguí! -exclama-. ¡Ya soy uno de los pocos españoles que pueden presumir de haberse tumbado en la cama de Celia Gámez!
Me he quedado como quien ve visiones. El vozarrón de Millán me espabila:
-¡Y ahora, pronto, rápido, a la iglesia! ¡Que nos casamos a las doce y se hace tarde! ¡Venga, venga!
Aquel hombre era capaz de resucitar un muerto» (San Martín, 1984, XI: 52-53).

Precisamente y por anécdotas como éstas, durante muchos años también volvió a correr la leyenda popular de que Celia y el mutilado general habían tenido otro sonoro romance. La amistad entre ambos, recordemos, venía desde los primeros días de la guerra, durante la estancia de Celia en Salamanca, si bien es cierto que Millán Astray ya la había visto actuar anteriormente y probablemente ya la había conocido de sus visitas a Argentina. La rumorología amorosa de Celia corre paralela a su leyenda y actividad escénica: había sido novia, al parecer, de los aviadores Ramón Franco y de Elías Durán, musa del ministro José Solís Ruiz o del diplomático y político Gonzalo Fernández de la Mora. También se rumoreaba que Millán Astray había acogido bajo su prestigio romántico la protección de Celia, motivo por el cual, encontrándose ambos en Salamanca, el militar, al inicio de la guerra, hubo llamado a José María Pemán para que, a sabiendas de la penosa situación económica en que se encontraba la estrella, le escribiese una revista. La hija del general, Peregrina, recuerda aquellos tiempos: «Mi padre tenía muy buena pinta porque parecía bastante alto y marcial. Y con el uniforme... ¿Que si fue amante de Celia Gámez? Yo de lo que me acuerdo es de las cajas gigantes de bombones que ella me regalaba» (Landaluce, 2016). Dejemos en el olvido las elucubraciones acerca de los posibles romances que tuvo nuestra protagonista y reanudemos el hilo de la historia de aquel histórico 1 de julio de 1944:

«Por extraño que parezca, poco puedo contar de mi boda. Casi todo el tiempo lo pasé aturdida, medio mareada, apretujada. Y después, tras romper el cerco, refugiada con mi marido en el campanario. Los invitados nos esperaban a las dos en el Ritz para comer. Llegamos a las seis. ¡El almuerzo se convirtió en merienda!

La multitud tomó el templo y sus alrededores a primeras horas de la mañana. ¿Cómo se enteró tanta gente de que me casaba? Todavía lo ignoro. Cerraron tiendas, talleres y oficinas porque los empleados no acudieron al trabajo... ¡Estaban en los Jerónimos! Nunca había ocurrido nada parecido. Muchos perdieron medio jornal. Según comentó un periodista, las modistillas fueron en masa a la boda.

Nuestro coche sufrió el primer atasco a la altura de la plaza de Neptuno. Nos rodeó una muchedumbre enfervorecida.

-¡Celia, Celia, Celia! -gritaban llenos de entusiasmo-.

Era el pueblo. El bendito pueblo, que me adoraba. Me olvidé del calor y de los nervios. Lloré emocionada. Derramaría muchas lágrimas aquella mañana, la más larga de mi vida. Tremenda e inolvidable. Bajo un sol justiciero, y parado en plena plaza, el coche se convirtió en un horno. Millán Astray estába empapado en sudor. Se desgañitaba:

-¡Déjennos pasar, que nos ahogamos! ¡Paso, paso!-

El gentío había tomado posiciones en farolas, árboles, tapias, encima de coches. Pero apenas sí pudieron verme...

Ya cerca del templo, el coche fue casi levantado en vilo.

-¡Pepe, Pepe!- grité asustada.

-¡Pero qué hacen estas fieras! -bramaba mi padrino desencajado.

Todavía tardamos media hora en subir la espectacular escalinata de acceso al templo. En realidad, la muchedumbre me llevaba en volandas. Vi fugazmente a mis madrinas (porque tuve dos): la marquesa de la Corona y Paulina Alfaro. La marquesa -¿recordáis?- fue quien me brindó mi primera oportunidad en España allá en 1925.

Me gritó su deseo: ¡Suerte, Celia, y que salgas viva de ésta!

Otra odisea para llegar al altar. Éste, copado por fotógrafos y curiosos, no era visible. La algarabía era indescriptible. El cura se desplomó desvanecido; José Manuel, no sé cómo, pudo cogerle en brazos; lo llevó a la sacristía; tras reponerse, volvió al altar para casarnos... «Si me dejan», dijo.

Empezó a salir humo de no sé dónde. Se oyeron gritos de...

-¡Fuego, fuego!

Algo se había quemado en el altar. Chispas y llamas.

-¡Que nos quemamos vivos! -voceaba Millán Astray.

Empezó a tocar un pito que llevaba. Entre pitido y pitido, gritaba:

-¡Orden, orden! ¡Que hay madres y niños!

Cesaron las chispas y las llamas. Pero se recrudecieron las apreturas. El calor era insufrible. Transcurrían los minutos. O las horas... ¡Yo qué sabía! El cura era como el Guadiana: aparecía, desaparecía, volvía a aparecer... Según la multitud le empujaba en una u otra dirección...

-¡Así no vamos a casarnos nunca...! -gruñó Millán.

Volvió a sacar el pito. Dio varios pitidos, largos y fortísimos. Y ocurrió lo inaudito e irrepetible...

-¡A mí la Legión! -bramó.

Como por generación espontánea aparecieron varios legionarios despechugados y resolutivos. En un santiamén formaron un círculo protector en torno a José Manuel y yo. El cura, a duras penas, pudo terminar la ceremonia. Luego, en vista de que abandonar el templo entrañaba serias dificultades, pues todas las salidas estaban bloqueadas, seguimos el camino menos obstaculizado: ¡el que conducía al campanario! Allá arriba permanecimos dos o tres horas. Reponiéndonos...

Yo tenía algunas dudas...

-José Manuel -pregunté a mi marido- ¿Tú crees que el cura ha podido casarnos? ¡Con el escándalo que había...!

En cualquier caso, la ceremonia no fue la soñada, tranquila y familiar. No pudimos vivirla y sentirla con el debido recogimiento. Por la tarde, en el Ritz, se lo dijimos al cura. Nos comprendió perfectamente.

-Pues nada, mañana os caso otra vez..., y sin espectadores.

Así fue. A la mañana siguiente, temprano, José Manuel y yo celebramos nuestra segunda boda ¡en veinticuatro horas! En una iglesia próxima a mi casa de la avenida de José Antonio. A solas con nuestro amor» (San Martín, 1984, XI: 52-53).

El inicial deseo de Celia de haber tenido un enlace íntimo, se frustró por completo. A pesar de la poca publicidad, prácticamente ninguna, dada al evento, por ruego expreso de la propia interesada, pocos acontecimientos pudieron vivirse con tal entusiasmo y fervor como aquella boda. Una boda que tuvo, entre sus invitados, a lo mejorcito de su tiempo: escritores, periodistas, intelectuales, compañeros de profesión...: Francisco Alonso, Jacinto Guerrero, José Luis Sáenz de Heredia, José Muñoz Román, Emilio González del Castillo, Tina Gascó, Guadalupe Muñoz Sampedro, María Caballé, Olvido Rodríguez, Alfonso Goda, Maruja Boldoba, Luis Sagi-Vela (quien durante la ceremonia entonó, como buenamente pudo, el «Ave María», de Gounod), Luis Escobar, Fernando Moraleda, Luis Sánchez Pardo (representante de Celia) junto a su esposa Luisa Escobar, marquesa de Urquijo; la condesa de Floridablanca, la marquesa de la Corona, la condesa de Romanones, Mariano Benlliure, Jacinto Benavente...

En los jardines de Los Jerónimos, Perico Chicote sirvió un vino español destinado a los invitados, aunque, finalmente, todo el que quiso y estuvo por allí, acabó degustándolo. Millares de personas impedían la libre circulación. Personas anónimas, del pueblo, centenares de modistillas, mujeres, transeúntes curiosos... que fueron a brindarle su afecto y simpatía a «la vedette que gustaba a los caballeros pero sin irritar a las damas». Muchas de ellas, la mayoría, apenas pudieron contemplarla. Era prácticamente imposible, pero sí que la estrella porteña podía escuchar los miles de vítores, piropos y ovaciones que el pueblo llano le tributaba. La única pena que tuvo fue la ausencia de su familia: de sus padres, de su querido hermano Antonio, de su entrañable y siempre recordado Darío López...

El comediógrafo Adrián Ortega (¿?: 102-103), así relataba cómo fue tan cacareado enlace en sus inéditas memorias:

> «[...] Fue, desde luego, una boda por amor y su celebración, muy lejos de un bodorrio cualquiera. Un acto tumultuoso y bullanguero al que contribuyó en primer plano el elemento estudiantil, que acudió con bombos, carracas y, sobre todo, cencerros armando una marimorena que provocó cargas de la policía con carreras y lesiones. Los novios refugiándose en la torre del templo, con numerosos invitados arracimados buscando cobijo y en medio de aquella batalla, la voz el general Millán Astray, padrino de la boda, clamando angustiado: «¡A mí la Legión!»
>
> ¡Qué reportaje para la televisión de haber existido! ¡O de haberlo hecho también en las revistas del corazón! Por el contrario, nada de esto apareció en versión real, dando únicamente la prensa y radio nota de haberse celebrado la boda. Pero el pueblo de Madrid, durante años, cuando comnetaba algún alboroto, solía decir: «Se organizó tal follón, que ríete tú de la boda de Celia Gámez!»

El acontecimiento popular del año tuvo su continuación al día siguiente cuando la pareja, señores de Goenaga, emprendiesen una romántica luna de miel a Estoril anunciando la prensa pocos días después que Celia Gámez iba a retirarse del teatro en junio de 1945, una vez finalizasen los compromisos que tenía contraídos. Pero nada más lejos de la realidad. Las retiradas de los escenarios de Celia corrían paralelas a los dimes y diretes acerca de su figura. Eran una leyenda más...

Mientras tantos, la pareja de recién casados disfruta de su descanso lisboeta...: *«[...] A dos pasos del mar, José Manuel y yo disfrutamos de unos días tranquilos y apacibles. Mucha playa, mucho sol, muchos paseos por los jardines... ¡Ah, y poco juego! Aunque incansables urdidores de mi leyenda aseguren que he sido una jugadora empedernida e irresponsable. [...] Estuvimos también en Londres y París. Turismo. Aproveché la ocasión para husmear en las tiendas más prestigiosas de estas capita-*

les. Encargué vestidos, sombreros, zapatos y otras cosas para mi próxima opereta» (San Martín, 1984, XI: 54).

A su regreso de Portugal, Celia reanuda su brillantísima carrera sobre los escenarios presentándose con su compañía, a primeros de agosto en el Teatro Rosalía de Castro donde permanecerá entre el 16 y el 29 de dicho mes con *Yola, Si Fausto fuera Faustina* y *Rumbo a pique*. De esta forma y, prosiguiendo su triunfal actuación, la ahora señora de Goenaga, prosigue siendo el alma que acaudillaba y dirigía una compañía de la que ella era el alma. Su simpatía, buen arte, gusto y belleza inmarcesible solía adueñarse del público que llenaba las salas allá por donde actuaba. La siguiente parada destacable es el Teatro Pereda de Santander (del 19 al 23 de septiembre) donde amplía su repertorio con la reposición de *La Cenicienta del Palace* y *Fin de semana*.

Finalizada su breve estancia en dicha localidad, a finales de septiembre de 1944 se embarca rumbo a Buenos Aires acompañada de su esposo, donde permanecerán hasta finales de año para reaparecer de nuevo en el Cervantes de Sevilla y proseguir por la zona de Levante, actuando en Elche en febrero, en Albacete a primeros de marzo para después desplazarse hasta el Principal de Valencia con el repertorio anteriormente enunciado donde el público que llenaba la sala le tributó cariñosas y reiteradas ovaciones al final de todas las representaciones. A continuación y, entre el 31 de marzo y el 2 de junio de 1945, la Gran Compañía de Zarzuelas y Comedias Líricas Celia Gámez llega hasta el Teatro Cómico de Barcelona donde repone sus últimas operetas y es objeto de una multitudinaria función de homenaje donde las principales figuras teatrales que entonces actuaban en la Ciudad Condal acudieron para aplaudirla y brindarle sus respetos. Por aquella época, la compañía del Teatro María Guerrero de Madrid, que también se encontraba trabajando en Barcelona, llevaba entre sus integrantes, como anunciábamos líneas atrás, a José Luis Ozores. Celia, con vistas a un nuevo estreno para la próxima temporada en Madrid, precisa un *boy*. Por una recomendación de Luis Escobar, Ozores entra en nueva compañía que prepara Celia y en la que el actor llegaría a cobrar el doble de lo que cobraba con la anterior formación, llegando hasta las cien pesetas diarias de 1945. Todo un sueldo. Este hecho le llevó al gran «Peliche» a cambiar el sosiego y la placidez de las comedias del María Guerrero, por el ajetreo constante y caótico, a veces, de la revista.

No pretendemos abrumar al lector con datos y fechas, pero sí que pueda tener una certera idea de la abrumadora, incesante y febril actividad de la vedette que se desarrollaba siempre sin que ninguno de sus trabajos dejara de constituir un auténtico clamor. Pero, ¿a qué se debía este éxito *in crescendo* que no aminoraban el paso del tiempo ni el cambio en los gustos o pausas impuestas por los acontecimientos personales que había vivido durante los últimos meses?: «La inigualable presencia de Celia en el escenario hacía olvidar pasado, presente y futuro; la adaptación de la vedette a los nuevos tiempos era portentosa, y el público, siempre deseoso de contemplar a su ídolo, reclamaba su presencia, con más ansiedad si cabe, después de las mencionadas interrupciones» (Menéndez de la Cuesta y Galiano, 1995: 9).

Celia prepara su nuevo estreno con vistas a presentarse nuevamente en la capital de España, ya en septiembre de 1945, pero en un escenario totalmente nuevo y que será el cobijo que le dé múltiples y sonoros éxitos: el Teatro Alcázar, no en vano, la empresa Fraga, propietaria del mismo, le había ofrecido el sesenta por ciento de la taquilla. Ella, como empresaria de compañía corría con todos los gastos, así que aceptó. Ya nunca más volvería a ser empresaria de local como fue durante los casi cuatro años que lo hubo sido el Eslava.

Hoy como ayer era un título sugestivo, con el perfume de una nostalgia fundida en realidades y promesas. Lo llevó a cabo Celia en ese travieso destino que presidía la elección de cada obra y, ninguno mejor para su reaparición en Madrid tras una larga ausencia. Cuando se quiere y se admira, la ausencia la mide la fidelidad del recuerdo y el de Celia ha sido siempre evocado con cariño. Tanto, como el de ella dispensaba al público madrileño.

Durante los ensayos de la obra, intentar hablar con Celia era tarea casi imposible. Su presencia se encontraba en todas partes. Junto a la orquesta, dando ritmo a un número; sobre la escena, corrigiendo un movimiento del conjunto; vigilando el montaje del decorado y atrezzo; supervisando el vestuario de los conjuntos; ensayando sus movimientos, sus canciones; dando la réplica a algún compañero en los diálogos; dando instrucciones a los iluminadores... Y es que Celia Gámez tenía muy claro lo que quería y cómo lo quería. Porque para triunfar y ser la mejor en lo suyo, había que estar pendiente de todo y de todos, que el mecanismo engrasado funcionase a la perfección sin ninguna avería. Es lo que tenía ofrecer grandes espectáculos. Ni una duda. Ni una vacilación. Imperiosa, su voz de mando llegaba a todas partes. Mandaba y ordenaba en el teatro como un seguro general que supervisa el ataque de sus tropas. Era «la señora» y ponía la postura de las obras. Ganaba mucho, pero también sabía invertirlo con creces en sus producciones. Años de experiencia y pruebas a su talento, dieron a Celia un dominio y un conocimiento total de su oficio, traducidos ambos en la eficacia y solvencia de las obras que montaba y producía.

En *Hoy como ayer*, se conjuntaban muchos logrados prestigios. Casi cien figurines diseñaron José Caballero, y Morales y Asensi, doce decorados. En todos, pusieron su maravilloso arte al servicio del buen gusto que demandaba Celia. El maestro Tito compuso elegantes movimientos para los conjuntos cuyas evoluciones asumían una perfección casi etérea.

La carpintería escénica que los autores emplearon para la confección del libreto, era total. No en vano ambos eran dos consagrados dramaturgos que conocían a la perfección su oficio. Eran muchas las horas de ensayo y Celia nunca se fatigaba. Su exigencia artística lo llenaba todo. Lo inundaba todo. Lo imprimía a todo. Tras cada indicación, latía un sueño. Una ilusión. Una esperanza de que fuese perfecta y gustase.

Hoy como ayer, «comedia musical en tres actos y un prólogo», tenía libreto original de Antonio de Lara Gavilán «Tono» y Enrique Llovet con música de los maestros Moisés Simons (primer acto), J. Strauss (segundo) y Fernando Moraleda (tercero). Para esta ocasión, Celia renueva por completo la nómina de su compañía. A ella, pues, se incorporan José Luis Ozores, Mercedes Muñoz Sampedro, José Isbert y María Isabel Pallarés, llevando en esta ocasión como galán a Carlos Casaravilla. Junto a ellos, Blanquita Suárez, Manolita de Vega, Conchita Muñoz, Santiago Rodríguez, Mario Candel, Luis Merino, Gloria Santander, Félix R. Casas y Pepita Arroyo, entre otros.

Con decorados de Morales y Caballero realizados por Ressti y figurines de los mismos autores confeccionados por Pepita Navarro y Lucas, la comedia musical planteaba el tema de la eterna actitud femenina: amor, riña, celos... cimentada en varias épocas, cada una correspondientes a los tres actos de que se componía.

Ahí recordaba José Luis Ozores aquella primera incursión en el mundo de la revista: «*Aquello era un lío. Todo había que hacerlo muy deprisa, y tuve que aprender a cambiarme unos chapines, unos calcetines rosas, un pantalón de tubo, una levita morada y una corbata de puntilla de estanquero cubano rico por un traje de húsar de la corte de Francisco José en dos minutos y medio que duraba una rumba, para luego quitármelo todo y ponerme un esmoquin para subir corriendo al telar del Alcázar y bajar por una interminable escalera cantando con Casaravilla*» (Combarros Pelaez, 2003: 26-27). Inmerso en aquel alocado ambiente, Ozores, a principios de 1946 comienza a salir con una de las chicas de Celia, Conchita Muñoz, desobedeciendo una de las rígidas normas que la vedette había impuesto en su compañía: la prohibición absoluta de que se formaran parejas dentro del grupo; aunque Celia se encariñó tanto con Conchita Muñoz y veía tan buena persona a José Luiz, que acabó accediendo.

Distintos instantes de la tumultuosa boda de Celia Gámez con José Manuel Goenaga Alfaro el 1 de julio de 1944. Fotos, Santos Yubero. Achivo General de la Comunidad de Madrid.

De esta forma, pues, el nuevo título pasa a engrosar la cartelera madrileña entre el 21 de septiembre de 1945 y el 6 de enero de 1946.

Su primer acto se circunscribe a la época de su estreno, 1945, situando al espectador en el *budoir* del palacio de Marisa (Celia Gámez), Duquesa de Montemar, en Nueva York. Allí se prepara el baile de compromiso entre la citada y su novio Pepe. Aquélla se manifiesta nerviosa, pero su Abuela la tranquiliza afirmando que el amor con un hombre puede tener distintos momentos: ser enormemente cariñoso o darle celos, ser feliz o desgraciada... Ésta recuerda así cómo fue su primer baile en Cuba cuando, sin quererlo, su madre le entregó un camafeo que atesoraba desde entonces...

La acción se traslada ahora hasta el jardín del palacio del padre de Marisa (ahora encarnada en la Abuela), don Jacinto, poseedor de la mejor plantación de café en La Habana, donde se está celebrando un baile de caridad que constituye el acto de presentación en sociedad de Marisa...: «Ven acá y te enseñaré/ a bailar el cachumbambé./ Cachumbambé, cachumbambé,/ éste es el son del cachumbambé./ Cachumbambé, cachumbambé,/ ven a bailar el cachumbambé./ Te adoro yo tanto/ que no puedo estar sin ti;/ por eso te quiero ver junto a mí./ El danzón cachumbambé/ te quiero enseñar,/ porque muy juntitos lo vamos a bailar».

Al terminar su número de presentación, Marisa es presentada a los invitados por don Jacinto, llamando poderosamente la atención de su atuendo el camafeo que lleva puesto y que su madre le ha regalado para tal ocasión. Baila apasionadamente junto a Alfonso (Carlos Casaravilla) su prometido y ambos cuentan los días que restan para que sean marido y mujer... pero el destino hace que, mientras Marisa ha ido a ver dónde se encuentra el camafeo, pues, al parecer, se le ha desabrochado mientras ambos bailaban, se presente Milagros, amiga de Marisa que, para embaucar a Alfonso le pide que le apriete el cierre del collar, quedando ambos así abrazados. En ese instante entra la Duquesa de Montemar y los ve, rompiendo el compromiso. Los invitados, al conocer la noticia, se echan encima de Marisa, pidiéndoles que se case con algunos de ellos entre los que se encuentra el General Manzanillos; sin embargo, la chica afirma que se casará, sí, pero únicamente con aquel valiente que le traiga la flor más bella de la isla... Marisa, en su tristeza, echa la culpa de su desgracia a la pérdida del camafeo.

Regresamos ahora, ya en el acto segundo, a 1945. Al *budoir* del inicio de la obra. Continúan en escena Marisa y su Abuela. Aquélla le pregunta que si Milagros era su amiga, por qué no le pidió una explicación al respecto y quién sabe si Alfonso era inocente y sólo fue un títere en manos de Milagros.

Se traslada así una vez más la acción a una feria vienesa llena de algarabía y barracas. Allí pasean parejas de enamorados y dos amigos, Fritz y Adolf. El primero espera a su novia Marisa (madre de la protagonista e hija de la Abuela encarnada nuevamente por Celia) pero, mientras tanto, les han presentado a la bella Ilo, una hermosa mujer que parece beber los vientos por Fritz y al que le propone salir juntos. Petición que éste rechaza. En ese instante se le cae el collar y, en un acto de caballerosidad, Fritz se lo coloca justo en el preciso instante en que llega Marisa con sus padres. El chico, nervioso, le da las convenientes explicaciones;

si bien la Duquesa acepta gustosa aunque le dice que no tiene por qué darselas ya que no estaban haciendo nada malo. Así las cosas, ambos se dirigen en berlina para bailar al establecimiento de moda en Viena, el Danubio. Allí, se dan cita también Adolf e Ila, quien, deseosa de quedarse a solas con Fritz, convence a su acompañante para que saque a bailar a Marisa. De esta forma, y, mientras bailan, el camafeo vuelve a caérsele al mismo tiempo que descubre a Ila muy amartelada bailando con su prometido. Así las cosas, en un ataque de celos, Marisa se va con Adolf dejando cariacontecido a Fritz...

Y regresamos, en el acto tercero al *budoir* de 1945 donde la Duquesa explica a su Abuela que lo que le pasó tanto a ella como a su madre se debía a que vivieron en épocas en donde la mujer no tenía independencia. Ahora se desenvuelven mejor, reaccionan de otra forma; aunque la Abuela le contesta que en materia amorosa, la mujer de ahora sigue siendo igual que las de antes. En ese instante se presenta el Abuelo para decirles a ambas que bajen a la fiesta, que Pepe Thomson, su novio (Carlos Casaravilla), está coqueteando con sus amigas, entre ellas, Ketty Lake, a lo que Marisa, muy moderna ella, resta importancia. Así, desafiando al destino sufrido por sus antepasados, le pide a su Abuela que le entregue el camafeo y se dispone a ir al baile con el mismo puesto.

Al llegar, Pepe se encuentra tocando un *fox* al piano rodeado de admiradoras...: «Puede que sí, puede que no,/ que haya billetes en la estación./ Puede que sí, puede que no/ que haya en las casas calefacción».

Pepe es objeto del deseo de Ketty Lake. La modernidad de Marisa hace que no le importe lo más mínimo los constantes flirteos que tiene con su prometido... hasta que le pide que la saque del lugar y la lleve al puente de Brooklyn para dar un paseo. Allí, mientras deambulan, Marisa contempla la luna... Una luna que le recuerda a España...: «La luna es una mujer/ y por eso el sol de España/ anda que bebe los vientos/ por si la luna lo engaña./ ¡Ay!, Le engaña porque../ ... porque en cada anochecer/ después de que el sol se apaga/ sale la luna a la calle/ con andares de gitana./ Como la luna sale tanto de noche/ un amante la espera en cada reja;/ luna, luna de España cascabelera,/ luna de ojos azules, cara morena./ Y se oye a cada paso/ la voz de un hombre/ que a la luna que sale le da sus quejas./ Luna, luna de España cascabelera/ luna de ojos azueles cara morena».

Cabaret Arizona. Hasta allí han ido Marisa y Pepe a bailar tras dar un paseo... pero se topan con Ketty y otras amigas. Marisa, no puede más con los descarados coqueteos de la Lake. Es una mujer moderna sí, pero una cosa es ser moderna y otra... dejarse quitar al hombre que uno ama delante de las narices. Sí, está celosa. Muy celosa... «Tengo celos del aire que respiras, /del sol que te despierta, tengo celos./ Del tiempo que he vivido sin nombrarte,/ tengo celos./ Tengo celos de todo lo que miras,/ de tus horas perdidas, tengo celos./ De haber tardado tanto en encontrarte,/ tengo celos./ Tengo celos./ Tengo celos si veo que sonríes,/ si noto que estás triste, tengo celos./ Del agua que refleja tu figura,/ del viento que despeina tus cabellos,/ del eco que repite tus palabras,/ tengo celos, muchos celos».

Tras la oportuna escena de marras en que Marisa y Ketty casi están a punto de llegar a las manos, aquélla, rompe su compromiso con Pepe. Es entonces cuando se le cae el camafeo que lleva prendido y de él sale un papel que lleva escrito: «Saber amar es saber confiar en la persona que se ama». Inmediatamente, Marisa se da cuenta de que ha cometido un error con su prometido haciéndole venir y proponiéndole ella en matrimonio. Así, ambos se casan y es que, el amor es y será lo mismo hoy como ayer...

Como siempre que Celia Gámez se presentaba ante el público con un nuevo estreno, éste era tan esperado que las entradas se agotaban completamente al poco de ponerse a la venta. Lo esencial de la obra estrenada en el Alcázar era, sin lugar a dudas, la propia Celia. Como directora, como intérprete, como cantante, como dama indiscutible de la moda, no regateó un ápice en gastos para vestir una nueva opereta repleta de joyas y esplendorosos atuendos. Pese a lo intrascendente del libreto, la novedad del mismo estribaba en los distintos *flashbacks* que la poblaban, trasladándose a distintas épocas y con un sello musical de tres compositores bien distintos que marcaban cada uno de los tres actos en que se dividía. Sin lugar a dudas, el número «bomba», fue el pasodoble de la «Luna de España», pletórico de fuerza e inspiración que estaría para siempre unido a la carrera artística de la bonaerense pese a las decenas de versiones que otras tantas artistas llevaron a sus repertorios, haciendo, desgraciadamente olvidar, a su creadora. La indudable maestría de Celia en la interpretación de este celebérrimo y mítico pasodoble, hizo que los vítores y ovaciones coadyuvaran a su repetición hasta en cuatro ocasiones interrumpidas por la constante salvas de ovaciones, vivas y bravos que el público tributó a su artífice. Su puesta en escena, subida al puente de Brooklyn en penumbra, con la única luz de unos faros de coche y el resplandor de la luna, más un hermoso traje de noche, permitieron su mayor realce y lucimiento, pasando rápidamente a ser otro de esos números que como «Pichi», «Los nardos», «Vivir» o «¡Mírame!», no dejaron de ser entonados y publicitados en radio y patios de vecindad.

Junto a él, no menos magnífico fue el son «Cachumbambé», donde Celia aparecía tocada de un gigantesco sombrero de frutas tropicales que balanceaba al compás de su cadera con trepidante ritmo y un movimiento sinuoso de su figura perfectamente coordinado por el conjunto que la acompañaba; en el tango-*fox* «Tengo celos», su personalidad volvía a transformarse una vez más para convertirse en una mujer pasional y anhelante de deseo y amor (no debemos olvidar, tal y como afirmaba Menéndez de la Cuesta y Galiano, que Celia, además de una gran vedette, llegó también a ser una gran actriz, 1995: 10); la habanera «Y yo sólo para ti», cantada a dúo con Carlos Casaravilla se erigía como un dúo pleno de sentimiento engarzado de nota a nota y de principio a fin de una finura y delicadeza extraordinarias; la deliciosa zamba «Hoy como ayer», que da título a la obra y en donde Celia volvía a demostrar su versatilidad escénica junto al encantador *foxtrot* «Puede que sí, puede que no» que entona Casaravilla y que se convierte en un vehículo de lucimiento para su personaje. Finalmente destacaremos la rumba del «Priquitín-pim-pom» y otros que no llegaron a grabarse como los titulados «El maquillador», «Conga», «Nunca debes mirar otros ojos», «Vals vienés», «Polka del mi sol, mi bien, mi luz», «En el viento una canción» y «Can-cán», haciendo de la partitura un arco iris de ritmos que se amoldaban a los distintos ambientes en que se insertaban.

Celia, indiscutible estrella, volvió a obtener el indispensable beneplácito de público y crítica gracias a la limpieza y simpatía de su nuevo espectáculo y de una nueva compañía donde el trío José Luis Ozores-Pepe Isbert-Guadalupe Muñoz Sampedro, aportaron la veteranía de su arte y realzaron los distintos papeles que les tocó interpretar.

Por otro lado, el cambio de galán, de Alfonso Goda a Carlos Casaravilla, no mermó en absoluto la brillantez de éste, puesto que su apostura y buena planta sirvieron como contrapunto a la excelsa feminidad que exhalaba su *partenaire* femenina.

Plena de facultades en todos los matices que requería el género que interpretaba, Celia compartió su nuevo triunfo junto a su marido y compañeros, no en vano la obra prontamente consiguió ser centenaria a principios de noviembre y eso que competía en la cartelera con las compañías de José Muñoz Román en el Martín y su imbatible *¡Cinco minutos nada menos!* o la de Eduardo Duisberg en el Fomtalba con *Scala 1946* en el terreno frívolo frente a las de Niní Montián, Társila Criado,

Ana Mariscal-Luis Arroyo, la González Carbonell o la de Irene López Heredia en otros tantos coliseos madrileños.

Las doscientas representaciones llegarán el 21 de diciembre con una función especial donde por primera vez se presenta al público La Tirana, joven artista que acompañó a Carmen Morell, Pepe Blanco y Ricardo Calvo en el fin de fiesta que puso el broche a tal celebración.

José Manuel y Celia se instalan en un coqueto piso emplazado en la calle Recoletos, 21. Una finca de siete plantas que la artista había comprado al precio de medio millón de pesetas de la época, toda una auténtica fortuna, en la que hubo invertido todos sus ahorros desde 1940. El matrimonio se reservó el cuarto piso: diez habitaciones, tres cuartos de baño... aunque hicieron obra para amoldarlo a su gusto y necesidades. La finca, sin embargo, sólo daba gastos, puesto que los alquileres entonces en España eran demasiado bajos, no olvidemos que nos encontramos a mediados de los años cuarenta y aún el país se encontraba muy empobrecido e intentando reconstruirse. José Manuel y Celia formaban un matrimonio muy bien avenido. Eran felices. La vida les sonreía: «*[...] El matrimonio funcionó bien desde el principio. Yo me consagré a mi trabajo y José Manuel al suyo. Mi marido tenía muchos clientes y, entre ellos, abundaban los curas. Nunca supimos por qué... Quizá porque atendiera muy bien al primero y se corrió la voz. Algunos amigos nos gastaban bromas simpáticas por la afluencia de tantos clérigos a casa de la Gámez. A José Manuel, enamoradísimo de mí, le dio por llamarme santa Celia, porque, según él, lo era. Ya pueden imaginarse el nuevo tono de algunas bromas... ¡Entre los curas que iban a casa y mi santificación...! Fue una época bonita. Tranquila y provechosa. Llena de éxitos y satisfacciones. Plenamente feliz para José Manuel y para mí*» (San Martín, 1984, XII: 56-57).

Celia, por aquellos años, tenía un sueño: comprar un teatro, algo que nunca pudo lograr. Bien es cierto que Darío López le alquiló el Teatro Eslava para su reaparición tras la Guerra Civil, pero nunca pudo adquirir un coliseo como posteriormente haría Lina Morgan en los años ochenta. Fue su sueño frustrado. Comprar un teatro para Celia no sólo era una inversión sino un amor entregado, una ocupación espiritual. Un teatro para orientarlo y dirigirlo. Celia pensaba que había muchas jóvenes estrellas en España y, teniendo un teatro dedicado a la revista, la comedia musical y la opereta, ella podría convertirse en mecenas de las jovencitas que, como ella, quisieran triunfar en el difícil mundo artístico en que ella se movía donde el éxito no era suerte sino trabajo duro. Veinte años, avalaban su labor sobre la escena. El año 1945, tocaba a su fin.

XIX. UNA FEBRIL ACTIVIDAD ESCÉNICA: EL REGRESO DEL PICHI

Todavía en pleno éxito de *Hoy como ayer*, Celia no da tregua al descanso e, inadsequible al desaliento, ensaya durante las Navidades, un nuevo estreno con visas a darlo a conocer a principios de 1946. De esta forma, el dramaturgo Francisco Ramos de Castro y el periodista Manuel G. Domingo «Rienzi», le entregan un nuevo libreto para su lectura que, inmediatamente y con algunas modificaciones, Celia aprueba para su producción y praxis escénica.

El gusto que caracterizó siempre a la Gámez en el montaje de todas sus grandes producciones, fue una de las cosas que más llamaba la atención de ese público numeroso que la admiraba, la quería y la seguía incondicionalmente. Ella hubo sido quien impuso en la escena una forma de vestir tan personal e inconfundible que sirvió más tarde de pauta a otros espectáculos del mismo género. Ante el estreno que preparaba Celia, ésta encargó su vestuario personal a los hermanos Capistrós, casa que elaboró con sus aciertos y entusiasmo habituales los resonantes e inolvidables éxitos de las estrella porteña en esta posguerra. Los modelos que iba a lucir en su nueva obra iban a dar cumplida cuenta del lujo y fastuosidad fraguado, como en otras tantas ocasiones, al amparo de todo un conjunto de factores que iban a volver a coadyuvar a su éxito.

Con el fin, por tanto, de no desaprovechar la ocasión de presentar cualquier nuevo espectáculo, Celia estrena, con la misma compañía y en el mismo escenario del Teatro Alcázar, *Gran Revista*, «revista cómico-lírica de gran espectáculo en dos actos y dieciséis cuadros» con música del maestro Fernando Moraleda que llega a los madrileños el 11 de enero, 1946.

Con los bailes en escena de María Manuela y Ballesteros Petit; del guitarrista, Ricardo G. «Richard» y la dirección coreográfica de Manuel Moras «Tito», la obra era en sí una revista dentro de otra revista donde el elemento metateatral era el *léit-mótiv* que circundaba a la misma, dándose en su estructura práticamente de todo: un cuadro cómico, otro andaluz, otro de corte exótico, un sainete madrileño, otro policíaco, uno sentimental... adornados con números de muy diversos ritmos y tendencias musicales: *Gran Revista* era, así pues, el título de un semanario que anunciaba la posible despedida de la famosa artista Marisol (Celia Gámez), vedette de una compañía de revistas cuyas vicetiples desfilan en un primer número de música, invitando al público a pasar para presenciar el espectáculo... «¡Pasen, señores, pasen,/ que ya comienza la diversión!/ Vean, la gran revista,/ hay optimismo, luz y color./ Para gozar de la vida/ no hay nada mejor,/ ya lo vais a ver./ Es una fiesta que tiene/ por gala y por reina/ a la mujer».

En el primer cuadro vemos a un nutrido conjunto de periodistas que intentaban interviuvar a Marisol junto al representante de ésta; sin embargo, tan sólo el reporter Gordillo, redactor de *Gran Revista*, conseguía hacerlo, dando cumplida cuenta en su medio de la cercanía de una posible despedida de la estrella a causa de su futuro enlace matrimonial. Gordillo es un hombre muy nervioso que, cuando se le desatan los nervios, en especial cuando ve a una mujer hermosa, incurre en un gracioso defecto de pronunciación, cambiando el orden de las palabras en las frases que pronuncia. Los atractivos de Marisol son tantos que Gordillo queda prendado y enamorado de sus hechizos. Se trata del hombre modesto que aspira a un sueño demasiado alto, y para hacerse digno de él pone todo su entusiasmo en los reportajes que hace para la *Gran Revista*. Quiere hacer suya a la famosa artista, ser un triunfador, y el sentido escénico de la obra que conjuga en título y contenido al de la publicación para la que Gordillo trabaja, no es más que un desfile de cuadros sucesivos que a la postre no son otra cosa que el propio desfile de la misma publicación en sus diferentes secciones informativas, mezcla de los más variados reportajes y cuadros que el paso de los días va ofreciendo a sus redactores, especialmente Gordillo, y que éste, a su vez, traslada a sus lectores que, en suma, vienen a ser los espectadores de *Gran Revista*, obra teatral. En ella el orden de sus secciones y cantables era el siguiente:

Primer acto, a más del ya mencionado «Pasen, señores, pasen», y a seguido del mismo, el titulado «La samba», baile canción brasileña de raíz portuguesa, exótico, rítmico y evocador donde Marisol lucía un despampanante sobrero repleto de frutas al estilo de Carmen Miranda. Está en el teatro actuando y canta... «Copacaba, Copacaba,/ Copacaba, Copacabana./ Carnaval brasileiro/ tamtam y pandeiro/ calor que me abrasa./ Gulú, gulú, gulú,/ no me conoces negro...»

Celia cantando en el cuadro «La samba», en *Gran Revista* (1945). Archivo del autor.

Gordillo acude a la redacción de su publicación tarde. Su jefe le regaña y aquél le advierte que como no consiga una gran exclusiva con Marisol, le despedirá. Canta entonces «Me gustan todas», canción al estilo *bulevadier* del hombre alegre al que le gustan, efectivamente, todas las mujeres. Llega a continuación de ésta un cuadro de sainete, donde comprobamos a Gordillo en un barrio castizo de Madrid buscando reportajes. Allí, existe una fiera competencia entre establecimientos, en uno de los cuales, la madre del chulo Manoletín, se pregunta dónde estará su hijo, castigador y conquistador de mujeres que pretende ser torero. El citado Manoletín es la comidilla y el chotis a que a título, vuelve a suponer otro gran éxito para Celia: «Manoletín,/ por lo chulo y por lo serio/ no soporta un improperio,/ ni una frase, ni un mohín./ Manoletín,/ es más vivo que las balas/ pa atontar a las chavalas/ y las sabe hacer tilín»...

El último cuadro del primer acto es una escena que transcurre en el cabaret «Fantasio» donde una escena de celos que presencia Gordillo entre dos hombres por el amor de Marisol va a dar lugar al número «Al alcance de tu mano» y al «Bailable de las bomberas».

En el segundo acto, el primer *sketch* es el titulado «Madrigal en azul», parodia en verso de los amores de los dos famosos personajes de Shakespeare, Romeo y Julieta y que da lugar en la obra a una canción de Julieta. Precisamente y, ensayando este cuadro, había un momento en que Celia subía al balcón para arrojarse en los brazos de su galán, Carlos Casaravilla. Los tramoyistas aún no habían armado el balcón con madera recia, en espera de hacerlo al siguiente día y, cuando la artista quiso asomarse al balcón, cedió el piso y se precipitó en brazos de su «Romeo» con una velocidad de vértigo que para sí la hubiera querido la heroína del dramaturgo inglés. Por suerte, Casaravilla estaba con los brazos abiertos en el preciso momento de la situación y amortiguó el terrible golpe, aunque los dos cayeron al suelo como en una escena de película. Celia actuó la noche del estreno con todo el cuerpo magullado.

Sucede a éste otro cuadro de humor que intenta recoger la crisis teatral y el abuso del llamado arte flolclórico, con su interminable procesión de gitanos, que motiva unas coplas entre los tres supuestos artistas sin trabajo de la escena, un actor y dos actrices, que tienen que recurrir a robar unos burros mientras los gitanos se adueñan de la vida escénica. El cuadro flamenco espera a unos señoritos, en este caso Marisol, que llega para escuchar y deleitarse con su inigualable arte. Una vez en el colmado, Marisol, a petición de los artistas, les dedica el pasodoble «La florista sevillana», muy español en letra y música, garboso y chispeante: «La florista sevillana/ va las calles recorriendo;/ flores y coplas/ pregones al viento./ En los ojos la esperanza/ y en los labios la sonrisa./ Lleva perfumes del parque de María Luisa./ Claveles de España,/ claveles y alhelíes,/ vendo claveles./ Tiene esta flor el color/ de la boca primorosa/ de una mocita garbosa/ que muriendo está de amor».

Sigue a continuación una parodia o trazo caricaturesco de la popular canción «La niña de fuego», llamada ahora «Er niño de amianto», con letra y música de cante que también transcurre en el colmao flamenco al que ha acudido Marisol para, a continuación dar lugar a otro *sketch* que se desarrolla en un fumadero de opio con rasgos policiacos y que da lugar a una canción exótica oriental en un cuadro de amor, de muerte y de celos.

Y la obra *Gran Revista* termina con un último cuadro en los salones de la publicación mencionada en la que Gordillo ve con callado dolor cómo Marisol se casa con el director de la publicación donde aquél trabaja cómo redactor. La generosidad de Marisol le endulza su dolor, al ver premiada su labor con el nombramiento de nuevo director de la citada *Gran Revista*, cosa que logra por la intercesión de aquélla. Todos los cuadros y números formaban parte de la revista que Marisol estaba montando y de los que ha dado cumplida cuenta Gordillo en su publicación a través de las distintas secciones de ésta.

Gran Revista permitió a Celia, como directora, montar un espectáculo tan fino como brillante, tan lujoso como agradable. La propia importancia del extraordinario espectáculo obedecía a tres factores fundamentales: la hermosísima e inspirada partitura del maestro Moraleda que ilustraba los distintos cuadros de la obra, siempre garbosa y juncal, pimpante y ludica, rítmica y popular; la gracia y depurada inspiración de Celia y el lujoso vestuario que imprimía a la obra un aire de brillantez lleno de luz y color.

Los autores de la obra habían sabido ofrecer al público madrileño una obra refinada y de exquisito gusto donde la sentimentalidad, el exotismo y el elemento popular hilvanaban los distintos cuadros de la misma. Por supuesto, *Gran Revista* tuvo una feliz acogida donde las ovaciones y aplausos que los espectadores volvieron a tributar a Celia la conminaron a repetir algunos de los números musicales interpretados la noche de su estreno y en sucesivas representaciones.

A primeros de febrero se celebra una función de gala en honor a Celia Gámez patrocinada por la Asociación de la Prensa donde intervinieron, junto a los principales intérpretes de la compañía, Pastora Imperio, Roberto Rey, Mari Paz, Jose Alfayate, José Marcos Davó y Rafael L. Somoza, entre otros. Por supuesto que, además, la presencia de Celia continúa siendo indispensable en otras funciones y fines de fiesta, actividades benéficas y homenajes a otros tantos compañeros, con cuya nómina no deseamos abrumar al lector pero sí manifestar la importancia de tan señera artista, destacándose su intervención en una función del Price a beneficio de los hogares humildes, otra para la Cruz Roja, a beneficio para los artistas argentinos afincados en España... además de continuar grabando en discos los principales números de las revistas que interpreta o ser objeto de distintos reportajes en publicaciones especializadas donde muestra cómo es en la intimidad del hogar o durante los ensayos de sus obras. Y es que el público devoraba ávido cualquier tipo de información relacionada con la artista.

Por problemas de programación, la compañía de Celia ha de abandonar el Teatro Alcázar y trasladarse hasta el cercano Calderón donde continuará el éxito de su última producción estrenando un nuevo cuadro, «La novia de Cantinflas», donde José Luis Ozores interpreta al mítico cómico mejicano.

Hasta el 14 de abril, fecha en que dará por finalizada la temporada en Madrid, Celia prosigue siendo la estrella indiscutible del momento y parte dos días más tarde a iniciar su tradicional gira estival cuyo primer destino en este 1946 será el Teatro Calderón de Barcelona donde pone en escena sus dos últimas obras igualmente con extraordinaria acogida hasta el 16 de junio para proseguir al Teatro Argensola de Zaragoza (19 al 30 de junio). Desde allí se tomará unos días de descanso junto a su esposo, pasando parte de sus vacaciones en Estoril (¿volviendo a jugar?) hasta primeros de septiembre. Estando en la ciudad lisboeta, Celia conoce al actor oriundo de la tierra Vasco Santana, a quien le ofrece contratar para su compañía con vistas a la preparación de una nueva temporada en Madrid; pero el citado intérprete, al tener otros compromisos contraidos con anteroridad, no tiene más remedio que declinar la oferta.

No era difícil situar la figura de Celia Gámez en el marco pleno de la luminosa gracia de la revista española. Las más destacadas figuras de la escena musical perdían dinamismo encarnando las tiples cómicas de la clásica zarzuela trabadas la más de las veces en el atuendo de vistosos colorines, pero pesado y casi uniforme del medio lugareño y campesino en que aquélla se desarrollaba casi siempre. Por su parte, los primeros alardes fastuosos de nuestra revista convirtieron en bellezas inmóviles a sus mejores animadoras. Cuando aparecía Celia Gámez en escena, se abría un camino de luz. Los escenarios resplandecían con su sola presencia. Nada más ver su silueta o su figura sobre las tablas. Desde su debut imponía su fino y sensible temperamento influido por su clara belleza y el imperativo de su indiscutible arte. Fue Celia quien, proponiéndoselo, la que contuvo el exótico ritmo de la batería y afirmó que el bolero, el tango, el danzón, el pasodoble, la marchiña, la mazurca y el chotis podían modernizarse sin que perdieron su gracia melódica incomparable. Su personalidad clara y definida triunfó desde el primer momento y en pleno triunfo seguía...

Celia se marchaba una vez más de Madrid con la imborrable lealtad del público temporada tras temporada. Es entonces cuando, mientras se encuentra en Barcelona, vuelve a correr el rumor de su inminente retirada: «*[...]Busco una mujer joven y guapa y, sobre todo, con ilusión para inculcarla y modelarla en mi manera de sentir e interpretar el género que cultivo para que sea mi sustituta. Cuando la encuentre, ella será la figura máxima de la compañía y yo figuraré como empresaria y directora. Para la temporada próxima tengo ambiciosos proyectos; para el futuro acaricio otros más ambiciosos aún. [...] Sueño con un teatro propio, en un lugar muy céntrico, donde lo que imagino puede ser realidad. El escenario del nuevo teatro será dotado de los elementos más modernos y su trazado y su capacidad harán posible lo inverosímil»* (*Informaciones*, 1946: s.p., archivo del autor). Pero Celia no sabía que ninguna de sus dos aspiraciones, ni retirarse ni conseguir un teatro propio, se haría realidad...

La nueva temporada se inicia en el Teatro Alcázar de Madrid el 25 de septiembre con la reposición de *Gran Revista* que celebrá sus 300 representaciones a finales de mes y concluirá el 3 de noviembre para ensayar y preparar su nuevo estreno: *Vacaciones forzosas*, «comedia musical en dos actos», original de Carlos Llopis y los maestros José María Irueste Germán y Fernando García Morcillo que llegará el 8 de noviembre de este 1946.

Celia incorpora a la compañía a Ramón Cebriá en sustitución de José Luis Ozores, quien se había marchado al Pavón para actuar con la compañía de sus padres, y a Olvido Rodríguez junto al resto de intérpretes, a excepción de José Isbert.

Una vez más, la coreografía corre a cargo del maestro Manolo Tito con el primer bailarín, Ballesteros Petit más los decorados de Ferrer y Fontanals realizados por Asensi de Barcelona y López Sevilla, de Madrid; vestuario de Pepita Navarro y Sastrería Licas sobre figurines de José Francisco Aguirre; peluquería de Mingo y Julián Benlloch y Ramón Santoncha como maestros directores y concertadores.

En este nuevo título, Celia se volvía a superar a sí misma en el acierto completo del montaje y la presentación, todo lo cual justificaba, naturalmente, el éxito creciente de la graciosísima y nueva comedia musical que consiguió llenar a diario la sala del Alcázar madrileño.

La novedad de *Vacaciones forzosas* residía, principalmente, en la originalidad de su libreto. Celia, con su capacidad de gran directora, siendo, como es, una gran figura del teatro, comprendió bien pronto la necesidad de incorporar al género como libretista a un autor que como Carlos Llopis, había triunfado en el teatro declamado de humor. Y la mejor prueba de ello eran las constantes carcajadas que el público asistente al estreno subrayaba en las abundantes situaciones, chistes y la acción de toda una trama muy cinematográfica que descansaba en las melodías de la bella partitura del maestro Moraleda.

De la colaboracion de Carlos Llopis para una intérprete como Celia, no podía esperarse sino un éxito pero la verdad es que la realidad superó las mejores esperanzas que la artista había puesto en su nueva obra donde interpretaba a Rosa María, condesa de Balmaseda a cuyo domicilio llega Consuelo solicitando un puesto de doncella. Pero, al llegar, todo es oscuro y sombrío. El administrador, Celestino Ramos, le pone en antecedentes: su señora fue plantada en el altar por su novio poniendo como pretexto que a la chica le gustaba Ricard Wagner. Al reponerse del suceso, la condesa despidió a toda la servidumbre masculina, quedóse la femenina a cambio de que no tuviesen relación con varón alguno, mandó cercar la finca y desde hace dos años se mantiene recluida en la misma, donde no tolera la presencia de ningún hombre excepto la del propio administrador; si bien es cierto que tampoco la ve, pues cuando tienen que solucionar algún asunto administrativo, durante la conversación, Celestino ha de volverse de espaldas.

Pero Rosa María no está loca. Únicamente se excita cuando le hablan del amor, del matrimonio o de los hombres. Su odio al género masculino es tan enorme que sólo lee partes de guerra, no come más que carne de vaca o ternera y de aves, oca y gallina:

A estos hechos hay que sumar la llegada de Braulio Altolatorre, marqués de Balmaseda y tío carnal de Rosa María, cuya entrada a la femínea finca no es precisamente un camino de rosas por cuanto ha de librar una auténtica batalla campal con toda la servidumbre para que la señora no lo vea.

Al enterarse de que su tío ha llegado, Rosa María lo recibe cariñosa aunque despreciativa por su sexo masculino. El marqués, que intenta vanamente convencerla del error en que está incurriendo al encerrarse en su finca y odiar tanto a los hombres, no puede llegar a hacerla desistir, de tal modo que su sobrina lo echa finalmente de la casa, no sin antes enterarse por una doncella, que, a pesar de que la servidumbre es femenina, mantine contactos varoniles, ya que cuatro son casadas, cuatro con novio y el administrador está a punto de casarse.

Las cosas comienzan a complicarse cuando, tras haber plantado a su novia ante el altar y ser perseguido por la policía, a la finca llegue Mario Montalbán, pistola en mano, amenazando a Rosa María y Celestino con matarlos si no le siguen la corriente. Y comienzan a reírse nerviosamente...

De esta forma y, al presentarse la policía en la finca con el inspector Venancio a la cabeza, Mario se hace pasar por el esposo de Rosa María, y, viendo los papeles que su tío el marqués se ha dejado olvidados, adopta su personalidad para así pasar desapercibido.

Al irse la policía, Mario, que repara en la belleza de la condesa, no duda un instante en apuntarla con la pistola y obligarla a que le acompañe hasta haber pasado la frontera y viajar juntos...

El primer acto finaliza con una acongojada Rosa María saliendo a punta de pistola de su finca junto a su «marido» Mario y Celestino...

En el segundo acto, nuestros tres protagonistas, mientras huían en el coche de Mario, tienen un accidente y van a parar a una pequeña casita en la que, de repente son sorprendidos y amenazados por un grupo de atracadores invitándoles a tener unas «vacaciones forzosas». Allí, la banda que capitanea «el Tigre», tiene un plan majestuoso: suelen poner en la carretera tachuelas para que los coches tengan un accidente. Es entonces cuando, mientras buscan auxilio van a dar con la casa, allí los secuestran, piden un rescate y, si dentro de un mes, no les envían el dinero... se deshacen de ellos.

Junto al Tigre, la banda la integra «el Tasador» Blas, Rino, Rita, el denominado «el Boxeador», un tipo rudo y malencarado que se encarga de dar su merecido a todos aquellos que no pagan el rescate pertinente y una «mujer fatal» llamada Rosaura: «Para llegar a vampiresa/ es necesario vocación/ muchas fracasan en la empresa/ por no tener preparación./ Si es muy delgada no interesa,/ que un bacalao no inspira amor/ y si es panzuda como artesa/ mucho peor./ Sabrá fingir y suspirar/ aprenderá a llorar y a sonreír./ Sabrá mentir y engatusar/ timarse y pervertir./ Su voz ha de sonar/ como salida de un barril/ y como llama de candil/ su boca ha de abrasar».

La casualidad hace, además, que uno de los secuestrados por la banda sea el verdadero marqués de Altolatorre quien había escrito varias cartas a su sobrina pidiendo que le enviara el dinero del rescate pero ésta las había roto al tratarse en su remitente de un hombre.

Durante su secuestro, Rosa María pena por su actitud ante el género masculino ya que, muy galantemente, Mario desea pagar el rescate que los secuestradores piden por ella; pero ésta lo desprecia, no sólo por tratarse de un varón sino porque, además, dejó plantada a su novia ante el altar... a una novia que sólo escuchaba... ¡¡a Wagner!!

Para salir de su encierro e intentar salvar a su tío, a Rosa María no se le ocurre otra cosa que intentar flirtear con el Tigre, haciendo un majestuoso brindis por él a requerimiento de la banda: «Brindo,/ juntando boca con boca,/ con el champán en la copa/ en que tenéis que beber./ En la mujer como el champán/ es todo tan igual;/ que ha de tener buqué/ para poder gustar./ Y del champán y la mujer/ no debéis prescindir/ que necesarios son/ para vivir./ Si usted a una mujer/ la quiere conquistar/ la solución mejor/ es el champán./ Y así como el champán/ siempre hay que beber/ jamás debe olvidar a una mujer./ [...] Brindar, brindar,/ mezclando el amor con el champán./ Beber, beber,/ unido el champán y la mujer».

El problema estriba para Rosa María en que se ha pasado demasiado tiempo «fuera de circulación» y no sabe cómo volver a agradar a un hombre, así que le pregunta a Celestino cómo hacerlo: «Amor mío yo te quiero/ y mi corazón te anhela,/ por tu culpa desvarío/ y me he pasado la noche en vela./ ¡Ay, tus ojos de zahorí,/ tu boca de rubí,/ van a hacer que enloquezca!/ ¡Ay, flor de pitiminí,/ si no me das el sí,/ vas a hacer que enflaquezca!»

De esta forma se dan cómicas situaciones motivadas por el intento de flirteo de Rosa María o la llegada del comisario Venancio a la casa sin sospechar lo que en ella se esconde y el amor que va surgiendo entre la condesa y Mario: «No preguntes por qué/ si me alejo de ti,/ tanto y tanto sufrí/ que he perdido la fé./ Si volver no quisiera/ a vivir lo pasado./ Si me voy de tu lado/ no preguntes por qué».

Claro que la situación se verá insostenible para la pandilla de secuestradores y para los secuestrados...«*¡Alló, alló! ¡Alló, alló!*/ ¡Comisaría, vengan rápido, por Dios!/ *¡Alló, alló! ¡Alló, alló!*/ ¡Aquí el kilómetro doscientos treinta y dos!/ No se figuren, señores policías,/ que es Radio Andorra ni es la BBC;/ ni es el anuncio de una peletería,/ ni es un concurso de Bobby Deglané./ No soy Pototo, Boliche ni Liborio,/ ni soy la vocalista de un grupo musical./ No es propaganda de un buen depilatorio,/ ni van a oír ustedes la guía comercial./ No se entretengan que a poco que se tarden,/ si se dan cuenta no va a haber solución./ Vengan aprisa que está la cosa que arde/ y si me pillan me cortan la emisión».

Finalmente, las vacaciones forzosas de Rosa María Balmaseda culminan cantando al amor y haciendo las paces consigo misma y con los hombres... especialmente en la persona de Mario Montalbán.

La divertida trama policiaca de *Vacaciones forzosas* permitió al maestro Fernnado García Morcillo introducir toda una amplia pléyade de ritmos y melodias a cada cual más aplaudida y exitosa: desde el *quick step*, «Viajar, viajar» a la divertidísima samba «¡Alló, alló!», el *foxtrot* cómico de «El menú de la conesa», el coreado corrido mejicano «Amor mío», la samba-*fox* «Brindo» que, pese a ser un número inserto en la trama, acabó por eregirse como el número primordial del apoteosis final de la misma; el excelente tango interpretado por Olvido Rodríguez «Mujer fatal» que se desgajó de la obra y consiguió formar parte del repertorio de centenares de artistas nacionales y foráneos; el *slow* «Mi vida ha muerto ya», sentimental y nostálgico; el romántico *fox lento* que Celia canta a dúo con Carlos Casaravilla, «No preguntés por qué» lleno de sentimentalidad con una melodía amable, sencilla y muy inspirada; la rítmica gallumba «Ja, ja, ja» o los cuplés de «Isabelita» que, a ritmo de marchiña, causaron sensación y hubieron de ser repetidos a instancias del público.

En la revista había diversos momentos de enorme brillantez como aquellos en que evolucionaban los finos grupos femeninos, todas las chicas admirablemente vestidas, haciéndose más intensa para dar relieve a la original condesa de Balmaseda, quien, a fuerza de amar, odia el amor. Insuperable la caracterización e interpretación de una Celia plena de facultades y belleza. Y es que *Vacaciones forzosas* confirmó lo que todo el público sabía: que la Gámez era una de las mejores actrices españolas de revista, cuya alma, entrega y pasión revelaban plenamente el esplendor que lucía en escena. Y, cómo no, al final,... boda, con un impresionante traje de lentejuelas blanco.

Y es que, lo más difícil de la vida del teatro, era y es, seguramente, lograr una personalidad. Pero aún hay algo más difícil todavía: mantenerla. Porque la popularidad iba muchas veces unida a un éxito determrinado, a una obra, a un título. Y conseguir que la propia personalidad, el nombre, sea en los carteles lo más atractivo que cuanto se ofrece al público como espectáculo, es un triunfo que sólo contadísimos artistas llegaban a alcanzar. Uno de esos casos excepcionales era Celia Gámez.

La Celia, aquella chica morocha que un día impuso su arte lleno de gracia, de simpatía, de encanto femenino y supo y sabía mantenerlo como bandera de triunfo, tenía un secreto: su afán de superación, un esfuerzo que no conocía cansancio y que obedecía a su amor por lo que hacía, a su incuestionable y abnegada entrega, al no conocer pausa ni descanso, un entusiasmo que vibraba más allá de la pasarela y se proyectaba con enorme satisfacción y regocijo en el público que acudía presto a verla rabioso por conocer sus divertidos y entretenidos libretos, corear sus canciones o admirar la fastuosidad de sus trajes y la belleza de sus *girls* y *boys*. Y queremos insistir en ello: el espectador de la época no decía «Voy a ver tal o cual obra», sino «Voy a ver a la Celia» porque ella, porque Celia... interesaba más que el título de la obra; sin embargo, ella, que de no haber sido artista, reconocía entonces, ahora como mujer casada, que le hubiese gustado ser simplemente ama de casa y vivir una vida tranquila y hogareña: «*La felicidad quieta y anónima del hogar; una vida tranquila, reposada, íntima, gozosa; pero el arte puede más y todo lo dejo por esta lucha sin fin que es el teatro. Mis padres querían que estudiara el violín y el piano, pero yo no tenía vocación de concertista, sino de tiple de ópera, que es a lo que me gustaría dedicarme. Luego me gustó más la revista y a ese género pasé con la idea fija de lograr un nom-*

bre y luego transformar el espectáculo en la forma que yo lo veía: ligero y alegre, pero fino, para todos los publicos, y, en especial, para las señoras. En la medida de las posibles realizaciones, creo que lo he logrado y eso es una de mis mayores satisfacciones artísticas» (Archivo del autor).

A primeros del mes de enero de 1947, nuestra protagonista visita el Instituto Cervantes donde (y hasta ahora nunca se ha sabido) realizó una importante donación económica para los escritores y artistas ancianos de nuestro país. Una muestra más de su generosidad. Sin embargo, el año no comienza demasiado bien. Uno de sus colaboradores más eficaces, el maestro Manolo Tito fallece. Celia acude a su sepelio llena de dolor por quien tanto coadyuvó a su indiscutible éxito. También se da la circunstancia de que Celia interviene en un festival homenaje a los artistas jubilados donde ella misma, junto a diversas compañeras, se encarga de servir la comida a los homenajeados.

Vacaciones forzosas concluye sus representaciones el 21 de febrero para, al día siguiente reponer *Yola* (en cuya función homenaje a la propia Celia el escenario se llenó, literalmente, de cestas y ramos de flores hasta el punto de que no se podía mover por el mismo) y finalizar la temporada el 30 de marzo no sin antes celebrarse funciones de beneficio a los autores, Olvido Rodríguez o a Pepe Bárcenas, actor que incorpora ahora de nuevo a su compañía y que se convertirá en indispensable en sus próximos estrenos.

Celia, que ha sido nombrada «Fallera mayor» en la sala de fiestas J´Hay, inicia su ya clásica gira por España: del 5 al 30 de abril, al Principal de Valencia; del 2 al 14 de mayo, al Argensola de Zaragoza; del 5 al 17 de junio, al Victoria Eugenia de San Sebastián... y muchos coliseos más... un poquito de descanso y preparación de ensayos con vistas a la nueva temporada donde va a estrenar *La estrella de Egipto*, «tecnicolor musical en dos partes y varios cuadros» que, con libreto de Adrián Ortega y música del maestro Fernando Moraleda, llega al Teatro Alcázar en septiembre de este año.

La compañía de Celia la componen en esta temporada Pepe Bárcenas, Olvido Rodríguez, Fernando Nogueras, J. Miguel Rupert, Pepe Porres, Pepita Arroyo, Ricardo Espinosa, Adrián Muñoz, Asunción Benlloch, Josefina Estruch, Cipriano Redondo, Magdalena Sánchez, Manuel Aguilar, Julián Herrera, Magdalena Cernuda, María Luisa López, Carmen Olmedo y los primeros bailarines Diego Larrios y Mari Carmen.

Ofrecía Celia tal variedad de facetas como actriz que era absurdo no aprovecharlas; al escribirle, no era necesario ceñirse por entero a una línea determinada. Su temperamento guiaba por sí solo la mano del autor y su pluma saltaba complacida de un motivo cómico a otro serio, desorbitado o sentimental; romántico o triste; nostálgico o fantástico. Y lo mismo podía añadir el compositor, quien, identificado con ella y con la sucesión de ambientes y situaciones que le brindaba cualquier título, aspiraba a haber acertado a componer una partitura a la medida del lucimiento de la misma. Ortega y Moraleda, dieron en el clavo con este nuevo título. Así lo recordaba el propio autor del libreto en sus memorias inéditas:

> «[...] Me habían llegado noticias de que andaba buscando un libro potable para una nueva revista, y, ni corto ni perezoso me puse a pergueñar para ella una comedia musical y con la misma bajo el brazo me presenté ante ella sin conocerla siquiera, aunque alentado por mis recientes éxitos como autor, que me avalaban.
>
> Celia era considerada algo así como inabordable por todo lo que la rodeaba. Yo tuve mucha suerte, o mi carácter decidido allanó todos los obstáculos. Me atendió encantadora recibiéndome en su propia casa y entusiasmándose con mi trabajo que aceptó enseguida, proponiéndome como músico al que yo había soñado: Fernando Moraleda, el maestro de moda. De esta colaboración nació *La estrella de Egipto*, opereta a la que pertenece, incluida en el texto original, la letra del pasodoble «El beso», lejos de poder imaginar, ni ella ni nosotros, el alcance que habría de obtener en el futuro» (Ortega, s. f.: 100).

Con escenarios realizados por José Pina y Manuel López, bocetos y dirección de Sigfredo Burman; vestuario de Pedro Rodríguez, Pepita Navarro y Lucas sobre figurines de José F. Aguirre, coreografía de Diego Larrios y peluquería de J. Mingo de la Peña, la obra poseyó como maestros directores y concertadores a Julián Benlloch y Ramón Santoncha.

Imagínense. Miércoles 17 de septiembre de 1947. 22,45 de la noche. Se alza el telón... «en suave penumbra la escena la va animando la salida del sol que aumenta desde el foro y que permite distinguir un gran salón de columnas policromadas de la era faraónica. Al fondo, la entrada, muy amplia y a la que se llega mediante unos, también, amplios escalones. Tras ella, una vista de la famosa esfinge (menos estropeada que hace dos mil años, claro) y alguna pirámide, con un grupo de palmeras que animen el desierto. En la parte del foro y junto a la pared, una gran ánfora, de unos dos metros de alta. En primer término, un gran triclinio o canapé de piedra blanca y a sus pies una piel de león. Al mismo nivel y, en el lado opuesto, una mesa de igual material, con un escabel para sentarse y sobre ella, rollos de papiros. Frente al pueblo y, en lugares que tengan visualidad, habrá colgadas dos largas tiras de pergamino amarillento, con escrituras egipcias. A ambos lados de la escena, filas de esclavas y esclavos, aparecen sobre el suelo inclinados, brazos cruzados, en actitud orante. En el foro, subida, se recorta sobre el fondo la bella figura de Piscis, que preside, con la colaboración de los demás, un canto a Ra, el dios del sol»...

Tebis, favorito del Faraón, se muestra preocupado ante Piscis, su propia favorita, ya que Aramis, el mercader de esclavas, aún no ha llegado para traerle al Faraón bellas danzarinas; pero, en ese instante, el mercader anuncia su llegada. Como prometió trae varias cautivas, entre ellas una muy particular, Semíramis (Celia Gámez), hermosa e inteligente que canta melodiosas canciones, entre ellas, el bolero oriental que da título a su nombre...: «Semíramis.../ pobre Semíramis./ Semíramis.../ con tu cantar./ Semíramis.../ volar de nuevo,/ ya nunca podrás lograr».

Nada más verla, Tebis fija su mirada en la bella Semíramis y decide comprarla para su servicio personal provocando así los celos de Piscis que ve cómo la recién llegada la ha desplazado.

Inmediatamente se establece entre Tebis y Semíramis un gracioso diálogo donde ésta hace alarde de todas sus armas de mujer demostrándole, pues, que aquélla no siempre pertenecerá al hombre y, para demostrarlo, llamará al siglo XX.

Instantes después, nos encontramos en pleno siglo XX. Míster Tebis espera ansioso la llegada de unas bellas viceptiples que Míster Aramis, famoso representante, va a proporcionarle para montar una superproducción. Junto a ellas le ofrece a Semíramis, una gran y hermosa vedette de la que quedan prendados todos los hombres nada más contemplarla. Semíramis ha triunfado en los grandes escenarios del mundo: Londres, París, Nueva York... y varios millonarios se han suicidado por obtener sus encantos. Ella se hace llamar «La estrella de Egipto» y, en realidad, es una auténtica vampiresa, una mujer fatal que tiene todo aquello que desea: lujo, hermosura, dinero...

Míster Tebis, como no podía ser menos también cae rendido a los encantos de la bella e irresistible Semíramis, pero, en ese instante...

¡Corten! Semíramis, que no es otra sino la inigualable y reconocida actriz cinematográfica Amara del Río, propina una solemne y muy sonora bofetada a su *partenaire* en el filme que estaban rodando, el atractivo Jorge Blanquete- Míster Tebis- y deja plantados en mitad del rodaje al productor, director y a su contrapunto masculino, enamorado perdidamente de la mujer, pero de la que no soporta su mal genio argentino. Así las cosas, el productor del filme, Míster Krobe y el director, Míster Smith, han de buscar urgentemente una sustituta para poder continuar con la producción ya que de lo contrario ello supondrá la ruina para la empresa. Jorge, que siente un gran cariño por sí mismo, se ve rodeado constantemente por rendidas admiradoras que le solicitan un autógrafo, algo que a él le encanta como indiscutible estrella cinematográfica que es.

Publicidad de *La estrella de Egipto* (1947) en su apoteosis final. Archivo del autor.

El destino o la casualidad hace que en el estudio se presente una chica totalmente idéntica a Amara, Estrella del Pantano, soriana que siempre soñó con introducirse en el mundo del cine.

Una vez que productor y director han advertido a Estrella de las directrices que debe seguir para aparentar ser Amara, ésta debe rodar una hermosa escena de amor junto a su ídolo Jorge temiendo que éste descubra que no es ella; pero la escena transcurre sin problemas rodeada de un cálido ambiente y de unos soberanos nervios por parte de la incipiente actriz..

Jorge Blanquete no sospecha entonces que su pareja en dicha escena es una impostora y acaba, prendado de ella, propinándole un sonoro beso tal y como hacen en España... pero ella, rehacia, le hace saber a Míster Krobe que no se puede besar a una española así como así...:

«Es más noble, yo lo (le) aseguro,/ y ha de causarle mayor emoción,/ ese beso sincero y puro/ que va envuelto en una ilusión./ La española cuando besa/ es que besa de verdad.../ y a ninguna le interesa/ besar por frivolidad.../ El beso, el beso/ el beso en España/ se da si se quiere/ con él no se engaña./ Me puede usted besar en la mano,/ me puede dar un beso de hermano./ Así me besará cuando (cuanto) quiera,/ pero un beso de amor/ no se lo doy a cualquiera».

Las cosas comienzan a complicarse para los protagonistas de la divertida comedia cuando aparecen dos supuestos maridos de Amara del Río, uno francés y otro italiano, así como su madre. Jorge Blanquete, enardecido, propone entonces matrimonio a la chica y ésta, agobiada y sin saber qué hacer, se finge amnésica...

Claro que, para hacerle más complicada la situación a la pobre Estrella llega al plató su novio Calixto provocando diversas situaciones cómicas entre los personajes implicados... ¡Todo es mentira!

Finalmente la enrevesada situación se resolverá favorablemente para todos sus protagonistas gracias a la intervención de don Casto, representante de Amara, quien había contratado, por orden de aquélla, a todos los farsantes para comprobar si verdaderamente Jorge Blanquete la quería. ¡Por fin, *La estrella de Egipto* será una realidad y acabará su rodaje!...

En *La estrella de Egipto*, todo era suntuoso y manifestaba el claro dominio escénico de todos cuantos en ella intervinieron. La gracia y la música congeniaban a la perfección y Celia volvía, una vez más, un estreno más, a ser la principal protagonista del éxito de un nuevo espectáculo donde ponía toda su exquisita sensibilidad y sentido del buen gusto al servicio del espectador y del espectáculo. La noche del estreno fue triunfal para todos y, si bien se aplaudió con entusiasmo todos los números musicales de una partitura musical limpia, melódica, inspiradora y con garbo, con «El beso», el público, aunque lo aplaudió, no pareció tener más aprecio por él que por otros números musicales que poblaban la obra:

> «[...] Es indudable el caso de «El beso», con todo el garbo e inspiración de su melodía, le ha hecho perdurar y es el acierto de su tema poético, calando en la sensibilidad de las gentes.
> Afirmándolo no por afán de protagonismo, sino para dar paso a lo anómalo de su alumbramiento, ya que, contra lo que se pueda imaginar vista su aceptación universal, fue de lo más decepcionante que nadie pueda suponer en sus inicios.

La noche de su estreno no interesó a nadie. Pasó sin pena ni gloria, tanto para el público como para la crítica. Todo ello, a pesar de estar presentado en un marco ideal, con un montaje de primer orden, e interpretado por la vedette de moda, ídolo de multitudes. ¡Con todos los alicientes a su favor, no pasó absolulatemente nada! En una época, los años 40, en el que el pasacalle era prueba de fuego para los compositores y letristas del género, como pieza obligada, en la que se decía, cuando la cosa no iba muy boyante en un estreno: «¡Ya veremos cuando llegue el pasodoble!» En este ambiente, «El beso» constituyó una enorme decepción para empresa, intérprete, ¡y no digamos para los autores! Conmigo, el maestro Moraleda, reciente su éxito de la «Luna de España», pieza que no me importa calificar noblemente con más claridad poética y musical que «El beso»; en cambio, el texto de éste, su letra, fue más sugerente. ¡De ahí su aceptación!

Así las cosas, se introdujeron mejoras en instrumentación y coreografía, sin resultado palpable, dejándolo ya por inútil. Así fueron pasando las semanas hasta que un día Celia me comentó: «Oye, ¿sabes que «El beso»está empezando a gustar? Lo aplauden mucho y estos días lo estoy repitiendo casi siempre».

Se conjuró esta buena nueva con la salida del primer disco y la edición para orquesta de «Música del Sur»... ¡y de ahí a la fama. [...] Una vez triunfó «El beso», todo fue una auténtica locura. La misma Celia Gámez me contó que, cenando con unos amigos en el Waldorf Astoria de Nueva York, se vio sorprendida con su interpretación por la orquesta mejicana que amenizaba la sala, siendo acogida con gran jolgorio por un numeroso grupo de hispano parlantes que allí se encontraban. Y, denunciada, sin duda, por alguien que la reconoció, se la acercó el director de sala para rogarle que subiera al estrado a interpretar con la orquesta la canción. Tras hacerse la remolona, como está mandado, fue presentada como la artista española para la que el número había sido creado, contándome la emoción que le produjo verse aplaudida, jaleada e incluso coreada en aquel lujoso e inmenso recinto, tan lejos de España, terminando por llorar como una magdalena.

A la otra parte del mundo, en el Japón, Nati Mistral realizó una gira personal, acompañada al piano por el mismo Fernando Moraleda con «El beso» por bandera. Tuvo un éxito extraordinario, hasta el punto de verse sorprendidos un día al ver desfilar ante el hotel una banda militar nipona a los acordes del jacarandoso pasodoble con una sonoridad extraña, según me contó después Moraleda. Desde entonces y, como dato curioso, los derechos del Japón sobre «El beso», están siempre a nivel de los más altos fuera de España» (Ortega, ¿?: 15-18).

Lo cierto es que «El beso», desde entonces, fue incorporado al repertorio de multittud de folclóricas y tonadilleras varias llevando a efecto centenares de versiones, unas más inspiradas que otras, haciendo, por desgracia, olvidar, quién fue su baluarte, la artista que lo estrenó y para quien fue escrito expresamente. Celia Gámez salía a cantarlo con una torerilla corta de color blanco con lentejuelas amarillas bajo el que latía un elegante traje negro de volantes. En la mente de Ortega nunca estuvo la idea de escribir una letra realista, antes bien, todo lo contrario, y con cierto tono ejemplarizante y así es como debemos mirarlo y entenderlo. Tanto es así, que en algunos teatros, los censores acabaron prohibiendo algunas partes de la letra por ...«inmoral», y, si no, que se lo pregunten a las buenas y decentes señoras de Acción Católica o la Sección Femenina, quienes tuvieron no pocos quebraderos de cabeza a cuenta de las niñas y jóvenes que cantaban el citado e inmortal pasodoble, popularizado en radio, patios de vecindad, cancioneros, octavillas y, por supuesto, partituras y discos de pizarra.

Lo cierto es que *La estrella de Egipto* fue una de las obras de Celia que menos números musicales poseyó, puesto que, a los anteriormente expuestos, cabrían añadirle los titulados «El avión», «Ésta es nuestra estrella», «Sueño de Marivín», «Bolero coreográfico», «Por si vuelves», y «Dúo de Violet y Jorge».

Mención especial merecen también la brillante coreografía del maestro Diego Larrios, moderna, original y enormemente vistosa al igual que brillantes lo fueron también el decorado o el libreto que, aunque incurría en el defecto de explotar el tema del doble tan manido en este tipo de obras, no contenía ningún detalle chabacano ni soez y abundaban en situaciones graciosas, bien hilvanadas y de certera y aguda carpintería escénica provocando, al igual que un resorte de relojería, la chispa en el espectador en momentos oportunos.

El éxito de *La estrella de Egipto* es total y prontamente alcanza las cien representaciones con un homenaje a los autores a primeros de noviembre. Las doscientas llegarán el 19 de diciembre con una increíble función homenaje a Celia Gámez en el que intervinieron, entre otros, Juanita Rena y Pedro Terol, dirigiendo la orquesta el maestro Alonso y las 300 el 30 de enero de 1948 para, dos días más tarde, el 2 de febrero, concluir las representaciones en el Teatro Alcázar con una fiesta en homenaje a las chicas del conjunto de Celia donde intervinieron en un sensacional final de obra Tomás Ríos y su orquesta, las actrices María Bassó y María Esperanza Navarro y la pareja de bailarines Aguilar and Mary.

Desde Madrid, la compañía se traslada el 12 de febrero hasta el Teatro Barcelona de la Ciudad Condal con un repertorio que incluía, junto a este último gran éxito, el de *Vacaciones forzosas*, concluyendo su estancia en mencionada localidad el 23 de mazo y proseguir la gira hasta el Principal de Alicante (del 27 de marzo al 12 de abril); el Argensola de Zaragoza (del 14 al 28 de abril) donde reponen, además de las citadas, *Gran Revista* y, desde allí, partirán hacia el Teatro Campos Elíseos de Bilbao (del 1 al 10 de mayo), en el que, tras una breve estancia en dicho coliseo, Celia disuelve la compañía y emprende viaje de descanso por Europa y América (estacionando en México y Nueva York donde asiste a espectáculos y compra vestuario para futuros montajes) junto a su marido, terminando el mismo en Buenos Aires donde permanecerá varias semanas junto a sus familiares para, ya en septiembre, reaparecer el día 10 nuevamente con *La estrella de Egipto*.

Celia Gámez era siempre lo que se denominaba una figura de máxima atracción. Un espectáculo suyo poseía ya una considerable calidad y un verdadero interés, tal era la extrema sugestión y simpatía de la estrella que no disminuía, en absoluto con el paso de los años. El público la adora. Los compañeros la respetan y, en ocasiones, la temen, porque, «la señora», cuando se enfada... se enfada... aunque jamás fue diva. Nunca. Ni dentro ni fuera de la escena. Fue la compañera más compañera de todas. Si alguna de sus chicas del conjunto tenía un problema y ella tenía conocimiento del mismo, allá que estaba siempre disponible para echarles una mano. ¿Que alguna vicetiple se casaba? Regalo de boda. ¿Que alguien de la compañía cumplía años? ¡Alto todo el mundo. Después de la función celebración del cumpleaños de fulanito de tal! ¿Que algún familiar pasaba necesidades? Doña Celia, estaba allí para intentar paliar la situación en la medida de sus posibilidades. Celia era directora. Celia era coreógrafa, figurinista, libretista, intérprete, cantante... y madre de todas las niñas y niños de su compañía. ¿Que una tiple tenía que cuidar a su retoño? Allá que ella le pedía que no lo dejase solo y se lo trajese al teatro. Lo importante era que hubiese buen clima en la compañía. No todo era perfecto, por supuesto. Cuando Celia se enfadaba... mejor no contrariarla... no obstante era la que ganaba el dinero (mucho dinero) pero la que también lo invertía en el teatro. ¿Que un joven autor llevaba bajo su brazo un libreto y ella le veía posibilidades? No dudaba en estrenar su obra y, con ella, darle fama. Y es que, que Celia Gámez, que la gran Celia Gámez estrenase una obra tuya significaba comer y vivir bien durante bastante tiempo. Tenía tal confianza en su valer que nunca receló la permanencia de quien pudiera llegar a hacerle sombra en nada: «[...] con referencia al sexo masculino, esta postura es comprensible, por diferencia de sexo y otras lo han hecho; pero es que Celia colocaba a su misma altura a figuras femeninas exultantes de arte y belleza como una Olvido Rodríguez, Maruja Boldoba, Mary Martin, Silvia Solar, etc. Su criterio era verse rodeada de lo mejor en todo, con clara repercusión en su negocio» (Ortega, ¿?: 100-101).

«Cuando falto de escena, el público no debe echarme nunca de menos», solía decir. Por eso quería de lo bueno... lo mejor. Claro que también tenía un flanco débil, según Adrián Ortega, «su pasión desatada por el juego. Cada temporada, tras una labor incansable durante once meses, dedicaba el que hacía doce, a su afición favorita: el juego de azar. No lo ocultaba. Me lo dijo más de una vez: «Nunca me siento tan feliz al cabo del año, como cuando me coloco ante una mesa de ruleta o bacarrá», (Ortega, ¿?: 101-102).

Con *La estrella de Egipto* nuevamente triunfando en la cartelera del Teatro Alcázar de Madrid, Celia Gámez encarga a Adrián Ortega un nuevo libreto que llevará esta vez música del casi desconocido maestro Isi Fabra. Mientras tanto, entre el 29 de octubre de 1948 y el 22 de febrero de 1949, Celia Gámez, quien había solicitado a Muñoz Román reponer *Las Leandras* en el Alcázar mientras estrenaba la obra que los anteriormente citados autores le estaban componiendo, *Las siete llaves*, reestrena la mítica obra a la que da 229 funciones a teatro lleno, obteniendo un nuevo y resonante triunfo.

La reposición de *Las Leandras* supone un auténtico acontecimiento en la época, ya que era una obra que entroncaba con la Segunda República y las autoridades franquistas no veían con buenos ojos «reponer» obras del período anterior para que los españoles no lo recordaran. Pero el pueblo está por encima de la política y de sus directrices y el «Pichi» volvió a sonar como nunca.

Muñoz Román adecentó el libreto y pulió sus diálogos a fin de que pasase la criba del censor de turno. Pero pese a la indudable tristeza que suponía esta reposición por la ausencia de González del Castillo (desaparecido el 31 de marzo de 1940) y la reciente pérdida del maestro Alonso (había fallecido el 18 de mayo de este 1948), todos los números fueron muchas veces repetidos entre ovaciones estruendosas. La formidable artista bonaerense lució un vestuario sencillamente fantástico, como pocos se recuerdan, en el que sorprendía el refinadísimo gusto femenino que la caracterizaba. Nada menos que cuatro veces hubo de repetir el «Pichi» ante los aplausos, ovaciones y gritos de los espectadores que no cesaban de gritarle: «¡Eres única, Celia!», «¡Bravo!» Y es que la artista, había vuelto a cantar este mítico chotis con el mismo pantalón con el que lo estrenase diecisiete años atrás.

¡Qué lujo, amable lector derrocharon aquellas *Leandras* de 1948! Una deliciosa coreografía montada por Diego Larrios donde Celia presentaba a quien sería su galán cantante de aquellos años, el argentino Carlos Tajes y con el que estrenaría *Las siete llaves* y *La hechicera en palacio* y reestrenaría *Las Leandras* y *La Cenicienta del Palace*, todas ellas en el escenario de su querido Alcázar.

Junto a ellos, la compañía la integran ahora el propio Adrián Ortega junto a Ana María Morales, Fernando Nogueras, J. Miguel Rupert, Pepe Porres, María Luisa Gámez, Teresita Arcos, Ricardo Espinosa, Adrián Muñoz, Julián Herrera, Clemente Ochoa, Josefina Estruch, Mary Luz Alonso o Magdalena Sánchez, entre otros.

Los bocetos y escenografía de Víctor Cortezo y Emilio Bugos realizados por Manuel López y José Pina, amén del extraordinario vestuario confeccionado por Pepita Navarro, Pedro Rodríguez y Lucas sobre figurines de Víctor Cortezo y la peluquería de J. de Mingo de la Peña, hicieron que, entre delirantes ovaciones y, según recogió Leocadio Mejías entre las páginas de *ABC* (1948: s.p., archivo del autor), el público hiciese hablar a Celia y a Muñoz Román, ambos realmente emocionados hasta el punto de fundirse en un emotivo abrazo que los mantuvo juntos un par de minutos, quizás recordando ambos viejos tiempos y todo lo que le debían a aquella mítica revista: «*¡Qué difícil es hablar esta noche! Si no lloro mucho* –diría Celia– *mucho, mucho, cuando me meta dentro, creo que me va a dar algo. Tengo la tristeza de que falte en ese atril el maestro Alonso* (el maestro Benlloch fue quien la dirigió entonces). *Ésta es la obra que a mí me consagró en España. Al maestro Alonso, a González del Castillo y a Muñoz Román les debo lo que soy. Han pasado diecisiete años. He perdido seres queridos. Esta noche recuerdo a mi madre más que nunca. En aquel estreno estaba en una butaca, y, al terminar, entró abrazándome loca de contento. Esta obra encierra para mí toda una vida; es una película de mi Madrid. La hice casi dos mil noches. ¡Muchas gracias, público mío, por todos esos aplausos!*»

Pepe Muñoz Román dedicó las ovaciones del público a sus compañeros fallecidos y a la magnífica Celia.

Fue una noche tan intensa que no podrá borrase en el recuerdo de los que tuvieron la fortuna de poder asistir a la misma.

Inmortal Celia Gámez con un búcar repleto de nardos y cantado el mítico pasacalle de *Las Leandras* en esta reposición de 1948. Archivo del autor.

Las Leandras de 1948 eran mucho más formalitas que las de 1931. Eran más comedidas y mucho más graciosas, sin embargo, que ya es decir. Se limaron escenas y situaciones para mayor regocijo del espectador. Los equívocos seguían siendo los mismos con disfraces de picaresco vodevil y una partitura única en su género. Así, se mantenían números como «A dar lección», la java de «Las viudas», «Canción canaria», el chotis del «Pichi» (donde destacaremos que a partir de esta reposición se hubo de cambiar la parte primigenia en la que se cantaba «se lo pués pedir a Victoria Kent» por «se lo pués pedir a un pollito bien» o, tal y como rezaba la última estrofa «Anda y que te ondulen/ con la permanén/ y tendrás ricitos/ como Ben Barek»); «Clara Bow, fiel a la Marina», «Divorciémonos», el pasacalle de «Los nardos» y el cuadro de «La cuarta de Apolo». Por otra parte, se añadieron las «Coplas de ronda» de *Las de Villadiego* (1933) y se insertaron otros números de otras tantas obras del maestro Alonso: «Los guardiamarinas», «Lo que una mujer te pida», «Sueños» y «Aquel amor».

La noche del 28 de octubre de 1948, Radio España emite la obra en directo para todo el país. Celia no había perdido, pese al paso del tiempo, su incuestionable buen hacer, puesto que había sabido evolucionar personal y artísticamente con los estilos y modas de cada instante, de cada ocasión, sin encasillarse en ninguna y siendo de todas. Y es que Celia era, por encima de todo, una actriz de cuerpo entero. Su ductilidad e intuición nada comunes. Su autoridad y dominio de la escena, asombrosos. Es, en un momento, la mujer elegante, sugestiva, para ser al instante siguiente, en la escena siguiente, la paleta ingenua o el diablillo travieso y genial, pleno de comicidad tan brillante y arrolladora como la del mejor actor cómico, sin perder nunca por ello su exquisita feminidad. Pero Celia sabe tambien sentir, cuando llega la ocasión, la nota sentimental o dramática, para las que le sobran temperamento y corazón. Cómo ha podido llegar a tanto aquella muchacha que sólo sabía unas cuantas canciones allá por 1925 y de la que sólo decían que era muy guapa.

Pero había otra Celia. Una Celia en la intimidad. Celia, sólo mujer. A la que aún quedaba tiempo para ser gran señora de su casa, ordenada, exageradamente metódica. Su hogar lo manejaba también personalmente, en sus menores detalles, y todo estaba en él siempre a punto, cuidado, impecable, de una sencillez y un gusto completamente ajenos a la escena. En su camerino del teatro, cuidaba ella misma de todo lo relacionado con su uso personal. Su tocador era un alarde de exactitud en el sitio en que había de ocupar el cepillo, el peine, la peluca tres, la dos, la siete... o la horquilla número veintiuno. Buena creyente y profundamente devota, era al propio tiempo, una gran supersticiosa. Su dormitorio y su camerino estaban cuajados de estampas, cuadritos o figuras de su devoción que había comprado o que los admiradores le habían regalado con sumo cariño y ella nunca se atrevía a tirar, dar o regalar. Estampita o santo entregado. Estampita y santo guardados. Su bolso de mano, en cambio, lleno siempre, hasta rebosar, de toda clase de objetos imaginables, por lo que pesaba una buena tonelada, abundaba en amuletos, que conjuraban toda clase de males, de todos los tamaños y especialidades. En presencia suya no podía sentarse nadie en ninguna mesa. Si volcaban un vaso de vino en su presencia, había de rociarse con él. Dar vueltas una silla, podía provocar una catástrofe en la taquilla. Días antes del estreno de su opereta *La estrella de Egipto*, salieron los carteles anunciadores en papel amarillo. Aquello fue espantoso. ¡Que angustia, sintió, ya no podía gustar la obra! Un dineral tirado a la calle.

Celia, «la única», como la llamaban, había vuelto a estrenar *Las Leandras*. La obra que nadie, después de ella, hubo ni pudo sabido resucitar. Celia, argentina y por argentina española, y por española madrileña; de ese Madrid que llevaba en el alma y que sabía vivir como nadie en sus tipos y en sus parlamentos, volvía a ser la Celia de entonces. Más artista y más mujer. Dichosa ella que podía volver a vivir el pasado con emoción y alegría y que podía tener la seguridad de despertar a su paso, todavía, emociones y amores. Y es que, Celia, seguía poseyendo esa inabarcable mirada que tanto la había hecho popular. «¡Los ojos de la Gámez!», casi nada. Y bien que los aplaudió el público madrileño. Y es que Celia era un extraño fenómeno. Su nombre había llegado a ser un mito, y eso que aún le quedaban todavía muchos años y muchos inenarrables éxitos que vivir y ofrecer a sus incondicionales. El único éxito de su triunfo radicaba en que no lo había. En su estupenda y diáfana realidad para los que junto a ella trabajaban o para los que habían seguido de cerca su meteórica y asombrosa carrera hacia el estrellato y la fama. Su voluntad. Su incomparable y asombrosa voluntad, clave de los mejores triunfos. Su tesón, su vigor físico y espiritual, su afición inagotable. Para Celia la lucha empezaba cada mañana, cada día. No sabía vivir una hora, un sólo instante cómoda, mullida, abúlica. Siempre tenía algo que hacer: un número que pulir... un vestuario que probar... un movimiento que perfeccionar... una canción que retocar... un diálogo que mejorar... No buscaba distracciones ni diversiones que pudieran compensar su esfuerzo y su fatiga. Vivía por, en y para su profesión. En el escenario, en la calle o en casa, siempre trabajaba. Pensaba, buscaba, dirigía, administraba, estimulaba con su ejemplo, mimaba y cuidaba su espectáculo como algo que hiciera, más que para contentar al público, para satisfacer a sí misma. Imprimía a todo lo que le rodeaba su sello e impronta personal. Ese sentido dinámico, moderno, limpio, que era su mejor ejecutoria: el de su carácter y el de su eterna alegría y optimismo. Porque Celia no sabía estar triste y, si alguna vez lo estaba, inmediatamente aprovechaba ese gesto anterior para burlarse de sí misma con un donaire gracioso y oportuno, simpático y jovial. No era, pues, el secreto de su triunfo su belleza personal, ni la famosa expresión de sus profundos ojos negros, ni la riqueza y esplendidez con que presentaba las obras. Dinero, valor y gusto para saberlo gastar o prendas físicas para lucirlas eran mucho más fáciles de hallar. Celia, Celia Gámez, sólo había una y era, incuestionablemente, la mejor. Y con la reposición de *Las Leandras* volvió a tocar el olimpo de las plateas españolas. Fue un éxito definitivo. Rotundo. El público entero se entregó a sus nardos y su mítico Pichi sin ambages, sin miedos, gozándolos, entregándole su más rendido y sincero homenaje que alcanza el paroxismo con la función 200 de estas nuevas *Leandras,* ya que concluyen con un formidable fin de fiesta en el que intervienen Ana María González «la voz luminosa de Méjico» que cede la sala J´Hay para tal ocasión, la eminente bailarina Anita del Río y la pareja Lola Flores y Manolo Caracol, quienes, con su arrebatadora simpatía y particularísimo estilo, encandilan a la concurrencia. Más adelante y, a mediados de febrero de 1949, Celia lleva a cabo un original fin de fiesta argentino con múltiples artistas venidos de su tierra ex profeso o afincados en España, comandados por Pepita Serrador. Días más tarde y, cercanas ya las últimas funciones, Adrián le escribe a Celia un juguete cómico titulado *Un atropello en la calle* donde interviene la estrella porteña junto a Carlos Tajes y el homenajeado de aquella velada, el propio Ortega y finalizan las representaciones el martes 22 de febrero en el Teatro Alcázar. Celia, ante el soberbio éxito obtenido de nuevo por una obra que no había representado desde hacía diecisiete años, trató de trasladar la representación hasta el coliseo en que la estrenó, el Pavón, pero parece ser que razones censoriales lo prohibieron. Sea como fuere, la compañía fue obligada a retirar *Las Leandras* del Alcázar (parece ser que «desde arriba» le dieron varios toques para que la retirase de la cartelera) y marcharse hasta el Teatro de La Zarzuela, más escondido que el Alcázar, en pleno éxito, para continuar con la temporada reponiendo *Yola* y *Gran Revista* entre el 26 de febrero y el 10 de abril, igualmente con el beneplácito del público y la crítica.

XX. EL EXTRAÑO CASO DE
LAS SIETE LLAVES (1949)

Finalizada la corta temporada de Celia en el Teatro de La Zarzuela, ésta se embarca el 7 de mayo junto a su esposo rumbo a Buenos Aires donde se proponían pasar unas largas vacaciones. Celia lo necesitaba después de tanto trabajo y tanta presión soportada «desde arriba». Regresará a España a finales de septiembre reorganizando su compañía.

Adrián Ortega, Carlos Tajes, Olvido Rodríguez, Miguel Arteaga, Pepe Porres, María L. Gámez, Ricardo Espinosa, Laly Rodrigo, Isabel Martínez, Conchita Arteaga, Julián Herrera, Clemente Ochoa, Cipriano Redondo, José L. Raboso, Carmen Vilches, Aurelia Ballesta o Esperanza Alonso, entre otros, serán los que compongan esta nueva formación, entre cuyas filas de vicetiples se encontraba una jovencita Florinda Chico (2003: 68-69). Así reflejaba en sus memorias cómo fueron aquellos años junto a Celia:

> «[...] Yo tenía contacto con las chicas del conjunto (hemos de recordar que en aquellos años Florinda trabajaba en La Latina actuando como chica de conjunto en *La Blanca doble*), y me enteré que Celia Gámez estaba formando una compañía. Ensayaban en el Teatro Beatriz. Fui a ver si podía trabajar con ella y me dijeron que ya estaba la compañía formada. Me llevé una gran desilusión. Tuve la fortuna de que, en ese momento, salía ella guapísima con un turbante, le dijo a don Luis González Pardo, su gerente, que quería verme y me hicieron pasar. Entonces Celia me dijo: «Vos, mostráme las piernas». Llevaba una falda muy estrecha, hecha por mi madre de un pedazo de tela, y me disponía a bajar la cremallera cuando me dijo: «No es necesario. Esa prueba se la hacía a todas las chicas. Le comentó a don Luis que firmara. Ahí empecé con ella. Era una persona maravillosa».

Florinda trabajaría con Celia en esta nueva temporada que se iniciaría en el Teatro Alcázar de Madrid donde reestrenará una nueva versión de *La Cenicienta del Palace* con algún que otro número nuevo, entre el 31 de septiembre y el 26 de noviembre de este 1949, celebrándose la noche del 25 una función especial como homenaje a la Mutualidad de Futbolistas Españoles con la asistencia de todos sus asociados.

La reaparición de Celia Gámez en el Alcázar después de su regreso, constituyó una elocuente prueba de la compenetración de la estrella con su público madrileño, que tanto la admiraba y quería, premiándola con incontables aplausos aquel esperado retorno. Un retorno que tendría, consecuentemente, un nuevo título que añadir a su ya dilatada trayectoria escénica: *Las siete llaves*, tal y como aventurábamos anteriormente. Esta nueva obra se eregía como una «aventura pintoresca y arrevistada en varios episodios» que, con libreto de Adrián Ortega y música del más desconocido maestro Isi Fabra (quien ya había hecho sus primeros pinitos en la revista española al musicar *¡Vales un Perú!* en 1947 para la vedette Carmen Olmedo, quien, además, había militado años atrás entre las filas de Celia) llegaba a las tablas del Alcázar el miércoles 30 de noviembre de 1949.

Básicamente, Celia había mantenido a su equipo de producción anterior: dirección coreográfica y pimer bailarín, Diego Larrios; decorados de Emilio Burgos realizados por Juan López Sevilla y Manolo López; figurines de Víctor María Cortezo confeccionados por Pepita Navarro, Natalio, Pilar Díez, Lucas, Modas Nácar y Peris; sombreros y tocados, Leopoldina; peluquería, J. Mingo; maestros directores y concertadores, Julián Benlloch y Ramón Santoncha incorporándose las primeras bailarinas, Marianela de Montijo y Lydia Morell.

La nueva obra era una infinita variedad de ambientes y situaciones llenas de comicidad y exotismo. Su acción se iniciaba con la aparición de un telón corto con recortes del diario *El Informal*, en el que podía leerse que en el coto de caza de Predio Hermoso, se había impuesto la Gran Placa del Mérito Alimenticio al gran investigador y botánico Moisés Noé (Adrián Ortega), distinguido *sportman* y explorador infatigable con motivo de haber descubierto, tras fatigosas investigaciones en las selvas amazónicas, un nuevo tipo de planta, el *peregilus gigantescus*.

De igual forma, en otro recorte del citado diario, podía leerse que en viaje por Europa se había pasado por Bruselas Katya Kalisay (Celia Gámez), viuda del tristemente célebre profesor Kalisay, de quien se dijo que había logrado una fórmula para construir la «bomba anémica», un peligro sin precedentes para la historia de la Humanidad.

A continuación, nos situamos en un pabellón de caza donde varios invitados felicitan efusivamente a Moisés, entre ellos Berenguela (su futura suegra), el coronel Rabiolis o su prometida, Salomé Pimentel, quien ha sufrido lo indecible sin saber dónde se encontraba su novio hasta su regreso, por lo que aquél le promete no meterse en más aventuras que la aparten de su lado. A la celebración acude también David Nelson, amigo de Moisés, a quien le revela que no es ni héroe ni explorador ni nada, sino simplemente un botánico que, para impresionar a su suegra y su prometida, organizó una expedición a Brasil y, una vez allí... ni peligros, ni fieras, ni *peregilus gigantescus* (que, por cierto, cultivó en una maceta), ni nada por el estilo: a pasárselo bien. También David le pone al día de lo que ha estado haciendo desde que no se ven: enamorarse de una viuda misteriosa, Katya Kalisay, con la que va a encontrarse allí tras un año sin verse. Ambos se reencuentran pero la felicidad, según Katya, no será total entre ambos hasta que le diga toda la verdad: su marido mintió al decir que había fracasado en sus trabajos nucleares. Sus experimentos dieron resultado y descubrió la fórmula de la «apetitina», un producto maravilloso, imprescindible para fabricar la «bomba anémica», explosivo del tamaño de un gigante pero de un resultado espeluznante, puesto que, de llegar a estallar, en un radio de acción enorme, todo el mundo perdería el apetito. Y es que el difunto doctor Kalisay pretendía, con su invento, en cierta medida, paliar el problema de abastecimiento de alimentos a nivel mundial. Antes de morir, aquél dejó fabricado uno de esos explosivos anémicos y, junto a la fórmula, los depositó en una caja de caudales de un banco suizo, pero puso siete cerraduras diferentes e hizo, por consiguiente, siete llaves para poder abrirla. De las siete llaves, una está en poder de Katya, ya que se la dejó en su testamento el finado. Cinco más, se encuentran repartidas por el mundo y la última está en poder de la secta estoniana a la que él pertenecía: la H.M.L.D.T.

¿Y qué tiene que ver, pensarán ustedes, queridos lectores, el amor que David Nelson siente por Katya con aquello? Muy sencillo: ella, como viuda, tiene el deber moral de salvar a la Humanidad e impedir que los integrantes de la secta reunan las siete llaves para impedir que el mundo caiga en sus manos. El hombre que la ame, ha de luchar junto a ella por su causa. Si conquista las seis llaves que restan, el corazón de Katya será de David, para siempre... Así las cosas, David intenta convencer a Moisés de que le ayude a conseguir las dichosas llaves, a lo que éste se opone, puesto que va a casarse y sólo desea llevar una vida tranquila. Por otra parte, una noche, Katya se inserta en el salón de Moisés y le pide urgentemente su ayuda: acaba de enterarse de que David es un traidor que trabaja para la secta estoniana y sólo desea obtener las llaves para él. Precisa la ayuda de un hombre fuerte valiente, íntegro, extraordinario como él para ayudarla a ella y a la Humanidad... Reticente Moisés en un principio, finalmente, acaba sucumbiendo a los caprichos de la insinuante fémina... Viajarán por el mundo en busca de las seis llaves que restan...

Y el primer destino será un palacio en Simesia donde gobierna el anciano Patiala que está a punto de ofrecer ante un altar de sacrificios a la diosa Yali (cuya estatua posee una de las llaves) la vida de una esclava en connivencia con el gran sacerdote A-Ma-Chú. Al parecer, el motivo de tal ofrenda es obtener la ayuda de la diosa para que el monarca consiga el amor de la reina Popeté; pero el destino hace que, en el momento del sacrificio lleguen Moisés junto a su criado Prudencio e impidan la ofrenda. Creyéndolos, sin embargo, enviados por la diosa para ayudarle a conseguir sus propósitos, Patiala los recibe ceremoniosamente, pero tarda poco en darse cuenta de que su llegada allí no ha sido tan providencial y pretende acabar con sus vidas para que no perturben sus planes. Sin embargo, un sonido de trompetas interrumpe ahora con la aparición de la reina Popeté (que no es otra sino Katya disfrazada) quien lleva un anillo con forma de espejito que, unido a un foco, servía para buscar espectadores entre el público y dedicarles parte de la canción con la que aparece en escena estableciendo cierto diálogo con ellos. Acabado el número, prosigue la acción: Patiala pretende conquistar a Popeté y ésta, a cambio de acceder a sus propósitos le pide que le entregue la llave que cuelga de la diosa. Para ello empleará a dos sacerdotisas de sus séquito que no son otros sino Moisés y Prudencio disfrazados tras haberse escapado de sus captores. Entre cómicos movimientos, danzan un ritmo oriental como preámbulo a la ceremonia nupcial que va a tener lugar entre la falsa reina Popeté y Patiala y, sin darse cuenta, acaban amordazándolos y llevándose la llave de la diosa. En ese instante unos clarines y timbales anuncian la llegada de la verdadera Popeté y así, entre el bullicio, los tres consiguen escapar para seguir buscando las cinco llaves que les quedan. ¿Su próximo destino? California.

El segundo ato se inicia en un *saloon* del Oeste americano donde se da cita el bandido mejicano Carpanta jugando al póker con los vaqueros Tom y Tim. A su lado, en otra mesa y bebiendo, se sitúan Rosa, una canalla de mujer que lleva colgada de su pecho otra llave, y Bedford, tipo elegante de levita negra, clásico jugador de las películas. Éste, timador donde los haya, intenta convencerla de que huya junto a él y abandone a su amante, otro bandido conocido como El Coyote. Juntos, encontrarían una vida llena de lujos, trajes, joyas...

A mencionado *saloon* llegan Moisés y Prudencio quienes, bajos los seudónimos de Malas Pulgas y Malos Pelos, respectivamente, pretenden entrar a formar parte de la banda de El Coyote, conocedores de que posee una de las llaves, pero, en ese instante aparece Rosa llorando porque Bedford le ha robado el citado objeto. La conmoción que aquel suceso produce entre los presentes se aplaca con la inesperada llegada de El Coyote. Rosa, declarando lo sucedido y, ante la perpleja mirada de todos, coge un cuchillo y se lo clava a traición a Bedford para arrebatarle la llave. El Coyote se la quita y se inicia una monumental pelea tras el desafío que provoca Carpanta para ver quién de los dos es más valeroso. Es entonces cuando El Coyote le dispara y lo mata. El jaleo prosigue cuando Moisés y Prudencio, en su intento de arrebatarle la llave al bandido, se enzarzen en la pelea matando a todo aquel que se ponga por delante hasta conseguir el preciado objeto... ¡¡¡Menuda escabechina que han formado!!!

De California... a Oporto. A una taberna de marineros llegan tres turistas americanos. Escuchan allí el lamento que canta una artista que actúa: Fátima, la altiva, y que bebe... bebe para olvidar el amor de un soldado americano al que le entregó una llave por si alguna vez volvía... pero aquél, nunca lo hizo. La casualidad o el destino han pergeñado que uno de aquellos turistas que visitan la taberna sea la viuda de aquel soldado, ya fallecido, que, en cumplimiento del deber y en su memoria, le devuelve a Fátima la preciada llave... Ella jura que, pese a que está muerto, le seguirá esperando...

Una calle de Madrid donde se está motando una gresca. Aparecen en escena dos parejas: Paloma y Manolo junto a Paco y Matea. Ambas, parece ser, que vienen de una verbena. Les sigue Salomón, el sereno. Al parecer ha habido bronca entre Manolo y Paco por conseguir un taxi que, finalmente, irá a parar a manos de Salomón habida cuenta de que su mujer está a punto de dar a luz y, como, según él, le ha dado las llaves que tenía a una «chiflada» (Katya) que se las había pedido, no tiene reparos en abandonar su trabajo.

Nos situamos ahora en el Parador del Buen Asilo que dirige Duyoski al que llega Moisés disfrazado de ruso ucraniano porque, al parecer, en el mismo se encuentra ubicada la sede general de la secta, según Katya, y allí se encuentra, además, la última llave.

La aparición de Moisés viene marcada por la fiesta de disfraces que aquella misma noche de su llegada acaece en el parador, celebración a la que acuden renombradas personalidades como la archiduquesa de Bimba-bá, la condesa de Cerilloski y el conde Pikadog, los duques de Pelargoni, el gran duque de Partagás (que resulta ser el coronel Raviolis), la archiduquesa del Menisko, los condes de Amposta, el barón de la Barbada (Moisés disfrazado) y que en realidad, no es sino una tapadera para atraer a personalidades del mundo, y capturar a Katya; al menos así se lo hace saber el traidor de David Nelson a Duyoski. Los acontecimientos se precipitan sobremanera para los protagonistas: aparecen en la fiesta Salomé, vestida de romana, seguida de un joven zangolotino, Popó (con un balón que oculta la última llave), que no la deja en toda la noche o Berenguela como marquesa de Campo Húmedo. Desgraciadamente, Moisés y Prudencio (ataviado de ruso) son descubiertos y conducidos junto a Katya, quien les comenta que la caja de caudales se encuentra en el sótano del parador. Ya no pueden escapar. Están rodeados por todos: David, Salomé, el coronel Raviolis, Berenguela, Duyoski... Así las cosas, Katya arrebata a Popó el balón y se lo lanza al público para que juegue con él y así no caiga en manos de los integrantes de la secta. De igual forma, Moisés es capturado. David y Prudencio, que ha resultado ser otro traidor, lo sostienen entre sus brazos para matarlo con la «bomba anémica» que obligan a tragársela... Hasta que despierta... ¡Todo ha sido un sueño! Lo de la apetitina sólo fue una invención de Katya para probar la decisión de David y éste, sin querer, excitó la fantasía de Moisés. Pero todo ha terminado, como en los cuentos: con doble boda: la de Katya con David y la de Moisés con Salomé. Un espléndido sueño de... riqueza...

El libreto de *Las siete llaves* abundaba en situaciones de fantasía y parodia que servían al maestro Isi Fabra para componer toda una amplia pléyade de números en los ritmos más variados: «La caza», «Llega Katya», «Tirada extraordinaria», «La apetitina», «Buscando a un hombre», «Danza oriental», «Llegada de Popeté», «El Oeste americano», «El Coyote», «Fado portugués», «Chotis», «Terceto de Katya, Moisés y Prudencio» y «Sueño de riqueza», repitiéndose, entre aplausos la inmensa mayoría.

La obra poseyó un par de alicientes extras que encandilaron a los espectadores: uno de ellos fue el programa de mano repartido a la entrada del teatro, consistente en un auténtico ejemplar de *El Informal* donde se daba cumplida cuenta de las aventuras de los personajes que iban a intervenir en la obra poniendo en antecedentes al público. El otro era el regalo que de un abanico llevaba a cabo Celia en uno de los números de la obra.

Las siete llaves fue siempre un título «maldito», entre los aficionados a la revista española porque jamás, pese a su éxito, se llegó a grabar número alguno; paradoja ésta que contrastaba con el inmenso beneplácito que, entre crítica y público, una vez más, había obtenido la vedette. Pero tampoco guardó ella nunca un buen recuerdo de la misma. Así lo recordaba Florinda Chico (2003: 69):

> «[...] Intervine en la reposición de *La Cenicienta del Palace* y en su siguiente revista, *Las siete llaves*. Allí, utilizábamos el camerino tres chicas. Una de ellas fue la que mantuvo el romance con el marido de Celia».

Efectivamente, José Manuel Goenaga Alfaro mantenía una relación secreta con una de las jovencitas del conjunto de su mujer. También Adrián Ortega (¿?: 103) lo confirmó:

> «[...] Pasados unos años de convivencia en el, al parecer, feliz matrimonio, éste se vino abajo por la infidelidad de él, que ella comprobó, con una preciosa chica de su compañía llamada Maite y que sancionó con la separación judicial. ¡Única escapatoria que había entonces!
> -«Quizás lo habría pasado por alto de haber ocurrido en la distancia, pero con alguien que, además, cobraba de mí... ¡Era mucho traicionar!», me confesó la propia Celia. Como antes del matrimonio habían establecido separación de bienes, no hubo problema alguno.
> «No diría él que no le avisé: «Josechu, que te la estás buscando». ¡Y se la encontró!
> Todo un carácter, le puso sin más las maletas en la puerta y se olvidó de él como si no hubiese existido, dedicándose en cuerpo y alma a cuidar de su negocio y su economía como una hacendista».

Aunque ahondaremos más adelante en esta cuestión, lo cierto es que aquel peliagudo asunto se inició en *Las siete llaves*, quizás por eso Celia nunca quiso grabar nada de ella, debido al mal sabor de boca que le dejó. Y eso que entonces se iniciaban los primeros pasos de aquella infidelidad que dejaría honda huella en la vedette.

Aún así, la andadura de este título fue muy fructífera, no en vano alcanzaría el centenar de representaciones el 19 de enero de 1950 y celebraría las 228 a mediados de marzo con un espectacular fin de fiesta donde intervienen, junto a distintos miembros de la compañía, el cómico Franz Joham, Pastora Imperio, Ángel Anglada, primer barítono del Liceo de Barcelona en la cavatina de *El barbero de Sevilla* o la pareja

Los Colberge en un número de la revista *Melodías del Danubio* además de estrenarse un nuevo número musical, «La llave sorpresa». En días y funciones sucesivas, se celebraron las correspondientes funciones de beneficio de Miguel Arteaga, los autores o las chicas de la compañía Y, por supuesto, Celia continúa compaginando su febril actividad en el Alcázar a dos funciones a diario, con su participación en cuantas citas es requerida: la Fiesta del Sainete en el Teatro Calderón, la celebración de las mil funciones del espectáculo arrevistado *Sueños de Viena*, en un homenaje al director Juan de Orduña...

La compañía finaliza sus funciones el 2 de abril e inicia una nueva gira por España que la llevará de regreso, tras un breve descanso, otra vez al Alcázar para reaparecer con vistas al inicio de la nueva temporada el 8 de septiembre con la reposición de *Las siete llaves*, incorporando a la nómina de su compañía a Pepe Bárcenas y Paquito Cano.

El suntuoso espectáculo obtiene diariamente el cariñoso homenaje de los admiradores de la vedette así como el de todos los forasteros que visitaban la capital, casi una obligación el pasar por Madrid (en viaje de negocios, de placer, de bodas...) e ir a ver a la Celia. Ésta, encarga al célebre médico Luis Fernando Álvarez Pérez-Miravate, conocido por el seudónimo Arturo Rigel, una nueva obra a la que va a poner música el maestro José Padilla y que, de momento, lleva por título *¿Quién eres tú?* y promete ser «la bomba» de la temporada teatral de aquel año.

El 19 de noviembre de 1950, Celia da la última función de *Las siete llaves*.

XXI. UNA HECHICERA DEL BARRIO DE LA HERRERÍA EN PALACIO. VIAJE A TARINGIA

El 23 de noviembre de 1950 y nuevamente en el escenario del madrileño Teatro Alcázar, a donde se había instalado junto a su Gran Compañía de Operetas y Comedias Musicales, Celia Gámez estrena la grandiosa opereta *La hechicera en palacio*, cuyo germen había acaecido durante el verano de aquel mismo año.

Tras finalizar su gira estival, Celia y José Manuel Goeneaga, parten para pasar algunos días de descanso. París, será uno de sus destinos. Celia fue a visitar al célebre maestro José Padilla. Hemos de manifestar que el maestro se encontraba afincado allí, tras haber sufrido cierto desencanto en su patria. En París tenía sus amigos, su trabajo, su casa (ubicada en una zona elegante de la ciudad). Padilla, hace una vida ordinaria:

>«[...] Hace él mismo habitualmente la compra, buenos quesos y vinos franceses, frutas que seleciona con cuidado... Compra casi diariamente flores para Lydia. Lee *Figaro* y *Le Monde*, dos periódicos y dos tendencias. Habla con todo el mundo con su francés rápido lleno de los giros habituales de los parisinos. Conduce su Chevrolet gris por las calles y se enfada con algún conductor que hace un mal giro [...]. Es en ese tiempo de asentamiento, de calma, cuando Celia Gámez le visita. Con la aguda visión teatral que la mantiene desde hace años sobre los escenarios, le propone que haga para ella la música de una obra teatral. José Padilla recuerda cuándo conoció en Buenos Aires a Celia, cuándo volvieron a encontrarse en Madrid y estrenó en el Eslava su obra *Las burladoras*. Se conocen desde hace muchos años, pero duda en aceptar:

-Celia, yo estoy alejado de España, desvinculado de su mundo teatral... Además, la memoria del español es frágil y a estas alturas no voy a volver a empezar...

-Maestro, no diga pavadas. En España le adoran... Sería... ¡Usted y yo!... ¡Un éxito!

El compositor no se decide» (Padilla, 2015: 223-224).

Celia, de nuevo en París, insiste en su cometido. Le llama por teléfono... le escribe... tiene la corazonada de que una obra con música del maestro Padilla puede ser un enorme éxito. Será la mujer del maestro, Lydia Ferreira «Ferri», la que le decida finalmente por aceptar:

«[...] -No tienes nada que perder. Seguro que después de tanto tiempo, de tus éxitos actuales, te reciben con los brazos abiertos. España es así... No tenemos por qué volver, sólo a los ensayos, al estreno... Puedes hacer la música aquí, en París...» (Padilla, 2015: 223-224).

El maestro continúa dudando:

«[...] Siempre le ha gustado componer en el lugar donde va a estrenar, ha necesitado rodearse de su ambiente, absorberlo, dejar que se le meta dentro. Ha sido quizá este uno de los secretos de sus éxitos, de sus tangos, de su música italiana, francesa o árabe. Ha habido siempre una entrega por su parte y una simbiosis entre su creación y el carácter y el espíritu de un país. Pero hay ya dos mujeres que tratan de convencerle y finalmente, calientes los éxitos parisinos [...] José Padilla acepta componer una obra para Celia Gámez » (Padilla, 2015: 224).

Celia prosigue las exitosas representaciones de *Las siete llaves* al tiempo que poco a poco va conociendo el hilo argumental de su nuevo estreno gracias a sus autores: Francisco Ramos de Castro, viejo amigo suyo y del maestro, hijo de Eugenia Galindo, cantante y mejor actriz «llena de gracia que fue una de las intérpretes de *Sol de Sevilla*», otra de las grandes obras de Padilla, y un hasta entonces desconocido autor, médico odontólogo que escribe bajo el seudónimo de Arturo Rigel (amigo de Goenaga) y cuyo verdadero nombre es Luis Fernando Álvarez Pérez-Miravate, que realizará con ésta, su primera incursión teatral; si bien, andando los años, le escribirá otras obras a Celia de extraordinario éxito:

«[...] Padilla hace rápidos viajes desde París para seguir de cerca los preparativos: lectura de la obra, monstruos de los cantables en los que siempre hace correcciones para adecuar más musicalmente la letra a la música. Una vez más, la prensa se desborda ante el regreso y el próximo estreno de José Padilla en España. Los ensayos son ilusionados e intensos. Gusta toda la música. Celia va seleccionando la que le gusta para ella: «Pienso en ti», «¿Quién eres tú?», «¡Vaya señora!», «La novia de España»... José Padilla ríe: «¡Celia, va a estar usted todo el tiempo en escena...!»

-¡Sí, maestro! Una buena música no me la puedo perder... Es como si volviera a mi juventud, a los primeros años... Vos os acordás...

Celia, a pesar de su larga estancia en España, mantiene los giros argentinos que surgen especialmente en determinados momentos y lo que dice es cierto, trabajar con José Padilla la devuelve a otro tiempo de esfuerzo esperanzado, de logros que parecen milagros. Todo es ilusión en los ensayos con Carlos Tajes, el galán de la obra, Paquito Cano, el actor cómico... Hay un número pensado precisamente para un dúo en el que interviene Cano. Para Celia es un flechazo: «Este número lo quiero para mí».

No hay discusión. Músico y letristas se reúnen con Celia. José Padilla, prendido siempre en el encanto de Lydia, sugiere: «Es una marchiña zamba, ¿por qué no lo dedicamos a Portugal?»

Ramos de Castro hace una nueva letra que entrega a Rigel, a Padilla que, como es habitual en él hace correcciones, y, a continuación, juntos, a Celia Gámez.

José Padilla se pone al piano y empieza a cantarla con su suave acento andaluz e internacional y su voz un poco afoniquilla: «Somos cantores de la tierra lusitana...»

Y Celia continúa con su leve acento argentino: «Traemos canciones de los aires y del mar...»

Cuando termina el ensayo, Celia Gámez se funde en un abrazo con José Padilla y exclama exultante: «Éste va a ser el éxito de la noche.

Nacía así la «Estudiantina portuguesa», considerada hoy patrimonio portugués, himno popular en la revolución de los claveles, cantada por los universitarios y acompañamiento de instantes perdurables de la historia de dos países» (Padilla, 2015: 224-225).

Son las 22,45 horas del 20 de noviembre de 1950. Todas las entradas se han vendido desde días antes. Madrid entero quiere darse cita en el nuevo estreno de Celia y en el regreso del maestro Padilla a España... La orquesta comienza a afinar sus intrumentos... Se levanta el telón...

Taringia, país imaginario, va a celebrar las fiestas conmemorativas del tricentenario de su fundación... «Taringia celebra con amor/ alegre las fiestas reales./ Taringia espera ver aquí/ artistas universales./ Todo es luces y flores,/ ofrecen que aquí os esperan/ alegre y satisfecha/ en la fecha, en la fecha/ de su heroica fundación./ Taringia ofrece sus brazos/ con alegría en prueba de hidalguía/ y de amistad en Taringia/ tiene y ordena todo por su rey»...

Pero aquéllas van a verse empañadas por la inminente ejecución del pirata Arturo Taolí (Carlos Tajes), arrogante y generoso ídolo del pueblo (al punto que le envidia el mismo rey) acusado injustamente de haber dado muerte a su amigo íntimo Fabio Lupio, quien, en realidad, fue mandado asesinar por orden de la reina Deseada, arrogante y orgullosa, despreciada en su amor por el valiente pirata.

Cornelio V, rey de Taringia, sufre una extraña enfermedad y, la única persona en Taringia que podría llegar a curarlo sería Patricia (Celia Gámez), hermana de Fabio, una hermosa y bella hechicera, reina del barrio de la Herrería, con poderes mágicos, enamorada secretamente de Arturo Taolí y que se niega a curar al rey devolviéndole su soltura y su esbeltez y a la que envidia la reina Deseada, advirtiéndole, además a Cornelio, que si cayera Taolí, la hechicera nunca lo curaría....

Patricia promete al pueblo que impedirá la muerte de Arturo Taolí y que llegará hasta palacio para impedir el ajusticiamiento de aquél.

Efectivamente. El juramento de Patricia se cumple. Ésta ha sido nombrada dama de honor de la reina Deseada. Por fin la hechicera está en palacio, aunque lo que ella no sabe es que la propia reina desea tenerla cerca para poder vigilarla aún a sabiendas de los sentimientos que aquélla siente por Taolí. Además, Cornelio está encantado de que Patricia se encuentre en palacio, habida cuenta de que se siente atraído por ella y de que podría ser el nuevo aya de su hijo, el Príncipe Picio, a punto de regresar de viaje por Europa.

El pueblo entero se da pues cita en la plaza de armas del castillo regio. Taolí va a ser ejecutado: «*Esta es la justicia que Su Majestad Cornelio V de Taringia manda hacer en la persona de Arturo Taolí, pirata y ladrón, conspirador y asesino de Fabio Lupio. La justicia del Rey ordena que sea decapitado en la plaza de armas del castillo prisión de San Nazario a la vista del pueblo y que su cabeza se cuelgue en la picota para escarmiento de malhechores*».

Pero en el preciso instante en que el noble pirata va a ser ajusticiado, el rey le concede la libertad a cambio de que interceda ante Patricia y cure su enfermedad. Aquél entonces se niega. Patricia intenta interceder ante Cornelio pero de nada sirve. Arturo pide entonces un último deseo. Cantarle al pueblo: «No me importa renunciar/ a lo que soy, ni a lo que fui/ porque su amor/ ha de ser para mí./ Por amar a una mujer/ voy a morir con ilusión,/ pues viviré/ para su corazón»...

Concluida su petición, el verdugo, hacha en mano se dispone a ejecutar la orden real; pero la llegada del Príncipe Picio a palacio, aplaza la sentencia para otro momento. Patricia, a escondidas, visita entonces a Taolí, encadenado a unos grilletes, en su lóbrega prisión consiguiendo liberarlo gracias a un mágico conjuro...

Despojado de sus grilletes, el valiente pirata le pide a la hechicera que reciba en su seno a una mujer que, procedente de España, va a llegar a las costas de Taringia. La reconocerá por la media cruz que lleva atada a su cuello. Esa mujer es muy importante para él. Patricia, lejos de sentir celos reconoce que ella posee la otra media cruz que un buen día aquél le hizo entrega a su hermano muerto y que conserva con enorme amor. La hechicera, segura de su amor por Taolí, dará cobijo y comida a la mujer que ansioso espera Taolí; pero, aún así, Patricia no puede dejar de pensar en el pirata del pueblo.

La corte mientras tanto se reúne para celebrar la llegada del Príncipe Picio...

El Príncipe Picio, joven delgado, pálido, ojeroso, débil y, para más señas, muy muy dormilón, llega a Taringia procedente de Europa acompañado de su aya Sebastiana, Gran Duquesa del Pompín, esposa, a su vez, de Epifanio, Gran Duque del Pompón, amigo personal del rey Cornelio. Picio al parecer era un joven despierto y muy vivaracho cuando se fue a recorrer Europa para aprender a convertirse en hombre y educarse correctamente y ahora ha vuelto hecho un desastre, ¿por qué? La Gran Duquesa del Pompín tiene la respuesta y es que lo ha consentido tanto y en todos los aspectos posibles que Picio se aburre sobremanera, claro que hasta que conoce a Patricia con la que vuelve a su antiguo estado y de la que se enamora locamente... ¡Vaya una señora!...

A las costas de Taringia va llegando un navío español. Dentro de él, Patricia, disfrazada de polizón se ha introducido para averiguar el paradero de la mujer que ansiosamente espera Taolí. Allí, la hechicera vivirá una serie de cómicas peripecias motivadas, fundamentalmente, por su disfraz de hombre.

Pero la vida en el barco es más dura de lo que Patricia pensaba. En el mismo conoce a Cinia, joven y hermosa madrileña que llega desde España para actuar en las fiestas del tricentenario, y para conocer al hombre del que está enamorada y cuyo nombre desconoce. Pero también se topa, durante una tormenta, con Martina, noble y generosa mujer, también de origen español, deseosa de encontrarse con el hombre al que más quiere en toda su vida... Para Patricia surge entonces una diatriba, ¿cuál de las dos mujeres es la que espera Arturo? Junto a ellas, varias delegaciones de diversos países también arriban a las costas taringianas para celebrar su fundación entre ellas unos estudiantes de Coimbra:

Somos cantores de la tierra lusitana,
traemos canciones de los aires y del mar.
Vamos llenando los balcones y ventanas
de melodías de la antigua Portugal.
Oporto riega en vino rojo las laderas,
de flores rojas va cubierto el litoral,
verde es el Tajo, verdes son sus dos riberas,
los dos colores de la enseña nacional.
Porque tierra toda es un encanto,
¿Por qué, por qué se maravilla quién te ve?,
¡Ay, Portugal, por qué te quiero tanto!,
¿Por qué, por qué te envidian todos? ¡Ay, por qué!
Será que tus mujeres son hermosas,
será será que el vino alegra el corazón,
será que huelen bien tus lindas rosas,
será será que estás bañada por el sol.
Porque tu tierra es un encanto, etc.
Será será que el vino alegra el corazón.
Será será que estás bañada por el sol.

Celia Gámez y todas las chicas de la «Estudiantina portuguesa». Archivo del autor

Mientras tanto, en Taringia, las cosas parecen no ir demasiado bien. El Gran Duque del Pompón ve coquetear a su mujer con el Príncipe Picio, quien, en realidad, se deshace de amor por Patricia; pero el consorte no ve sino lo que quiere: a su mujer coqueteando con el Príncipe... Así las cosas, viendo la calavera de un cervatillo, la coge y se pregunta: «¿Ser o no ser?»...

Durante una cacería, la reina Deseada, celosa del amor que su esposo siente hacia la hechicera, encarga a Robin, bufón de la Corte, disparar una flecha y matarlo, prometiéndole hacerle rico si lo logra. En ese instante aparece Taolí descubriendo la verdad:

> TAOLÍ.- Vine a Taringia para llevarte conmigo. Cuando en España huiste de mí para casarte con Cornelio, preferiste ser reina a ser una simple dama de aquella Corte. Y yo me dediqué a recorrer el mundo sin más ilusión que la de encontrarte para convencerte de que volvieras a mi lado...

> DESEADA.- ¿No te lo prometí?

> TAOLÍ.- Sí. A cambio de la sangre del que yo amaba como a un hermano y a quien los asesinos confundieron con el Rey.

> DESEADA.- Fue un accidente.

> TAOLÍ.- Fue... la crueldad de un monstruo. Tu intención, la muerte de tu rey para dominar sola.

> DESEADA.- ¡Pero todo por ti, por tenerte a mi lado!

> TAOLÍ.- Por eso cuando peligró tu corona preferiste mi muerte a tu amor. Hoy, si no fuera por Patricia, vivirías del recuerdo o morirías del remordimiento.

> DESEADA.- ¡Patricia Lupio es la mujer que se ha interpuesto entre nosotros!

> TAOLÍ.- Di más bien que es la sangre de su hermano la que me ciega para verte.

> DESEADA.- O los ojos de ella los que te queman.

TAOLÍ.- *Más ha hecho por mí en un día, que tú en tantos años.*

DESEADA.- *¡Sangre de príncipe mezclada con sangre de villana! ¡Buena unión, Taolí!*

TAOLÍ.- *Más noble la roja de sus venas, que la azul de tu escudo. Y no intentes comprarla, porque Patricia Lupio no se vende.*

DESEADA.- *Tú volverás a mí, Arturo.*

TAOLÍ.- *¡Espérame si quieres, Deseada! Ése será tu castigo...*

Pero la nobleza de Arturo Taolí es tal que le salva la vida al rey Cornelio justo en el instante en que el lacayo contratado por Deseada dispara una flecha mortal hiriendo a Cinia, quien, llegada a Taringia, buscaba el camino para llegar a palacio y se había interpuesto entre la flecha y el rey. Taolí le revela a Cornelio que desvió el brazo de Robin para impedir que aquella flecha acabase con su vida. El rey, en recompensa, le perdona la vida. Y acuden todos prestos a palacio antes de que empiece la fiesta... las delegaciones de los diferentes países que han llegado a Taringia van reuniéndose poco a poco.

Mientras tanto, Martina, también ha conseguido llegar a Taringia gracias a la bravura de aquella mujer, Patricia, que, disfrazada de marinero, la salvó de una fuerte tormenta y la condujo hatsa su cabaña en el interior del bosque. Allí y, en recompensa a su valor, Martina le hace entrega a la hechicera de su mejor prenda: un traje de España, su patria, para que se lo ponga un día y la recuerde y su media cruz... Al entregársela, Patricia reconoce en ella a la mujer que espeaba Taolí: ¡Su madre! Cinia, por otro lado descubre entonces que era al Príncipe Picio al que venía a ver ya que aquél le prometió, cuando estuvo en España, casarse con ella.

De nuevo en la cabaña, Arturo, gracias a Patricia, ha conseguido reunirse con su madre. Nunca podrá agradecerle lo suficiente a la hechicera lo que ha hecho por él.

Por su parte, los restantes miembros de la Corte intentan escapar como pueden llevándose consigo dinero, alhajas y bonos del Estado, entre ellos Cornelio y Deseada y Sebastiana junto a Epifanio. Patricia entonces puede abrazarse a su amado y consumar la felicidad que el aciago destino tanto les había negado cantando al unísono el «Himno a Taringia»...: «Cariño, nace en mí con ansia loca,/ me miro en tus ojos y en tu boca./ Y siento una dulce sensación/ que acerca hacia mí tu corazón./ Taringia, no me importan los dolores,/ Taringia, si florecen mis amores./ Por ella, nueva vida se abrirá./ Mi vida a la suya unida va./ Venceré, sin vacilación/ ganaré su corazón./ Le daré con mi lealtad/ la mayor felicidad./ Taringia, donde tienen los amores,/ Taringia, el perfume de las flores./ Yo siento una dulce sensación/ que acerca hacia mí tu corazón./ Cariño, es aroma de la vida,/ cariño, si es sincero no se olvida,/ cariño, esta dulce sensación/ endulce con fulgores de pasión».

Programas impresos en papel celofán. Ovaciones constantes. Repetición de números solicitada incansablemente, algunos como la «Estudiantina portuguesa», ¡hasta en cuatro ocasiones! Lujo, buen gusto, modernidad, alegría, color, estilizados figurines y decorados de Víctor María Cortezo con la colaboración de López Sevilla. Vítores, bravos y piropos para la hechicera argentina que, al final del espectáculo, tuvo que dar, como era de recibo, las gracias al público y elogiar la labor de cuantos hubieron de intervenir con ella para coadyuvarle a su extraordinario e inenarrable éxito:

Bellísima instantánea de Celia ataviada como estudiante de Coimbra. Archivo del autor.

«[...] nos proporcionó anoche la delicia de escuchar una partitura viva, jugosa, llena de inspiración y de garbo del maestro Padilla que tuvo que saludar muchas veces a los aplausos del público y pronunciar también unas conmovidas palabras de gratitud.

Sobre el texto de la revista, que tiene un buen arranque de ópera cómica, de «burlesio» llena de atrevimiento, aunque luego se desvíe hacia algunos tópicos usuales como el número de los marineros o el del reconocimiento entre madre e hijo, o también se deslice por el desgastado humor de los consabidos símiles taurinos, sólo queremos subrayar que es ligero, divertido y ameno y que brinda excelentes oportunidades al músico.

Los cuadros coreográficos, muy bien dirigidos por Diego Larrios, están compuestos y movidos con originalidad y buen gusto. Padilla ha conseguido dominar totalmente lo mismo el patrón de las melodías españolas que los ritmos sincopados y de moderna amenidad y alegría. Como ejemplo de halago gratísimo para el oído citemos la «Estudiantina portuguesa» que fue ejecutada cuatro veces sin que disminuyeran las ovaciones debidas a su finura, a su encanto y a su delicada instrumentación» (Marquerie, 1950: 27).

Números como el pasodoble de «La novia de España», el bolero «¿Quién eres tú?», el dúo coreado «Pienso en ti», el duetino «¡Vaya señora!», la marcha «Himno a Taringia» y otras tantas como «Yo soy el Rey», «Soy un polizón», «Llegada de las Delegaciones», «Canción de Arturo Taolí», «Tricentenario en Taringia», «Vamos al castillo» u «Olvídame», entre otras, merecen engrosar lo más granado del panorama revisteril de los años cincuenta por tratarse de una música inspirada, sencilla, ágil y, sobre todo, muy especialmente, popular; pero, sin lugar a dudas, por encima de todas ellas, la «Estudiantina portuguesa»: *«Nada más atacar la orquesta los primeros compases, presentimos el éxito. Hay murmullos que a las gentes del teatro nos son inconfundibles. Al aparecer yo en escena -diría Celia Gámez- rodeada por 30 girls todas ataviadas a la antigua usanza de los tunos universitarios de Coimbra, el éxito presentido se hizo realidad. A partir de ese momento, los aplausos, los piropos y los ¡Vivas! se sucedieron ininterrumpidamente»* (San Martín, 1984, XIV:48).

Y es que, desde aquel instante en que Celia entonó las primeras estrofas de aquella fado-marchiña, su melodía comenzó a correr como la pólvora por toda España: grabaciones en discos de pizarra para la casa Columbia, afiches y pasquines publicitarios con la letra de la canción y caricaturas de la propia Celia, postales, carteles... Celia no vivía un *boom* tan grande desde aquel «¡Mírame!», de *Yola* (1931) o el «Pichi» y «Los nardos» de *Las Leandras* (1931). Un verdadero paroxismo. De ahí que, precisamente, los expertos en esta modalidad teatral, hayamos considerado a estos cuatro números, los himnos de la revista musical española. Rara era la vecindad en cuyo patio no se tararaeaba alguna melodía de Celia. Rara era la emisión radiofónica que no emitiera alguna de sus creaciones. Rara era la excursión en que las chicas de la Sección Femenina, pese a las reticencias iniciales, no entonaran sus maravillosas canciones...

A la semana del estreno de *La hechicera en palacio*, Emilio Romero escribió desde su columna habitual del diario *Pueblo*:

> «El estreno de la obra que tiene actualmente en cartel Celia Gámez constituyó un resonante éxito. Se dice que el mayor éxito de Celia. Al parecer, el público interrumpió la representación con sus aplausos, dialogó con la artista, hizo repetir incontables veces los números, y al final hubo discursos, lágrimas y fervor general. A los pocos días de su estreno hemos acudido a ver la obra. Celia escuchó estos elogios, que salieron de las localidades altas: «*¡Celia y Padilla son mejores que el plan Marshall!*».
>
> Es, ciertamente, acontecimiento de la vida madrileña esta obra, pero orientado de la manera más singular. Se ha establecido un duelo Padilla-Guerrero. Como obedeciendo a una consigna, todos salen diciendo que la música de Padilla es mejor que la de Guerrero. Que es más fina, más melódica que tiene menos tatachín. Padilla tiene cierto aire de diputado laborista. Guerrero se acerca más al tipo americano. Lo que parece claro es que estamos emplazados para tomar partido: o Padilla o Guerrero» (Padilla, 2015: 226).

Gracias a su labor en pro de la música portuguesa, el Gobierno luso concede al maestro Padilla la Gran Cruz del Cristo de Portugal.

Las funciones de *La hechicera en palacio*, prosiguen a llenos diarios las dos representaciones que de ella se ofrecen. Para el 31 de diciembre, Celia regala a los asistentes una botellita de anís «El Espejo» junto a la bolsa de las tradicionales doce uvas y una fotografía suya ataviada de estudiante portugués dedicada con la letra de la «Estudiantina portuguesa».

Rápidamente, la obra alcanza las cien representaciones (13 de enero, 1951) donde, de forma especial, actúa el artista internacional Boris Borra «el rey de los ladrones»; las doscientas (2 de marzo, 1951) con un fin de fiesta en el que intervienen Carmen Sevilla, Lola Membrives, y el dúo Dick y Biondi; las trescientas (12 de abril, 1951) con las intervenciones de Lily Moreno, Ángel de Andrés, Guadalupe Muñoz Sampedro, Luchy Soto y Luis Peña; las cuatrocientas (31 de mayo, 1951) donde destaca la escenificación que la propia Celia lleva a cabo de «El relicario» del maestro Padilla ataviada con un maravilloso traje de tules negros adornada con claveles rojos...

A la par que la Patricia Lupio de Celia Gámez deleita a cuantos tienen la fortuna de conseguir entradas para algunas de las dos funciones que diariamente ofrecen (a las 18.45 y a las 22.45), la hechicera porteña interviene en múltiples eventos, unos con fines benéficos, otros en fines de fiesta y homenajes. Es, sin lugar a dudas, la estrella de Madrid: en la ya tradicional y clásica Fiesta del Sainete en el Teatro Madrid, en una actuación extraordinaria en la sala Casablanca para despedir a la emperatriz de la samba, Lily Moreno; en un homenaje al circo ambulante llevado a cabo en el Circo Americano instalado en la calle Goya por Juan Carcellé; en un fin de fiesta para homenajear a Rosario de Benito y Rosita Sabatini, primeras actrices del Teatro Beatriz; en otro homenaje a Conchita Montes en el Teatro Comedia, en otro llevado a cabo en Villa Romana a Ana Esmeralda... y finaliza la temporada el lunes 25 de junio.

Aquel verano, Celia parte en el «Lusitania Express» en un viaje acompañada por su hermana Amelia y la mujer de Arturo Rigel para actuar durante una breve temporada en el Gran Casino de Estoril, con parte de su compañía, ventajosamente contratada, para poner en escena su magnífica actuación en la «Estudiantina portuguesa». Tras de esta breve actuación, Celia se toma unas vacaciones en la aristocrática playa lusitana desde donde se traslada hasta la Costa Azul, antes de su vuelta a Madrid a primeros de septiembre para reanudar las representaciones de *La hechicera en palacio*. Sin embargo, el éxito que Celia tiene en Estoril hace que prorrogue allí sus actuaciones y claudique de viajar hasta París. Así la recordaba Arturo Rigel al respecto: «*Celia era una mujer extraordinaria, con un corazón inmenso. Tenía, como todo el mundo, es lógico, sus vicios y sus defectos. Ella tenía el defecto de jugar, le gustaba jugar una barbaridad. Y, además, negaba que perdía. Tenía que perder porque jugaba muy mal; pero la ruleta era una cosa que la volvía loca. El primer año de «La hechicera» tuvo un mes de descanso de la temporada en julio e hizo que la contraran en Estoril para hacer de atracción llevando la «Estudiantina portuguesa», pero ella lo que quería era estar en Estoril para jugar. Una mujer extraordinaria. Muy buena. Nada diva, ni en el escenario ni en la intimidad. Era una mujer muy sencilla. Lista, con una gran intuición, claro que cuando se subía a un escenario, eso lo multiplicaba por doscientos. Era un monstruo. Un fenómeno. En el escenario era un monstruo».*

Las representaciones de *La hechicera en palacio* se reinician el 12 de septiembre con el mismo éxito que el día de su estreno. Daba así su función número 450. Las quinientas llegarán el 10 de octubre y el 23 de noviembre se cumple el primer aniversario de tan irrepetible estreno.

A finales de año, Celia es condecorada como «Madrina de los futbolistas españoles», apareciendo su retrato en diarios como *Marca* y participa en la fiesta de los Reyes Magos patrocinada por la Asociación de la Prensa en un festival benéfico que se lleva a cabo en el Teatro Albéniz.

Las 700 funciones acaecen ya el 17 de enero de 1952 y el éxito prosigue siendo indiscutible. Nadie se cansa de ver las diatribas de la hechicera Patricia Lupio y sus amores con el pirata español Arturo Taolí. La porteña, con su gracia personalísima, llena el escenario y, al final de la función, ofrece un festival flamenco donde Manolo Bermúdez, locutor de Radio Madrid, ejerce las tareas de presentador dando paso a Pepe Bárcenas y a Celia interpretando la copla de «La salvaora», además de las intervenciones de Lolita Sevilla, Rafael de Córdoba, Pilar Alhambra, el ballet «Brisas de España», habiendo estrenado Celia en aquella función, nuevo vestuario para todos sus números.

Las 800 tienen lugar el 5 de marzo y en ellas Celia estrena el pasodoble «Toda una mujer» de Francisco Lucientes con música del maestro Fernando Moraleda y es premiada, una vez más, con grandes ovaciones por el numeroso público que llena la sala del Alcázar. Como broche final, hubo un magnífico fin de fiesta a cargo de los famosos bailarines Rosario y Antonio. El 24 de abril, son ya 900 las funciones dadas de *La hechicera en palacio* y continúa con la misma imbatibilidad, éxito y aplauso que la noche de su estreno. Lolita Sevilla, el ballet de Villa Romana y la atracción mundial Valen and Mara, concurren a la celebración... y las 1000 representaciones llegan, por fin, el 10 de junio. Un acontecimiento sin precedentes, superado por muy escasas obras, a cuya efeméride acudió el «todo Madrid» de la época. Celia, quien había sido nombrada gracias a una encuesta del semanario *Mirador* como «la novia de Madrid 1952» (más de ocho mil votos avalaron tal nombramiento, concretamente 8109 votos, frente a los 1613 de Mari Begoña, los 1011 de María de los Ágeles Santaba, los 861 de Beatriz de Lenclós o los 208 de Virginia de Matos todas ellas extraordinarias vedettes del momento) preparó para la celebración un extraordinario fin de fiesta donde, además de tomar parte la mayoría de los integrantes de la compañía, se le hizo entrega del galardón que la acreditaba con el título obtenido además de regalar entre el público banderines de seda conmemorativos de aquella inolvidable cifra de representaciones. Una semana más tarde, la compañía finaliza su temporada en el Teatro Alcázar e inicia una gira por diversas localidades españolas: Barcelona, San Sebastián, Zaragoza, Alicante, Sevilla, Granada, Santander... incorporando, durante esta gira, a Marcelino Ornat en sustitución de Pepe Bárcenas, a Ana María Morales quien reemplaza a Olvido Rodríguez, Rubén García en sustitución de Paquito Cano y Pepe Morales, quien ocupa el personaje que hasta entonces hacía Julián Herrera. Junto a *La hechicera en palacio*, también llevan de repertorio *Las siete llaves* y, con ambas obras, prosiguen obteniendo incontables aplausos y mejores críticas, hasta que el Sábado de Gloria 4 de abril de 1953 y, tras una monumental gira por toda España, Celia aposte nuevamente sus huestes en su tradicional feudo de la calle de Alcalá donde prosiguen las funciones de *La hechicera* con la nueva incorporación de Miguelito Gómez reemplazando a Rubén García como Príncipe Picio. Es entonces cuando la dirección artística de la compañía la ostenta el periodista Francisco Lucientes.

Representando *La hechicera*, Celia estuvo hasta el 15 de junio de 1953 dándole a la célebre opereta más de ¡1500 representaciones! Siempre colocando el cartel de «No hay billetes». Ahora, con el final de temporada, se iniciaba un nuevo periodo para la artista bonaerense. Un periodo que le traería no pocos quebraderos de cabeza... Francisco Lucientes, había entrado en su vida.

XXII. ADIÓS JOSECHU. BIENVENIDO LUCIENTES. *DÓLARES* (1954) EN EL LOPE DE VEGA

«[...] Lo que nos ocurrió a José Manuel y a mí, pasa en las mejores familias. En los mejores matrimonios... No fue nada nuevo. Seguirá pasando por los siglos de los siglos. Es una historia vulgar y corriente. Lo malo es que nos costó la felicidad y el matrimonio... Sucedió al cabo de nueve largos y felices años...» (San Martín, 1984, XII: 57).

Celia ya venía notando desde que estrenase *Las siete llaves* (1949), que el comportamiento de su marido, de «Josechu», como familiar y cariñosamente era conocido, había cambiado. Por las noches no la esperaba en el teatro para regresar juntos a su domicilio. Por las mañanas se levantaba muy temprano, se acicalaba y se marchaba. De punta en blanco, muy perfumado y no regresaba hasta la hora del almuerzo.

Amelia, hermana de Celia, quien tras haber enviudado se había trasladado hasta España para permanecer a su lado, le advertía constantemente del cambio de hábitos de su esposo. Eran extraños. Algo pareció alertarle: hablaba mucho por teléfono cuando ella no estaba. Celia, con la mosca detrás de la oreja, no puede apartar de su mente las palabras de su hermana y comienza a observar más detenidamente el comportamiento de su marido. Su cabeza estaba siempre pendiente del teatro y de la casa y no venía observando nada anormal hasta aquel brusco cambio de comportamiento...

Efectivamente, José Manuel está amable con Celia. Muy amable. Más de lo normal, aunque parece otro. Esta situación amarga tanto a Celia, por su cabeza pasan tantos pensamientos, tantas sensaciones que, finalmente, para salir de la duda, contrata a un detective privado y hace que lo sigan. El detective acaba por informarle de que su marido se veía todas las mañanas con una mujer. Se llama Maite y resulta ser una de las chicas del conjunto que trabajan para Celia todos los días en el Teatro Alcázar representando *Las siete llaves*. Ni corta ni perezosa y, con la finalidad de arreglar el asunto, Celia mantiene una conversación con la citada corista y ésta no tiene más remedio que reconocer la infidelidad y la «traición», a quien le estaba dando de comer. Aquella confesión fue pronunciada también en presencia de su sobrino Pocho, hijo de su hermana Amelia y de sus amigos, Arturo Rigel y su esposa Esperanza quienes, a petición de ella, habían permanecido en el cuarto contiguo a su camerino donde tuvo lugar la escena. El temple de Celia, inherente a su rabia contenida por haber sido engañada, hicieron coger a Maite y llevarla a su casa para enfrentarla a José Manuel. Éste, nada más verla, se puso blanco. Así lo relataba Celia en sus memorias: «[...] *Fue un momento de gran tensión. Muy incómodo para todos. Felizmente, supimos resolverlo con discreción y elegancia. Se produjo un gran silencio. Lo rompieron mis palabras:*

-Maite, cuéntale a mi marido lo mismo que me has contado a mí.

La chica seguía sin perder la calma. Arturo y Esperanza, sentados, permanecían en silencio. José Manuel no tomó asiento. Estaba callado. Muy serio.

-Nos han seguido... Lo sabe todo... Le he dicho la verdad...

Siguió otro silencio. También largo. Denso.

-¿Tenés vos algo que agregar, José Manuel?- pregunté a mi marido.

Con la cabeza me indicó que no. Estaba abatido. Pero encajó la difícil situación con dignidad y señorío. Gracias a su actitud, todo fue muy fácil. Menos doloroso.

Abrí el bolso y cogí un dinero. Se lo dí a la muchacha.

-Toma un taxi, ya es muy tarde.

Hizo ademán de marcharse. La retuve unos instantes más.

-Pásate mañana por el teatro. El representante te liquidará cuanto te corresponda hasta el final de la temporada. Que Dios te ayude y a mí no me desampare.

Salió. Creo que si la reunión hubiera durado unos minutos más, la muchacha habría roto a llorar. Mi marido seguía callado. Con una enorme tristeza reflejada en el semblante. Todos estábamos muy tristes. Le dije:

-Después de esto, no podemos seguir viviendo juntos.

Dio media vuelta. Lentamente se dirigió a nuestras habitaciones. Volvió a los pocos minutos. Vestido. Con una maleta. Se fue de casa. Mi hermana y Esperanza Rigel, lloraban amargamente, en silencio. A mí no me brotó ni una lágrima. Serían las tres de la mañana» (San Martín, 1984, XIII: 48).

Habían sido nueve años de felicidad. Nueve años en los que la pareja era vista con lupa en todos sus actos, en todos sus movimientos, a todos los sitios a los que acudía. Eran invitados constantemente a fiestas, reuniones homenajes, celebraciones... Eran la pareja de moda desde 1944. Ambos hacían una vida tranquila y rutinaria a diario: Celia se levantaba alrededor de las tres de la tarde, almorzaba sola y frugalmente: algo de jamón y un vaso de leche junto a una manzana. Al llegar al teatro, a media tarde, tomaba otro tentempié. Su comida principal era la cena, entre función y función: churrasco o pollo, un yogur o algo de fruta. José Manuel, por sus obligaciones profesionales, también almorzaba, aunque no solo, puesto que cuando Amelia se fue a vivir con ellos, habitualmente solían comer ambos. La cena, en cambio sí la hacía Josechu Goenaga en el teatro junto a su mujer. En el camerino, solos y tranquilos, poniéndose al día de lo acontecido. José Manuel solía quedarse en el teatro, haciéndole compañía. Si salía, regresaba para recogerla y volver juntos a casa: «*[...] Hasta que un día se incorporó a un grupo de amigos, del que formaban parte el maestro director y mi sobrino Pocho, que salían con las maravillosas bailarinas inglesas del ballet internacional. Nada especialmente alarmante. En principio... Lo curioso es que mi marido no se enredó con ninguna inglesa. Que yo sepa... Lo hizo con la corista ya mencionada*» (San Martín, 1984, XIII: 49). Lo cierto es que llevaron las relaciones con la mayor discrección. La pareja, rompe, pues, su matrimonio; si bien José Manuel intentó, arrepentido, volver al lado de su esposa: le enviaba flores, cartas, habló con Amelia para interceder a su favor ante su hermana... Y es que, José Manuel nunca dejó de querer a Celia. Ni Celia a José Manuel, «*pero para bien o para mal, una fuerza interior me impide perdonar la infidelidad, el engaño, la mentira. También mi sobrino Pocho trató de reconciliarnos. Le habló, me habló. Yo lo tenía muy pensado. Di un paso con todas las consecuencias. Otras mujeres, en mi caso, tal vez habrían sido comprensivas, indulgentes. Hubieran perdonado, disculpado, hecho la vista gorda... Yo obré de acuerdo con mis principios y mi sensibilidad. Nos separamos*» (San Martín, 1984, XIII: 49).

Pese a romper su matrimonio, Celia no estaba sola. Siempre había algún pretendiente o admirador que la cortejaba. Así, al menos sucedió mientras se encontraba casada con José Manuel, ya que la galanteó Alfonso Camorra, el popularmente conocido como «rey de las paellas», en su restaurante, Riscal: «*Durante una temporada fue tarde y noche a ver la misma función. Supuse que porque le gustaba alguna de mis girls. Pero no; pronto descubrí que era yo la causa de su continua presencia en el teatro. Se le iban los ojillos detrás de mí. Aunque estuvieran presentes mi marido, mi suegra, mi cuñada... Era divertido el asedio. Y absolutamente inofensivo. Al ver que yo no reaccionaba, fue desanimándose. Ya se limitó a ser un buen amigo. Le aprecié por su humanidad y su sentido quijotesco de la amistad»* (San Martín, 1984, Epílogo: 53).

Encontrándose Celia representando *La hechicera en palacio* en el Teatro Alcázar durante la temporada de 1953, aparece en su vida el periodista del diario *Informaciones*, Francisco Lucientes, presentado a Celia por un buen amigo común, el también periodista Ángel Laborda. Al terminar una de las funciones, pasaron a su camerino. Celia ya tenía conocimiento de Lucientes, no en vano la trataba siempre de maravilla en todos y cada uno de los artículos y columnas que escribía, puesto que raro era el día en que no publicaba algo sobre ella, siempre poniéndola por las nubes: «*Eres la mejor y en mi periódico lo sabemos bien. Yo, particularmente, soy un rendido admirador tuyo». Me cayó bien Francisco Lucientes. Era atractivo, agradable, ameno. Sin olvidar lo extraordinariamente bien que me trataba en su periódico. Esto me halagaba y -a qué negarlo- era interesante. De todas maneras, no le di otra importancia al encuentro. Había conocido a un periodista simpático que me admiraba. Eso era todo. Claro que él me miró todo el tiempo de una manera muy significativa. Me di cuenta. Pero yo, recién separada de mi marido, no me encontraba con ánimos para enredarme sentimentalmente otra vez. No quería forjarme nuevas ilusiones. ¡Ya estaba bien!*» (San Martín, 1984, XIII: 53).

Celia, como otras tantas veces, se volvió a dedicar en cuerpo y alma a su profesión, pero Lucientes no le daba tregua. Iba al teatro casi a diario. Cada vez se mostraba con más afecto, descubriendo, poco a poco, sus sentimientos hacia la porteña. Algunas noches, después de la función, las hermanas Gámez Carrasco, Amelia y Celia, iban a tomar unas copas. Lucientes las invitaba insistentemente. Aquel «acoso», dio sus frutos...

A primeros de mayo de 1953 salta la noticia de que Celia Gámez, figura máxima de la revista española, acaba de firmar un ventajoso contrato en Madrid con el prestigioso empresario Francisco Muñoz Lusarreta. El convenio, que iba a durar tres años, iba a convertir al Teatro Lope de Vega en un deslumbrante marco del género lírico con deliciosos espectáculos de operetas, revistas y comedias musicales al estilo de París, Londres y Nueva York. Celia Gámez iba a comenzar sus actuaciones en el mismo a partir del próximo otoño con un nuevo y sensacional estreno. Las declaraciones de Celia a *ABC* son claras al respecto: «*Quiero continuar en el género, sin perder el estilo español, que es mío propio. Pero tengo el propósito, para mi nueva actuación, de presentar las obras como lo hacen en el Folies Bergére, en el Casino de París... Mi ilusión es montar en Madrid estos grandes espectáculos, operetas y comedias musicales con rango internacional lo que supone para mí, actuar de manera constante en ese marco excelente que es el Lope de Vega, en donde desarrollaré mis planes, y no a título de laboratorio, sino de realizaciones*» (Bayona, 1953: 31).

Pero, mientras aquél llegaba, Celia prosigue con *La hechicera* en el Alcázar... Aquel verano, volvía a ser contratada en el Gran Casino de Estoril para, a continuación, iniciar una nueva gira por distintos coliseos y ciudades españolas. Por su parte, Lucientes continúa su conquista hasta el punto de presentarse allá donde Celia va para cortejarla y colmarla de atenciones. Francisco Lucientes le escribe cartas a diario a pesar de que se veían todos los días... En una de aquellas misivas le dijo que tenía ganas de intervenir en una obra suya, que le encantaría escribirle los cantables. Lucientes, además de escribir bien, era poeta, a juzgar por las románticas cartas que destinaba a Celia y que la embelesaban. Nadie nunca le supo escribir cartas más hermosas y llenas de amor. Así que la vedette acepta y acaba nombrándolo, en primer lugar, director artístico de su compañía. Fue su primer error: «*Lucientes y su pluma primorosa no me trajeron suerte. La obra en la que colaboró* (junto al libretista Ramos de Castro y los músicos Ernesto Rosillo y Fernando Moraleda) *no obtuvo el éxito esperado. «Dólares» fue mi primer fracaso en muchos años. Pero Lucientes ya estaba en mi vida. El romance, que sería tormentoso, había comenzado*». (San Martín, 1984, XIV: 51).

La gira estival de Celia de aquel verano de 1953 recala en localidades como Segovia (donde nunca hasta entonces había actuado) o Sevilla.

Regresa a Madrid para presentarse como anunciábamos líneas atrás en el Teatro Lope de Vega el 12 de noviembre de 1953 con la reposición con carácter de reestreno de *Yola* y una remozada y nueva compañía que ella misma encabeza y a la que se integran Rafael López Somoza, Luis Prendes como galán, José Marco Davó (a quien escoge como director de escena) y prosiguen a su lado Pepita Arroyo, Elsa Arjona, Miguel Arteaga, Pepe Morales, Fuensanta Lorente, Cipriano Redondo y Pepe Santocha, entre otros.

Celia Gámez junto a sus chicas de conjunto represetando *Yola* en el Lope de Vega. Archivo del autor.

Celia tiene un ballet compuesto por 30 señoritas de conjunto, 10 bailarinas y 10 bailarines, toda una proeza llevar semejante nómina a cuestas.

El reestreno de *Yola* supone un nuevo derroche, suntuosidad y riqueza en decorado y vestuario (hay que tener en cuenta, además, que las dimensiones del escenario del Lope de Vega no eran las del Eslava donde fue estrenada originalmente), por lo que los decorados eran mastodónticos. La presentación de Celia supone una estruendosa ovación, obligándola a repetir todos los números musicales de la partitura de la celebérrima opereta, agasajándola al finalizar la misma con incontables salvas de aplausos y ovaciones e incontables ramos de flores y piropos: «Celia exhibe sobre la escena un lujo apabullante, fiel a la idea de nuestra artista, dispuesta a magnificar cada vez más sus espectáculos. Pese a todo, las miradas del público siguen convergiendo mayoritariamente en la figura de Celia, como si respondieran fielmente a la de un magnetismo poderoso y casi inextricable» (Menéndez de la Cuesta, 1995, II: 15).

La suntuosa nueva versión escénica de *Yola* procura a la compañía que los billetes se agoten a diario y sea muy complicado encontrar entrada para alguna de sus funciones. Todo Madrid habla de aquel reestreno y de la nueva compañía de ases presentada por Celia. Bien es cierto que para un espectador o lector del año 2024 como lo somos todos nosotros, quizás nos resulte algo pueril o imposible de entender aquel fenómeno, pero en una España cuyas únicas diversiones eran la radio, el cine y el teatro, poder viajar a imaginarios países de opereta era como introducirse dentro de un filme en tres dimensiones y formar parte activa del mismo: aplaudiendo, cantando, coreando las melodías interpretadas por su principal baluarte, riendo las gracias y ocurrencias de los cómicos...

Dado el tumultuoso éxito que está cosechando *Yola*, Celia decide aplazar el estreno de su nueva obra y aprovechar el tirón, dándole a la duquesa de Melburgo sus últimas representaciones el 14 de enero de 1954 para, al día siguiente, reestrenar también, completamente reformada en decorados y vestuario, *La hechicera en palacio*, a petición del público que echaba de menos a Patricia Lupio, una de las magníficas creaciones de Celia y cuyas representaciones se extenderán hasta el 9 de febrero.

Hasta este 1954, aparte de Celia Gámez, no existían en el panorama frívolo de la época vedettes que pudieran llegar a hacerle sombra a la artista argentina, por lo que ninguna podía arrebatarle el trono de indiscutible «reina» de la comedia musical. Pero surgió Queta Claver, una pizpireta y bellísma valenciana de ojos verdes que había sido catapultada a la fama gracias al comediógrafo bilbilitano José Muñoz Román dos años antes en ¡*A vivir del cuento!* y tanto crítica como público supieron ver el enorme potencial que la chica poseía convirtiéndola en una estrella de primera magnitud capaz competir con la mismísima «Perla del Plata».

Queta, era, por aquellos años, una mujer llena de vitalidad, un físico espectacular y una extraordinaria belleza. Se había convertido en uno de los referentes teatrales para la revista, por lo que, tanto en vallas como en anuncios publicitarios era anunciada constantemente: «De estudiante de Bachillerato a primera vedette del Martín».

La campaña publicitaria que rodeó el siguiente estreno de José Muñoz Román, protagonizado por Queta, fue de ésas que hacen época.

Una desaforada publicidad comenzó a inundar todo Madrid: emisiones en radio, bandas callejeras que hacían invisibles los muros más elevados, reportajes periodísticos, folletos, octavillas, donación de retratos a los propios espectadores...: «Una partitura cumbre, desbordante de inspiración, ¡la mejor! del eminente maestro José Padilla. Una vedette maravillosa, única, sensacional... Queta Claver... logran que *Ana María* sea el espectáculo cumbre de la actualidad. Interpretación genial de la mejor compañía de revistas. Una gran producción cómico-lírica presentada a ritmo de película con fastuosidad sin precedentes», afirmaban algunos anuncios publicitarios en prensa.

Ana María tenía una música elegante, vital y pegadiza compuesta por el almeriense José Padilla, a quien unió una gran amistad con la actriz y que, según cuenta la rumorología de la época, era un hombre tremendamente sencillo que intentaba colocar el número «Valencia» allá donde iba o era requerido.

Ana María constituyó uno de esos triunfos difíciles de igualar, especialmente en lo referido a su partitura, que contenía toda una amplia gama de ritmos musicales diferentes y que oscilaban desde el can-can hasta el vals, el pasodoble, bolero, *fox* o conga, todos ellos inmersos en un argumento que giraba en torno a lo soñado por un tío y un sobrino y las consecuencias que de aquél se derivaban al hacerse realidad.

Porque Queta era Ana María y Ana María era Queta. Tanto llegó a compenetrarse con su personaje y la historia que se contaba en el sainete ideado por Muñoz Román, que logró mantener el espectáculo en cartelera durante meses y meses sobrepasando con creces las mil representaciones para, posteriormente, salir de gira por provincias.

José Muñoz Román, director artístico del Teatro Martín desde 1941 en cuyo escenario había ofrecido al público madrileño el estreno de las operetas y sainetes arrevistados que constituyeron en España el éxito cumbre de su producción, artístico y taquillero de la temporada respectiva, va a conseguir que toda España disfrute con las aventuras y desventuras de su recién creado nuevo libreto.

Si el 15 de enero de 1942 llegó *Doña Mariquita de mi corazón*; el 6 de febrero de 1943, *Luna de miel en El Cairo*; el 21 de enero de 1944, *¡Cinco minutos nada menos!*; el 27 de marzo de 1948, *¡Yo soy casado señorita!* y el 1 de marzo de 1952, *¡A vivir del cuento!*, el jueves 21 de enero de 1954, décimo aniversario del estreno de *¡Cinco minutos nada menos!* (1944), Muñoz Román ofreció al público madrileño una de sus mejores y más logradas obras, no sólo en cuanto a carpintería escénica sino en cuanto a partitura musical, realizada, como anteriormente hemos afirmado, por el almeriense maestro José Padilla.

Ana María es, sin duda ninguna, uno de los libros cumbres del bilbilitano ya que poseía una originalísima construcción, era extraordinariamente graciosa en cuanto a situaciones y diálogos y lograba una perfecta sincronía entre la arrolladora interpretación de sus protagonistas y el ambiente que recreaba, logrando entusiasmar al espectador hasta el punto de hacer olvidar al mismo, el esperadísimo nuevo estreno de Celia Gámez que, si bien triunfa, no alcanzaría las cotas de popularidad y entusiasmo que otros estrenos de la indiscutible reina de la revista.

El día 11 de febrero de este 1954, tiene lugar el esperado nuevo estreno de nuestra estrella: *Dólares*, «fantasía cómico-lírica de gran espectáculo en dos partes» con libreto de Francisco Ramos de Castro y Óscar Garciela (seudónimo de Lucientes) así como música de los maestros Rosillo y Moraleda. Primera bailarina, Marilis de Lagunar. Coreografía, Juan José Ramos. Maestros directores y concertadores, José García Bernalt y Ramón Santoncha. Los modelos que lucía Celia Gámez hubieron sido confeccionados por Natalio sobre figurines de Víctor M. Cortezo y Joaquín Esparza. El resto del vestuario, sobre figurines de Víctor M. Cortezo y Joaquín Esparza confeccionados por Pepita Navarro, Pilar Díez y Manuel Hervás hijo. Sombreros y tocados, Leopoldina. Los decorados sobre bocetos de Víctor M. Cortezo y Joaquín Esparza realizados por López Sevilla, Viuda de López y Muñoz y Manuel López, propiedad de la empresa. Muebles y atrezzo, Toledano. Regidor, Esteban Túa. Apuntador, José López. Maquinista, Manuel Hornos. Representante, Carmelo Heredero.

Nos encontramos en un salón de ensayos del Gran Liceo de la Danza, prestigioso local en el que se enseña coreografía clásica, española y acrobática, y «flamenco por correspondencia», todo ello con un profesorado especial dispuesto a preparar la organización de ballets y grandes espectáculos internacionales.

Bajo la dirección de la primera bailarina del centro, las chicas ensayan un ballet. Desde un lateral Madame Susette, profesora del Liceo, observa con atención el ensayo. Una vez concluido éste, aparece en escena Lolona, sevillana salerosa que regentaba tiempo atrás una extinta casa de huéspedes en Málaga, propiedad de la dueña del Liceo, la señorita Graciela (Celia Gámez). Pero, al parecer, la denominada «Pensión malagueña» no iba demasiado bien y Graciela, por motivos que el espectador aún no conoce, decidió poner al frente del Gran Liceo de la Danza a Lolona, quien, a su vez, contrató como gerente a Calandrio Lobatón, un simpático y dicharachero ex huésped de la susodicha pensión que apenas sí pagaba el alojamiento.

Lolona, para más señas, viuda y con un hijo, Pistón, que desea ser torero tras haber intentado ser futbolista y actor, bebe los vientos por el tal Lobatón sin que éste, por supuesto, lo sepa; aunque no cesa de requebrarla con piropos y achares constantemente.

Lobatón, vástago unigénito del diplomático Conde Lobatón y de la gitana del Sacromonte, Pura la Recortá, desea fervientemente ayudar a Lolona y a su señora Graciela a ganar los veinte mil dólares que traerá el príncipe de Haragán, si participan en un concurso internacional próximo a celebrarse en Nueva York. Para ello, el príncipe ha enviado previamente a su llegada, para procurar que todo esté en orden, a Adolfo Mangolio, un caballero que continuamente se enfrenta a Lobatón por obtener la admiración de Lolona quien les revelará a ambos que su padre fue tutor de Graciela en Málaga, ciudad en la que nació, cuando ésta se quedó huérfana, y donde heredó una inmensa fortuna, sirviéndole el mencionado concurso para «echarle el lazo» al príncipe de Haragán, pero no un lazo de amor... sino de rencor... y cuyos motivos sólo los conocen el cielo y las propias Graciela y Lolona.

Al llegar el príncipe Alí-Ben, éste pide observar bailar a Graciela quien, una vez concluye su número arremete constantemente con el mandatario de Haragán, hasta el punto de citarse ambos en el hipódromo donde correrán juntos sus respectivos caballos para ganar el Gran Premio de Madrid: Prince y Brillante, respectivamente.

Pero la situación comienza poco a poco a ser insostenible cuando Graciela consiga que Alí-Ben se enamore perdidamente de ella y, en mitad de una fiesta éste le declare su amor. Hasta tal punto se encuentra el monarca prendado de la mujer que no duda un ápice en confesárselo a su hermano gemelo Alí-Pum, un auténtico tenorio que no duda en enamorar al sexo femenino, utilizarlo y luego abandonarlo. Lo que desconoce Alí-Ben es que la actuación de su hermano tiene un nombre: Charito, una malagueña que conoció de estudiante y a la que no volvió a ver más... una mujer enormemente parecida a Graciela...: «Málaga, peineta rubia/ sobre la blonda del mar./ Un encaje azul y plata/ que se perfuma de azahar./ Mujer, guitarra y palmera,/ oro vibrando en la luz,/ tan gitana y tan torera,/ prodigiosa revolera/ sal y sol de lo andaluz./ Dame tu aroma claro jazmín,/ dame tu fuego rojo clavel/ que tengo tengo/ tengo un querer/ y cómo cambia la vida/ escondida en el Perchel./ Carne de bronce, alma de lumbre/ moro y remoro por español./ Te quiero, te quiero quiero,/ ¡ay, mi malagueño amor!»

Y, por fin, llega el gran día de la competición en el hipódromo donde Mangolio, por orden de Alí-Pum ha dopado al caballo de Graciela, Brillante, para poder ganar la carrera; sin embargo, éste gana (ya que, como se descubrirá más adelante, Lobatón cambió de cuadras a los caballos tras escuchar las órdenes que su señor le daba a Mangolio) ante la sorpresa de todos los que allí se dan cita, entre ellos Pistón y Sally, secretaria de Alí-Ben, que se enamora perdidamente del futuro torero.

Pero mientras tanto, se suceden una serie de cómicos enredos protagonizados por los dos hermanos Alí que contrarían los planes de Graciela, ya que ésta está enamorada del príncipe malo y ha de desdeñar al bueno, a su vez enamorado de aquélla y, como no sabe distinguirlos opta por una solución: darle un beso a uno de ellos con un carmín perenne y pagar dos mil dólares a Mangolio para que secuestre al otro y lo lleve a su cortijo de Málaga donde, una vez allí, aclarará la situación con Alí-Pum: al parecer y, por culpa de sus andanzas tenoriescas, la hermana de Graciela, Charo, murió de amor y aquélla sólo desea vengarse...

... pero el amor, que todo lo puede, acaba redimiéndola ya que sólo ve la vida por los ojos del flechazo que siente por Alí-Ben. Será éste quien, contagiado por el amor que siente hacia Graciela la lleve hasta Nueva York donde triunfará en el teatro como gran artista que es...«Amor, amor,/ milagro de la vida,/ eterna flor de juventud, amor,/ amor delicia compartida./ Mientras me quieras tú,/ mientras me quieras tú,/ amor, amor, amor, amor».

Dólares fue una producción más al servicio de Celia Gámez donde todo era suntuoso y bello, con ciertos aires europeos, incluso, bellísimos decorados y vestuario, guapísimas chicas del conjunto y derroche de luz y color por doquier. La primera función, duró nada menos que tres horas y cuarto debido a la repetición de muchos números musicales, resaltando las críticas del día posterior al mismo la pulcritud, el buen tono, la claridad y lógica de los decorados. También se destacaron el orden y la excelsa disciplina de los conjuntos donde las chicas, siempre con la sonrisa en los labios, disfrutaban con su exhausto y nunca suficientemente reconocido trabajo, contagiando de alegría y buen humor también al público lo mismo que su principal baluarte femenina, quien «brilla por su veteranía y experiencia, que no caducidad. Quizá no baile ni cante de manera excepcional, pero cuando sale a escena, todo cobra nuevo ritmo y carácter, todo bulle y tiene donaire. Sigue, pues, como estrella merecedora por completo de la mejor ovación de la noche: la que el público le tributó al salir por vez primera» (Fernández-Cid, 1954: s.p., archivo del autor).

Con respecto al libreto, la crítica no consiguió ponerse de acuerdo, unificando el mismo criterio: abusaba de chistes, frases de doble sentido y era excesivo y reiterado al igual que la partitura, de la que no se sabía exactamente si era un charivari circense, números cómicos de zarzuela o de revista y sobraban en la misma algunos de ellos; aunque, indudablemente, se destacaron la inspiradísima serenata de «Las donjuanes», «vibrante en su composición y ejecución» como también lo fue el excepcional pasodoble «Málaga», homenaje a la ciudad andaluza que el maestro Moraleda ensalzaba encomiablemente y del que Celia hizo una interpretación realmente prodigiosa y con brío por tratarse de la tierra de sus padres o el inconmensurable bolero «Veo la vida por tus ojos», inspiradísimo, sentimental, melódico, romántico, donde Celia vivía cada palabra que pronunciaba con excelso deleite. Junto a ellos, la partitura también la componían los titulados «Preludio», «Blues del Gran Liceo de la Danza», «Himno a la juventud», «Presentación de Graciela», «Enero en Tejas», «La prisa», «Los jockeys», «Brillante vencedor», «Ejercicio oriental», «El febo», «El jardín de los pájaros», «No quiero creerte» (un tango formidablemente interpretado por Celia) y «Arco iris sobre Nueva York».

Pese a que las críticas no fueron tan excelentes como en otros anteriores espectáculos, *Dólares* gustó, brilló y el público se lo pasó formidablemente viendo a su principal protagonista luciendo aquellos sombreros y vestidos tan apabullantes con los que soñaban muchas de las espectadoras femeninas que acudían raudas a presenciar la función. Tanto es así que, algunos de los números, como «Málaga», «Las donjuanes» y «Veo la vida por tus ojos», se publicitaban con toda su letra en la prensa como un medio más de difusión, además de ser grabados por Celia en discos de pizarra en 78 r.p.m, que serían los últimos que grabaría en mencionado formato. También, como curiosidad destacaremos los trucados billetes que, de un dólar y con la efigie de la propia Celia, se regalaban a los espectadores asistentes y que corrieron como la pólvora por el Madrid de su tiempo. Hoy en día, son, sin embargo, objeto de coleccionismo y, en las escasísimas y raras ocasiones en que pueden encontrarse, su precio es realmente desorbitado. Pero *Dólares* compite con la extraordinariamente popularidad de la secretaria *Ana María* y su pegadizo estribillo, que corre por todo Madrid como la pólvora: «Dedícame una foto,/ Ana María,/ que quiero tu recuerdo,/ Ana María./ Tus ojos poder contemplar/ como si fueras mía./ Tu boca poderla besar/ y tu risa tener para mí./ Dedícame una foto,/ ¡Ana María!/ ...que quiero tu recuerdo.../ ¡Ana María!/ Entonces les digo yo así:/ ¡Ten mi fotografía.../ ...y no te olvides nunca de Ana María!»

La popularidad alcanzada por Queta Claver gracias a su interpretación, hace que corran ríos de tinta por toda España. Miles son los espectadores que acuden presurosos a guardar las interminables filas que rodean la calle de Santa Brígida para poder hacerse con una entrada y poder disfrutar de esta mítica revista. Tanto es así, que aquéllas se expenden para funciones con cinco días de anticipación por haberse vendido todas las que le precedían. Múltiples estudiantes corean el pasodoble «Secretaria bonita» al tiempo que conservan y atesoran una bella foto de la vedette valenciana con la dedicatoria a que daba título el vals de la obra... La radio emite insistentemente el estribillo del mismo para atraer más la atención del público... Todo es poco con tal de acudir al Martín a ver a Queta y su formidable creación de la simpática y dicharachera secretaria... Carteles, afiches, anuncios en prensa, vallas y muros... Madrid entero aparecía inundado con el bello rostro de la valenciana vedette...

Todo el mundo quiere a Queta. La crítica sólo tiene buenas palabras hacia ella. Los espectadores la reciben constantemente con cálidas y entusiastas ovaciones cada vez que aparece sobre el escenario. Las señoras ven en ella a una vedette con la que hasta pueden sentirse identificadas sin dañar su moral. Los estudiantes se enamoran de la valenciana, tanto es así que constantemente el gallinero del Martín se ve poblado de muchachos jóvenes... y no tan jóvenes... para aplaudirla y vitorearla, llegándola a calificar como «la novia de Madrid».

En el Martín actúa la vedette de moda. Las butacas del teatro dan la sensación de que falta sitio para albergar a tantos espectadores como entran a presenciar las aventuras de la secretaria *Ana María* a la que la prensa no dejaba de alabar, aplaudir y bendecir por cuanto aportaba de alegre y divertido al género en el que se adscribía

Mientras tanto y, no ajena al éxito de la valenciana, Celia prosigue sus actuaciones en el Lope de Vega con *Dólares*. En abril (día 30), ya son 150 las representaciones dadas, celebrándose para ello un formidable fin de fiesta con la participación de Fernanda Montel, Fernando Fernán-Gómez, y la presentación en España del famoso ilusionista egipcio Khamis con su original repertorio. La obra, qué duda cabe, constituye ciertamente, un espectáculo internacional por su deslumbradora factura, pero rebosante de españolismo, y a Madrid daba un tono ligero de gran calidad, difícilmente encontrable, por entonces, en el musical español de su tiempo. El 1 de mayo, función homenaje a los autores con motivo de las 200 representaciones, el 12, otra en honor de Celia y el 13, fin de temporada en Madrid para salir de gira por distintas provincias españolas (Zaragoza, San Sebastián, Santander, La Coruña, Barcelona, Zamora, Valencia...) con un repertorio integrado por su última creación más las reposiciones de *Yola* y *La hechicera en palacio*. La gira se prolongaría hasta dos o tres meses después del comienzo de la temporada teatral 1954-1955 y a la misma se incorporarían Carlos Casaravilla y Ana María Morales reemplazando a Rafael L. Somoza y Fuensanta Lorente, respectivamente. Pero la gira no parece marchar demasiado bien...: *«Dolares» reunía los ingredientes que garantizan un gran éxito. Pero el público, por primera vez en mi carrera, se retrajo. Me alarmé. ¿Qué había sucedido? Amigos y compañeros de confianza me dieron a entender que el causante (involuntario, naturalmente) del patinazo era* el propio Francisco Lucientes. Yo sabía que no caía bien a la compañía. Ni a las gentes del ambiente teatral. Le consideraban un intruso. Tenía un carácter muy especial, difícil e inestable. Fue, incluso, blanco de comentarios poco piadosos de compañeros suyos de profesión. Era un hombre que suscitaba envidias. Fuimos, en fin, pasto de las murmuraciones. De cara al público, cuanto se decía de nosotros dañaba seriamente mi imagen. Y, consecuentemente, mi actividad artística. Mis relaciones con Lucientes no gustaron a casi nadie. Me equivoqué. Salimos de gira por España representando mis operetas más conocidas. Lucientes se sentía incómodo al considerarse inferior a los demás. Siempre a mi lado y sin una misión concreta que cumplir. «No quiero que piensen que vivo de ti», me decía angustiado. La situación era insostenible. Entonces le hice director y gerente de la compañía. Para evitarle sufrimientos y complejos. Aumentó el estupor de todos. Las nurmuraciones se dispararon. Yo, evidentemente, había perdido los papeles. ¿Tan enamorada estaba de él? Para esta pregunta nunca encontré la respuesta adecuada» (San Martín, 1984, XIV: 51).

Al ser nombrado gerente de la compañía, Lucientes cobraba la liquidación diaria de la misma. Eran sumas muy superiores a las que él mismo hubiese ganado como periodista en el ejercicio de su profesión. Celia, al ser la empresaria, era, evidentemente, la que más dinero percibía por su trabajo. Lucientes, entonces, comienza a tener celos. No sólo de Celia, sino de todo lo que la rodeaba: de los compañeros, de los amigos, de la profesión, del teatro... Unos celos que le consumaban por completo. Además, por otro lado, José Manuel Goenaga, arrepentido, no cesaba de pedirle a Celia que reconsiderase su postura y volviera junto a él con las condiciones que ella impusiera. Sea las que fuesen. Las aceptaría sin dudarlo un instante... Pero Celia, orgullosa y cabezota, nunca daría su brazo a torcer. Así las cosas, Lucientes la convence para que lo deje todo. Absolutamente todo y se marchen a París, donde había conseguido un nuevo puesto como corresponsal de *Informaciones*. Celia, abrumada por Lucientes y por Goenaga, no se lo piensa dos veces: ¡Al diablo con todo! Disuelve la compañía a finales de 1954, encontrándose en el Teatro Ruzafa de Valencia. Rompía así con todo su pasado y toda su trayectoria como profesional del mundo del espectáculo. En París se retiraría ya definitivamente de la profesión para vivir una vida tranquila y alejada de las plumas y lentejuelas. Del estrés de las dos funciones diarias. Se acabaría trasnochar y levantarse a las tantas. ¿Quién sabe si en París estaría su destino?

Celia en el número de «Las donjuanes» de *Dólares* (1954). Archivo del autor. Foto Gyenes.

Así las cosas, la pareja se marcha a París y alquila un coqueto apartamento en la rue Au-guste Bacquerie. Un ático muy bonito. En las plantas inferiores vivían Cecil Sorel y la famosa actriz Michele Morgan. Lucientes y Celia se casan entonces por lo civil teniendo como testigos a dos amigos del periodista: «*No fue una ceremonia digna de ser recordada. Me pareció triste y fugaz. Además, aquel matrimonio no era válido en España. Accedí a él porque Paco me lo pidió insistentemente. Y porque era una manera de dar algún carácter legal, al menos en Francia, a nuestra vida en común. ¿Me casé enamorada? Creo que me casé... ilusionada. Durante algunos meses saboreé las delicias de una vida muy diferente a la vivida hasta entonces. Más sencilla y tranquila. Paco escribía sus crónicas por la mañana. Yo iba al mercado, de compras. En el metro, andando. Me gustaba mezclarme con la gente. Ser una más entre todos. Darme pequeños gustos que hasta entonces me estuvieron vedados. Por las noches salíamos a cenar. Después, presenciábamos los mejores espectáculos del «París, la nuit». Íbamos al Casino, al Folies... En el Chatelet conocí al gran tenor irunés afincado en París, Luis Mariano. [...] Mi hermana Amelia se vino a vivir con nosotros. Congenió inmediatamente con Paco. Los tres llegamos a formar una pequeña familia, unida y compenetrada. Yo estaba convencida de haber aceptado, en contra de los negros augurios de casi todos. Pero estaba equivocada. El espejismo seguía... Un día llegó una carta del señor García Ramos, el empresario del madrileno Teatro Maravillas. Ponía éste, completamente remozado, a mi disposición. Lucientes, inopinadamente, montó en cólera»* (San Martín, 1984, XIV: 52).

Uno de los billetes de 1 dólar que Celia regalaba en la representación de dicha opereta. Archivo del autor.

Pero la relación con Lucientes, para Celia, aún no había alcanzando el quebradero de cabeza tan grande que acabaría por darle. Aquél, empeñado en que no volviese a su trabajo, intentó por todos los medios alejarla más de Madrid. De Europa. Llevarla a Estados Unidos, a Nueva York, donde conseguiría otra corresponsalía:

«*A partir de ese día se sucedieron las discusiones y los disgustos. Siempre por lo mismo. La situación fue tornándose insoportable. Tras un altercado especialmente violento, abandoné nuestra casa. Me fui al Hotel Montabor. Me había salido urticaria por la tensión nerviosa a que estaba sometida. Me acordé de mi gran amigo Enrique Llovet, quien vivía en París. Le telefoné: «Enrique, estoy con fiebre... Me he disgustado con Paco... Por favor, mándame un médico». A los pocos minutos se presentó acompañado por el propio Llovet. Me quiso llevar a su casa. Pero yo, tonta de mí, volví a la mía. Junto a Lucientes. Todo fue de mal en peor. Paco, empeñado en llevarme a Nueva York. Yo, acariciando la idea de retornar a lo mío: el teatro. Ya no había solución posible. Lucientes era un «rompedor»: se le iban los ojos detrás de las mujeres. Pero, a partir de nuestros primeros disgustos; dejó de ser discreto. Las miraba y sonreía en mi presencia. Por la calle, en el restaurante. Esto me soliviantaba. Él me ofrecía disculpas inaceptables. Todo estaba perdido»* (San Martín, 1984, XIV: 51).

Efectivamente, el matrimonio acabó rompiéndose cuando, en su máximo paroxismo, Lucientes, encontrándose junto a Celia de vacaciones en Biarritz, durante el verano de 1955, brindó ante sus ojos con champán junto a otra mujer. Celia no aguantó más. Se marchó a su casa junto a Amelia. Recogió sus cosas y se trasladó en tren nuevamente hasta Madrid. Todo había terminado para Celia en Francia. Su regreso a España le depararía no pocas sorpresas y nuevos éxitos... entre ellos, el último paroxismo teatral de su brillante y ya dilatada carrera escénica...

XXIII. «SOY EL ÁGUILA DE FUEGO...» CELINDA, EL ALTER EGO DE CELIA GÁMEZ

A finales de septiembre de 1955, Celia retorna a Madrid.

Durante algo más de un año, la artista, había recibido en París la visita de numerosos amigos y compañeros en su domicilio, al mismo tiempo que se relacionada con diversas personalidades del mundo de la cultura, la literatura y el arte españoles que, afincados en Francia, le iban comentando las principales novedades que acaecían en dichos ámbitos en la península y, muy especialmente, en el ámbito teatral. Allí, precisamente en París, conocería, tal y como afirmábamos en el capítulo precedente a Luis Mariano y al autor de la música de algunas de las operetas que interpretaba: Francis López.

Fue por casualidad, que debido a la guerra, éste, hubo de nacer en Montbéliard (Doubs, Francia) en 1916. De hecho, era de origen vasco, puesto que la familia de su padre, Francisco López (nacido en Lima en 1889) se había afincado en Hendaya para practicar la odontología, habiendo emigrado a Perú como muchos vascos del siglo XIX. Su madre, Berta Jambreau también nació en América del Sur, Buenos Aires. Ésta, hija de vascos de Hendaya, regresó con su familia a esta ciudad tras la muerte de su padre. Aquí es donde conoció a su futuro marido. Francis López, después de haber perdido a su padre a la edad de cinco años, se traslada a París para realizar estudios de Medicina y convertirse en dentista como aquél. Buen pianista aficionado, tocaba por las noches en discotecas o bares del Barrio Latino para pagar parte de sus estudios, pero sin tener en cuenta una carrera musical.

Entre la abundante correspondencia que Celia recibía en París, una carta llamó especialmente su atencion. Era del empresario Luis García Ramos, quien ponía a su disposición el Teatro Maravillas de Madrid, totalmente remozado. Este hecho reavivaría sus deseos de volver a las tablas, hasta el punto de que su regreso a España se produjo de inmediato, en torno a finales de septiembre de 1955. De nuevo en Madrid, la artista tuvo ocasión de conocer una obra que su gran amigo y autor Arturo Rigel quien, en colaboración con Francisco Ramos de Castro, habían escrito pensando en ella y quedó encantada de su lectura, decidiendo rápidamente llevarla al escenario. Sólo faltaba el compositor.

Celia pensó en el maestro Padilla, pero éste se encontraba trabajando en el nuevo título que Muñoz Román había escrito pensando en Queta Claver: *La chacha, Rodríguez y su padre* y que competiría ferozmente en la cartelera madrileña con la nueva obra que meses más tarde estrenaría Celia. Excusado pues el maestro almeriense, a Celia se le ocurre contactar con Francis López quien, gustoso, atendió el requerimiento de la vedette. Así, mientras López ponía música al texto, transcurrieron días de un trabajo febril, primero eligiendo actores y ballet, examinando figurantes para el coro, diseñando decorados y vestuario; después, ensayando incansablemente para perfilar, hasta en los últimos detalles, el montaje y la puesta en escena.

A mediados de noviembre, *ABC* informa a sus lectores que Celia ya ha formado compañía para su nuevo estreno: *El águila de fuego* y en cuyo reparto figuran los primeros actores Pepe Bárcenas y Manolo Gómez Bur; las primeras vedettes, Olvido Rodríguez, Marisa de Landa y Teresita Arcos; los galanes, Lalo Maura y Marco Túnez y el actor argentino M. Oliva, como principales baluartes. Sin embargo, se le caen del cartel algunos de los actores inicialmente apalabrados. Así, Manolo Gómez Bur es sustituido por Manolito Díaz, Marco Túnez por Juan Antonio Riquelme y el resto de la compañía se integra por Olvido Rodríguez, Licia Calderón que sustituye a Marisa de Landa, Emilio Arnáiz, Andrés Jara, Margarita Gil, Maruja Argota, Mariano Rabanal, Carlos Jurado, Amparito Vélez, Raquel Carreño, Pepita R. Navarro y una jovencita vallisoletana que, andando el tiempo, estará llamada a ser la digna sustituta de la propia Celia de no haber sido porque escogió un camino diferente para desarrollar su carrera artística: Conchita Velasco:

> «Yo había oído hablar de Celia Gámez toda la vida. Desde que nací. Ya mi madre cantaba las canciones de Celia y se iba por las tardes con mi tía Carmina a ver todas sus revistas. A mí no me llevaban, pero luego me hablaban de ella. Celia Gámez gustaba mucho a las mujeres, quizás porque cuidaba mucho la ropa y porque las revistas que hacía en

la posguerra eran siempre historias de príncipes y princesas en países imaginarios, con muy buena música. [...] Me mandaron a Madrid. Fueron unos momentos angustiosos para todos nosotros, no digo que de vida o muerte, pero casi. Fue entonces cuando me enteré de que Celia Gámez estaba buscando chicas para *El águila de fuego,* y ni corta ni perezosa me presenté en su casa con un abrigo que mi madre me sacaba todos los años y que poco a poco se había convertido en un chaquetón. Un abrigo a cuadros; que no se me olvidará en la vida. Justo en el momento en que yo subía por las escaleras, ella bajaba en el ascensor. Aún así, toqué el timbre y hablé con el representante que me dijo que ya estaban elegidas todas las chicas y que además yo era muy joven, y que lo mejor que podía hacer era volverme a mi casa. Pero en ese momento Celia volvió a subir porque había olvidado los guantes. Me miró con esa mirada que tenía Celia que taladraba. «¿Qué quieres?», me preguntó. Titubeé unos momentos y finalmente le contesté que el maestro Ramos me había dicho que hacían falta tres chicas para la revista. «Pues no es cierto -me dijo-, porque ya están todas; pero, a ver: levántate las faldas». Me daba muchísima vergüenza porque en vez de liguero llevaba unas medias con unas cintas que me había puesto mi madre. Por entonces yo llevaba todavía calcetines. Es algo que contamos todas, que empezamos con calcetines, pero es la pura verdad. Le enseñé las piernas y debieron impresionarle muchísimo..., a lo mejor por las ligas de colores, porque inmediatamente me dijo: «Ve mañana al cine Amaya a las tres y que te hagan una prueba». Como puedes comprender a las tres en punto estaba en el Amaya.

[...] Todas las chicas iban con pantalones cortitos o con aquellos pantalones tobilleros que estaban de moda entonces en las comedias americanas. Yo, como era bailarina de ballet clásico, no es que me presentara con un «tu-tú», pero casi. Llevaba unas medias grises de punto que yo misma me había hecho y un *maillot*. Se conoce que eso le debió impresionar una barbaridad, porque no sólo me dio un papel en la compañía, sino que me puso la primera. La verdad es que yo bailaba muy bien... Así es como pasé a ser la primera de la fila» (Arconada, 2001: 38-39).

Al reparto se unen también un ballet inglés, Beachtung Ballet, compuesto por ocho bailarinas; cuatro actores bailarines, otras ocho actrices-maniquíes, cuatro bailarines negros (los Crai Kari Kari Dancers con Ray Lewis y Manuel Campaneira). Además, se encarga la coreografía al maestro Ramos, el vestuario a Pepita Navarro y a Pilar Díez sobre figurines de Joaquín Esparza, muebles y atrezzo a Mateos, la sombrerería a Leopoldina y zapatería a Segarra, escenografía de Bartoli-Asensi de Barcelona, un atrezzo especial a Bravo y motos vespas que cede la Agencia Vespa ubicada en la calle Alcalá 73. El espectacular vestuario que lucirá Celia, diseñado por Joaquín Esparza, es encargado a Natalio mientras que el de los actores a Manuel Hervás (hijo) y las botas del primer acto a Monteagudo. De lo bueno... lo superior.

A medida que se suceden los ensayos, la obra que, en un principio poseía dieciocho números musicales, acaban ampliados hasta los 24 más un preludio, lo que la convierte en un espectáculo de larga duración a la que habría que añadir los dieciséis cuadros que resultan del montante final en el libreto, ocho para cada uno de los dos actos en que se divide. Todo un lujo, desde luego que ya hubiesen querido para sí no pocos espectáculos foráneos.

Aunque la lectura del libreto y las pruebas de canto tienen lugar en el piso de Celia en Recoletos 23, el resto de pruebas tiene lugar en el cine Amaya: «[...] *Francis López se trasladó a Madrid. Compuso la partitura en mi casa. Se pasó horas y horas ante mi piano de cola. El primer día le ofrecí café, whisky, agua mineral... Lo que le apeteciera. Tras unos momentos de duda: «Preferiría tortilla de patatas...» Di instrucciones a mi doncella para que tuviera siempre un plato de pinchos de tortilla al alcance de la mano. No sé cuántas tortillas se comería el bueno de Francis López. Lo cierto es que le inspiraron de maravilla a juzgar por la magnífica partitura que compuso.*

Examiné a infinidad de chicos y chicas. Candidatos a ingresar en mis grupos de girls y boys. Yo no contrataba a cualquier muchacha simplemente por mona, ni a cualquier muchacho simplemente por simpático. Exigía, al margen de una figura agradable, ciertas condiciones artísticas, especialmente de canto y de baile. Tenía que reunir, asimismo, unas características humanas que me satisficieran. Luego, ya admitidos, sabían lo que les esperaba: trabajo duro, entrega absoluta, disciplina, profesionalidad a tope... y en lógica consecuencia, el éxito. Ser girl o boy de Celia Gámez era un buen trampolín para el estrellato. [...] Un botón de muestra excepcional: Conchita Velasco.

Yo, como empresaria de compañía, recibiría el sesenta por ciento del taquillaje. Era mucho dinero, porque trabajábamos a teatro lleno. Pero, lógicamente, todos los gastos de aquélla corrían de mi cuenta, empezando por la nómina de unas ochenta personas. Sin olvidar el fuerte gasto inicial del montaje. Y bien saben cuantos trabajaron conmigo o para mí que nunca fui tacaña. Al contrario. Exigía, es cierto; pero pagaba bien. Si hubiera sido menos espléndida con todo y con todos, quizá ahora tendría una fortuna. Pero posiblemente no me sentiría tan satisfecha de mi vida» (San Martín, 1984, XV: 49-51).

El 17 de diciembre, Celia es invitada a participar en un coloquio en la Escuela Oficial de Periodismo de Madrid acerca de la capa como prenda femenina de la mayor elegancia: *«La capa,* dijo, *hace a la mujer esbelta y original; muy española y yo prometo llevarla desde principio de año.Ésta que traigo hoy me la regalaron hace veinte años, cuando actuaba en Eslava y acabo de estrenarla ahora»* (ABC, 1955: 47).

El estreno de *El águila de fuego* está previsto para el miércoles 18 de enero pero, dificuldades técnicas y de montaje, hacen que aquél se aplace hasta el día siguiente: 19 de enero de 1956 en el Teatro Maravillas de Madrid a las once de la noche, en medio de una gran expectación, motivada en gran parte por la vuelta de Celia a los escenarios patrios. El éxito de público fue memorable, hasta el punto de llegar a competir con los mayores de su carrera artística, como *Las Leandras, Yola* o *La hechicera en palacio* y no digamos en la cartelera madrileña con títulos como *De pillo a pillo* en el Alcázar con el dúo Ángel de Andrés-Antonio Casal; *El vivo al bollo*, protagonizada por los siempre eficaces «chicos», Zorí, Santos y Codeso; *Ana María* con la imbatible Queta Claver en el Martín cuyas representaciones finalizarán dentro de poco para partir de gira y «dejar el camino libre» a Celia, y, dentro del teatro declamado, la policíaca *Testigo de cargo*, basada en la obra homónima de Agatha Christie, en el Infanta Isabel.

En Madrid, *El águila de fuego*, permaneció en cartel, de forma contínua y entre aclamaciones incesantes, durante nada menos que dos temporadas seguidas; además, su apoteosis en la capital española se vio trasladado también a provincias, donde no sólo recibió la misma acogida, sino que fue saludada por las críticas como el suceso teatral más relevante desde años atrás. Lo que sí es cierto y, tal y como manifestaba don Carlos Menéndez de la Cuesta (1996: 5), las críticas resultaron unánimes en sus elogios al espectáculo, a la inspirada música, a la fastuosa presentación, al extraordinario lujo exhibido, al derroche de sensibilidad y buen gusto, a la labor de todos los componentes de la compañía (los que pisaron las tablas y los que quedaron entre bastidores) y, por encima de todo lo demás, a Celia Gamez, cuyo «genio director» -según una crítica de Valencia- «...luce a sus anchas, ofreciendo un espectáculo de la más alta calidad en su género».

Alfredo Marquerie, en *ABC* (1956: 43) con motivo del estreno, tras elogiar efusivamente los diversos aspectos de la representación, finaliza su comentario con estas palabras: «Pero, como siempre, la heroína de la jornada fue Celia, que después de casi dos años de apartamiento del tablado vuelve a él con redoblado ímpetu, que canta y baila y cambia constantemente de traje y exhibe los más originales tocados e indumentarias, y que con su personal e inimitable manera de hacer, hace sonreír y reír al público y le avasalla y fascina con su simpatía y su arte. Por eso, y por el buen gusto que demuestra, una vez más, en la presentación de *El águila de fuego*, sumamos nuestros aplausos a los muchos que anoche sonaron en su honor y en su cariñosa bienvenida». Elogios sin duda merecidos por aquella Celia Gámez a la que aludía con acierto una frase publicitaria de la época: «Siempre distinta... y cada día mejor» (Menéndez de la Cuesta, 1995: 5).

El tema y el desarrollo argumental que Arturo Rigel y Francisco Ramos de Castro concibieron se abría con la figura de un Duende, personaje a caballo entre un bufón y un arlequín, cubiertos los ojos por un antifaz rojo, con las manos apoyadas en un tirso del que pendían unas cintas multicolores. Aquél permanecía unos segundos inmóvil hasta que, rompiendo la suavidad tenue de unos violines, sonaba un breve, pero vibrante trémolo de flauta a cuyo sonido el Duende, tras una ágil pirueta, rompía a hablar. Al mismo tiempo aparecían en escena tres duendecillas, una detrás de otra, por cada lateral, bailando de puntas silenciosamente, con gráciles giros, desapareciendo como entraron. El Duende presentaba la obra...

Un grupo de cazadores acaba de llegar al refugio trayendo consigo el cuerpo malherido del joven conde Claudio Polenti, entre ellos su secretario, Pío. Aquel cuenta cómo un pajaro de fuego ha caído sobre él rozando sus espalda con sus alas inmensas. Un segundo después, ardían sus ropas como la misma yesca. Huyó y, aterrado, se revolcó en la nieve. El resto de integrantes del refugio pone en entredicho las palabras de Claudio, a excepción del viejo Yacub, quien afirma que el pájaro salió de entre las montañas negras, del fondo de una caverna rocosa hecha de lava: se trata de el águila de fuego, una mujer maravillosa nacida en el misterio y maldecida por un poder sobrenatural que acompaña a la luna en su carrera y, cuando sale el sol, desaparece...

Colomba, manifiesta si algún cazador no ha intentado matarla nunca, a lo que el viejo Yacub replica que no hace falta porque no mata ni ataca a nadie... salvo al conde Polenti, único al que lo puede hacer a la par que el único que puede quitarle su maleficio. Así las cosas, Yacub cuenta la leyenda que rodea al místico animal... Tiene que ver con el primer conde Polenti, amo y señor de lo que años atrás eran esos lugares, quien tiñó de sangre azul la hoja de plata de su puñal y convirtió a una niña inocente en un águila de fuego...

    YACUB.- *Fue el conde Claudio Polenti,*
que, como vos se llamaba,
el señor de horca y cuchillo
que regía esta comarca.
Allí, en el Monte Dorado
tuvo el Conde su morada
y, al regreso de una guerra,
halló a su esposa, una dama
a la cual por sus bondades
todo el pueblo adoraba,
con una niña en los brazos...

    CLAUDIO.- ¿Hija suya?

    YACUB.- *No... salvada*
por ella. En una poterna
la encontró de madrugada
un soldado, medio muerta
de frío. La castellana
recogió, compadecida,
a la niña abandonada;
pero el Conde, al verla en brazos
de su esposa, dio en la infamia
de pensar que la Condesa
su linaje deshonrara
y, ciego de roja ira,
alzó el puñal sobre ambas.
El aya de la Condesa,
una misteriosa anciana
de quien decían que trato
con duendes y con fantasmas
tenía, se alzó ante el Conde
gritándole: «¡Si la matas
siendo inocente, o si de esta
niña la sangre derramas,
será tu perdición, Conde,
y condenarás tu alma...
El volcán Monte Dorado
volcará su ardiente lava

sobre el castillo, arrrasándole...
Tú escaparás de las llamas
y, en tanto corras el mundo
royéndote las entrañas
el remordimiento, todas
las tardes, cuando el sol caiga,
se convertirá esta niña
en una terrible águila
azul, águila de fuego
que abrasará las entrañas
del último descendiente
que de tu apellido nazca!»
Centelleantes los ojos
apartó el Conde a la anciana.
Lanzó una afrentosa injuria
a su esposa desmayada,
y su puñal, tinto en sangre,
vilmente rubricó el drama.
Entre aluviones de fuego
y entre torrentes de lava
desapareció el castillo
en cuyo lugar se alzan
allí...
...las Montañas Negras...
que son guarida del águila.

Celia Gámez en el bolero a que da título la obra. Archivo del autor.

Claudio, inmediatamente, se siente atraído por la leyenda y la maldición que pesa sobre su familia, pues él es el único que puede librar a la mujer de la maldición de sus antepasados. Yacub le indica que podrá encontrarla al amanecer en un lago al que suele acudir para bañarse, pues está escrito que el nuevo conde Polenti, será quien habrá de salvarla. Claro que la maldición únicamente puede romperse con la muerte de un descendiente de los Polenti o su amor por la mujer hechizada. Fascinado por la leyenda, Claudio recorre las montañas en compañía de su amigo Javier en busca del águila de fuego. Les siguen Pío y la doncellita Colomba, enamorada de éste, cansados de tanto buscar por el bosque. Parece que se han perdido...

Javier y Claudio, por fin dan con la cueva a donde acude el águila de fuego... y la encuentran justo al amanecer, en el momento de su transformación en ser humano, transformación que es presenciada por el conde Polenti...

(A todo foro, la cima de la montaña. Al nivel del escenario, una especie de charca de agua de nieve. El pico de la montaña al fondo, encuadrado entre los árboles frondosos cuyas ramas se entrecruzan y en el centro del cruce de dos de éstas, el águila azul, abierta las alas de su traje de plumas grises y azules, como las plumas del casquete, con visera de pico de águila y ojos brillantes a uno y otro lado de aquél, con el que cubre su cabeza.

Detrás del águila, se ven las copas de otros árboles, como si crecieran en la ladera opuesta de la montaña. Por entre estas ramas, revolotean muchos pájaros de color y tamaño diferentes. En el cielo cuya tonalidad va aclarándose lentamente, desciende la luna, hasta ocultarse totalmente. Una suave claridad, va inundando la escena, que alegran unos pájaros vistosos danzando a la charca, de la que cogen agua con las manos, tendiendo éstas votivamente al águila azul, cuyo número de presentación comienza así...)

> *Soy el águila de fuego*
> *yo soy la misma de ayer*
> *si me perdiera mañana*
> *no me dejéis de querer.*
> *En el fuego de un mal sueño*
> *veo mis alas arder;*
> *a otra vida y a otro empeño*
> *yo me siento renacer.*
> *La luna se va escondiendo,*
> *¿qué me trae el nuevo día?*

*Triste la luna me envía
con su adiós, un amor.
Soy el águila de fuego,
por el día soy mujer,
¿dónde está mi pensamiento?
Ni me importa ni lo sé.
La luna se va escondiendo,
¿qué me trae el nuevo día?
Triste la luna me envía
con su adiós, un amor.
Soy el águila de fuego,
por el día soy mujer,
¿dónde está mi pensamiento?
Ni me importa ni lo sé.*

Celinda (Celia Gámez), nombre que recibe desde ese momento la legendaria mujer y que escoge ella misma al entregarle Pío la flor del mismo nombre, es invitada por Claudio a acompañarle y convivir con él, con sus parientes y sus amigos, y acepta encantada, deseosa de conocer otros horizontes y otras sensaciones. Pío será su maestro y le enseñará a comportarse en sociedad, tendrá amigas, conocerá a otras personas y prenderá en su corazón la alegría de vivir... «Vivir, vivir, vivir/ y sentir el amor y la vida./ Vivir, vivir, vivir/ sin soñar que me encuentro vencida./ Vivir, vivir, vivir/ y verás la alegría del mundo./ Si así es, si así es,/ yo lo quiero tener a mis pies».

Comienza así para Celinda su proceso de adaptación a una nueva vida, en claro contraste entre lo salvaje y lo civilizado.

La acción se traslada ahora al jardín del moderno palacio de los Polenti donde la tía de Claudio, la condesa Dunia de la Grimpola intenta calmar a Lydia, prometida de su sobrino, quien le recrimina que aquél sólo tenga ojos para Celinda lo mismo que Javier. Ella ha pasado a segundo plano y los celos inundan su corazón. A esto llega Arturo de la Gárgola, secretario de Javier, quien bebe los vientos por la condesa y ésta no cesa de rechazarlo.

Tanto Dunia como Lydia intentan averiguar en la persona de Arturo lo que hacen Claudio y Javier con Celinda. Ésta, a la que espera Pío para darle su clase de baile, aún no ha llegado... Hasta que, de repente, se escuchan un rugido de motores. ¡Es Celinda que viene conduciendo una Vespa! Junto a ella, ocho chicas montadas en sus motocicletas correspondientes, aparecen por cada lateral del escenario...

Mientras Arturo intenta requebrar a Celinda y ésta le rechaza, Lydia le echa en cara a Claudio que pase más tiempo con aquélla que con su propia prometida. Una conversación entre ambas mujeres pondrá de manifiesto los irritantes celos de Lydia hacia Celinda, preguntándole a dónde va cada noche con Javier si, como dice, a quien ama de verdad es a Claudio, a lo que Celinda le responde que ella sólo vive de día... de día... Así las cosas, Lydia se propone regresar al parador del viejo Yacub para averiguar quién es realmente Celinda. Claudio, asombrado por los celos de su prometida, no duda en exclamar que todas las mujeres son realmente iguales...

Mientras Pío da sus clases correspondientes a Celinda, desvelándole ésta que se encuentra enamorada del conde Polenti, aquél, en compañía de Javier, ha sido arrastrado por Lydia hasta el parador donde todo comenzó. Pero algo ha cambiado. Nadie parece conocer al viejo Yacub ni la leyenda del águila de fuego. Este hecho hace que Lydia se sienta más fuerte y saboree su victoria... Es lo que ella presentía: todo se trataba de un vil engaño de Celinda para conquistar a Claudio. Pío, presente también en el refugio, defiende la humanidad, bondad y verdad sobre Celinda. Lydia, junto a Claudio y Javier sale vencedora y aquellos dos, muy apesadumbrados. ¿Será real que fue una burda mentira tramada por el viejo y Celinda? Quedándose a solas Pío y Arturo, aquél, que sigue defendiendo a su alumna, le advierte que, al final, los que van a reír serán ellos dos...

Es de noche. Los personajes se reúnen en el porche del jardín del palacio de los Polenti. Todos cantan y brindan. La Condesa y Arturo, separados. El resto, a excepción de Pío y Celinda, juntos. Celebran la victoria de Lydia.

Celinda, algo ebria, aparece en mitad de aquella reunión tambaleándose. Su estado etílico le hace despreciar a Claudio y acercarse a Javier... aunque más adelante también lo rechaza. Se siente defraudada porque ambos han creído las mentiras de Lydia. Sólo quiere vivir, sin preocupaciones, sin mentiras, sólo le gusta la vida... ¡Viva la vida!..

El acto segundo se inicia. Celinda ha acudido a su cueva para refugiarse.

Yacub le aconseja a su protegida que vuele, que vaya al mundo a jugar con ellos como ellos quisieron jugar con Celinda. Cuando Claudio vuelva a sus brazos, arrepentido, le entregará su amor y su maleficio habrá concluido. Celinda convence a Pío para que se lleve hasta a la isla de Capri a Claudio, Javier, la Condesa, Lydia y Arturo. Una vez todos allí, Pío podrá obtener el amor de la Condesa que le disputa Arturo y ella, el de Claudio. Sólo allí, podrán ser felices...: «Seré feliz, así, así/ teniendo su querer, que sí, que sí;/ y no podré vivir, vivir si está lejos de mí».

Mientras tanto, Claudio y Javier, dispuestos a volver a salir de caza, se preguntan si Celinda ha existido alguna vez o no. Pero... ¿qué mas da? Los dos la han perdido para siempre y, por lo tanto, como si no hubiese existido nunca. Celinda, mujer o ilusión, ya no interesa a Claudio... pero sí a Javier... y a Claudio, en el fondo... también. Ambos dominados por la obsesión de una mujer enloquecedora y misteriosa. Pío, enamorado de la Condesa Dunia hasta el punto de hacer monólogos en camelo cada vez que se tropieza con ella y Arturo, bebiendo los vientos también por la condesa... Sin embargo, cuanto más apesadumbrados se encuentran, aparece Lydia afirmando rotunda: «Celinda ha existido... y existe». Les mintió a todos cuando fueron al refugio de Yacub para comprobar si la leyenda era cierta o no y que todo lo hizo para abrirle los ojos a su prometido, obsesionado por la mística mujer. Pero Claudio, herido en lo más profundo, le echa en cara que por su culpa Celinda huyese y que no sabe hasta dónde la habrá arrastrado la humillación. ¿Hasta dónde? «A triunfar por el mundo a expensas de un viejo millonario que tiene a vuestra pajarita en una jaula de oro», les contestará Lydia. Y es que les ha revelado toda la verdad para que puedan comprobar lo que ella mantuvo desde un principio: que Celinda no era más que una aventurera que ahora se encuentra en Capri. Así las cosas, Claudio y Javier deciden enviar a la isla a Pío y Arturo para comprobar si es verdad; pero lo que aquellos no saben es que Lydia se propone cazar a Celinda también allí...

La acción se traslada ahora hasta la hermosa isla de Capri, a donde acaban yendo todos los personajes y en donde se encuentra la propia Celinda...: «En un paraíso de luz y color/ como en un romance el amor prendió./ Porque en esta tierra todo es ilusión/ y Capri es la ciudad del sol./ Espuma de plata parece su mar/ y sus caracolas tañen su cantar./ Laten sus sirenas como un corazón/ de tanto que saben a mar./ Yo quiero vivir en esta ciudad./ Yo quiero vivir y gozar./ Yo quiero sentir en mi piel su sol/ como si fuera el amor./ Capri es una novia que se enamoró/ y que a los amantes le dice que sí/ porque es una tierra llena de pasión/ y de sensualidad Capri».

En Capri se celebra el carnaval y todo es bullicio y algarabía. La alegría inunda todos los rincones de la isla. Allí, entre divertidas escenas donde Arturo y Pío se dejan llevar por la belleza de sus mujeres, Lydia reconocerá a Dunia que ya no le importa Claudio. Tiene un nuevo amor que bebe los vientos por ella: Arturo. Cansandos de la isla, tanto Pío como Arturo, quienes han conseguido el amor de las dos mujeres que aman, prefieren llevárselas a España... a Madrid, «lo más bonito del mundo», ¡Viva Madrid!

La acción se precipita hacia su desenlace. Celinda se topa con Claudio y Javier. Ahora es ella la valiente, la que lleva la situación. Segura de sí misma. Aquellos le espetan que han ido a buscarla para comprobar que lo que les han dicho es cierto y no una calumnia. El viejo millonario que la acompaña es una prueba de ello. Claudio le dice que él le ofreció su vida: «Una vida de dudas y temores», le contestará Celinda, quien le encara que al haberla visto junto a otro hombre, vuelva su recelo. Así las cosas, Celinda vuelve a huir herida en sus sentimientos... pero aparece el viejo millonario con el que iba: ¡Es Yacub! Sí, el viejo Yacub que les da a Javier y Claudio una última solución para conseguir el amor y la felicidad de Celinda: sólo uno de los dos, podrá obtener su cariño. Sólo el de un hombre que esté seguro de su amor por el águila de fuego, porque éste... no reparte sus alas...

Finalmente, ambos acuden a la cueva donde encontraron por vez primera a Celinda donde ha vuelto a convertirse en águila de fuego...

Javier declara su amor a Celinda, pero ésta le rechaza. Él no podrá redimirla. La ha querido mucho también y cederá su amor si ella se lo pide... Cabizbajo, desaparece y llega Claudio dispuesto a todo para salvarla... «Tú eres ya para mí,/ y yo soy ya para ti,/ y muy juntos los dos,/ para la eternidad, viviremos así...»

Claudio y Celinda quedan abrazados. Su cariño ha triunfado. Él la protegerá... pero Celinda, que aún tiene miedo, se tapa los ojos. La luna ha salido... Pero ya nadie se la va a llevar... ¡Vuelve a ser mujer y para siempre! Y ambos, agarrados el uno del otro, se besan... Ya no será la reina del mundo de las aves... ¡El águila de fuego batió las alas por última vez!...

Un espectáculo de la categoría y lujo con el que fue montado el presente, junto a su libreto, cuyo tema que, en principio, pudiera parecer nimio, latía tras él un trasfondo profundo en donde se nos manifestaba la adaptación al mundo real de seres inadaptados; pero sus autores, lejos de ahondar con seriedad y rigor en el mismo, optaron por otorgarle cierto barniz de intrascendencia y ligereza más acordes al género teatral al que se adscribía el mismo.

En cuanto a la música, y, tal como afirmaba don Carlos Menéndez de la Cuesta (1996: 7-8), «las situaciones y diversos episodios del texto no eran sino pretextos para la introducción de los números musicales [...] y aquí es donde reside una parte primordial de la fuerza de la obra, como en tantos otros espectáculos de este género, o próximos a él».

Como anunciábamos anteriormente, *El águila de fuego* poseyó veinticuatro números, doce para cada uno de sus actos más un aditamento en forma de preludio en el primero y repartidos de la siguiente forma: Acto 1º (Saludo musical de Francis López, «Duendecillos», «Cazar es el mayor placer», «Te juro, Colomba, que no puedo más», «El águila de fuego», «Vivir, vivir, vivir», «Desde que ha venido esa mujer», «Arisca condesa», «Las vespas», «Todas son iguales», «Cha, cha, chá de la risa», «Brindis», «¡Viva la vida!») y Acto 2º («Tú, tú, tú», «¡Todo va bien!», «Ballet del fuego», «Seré feliz», «¡Pim, pam, pum!», «Capri», «Dolce bambina», «Deja que la primavera...», «¡Viva Madrid!», «Maquinistas de color», «Vuelve el amor» y «¡Victoria!»). De todos ellos, tan sólo llegaron a grabarse dieciséis, de los cuales trece eran cantados y dos sólo instrumentales.

Un apartado de los mismos, según Menéndez de la Cuesta (1996: 9) lo constituiría exclusivamente el tema principal, que recibía el mismo título del espectáculo: «El águila de fuego», «un bolero de corte exótico, con una sabia interpretación de una Celia Gámez que, ataviada como un pájaro y rodeada de seres o animales fantásticos -las chicas del ballet-, contaba su hechizo con una considerable dosis de morbidez, subrayando con especial intención el carácter mistérico de la leyenda. Este motivo musical ilustra como fondo, a lo largo de la obra, diálogos y situaciones varias, e incluso cambiará su ritmo en el preludio y hacia el final de la representación, transformándose en una marcha». Celia aparecía ataviada con un hermoso traje de plumas que, según la acotación del texto era de color azul; aunque, por las distintas conversaciones mantenidas con algunos de los espectadores que presenciaron su puesta en escena, aquél, era de color rojo. Controversia que vino a acrecentarse con la salida al mercado del disco de 45 rpm. editado por Montilla-Zafiro con dos portadas: una con el traje rojo y otra en azul.

Otro grupo de números musicales parecían inspirados en la más clásica tradición de la opereta europea como el hermoso vals que interpreta Celia con su particular buen estilo, «Vivir, vivir, vivir», «expresando de manera sobradamente convincente su deseo de entregarse al conocimiento de una nueva vida»; la canción marcha «Todas son iguales», que canta Lalo Maura, rítmico y con ciertos aires franceses de cancán lo mismo que la canción que interpreta Pepe Bárcenas con cierto desenfado, «¡Todo va bien!», otorgando un toque de humor a la misma.

Un tercer grupo lo conformarían los denominados por Menéndez de la Cuesta (1996: 9-10) números de aire moderno con ritmos más recientes o que estaban en boga en el momento de estreno de la obra.

Al mismo podían adscribirse el baiao de «Las vespas», donde Celia «se mostraba como una mujer dinámica, siempre juvenil, siempre actual; aunque tal vez perjudicaba al número el afán excesivo de convertirlo en algo vertiginoso y arrollador, carácter no muy acorde con el ritmo genuino del baiao»; «¡Pim, pam, pum!», *foxtrot* desenfadado ejecutado por Licia Calderón y el conjunto de chicas con un ritmo al igual que el «Cha, cha, chá de la risa», cantado por una embriagada Celia que rozaba «el tono evasivo empleado, jocoso sin excesos, sincronizando exactamente los matices de su interpretación con la ligereza del montaje».

El cuarto grupo lo constituyen los números ambientos en Italia, interpretados cuando los personajes se encuentran en la isla de Capri: uno de ellos es la tarantela «Dolce bambina», que canta sabiamente Manolito Díaz con entrega y alegría admirables o la hermosísima serenata «Capri»,«sumamente inspirada, en la que la ciudad italiana era descrita y elogiada a los acordes de una música que, por sí sola, transportaba al espectador hacia la isla evocada; contribuía a ello la interrelación entre esa música y la composición escénica, con una suave introducción a la que seguía una aceleración calculada del ritmo, mientras tenía lugar la salida del coro» en la más clásica tradición del «¡Mírame!», de *Yola* (1941) o la «Estudiantina portuguesa», de *La hechicera en palacio* (1950), donde Celia volvía a ser dueña y señora de las tablas, romántica y apasionada, exquisita y sensual hasta rozar la perfección.

Finalmente, el último de los grupos, para Menéndez de la Cuesta, lo constituirían los de tendencias autóctonas, en donde el pasacalle «¡Viva Madrid!», con una desbordante musicalidad en la tradición de «Los nardos», de *Las Leandras* (1931) por su fuerza y ritmo exultante pleno de gracia, chispa y felicidad cuya praxis, debida a la siempre incuestionable y desbordante simpatía de Celia, alcanzó tintes descomunales de paroxismo y hubo de ser repetido hasta en tres ocasiones; junto a él, otros números como la canción «Deja que la primavera...», interpretada por Licia Calderón y las bulerías que cantan Olvido Rodríguez y Manolito Díaz, «Arisca condesa» o el excelente chotis «Seré feliz», van a manifestar las profunda tradición regionalista de los mismos matizados por las interpretaciones de los actores que los cantaron.

Estamos, por tanto, ante una partitura repleta de ritmos modernos y clásicos, llena de sensibilidad, intensidad y originalidad. Con números oriundos y foráneos limpiamente instrumentados, de un vigor y una exquisita ternura acordes al libreto en que se insertaban.

Con respecto a su puesta en escena, seguiremos el tratamiento otorgado por Menéndez de la Cuesta (1996: 11-14) en cada uno de ellos:

«-Barroco y recargado, «El águila de fuego», abigarrado hasta la extenuación mediante la disposición de figurantes y decorado en una composición claramente adscrita al *horror vacui*, pero no por ello exenta de calidades pictóricas. Con esta idea, y con su ejecución, se acentuaban el misterio y la sensualidad inherentes al número.

-Agitado y febril, «Las vespas», con el talento necesario para hacer compatibles la presencia de buen número de figurantes en escena, además de los instrumentos motorizados, con la sensación, plenamente lograda pese al relativo estatismo, de un movimiento veloz y desenfrenado, casi amenazante. Ni siquiera con los más «duros» de los «ritmos» actuales ha sido posible conseguir esa sensación.

-Elegante y cautivador, «Capri», con un maravilloso despliegue en escena, subrayaba la vena sentimental de la música, en tanto que el decorado, idealista y estilizado, contribuía notablemente a la capacidad de fascinación del número. «Capri» reforzaba su gran poder de atracción mediante el contraste con el número que le seguía, «Dolce bambina», de una alegría y un colorido sorprendentes.

-Luminoso y electrizante «¡Viva Madrid!, con una utilización espléndida de la coreografía y con la fuerza arrolladora que ya hemos comentado; visualmente, el número brillaba con los destellos del más precioso de los metales.

-Bullicioso y ensoñador «Vivir, vivir, vivir», eliminando los posibles excesos derivados del vértigo de felicidad que expresaba la protagonista por medio del «tempo» sostenido y de una contención admirable.

-Movidos y dinámicos «Todas son iguales», «¡Pim, pam, pum!» y el «Cha-cha-chá de la risa», con un empleo del espacio que permitía la resolución de los cuadros con apreciable claridad y limpieza, y con un gusto por la simetría que acentuaba, en cada caso, la plasticidad del conjunto».

El águila de fuego volvió a demostrar una vez más, que Celia seguía siendo la renovadora y reina indiscutible de una modalidad teatral que casi, había inventado ella misma. En la plenitud de su arte, su singularidad como vedette, recogió conmovidas ovaciones en todas y cada una de las representaciones de esta obra dando cumplida cuenta de su magnificencia como vedette total. Una de sus chicas de conjunto, Concha Velasco, recuerda algunos momentos de su estancia en aquella compañía:

«Yo veía las nalgas de las vedettes, conocía de memoria sus traseros, pero pocas veces les vi la cara. A la única que conseguí ver de frente fue a Celia Gámez, porque era una mujer que nos miraba mucho, que nos obligaba a ir pintadas de una determinada manera. Si veía que no nos habíamos puesto colorete antes de salir a escena, nos decía: «Color, color». Es algo que se me ha quedado grabado para siempre, y de hecho ahora voy pintada como una «pepona» porque Celia tenía razón: decididamente el colorete favorece.

Pero fuera de Celia Gámez, que iba a todos nuestros ensayos y si había que trasnochar era la última en marcharse, a las demás vedettes con las que yo trabajé, jamás les vi la cara; siempre las vi de espaldas, porque nunca iban a los ensayos, llegaban al camerino envueltas en pieles, velos y tules... Así es que tendría que contar la historia de los traseros.

De ella [de Celia Gámez] aprendí la disciplina y la entrega al trabajo. Trabajábamos excesivamente y comprendo que eso ahora no se puede tolerar: había que llegar al teatro media hora antes de la función, y si no llegabas a tiempo te ponían una multa. Eso ahora no se puede hacer, pero no era nada desacertado exigir esa media hora en el camerino, que ya mucha gente no respeta y está mal. Entonces teníamos que lavarnos nuestra ropa de escena y todos los miércoles teníamos que llevar las enaguas, las bragas y todo lo demás almidonado, blanco y precioso. Eso nos lo solían hacer nuestras madres o si no, nosotras mismas en nuestras casas. Celia nos obligaba a limpiar los zapatos y a ponerlos en el escenario para pasar revista, a limpiar con Sidol los cascos guerreros que salían al final del primer acto... Todo eso a mí me ha servido mucho. Otra práctica habitual de Celia era poner multas. Ponía multas por todo: si no te reías, si no llevabas colorete, si estabas mal peinada, si llegabas tarde... Por todo. Al final de la temporada daba un premio a la que no había tenido ninguna multa, que consistía en un bolso de cocodrilo que le costaba mucho más de lo que había acumulado en multas a lo largo del año. Y además nos daba una comida y cuando levantabas la servilleta, te encontrabas con una paga extraordinaria» (Méndez Leite, 1986: 29-30).

Es cierto que Celia sobre la escena era una empresaria y directora tremendamente exigente de la que se llegaba a afirmar que tenía mal genio pero que, cuando se trabajaba con ella, ya no se quería ir de su lado; no sólo por la estabilidad y prestigio profesional que ello suponía, sino por el aprendizaje constante. Celia se portaba muy bien con los suyos. Lo único que no consentía era que los miembros de su compañía le tomasen el pelo al público. Las chicas de Celia tenían fama de disciplinadas y buenas profesionales. ¡Qué escuela de buenas artistas salieron de sus conjuntos!

Ella, tras casi treinta años de teatro, conocía a la perfección al espectador. Sabía lo que quería, lo que podía o no tener éxito y por eso, en no pocas ocasiones, daba orientaciones a músicos o libretistas. Celia, que había ganado ingentes cantidades de dinero, no era millonaria. Invertía cuanto podía en sus producciones. Cada vez más. Y, amortizar la inversión, no era nada fácil. El público era exigente y había que darle lo que pedía. De hecho, cuando estrena *El águila de fuego*, posee un almacén repleto de decorados y vestuario de quince de sus últimas producciones. Sólo tiene en propiedad el bloque de pisos de Recoletos 23. Uno suyo. Los otros, alquilados.

Celia tenía un secreto: para presentarse al úblico, poseía la gracia de renovarse y sentía la emoción de sus primeros debuts. Sólo así se explican tantos años de reinado indiscutible en un género cada vez más difícil y costoso de montar con vedettes que despuntaban enormemente como Queta Claver, Mari Luz Real, Licia Calderón, Virginia de Matos...

El águila de fuego alcanza rápidamente las doscientas representaciones el 27 de abril. Su éxito es brutal. Montilla-Zafiro, saca al mercado en formato de 33 rpm. y 45 rpm. la grabación de algunos de sus números y el público acude ávido a comprarlos.

Celia es la alegría de Madrid. Los agasajos que le tributan se suceden interminablemente y es requerida, por ejemplo, para participar en actos como el del IV Fayle Nacional Vespa «Primavera en Madrid» para actuar con algunos de sus números al mismo tiempo que vuelve a intervenir en la clásica Fiesta del Sainete, en un homenaje a las Casas Regionales del pueblo madriñeño, en un festival benéfico para recaudar fondos en la Fiesta de la Flor, en un fin de fiesta homenaje a la colectividad argentina residente en Madrid, en un homenaje en el Circo Americano a Alfredo Marqueríe, en otra función benéfica en las fiestas del Carmen junto a Tony Leblanc...

Con motivo de las 300 funciones de la obra, el 15 de junio, Radio Madrid ofrece al público español una grabación en directo de *El águila de fuego* que causó sensación y la compañía echa el cierre el 8 de julio para regresar el 7 de septiembre tras un verano de descanso y volver con el mismo ímpetu y éxito que en su primeras representaciones.

La personalidad artística de Celia en el campo de la revista española era inconfundible. Su obra alcanzaba esa perfección a la que solamente las grandes figuras artísticas, las figuras completas pueden llegar. Se dijo que en la revista española se tenía a Celia Gámez en primer lugar, en segundo lugar a Celia Gámez y así sucesivamente hasta enterarnos de que Celia Gámez era la figura imprescindible en el llamado género frívolo. Su fama es tal que, todos los domingos desde noviembre de 1955, Celia aparecía ante los micrófonos de la SER para narrar sus memorias artísticas con guión original de Arturo Rigel y Antonio Calderón. Muchos oyentes, escucharon con nostalgia las audiciones de Celia por la radio llenos de nostalgia, los jóvenes con envidia y todos con agrado y simpatía. Uno de los principales alicientes del programa era que Celia interpretaba los principales números de su vida artística junto a aquellos otros que marcaron la vida de los españoles desde su llegada a la madre patria en 1925. El maestro Cisneros, con la nutrida orquesta de Radio Madrid, acompañaba a la vedette en tan singular andadura, cuya voz, llena de gracejo y personalidad, conquistó a todos los radioyentes. En aquellos monólogos radiofónicos Celia desveló que cuando llegó a España llevaba calcetines por encima de la rodilla, pesaba cuarenta kilitos, era muy bajita y que en Buenos Aires hizo una pequeña campaña publicitaria para el «Jabón Federal» en la radio durante los domingos que, al parecer, le pagaban formidablemente bien. El programa en que intervenía consistía en una serie de *sketches* españoles que le daban pie para cantar chotis y pasodobles. Celia revelaba, también, cómo se preparaba las revistas: «*Yo no estudio el libro de la revista, lo aprendo de oído. Empezamos los ensayos, el apuntador me va dando letra y conforme veo las situaciones, así reacciono mientras que la música se me queda enseguida. Precisamente uno de los números que más dificultad tuve en aprender fue en el de «Las donjuanes» de «Dólares», que era una canción preciosa pero se me atravesó; sin embargo, el que más fácil me resultó fue el de la «Estudiantina portuguesa». En mi repertorio, yo saco la gracia cuando veo que el público puede colaborar conmigo*». En otro programa, reconoce que su mayor éxito en teatro fue *La hechicera en palacio* y que su mayor fracaso lo constituyó *La Cascada. Balneario de moda*. La obra, según ella, empezó el primer día a las once y cuarto y a las doce, ya había terminado. El público no cesó de patear la obra. También afirmaba que ella daba las ideas para diseñar los figurines que deseaba sobre la escena, que el traje con el que más agusto se había sentido era con el de estudiante de Coimbra en la «Estudiantina portuguesa» y reconocía que le gustaba hablar, representar: «*Llevo una actriz dentro de mí. Soy un poco lo contrario de lo que siempre hago: creo que soy una buena trágica. Mi forma de preparar una obra es que los autores me lean una breve sinopsis de la idea que tienen para mí de ella. Si me agrada, comienzan a escribirla de acuerdo conmigo, claro que hay otros autores que ya simplemente me envían la obra ya escrita para que la lea, directamente*».

Y las representaciones de *El águila de fuego*, prosiguen, sin mermar en popularidad... 400... 450... 500...600... 700... 800... 900... Los billetes se agotan para cada una de las dos funciones que da a diario: 18.45

y 22.45 y, para cada función especial, decenas son los colaboradores que, desinteresadamente, se prestan a aparecer en sus correspondientes fines de fiesta: Lilí Murati, Alberto Closas, Trudi Bora, Pepita San Salvador, Mary Santpere, Abe Lane, Juanita Reina, Xavier Cugat, Trini Alonso, Dick y Noppy, Elia y Paloma Fleta, Alfredo Alaria, Armando Calvo, Marujita Díaz, Gila, Antonio Lorca, Conchita Bautista, Fenando Fernán-Gómez, Raquel Rodrigo, Ángel de Andrés, Antonio Casal, José Isbert, Alberto Castillo, José Luis Pécker... hasta el domingo 9 de junio que, con 912 funciones en su haber, parte de gira por toda España para reaparecer nuevamente en el Maravillas madrileño a primeros de 1958 con más de 1400 representaciones en su haber durante una corta temporada, tras cuya finalización, prosigue la interminable gira por toda España llenando teatro tras teatro y colocando el «No hay billetes» en cada función que da.

A finales de junio de 1958, Celia anuncia, una vez más, que se retirará de los escenarios con una obra que Arturo Rigel, Jesús María de Arozamena y Francis López nuevamente en la partitura musical, le están componiendo expresamente para ella con vistas al inicio de la nueva temporada 1958-1959. Pero será ya en septiembre...

Mientras tanto, la mística leyenda de Celinda en su transformación de águila de fuego por la noche y de mujer durante el día, quedó atesorada en la mente y en el corazón de su principal baluarte femenina y en el de miles de españoles que tuvieron la fortuna de deleitarse con ella haciendo suya la máxima: «Si me perdiera mañana... no me dejéis de querer...».

XXIV. EMBAJADORA, ESTRELLA, ESCRITORA: CELIA... TRAE COLA...

S.E., la Embajadora «opereta en dos actos divididos en 25 cuadros, en prosa y verso» original de Arturo Rigel y Jesús María de Arozamena con 24 números musicales de Francis López es el nuevo título que Celia Gámez estrena en el Teatro Alcázar de Madrid el 21 de noviembre de 1958 tras los casi tres años en cartel de *El águila de fuego*.

Celia pretendía retirarse de los escenarios con esta, supuestamente, su última obra. Para ello había encargado a Aruro Rigel, cocreador del título anterior y a Jesús María de Arozamena (quien había cosechado no pocos éxitos con el guión de *El último cuplé* en 1957 para Juan de Orduña) un nuevo título para estrenar. Los mismos autores, así reconocían el peso que caía bajo sus espaldas:

> «[...] No tratamos de ponernos la venda antes de que se nos produzca la herida, que, por otra parte, si nos la merecemos, creemos que Celia, y su labor, y su montaje han de compensarla, pero sí queremos confesar que también para nosotros pesaban los antecedentes de esas obras y, por qué no decirlo, de esos éxitos, y hemos procurado apartarnos de su línea, aunque respetando nuestro propio estilo y nuestra peculiar manera de hacer. Hemos querido aparecer ante el público como autores distintos, con temas y procedimientos aún no usados por nosotros, y hemos intentado hacer una opereta, clásica en el tema, moderna en la forma y quisiéramos que eterna por su música» (palabras extraídas del programa de mano original).

En la cabecera de reparto, cómo no, la inigualable Celia que, por aquél entonces contaba ya con 53 años y, junto a ella, Carmen Olmedo, vedette cómica (Viveca), Pepe Bárcenas, primer actor (Lucilo), el nuevo galán Juan Barbará (Capitán Sergio- Arturo V de Taripania), Ángela Tamayo (Atilana), Laura Granados (Norma), Rubén García (Popón), Luis Galdós (Tientino) con la colaboración del ballet Celia Gámez, ballet *The gay girls dancers* de Londres integrado por Brigitte Hayes, Paula Davies, Joanna Lee, Xenia Newton, Elisabeth y Barbara Day, Maureen Mowbray, Pamela Mumford y la primera bailarina del Lido de París, la señorita Lucienne Denance. Todo ello daba pretexto a Francis López para desarrollar musicalmente una de sus más felices y logradas partituras y posiblemente una de las más famosas de su vida. Resultaría difícil resaltar algún número de entre los veinticuatro que poblaban el argumento de la opereta: la marcha «Yo soy la Embajadora», la canción tirolesa «¡Qué difícil resulta mandar!», el *fox* vaquero de «El caballo», el *foxtrot* «El bailón» graciosamente interpretado por Celia y Pepe Bárcenas, el célebre calypso de Trinidad «¡Vaya calor!», el beguine «*Que voulez vous?*», la canción-vals «No sé qué siento», la simpática «Canción del guau guau» con un inolvidable Rubens García, la marchiña «¿Me voy o no me voy?», la «Serenata»... pero, sobre todo, puede asegurarse que el pasodoble «¡Ay, te quiero!» y el bolero «Un beso» se hicieron prontamente muy populares entre los espectadores de esta encantadora historia. Con la coreografía de Héctor Zaraspe, la escenografía de Mampaso, maquetas y asesoría de vestuario de Joaquín Esparza, realización de decorados de Sabate y Talens, vestuario masculino obra de Manuel Hervás (hijo) y del femenino por Vargas-Ochavia, Pedro Rodríguez, Ballester, Pepita Navarro y Pilar Díez, la obra contó, además con las labores en la luminotecnia de F. Benito Delgado y, como maestro orquestador, Gregorio García Segura.

Su argumento, nos trasladaba hasta otro reino de ensueño... No era ni Jaujaria... Ni Melburgo... Ni Claritonia... Ni Taringia... ahora el lugar escogido se llamaba Taripania, imaginario país de la Europa Central, antiguo Principado y hoy República Independiente, que celebra con júbilo y algarabía la toma de posesión de su nuevo Presidente, Lucilo Perales. Éste, que empezó vendiendo miel, posteriormente cuchillas de afeitar y ahora se ha hecho el amo de la política gracias a su portentosa facilidad para hablar, ha sido elegido por votación popular gracias a la promesa que le hizo a su pueblo: suprimir los impuestos, subir los sueldos y bajar la vida; pero Lucilo es un pobre paleto de pueblo, eso sí, dotado de mucha labia, que necesita la ayuda de su prima, ahora su secretaria, la hermosa Viveca, para enfrentarse a los asuntos burocráticos que su importante puesto exige y que le resultan muy difíciles, tanto o más que mandar en su país.

Taripania espera ansiosa la llegada del Embajador de los Estados Juntitos, quien va a traer consigo leche para los niños y gasolina para los automóviles, materias casi extintas en el país. Pero, para sorpresa de todos, el Embajador tan ansiosamente esperado resulta ser una mujer. Una mujer, elegante, bella y muy inteligente, Ágatha Ratimore. Así, en un fondo de azul cielo y mar, arrimado a un muelle, se encontraba un yate lleno de banderines y gallardetes. Marineros subidos en el puente. Una pasarela desde el muelle. Cubren la misma soldados de distintos grados. Redoble de tambores. Voces de mando. ¡Fir...mes! Nuevo toque de atención de la corneta... «Yo soy/ de mi país Embajador/ y voy/ a ser mejor que el anterior./ Señora Embajadora/ se me dirá/ que siempre una señora/ estará/ dispuesta a toda hora/ de muy buen humor/ a prometer lo mejor»...

Mientras tanto, Viveca, quien acude a la pequeña estación de tren que posee Taripania para esperar a la criada que destinan al servicio de la Embajadora, se encuentra con el capitán de la Guardia Presidencial, Sergio, a quien, confidencialmente, le revela que ha de comprar a mencionada criada para que pueda informarle en todo momento de los movimientos que la Embajadora realice dentro del país. Confidencia por confidencia. El valeroso y atractivo capitán le contesta que él espera la llegada de una posible «amiguita» del Presidente. Viveca le reprende y ordena que Lucilo sólo debe ver a esa mujer de lejos; no obstante es ella, en realidad, quien manda el país, pero, una vez llega al tren, sucede un pequeño malentendido: Atilana, supuesta nueva doncella, es confundida con la «entretenida» y Norma, vivaracha francesita, con la nueva criada de la Embajadora, aunque Sergio se da cuenta a tiempo y cada una acompaña al que previamente esperaba.

Se produce entonces la presentación de credenciales de S.E., la Embajadora ante el nuevo Presidente taripanio con gran entusiasmo para todos sus allegados. Allí, Viveca le confiesa a Norma que no puede tolerar su ronroneo con Lucilo porque está enamorada de él.

Lucilo y Ágatha se apartan unos instantes del cóctel que han dado en su honor. El Presidente no cesa de tirarle los tejos a la mujer mientras ella le revela que, a cambio del dinero que ha venido a ofrecer a Taripania, ella necesita el uranio que posee el país para la llamada bomba «Pum». Ágata intenta ganarse la confianza de Lucilo invitándolo a bailar.

Viveca entonces ve a Popón, servicial ayudante de la Embajadora contratado por ésta para que haga de perro ya que, según ella, en su país escasean, y le paga dinero para que se lleve a Norma lejos del Presidente.

En el instante de darle los billetes se da cuenta de que Popón es un antiguo conocido con el que tuvo, tiempo atrás, un pequeño flirteo; pero lo que desconocen todos es que tanto Popón como Norma son dos «conspiradores» dispuestos a aprovecharse de cualquier incauto que se cruce en su camino y que les dé algo de comer. Su misión: intentar restaurar el Principado echando al Presidente de su puesto. Para ello, Popón paga una cantidad de dinero a Atilana de tal forma que ésta le dé a Viveca los informes que a su vez Popón le haya previamente dado. Claro que Popón bebe también los vientos por Ágatha... «es como si estuvieras frente al fuego, que te quema por fuera y te mueres de frío»...

Se va a celebrar la fiesta homenaje que Taripania tiene preparada para Su Excelencia, la Embajadora. Previamente, Tientino, Jefe de Protocolo del Presidente, se cuadra correctamente ante el Capitán Sergio. ¿Por qué? Ágatha, a su vez, le llama, cuando están juntos, Arturo. Ella lo ama en secreto, pero no puede reunirse junto a él ni darle esperanzas porque le oculta algo, un oscuro secreto que Sergio se niega a desvelarle... Únicamente le confiesa que ha de dedicarse por entero a su labor. Y su labor no es otra que Taripania...

Por su parte e, intentando restaurar el Principado, Popón no cesa de ponerle artefactos bomba a Lucilo. En uno de sus intentos, el Presidente es rescatado por el propio Sergio. Éste, encarcela al terrorista y, posteriormente ordena ponerlo en libertad. Sergio, en realidad es el Príncipe Arturo V de Taripania, quien, por amor a Ágatha, no va a consentir volver al trono que legítimamente le corresponde y prefiere renunciar por amor...

Mientras tanto, Sergio no puede olvidar a la Embajadora, «Ágatha es como una nube que está muy por encima de nosotros. Aunque yo quisiera, nunca hubiera imaginado llegar a ella. Es capaz de ocultar el sol, si se lo propone. Lleva dentro toda la alegría de un cielo azul y sin embargo ha sido capaz de llorar por un hombre Yo he oído hablar a esa nube y decirme: «Te quiero». Creerá que estoy soñando, que estoy loco... Y tendrán razón todos. No podéis obedecer, no podéis estar gobernados por un loco. Yo prefiero ser esclavo de las nubes, a príncipe, amo y señor de los hombres. Dejadme soñar»...

El escenario entonces se iluminaba todo de azul, con gran perspectiva de horizonte. Se han corrido sobre los árboles del primer término dos carras que semejan troncos de árboles desnudos, con ramas sin hojas y que ocultarán la mesa y los trastos de la escena anterior. Aparece Ágatha en lo alto de la escalinata cantando la canción y la acompaña el conjunto, que viene, lentamente, subiendo las escaleras por detrás...«¡Ay, te quiero, te quiero, te quiero/ aunque no tenga razón!/ ¡Ay, que llevo, que llevo, que llevo/ al trote mi corazón!/ ¡Ay, te quiero, te quiero, te quiero!/ Mira que sin ton ni son,/ ven, que aquí te espero/ bajo el primero de los luceros,/ amor mío de mayo y de abril/ ¡Ay, te quiero! ¡Ay, te quiero!»

Una noche, mientras todos los personajes se reúnen en torno al Palacio de la Ópera de Taripania para escuchar a la gran diva Gamberrini, Popón prepara su última bomba. Entra sigilosamente en el camerino de la diva y le explica que, cuando ella cante un MI sostenido, el artefacto hará explosión; pero en lo que Popón no ha reparado ha sido en que la cantante era el propio Lucilo disfrazado.

Al día siguiente los periódicos de Taripania anuncian que su Presidente ha dimitido y se ha vuelto a restaurar el Principado. Arturo V volverá a reinar el país mientras que se desconoce si la Embajadora va a permanecer o no a su lado: «¿Me voy o no me voy?/ Por ser la que yo soy./ Mi corazón se queda si me voy/ y al que quiera se lo doy./ ¿Me voy o no me voy?/ Os debo lo que soy,/ por eso me tendréis que contestar:/ ¿Me voy o no me voy? »

Finalmente y, como en los cuentos de hadas, todo se resolverá favorablemente para sus protagonistas: Lucilo correrá al lado de la única mujer que verdaderamente lo ha amado y ha estado junto a él en los peores momentos, Viveca; por su parte, Popón y Norma conjugarán el verbo amar mientras que Arturo (Sergio) y Ágatha prometen volver a verse de nuevo porque ambos se quieren, aunque ahora no sea el momento...

Los autores de la opereta habían sabido volver a servir un texto con abundantes situaciones líricas y coreográficas que el compositor aprovechó sabiamente para componer una partitura francamente buena, inspirada, jugosa, modernísima de instrumentación y gran riqueza melódica, donde se incluían también los últimos hallazgos sincopados antillanos, afrocubanos y «jazzbandísticos», sin olvidar el trepidante «Calypso de Trinidad» que levantó al público presente en la sala del Alcázar y lo puso a bailar.

Junto con la escenografía de Mampaso y el brillante juego luminotécnico, lo que no podía dejarse pasar es el vestuario diseñado por Joaquín Esparza, elegantísimo, fastuoso, gozoso de línea y de color, y, en general, el esplendor y el lujo con que Celia Gámez montó tan soberbio espectáculo que poseía el rango y la categoría de cualquier revista internacional de primer orden. Y es que *S. E., la Embajadora* era el punto máximo a que podía aspirar cualquier revista española: lujo, modernidad, fastuosidad... un entretenido libreto y una pegadiza y brillante partitura musical. Celia Gámez, a tenor de las críticas y el buen gusto, estaba mejor que nunca.

A medida que se van sucediendo las representaciones, Celia se ve obligada a realizar algunos cambios en la nómina de intérpretes, ya que Adrián Ortega reemplaza a Pepe Bárcenas, Lalo Maura a Juan Barbará o Alfonso Goda a Luis Galdós. Con más de 400 representaciones en su haber, la obra finaliza su andadura en el Alcázar a primeros de junio de 1959 no sin antes haber celebrado una grandiosa función homenaje a su principal baluarte femenian con las intervenciones en el final de fiesta de Gloria Lasso, María Rosa, Ángel de Andrés, el trío Alegrías, la bailarina Adelina López (futura Addy Ventura), Diana Maggi e Ismael Merlo.

Como curiosidad destacaremos que, tal y como anunciábamos, Celia llevaba entre sus filas al actor Luis Galdós, canario amigo de Adelina López. Éste conocedor de su belleza, su experiencia por medio mundo y sus aptitudes para el baile, la animará a que se presente ante «la reina de la revista» para hacer una prueba, puesto que la compañía iba a salir de tournée con mencionada obra e iba a reformar parte de su ballet.

Adelina, ni corta ni perezosa, se presenta ante ella. Pero un problema acaecido en el seno de la compañía impide que ésta salga de tournée y que consiguientemente Adelina ingrese en las huestes de Celia. Pero la suerte estaba a punto de llamar a la puerta de la madrileña... Al parecer, un amigo de Luis Galdós, el diseñador Julio Torres, recomienda a Adelina a que se presente ante José Muñoz Román en el Teatro Martín. Allí, nada más verla, Muñoz Román comprende que está ante un diamante en bruto y decide, así, contratarla para su segunda compañía, que en aquellos momentos se encontraba de tournée por España llevando la exitosa *Una jovencita de ochocientos años*.

Es el verano de 1959. Celia parece ser que no sale de gira. Desconocemos los motivos que pudo tener para ello. Tan sólo la prensa anuncia que regresará a Madrid, en enero de 1960 para presentar un espectáculo antológico en el que figurarán buena parte de sus grandes éxitos musicales y con el que piensa, una vez más, retirarse de los escenarios. Aun así, es un artista imprescindible en cuantos actos es requerida: participa en un festival benéfico para recaudar fondos con motivo de las inundaciones acaecidas en Argentina y Uruguay, en un homenaje a Zorí-Santos-Codeso en La Latina, en otro festival a favor de los damnificados de Ribadelago, en otro a beneficio de Sacha Goudine, para celebrar las 150 representaciones de la obra *Juicio contra un sinvergüenza*, de Alfonso Paso; en una fiesta de caridad en el Circo Price...

La estrella trae cola, «fantasía lírica en dos partes con libro original de Antonio Quintero y Jesús María de Arozamena con una glosa de Luis Fernández Ardavín» y música de los maestros Alonso, Guerrero, Padilla, Moraleda, Francis López, Parada, Quintero, García Morcillo, Abraham, Léhar, Donato y Simons, llega al Teatro de La Zarzuela de Madrid la noche del martes 12 de enero de 1960. Celia cumplía 33 años de trabajo en España desde aquel lejano 1927 en que representase *Las castigadoras*. Ahora, tras 54 estrenos, regresaba con más brío que nunca para poner en escena, una antología de sus mejores obras. Y es que Celia era todo el espectáculo en sí. Desde su imaginación y creación hasta su praxis y realización. Los autores simplemente se habían eregido como cronistas o relatores de las épocas en que los números musicales que poblaban aquel nuevo estreno, se produjeron. Habían unido los retazos de música ya sancionada por el éxito a través de las interpretaciones de Celia o de las nuevas melodías creadas ex profeso por Padilla, Parada y Moraleda para la obra.

Hacía tiempo que los espectáculos de Celia habían dejado de ser revistas en el sentido literal de la palabra. Ella, había fundado un nuevo modo y una nueva categoría en el teatro musical superándose en cada nuevo espectáculo. Con la dirección de Lola Rodríguez de Aragón, quien, tras el cese de José Tamayo, había presentado a la Sociedad General de Autores una petición para hacerse cargo del Teatro de La Zarzuela a partir de la temporada 1958-1959. Lola, soprano de intachable eficacia y fundadora a su vez de la Escuela Superior de Canto y creadora del Coro Nacional, se hace cargo como empresaria y directora de mencionado coliseo. Cuando Celia le propone acoger su nuevo espectáculo, Lola no puede sentir más que una enorme alegría ante aquella proposición. Acompañan en esta ocasión a la estrella porteña su inseparable Pepe Bárcenas, Olvido Rodríguez, Teresita Silva (que no llegó a debutar, puesto que la mañana del estreno sufrió una trombosis que acabó con su vida, siendo inmeditamente reemplazada por Tony Soler), Juan Barbará, Carlota Bilbao, Mauricio Lapeña, Enrique Alippi y Yolanda Otero además del ballet alemán «Schulte», el ballet español «Celia Gámez» con las primeras bailarinas Lucía Martos y Margot Kliche, las tiples (Manolita Bárcenas, Pepita Ródenas y Mara Goyanes) y los actores, Carlos Jurado, Juan Ocaña, Andrés Jara, Luis G. Romero junto a los coros del Teatro de La Zarzuela.

Con la coreografía de Alberto Portillo, bocetos de decorados de Emilio Burgos llevados a cabo por López Sevilla y viuda de López y Muñoz, fugurines y asesoría de vestuario de Joaquín Esparza realizado por Herrera y Ollero, Pepita Navarro, Ramón Barandiarán y Manuel Hervás (hijo) en el vestuario masculino además de los sombreros encargados a Conchita, Domingo Vicente y Angelita (los sombreros de Celia fueron realización exclusiva de Conchita Sabando y el vestuario de Herrera y Ollero), zapatería de Segarra, Albert y Borja, el espectáculo brilló desde el momento de su estreno por su suntuosidad, lujo y esplendor, triunvirato de características de todos los montados por una Celia Gámez en la plenitud de sus facultades. Más madura. Más hecha. Más mujer. Más vedette. Más cantante. Más actriz.

Acompáñenme, amigos lectores. Siéntansen en su cómoda butaca. Cierren los ojos... El telón de *La estrella trae cola*, se va a alzar...

Primera parte. El cuadro primero transcurre sobre un decorado de teatro en el que muchachos y muchachas cantan y bailan un número que se supone pertenece a la obra en cartel. Tras el baile, cantan «Serenata», de *S.E., la Embajadora* (1958). Al finalizar, se da paso al cuadro segundo que lleva por título «De telón adentro»: un pasillo o galería de las dependencias del teatro. De izquierda a derecha, una fila de grandes canastas de flores. En escena se encuentra Eleuterio (Pepe Bárcenas), portero, defendiendo a capa y espada la puerta del camerino de la estrella ante la que se aposentan un fotógrafo, un periodista y tres chicas que han intervenido en el número anterior además de Carmen, pueblerina que viene a agradecerle a Celia lo que hizo por su padre quien, antes de suididarse por culpa de su paupérrima situación, aquél se metió en el teatro dando la casualidad de que la Gámez estaba cantando el «Pichi». Al progenitor le dio por fabricar muñecos basándose en el popular personaje y se hizo rico, salvando así a toda su descendencia gracia a Celia. Junto a todos ellos, no cesan de llevar ramos y cestas de flores, incluso Narcisa de Arganda, posible futura estrella y sustituta de Celia que, amparada en su categoría, sabe cantar. Y lo demuestra ejecutando el número «¡Ay, Narcisa!», de *La ronda de las brujas* (1934) aunque con una nueva letra de Quintero y Arozamena. Acabado el mismo, el regidor informa de que la estrella ha de salir para hacer su presentación. Todos se preparan, dando así lugar al cuadro tercero, «La estrella» donde Celia interpreta el número de *El ceñidor de Diana* (1929), «¡Ya me tenéis aquí!».

Cuadro cuarto: «La llave del teatro». Fachada del teatro. Un grupo de personas espera que salga la estrella: un periodista, un fotógrafo, Carmen, una señorita que va a regalarle un reloj y Narcisa. Celia se ha quedado dentro encerrada. Precisa de un cerrajero, pero no quieren abrirle porque el teatro la necesita y ella al teatro. No puede retirarse como dice la prensa. Claro que la prensa también dice que tiene ochenta años... Aun así, Eleuterio trae una llave para abrirle la puerta. Y es que, la estrella trae cola... una cola llena de fieles admiradores que la esperan a que salga... como un grupo de muchachas que entona «Suspira, Madrid, suspira», de *Las tentaciones* (1932). Eleuterio admira tanto a la estrella que promete a la concurrencia contarles sus comienzos, lo que da pie al cuadro quinto, «El miedo es libre».

Es una noche en el Madrid de finales de los años veinte. Hay cierto barullo porque un bombero acaba de salir corriendo del teatro: al parecer, una jovencita de Argentina ha armado un revuelo enorme cantando tangos. Inmediatamente aparece Celia, quien viene huyendo por temor a que le hagan algo los espectadores. Tiene miedo, pero el bombero y Eleuterio, con el que se topa, la convencen para que regrese a escena. En el cuadro sexto, «Adiós, mi vida», el bombero del teatro entra al mando llevando consigo a una asustada Celia. Ésta se tropieza con Alberto, un compañero con el que tiene que salir a escena. Pero, es que, además, Alberto está enamorado de ella. Pero Celia lo rechaza. Acordándose de que posee una tarjeta de Eleuterio, lo llama por teléfono para ver si la puede contratar, no en vano es el dueño de una fábrica de galletas al por mayor, y tiene posibles para hacerlo. Así, pues, le canta por teléfono «A media luz».

Cuadro séptimo: «Champán para todo el mundo». Interior de un cabaret donde actúa un ballet cuyas muchachas entonan el *foxtrot* «Noche de cabaret», de *Las castigadoras* (1927). Al mismo acude Eleuterio, magnificente mecenas de Celia que ha conseguido que debute en aquel cabaret. También acuden Filo, su esposa, que desea ver a la mujer por la que su esposo bebe los vientos y en la que ha invertido todo su dinero y Colasa, la vendedora de tabaco y cerillas que no cesa de vocear su mercancía. A punto de aparecer la estrella para cantar su número, Eleuterio pide una botella de cava de «La viuda», momento en el que sale Celia y canta la celebérrima java de «Las viudas», de *Las Leandras* (1931).

Cuadro octavo: «¡Cuántas calentitas!». Telón que representa un rincón pintoresco de Madrid con muchos puestos de castañas atendidos por otras tantas muchachas guapas y castizas que cantan «Las castañeras», de *El ceñidor de Diana* (1929). Una vez concluido el número se da paso al cuadro noveno titulado «El patio del chotis» en el que unos pintorescos personajes echan en cara a Eleuterio que haya caído tan bajo y se haya arruinado por culpa de la estrella. Allí también se dan cita Lola y Colasa, dos chulas madrileñas que beben los vientos por otro, el Pichi, que acaba rifándoselas, lo que da lugar a la interpretación de los tres grandes chotis de la historia de la revista española: «La Lola», de *Las cariñosas* (1928), interpretado por Olvido Rodríguez; «La Colasa del Pavón», de *Las de Villadiego* (1933), cantado por Teresita Silva y, finalmente, «Pichi», de *Las Leandras* (1931), por Celia precedido por un hermoso diálogo en verso en el que Lola y Colasa se disputan su amor. Finalizado el número, regresa a escena el bombero clamando a gritos que la corrala está ardiendo, motivo a raíz del cual se interpreta el bailable de «Los bomberos», perteneciente a *Las tentaciones* (1932). A continuación, se da paso al cuadro número 11, «Embrujo», iniciado en una calle de una ciudad portuguesa cualquiera con el estreno del número «Flor de Portugal», original de Quintero, Padilla y Arozamena que canta Carlota Bilbao con ropas típicas del país luso. Tras su conclusión, nos encontramos a Colasa y Filo, quienes han huido hasta Portugal persiguiendo al Pichi y se topan con Eleuterio, quien ha llegado hasta allí junto a la estrella para actuar y les cuenta una verdad: « [...] el Pichi no ha existido jamás. Es el embrujo de mi estrella, es una sonrisa de arte que se vistió de mocito barriobajero para reinar en los corazones de tantas mujeres madrileñas, que por no tener de quien enamorarse, fueron las novias de una canción. No riñáis por él; seguid queriéndole porque el milagro del arte es eterno y a lo mejor le véis efectivamente pasar de nuevo ante vosotras, fundido en la gracia y en la galanura de la estudiantina de Portugal», momento que se aprovecha para dar a conocer el nuevo número, «Ronda de estudiantes» que da paso al último cuadro del primer acto titulado «Cantando como ayer», donde nos trasladamos hasta la plaza de un pueblecito portugués en el que un grupo de muchachas escuchan el canto de unos estudiantes a raíz del cual Celia entra entonando la «Estudiantina portuguesa», de *La hechicera en palacio* (1950) con el que termina la primera parte del espectáculo.

Comienza el acto segundo. Cuadro número 13, «Pasión cubana»: un lugar frondoso, como de recreo, anejo a una plantación de tabaco que se ve en segundo término. Al fondo, una edificación blanca con el tejado muy rojo. En el campo cubano, de día, entre dos palmeras, cuelga una hamaca en la que, indolentemente tendida se mece Colasa, que es ahora una dama acaudalada. A su lado, de pie, dos mulatos, Perico y José, con sombreros de palma y mambos le hacen aire con dos grandes abanicos de palmera. Delante, un grupo de muchachas de la plantación cantan el número «¡Ay, niño Pancho, galán!», de Quintero, Arozamena y el maestro Alonso, que supone un estreno. Concluido el número, Colasa, que ahora se hace llamar Nicole de Brown, es terrateniente y dueña de la mejor plantación de tabaco de Cuba gracias a haber vendido mucho tabaco durante años en el cabaret. También se nos muestra a su esposo, Hugo, quien siente celos porque Nicole haya puesto en el anillo de los puros una efigie de Pichi. Por celos hacia él, aquel dejó a la Lola y se casó con ella. Al parecer, la Celia va a hacer su acto de presentación en La Habana. Y allí que aparecen Eleuterio y su mujer Filo (ahora reformada) contando cómo la Celia, teniendo lástima de ella la metió en su compañía y fue ascendiendo poco a poco. Un criado entra de repente afirmando que llega una señora a ciento por hora y bailando el «Cachumbambé», de *Gran Revista* (1946) ataviada ricamente al modo cubano. Acabado el número, cuadro 14: «Sucede en las operetas» donde, sobre un fondo musical tenue (el número de estreno «Gran vals», de Manuel Parada) y ante las cortinas, un chambelán de una Corte imaginaria, de uniforme, afirma que hubo una vez un Príncipe, Dalmacio, que quiso abdicar en su nieto. A tal fin, celebráronse festejos en Palacio, momento que los autores aprovechan para insertar el número «Lecciones de París», de *El baile del Savoy* (1934) y dar paso al cuadro 15 que, bajo el título de «La reina del Folies» nos circunscribe a una buhardilla estudio en el París de 1910 donde se reúnen varios estudiantes, entre ellos Miguel, amor de la artista del Folies Bergére, Colette (Celia Gámez) que bebe los vientos por ella y cuya presentación en escena constituye el número de estreno «Lo que tú quieras», de Quintero, Arozamena y Moraleda. Acabado el mismo se descubre que Miguel no es un estudiante pobre sino heredero de un principado, Damacio, cuyo abuelo ha decidido abdicar en él y aquél, por amor a la artista, pretende también rechazarlo. Surge así el cuadro 16, «Sueños de amor» iniciado con la marcha «Viajar», de *La Cenicienta del Palace* (1940) y que acontece en el jardín de un hotel particular en París a donde se han dado cita un estudiante amigo de Miguel, Manolenko, que, en realidad conspira para derrocar la monarquía en su país y la Gran Duquesa Elvira, que llega con su sobrina, Irene para contraer matrimonio con el príncipe, pero éste la rechaza, cantando así aquélla «Hay otro amor», de *El baile del Savoy* (1934). También llega Luciano simulando ser Alí Caid que pretende ayudar a Irene aliándose con su doncellita Simone a casarse. Canta entonces «Las turcas saben besar», también de *El baile del Savoy* (1934). La llegada de Miguel hace que Irene comprenda que quiere a otra y acepta la situación cuando ve a Colette lo enamorada que está de su primo. Ambos cantan el *fox* «Sueños de amor», de *Yola* (1941) al tiempo que Manolenko propone en matrimonio a la Gran Duquesa Elvira.

Un nuevo cambio de estilo y decorado es el que nos trae el cuadro 17: «¡Parroquianas, parroquianas!», en un mercadillo de flores de una calle o plaza cualquiera de un barrio popular madrileño. Colasa y

Filo regentan un puesto de flores cada una pegado al de la otra e intentan vender su mercancía. Llega Eleuterio y cuenta lo sucedido: estaban en Cuba representando la opereta de amor entre Colette y el príncipe Miguel cuando se desprendió un telón encima de la Colasa y ya no pudo trabajar más, por lo que se regresó a Madrid y montó un puestecito de flores al que ha acudido para encargarle una enorme cesta de flores porque esa noche su jefa, la Celia, celebra su función de beneficio. Claro que Eleuterio, al igual que el Pichi, tampoco existe: «Es ese aliento de cariño popular que la sigue a todas partes». A continuación, llega al puesto de flores un gomoso que viene a comprarlas para todas las madrileñas, cantando a continuación una nueva canción de estreno «Las mujeres de Madrid» (original de Quintero, Arozamena y Guerrero) tras de la cual se interpreta la habanera de «La verbena de San Antonio», de *Las Leandras* (1931) por parte del coro de chulos y floristas que pululaban por los puestos. Concluido éste, se abría una cortina de fondo y daba paso a Celia para cantar el pasacalle de «Los nardos», de la anteriormente enunciada revista. Al acabar éste, telón y glosa de los personajes en forma de verso escrito por Luis Fernández Ardavín: «¡Paso a la revista!»

Concluido este cuadro 19, los anteriores personajes cantaban el *fox* «Contigo iré», de *Si Fausto fuera Faustina* (1942) para dar paso a un decorado de fantasía por el que iban saliendo diversos elementos de la compañía entonando, cada uno de ellos un motivo musical: «Un millón», de la misma revista mencionada anteriormente; «Calypso de Trinidad», de *S. E., la Embajadora* (1958); la serenata «Capri», de *El águila de fuego* (1956); «Luna de España», de *Hoy como ayer* (1945); «¡Alló, alló!», de *Vacaciones forzosas* (1946); el bolero «Soy el águila de fuego», de la revista del mismo título de 1956; «¡Quiero volar!» y «¡Mírame!», de *Yola* (1941) con el que finaliza el último cuadro de la obra y, conjuntamente la misma.

Celia Gámez volvió a dar en el clave con este nuevo espectáculo que, si bien su libreto era totalmente intrascendente, servido únicamente para concatenar los distintos cuadros y escenas que servían para lucir los diferentes números musicales que constituían la antología, *La estrella trae cola,* fue una de las obras favoritas del público que supo premiar con aplausos y ovaciones, una vez más el estilo y la inigualable clase que sobre la escena lucía su principal heroína, toda una institución en los anales del género que era ya casi una leyenda viva del mismo hacia la que miraban los nuevos rostros de la época: Mariluz Real, Esperanza Roy, Tania Doris, Vicky Lussón... Organizadora, creadora y directora,

Celia seguía animando con su sola presencia las tablas y luciéndose lo mismo en un pasacalle que en un *fox*, marcha, tango, chotis, fado o pasodoble dejando un indudable halo de nostalgia en quienes la contemplaron. Y es que Celia había dignificado un género, prácticamente lo cambió por completo otorgándole una dignidad y una impronta que no tenía.

Y es que todo brilló con luz propia en *La estrella trae cola*: desde los figurines de Esparza («lujosos, extraordinarios, valientes, llameantes») a los decorados de Burgos («prodigio de color y entonación»), la coreografía de Alberto Portillo («que supo transportar la melodía de ayer al ritmo de hoy de tal manera que, sin perder nada de su evocación, de su fragancia, de su nostalgia, los números revisteriles, tan conocidos y populares, parecían enteramente nuevos»), el libreto («que mezclaba apuntes de sainete, con apropósitos, glosas de operetas y revista») o la música (con nuevos e inéditos números) a la interpretación (de las mejores creaciones de sus artífices). Si añadimos que el lujo, la suntuosidad, el buen gusto, el sentido alegre y dinámico del espectáculo y la diversión constante, hacían de él algo que nada tenía que envidiar a los mejores del extranjero. Y qué decir de Celia que no se haya dicho a estas alturas: brillante, conmovedora, llena de simpatía y esplendor, desentumeciendo al público y haciéndole vibrar con cada una de sus apariciones en escena siendo aclamada y ovacionada (Marquerie, 1960, archivo del autor).

El nuevo éxito de Celia llegará, andando las semanas, al centenar de representaciones a primeros de marzo, para llegar a las doscientas el 23 de abril, las 300 el 10 de junio y despedirse del público madrileño el 20 de junio a causa de una afección de garganta que sufre Celia y de la que ha de operarse por el doctor García Tapia días más tarde, saliendo con bien de la intervención quirúrgica. Tras unas semanas de descanso, reinstaura su compañía y parte de gira llevando como repertorio no solamente *La estrella trae cola* sino también *S. E., la Embajadora*, incorporándose a la gira en aquella compañía, Florinda Martín Mora «Florinda Chico», quien así recordaba en sus memorias aquellos intensos meses nuevamente junto a Celia:

> «[...] Con ella y su compañía recorrí España. En los carteles estaba la revista *La estrella trae cola*. Fue un éxito. Hasta el punto de que repetimos en invierno. Llenamos los teatros. Durante la primavera representamos la obra en Málaga y coincidía con mi cumpleaños. Celia, a la que yo siempre llamaba de usted, me preguntó dónde iba

a celebrarlo. Le dije que en el teatro. Por primera vez tomé Solera 47, aunque no era bebedora; luego he aprendido lo que es la buena bebida.

Montamos unas tablas en el escenario, unos platos de patatas fritas y otros aperitivos. Lo pagó Celia. Paseaba mucho con ella y con su hermana. Recuerdo que, en Málaga, cuando caminábamos por la calle Larios, nos detuvimos ante un escaparate y vi una tela muy bonita.

Al día siguiente, en Algeciras, me encontré en mi camerino la tela que había visto en el escaparate, un perfume francés y los aperitivos; me lo había regalado Celia. Ella y su hermana me invitaron al Hotel María Cristina. Estaba un poco triste sin mi marido y mis hijas. Entonces me dijo que íbamos a celebrar el cumpleaños a solas, en el hotel, con un buen champán. Al llegar, se encendieron las luces y estaba mi marido José María, sentado en un salón. Celia le había hecho ir. No olvidé ese detalle. Era muy humana» (Pérez Mateos, 2003: 70-71).

La compañía recala, por ejemplo, en el Teatro Calderón de Barcelona donde se apostará entre el 23 de septiembre y el 10 de octubre con la absoluta complacencia de un público entregado a la nostálgica evocación presentada por la estrella porteña; desde allí partirá hasta el Gran Teatro Fleta de Zaragoza, el Apolo valenciano, el San Fernando de Sevilla... hasta regresar a Madrid para presentarse el 21 de diciembre de 1960 en el Teatro Fuencarral donde estará unas pocas semanas para proseguir la gira y recorrer Granada, Málaga, Albacete, nuevamente Barcelona, otra vez Sevilla, Huesca... Encontrándose actuando en Valencia, llegan noticias del fallecimiento del ilustre maestro Padilla. La interpretación de la «Estudiantina portuguesa», brilló con luz propia subrayada por los bravos y vivas que vitoreó la enfervorizada concurrencia que solicitó la interpretación, además, de «El relicario y «La violetera». Por donde quiera que va, los homenajes se suceden y los llenos son absolutos.

Mientras tanto, Celia piensa ya en su siguiente obra. Nada de retirarse. El escenario y el teatro son su vida y no podría vivir sin ellos y su incondicional público, de ahí que Jesús María de Arozamena junto a Luis Tejedor en la autoría del libreto y Fernando Moraleda, su querido maestro, y Federico Moreno Torroba, en la musical, le entreguen el libreto de una «comedia musical en dos actos divididos en quince cuadros», para estrenar: ¿Su título? *Colomba*, que llegará a las tablas del Teatro Alcázar de Madrid el 14 de diciembre de 1961.

Junto a Pepe Bárcenas, integran la nueva formación un jovencito Pedro Osinaga, Tony Soler, Silvia Solar, Alfonso Goda, Florinda Martín Mora, Pilar Clemens, José María Labernie, Rafael Maldonado, Yolanda

G. Otero, Manolita Bárcenas, Carlos Jurado, Luis G. Romero, Juan Amigo y Carlos Ruiz. Maestros directores y concertadores, Fernando Ruiz Aquellada, R. Fernández Blanco. Coreografía, maestro Ramos. Apuntadora, Goyita de Torres. Maquinista, Emilio Luaces. Regidor, Rafael Torres. Figurinista y asesor de vestuario, Joaquín Esparza. Bocetos de decorado, Emilio Burgos. Realización de vestuario femenino, Herrera y Ollero, Pepita Navarro, Ramón Barandiarán. Realización de vestuario masculino, Manuel Hervás (hijo), Humberto Cornejo. Sombreros, Angelita. Sombrerería masculina, Vicente. Vestuario de Celia Gámez realizado por Herrera y Ollero y Manuel Hervás (hijo). Realización de decorados, López Sevilla.

Con su nuevo estreno, Celia demostraba, una vez más, que no sólo poseía juventud física sino también artística de las que hacía alarde en el escenario donde se movía, se reía, bailaba, cantaba, interpretaba... en definitiva, daba lo mejor de sí misma. Celia era, realmente incombustible. Ahora, con *Colomba*, batía la marca de sus más sonoros triunfos a través de la esplendidez de decorado y vestido con modernas coreografías.

El clima de expectación que colmaba las butacas del Alcázar era total... Por fin, el telón se alzaba una vez más para deslumbrar con su espléndida belleza la caleidoscópica comedia musical...

La acción, en la primera década de 1900...

Pepe es un autor teatral que acaba de concluir de escribir una obra musical cuya acción transcurre en el año dos mil. Ante ello, la Estrella de la obra le deja su voz grabada en un magnetofón advirtiéndole que la obra no tendrá éxito si la hace transcurrir en esa época, puesto que nadie sabrá lo que habrá pasado entonces y ni si tan siquiera habrá vida en la Tierra. A ella se le ha ocurrido una ambientación mucho mejor, más bonita, más alegre y más cercana en el tiempo. Ambientarla en el año 1906, a lo que Pepe, iracundo, se opone; pero, a medida que la voz en *off* de la estrella le va dibujando cómo sería la obra, éste parece que va claudicando y comienza ya a imaginársela...

La acción así nos traslada hasta el Madrid de 1906, concretamente al despacho de la celebrada novelista, dramaturga y periodista Patricia Guzmán (Celia Gámez), quien escribe bajo el seudónimo de «Colomba». Allí se da cita su secretaria y amiga para todo, Charito, y su mayordomo Mariano, quien, al empezar el diálogo abre la puerta a un tal señor Genaro, que viene preguntando por la escritora.

Charito le comentará que en esos instantes se encuentra preparando una actuación en el Teatro Apolo y, si bien el recién llegado no le explica del todo sus intenciones, sí que le manifiesta quién es. Se llama Genaro Matarrubias y acaba de llegar de Valdeliebres, un pueblecito de La Mancha, con una envidiable posición económica y un gran admirador de Colomba que desea invitarla a cenar, para lo cual precisa de la ayuda de la secretaria para que interceda ante la escritora. Así, mientras charlan, también llega a la casa la linda Julieta, una artista que busca recomendación en el teatro para su novio... Hasta que llega Patricia: «Gracias amigos,/ muchas gracias/ por estar conmigo./ De mi alegría y de mi vida/ sois siempre testigos./ Tengo canciones/ y palabras que deciros/ al vuelo de mi voz./ Gracias amigos/ muchas gracias un millón de veces/ cuánto yo haga por vosotros/ me pagáis con creces/ de melodías y de aplausos/ está hecha nuestra conversación».

La llegada de Patricia es recibida con enorme nerviosismo por parte de Charito, quien conoce a su señora y sabe que, cuando su coche va deprisa, ella no destila muy buen humor precisamente. Así, expulsa rápidamente a Genaro, quien le deja un enorme ramo de flores que le había traído. Al verlas, Charito le cuenta lo sucedido, a lo que Patricia, con su habitual humor, desea burlarse del pobre Genaro para que no la vuelva a molestar más en su casa. Y, para ello, accede a cenar con él, sólo que a las doce de la noche bajo el Puente de Segovia.

La burla hace sonreír a Patricia, quien sufre en soledad sus angustias de mujer. La doctora Martín, conocedora del humor de perros que siempre posee la escritora a consecuencia de su soledad, le dice que ha de buscarse una ilusión en su vida, un hombre que la haga feliz; pues aquélla ya ha sufrido bastante...

La escritora se dirige entonces a la habitación de Alfonso, un músico bohemio novio de Julieta, para comprobar si realmente merece la pena recomendarlo. Y, satisfecha, Patricia se da cuenta al verlo, de que no todos los hombres son iguales y que los hay como el joven bohemio, amables, románticos, sinceros... ¿pero cómo averiguarlo?

Al marcharse de la casa es vista por una celosa Julieta quien, inmediatamente reprende a su novio advirtiéndole de que si lo ve junto a la escritora, no sabe de lo que es capaz de hacerle.

Haciendo, pues, caso a la doctora Martín, Patricia se disfraza de hombre y simula ser novio de Charito en un café al que acuden varios jugadores de fútbol comandados por su entrenador, Rafael, un capitán de húsares serio y muy formal en el que recae la vista de la escritora a tenor de las palabras del camarero del local: se trata de un hombre recto, al que no se le ha conocido nunca aventura con mujer alguna: «El húsar tiene su guardia/ a las puertas del Palacio Real./ El niño, el uniforme,/

hacen su guardia ya con paso muy marcial./ Avanza siempre seguro/ de su simpatía juvenil./ Viviendo de costumbre,/ sobre los cuarteles de San Gil./ En la parada la novia enamorada/ busca a los ojos del valiente capitán./ Qué piensa para su amada,/ un amoroso refrán./ Plaza de Oriente,/ eterno confidente,/ es la alegría y la esperanza de un amor;/ y seguirá el húsar que le aguarda,/ y soñará la niña que le ama/ cuando a caballo/ está frente a palacio/ en el espacio un amor descubrirá».

Viendo Rafael que Patricia (ahora Serafín) no deja de reparar en él, la convence para enrolarla a su equipo de fútbol.

También al café acude el pobre Genaro Matarrubias dispuesto a pagar alguna «pájara» para luego poder contarlo en el pueblo, ya que su cita con Patricia fue un rotundo fracaso: no llegó a acudir y encima unos gitanos le dieron una paliza y se comieron su tortilla de patatas.

Para enredar más las cosas, Genaro acude a un estudio fotográfico donde coincide con Alfonso, novio de Julita y allí, tras ver una fotografía de Patricia y entablar conversación con Pompeyo, el fotógrafo, descubre que Patricia tenía una tía a la que apodaban Rosa «la de las pieles» que, a su vez, fue amante de Genaro y con la que tuvo un hijo al que cree, viendo el retrato de Patricia vestido de hombre, que es éste, o sea, Serafín. Al recordarla, comenta cómo iba a esperarla todas las noches a la calle Mayor, en el Pretil de los Consejos, donde tiraron la bomba a los reyes el 31 de mayo...:

GENARO.- *(Recitado). Del treinta y uno de mayo*
no guardo más que un recuerdo,
y no quiero guardar más
porque ese vale ciento.
Días de las bodas reales
de gozo y de luto a un tiempo...
Me olvidé de los Jerónimos,
rico joyel más que templo;
de las calles, que alfombraban
donde no flores, el pueblo;
de los gritos y los vivas,
y del brillante cortejo...
Fue frente a Santa María
cuando restalló aquel trueno
abortado de unas flores,
cómplices sin culpa de ello.
Alarido de mil bocas,
una nube de humo denso,
caballos enloquecidos

sin jinetes, y en el suelo,
abiertas al sol las venas,
soldados, palafreneros...
Y en medio de aquel espanto,
dominando aquel infierno,
el rey, que baja del coche,
pálido, pero sereno,
el brazo por la cintura
de la reina de sus sueños.
¡Y recomendando calma
de la que era vivo ejemplo!
¡Del treinta y uno de mayo
sólo guardo ese recuerdo!

(Sobre una fantasía de carroza palatina... aparecía Celia vestida con un traje negro adornada con una flor en su pelo y otra en la mano...)

CORO
Se casa el Rey
y el pueblo se enloquece;
pues es de ley
y el Rey se lo merece.
Su novia es una española bella
escudo y fé,
doña Victoria Eugenia...

> PATRICIA
> Mira los dos regios enamorados
> diciendo adiós a uno y otro lado,
> adorador de un sol primaveral
> la bala que odia el amor
> y una mano criminal para en la Calle Mayor
> a la comitiva real.
>
> CORO
> Ha sido una bomba de tiro mortal.
>
> PATRICIA
> Entre rosas rojas de un triste rosal.
> Rey Alfonso, Rey de España,
> sabes que Madrid te adora.
> Dile a la que te acompaña
> que es nuestra reina y señora,
> que le perdone a las flores
> una maldad que no tienen
> y que mis rosas mejores
> han de estar a lo que ordenen;
> que le perdone al armiño
> que esté de sangre manchado.
> Era muy blanco el cariño,
> reina, y de rojo lo han sembrado.
>
> CORO
> Rey Alfonso, Rey de España, etc.

Tras varios encuentros y desencuentros graciosos en los que la doble personalidad de Colomba juega un papel fundamental, ésta, quien desea seguirle el juego a Genaro, vuelve a burlarse de él.

Finalmente, el pobre Monterrubio acabará en los brazos de Charito huyendo de la escritora mientras que Rafael, teniéndose burlado por Colomba, le dará un escarmiento describiéndole como un hombre juerguista y mujeriego; pero, visto el amor que aquélla le profesa, acabará confesándole la verdad. Ahora, Patricia, volverá a creer en el amor... lo mismo que Alfonso, cuyo agradecimiento hacia la escritora es tal que ha tomado su amistad por ese «algo más» que ya había visto su novia Julita quien acabará también consolándole y haciéndole ver que ella le quiere de verdad, pero no, por obligación...

Cerca de las dos y media de la madrugada terminó el estreno de *Colomba* en el Alcázar, no porque la revista fuese larga o profusa, sino porque el entusiasmo del público obligó a repetir la mayoría de los números y a que, entre tantos aplausos, Celia se viese obligada a dirigir la palabra a los espectadores que abarrotaban la sala.

La simpática y popular estrella dio las gracias al público de Madrid que con su cariño y adhesión la hacía seguir actuando a la par que también hizo elogio de todos y cada uno de sus colaboradores en el éxito del aquel nuevo estreno: los autores del libro, «que han puesto gracia y fantasía en el asunto y en el enlace de los cuadros y en el diálogo con malicia y picardía, pero sin detalles groseros ni chabacanos»; los compositores, «que han compuesto una partitura inspirada y brillante, magníficamente instrumentada y orquestada donde hay números de corte clásico y otros de línea modernísima pero todos llenos de gracia, de garbo y de alegría»; al coreógrafo, «que ha realizado un auténtico alarde de superación en el montaje coreográfico, como en la mejor revista extranjera»; al figurinista Esparza y al escenógrafo Burgos, «por su buen gusto y su concepto excelente de lo que debe ser un decorado y un vestuario de gran espectáculo» (Marquerie, 1961:7).

Al triunfo de *Colomba* contribuyeron también, qué duda cabe, el ballet *Hollyday*, «disciplinado y fogoso», las bellas modelos y los buenos intérpretes:

> «[...] Hay en *Colomba* evocaciones felices de comienzos de siglo con húsares y carrozas tomadas de otro tiempo graciosamente estilizadas y transportadas; remedos de la época heróica del fútbol con bigote y de la fotografía «Manga por hombro», parodia y caricatura de melodrama, enredo y travesti y ritmos modernos y hasta una visión colorista y elegante de la pista del circo y de sus números de caballitos.
>
> Pero, sin duda, lo mejor del espectáculo, lo que da sello, acento y timbre personalísimo es la protagonista del mismo: Celia Gámez con su enorme personalidad que le hace seguir siendo singular en el género, sin que ninguna de sus imitadoras haya podido establecer con ella parangón. Celia que canta, baila, acentúa los matices cómicos del diálogo, crea melodías con ese tono inefable del que sólo ella tiene el secreto, incansable, infatigable, con un temperamento trepidante y una simpatía arrolladora.
>
> Una vez más nos ha demostrado que para hacer triunfar la revista se necesita tener buen gusto y ganar mucho dinero. De las dos cosas es ejemplo *Colomba*, que nos redime de tanta pobretería y de tanta cochambre como tenemos que soportar en el llamado género frívolo».

Qué duda cabe que la nueva obra estrenada por Celia supuso todo un revulsivo para la vida teatral madrileña en la que compartió cartel con otros espectáculos frívolos y ligeros como *La nena y yo*, protagonizada por Gila y Mary Santpere en el Calderón; *El hijo de Anastasia*, en el Fuencarral, con Lina Morgan, Mary Begoña y Antonio Garisa; *Tres eran tres... los novios de Elena*, con Zorí, Santos, Codeso y Queta Claver en La Latina o *¡Aquí hay gata encerrada!*, en el Martín con Ángel de Andrés, Esperanza Roy, Marisa de Landa y Rubén García.

En *Colomba*, junto a los números anteriormente citados, también tuvieron cabida los titulados «La nueva revista», «Terceto», «Dueto de Patricia y Charito», «Bohemios», «Te esperaré», «Mujeres de la noche», «El lunar», «A las carreras», «Foto con pajarito» «Quinteto cómico»,«Dueto de Patricia y Genaro», «Polka de los futbolistas», «Dueto de Julieta y Alfonso» y «El circo», espectacular apoteosis en el que las chicas del conjunto simulaban ser alazanes que trotaban mientras Celia descendía desde lo alto de un trapecio coronado por lonas que simulaban ser la carpa de un circo. Todo un alarde de lujo y singularidad que cautivaba a los espectadores al tiempo que los hacía emocionar con el pasodoble «El perdón de las flores» o «Las flores son inocentes», uno de los números más hermosos que Celia cantó jamás y cuya emoción la embargaba al cantarlo al recordar la amistad que en su día tuvo con el monarca español. Se contaría años después que, durante el último espectáculo que Celia representó en España, *Nostalgia*, en 1984, don Juan de Borbón, hijo de Alfonso XIII, se emocionó al oírselo cantar a Celia. El que hubiera podido ser rey de España, le dio las gracias emocionado, mientras una lágrima resbalaba por sus mejillas. Y es que Celia era mucha Celia. Su impronta, su fuerza interna, su garra sobre la escena, conseguían emocionar a cualquier espectador con números tan solemnes y hermosos como éste.

La obra alcanzaría las 200 representaciones el 23 de marzo. Las 300, el 18 de mayo. Las 400, el 22 de junio de este 1962, fecha en que concluye las funciones para, al día siguiente, reponer una nueva versión de *S.E., la Embajadora* reformada en decorados, vestuario e intérpretes, puesto que se reintegran a la compañía Adrián Ortega, Maruja Boldoba, José María Labernié y Lalo Maura y en la que continúan actuando Alfonso Goda y Florinda Chico.

Celia, la estrella indestructible de la revista y comedia musical españolas triunfó una vez más, no sólo con su actuación infatigable en diálogo, canción y baile, sino como promotora y organizadora del nuevo espectáculo lleno de lujo, luz, alegría, impregnado de simpatía y buen gusto. Y es que Celia quería, con vistas al verano, dejar un buen sabor de boca en su público madrileño antes de iniciar una gira estival que iniciaría el 10 de julio por toda la geografía española llevando como repertorio los dos últimos títulos.

Celia cumple aquel verano 57 espléndidos años con un físico envidiable, unas energías inquebrantables, unas piernas de infarto y una mirada que seguía encandilando a la masculina concurrencia. Allá por donde quiera que va, triunfa. La crítica de Huesca la califica de «lujo elegante para la escena». La de Barcelona, de «genial y arrebatadora estrella, figura prestigiosa y relevante». Junto a ello, su labor humanitaria es digna de encomio, participando de forma desinteresada en cuantos eventos es requerida, como, entre otros muchos, por ejemplo, en una función especial en la residencia Santa Marina de la capital vizcaína para llevar un poco de su alegría a los enfermos. Además, recibe el Premio del Círculo de Bellas Artes en el apartado dedicado al terreno lírico por su labor escénica durante la temporada 1961-1962.

Ya en febrero de 1963 y, tras una extenuante gira por toda España, reaparece el 8 de febrero de 1963 en el escenario del Teatro Calderón de Madrid para continuar con las representaciones de *Colomba* en una breve temporada popular para trasladarse hasta el Teatro Funcarral más adelante representando las dos obras que lleva de repertorio, despedirse del público madrileño a finales de mayo y reemprender otra gira por las principales capitales españolas. Surge entonces en aquel verano el infundado rumor de que Celia Gámez, se retiraba (¡otra vez!) de la escena; pero parece ser que este nuevo rumor tenía todos los visos de ser certeros, pues la prensa de la época informa de que la vedette, tras finalizar su gira estival, piensa hacerlo para dedicarse única y exclusivamente a la dirección escénica y a las labores como empresaria. Así al menos lo corrobora durante el programa *Ésta es su vida* en TVE, que supone su primera incursión televisiva en este 1963.

La agitada vida de Celia Gámez necesitaba ya de un merecido descanso. Año tras año, mantenía su nombre en la devoción de jóvenes y maduros espectadores que habían asistido a sus numerosos espectáculos: «*Si me voy de la escena, es porque he cumplido largamente todas mis ilusiones de artista. No por la edad, como muchas personas piensan*» (López Nicolás, 1963: 22). Si bien es cierto que su proyecto de retirada no iba a efectuarse de la forma en que ella tenía pensado...

CODA (1963-1992)
«Si me perdiera mañana,
no me dejéis de querer...»

XXV. *¡BUENOS DÍAS, AMOR!*: EL PRIMER FRACASO DE CELIA

En honor de la admirada y popular vedette Celia Gámez, que acababa de anunciar su retirada de la escena para convertirse en empresaria y directora de espectáculos teatrales, se celebró una magna recepción en la Terraza Martini de la Ciudad Condal, mientras aquélla se encontraba actuando con su compañía durante el verano de 1963, tributándosele numerosas y calurosas manifestaciones de adhesión y cariño. A dicha recepción, que, a tenor de las informaciones aparecidas en prensa, resultó ciertamente brillante, asistieron las más destacadas personalidades de todos los estamentos barceloneses tales como la aristocracia, la alta sociedad, las artes, las letras, el teatro, el periodismo, la intelectualidad de la época... Y es que Celia no pasaba desapercibida allá por donde quiera que acudía. Tanto es así que actúa como madrina de un pequeño cachorro de león, Pils, en honor de las cervezas del mismo nombre quienes tenían instalado un puesto en la Feria de Muestras de Barcelona.

Durante aquel verano, vuelve a ser contratada por una corta temporada en el Casino de Estoril. Se presenta con *Celia Gámez Show*, donde interpreta algunos de sus números más populares y al que le siguen las intervenciones de algunas grandes estrellas del *music-hall* mundial como Chicho Gordillo, Rafael Maldonado, el ballet Les Doris Girls, Eduardo Temiño, las hermanas Celindas o la estrella del fado, María do Espirítuo Santo.

De regreso a España, y, mientras prepara los ensayos de su nueva comedia musical, supuestamente la última de su dilatada trayectoria artística, Celia aparece por segunda vez en Televisión España dentro del espacio *Comedia musical*, para intervenir en el programa titulado

Sombrero de paja, de Arozamena y Tejedor, escrito y montado especialmente para TVE y que con una duración de hora y media, se había preparado para su emisión la noche del viernes 8 de noviembre de 1963 con un reparto que incluía, junto a Celia, a Chicho Gordillo, Frankie Davis, Olvido Rodríguez y el ballet «Francia», todos ellos bajo la sabia dirección de Gustavo Pérez Puig.

Sombrero de paja no era sino una adaptación para televisión de *The Straw Hat Revue* comedia musical con bocetos en su mayoría de Max Liebman y Samuel Locke con música y letras de Sylvia Fine y James Shelton que habían llevado a cabo como un mero entretenimiento veraniego para ser estrenada en 1939. Descubierta por el productor de Broadway, Harry Kaufman, éste se encargó de trasladarla a Broadway en el Ambassador Theatre a cuyo escenario llegó el 29 de septiembre de aquel mismo año aunque dándosele tan sólo 75 funciones. Arozamena y Tejedor la adaptaron para el espacio *Comedia musical*, con la intención de poner en el ente público, los más diversos títulos musicales del género, protagonizados por Celia Gámez, eso sí, con una periodicidad aleatoria, de tal forma que la estrella pudiera compaginar las grabaciones con sus funciones teatrales. Sin embargo, aquel experimento quedó simplemente en un único título del que poco más hemos podido averiguar dada la desaparición en el archivo de RTVE de mencionada obra.

Antes de reaparecer con su nuevo espectáculo, Celia interviene, a mediados de mes, en un té benéfico que, organizado por la Marquesa de Luca de Tena, se celebró a beneficio de las enfermeras del Hospital de San Juan de Dios y al que también asistieron Lola Flores, Emma Penella, María Cuadra, Adolfo Marsillach o Gila, entre otros.

Por fin, la noche del 7 de diciembre de este 1963, Celia estrena la «revista de gran espectáculo en dos partes» con libreto de Arturo Rigel y Jesús María de Arozamena más la música del maestro Gregorio García Segura, *¡Buenos días, amor!* con la dirección escénica de un jovencito Ángel Fernández Montesinos (2008: 128-135) quien, así recordaba cómo fue su intervención en aquel montaje:

> «Yo conocí a Celia en 1963, cuando hicimos *¡Buenos días, amor!* en el Teatro de La Zarzuela, un espectáculo musical que no era ni revista ni opereta. Celia Gámez era una estrella, una legendaria Celia, que estaba en un extraño momento de su carrera artística. [...] Recuerdo que la noche que Celia estrenaba *S. E., la Embajadora*, a los estudiantes de la universidad murciana nos trajeron para estrenar en el desaparecido Teatro Goya, *La piel de nuestros dientes*, con la que habíamos ganado

no pocos premios; después del estreno, en el que, sin saberlo, se estaba gestando el comienzo de mi carrera profesional de director, nos vinimos andando y pudimos ver a todo Madrid que salía del estreno de Celia. No podía imaginar que cuatro años más tarde, iba a ser la propia Celia quien, al otro lado del teléfono, me contase su nuevo proyecto: quería hacer un gran espectáculo musical, con grandes figuras y ballets extranjeros. Así comenzó *¡Buenos días, amor!* Celia quiso probar una nueva fórmula: ella como promotora de nuevos talentos, creadora de espectáculos fastuosos, productora, como siempre, y con escasas actuaciones en el espectáculo. Así lo hicimos, y aunque figuraban otras grandes estrellas, al público no le pareció bien que la estrella, su estrella, interviniese tan brevemente, sólo en los dos finales de acto y un *sketch*. La noche del ensayo general, mientras escuchábamos en el camerino de Celia las noticias del asesinato del presidente Kennedy, yo intentaba convencerla de que debía hacer más números, pero ella me contestaba que quería probar una nueva fórmula».

Para esta ocasión, Joaquín Esparza vuelve a ser el encargado de hacer los figurines, Santiago Ontañón los bocetos de decorados de cuya realización se encargó viuda de López y Muñoz, las pieles que Celia lucía en escena se encargaron a José Luis, el vestuario recayó en Herrera y Ollero, Ballester, Manuel Hervás (hijo), Carmen de Pablos y Antonio Nieto; sombreros, Angelita y Vicente y coreografía, Ricardo Ferrante. En la parte interpretativa y, junto a Celia, la primera vedette Jovita Luna, el *chansonnier* y *showman* Chicho Gordillo, el primer actor José Luis Coll, el actor cantante de color Georg Koen junto a los también actores Yolanda Otero, Rafael Maldonado, Ángela Tamayo y María Martin con el Gran Ballet Español «Celia» con los primeros bailarines Brenda Bassi y Luis Tornin y el Gran Ballet Doriss Girls.

Es el amanecer en una ciudad cualquiera. Las gentes van y vienen para emprender su rutina. Una ciudad cualquiera, que bien podría ser Madrid o Nueva York en la que los chicos salen del gimnasio. La chicas del estudio de ballet. Amenece en una ciudad cualquiera, como todas en la que no puede faltar el amor: ¡Buenos días, amor!

A continuación, en escena, un parque. Una pareja se abraza. Pasa un guardia llamándoles la atención: los dos están casados... claro que ella con su marido... y él, con su mujer... «El amor, amigos, es el tema eterno, pero es bonito saber que el hombre es consecuente consigo mismo y no tiene otra obsesión que la mujer, y la mujer no piensa en otra cosa más que en el hombre. Los dos siguen su línea, su estilo, su ritmo y eso debiera suceder con las ciudades. Pero la ciudad, a veces, quiebra el ritmo, rompe su sinfonía y pierde su tradición. Por ejemplo, ahora no sé si decir «Buenas noches, París» o «Buenas noches, Madrid». Juzguen ustedes».

El telón deja entrever a continuación un decorado en cuya parte derecha constituyen toda una serie de trastos que recuerdan lugares típicos de la noche parisina y en la izquierda trastos de lugares conocidos madrileños. Luminosos característicos de ambas ciudades. Los trastos convergen de dentro a fuera hasta coincidir casi en un ángulo en donde un cantante entona su melodía «París-Madrid». Se da paso a un *sketch* en el que una criada pretende entrar a servir a la casa de una señora del barrio de Salamanca. El servicio está tan mal que la pobre señora no tiene más remedio que aceptar las condiciones que impone aquélla. Salvo una: no trabajará nunca en una casa donde haya niños. Claro que también le advierte a la señora que está embarazada y que su marido se encuentra trabajando en Alemania... Pasan los meses... Nace el niño... Hay visita en la casa. La señora parece más bien ahora la criada, pues consuela el llanto del bebé que sostiene entre sus brazos dándole el biberón. Llega el señor. Al parecer han adoptado al hijo de la criada. Ésta, muy digna dice que va a dejar de servir en aquella casa: ya les advirtió que no trabajaría donde hubiese niños. Fin de la historia.

El escenario cambia completamente. Nos traslada hasta otra ciudad donde un gaucho canta y toca su guitarra en mitad de la Pampa. Representa el mundo agreste del campo. Inmediatamente sale una cantaora que encarna el cosmopolitismo de la ciudad, entablándose entre ambos un diálogo donde el gaucho acaba cediendo ante las maravillas que ofrece la ciudad y que él desconoce. A continuación una divertida escena en el interior de un tranvía donde una madre pretende pagar la mitad del billete por su hijo al llevar éste pantalones cortos... claro que el niño... es todo un mocetón. Prosigue un cuadro que constituye un canto a la libertad y en el que un hombre sale de una gigantesca jaula abierta por un coro de muchachas y entona una canción, «Pobre marido».

Sale el narrador de la obra ataviado elegantemente con chaqué y sombrero de copa dispuesto a ir a las carreras de Ascot, 1914. Encarna a un modisto chismoso que cotorrea con una señora cuyo marido la engaña con una tal Bettu y que ambos van a acudir al hipódromo. Allí se dan cita Lady Güendolina, cotilla de tomo y lomo que reúne en su casa a la aristocracia para murmurar... de la aristocracia pero, ni a pesar de ello, puede casar a su hija, porque la pobre es tonta. Él es Lord Percey, quien hizo lo posible por ser nombrado ministro en el actual Gobierno y hace lo imposible por serlo en el siguiente. Todos ellos se dan cita en un decorado que simula ser una tribuna del hipódromo de Ascott donde, además, aparece Gladys, «amiguita» del citado lord. La escena transcurre entre el cotilleo generalizado y la apasionante carrera de caballos que se disputa. Finalizada la misma, el narrador nos traslada una vez más a París: «¡Buenas noches, París! ¡Buenos días, amor!» y la escena representa la entrada a un teatrillo de variedades francés en el que actúa Mistinguette. Un muchacho discute con el portero para que le deje ver a la citada estrella pero no lo consigue. Un rapidísimo oscuro nos da paso al interior del teatro donde canta y baila la bella artista quien, mientras realiza su número, se ve sorprendida por la aparición del muchacho. Éste se imagina que es su compañero de baile. Finalizado el número... oscuro. Mutación. Interior del camerino de Mintinguette: el muchacho ha conseguido entrar. Desea fervientemente que le den una oportunidad al lado de la artista. Se presenta: Maurice Chevalier.

Tras la escena, el narrador regresa y comenta que todas las ciudades han tenido su estrella durante una determinada época, pero la ciudad que paulatinamente va presentando sin nombre, sin retazos, carece de ella. Pero Madrid sí. Madrid ha tenido su reina: «Una reina que ha brillado y brilla más... mucho más que millones de luces y de espejos. Un día, dijeron, refiriéndose a ella, que la luna se había convertido en mujer; otra vez era la novia de España. Hay quien dijo que era una estrella que traía cola... la llamaron Pichi, hechicera, Yola, águila, Paloma... y en la plenitud de su reinado, quiso quitarse la corona y bajarse del trono. Nosotros no lo hemos pemritido. Queremos que suba aquí arriba, a este alto, desde donde se domina la ciudad. Que vuestros aplausos la reclamen, unidos a los míos. Y en la noche fantástica de nuestra ciudad, saludémosla con un: «¡Buenas noches, Celia!». Mientras el narrador pronuncia este discuro, los chicos del ballet habrían ido evolucionando, lenta y elegantemente sobre un fondo musical de compases del «Pichi», de «La novia de España», del «¡Viva Madrid!», de «Luna de España», de la «Estudiantina portuguesa»... Cuando el narrador está a punto de finalizar su monólogo, los chicos se colocaban en fila quedando con el brazo extendido señalando al patio de butacas y el sombrero en alto. Celia salía por el patio de butacas en ese instante entre millares de aplausos. Subía al escenario y afirmaba: *«Gracias, muchas gracias, amigos míos. Sí, es verdad, no creáis que es un truco del espectáculo. Efectivamente yo no pensaba trabajar en él, yo no pensaba salir más a un escenario, pero ellos, los autores, mi compañía, se han empeñado en que lo hiciera. Me han dicho muchas cosas muy bonitas que yo no merezco, entre otras, que vosotros no queríais que me fuera. No sé si es verdad o no es verdad. Pero... creo que sí. Creo que me tenéis algo de cariño, pero nunca podrá ser como el que yo os tengo a vosotros. Por eso, por ese gran cariño que va envuelto en la emoción de mi gratitud de muchos años, yo siempre estaré con vosotros».*

Con este número se daba paso al apoteosis donde salían todos los miembros de la compañía y finalizaba el primer acto de la obra.

La segunda parte daba comienzo con un ciclorama de noche y unas escaleras con barras pasamanos parecidas o iguales a las de Montmartre. Por ellas se deslizaban las bailarinas del ballet hasta llegar al escenario. Tras ellas, el narrador interviene en un triple decorado: dos laterales semejan sendas habitaciones (una de un hogar acomodado y la otra en un manicomio), en el medio, un cabaret donde se baila el «Turco *twist*». En los tres, distintas escenas: un señor que lee el Quijote en rústica, unos locos que se creen Napoléon y Josefina y unas chicas que alegres cantan y bailan. Nuevo oscuro. Cambio de decorado. Un telón de ventanas donde una mujer protesta ante el ruido que sale del cabaret. Voces de protesta acrecentados por la aparición de Leslie, una despampanante rubia que toca la batería en mitad de la calle secundada por un nutrido corrillo de admiradores. Dos ellos son marineros: uno negro y otro blanco que se disputan el amor de Leslie. Ésta se va con el primero. Al quedarse sólo el marinero blanco, se topan con él un grupo de turistas tratando de buscar en el libro que llevan la descripción del lugar en que se encuentran. El marinero intenta ayudarlas pero es apartado por otros muchachos jóvenes que intentan conquistar a las turistas, aunque aquellos acabarán robando las cámaras fotográficas a éstas. Se escuchan silbidos de policía. La escena ha quedado sola. Entra un fijador de carteles que pega uno de Frank Sinatra. Instantes después, el célebre cantante aparece en escena a contraluz cantando. Cuando termina su número, regresa el marinero negro quien descubre que aquel Sinatra no es sino un impostor que utiliza el nombre del artista para conquistar a las mujeres. Entra entonces Nanón, una chica de la calle, borracha, de la que se burlan el marinero y Ninón mientras canta su melancólica y triste canción. Intentan hacerla callar, pero cae desvanecida al concluir su número y la sacan de escena a medida que la luz se va apagando lentamente para dar lugar a una explicación del narrador acerca de en qué se transforman los cinco minutos de una mujer cuando hace esperar a un hombre, describiendo pormenorizadamente lo que hace seguida de la aparición de otras tres muchachas que corroboran sus afirmaciones cantando. En este cuadro interviene nuevamente Celia:

saloncito coqueto con una luz de pantalla baja sobre una mesa. Suena el teléfono. Entra Celia acompañada de un muchacho. Aquélla lo trae cogido de los hombros, cariñosamente, en apariencia. Le indica una silla junto a la mesita del teléfono. El muchacho se sienta mientras Celia atiende el teléfono al mismo tiempo que indica al joven que se desnude. Éste, mudo, sin un gesto, se levanta, saca su reloj de bolsillo y lo deja en la mesa, deja sus gafas también, empieza a aflojarse el nudo de su corbata... mientras Celia, al teléfono, sigue hablando malhumorada con un interlocutor al que le está echando una bronca... Ordena tajante al muchacho que se vista. Lo hace estoico y sin pronunciar palabra. Celia no admite el perdón de su oyente. Reordena desnudarse al joven, volviendo éste a la misma operación... hasta escuchar de labios de Celia el perdón a la persona que tiene al otro lado del hilo telefónico. Sin que ella le diga nada, vuelve a vestirse, recoge sus ropas y se sienta de nuevo. Celia sigue hablando. Vuelve la riña telefónica. Vuelta a desnudarse. Nueva reconciliación. Vuelta a vestirse. Otra bronca. Nuevo desnudo... Celia cuelga. Saca un fonendoscopio y ausculta al muchacho... en ese instante sale compungido el narrador afirmando que una chica del conjunto acaba de dar a luz y hace un llamamiento por si el padre estuviese entre el público. Uno de la orquesta se levanta. La formación ataca un número brasileño, concluido el cual, aparecía Celia cantando el último ritmo del espectáculo.

Pese a ser la reina de la revista y contar con el incondicional cariño de un público que año tras año la había seguido, pese a haber ganado mucho, muchísimo dinero y pese a haber invertido mucho, muchísimo dinero del ganado en el teatro, Celia, de 58 años, se encuentra cansada. En su casa, en la intimidad de su hogar, se encuentra agotada, hastiada, incluso. Necesita descansar. Son 38 años de teatro. Necesita descansar. Por eso tomó en serio la decisión de retirarse, de ir desapareciendo paulatinamente de la escena para promocionar grandes espectáculos y dar la portunidad a jovencitas que pudieran proseguir su estela. Las inversiones teatrales han ido mermando su economía y no digamos sus escapadas a Estoril o París. En *¡Buenos días, amor!* invirtió todo lo que tenía. Quería que fuera su retirada de la escena española. De ahí que tan sólo apareciera en los números finales de acto y en un breve *sketch* del segundo. Tras el estreno, las críticas coinciden en resaltar la presentación fastuosa. El lujo a raudales. La disciplina y rigor de sus intérpretes. La temática de la ciudad fundamentada en una serie de cuadros hilvanados por la figura de un narrador que hacía recorrer al público diversos lugares de la geografía: desde la Pampa a Estocolmo, desde Londres a Río de Janeiro, desde Nueva York a Madrid, salpicados de bonitas canciones donde lo más importante que la propia melodía en sí era el ritmo. Básicamente eran chistes escenificados, escenas llenas de pinceladas de humor blanco en las que se observaban las distintas reacciones de quienes las protagonizaban ante unos problemas determinados: apuntes, aventuras, observaciones, reacciones. Además, a ello había que añadir la pericia del joven director escénico Ángel Fernández Montesinos que marcaba con precisión, gracia y enorme desenvoltura los movimientos de todos los integrantes. Pero faltaba algo... ¿el qué? Cubrir el hueco que había dejado Celia en su intentona de evadirse paulatinamente de los escenarios. Quedaba un hueco. Algo vacío en la obra. Faltaba la presencia de Celia. ¿Una obra de Celia sin Celia?: «*[...] Yo apenas actuaba. Estaba mucho más tiempo en el camerino que en escena. El público se sintió decepcionado. Iba a verme a mí... y no me veía. La decepción del respetable propició el fracaso de «¡Buenos días, amor!* » *Yo venía acariciando la idea de ir retirándome poco a poco como vedette para dedicarme con más intensidad a la dirección de los espectáculos. El público, evidentemente, no pensaba como yo.*

Los autores y yo misma creíamos que había llegado la obra y el momento indicados de iniciar mi paso de una actividad a otra. Así pues, nos equivocamos todos, pero yo más. En días sucesivos tratamos de enmendar el error. Introdujimos tres números míos, reformamos el apoteosis final. Ya era tarde. La voz de que la Gámez salía muy poco en «¡Buenos días, amor!», se había extendido demasiado» (San Martín, 1984, XV: 52).

Pese a las palabras, lógicas, de Celia, no puede decirse que *¡Buenos días, amor!* fuera un rotundo fracaso, no vano se celebran las 101 representaciones el 18 de enero de 1964 con un extraordinario fin de fiesta en el que intervienen la pareja Antonio y Marisol interpretando un número de la película *La nueva Cenicienta*, que se estaba rodando por aquel entonces. Junto a ellos, también intervienen Conchita Velasco y Tony Leblanc. Aun así, las funciones de la nueva obra concluyen el 9 de febrero porque aquélla parece no remontar pese a la incorporaciones de cambios efectuadas en su endeble libreto.

El Teatro de La Zarzuela cierra durante unos días para acoger los ensayos de la opereta con la que Celia pretende resarcirse de las pérdidas económicas sufridas con *¡Buenos días, amor!*, presentándose nuevamente diez días más tarde con una versión modernizada por Luis Tejedor de *El baile del Savoy* en la que Celia, siempre dispuesta a dar lo mejor al público, contrata para esta ocasión nada menos que a Ana María Olaria, con la que compartirá cartel al intervenir ya Celia en la obra, secundadas ambas por Rubén García, Ricardo Royo Villanova, José Luis Coll, Charo Moreno, Rafael Maldonado, Leo Alza, Yolanda Otero, Brenda Bassi, Eduardo Fuentes, Esther Ducasse, Mari Carmona y Carlos Vera, todos ellos dirigidos en la parte escénica por la propia Celia y en la musical por los maestros Antonio Moya y Lorenzo Enciso: *«Una solución de emergencia que no solucionó nada. Estaba cansada, tensa, irritable. Sufrí una crisis nerviosa. Pero yo estaba empeñada en salvar una temporada ya insalvable. Seguía adelante. Haciendo un esfuerzo supremo que me agotaba. Para colmo de males, «El baile del Savoy» era una obra fuerte, con muchos bailables y canciones. Me entregaba en escena hasta más allá del límite de mis ya menguadas fuerzas. Quería reconciliarme con mi querido público. Una tarde, estando en mi camerino, sufrí un síncope. Llamaron a un médico. Al recuperarme, me dijo: «Suspenda la función. Usted no está en condiciones de seguir trabajando». Se acabó la temporada. El desastre económico ya era inevitable»* (San Martín, 1984, XV: 52).

Así las cosas, Celia echa el telón en La Zarzuela el 8 de marzo de este 1964. Sin embargo, su médico, el doctor Flórez Tarascón le advierte que su corazón necesitaba también un respiro. Había sufrido mucho durante los últimos meses. Sus hermanas, Albina y Amelia, quienes se encontraban junto a ella la cuidan, miman y protegen de la prensa, quien tan sólo da la información de que ha sufrido una fuerte tensión nerviosa. Celia pretende irse a descansar a Gredos, pero su economía no se lo permite. Ha perdido demasiado dinero. Tiene que quedarse en su casa de Madrid para descansar y recuperarse. Porque si serio era su problema de salud, más quizás lo era el económico, pues tuvo que enfrentarse a las consecuencias de unas pérdidas en torno a los seis millones de pesetas de la época, toda una fortuna y los ahorros de cuatro años. Así las cosas y, para poder subsanar algunas deudas que coleaban, Celia pide un crédito. Se endeuda. Más angustia. Como las deudas engendran más deudas, su situación se tornó tan angustiosa que tiene que hipotecar su casa de Recoletos. Le dieron dos millones de pesetas: «*Un pequeño y momentáneo respiro. Pero después me encontré con serias dificultades para pagar los plazos de la hipoteca y los correspondientes intereses. Seguía sin poder salir del pozo. Al encontrarme algo mejorada de mi dolencia, abandoné el lecho. Estaba hecha unos zorros. Y lo que era peor, desmoralizada. «Tengo ganas de retirarme para siempre y marcharme de España», les decía a mis hermanas en mis momentos de crisis. Pero ni eso podía hacer. No tenía medios. Corría el riesgo de perder mi casa. De quedarme sin nada. En la ruina más absoluta. Fui quedándome sola. Sabido es que el carro del triunfador va siempre lleno de amigos, aduladores y oportunistas. Pero el del fracaso suele ir vacío. Hubo un hombre extraordinario que siguió a mi lado: mi administrador, Antonio Cantera, un hombre fiel y honrado. [...] Una noche me encerré en mi habitación. No me acosté. Estuve pensando hasta que amaneció. Había agotado todas las posibilidades de salir del difícil trance... ¿Todas? No, todavía quedaba una. Había alguien que podría tenderme su mano. Faltaba que yo me atreviera a solicitar su ayuda. Tardé casi una hora en decidirme a coger una cuartilla y una pluma. Redacté una carte de cuyo contenido me acuerdo como si la hubiera escrito ayer mismo. Una carta sencilla, simple, sincera*» (San Martín, 1984, XV: 52-53).

Celia escribe una carta a Carmen Polo de Franco solicitando su ayuda. No teniendo a quien recurrir, sólo le queda una última baza en sus desesperación: pedir ayuda a la mujer del Generalísimo, «la Señora»:

«Usted sabe que yo durante la guerra perdí mis alhajas y todo lo que tenía. Me quedé en la calle y me tuve que rehacer a fuerza de mi trabajo. En estos momentos, lo único que tengo es una casa en la calle de Recoletos, que la compré con el fruto de mi esfuerzo profesional. No he tenido más remedio qua hipotecarla porque las cosas no me han ido bien últimamente. Me la quieren quitar; es lo único que me queda. Acudo a usted para pedirle por favor que me ayude...»

Su administrador entregó la carta en El Pardo. A los pocos días, Carmen Polo le dice por teléfono a Celia que acuda a la Caja de Ahorros de la calle Alcalá, número 29 y que pida lo que necesite. Ella ya ha dado instrucciones al respecto. Efectivamente y, aunque Celia pide al banco levantar la hipoteca que pesa sobre su casa, que estribaba en torno a los dos millones más los intereses, el banco le entrega cinco. Celia no puede parar de llorar y acude a una floristería para encargarle un ramo de orquídeas que envíen a «la Señora». Doña Carmen Polo había salvado de la ruina a Celia Gámez. Nunca se supo nada de ello hasta que la argentina lo publicó en sus memorias en 1984. Y no es que entre la mujer del Caudillo y la artista existieran estrechos lazos de amistad, nada más lejos de la realidad, puesto que sólo la había visto en contadas ocasiones en aquellas recepciones que cada 18 de julio se solían organizar en La Granja para celebrar el alzamiento nacional o en los incontables festivales benéficos en que Celia participaba cada año en el Teatro Calderón: «*Al iniciarse mi resurgimiento económico (aunque la situación ya nunca volvería a ser tan boyante como en los viejos tiempos) era inevitable que, una vez más, se dispararan los rumores: [...] llegaron a relacionarme sentimentalmente con un personaje importante de la banca*» (San Martín, 1984, Epílogo: 48-49).

Por aquellos años, Celia recibe también la admiración de un distinguido aristócrata español: José María Padierna de Villapadierna y Avecilla, tercer Conde de Villapadierna, conocido especialmente por su vinculación con el mundo de las carreras de automóviles, los hipódromos y por sus relaciones con la alta sociedad internacional: «*Era un aristócrata muy popular, campechano y distinguido, otoñal y de buen ver. Siempre jovial y optimista, contando mil y una anécdotas de su vida intensamente vivida. A los cinco años ya montaba en un pony que sus padres le trajeron de Inglaterra. A los quince tuvo su primer coche. Abogado, diplomático, corredor de automóviles, caballista, boxeador... En la Guerra Civil (sirvió en caballería) le dieron por muerto tras una batalla. Contaba con gracejo cómo ya le habían quitado las botas y el capote para enterrarle en una fosa común... cuando se apercibieron de que aún vivía. Se reía mucho al recordarlo.*

Me quiso enamorar, derrochando en el empeño simpatía, estilo y flores, muchas flores. Incluso quiso llevarme a su casa para que la conociera. Creo que era una maravilla. Pero el conde no era mi tipo. [...] A Villapadierna le recuerdo por su caballerosidad, por su sencillez y afabilidad... y por sus abrigos» (San Martín, 1984, Epílogo: 52). Y es que al conde le encantaba vestirse con abrigos de paño forrados por dentro con visón porque, según él, calentaban más.

Tampoco quiso Celia corresponder a los halagos de Juanito Andreu, catalán hijo del doctor que nombraba con su apellido a unas célebres pastillas para chupar que aliviaban el dolor de garganta, por lo que fue apodado como «Pastillet»: «*[...] Un día me mandó un buqué de flores. En su interior, tres entradas para el boxeo (actuaba el legendario Paulino Uzcudun) y una pulsera de brillantes y zafiros. No me gustaba el boxeo pero, por no desairarle, acudí a la velada con mis hermanas Albina y Amelia. Lo malo era que Pastillet estaba acostumbrado a las conquistas fáciles y conmigo quiso ir demasiado deprisa. A mí ese estilo nunca me gustó. Así que empecé a eludirles, a Pastillet y a los regalos de Pastillet. No se le ocurrió otra cosa (sin éxito, naturalmente) de darme celos con una de mis vedettes que se llamaba Amparito. Yo vi el cielo abierto»* (San Martín, 1984, Epílogo: 52).

Pero Celia no puede hacer frente a los gastos que genera su casa de Recoletos aun a pesar de haber conseguido levantar su hipoteca y pagar religiosamente el préstamo debitado. Así las cosas, no tiene más remedio que vender su casa. En primer lugar porque ya le rondaba por la cabeza desde hacía tiempo retirarse definitivamente de los escenarios y regresar a Buenos Aires y, en segundo lugar, por la desazón, la frustración y el desánimo que le causaron el alejamiento de personas que creía sus amigas y que no la ayudaron cuando más lo necesitaba. Comprendió entonces que las cosas para ella nunca volverían a ser como antes. Celia se muda a un apartamento de alquiler en la calle Conde Valle de Suchill. Hasta que ese mismo verano, recibe la visita de su querido amigo, José Muñoz Román. La fortuna volvía a llamar a su puerta. La fortuna... y el «Pichi»...

XXVI. LA RESURRECCIÓN DEL PICHI

A fecha de hoy, la sociedad española aún no ha hecho la debida justicia a Celia Gámez, una mujer maravillosa que supo aliviar las penurias de miles de españoles en una época en donde soñar, estaba permitido y en donde brillar como ella lo hacía, era todo un logro. Sirvan estas mínimas palabras para recordar a una de las personas más queridas por los españoles de entonces y por los de hoy y quien, ante una expectante concurrencia y, a instancias de Muñoz Román reestrenaría *Las Leandras* pero con nuevo título, *Mami, llévame al colegio*, ya que la censura había prohibido desde hacía años la representación de esta obra; no sólo por recordar a tiempos republicanos sino por lo atrevido de su libreto y argumento.

Las circunstancias y el inesperado regreso de esta mítica obra a los escenarios españoles, tras, recordemos algunas reposiciones en 1949, lo explicaba así la propia Celia: «*Me llamó José Muñoz Román para trabajar en su Teatro Martín, uno de los más populares de Madrid y en el que, por cierto, nunca había actuado. «Tengo previsto reponer «Las Leandras» y estoy seguro de que si tú eres la protagonista será un bombazo.*

Me apresuro a consignar que, efectivamente, lo fue. La popular revista (uno de cuyos autores era el propio Muñoz Román) permaneció dos temporadas en cartel. Naturalmente, no se presentó con el mismo lujo y fastuosidad que en los años 30. Eran otros tiempos, todo estaba más caro y los empresarios ya trataban de economizar. Pero la gran anécdota de esta reposición es que un buen día vi un cartel en la fachada anunciando el próximo estreno: «Mami, llévame al colegio».

Y yo que estaba convencida de que íbamos a reponer «Las Leandras»...
-¿Qué lío es éste? -pregunté a Muñoz Román.
-No hay ningún lío -me contestó-. Es que la censura no nos permite poner a la obra su verdadero título... Y me he sacado de la manga el de

«Mami, llévame al colegio», que no tiene nada que ver con el otro y además suena modosito...

Así que nos autorizaron la célebre revista íntegramente... ¡Menos el título! Dijeron que sugería obscenidad y recordaba otros tiempos políticos. Lo extraordinario del caso era la enorme sorpresa que se llevaban muchos espectadores: iban a ver «Mami, llévame al colegio» y se encontraban nada más y nada menos que con «Las Leandras».

El Teatro Martín, tras una gran y amplia nueva reforma, reabría sus puertas la noche del 24 de septiembre de 1964 ante una expectante concurrencia para dar a conocer el «nuevo» título de José Muñoz Román. La compañía que encabezaba Celia, quien interpretaba a Concha, protagonista de la obra, estaba integrada, además, por Ángel de Andrés (el tío Francisco de las Canarias), Pepín Salvador (Porras), Pérez de Vera (Cosme), Mary José Pérez (Carolina), Marisol Cano (Aurora), Rafael Cervera (Leandro), Doris Kent (Clementina), Isabel Alemany (Manuela), Mercedes Muñoz (Fermina), Ricardo Belmar (Cartero, don Francisco) y Paquito Cano (Casildo).

Vestuario confeccionado por Modas Maribel sobre figurines de Ruppert, Herrera y Ollero; peletería de José Luis; decorado y bocetos de Asensi y Cartier realizados por Asensi-Bea-Mora, de Barcelona y Viuda de López y Muñoz, de Madrid.

La partitura, melódica, nostálgica, inspiradísima del maestro Alonso, incluía, además míticos números como el chotis del «Pichi», que nunca nadie cantó mejor que Celia; la java de «Las viudas», «Folía canaria», «Lección de aritmética», «Clara Bow, fiel a la Marina», el inmortal pasacalle de «Los nardos» que todo el respetable tarareaba, el hermoso monólogo del viejo del hongo, el divertidísimo «Divorciémonos» que Ángel de Andrés canta junto a Celia y Paquito Cano y la adición de los nuevos números titulados «El baile de Bellas Artes», «El sueño de una colegiala» o el que daba título a la obra.

También se incorporó a la nueva versión de *Las Leandras* una deliciosa marchiña perteneciente a otro título de Muñoz Román, *Las viudas de alivio* (1950) que no fue sino, otra actualización de otra obra suya, *Las Tocas* (1936) titulada «Lo que una mujer te pida» y de la que Celia hizo una divertida creación donde el público la acompañaba coreando su estribillo.

Baró Quesada en *ABC* (1964: 63) dijo al día siguiente del estreno:

> «[...] Celia, inimitable, insuperable, única, reverdeció sus bien ganados laureles de supervedette hispanoargentina y en su calidad de

primera figura de la revista y la comedia musical españolas, reanudó sobre las tablas madrileñas el magisterio que por derecho propio le corresponde. [...] El público, ganado por el encanto y la simpatía de Celia, por la belleza inmarchitable de la música y por el interés y la comicidad del libro, aplaudió con entusiasmo indescriptible e hizo repetir siete números.

El telón se alzó reiteradas veces. Celia recibió piropos y prolongadas ovaciones a lo largo de la representación, y habló, con emoción, a los espectadores, igual que Muñoz Román. Los plausos sonaron fuertes en honor de ambos y como homenaje a la memoria de González del Castillo y el maestro Alonso.

Éxito claro, definitivo, sin reservas. Una jornada optimista y alegre para todos y, al mismo tiempo, inevitablemente sentimental para muchos».

Los madrileños que en 1931 pudieron asistir al estreno del célebre «pasatiempo cómico-lírico» ideado por Muñoz Román, González del Castillo y Francisco Alonso, pudieron contemplar, más de treinta años después de su estreno y veinticinco de su prohibición, una nueva lección de cómo se habían de cantar «Los nardos» y el «Pichi» sin perder todo el esplendor y magnificencia de una sólida y popular partitura musical que no pasaba de moda. Muñoz Román brillaba. Volver a *Las Leandras* era como retroceder a los fulgurantes tiempos del Pavón. *Mami, llévame al colegio*, bate récords de asistencia.

Ni las revistas *¡Lava la señora! ¡Lava el caballero!* que se representa en el Calderón protagonizada por el popular y querido Tony Leblanc; ni *Y de la nena... ¿qué?*, con Addy Ventura en La Latina ni *¡Oh... la dolce vita!*, en el Maravillas con Bebé Palmer, Esperanza Roy y Pedro Osinaga, consiguen ensombrecer el extraordinario éxito de la magna reposición. Tanto es así que los homenajes a sus principales responsables se suceden de forma continuada... el «Garbanzo de Plata» que la Peña Torres Bermeja concede, va a parar a manos de Celia y, posteriormente a Ángel de Andrés; fines de fiesta, agasajos, funciones homenaje a Muñoz Román y al maestro Alonso, la entrega de la «Capa de honor» por parte de la Asociación de Amigos de la Capa a Celia Gámez, la presentación de la jovencita vedette Ingrid Garbo que causa sensación en la obra...

El «Pichi» cumplía 33 años sobre la escena en 1964. Muñoz Román 61 de vida. Celia, 59. Ésta, que estaba sumida en una depresión tras el fracaso que supuso *¡Buenos días, amor!*, parece levantar poquito a poco cabeza. Los aplausos y ovaciones la llenan de energía. Ahora está mucho más tranquila. Ya no es empresa. Ya no tiene que ocuparse de pagar el alquiler del teatro o la nómina de la compañía. Ahora es ella la contratada por su querido Pepe Muñoz Román. El triunfo, una vez más, es incuestionable y la alegría la sumerge en un sueño que la retrotrae a aquel histórico 1931.

A primeros de octubre, TVE emite una versión de *Yola* que, protagonizada por Concha Velasco y Pedro Osinaga pretendía eregirse como el inicio de un ciclo de revistas en homenaje a Celia Gámez. Pero la televisión no es el teatro y no consigue cuajar lo suficiente entre la audiencia como para se grabasen más títulos de la reina de la revista.

Celia prosigue, junto a sus actuaciones en el Martín, participando en cuantos eventos y homenajes es requerida, como la función pro vivienda del necesitado en el Teatro Calderón donde la artista entrega un nardo a Carmen Polo, en una comedia en honor del periodista Ángel Laborda... y es sometida entre las páginas de *ABC* a un divertido «Psicoanálisis» donde se retratan algunos curiosos aspectos de su personalidad dadas las respuestas otorgadas a las preguntas planteadas. Así, pues, reconoce que el deporte que le gusta como práctica y como espectáculo es el tenis, que la pereza es el pecado que le merece la mayor indulgencia, que eregiría una estatua a don Alfonso XIII, que su personaje universal predilecto es Charles Chaplin, que el elogio que le fastidia tanto como un insulto era «¡Qué bien se conserva usted!», que sobre sí misma pensaba que le aburría mucho su tipo y su carácter, que lo que le inspiraba mayor curiosidad era pensar quién sería la vedette que pudiera sustituirla y mantenerse en el candelero tanto como ella sin cansar a nadie, que lo que hacía ridículo a un hombre ante los ojos de una mujer eran el egoísmo y la vanidad, que trataría de salvar de su biblioteca el libro *Un millón de muertos*, de José María Gironella, que sobre su tumba le gustaría que escribieran «Aquí yace Celia la generosa, a la que Dios perdone por lo mucho que amó», que el colmo de la imbecilidad humana según ella era la prisa, que el tópico que más la fastidiaba era «La quiero como si fuera usted mi madre», que el éxito de un hombre consistía en que tuviera *sexappeal* y que el éxito de una mujer estribaba en que fuera sumamente femenina pero con algo de carácter, que lo que más le aburría del mundo eran los discursos de los políticos y lo que más le espantaba la multitud presionando y gritando, que el matrimonio era un error delicioso, que de saber que le quedaba una sola hora de vida le gustaría reunirse con su familia y preparar su defensa ante Dios, que sus flores favoritas eran las rosas y como piedras preciosas le encantaban los brillantes y las perlas.

A inicios de 1965 y, coincidente con la noche de Reyes, *Mami, llévame al colegio*, da una función especial en donde los espectadores fueron obsequiados con un trozo del clásico roscón de Reyes amén de botellines de coñac Soberano, ya saben, aquel que decían que era «cosa de hombres». Las 300 representaciones de la obra llegan a finales de febrero. Un éxito clamoroso en una época que comenzaba a distanciarse de otras anteriores por cuanto la sociedad española cambiaba a pasos agigantados en gustos, en modas... y en público. Y el teatro, no iba a quedarse atrás. Así lo reconoce Celia al diario valenciano *Las provincias*: «*[...]Comencé a notar preocupado el público en el año 1960. Ahora la gente empieza a llorar en el teatro. Siento cómo el patio de butacas se inunda todos los días de evocación y de nostalgia. Y esto es malo. Y triste que la gente me grite: ¡No to vayas!, porque estas manifestaciones significan que se han producido muchos huecos y no se han cuidado las sustituciones... Los afectos y las emociones de la gente no pueden satisfacerlos un seiscientos precioso ni una aventura con una sueca en Fuengirola... El hombre de hoy, el espectador de hoy, a mi juicio, padece una falta de predisposición al regocijo. El español trabaja más que nunca, es cierto, pero no es cansancio lo que veo en los rostros. Es falta de ilusiones. Hay más dinero que nunca, pero gestos y detalles menos que nunca. El hombre parece acomplejado y ausente, sin estímulos... Por ejemplo, antes, rara era la noche que no llegaban a los camerinos media docena de ramos de flores para las chicas. Los enviaban jóvenes que sabían que nada se compra con las flores como no sea un «gracias» sincero. Pero era como un piropo del que no se espera respuesta, un homenaje de admiración... Hoy los ramos llegan... de Pascuas. Llevo muchos años estudiando a ese personaje de creación española llamado «Isidro». Le he visto actuar cuando venía con blusa y bastón, con un pollo para los parientes y cuatro perras en la faltriquera. Le prefiero a éste de 1965, más rico, pero menos sincero*» (Viñas, 1965, Epílogo: 52-53).

Celia, quien ha visto transformarse a todo un país desde los años veinte, recuerda, que es, sin embargo, en la moda teatral, en donde ha podido observar mayor cambio: «*Le parecerá extraño, pero las mayores transformaciones las sufrió el vestuario teatral. Y no me refiero a que faltara tela, y sobrara censura, sino a que todos los modistos se confabularon para no romperse la cabeza creando modelos para los que no se encontraba materia prima, y decidieron cargar todas sus ideas en las cabecitas de las mujeres. Los años, del cuarenta y cinco al cincuenta, se caracterizan por la resurrección del sombrero que corre con la misión de poner un toque de originalidad a vestidos pasados de moda. España vivía dos posguerras y faltó de todo. Entonces los maquinistas de los teatros inventaron la «luz negra». Digo yo porque era mas barata que la blanca. Y así, entre la abundancia de sombreros y la escasez de luz, sólo quedó la opción de volver a las plumas y a los gases de la Belle Époque. Con estas armas salíamos a luchar en provincias... Para el espectáculo fueron aquellos muy buenos años. La guerra europea había enriquecido a muchos que no sólo se distinguían por el pan que mojaban en el café portugués de contrabando, sino por las botellas de champán que descorchaban cada noche. Desaparecieron entonces los sombreros y otras muchas más cosas: pronto fueron volviendo los embajadores y la gente tirando al cubo de basura los sombreros y las cartillas de racionamiento. Los hombres supieron qué era el tabaco americano y las mujeres se enloquecieron con «la permanente». Pronto su felicidad sería completa ya que, además, en la peluquería, podrían hablar de un tema inédito: el servicio doméstico, que se subía a la parra y que amenazaba con irse a la casa de un sargento de la Air Force. Lo que sí puedo afirmar con rotundidad, es que lo que no ha cambiado en todo este tiempo ha sido el envidiable sentido social de nuestro pueblo. Y su sentido del humor y del «negocio»; porque hace falta sentido del humor para «alquilar» a una vieja lady inglesa un burro para pasear por la Costa del Sol»* (Viñas, 1965, Epílogo: 53).

Dos instantes de *Mami, llévame al colegio* (1965). Archivo del autor.

Celia concluye afirmando que el movimiento de inmigrantes para buscar trabajo fuera de España, había sido algo que le dolió profundamente lo mismo que el hambre que pasaron muchos españoles o las cartillas de racionamiento: «*España ha cambiado. Hasta el propio artista que antes dialogaba con el público y descendía al patio de butacas, hoy graba un par de canciones en «video-tape» y ni se preocupa de la retransmisión en diferido que se hace cinco días después a traves de la televisión; por eso yo prefiero seguir dirigiéndome al espectador personalmente, tirarle el nardo a sus manos y responder con un guiño al piropo retrechero. Si los lectores de hoy se sienten muy ofendidos por mi pesimismo les diré que nada ha cambiado, porque en 1944, por ejemplo, no se hablaba de otra cosa que de la última faena de Manolete y de la boda de Celia Gámez. Y hoy, no oigo hablar sino del dinero del Córdobes y del divorcio de Sean Connery... Por eso yo, que vivo del público y para el público, necesito el piropo y el nardo. El día en que esto desaparezca, yo también me iré a Alemania*». (Viñas, 1965, Epílogo: 53)

La revista española durante los años sesenta va perdiendo el esplendor de décadas anteriores. Será ésta una época, en donde el género vaya paulatinamente en declive; ya no sólo por el cambio en los gustos del público, saturado de tanto espectáculo de corte frívolo (recordemos, no obstante, que, de gira por España, había más de una veintena de compañías de revistas) sino además, por la desaparición de los grandes compositores: Alonso, Guerrero o Padilla, fundamentalmente, aparte de los libretistas más afamados y graciosos: González del Castillo, Lozano, Arroyo...

Pero también contribuye a aumentar la decadencia de la revista la aparición de la televisión a finales de la década anterior. Ahora los espectadores pueden contemplar espacios dramáticos que como *Estudio 1* o *Novela* mantienen en vilo al público sin necesidad de desplazarse de su hogar y comprar una entrada. Igualmente, las distintas retransmisiones de eventos deportivos o taurinos, así como las teleseries americanas (*Bonanza, Los invasores, El fugitivo, El Virginiano*...), los ciclos de películas clásicas, los programas musicales y de variedades, todos ellos contemplados cómodamente desde el sillón de casa, van a provocar un paulatino descenso de público a las representaciones teatrales. También, la entrada en los distintos Planes de Desarrollo promovidos por el Gobierno franquista, la llegada de turistas extranjeros (muchos del sexo femenino procedentes de Suecia, Gran Bretaña o Noruega) van a provocar que los clásicos elementos que caracterizaban a la revista hasta entonces vayan paulatinamente decreciendo a favor de las elevadas dosis de chabacanería y procacidades, al menos, hasta donde la censura permitía. Sin embargo, las compañías de revistas, aún abundantes, continúan recorriendo el país: Compañía de Revistas Colsada, Espectáculos Joaquín Gasa, Compañía de Revistas Cabrera, Compañía de Revistas Zorí-Santos, Compañía de Revistas Tony Leblanc, Espectáculos Imperio, Compañía de Revistas Ricardo Espinosa, Compañía de Revistas Iris, Compañía de Revistas Ethel Rojo...

Es, además, la época en la que nuevos compositores y libretistas entran en escena aportando su pequeño granito de arena a la historia del género: Gregorio García Segura, José Dolz y Domingo de Laurentis en la parte musical y Manuel Santos Baz, Luis Cuenca, Pedro Peña, Matías Yánez, Blanca Flores o Arturo Castilla, fundamentalmente, en las tareas de libretistas; aunque otros maestros continúan su labor en las lides revisteriles: Daniel Montorio, Enrique Cofiner, Fernando García Morcillo, Federico Moreno Torroba, Manuel Parada, Fernando Moraleda... y libretistas como Muñoz Román, Luis Tejedor, Antonio y Manuel Paso, Adrián Ortega también siguen en la brecha. Ahora, algunos actores también se lanzan a la escritura de revistas como Luis Cuenca, Pedro Peña, Nati Mistral... y continúan vigentes artífices del género como el dúo Zorí y Santos, la veterana Eugenia Zúffoli, Celia Gámez..., y comienzan ahora su actividad en el mundo de la frivolidad teatral Andrés Pajares, Tania Doris, Vicky Lussón, Emilio Laguna...

En la década de los sesenta, los títulos proliferan aunque la calidad tanto de música como de argumento va menguando considerablemente.

Además y, junto a las múltiples compañías de revistas que aún quedan, existen espectáculos ambulantes de variedades que recorren feria tras feria las más variadas provincias españolas como el caso de Manolita Chen y su Teatro Chino, el Radio Teatro o el Teatro Argentino, para el que múltiples libretistas y músicos componen argumentos y *skecthes* cómicos: Adrián Ortega o Fernando García Morcillo, por ejemplo. El género, entonces, comienza a depender de las grandes estrellas que aún lo cultivan con más o menos éxito: Irene y Raquel Daina, Manolo Gómez Bur, Luis Cuenca, Ethel y Gogó Rojo, Helga Liné, Tania Doris, Diana Cortesina, Addy Ventura... Desgraciadamente, el público parece cansarse y, poco a poco, las compañías que lo cultivan, van menguando del panorama escénico español, con lo que, la paulatina desaparición del mismo está casi a la vista.

Las vedettes de los sesenta son Diana Darvey, Mercedes Llofríu, Vicky Lussón, Esperanza Roy, Alida Verona, Violeta Montenegro, Tania Doris, Addy Ventura, las hermanas Ethel y Gogó Rojo, Lill Larsson,

Gracia Imperio, Katia Loritz, Mary Francis, Rosita Tomás, Carmen de Lirio, Vera Senders, Ingrid Garbo, Lina Canalejas, Helga Liné... y cómicos como Juanito Navarro, Alfonso del Real, Pepe Bárcenas, Paquito de Osca, Adrián Ortega, Quique Camoiras, Emilio Laguna, Andrés Pajares, Venancio Muro, Paquito Cano, Luis Barbero, Pedro Peña, Luis Cuenca, Luis Calderón... Los coliseos en los que se representan la variada nómina de obras siguen siendo los habituales del género: Martín, Calderón, La Latina, Maravillas, Alcázar... Y, nuevamente las diversas compañías de Matías Colsada pueblan el entramado dramático de muchos coliseos españoles con innumerables títulos siendo firmados, buena parte de ellos por el propio Colsada bajo su verdadero nombre, esto es, Matías Yánez Jiménez (aunque casi nunca escribía nada, sino que más bien lo hacía para la remuneración económica que la Sociedad de Autores pudiera retrotraerle de su «supuesta» escritura teatral) y sus más allegados colaboradores: Pedro Peña y Luis Cuenca, firmantes de múltiples obras con sus respectivos apellidos maternos, esto es, Allende (Allén) y García.

En abril, Pepe Bárcenas, gran amigo de Celia y Muñoz Román, se incorpora a la compañía de éste mientras que, llegado el mes de mayo, el comediógrafo bilbilitano vivirá uno de los momentos más emotivos de su vida al asistir a la petición de mano de su querida hija Gloria.

El mes de junio va a ser el último de actuación de *Mami, llévame al colegio*, al menos, hasta después del verano. Así, el día 4, se celebran por todo lo alto el medio millar de representaciones con un fin de fiesta en el que tomaron parte Rocío Dúrcal, Nati Mistral, Ángel de Andrés y otras conocidas figuras de la escena española del momento mientras que el 21 finalizan las representaciones con un extraordinario homenaje a todas las estrellas de la compañía.

Durante el verano y, tras unos obligados días de descanso, puesto que Muñoz Román no se sentía demasiado bien, el comediógrafo asiste feliz al enlace matrimonial de su hija en la parroquia de los italianos de Madrid.

El autor, quien cuenta ya con 62 años, ha sido sometido a varias revisiones médicas por parte de sus dos hijos mayores, galenos ambos. Todas las pruebas realizadas han salido bien, pero el autor, con esa inherente alegría, siente que su cuerpo comienza a no responderle como debiera. Aun así, prosigue escribiendo inagotablemente con vistas a la inauguración de la próxima temporada teatral donde Celia Gámez volverá a ser la protagonista máxima con una nueva y brillante reposición dado el éxito obtenido con *Mami, llévame al colegio*...

XXVII. UNA VERDAD DESNUDA EN LA CAMA: DE LA REVISTA A LA COMEDIA

El 24 de septiembre de este 1965, tras finalizar las representaciones de *Mami, llévame al colegio*, Muñoz Román renueva la cartelera del Martín con la versión modernizada de otro de sus títulos míticos: *¡Cinco minutos nada menos!*, que, en esta ocasión se llamaría *¡Aquí, la verdad desnuda!*

Celia Gámez, Diana Darvey, Aurelia Ballesta, Pepe Bárcenas, Ángel de Andrés, Rafael Cervera y Alberto Berco, entre otros, llevaron a cabo uno de los grandes acontecimientos de la temporada teatral madrileña, en la que también se estrenaron *La bella de Texas*, versión «camuflada» de la también prohibidísima *La corte de Faraón*, en el Eslava, con Nati Mistral o *Las fascinadoras*, revista marca Colsada, en La Latina, con Adrián Ortega y Addy Ventura.

Pero para conocer el nuevo título que estrena Celia en este nuevo inicio de temporada, hemos de retrotraernos casi veinte años, hasta 1944 cuando se produce en Madrid un acontecimiento trascendental para la década: el estreno en el madrileño Teatro Martín de la opereta cómica con libreto del tantas veces mencionado e incombustible José Muñoz Román e inspiradísima partitura musical del maestro Jacinto Guerrero, *¡Cinco minutos nada menos!*, otra celebrada y exitosa obra que llegó a sobrepasar con crecer las mil representaciones seguidas a teatro lleno en el Madrid de la época.

«La Montijo y sus dragones», «Una mirada de mujer», «Dígame», «Si quieres ser feliz con las mujeres», «California»... números todos ellos publicitados en radio, prensa, programas de mano... y es que esta obra se convirtió en paradigma del género por su argumento, sus intérpretes y su música, compuesta con gracia y donaire por el maestro de Ajofrín:

Don Justo Cárcamo, director del periódico *La Verdad Desnuda*, enemigo acérrimo de toda inexactitud, espera de un momento a otro la llegada del Presidente de la L.C.L.M. (Liga Contra La Mentira), que trae intención de comprarle su periódico. Don Justo trata, antes, de modernizarlo con nuevas redactoras y recibe la visita de varias de ellas, a las que dicta las normas que han de regir sus crónicas.

Aparece entonces María Rosa que, antes de justificar su tardanza en llegar a la oficina, es nombrada por Don Justo su secretaria, en sustitución de Felipín, que, por embustero, ha sido expulsado del periódico, pese a los ruegos de su madre. A espaldas del director, cuenta María Rosa a sus compañeras que ella también miente, pues pasa a los ojos de su gran amiga Araceli, antigua rival de colegio, que actualmente reside en América, por sobrina de Don Justo y esposa de Florián del Campo, célebre futbolista madrileño, guardameta de fama mundial. Les refiere que en sus cartas ha inventado la mar de fantasías, entre otras, que «su marido» le ha regalado una estupenda villa en El Escorial. Don Pito, el padre de María Rosa, asegura que todo se convertirá en realidad, gracias a que él seca las cartas de su hija con unos polvos a los que atribuye un poder sobrenatural. Y cuando le dice que ya verá cómo Florián viene a buscarla para casarse con ella, se presenta, en efecto, el futbolista, aunque el objeto de su visita es solamente hacer una reclamación por ciertas inexactitudes publicadas en el periódico. María Rosa se desvive por serle agradable, y, esta situación da lugar a uno de los números mas famosos de la obra, el *fox* «Una mirada de mujer».

Conseguida la rectificación en el periódico, marcha Florián, quedando desilusionada María Rosa, por haberle oído decir que está enamorado de otra mujer.

Don Pito repite a su hija que no debe perder la fe en sus horóscopos, estos indican con toda seguridad que ha de ser feliz. Enterado don Justo, por Felipe, de los engaños de María Rosa y de que en sus cartas a su amiga Araceli le hace pasar por tío suyo, la expulsa del periódico, así como a sus compañeras encubridoras; pero ella trata de justificarse para conseguir su perdón con el siguiente número musical: «Sueños de mujer/ que me hablarán de bellas ilusiones;/ sueños de mujer/ que adornarán perfumes de quimera.../ Vuela el corazón/ que siempre va tras locas ambiciones;/ sueños de mujer, / sueños de mujer,/ que llenarán mi vida entera./ Cabecita loca de mujer,/ no sueñes tanto,/ porque el sueño suele suceder/ que acaba en llanto».

La inesperada llegada de Araceli pone a todos en un brete, accediendo don Justo, ante los ruegos de María Rosa, a pasar por su tío mientras dure la visita (cuestión de cinco minutos nada más). El asunto se complica al ser anunciado don Cándido Sandoval, Presidente de la Liga Contra La Mentira, que resulta ser tío carnal de Araceli, la cual, con motivo, prolonga la visita por unos días al lado de su amiga. «-Así podré conocer a tu esposo!-», dice.

Paradójicamente y, ante la sorpresa de todos, entra nuevamente en ecena Florián del Campo, tratando ahora a María Rosa con extrema familiaridad, como si realmente fuera su mujercita. Tanto María Rosa como Felipín y don Justo, se vuelven locos al ver a Florián de Campo en aquella casa, pasando por marido de aquélla y conocedor de todos los pormenores que María Rosa había inventado en sus cartas. Don Pito afirma que esto es el resultado de sus conjuros, el cúmulo de los ensalmos y la concatenación de los exorcismos, dando por hecho que los sueños de su hija se han convertido en realidad.

Don Cándido Sandoval confiesa que es Presidente de la Liga contra la Mentira para que su señora se crea todo cuanto él diga, y así no se oponga a que venga a Madrid a pasarse unos días de esparcimiento. Quiere que le lleven a una *boite* de moda, y a don Pito se le ocure llevarle a una titulada «San Francisco de California», concluyendo este primer acto con la célebre samba «California»

En el segundo acto de esta divertida opereta, Florián, que sigue pasando por esposo de María Rosa, ha invitado a toda la improvisada familia a pasar unos días en su finca de El Escorial. Ninguno comprende cómo puede ser realidad todo cuanto María Rosa inventaba en sus cartas. Aparecen oyendo la radio, que retransmite una final de campeonato, en cuyo partido intervine Florián, que logra un extraordinario éxito. Después de algunos incidentes cómicos, el mayordomo les cuenta las maravillosas fiestas que en tiempos de la duquesa, abuela de Florián, se celebraban en aquellos salones...

Cuando toda la «familia» sigue sin explicarse por qué Florián finge ser el marido de María Rosa, Felipín, que ha tenido un acidente de automóvil, les cuenta que por casualidad se ha enterado de todo. Resulta que es la propia Araceli la que ha obligado a Florián a representar esta farsa. Quiere burlarse de María Rosa y asegurarse al propio tiempo el amor de Florián, que está interesado por Araceli. Indignada, María Rosa decide, en venganza, seguir la broma y cuando vuelve Florián de Chamartín, extrema «con su maridito» las naturales atenciones de esposa enamorada: «Si quieres ser feliz con las mujeres.../ Despídete de hacer lo que tu quieres./ Si quieres ser feliz/ tendrás que claudicar./ No tengo inconveniente/ pues me gustan a rabiar./ Si quieres a tu esposa ver contenta.../

...no pidas que te aclare ni una cuenta./ Y solamente así/ dichosa me verás./ ¡Con tal de verte alegre,/ qué me importa lo demás!.../ Es un consejo,/ como tú ves,/ en el que pongo/ desinterés./ ¿Es un consejo/ o es un rentoy?/ Es un consejo/ que yo te doy».

Los redactores de *La Verdad Desnuda*, habiendo sorprendido a su director en una mentira, de la que no pude volverse atrás sin poner en peligro la deseada venta del periódico, publican a toda plana la fotografía de María Rosa, presentándola como esposa de Florián del Campo, agregando en la información que se había casado con él en secreto hacía dos años. Dicha información es leída por la madre de Florián, la que se presenta inmediatamente en la finca, con objeto de conocer personalmente a la mujer de su hijo. Tanto simpatiza con María Rosa, que no consiente a su hijo el menor enfado con «su mujercita», bajo la amenaza de desheredarle. Se encuentra, pues, Florián entre la espada y la pared, y para salir de esta situación equívoca decide casarse de verdad con María Rosa, lo que anuncia a don Pito y a don Justo, poniendo como única condición la de que no se enere su madre de tal boda, para que vea que es cierto que llevan casados más de dos años. Al ver que por unas circunstancias o por otras, a María Rosa se le van cumpliendo todos sus sueños, don Justo dice que no hay más remedio que creer en la quiromancia, a lo que contesta don Pito que eso no ha faltado jamás, y si no, que repase la Historia y vea el caso de Eugenia de Montijo, a la que muchos años antes, cuando la condesa de Teba vivía en Granada, una gitana le había leído en las rayas de la mano que iba a llegar a reina: «Eugenia de Montijo,/ hazme con tu amor feliz.../ yo, en cambio, voy a hacerte/ de mi Francia emperatriz./ Eugenia de Montijo,/ si te entregas a mi amor,/ serás tú, más que reina,/ dueña del emperador».

En el último cuadro de la obra, cuya acción se desarrolla en la pérgola de la misma finca de El Escorial, pretende Florián arreglar de la mejor manera posible el asunto, para que no descubra su madre el tremendo lío en que está metido; pero María Rosa, harta de tanta falsedad y temerosa de que el deseo de Florián por casarse con ella sea solamente por evitar que le deshereden, entera de toda la verdad a la madre de éste y solicita su perdón, que es concedido al comprobar que su hijo, en «cinco minutos nada menos», se ha enamorado para siempre de María Rosa, que soñó con ser su esposa y al fin lo consigue.

¡Cinco minutos nada menos! fue mucho más allá de lo esperado por sus autores y tanto crítica como público supieron responder con creces entre vítores, carcajadas, aplausos y constantes llenos de sala el coliseo de Santa Brígida batiendo récords de taquilla desconocidos hasta enton-

ces en la historia del teatro español. Fue tal la popularidad alcanzada por la obra que sus números fueron emitidos en una grabación realizada por los propios protagonistas, a través de las emisoras de radio existentes entonces, Radio Nacional y Radio Madrid. Nos encontramos, sin lugar a dudas, ante uno de los acontecimientos teatrales más importantes de la posguerra española y es que esta opereta cómica supo aliviar, en la medida de sus posibilidades, una buena parte de las tristezas que aquejaban, por aquellos años, al pueblo español. La noche de su estreno, 21 de enero de 1944, fue apoteósica. Ahora, 21 años después, volvía completamente renovada a cumplir el mismo objetivo de *Mami, llévame al colegio*, modernizando unos diálogos y unas situaciones que ya se habían quedado algo obsoletas pero que continuaban gozando de la chispeante carpintería escénica creada por Muñoz Román.

Celia cantando el emotivo pasacalle «Eugenia de Montijo». Archivo del autor.

Para el reestreno de la obra, se suprimió el chotis y se añadieron tres nuevos números de la amplísima nómina del maestro Guerrero. A tenor de la crítica de Baró Quesada para *ABC* (1965: 91), «la partitura tiene un garbo melódico extraordinario. El libro posee interés, gracia dinamismo y, sobre todo, limpieza y dignidad en lo que se hace y en lo que se dice. Triunfo personalísimo de Celia Gámez, la popular estrella hispanoargentina se renueva y se supera en su papel, del que logra una auténtica creación. Para ella fueron las más fuertes y prolongadas ovaciones, mezcladas con piropos y con ¡bravos!». El extenso y bien cimentado prestigio de Celia, quedó acreditado una vez más. Y es que su actuación resultó singularmente magistral en el pasodoble final de la primera parte, el de «Eugenia de Montijo», poniéndose «al rojo vivo», el entusiasmo del público. La noche del estreno, además, se repitieron siete números, uno de ellos hasta tres veces. El escenario se llenó de flores y el telón se alzó en reiteradas ocasiones. Fueron enormemente aplaudidos sus protagonistas, especialmente la principal estrella femenina de la velada, Celia Gámez, que volvió a cosechar un nuevo y personalísimo triunfo a sus sesenta años y Ángel de Andrés, demostrando su vena de actor cómico.

Celia fue a resultar espléndida en la obra. Tan juvenil y lozana como siempre, siendo incondicionalmente querida, aplaudida y admirada.

Las cien representaciones acontecen el 12 de noviembre celebrándose a tal efecto un almuerzo en el Casino de Madrid presidido por Muñoz Román y Celia Gámez al que acudieron Inocencio Guerrero, hermano del desaparecido compositor; Francisco Serrano Anguita, Francisco de Cossío, Emilio Romero y el marqués de la Valdavia. Acudieron también al mismo numerosos periodistas, escritores y profesionales del mundo del teatro convirtiéndose el acto en un homenaje al trío protagonista de la obra y a sus autores.

A finales de año y, como curiosidad, coincidiendo con la función de tarde en el día de Nochebuena, los espectadores que asistieron al teatro pudieron ser obsequiados con una pequeña cestita de navidad y un delicioso fin de fiesta donde Celia volvía a interpretar algunos de sus mejores tangos. Hacía cuarenta años que llegó a España cantándolos. Ahora, volvía a hacerlos. Parecía que el tiempo no hubiera pasado... Claro que, un año más nuestra protagonista actúa en el festival benéfico del Teatro Calderón, en la función número 100 de *La bella de Texas* junto a otros artistas, en un homenaje al que fuera comisario general de España para la Feria Mundial de Nueva York, don Miguel García de Sáez; como miembro de la comisión organizadora del almuerzo homenaje a Felipe García Alonso, creador del preciado galardón «Garbanzo de plata»...

La función extraordinaria en Martín con motivo de las 250 representaciones de *¡Aquí, la verdad desnuda!* coincidente, además, con el vigésimo segundo aniversario del estreno de *¡Cinco minutos nada menos!*, acaece el 21 de enero de 1966 (Celia canta un bolero que pone al público en pie) y cuyas representaciones se extenderán hasta el jueves 4 de febrero para ser reemplazada, al día siguiente por el reestreno de *Mami, llévame al colegio*, obteniendo el mismo éxito que durante la temporada anterior y a la espera de que se inaugure la segunda parte de la temporada con el estreno de su nueva obra: *A las diez, en la cama estés*, un «sainete musical en dos actos» con libreto de Muñoz Román y música de los maestros Cabrera y Moraleda que se estrenará el 11 de abril en funciones de tarde y noche con prácticamente el mismo equipo que en sus dos obras anteriores: Celia Gámez, Paquito Cano, Pepe Bárcenas, Diana, Marisol Cano, Lidia Cortés, Aurelia Guillén, Aurelia Ballesta, Rafael Cervera, Ricardo Bedmar y la colaboración extraordinaria de Manolito Díaz.

Nos encontramos en un pequeño departamento en el que Fanny, hermosa mujer casada con Regino (quien se pasa las noches de juerga), le enseña inglés a su prima Susana, casada a su vez con Mariano quien regresa a casa después de tres noches ausente a causa de su trabajo en el Ministerio, cuando, en realidad lo que hace es irse de fiesta junto a Regino.

La noche en que los cuatro intentan pasarla jugando al parchís, los dos maridos se ponen de acuerdo en que otro amigo les llame a una hora determinada conminándoles a que acudan al hospital, pues un compañero de trabajo ha sufrido un importante accidente y han de estar a su lado.

Dicho, pues, y hecho. La llamada acaece y las compungidas esposas despiden entre sollozos a sus pobrecitos maridos que acuden raudos y veloces a «socorrer» al enfermo.

Pero la casualidad hace que el vecino de arriba, don Genovevo les solicite su teléfono y haga la misma jugarreta que Regino y Mariano, desvelando ante Susana y Fanny la jugarreta de sus respectivos. En ese instante aparece doña Fermina (Celia Gámez) junto a su hija Purita, cuñada y sobrina de don Genovevo contándoles que la chica está enamorada de un hombre, Salvador, que le salvó la vida cuando cayó al río en el pueblo y que se han enterado que vive en Madrid junto a una mujer, pero como Purita está perdidamente enamorada de él, han decidido visitar la capital para encontrarlo.

El destino permite que Regino y Mariano acudan a casa de Salvador, hijo a su vez de uno de los más importantes dueños de fábricas de vinos de La Rioja, un apartamento de soltero donde también se toparán con don Genovevo, corriéndose una juerga flamenca que ya la hubiese querido para sí la propia Lola Flores.

Inmediatamente aparece el chófer de doña Fermina para advertirle a Salvador que ésta va a presentarse de madrugada y de improviso junto con su novia Purita para ver si es verdad que vive junto a una chica y su madre, vamos... la madre de la chica. Y sí, es verdad. Salvador, que es un conquistador nato, se pasaba las tardes piropeando a las chavalas que paseaban por el Retiro y les hacía una triquiñuela para camelárselas: dirigirse a ellas como si fueran su prima y besarlas. Con algunas tenía suerte y había plan. Con otras (como Fanny y Susana, pues salió escaldado) y con otras... le pasó lo que con Magdalena. Que la confundió con su prima. La besó. Aquélla se encandiló. Él le ofreció su piso... y a éste se presentó Magdalena junto con su madre creyendo que Salvador le había ofrecido vivir allí. Y así es. Para evitar que doña Fermina arme un alboroto y su novia Purita no se entere, Salvador pide la ayuda de Mariano y Regino con tan mala fortuna que estos acaban descubriendo que Salvador besó a sus mujeres en el Retiro.

Perdonado el joven vivales entre cómicos diálogos en los que el chico confunde a Susana y Fanny por «amiguitas» de Mariano y Regino, los maridos se disponen a prestarle su ayuda. Y ésta no es otra que hacer pasar a Angustias, bailaora flamenca que ha pasado la noche de juerga con ellos, por Magdalena; Lola, su compañera, por madre de ella y Mariano por esposo de ésta y padre, a su vez, de aquélla. Así, cuando vengan Purita y doña Fermina, se percatarán de que no tiene nada que ver con la otra, esto es, con Magdalena, porque en ese momento la novia (Angustias) que no es su novia, se va a casar con Regino haciéndose pasar por novio de Magdalena. ¿Lo han entendido, amables lectores? ¿No? Mejor que lean lo que pasa a continuación...

Y por fin llegan Purita y doña Fermina a la casa de Salvador. Allí, Mariano, haciéndose pasar por padre de Magdalena y futuro suegro de Regino, novio de ésta, confirma que Salvador es un buen muchacho y que, efectivamente vive con su hija y su mujer y que en esos momentos se encuentran preparando la boda de Regino con Magdalena.

Doña Fermina, arrepentida de haber hecho caso a las murmuraciones acerca de Salvador, se apunta a la boda, invitando, además, a dos conocidas suyas que no son otras sino Fanny y Susana quienes, para vengarse de sus maridos y ante el asombro desconcertado de estos, deciden seguirles el juego hasta que llega la verdadera Magdalena junto a su madre, Dorotea, y presenta a su niña como la auténtica novia de Salvador con quien va a casarse.

Doña Fermina, en un arranque, la emprende a palos con Dorotea defendiendo que la verdadera novia de Salvador no es otra sino su hija Purita.

Finalmente y, tras un intercambio de carteras entre Regino y Mariano, creyendo éste que su amigo le engaña con su mujer, todo se resolverá favorablemente para los protagonistas. Salvador acabará casándose con Purita y, habiendo escarmentado, procurarán estar antes de las diez en la cama... no vaya a ser que se corran una nueva juerga... y empiecen los líos de nuevo... «A las diez, a las diez, las diez/ a las diez en la cama estés;/ a las diez, a las diez, las diez/ si puede ser antes no sea después».

La crítica de Baró Quesada (1966: 89) afirmó acerca de la interpretación de nuestra protagonista que se renovaba «en un alarde maravilloso de gran actriz y gran supervedette. Arrebató al público a lo largo de la obra por la vivacidad y picardía de sus lindos ojos, por la graciosa y fina encarnación de su papel, por la precisión y elegancia en las evoluciones y los cantables, por su personalidad y su talento de máxima estrella de la comedia musical y la revista, por su radiante simpatía y por su lujoso vestuario».

El libro, moderno, graciosísimo, limpiamente trazado, de una fuerte comicidad y de risueños perfiles costumbristas y tipos sainetescos, incluía diversos números musicales que los maestros Cabrera y Moraleda conjuntaron en una partitura rica, de gran belleza por su variada instrumentación y que albergaba los titulados: «A las diez en la cama estés», «No hay un hombre bueno», «Yo busco un hombre», «Danza caucasiana», «¿Por qué me engañas?», «Con la mujer», «Quiero ser ye-yé», «Adivíname», «¡Al revés, al revés, al revés!», «Digan que sí, digan que no» y «Apoteosis final».

Hasta el 22 de mayo permanece en el Martín *A las diez en la cama estés*. En esta fecha el teatro cierra sus puertas y la compañía parte de gira por provincias llevando como repertorio las tres últimas obras del comediógrafo bilbilitano y con nuevas incorporaciones a sus filas: José Luis Carbonell «Kiko», Julio Riscal, Carmen Valenzy, Eduardo Hernández y Lidia Cortés, capitaneados todos ellos por la incombustible Celia Gámez: Santander, Huesca, Valencia, Sevilla...

Muñoz Román lo desconoce, pero será la última vez que haya estrenado una obra en su adorado y querido Teatro Martín donde tantos éxitos había cosechado.

A finales de 1966, Celia dice adiós a la revista. Más bien, lo que lleva a cabo es una pausa, puesto que un lustro después sí que estrenará su último título frívolo a las órdenes de Zorí y Santos. Pero no adelantemos acontecimientos.

Celia, en su imperioso afán por renovarse, dice adiós a la revista para incorporarse a un nuevo género: la comedia. Ella es consciente de que para proseguir en el mundo de la revista, precisa de algo que ya le falta: juventud, por eso le encarga una comedia a un joven comediógrafo que estaba iniciando una prometedora carrera sobre los escenarios, Juan José Alonso Millán, quien ya había cosechado resonantes éxitos con títulos como *Las señoras primero* (1959), *El expresidente* (1963), *El cianuro, ¿sólo o con leche?* (1963), *Carmelo* (1964), *El crimen al alcance de la clase media* (1965), *Mayores con reparos* (1965) o *Pecados conyugales* (1966).

Celia Gámez, la ilustre y popular estrella de la revista, aquella que durante más años había ostentado el cetro de una modalidad teatral tan complicada y difícil de llevar a su praxis, había puesto punto y... aparte, a su espectacular y gloriosa carrera como reina de la revista española y, por consiguiente, como supervedette de la misma. La noticia, qué duda, cabe, impactó sobremanera en el mundillo artístico y en los mentideros teatrales se rumoreaba que no sería por mucho tiempo, que Celia no podía vivir sin las lentejuelas y que no era sino un descanso tras tantos años trabajando. Suele pasarle a las grandes estrellas que llevan toda una vida dedicadas a ser la mejor en su género. Se cansan, cumplen años y ya no pueden seguir en lo suyo. Celia, por su talento artístico, por su luminosa simpatía, por su desbordante belleza, por sus profundas y anchas cualidades humanas y por los éxitos resonantes, arrolladores, que jalonaron su victorioso paso, a lo largo de más de treinta años, sobre los escenarios de Pavón, de Eslava, de Romea, de la Zarzuela, del Alcázar, del Lope de Vega, del Martín... constituía en España y, sobre todo en Madrid, toda una institución. Flores, banquetes, versos, requiebros, autógrafos, entrevistas, cálidos juicios unánimes de la crítica, fotografías suyas corriendo por toda la geografía nacional... Y en las aceras, a su paso rítmico, señorial, atrayente, la gente que vuelve la cabeza y en todos los labios una misma exclamacion: «¡Ahí va Celia Gámez! ¡Cada día más artista y más bonita! ¡Qué ojos tiene esa mujer!». Si como supervedette no tuvo jamás rival, como directora y empresaria puso siempre cátedra de disciplina, de sentido común, de buen gusto, de inmejorable administración. Aportó a la revista los más lujosos vestuarios y decorados, los más bellos y uniformes conjuntos de viceetiples, las coreografias más coloristas y perfectas, los cuerpos de baile más sugestivos y armoniosos, las compañías más rigurosas y formales en los escenarios, entre bastidores, en los pasillos, en los camerinos... Fue severa maternalmente con sus chicas porque así lo exigía el mejor servicio al público. Y fue víctima, ¡cómo no!, de ingratitudes, de leyendas, de calumnias y de envidias, «[...] aunque con su marcha de la revista se le ha caído a España, a nuestro viejo y desenfadado Madrid, un pedacito de su alma jovial, bulliciosa, sentimentalmente risueña y noblemente pícara y burlona. Desde hoy, con la retirada de Celia Gámez, no sonará en nuestro corazón un pasodoble ni sentiremos en nuestro espíritu fragancia de nardos cuando vayamos por la calle de Alcalá» (Baró Quesada, 1966: 53).

La miniviuda, es el título que Juan José Alonso Millán entrega a Celia con vistas a su estreno en gira aquel verano de 1967 en el Teatro Príncipe de San Sebastián con una compañía que, dirigida por Mario Antolín, incluía a Julia Caba Alba, Mario Álex, Avelino Cánovas, Agustín Povedano, Josefina Lamas, Manuel San Román, María José Román, Francisco Matallanos, Olga Peiró, Verónica Luján, Maribel Hidalgo, Teresa Gisbert, Ricardo Valle y Venancio Muro.

De esta forma, pues, la comedia llega a las tablas del citado coliseo y ciudad entre el 3 y el 6 de agosto, con no muy buenas críticas, especialmente en lo referido a su libreto:

> «[...] obra de muchos personajes que entran y salen sin orden ni concierto, dibujados tan superficialmente que no guardan la menor relación con un mínimo argumental indispensable; sólo hay tres que responden a una personalidad definida. La protagonista, a la que se ha querido presentar como un símbolo de la sinceridad, que se pasa todo un acto denigrando a su difunto esposo que la ha dejado en una posición social envidiable y convierte sus horas de velatorio en motivo de carnavalesco jolgorio, y luego recibe a su alrededor a un ladrón, a un sujeto-protesta de inmunda apariencia, así como a otros personajes que no tienen razón alguna de ser en este ambiente, incluida otra pareja de muchachos a los que, ni corto ni perezoso, los convierte enseguida en padres de una criatura. Y junto a estos, un tipo que se hace pasar por conde cuando es un vulgar individuo indocumentado y, en fin, desarrollado todo esto en un clima desprovisto de lo que es más necesario en el teatro, la materia viva, el tema, el argumento, definido y expuesto con arreglo a las normas exigibles en el arte» (Goñi de Ayala, 1967: s.p., archivo del autor).

Celia Gámez, dominadora de las tablas, procuró sacar adelante su papel con enorme desparpajo, configurándose esta «farsa de humor en tres actos y un prólogo», básicamente como una revista de *sketches* pero sin números musicales. Dado este inesperado resultado y, con vistas a su estreno en Madrid tras una prolífica gira por el norte de España, la obra sufre cambios notables, suprimiendo escenas y cambiado personajes para intentar arreglarla, hecho éste que permitió aligerarla y mejorarla. Así las cosas, la comedia llega al madrileño Teatro Marquina gracias a su empresario de entonces, Andrés Kramer, quien quiso programarla entre el 8 de septiembre y el 20 de octubre de este 1967. Pero la obra no conseguía levantar al público. Alonso Millán había reunido varias farsas cortas con un hilo delgado y quebradizo: la protagonista, Ana Robles (Celia Gámez) era una mujer valiente, salerosa y sincera... muy sincera... Su esposo es un canalla. Hace negocios sin piedad. Es capaz de engañar a su propio padre por mil pesetas. De pronto, una congestión le lleva a la muerte. Y su viuda, su miniviuda, organiza una verbena con cotillón en el velatorio. Ella es una mujer que sabe respetar la última voluntad de aquel finado canalla vistiéndole de mozo de San Fermín. Y a los acordes de la clásica canción pamplonica, sale su coche fúnebre. Partiendo de esta base y de los distintos personajes que pueblan aquel carnavalesco cotillón que celebra el velatorio del muerto, sólo faltaban, realmente, unos cuantos números musicales para convertir el libreto en una revista en toda regla. La crítica madrileña, además, tampoco contribuyó en demasía a relanzar la obra:

> «[...] La sombra de materiales, propios o prestados, impide al autor la construcción de una comedia. No hay en ella ni problema, ni conflicto de motivaciones, ni trama ni desarrollo. No hay en ella ni caracteres ni conductas regidas por el natural de los personajes. No hay más que una marcha zigzagueante, de parodia en parodia, de numerito en numerito, hasta llegar fácilmente a un final cualquiera que permita echar el telón después de haber desparramado no pocos hallazgos verbales y algunos buenos tipos de teatro, como el del ladrón a sueldo, junto a otros rebosadísimos, como el falso conde y la madre de artistas. [...] Sacar de esta especie de gran morcilla teatral un conjunto potable, divertido a ratos, y gris, aburrido, tonto, otros ha sido el mérito de la excelente dirección de Mario Antolín. [...] No ha podido, sin embargo, liberar por completo a Celia Gámez de sus hábitos operetescos, de los que tendrá que prescindir si de veras se propone cuajar una actriz de comedia ligera, empresa que, a juzgar por su afortunada presentación, está muy a su alcance» (López Sancho, 1967: 93-94).

Con estas críticas, muy difícilmente pudo salvarse una obra que, días más tarde de su estreno, saltó a los medios de comunicación por una denuncia que la actriz María Luisa Ponte había interpuesto contra Celia Gámez a causa de un despido improcedente. No tenemos conocimiento al respecto de en qué pudo quedar mencionado pleito, sólo que la comedia dejó de representarse, ya que el también prolífico comediógrafo Alfonso Paso le había escrito a Celia otra comedia para su futuro o posible estreno, siempre y cuando la estrella viese adecuado su papel, como así sucedió.

Es mejor en otoño, «obra en dos actos, el primero dividido en dos cuadros», posee un reparto mucho más reducido que la comedia anterior: Aida Power, Ramón Pons, Celia Gámez y el espléndido Rafael Rivelles, dirigidos sabiamente por el propio autor. La comedia era, sobre todo, una historia de amor. Una comedia rabiosamente romántica, un alarido de nostalgia que la juventud lanza al contemplar cómo, en el otoño de la vida de dos seres humanos (un coronel inglés, médico para más señas de su soberana Majestad, y una simpática viuda granadina), pueden llegar a ser más felices que los jóvenes en primavera: aquélla, con una hija *hippy* y aquél con un hijo melenudo y extravagante. Los más veteranos huían de la soledad en que les había sumido su viudez, esa orfandad sentimental que había dado aire yerto a sus vidas, cuando todavía palpitaba en su corazón un anhelo de ternura, sensación ésta recíproca que vivirán sus dos retoños fundiendo ambas parejas en una común pasión, un poco de melancolía por parte de él, y bulliciosa y vivaz, casi con un cierto aire juvenil, por parte de ella.

Sencilla y notable en sus construcción, Paso ahondaba en la psicología de los cuatro personajes de forma humorística. Celia se encontraba ahora mucho más cómoda que en su anterior papel. Estaba exacta, proporcionada, justa, brillante, magnífica. Una actriz en toda regla que proporcionaba a su *partenaire* masculino momentos de verdadero realce. Estrenada el 5 de diciembre de 1967 en el Teatro Principal de Zaragoza, la obra empezó una gira cosechando aceptables críticas, calificándola de comedia hábilmente construida, con una Celia Gámez resucitando su antigua picaresca de mujer revisteril, mostrando que era una actriz completa y de gran altura, capaz de levantar con su sola presencia cualquier momento de la obra en que se encontraba en escena.

La compañía pasa por teatros como el Olimpia de Huesca, el Principal de Valencia, el Victoria de Barcelona, el San Fernando de Sevilla... donde es aplaudida y recibe aceptables y buenas críticas. El público «entraba» enseguida en la obra y se deleitaba con las peripecias de sus cuatro protagonistas. La gira concluye a finales de julio de 1968. Celia afirma a la prensa que pasará todo el mes de agosto en Buenos Aires para hacer televisión y que regresará ya en septiembre para debutar en Madrid con su actual comedia y, en enero de 1969 pretende presentarse en el Lope de Vega con, nada menos que *Hello, Dolly!*, obra que siempre tuvo en mente montar pero cuyos altos costes de producción, le impedían hacerlo. Pero nada más lejos de la realidad. Celia sí que se marcha a su país natal para hacer algunos espacios televisivos junto al cómico Sandrini. Allí, además, recibirá un hermoso homenaje por parte de Nati Mistral y Tita Merello y tendrá la oportunidad de trabar amistad con doña Lola Membrives. Su regreso a España, ya en septiembre de 1968, le lleva a encontrarse con la desagradable noticia de que Rafael Rivelles ha tenido un accidente de circulación y no podrá, de momento, incorporarse al estreno en Madrid de *Es mejor en otoño*, por lo que Celia piensa que el también actor Fernando Rey, puede reemplazarlo en su cometido. Sin embargo, éste se encontraba rodando una película y no pudo compaginarlo con el ofrecimiento de Celia. Así las cosas, la morocha decide no estrenar la comedia en Madrid y abandonar sus representaciones. De momento, piensa descansar y pensar algunos de los proyectos que le ofrecen: entre ellos, una versión cinematográfica de su título más célebre, *Las Leandras*.

XXVIII. LA ÚLTIMA DE FILIPINAS

En 1961, el mejicano Gilberto Martínez Solares, había rodado una versión muy particular de la celebérrima revista del trío Muñoz Román, González del Castillo y Alonso que tantos éxitos cosechó y sigue cosechando allá donde se representa. De hecho *Las Leandras* es uno de los títulos más clásicos dentro de la cartelera teatral mexicana, ya que rara es la temporada que no se repone.

El filme no era más que una adaptación más o menos libre del «pasatiempo cómico lírico» tomándose ciertas licencias y puesta al servio para que la actriz Rosario Dúrcal (nótese la casi homonimia existente entre ésta y la futura estrella del mismo filme de Eugenio Martín, Rocío Dúrcal) luciera todas sus dotes interpretativas y canoras. Por lo demás, la interpretación de los actores era más que correcta y sobresalían, cómo no, los números musicales de su inmortal partitura, ejecutados con garbo por la estrella mexicana, a la que acompañaban en las lides interpretativas artífices tan eficaces como Enrique Rambal, Andrés Soler, Francisco Jambrina, Amparo Arozamena, Celia Viveros y Joaquín García Vargas, entre otros. Rodada en 35 milímetros, la cinta, distribuida por Cinematográfica Pelimex S.A. nunca llegó a España pese a tenerse noticias de su estreno a través de revistas dedicadas al mundo cinematográfico.

Si bien es cierto que no fueron pocos los cómicos (Juanito Navarro, Antonio Casal, José Orjas, Ángel de Andrés, Quique Camoiras, Tony Leblanc, Andrés Pajares, Rafael L. Somoza, Manuel Gómez Bur, Paquito Cano…) y las vedettes (Queta Claver, Virginia de Matos, Licia Calderón, Irene y Raquel Daina, Esperanza Roy, Helga Liné, Mary Begoña, Marujita Díaz, Addy Ventura y Tania Doris, ambas con una sola película en su filmografía, Lina Morgan…), que realizaron un transvase profesional en sus carreras al compaginar teatro y cine o bien abandonar las tablas para dedicarse de lleno al Séptimo Arte, en el caso de nuestra protagonista, con tan parca nómina de intervenciones cinematográficas, la aparición en el filme que nos va a ocupar durante las próximas líneas, sí que constituyó todo un acontecimiento, por tratarse, no sólo de una versión fílmica de la obra que la catapultó a la fama y que fue escrita expresamente para ella, sino, además, por verla en pantalla con 64 años al lado de una jovencísima Rocío Dúrcal dándole la réplica en el papel que ella estrenó.

Hasta llegar al estreno de la versión cinematográfica española de *Las Leandras* en este 1969, las apariciones de Celia Gámez en el mundo del Séptimo Arte se habían ceñido, recordemos, a *Murió el sargento Laprida* (1937), rodada en Argentina a las órdenes de Óscar Herman Davison y *El diablo con faldas* (1938), de Ivo Pelay, también en su tierra natal. En el año 1967, había intervenido, muy brevemente, en un documental *Flash 06* de Félix Martialay que recogía diversas noticias sobre la Villa de Madrid pero no sería hasta ahora cuando, bajo la batuta de Eugenio Martín, Celia reverdezca en el Olimpo fílmico, que hasta entonces no había sido demasiado fructífero para ella en claro contraste con su prolífico trabajo escénico.

El filme *Las Leandras* supuso un más que merecido homenaje a la obra que es considerada como el paradigma clásico del género que nos ocupa. Paradójicamente y, al tratarse de una versión cinematográfica algo *light*, no debemos olvidar que la censura franquista había prohibido la representación de este mítico título como ya lo hiciese con *La corte de Faraón*, parte de la chispa y la gracia de los diálogos originales se perdieron al verse reflejados en la pantalla grande, e incluso su argumento puede decirse que estuvo «levemente inspirado» en la milenaria obra teatral. Ahora, Celia Gámez deja todo su protagonismo a la incipiente Rocío Dúrcal en la que llega a convertirse en uno de sus principales papeles cinematográficos al dejar de lado su eterno papel de adolescente (véanse películas como *Canción de juventud*, *Tengo 17 años*, *Rocío de La Mancha* o *Más bonita que ninguna*) y convertirse, gracias a este filme, en un personaje mucho más maduro que, posteriormente volvería a repetir en el resto de su filmografía.

Estrenada el 11 de diciembre de 1969 en el Teatro Nuevo de Barcelona y el 22 de diciembre de mencionado año en el Real Cinema de Madrid, la película se convirtió en el éxito más taquillero del año y en uno de los más importantes de la carrera artística de Rocío Dúrcal llegando a poseer un total de 2.412.993 espectadores y una recaudación de casi ochenta millones de pesetas de la época, concretamente 473.060.39 euros. Véase la crítica que el diario *ABC* dedicó a la producción que nos ocupa:

> «[...] Eugenio Martín ha seguido, en cierto sentido, a los musicales americanos que se nutren especialmente de los éxitos de Broadway. Él lo ha hecho con una de las revistas más populares de la escena española. Su acierto ha estado en rodearla de los medios apropiados, de fastuosidad, de brillantez, utilizando recursos de la moderna técnica cinematográfica, con un adecuado ritmo. Los alicientes de la famosa obra se ven así realzados en una película que es, sobre todo, espectáculo. Acierto también en la elección del reparto, especialmente por lo que se refiere a la espléndida Rocío Dúrcal, a la que indudablemente se le da muy bien el género revisteril y el musical cinematográfico, y Celia Gámez, la inolvidable creadora de *Las Leandras*, aquí en otro papel, pero demostrando siempre su clase y su conocimiento de la revista. Alfredo Landa, Isabel Garcés, «Saza», Juanito Navarro y Antonio Garisa se producen con desenvoltura habitual en ellos. La película presenta también a Jeremy Bulloch, que debuta en la pantalla española. Poco hay que decir de la película en cuanto a su tema porque es de sobra conocido. Sólo señalamos, pues, su fastuosa versión musical, en un film brillante; bien recogidos sus popularísimos números y montado, en todos sus elementos, para brindar al espectador un espectáculo especialmente atractivo» (A.C., 1969: 61-62).

El papel secundario, pero no por ello menos importante, asignado a Celia Gámez, engrandece aún más la producción, especialmente en los primeros minutos de metraje cuando la propia vedette, mientras el espectador contempla diversas fotografías de la obra original, presenta la película y a su protagonista femenina, Rocío Dúrcal: «Me parece que Rocío va a tener el éxito más grande de todas las películas que ha hecho. Porque en la música está sensacional y en actriz ya en otras películas lo ha demostrado. Creo que va a ser un éxito muy bonito», afirmaba la propia Celia al respecto de su «hija» en la gran pantalla (Andresco, 1969: 7). Claro que adaptar una revista tan mítica y célebre como *Las Leandras* al cine no fue cosa fácil, al menos así lo afirmaba su director, Eugenio Martín:

> «Aquélla fue una película muy sabrosa porque las canciones eran espléndidas. Tengo, sin embargo, un recuerdo agridulce de la película porque la gran Celia Gámez no podía decir dos líneas seguidas, era imposible. Entonces, cada vez que tenía que decir un diálogo, se

atascaba. Y no porque estuviera nerviosa, sino porque ella, al parecer, nunca había recitado ningún tipo de diálogos. Yo no he visto nunca un espectáculo de Celia, pero me parecía increíble que a una persona con su profesionalidad le dieras un diálogo de dos líneas y fuera incapaz de decirlo. Tuve que rodarla a base de planos cortos en el tiempo para que dijera unas poquitas palabras, seguir a otra cosa y que siguiera hablando poco después, porque era un verdadero tormento rodar aquello. Pero ella era una gran colaboradora y se pudo sacar adelante la película. Hubo algunos números musicales, de los cuales recuerdo, por lo menos, uno con verdadero placer, ya que me parecía muy vistoso al estar inspirado en los números musicales norteamericanos que, en aquellos momentos, yo estudiaba para que me salieran parecidos» (Gregori, 2009: 261).

Con guión de Vicente Coello en colaboración con Santiago Moncada, Eugenio Martín y Jesús María de Arozamena, recordemos, autor a su vez de algunas obras que la propia Celia estrenase, el rodaje tuvo lugar entre Madrid y Londres, si bien ésta última tan sólo aparece en las primeras secuencias y se inició el 23 de marzo de 1969.

Actualizar o modernizar un libreto tan «escabroso» y lleno de sal gruesa como el original de *Las Leandras*, no fuera tarea nada fácil, a tenor de las circunstancias en que la película se filmó. Franco aún vivía y la censura miraba todavía con lupa todo aquello que oliese a «piernas, mujeres y sexo».

«[…] Le han sacado bastante partido. Además, le han quitado la parte que pudiera ser más escabrosa y ha quedado divertida, muy divertida. Sin un momento desagradable que pudiera tener. O sea, que me parece que va a ser una comedia musical muy de actualidad, porque la han actualizado mucho. El arreglo de la música lo ha hecho García Segura, que ha conseguido una instrumentación fenomenal. También del libro han hecho los guionistas una adaptación que es muy divertida, muy humana. En una palabra, queda muy bien» (Andresco, 1969: 7).

Pero la cosa no parece cuajar demasiado bien, ya que buena parte de la gracia del libreto original se pierde totalmente. Sus 109 minutos de su metraje nos contaban cómo Patricia (Rocío Dúrcal) volvía a España tras una estancia en Londres estudiando. Cuando llega a su casa, descubre que su madre Rosa (Celia Gámez), una célebre y gran vedette, está casi sin dinero y trabajando en un teatro de bajo nivel. Las dos se pondrán manos a la obra para realizar de nuevo su carrera teniendo en cuenta que el tío de Patricia está a punto de llegar a Madrid para realizarle un importante ingreso en una sucursal bancaria.

Junto a las dos protagonistas principales, una estupenda Isabel Garcés como directora del colegio que alquilan Rosa y Patricia, Antonio Garisa y Alfredo Landa como tío y sobrino, respectivamente, en una divertisídima caracterización emulando al pajarero y vendedor de zapatos que acuden a una extinta casa de lenocinio para que el chico pueda «estrenarse» y, finalmente, un Juanito Navavarro y José Sazatornil magníficos dando muestra de la sabiduría que sobre las tablas poseían ambos.

Mucho más alejado de las interpretaciones de los grandes actores de nuestra escena que pasean su palmito por la película, encontramos a un desconocido Jeremy Bulloch totalmente desorientado en el filme y que bien hubiese podido ser sustituido por algún galán de la época como Manolo Zarzo, Pedro Osinaga o Francisco Valladares, estos últimos, también conocedores del mundo de la revista musical.

Pero, frente a ello, la película se deja ver con agrado y distrae al espectador, quien, recordando viejos números musicales tararea el chotis del «Pichi», el pasacalle de «Los nardos», la mítica «Java de las viudas» (con una maravillosa interpretación de Rocío Dúrcal) o se muestra «Fiel a la Marina» con Clara Bow y entona «Tomar la vida en serio», marchiña perteneciente a la opereta *Luna de miel en El Cairo* (1943) que, con libreto de Muñoz Román y música de Francisco Alonso, el maestro Gregorio García Segura, artífice de los arreglos del filme, introduce en el mismo y que es sabiamente interpretado por nuestra Celia Gámez.

La película, como cualquier revista que se precie, concluirá con la consabida apoteosis en la que todos los protagonistas de la misma entonarán los números más célebres de su partitura al tiempo que se despiden del espectador.

Finalizado el rodaje de *Las Leandras*, Celia parte, durante el verano de 1969 para pasar sus vacaciones hasta Argentina de donde regresará a mediados del mes de septiembre, asistiendo con profunda emoción al estreno de *Las Leandras* y llegando a afirmar a la prensa que Rocío Dúrcal es su heredera artística: «*[...] Me encantó dar la alternativa a Rocío Dúrcal, quien me sorprendió por su entusiasmo y su profesionalidad. Hizo unas «Leandras» muy diferentes a las mías. Tal vez más estilizadas y menos castizas. Claro, que cada artista tiene su estilo y características*» (San Martín, 1984, Epílogo: 50).

Lo cierto es que la película estaba bien construida, interesaba al gran público y tenía para los nostálgicos el aliciente de presentar a una esplendorosa Celia Gámez enormemente elegante y bella que aún hoy día, más de cincuenta años después de su estreno, se deja ver con enorme agrado, dejando un hermoso sabor de boca tras su visionado. El nuevo éxito de nuestra protagonista le infiere numerosos compromisos, entrevistas, reportajes, invitaciones a homenajes, comidas... hasta que decide regresar nuevamente a su Buenos Aires natal a mediados de abril de 1970 para dar paso a una serie de compromisos artísticos contraidos durante su anterior visita, no sin antes ofrecerle, en el Círculo de Bellas Artes y, organizado por el Club de Arte que entonces dirigía Luisa Taboada, un «cocidito madrileño» al que asistieron numerosas personalidades de todos los ámbitos de la cultura española. En el mes de agosto vuelve a España y se va unos días hasta Benidorm y San Miguel de Salinas, donde es la encargada de coronar a la reina de sus fiestas y obligada a cantar algunos de sus números más populares. Nada se sabe, de momento, de lo que va a hacer con su vida artística. Hasta octubre, en que el productor Luis Sanz, arrienda el madrileño Teatro Calderón para presentar, en principio durante cuatro únicas semanas, a la estrella de la canción andaluza, Rocío Jurado, en un espectáculo conjunto al lado de Celia Gámez que lleva por título, *Fiesta*, de Rafael de León, Jesús María de Arozamena y los maestros Solano y García Segura.

En principio, el espectáculo estaba destinado únicamente al lucimiento de la Jurado, que comenzaba a despuntar y precisaba de cierto empuje, para lo cual se pensó que nada mejor que la acertada incorporación de Celia Gámez para tal fin. Junto a ellas, las secundaban la gran bailarina Rosario, la aportación humorística de las hermanas Hurtado, Los Marismeños y el ballet *Happy Girls*, todos ellos con la dirección de la propia Celia cuya intervención se ceñía a salir en unos cuantos números musicales.

Anunciado como «mucho más que un espectáculo», *Fiesta* llega a las carteleras del coliseo de Atocha el 23 de octubre de 1970. Se trataba, como tantas veces en el popular coliseo, de un festival de variedades compuesto sobre una base de folklore andaluz con adiciones revisteriles circundado en torno al trío Jurado-Gámez-Rosario. Para engarzar el espectáculo, Arozamena había compuesto una serie de números mixtos conducidos por las hermanas Hurtado (Teresa y Fernanda) con enorme gracia, con un juego ingenioso muy bien servido por estas dúctiles actrices que hacían gala de una facilidad y de un desparpajo admirables ya que lo mismo recitaban, que cantaban o bailaban con gracia y soltura. Rocío Jurado interperpretaba canciones como «Rojo clavel», «Amor gitano», «Ten cuidado», un popurrí de coplas, «Te quiero y quiero» y «Del cielo cayó una rosa», además de cantar junto a Celia el clásico «Castañas calentitas» o «Las castañeras», de *El ceñidor de Diana*, mientras que Celia hacía lo propio con el delicioso «Tomar la vida en serio», un popurrí de sus números más populares que incluían «Luna de España», «Mamá eu quero», «¡Mírame!» y «El beso», el tango «Se dice de mí» y dos números exclusivamente escritos para su lucimiento personal y que suponían un estreno absoluto. De una parte, la hermosa copla de Rafael de León y Juan Solano, «Cuatro noches», y, sobre todo, el emocionante pasodoble madrileño «De limón y yerbabuena», de los mismos autores y que recordando a otros grandes interpretados por la vedette, se erigió como el gran triunfador del espectáculo: «Por lo que yo soy, y por lo que fui.../ ¡gracias, muchas gracias, querido Madrid!/ Porque ahora mi voz de llanto se empaña.../ ¡Gracias... muchas gracias, mi querida España!/ ¡Gracias! ¡Gracias! ¡Muchas gracias!/ ¡Cuántas noches yo canté esta alegre melodía!/ Y mi público más fiel, con cariño me aplaudía.../ ¿Dónde están, que ya no están? Alonso y Muñoz Román.../ que aunque están lejos de aquí, siguen vivos para mí./ En el Rastro yo lo he visto abandonado,/ se lo he comprado/ a un librero de ocasión;/ y sus notas al cantar me han deslumbrado/ y han levantado,/ ronchas de mi corazón./ ¡Pasodoble madrileño!/ Amarillo y triste sueño/ de un Madrid que ya se fue.../ ¡Pasodoble de verbena!/ de limón y yerbabuena,/ ¡Quién te ha visto y quién te ve!/ Ya la Casta y la Susana se han mudado,/ y te han dejado,/ por antiguo en un rincón;/ y el carrito del trapero te ha llevado,/ hacia el pasado,/ junto con don Hilarión./ Mas tú no debes llorar/ que alegre hasta que me muera.../ cantando te ha de llevar ¡La Celia!/ como bandera».

Además, en el espectáculo se incluyó un poquito de cante y flamenco, finalizando el mismo con todos los miembros entonando, a manera de apoteosis de revista «Catapún, chin, chin». Celia, una vez más, volvió a demostrar su infatigable amor al teatro y su probada veteranía sobre las tablas con números ciertamente bonitos, llenos de evocaciones y nostálgicos, cuya simpatía le granjeó no pocos aplausos entre el público, demostrando que su arte no había sido olvidado. Una auténtica fiesta para todos los sentidos.

Fiesta permanece en el Teatro Calderón hasta el 19 de noviembre para salir de gira por España. Su primera parada: Valencia. Sin embargo y, tras una semana de actuación, la obra no parece levantar y la compañía se deshace. Dijeron las malas lenguas que por desavenencias entre la Jurado y Celia. Lo cierto es que, desde el fracaso de *¡Buenos días, amor!*, tan sólo los éxitos de *Mami, llévame al colegio, ¡Aquí, la verdad desnuda!* o *A las diez en la cama estés*, fueron los que consiguieron consolar su bolsillo y, sin lugar a dudas, revivir su reinado como estrella indiscutible de un género que, estrepitosamente y sin ápice de continuidad, comenzada a ir languideciendo sin su principal baluarte femenina.

En enero de 1971, Celia se ve inmersa en un turbio asunto. Al parecer, había interpuesto una demanda contra el empresario Luis Sanz por despido. Y es que Celia había suscrito un contrato con el citado productor para intervenir como primera figura en Madrid y provincias en el espectáculo *Fiesta*. Se estipulaba que su vestuario correría por cuenta de la empresa y, que, finalizado el contrato, ésta quedaba en propiedad de los modelos usados. El nombre de la vedette constaría en publicidad al final de la misma y en iguales caracteres, tipo, tamaño y extensión que la otra protagonista. Celia Gámez percibiría diariamente ocho mil pesetas. La tourneé estaba programada en principio para finalizar el 19 de enero de 1971, pero ante el éxito del espectáculo se comunicó a los artistas y músicos que quedaban prorrogados los contratos.

El 29 de noviembre de 1970 se anunció inesperadamente a toda la plantilla de la compañía que la empresa se veía obligada a dar por terminada la gira. Celia estimó entonces que el despido producido lesionada sus derechos, por lo que puso el asunto en manos de su abogado, quien presentó demanda ante la Junta de Conciliación del Espectáculo. El abogado de la parte contraria, evidentemente se opuso a la demanda. Celia, la ganó y hubo de ser indemnizada con doscientas mil pesetas al considerar la Magistratura del Trabajo que existía despido improcedente, por lo que Luis Sanz hubo de pagarle la citada cantidad que correspondía al salario diario de ocho mil pesetas durante los veinticinco días contratados.

Por aquel entonces, Celia pretendía también vender sus memorias a la editorial Prensa Española; sin embargo, un semanario emplea su nombre para dar a conocer, bajo el título de *Cuarenta años de vida española*, los aconteceres y diatribas de los españoles en labios de Celia Gámez. La estrella, consciente del uso irresponsable de su nombre en una publicación de la que ni tenía costancia ni había autorizado, plantea otra demanda a pesar de que la publicación ya estaba en la calle. Celia no la ganó y tuvo que ver cómo *Meridiano*, nombre del citado semanario, publicada una foto suya de portada contando en primera persona todos los acontecimientos sociales, políticos y culturales de la posguerra española. Fue un duro mazazo para Celia quien veía cómo era utilizada. Junto a ello, algo decepcionada de España, plantea irse definitivamente y establecerse en su Buenos Aires natal. A finales de año, Celia recibe la propuesta de Jesús María de Arozamena para montar el musical *Mame*, pero declina llevarlo a cabo dado el elevadísimo costo que supondría su montaje.

Ya en 1971, continúa recibiendo ofertas, como la que parte de TVE para copresentar un futuro programa titulado *Los felices años cuarenta* junto a Conchita Montes con la dirección de Romano Villalva, título aquél que no cuajaría pero que, a finales de la década, se llevaría a cabo bautizándolo como *Música y estrellas*, donde se hacía un repaso a lo más granado de la música revisteril y frívola española desde principios de siglo, aunque conducido por Marujita Díaz. Paralelamente, Celia aparece en el programa *Siempre es domingo* donde revela a Manuel Martín Ferrand que se marcha de España ya que había recibido una oferta del Canal 13 de Buenos Aires para grabar distintos programas así como otras tantas ofertas de países hispanoamericanos para emprender una gira por los mismos llevando parte de su repertorio musical. Pero aquél viaje lo aplazará a causa de una grata oferta que recibe de dos compañeros muy queridos: Fernando Santos y Tomás Zorí que, en aquellos momentos finalizaban con notable éxito las representaciones de *Bienvenido, Valentín* en la cartelera del Teatro Alcázar el 6 de junio de 1971, para, seguidamente, iniciar su gira por los teatros españoles.

A pesar de los éxitos conseguidos, la Compañía de Revistas Zorí-Santos no cesa en su empeño de superarse cada temporada. El 10 de noviembre del 71, nada más finalizar la gira con *Bienvenido, Valentín*, se anuncia la incorporación de la famosa y experimentada estrella Celia Gámez «la reina de la revista», noticia de enorme resonancia en el mundo del género frívolo. Celia entraba en la compañía de «los Chicos» como algo más que contratada

Y es que Celia podía hacerlo todo... Todavía, en España, cuando aparecía una nueva vedette, las gentes se preguntaban si había de ser ella la que ocupase el puesto de Celia, y todavía se respondían, siempre, que no. En la revista, en la comedia musical, Celia continuaba siendo el «patrón de oro» de todas las cosas. Como correspondía a la inventora, a la creadora de un género que antes se iba hacia un terreno irremediablemente inferior y que ella alcanzó con mano segura. Porque Celia fue la vedette que acabó con el vedetismo y por eso fue más vedette. Es decir, terminó con la fórmula de la «señora estupenda» que se rodeaba siempre de medianías, y aún de naderías, para estar sola... Ella llamó a escritores, directores de escena, músicos de alto prestigio internacional y nacional; ella buscó, sin celos, figuras de primera categoría, vicetiples bellísimas y artistas, actores y actrices... Y, sobre todo ello, fue ella misma. Celia Gámez, sin comparación posible. Ahora, con Zorí y Santos, no solamente iba de primerísima figura, tal y como querían ambos actores, sino que también ejercería las funciones de directora de escena o coreógrafa.

La compañía de Zorí-Santos, que gozaba en las provincias, si cabe, de mayor predicamento que en Madrid, acababa de finalizar su gira con su último espectáculo. Habían estado presentes en capitales, ferias y fiestas importantes… Y ahora preparaban su presentación en Madrid, que harían en el Alcázar, en las mismas fechas de todos los años: últimos de enero o primeros de febrero. Y así Madrid volvería a ver y a gozar otra vez de la inigualable e incomparable figura de Celia Gámez.

De esta forma, la Compañía de Revistas Zorí-Santos estrena en el Teatro Argensola de Zaragoza el 23 de diciembre de 1971, *El último de Filipinas*, original de Manuel Baz con música del maestro García Morcillo con el que Celia había trabajado ya en 1946 al haberle compuesto la partitura a *Vacaciones forzosas*. De la ciudad maña pasó después al Ruzafa valenciano, en el que estuvo desde el 8 al 28 de enero de 1972, despidiéndose con el teatro lleno de flores y un entrañable fin de fiesta. La presentación en el Alcázar madrileño tuvo lugar el 4 de febrero.

En palabras de la crítica, el felicísimo estreno resultó uno de los más formidables y más legítimos éxitos registrados en la historia española del género frívolo. Calificó la obra como una revista ejemplar en todos los aspectos teatrales. El final fue acogido con prolongados aplausos y estentóreos «bravos», alzándose varias veces el telón con el escenario lleno de flores, teniendo que dirigirse al público los tres principales intérpretes de la triunfal jornada. En el reparto figuraban también Mónica Kolpek, Sira Laso y José Santamaría, además de Roberto Cobo y el fabuloso ballet de Miss Baron.

Su argumento nos hablaba de Paca una hermosa y otoñal mujer (Celia Gámez) que, tras haber enviudado de Ambrosio, su primer marido, en la actualidad se encuentra casada con Telesforo que, desgraciadamente, no le llega a «convencer» del todo en los asuntos íntimos. Su presentación viene marcada por un singular tango lleno de nostalgia y evocación: «De la rivera del Plata/ al Manzanares llegué;/ fui vestida de Pichi/ de Cascorro a Lavapiés./ He sido castigadora/ con mi pelo a lo garçonne/ y he vendido hasta cerillas/ en la puerta del Pavón./ En la Argentina he nacido/ y aquí me quise quedar,/ es español mi apellido/ y de España, mi cantar./ Traigo conmigo alegría,/ la gloria de una canción/ y son lindas melodías/ de mi mismo corazón./ Canté a la novia de España/ que es lo mejor que hay que ver./ Fui Cenicienta del Palace/ y estudiante portugués./ España llevo en el alma/ como se lleva un cantar/ porque yo he vendido nardos/ en la calle de Alcalá».

Paca posee una hija, Paquita, casada a su vez con Basilio. La acción de la obra arranca cuando Paca se presenta en casa de su hijo para revelarle que su verdadero padre no era Ambrosio, como siempre creyó, sino Paco, un artillero que la dejó por miedo cuando aquélla se quedó embarazada. En la actualidad Paco es millonario, reside en Manila y desea regresar a España para buscar a su hija y reparar el error cometido en el pasado, no obstante se encuentra muy enfermo y tan sólo le quedan varios meses de vida.

El problema de Paca ahora reside en qué va a hacer con su actual marido, Telesforo, ya que Paco viene dispuesto a casarse con ella y dejarle su cuantiosa fortuna siempre y cuando acepte contraer matrimonio. Para intentar buscar la solución Paca acude a casa de su yerno Basilio y éste la promete encargarse de su actual marido.

Mientras tanto, Telesforo ha acudido a un amigo para que le recomiende a una «chica alegre» y así pedirle que le enseñe a complacer a Paca, ya que ésta, cuando se acuestan juntos, sólo habla de su primer esposo, Ambrosio.

La casualidad hace que, mientras Telesforo espera a Carlota, la susodicha señorita, se encuentre con un viejo amigo de la mili, que resulta ser, para más señas, Paco quien, a su vez, le pide el favor de que investigue a la mujer con la que tuvo a su hija. Pero no llega a darle el nombre gracias a la llegada de Carlota.

A Basilio, en su plan propuesto para acabar con Telesforo no se le ocurre otra cosa que matarlo, a lo que Paca y Paquita se oponen radicalmente y prefieren decirle la verdad y que colabore ya que Paco tan sólo vivirá unos meses. Motivo que aprovecha aquélla para leerle la mano...: «Deme usted la mano/ para que le diga.../ deme usted la mano/ que yo en ella sé leer,/ acérquese./ Deme usted su mano/ que yo soy su amiga.../ Deme usted su mano/ que yo en ella sé leer/ lo que en su destino/ puede acaso suceder».

Así las cosas, Telesforo acepta y, tras varios altercados se da cuenta de la mujer con la que va a casarse su viejo amigo de la mili no es ni más ni menos que su esposa Paca; pero, para complicar más las cosas y, a regañadientes, Telesforo decide participar en el engaño que Paca, Paquita y Basilio le han preparado a Paco. Al reencontrarse éste con su hija y su novia, las encuentra «solteras» viviendo en una casa de huéspedes en la que reside Basilio. Claro que Paco, no ha llegado solo, viene acompañado de su ahijado Heliodoro, un mejicano muy impulsivo que va a contraer matrimonio con Paquita. De esta forma, Paco y Heliodoro expulsan a Basilio y Telesforo de la casa dispuestos a casarse con Paca y Paquita respectivamente.

Finalmente todo el entuerto de la obra se resolverá cuando fallezca Paco y Heliodoro huya mientras Paca y Paquita esperen un bebé de Telesforo y Basilio respectivamente.

En cuanto a la partitura musical que salpica tal entramado argumental, podemos destacar los titulados «La chica del Rolls», «Caleidoscopio», «Astronautas», «Escocés», el impresionante «Japón» en donde tras un mastodóntico Buda se abría una preciosa boite o el divertido «Arza y toma» en el que participan «los Chicos» junto a Celia.

Baró Quesada, en las páginas de ABC (1972: 83), reflejó la triunfal noche del estreno de *El último de Filipinas* afirmando:

> «[...] Todo fue radiante, admirable, excepcional. El público, integrado en gran parte por conocidas figuras de la vida madrileña, asistió a uno de los más formidables y más legítimos éxitos registrados en la historia española del género frívolo. [...]. Celia Gámez, esplendorosa de arte y de belleza, entusiasmó a los espectadores con la exquisita y señorial picardía que pone en el escenario, en la pasarela y en el patio de butacas, pues a él bajó para cantar un delicioso número titulado «Deme usted la mano», cogiendo las de unos caballeros. Celia, ídolo permanente de los públicos españoles, es una mujer de talento, una artista fabulosa, única en la revista y en la comedia musical. Las calurosas ovaciones recibidas a lo largo de su actuación en la noche del viernes testimoniaron, una vez más, la admiración y el cariño que todos la profesan. Alcanzó uno de los mayores triunfos de su rutilante y casi legendaria carrera artística. [...] ¡Qué riqueza de presentación! ¡Qué maravilloso montaje al más alto nivel europeo! Todo apoyado en un libreto con argumento interesante y divertidísimo, con situaciones que arrancan la carcajada del auditorio y con un diálogo chispeante y vivaz, y en una partitura de muy agradables y finas melodías y de correcta y moderna instrumentación. *El último de Filipinas* es una revista ejemplar en todos los aspectos teatrales».

La obra estuvo en cartel hasta el 21 de junio del 72 y mucho más hubiera aguantado con la acogida del público, pero la Compañía mantuvo su fidelidad y compromiso con las distintas ciudades españolas en una gira triunfal.

Final del primer acto de *El último de Filipinas* (1971). Archivo Pilar Santos.

El 19 de mayo de ese mismo año 1972, el diario ABC informaba de la prórroga por una nueva temporada del compromiso de la compañía con Celia Gámez, y el 20 de septiembre se daba la noticia del inicio de los ensayos, con dicha estrella, de la nueva revista *Un, dos, tres...cásate otra vez*, que como la anterior se estrenaría en Zaragoza y Valencia antes de su presentación en Madrid.

Mucho debió pesar en Celia Gámez el ritmo de trabajo y el cansancio acumulado durante la temporada, como para acometer a sus 67 años, sin descanso, un nuevo proyecto con las mismas perspectivas maratonianas de giras, y continuos cambios de baile y vestuario. Ésta y otras razones personales serían las que le llevaron a plantear un paréntesis a Zorí y Santos, con la posibilidad de volver al año siguiente, como publicaba *ABC* el 4 de noviembre. Hay que reseñar que la salida de Celia Gámez no se materializó hasta que la Compañía tuvo resuelta su sustitución, asunto nada fácil dado el «tirón» que tenía la actriz. Pero la Compañía también tenía su gancho y suponía un plato muy apetitoso para cualquiera que se propusiera triunfar en el mundo del espectáculo, máxime sustituyendo a Celia Gámez en una obra cuyos ensayos ya se habían anunciado. La nueva compañera de cartel del popular dúo iba a ser nada más y nada menos que Lina Morgan, una actriz llena de facetas cómicas, muy completa y de gran personalidad, que venía pisando fuerte y alcanzando unas impresionantes taquillas. Posiblemente la mejor del género musical en aquellos momentos. Su incorporación se anunció en *ABC* el 7 de noviembre de 1972, tan solo tres días después de hacerse pública la marcha de Celia Gámez, quien no volvería a actuar con «los Chicos». Paralelamente, también salta a los medios de comunicación una sentencia de la Magistratura de Trabajo número 3 de Madrid en la que se afirmaba que Celia Gámez iba a cobrar más de un millón de pesetas en total por su participación en la película *Las Leandras*.

Celia y la empresa Cámara de Producción Cinematográficas Sociedad Anónima, firmaron un contrato el 27 de noviembre de 1968 en el que se estipulaba que la actriz cobraría medio millón de pesetas más el cinco por ciento de los beneficios que obtuvieran. En vista de que no se le liquidaban los citados beneficios, la artista reclamó ante la Magistratura de Trabajo afirmando que calculaba los beneficios obtenidos hasta el 30 de noviembre de 1971 en unos trece millones de pesetas. El representante de la productora se opuso a la demanda por considerar que se trataba de un contrato civil y por ello la Magistratura no era competente para entender el asunto, además de afirmar que los beneficios habían sido menores.

El abogado de Celia, don Doroteo López Royo, mantuvo que esa participación en los beneficios de la productora formaba parte del salario. Esta tesis había sido aceptada y en la sentencia se establecía que la productora liquidase a Celia 583.448,95 pesetas, además del medio millón que cobró por lo establecido en contrato y el cinco por ciento de los beneficios que se obtuviesen con posterioridad a la fecha de la reclamación.

Llegado 1973 y, pese a que Celia prosigue siendo personalidad indispensable en festivales como el llevado a cabo en el tradicional Teatro Calderón, ésta se encuentra cansada y sin saber qué hacer con su trayectoria profesional, estancada desde que decidió marcharse por cuenta propia de la compañía de Zorí y Santos. A pesar de ello, no son pocos los actos y agasajos a compañeros en los que interviene e incluso se empieza a rumorear en el mundillo intelectual que debería hacérsele una estatuta a quien tanto ha hecho por difundir el nombre de España. Ahora, un extenso grupo de amigos y admiradores, habían pensado que sería muy hermoso contar con un perenne recuerdo de la artista en la calle de Alcalá, entre las calles de Sevilla y Peligros o bien junto a la cancela alcalaína del Retiro. Una estatua que bien pudiera llevarla a su praxis Juan de Ávalos y costeada por suscripción popular presentando a la madrileña pero de raíces argentinas y malagueñas en actitud de ofrecer una vara de nardos a los transeúntes. Celia, quien nunca recibió condecoración oficial alguna, bien lo merecía. Aquella que amaba España y a los españoles por encima de sí misma, merecía el mayor homenaje de todos estos. La iniciativa, de momento, queda en el aire... Junto a ello, nuestra protagonista recibe una nueva propuesta cinematográfica, en esta ocasión de parte nuevamente de Cámara Producciones Cinematográficas S.A. para rodar, a las órdenes de Angelino Fons, una comedia inspirada en la obra homónima de Roberto Romero, *Mi hijo no es lo que parece*, y que, en su traslación cinematográfica llevará el extraño título de *Acelgas con champán y mucha música*. En su reparto, compañeros a los que Celia adora: José Sazatornil, Esperanza Roy, Milagros Leal, Jorge Lago, Manuel Summers, Eloy Arenas o Toni Soler.

La cinta, que contaba con la intervención de Juan José Daza y Roberto Romero en el propio guión, poseía ilustraciones musicales orquestadas por Gregorio García Segura y nos contaba la historia de Marga Infante (Celia Gámez), extraordinaria estrella de la revista que, desde hace unos años, se ha pasado al teatro serio. Va por varias ciudades del país representando un drama histórico. Tiene como vecina a Mónica Montes, que es, en estos momentos, la vedette de moda. Las relaciones entre ellas no son muy cordiales. El hijo de Marga llega a Madrid tras estar varios años fuera. Su madre, entonces, descubre horrorizada, que su hijo se ha vuelto sofisticado, extraño y que no siente mucha atracción por las mujeres. Marga recurre a Mónica, que, complacida, hace el encargo de seducir al tímido muchacho. Entre ambos nace el amor, por lo que, finalmente, optarán por casarse.

Realmente la casi hora y media de metraje merecía la pena, no por la intrascendencia y lo endeble de su argumento, sino por ver en pantalla juntas a dos grandes de la revista, especialmente a una fantástica Celia Gámez con un físico envidiable a sus 68 años dejando entrever porqué fue considerada años atrás «Nuestra Señora de los Buenos Muslos».

La parte musical del filme incluía diversos temas clásicos dentro del género arrevistado como una horrenda versión del célebre «¡Mírame!» de *Yola* (1941), «El terceto de las viudas de Tebas» de *La corte de Faraón* (1910) reconvertido aquí en un dúo y con nueva letra, «Yo soy Lucinda» y «Dicen que tengo» de *Veinticuatro horas mintiendo* (1947) reconvertidos en una misma canción, una bonita adaptación de la «Estudiantina portuguesa» de *La hechicera en palacio* (1950) y uno de los números más célebres de la opereta protagonizada en su día por Celia Gámez, *S. E., la Embajadora* (1958), esto es, «¿Me voy o no me voy?» que, entonada por la distinguida vedette parecía presagiar que ésta fuese su última intervención cinematográfica en el cine español. Finalmente, la cinta concluía con un fastuoso apoteosis procedente de *Vacaciones forzosas* (1946) titulado «Brindar» con todos los protagonistas despidiéndose del espectador como si el propio filme hubiese sido una representación arrevistada.

Si bien no se nos mostraban los entresijos del mundo de la revista por dentro, sí que merece la pena el visionado de esta cinta por tratarse de un nuevo documento en el que puede apreciarse el arte interpretativo de Celia Gámez:

> «[...] para que luzca su preciosa sonrisa, demuestre que sigue cantando sus números más famosos con el estilo que le hizo favorita del público y para que Esperanza Roy luzca no sólo la plástica de su belleza, muy atractiva, sino su personal manera de cantar y bailar en unos cuantos números tratados con un sentido moderno de la coreografía y acompañados por un ballet de preciosas bailarinas inglesas.
>
> La línea argumental de la comedia originaria se adelgaza al ser estirada con esas interpolaciones y apenas sí queda un pretexto para que Celia y Esperanza luzcan sus maneras, sus estilos personales y, junto a ellas, Jorge Lago se muestre discreto actor y estupendo bailarín moderno. Estamos ante una película intrascendente y comercial, simple pretexto para dar a Celia Gámez una ocasión más de probar que sigue siendo muy querida del público, para entonar unos números de revista nuevos o antiguos, pero modernamente desplegados, y eso se logra por completo. Quizá lo mejor es que no se ha cargado la mano en el carácter equívoco del protagonista» (López Sancho, 1974: 63).

Finalizado el rodaje, Celia recibe una singular propuesta por parte del empresario de la sala Lido, situada en los bajos del Teatro Alcázar: actuar en unas galas, no sólo por la citada, sino por otras de su propiedad. Para Celia, que sólo había hecho teatro, actuar en salas de fiesta suponía, no sólo una novedad, sino un reto. El contrato que firma estipula que su actuación será sólo de cuatro semanas prorrogables. La morocha acepta encantada.

Su debut tiene lugar el 23 de septiembre de 1973 con el espectáculo titulado *¡Aquí te espero!* acompañada del cante y baile de Emi Bonilla, los ballets *Sexy Girls* y *Royal Dancer's* así como las intervenciones de Alfonso Lussón, Esperanza Lorca, Norma Kerr, Yrina y Julio Ortega en distintos *sketches* humorísticos junto a las orquestas Los Géminis y Los Roberts.

Dirigida por el maestro Monra, más la coreografía de Alberto Portillo y vestuario de Maribel, las intervenciones de Celia se ceñían a hacer un repaso de sus grandes creaciones musicales. El éxito de Celia es total, volviendo a demostrar que, pese a su edad, sigue siendo la reina indiscutible de una maravillosa modalidad teatral. Tales son las buenas críticas y los llenos, que, aquellas incipientes cuatro semanas se prorrogran hasta los tres meses. Sus declaraciones al respecto lo dejan claro: *«[...] Yo siempe he procurado acercarme a los espectadores en el teatro, no sólo en la pasarela, sino en el patio de butacas bajando la escalerilla, cantando entre los espectadores, hablando con ellos... En un cabaret como el Lido, el que pueda una salir a la pista central elevada, desde el escenario, esa proximidad es contínua. Yo salgo y canto. Canto mis números de antes como el de la verbena de San Antonio, canto números recientísimos. Yo no puedo estar en un espectáculo sin ocuparme de todos los detalles, sin presenciar todos los ensayos, sin admirar a cada uno de mis compañeros y sin negarle un consejo a ninguno. Es un vicio. Para mí, el teatro no soy yo sola, es todo el espectáculo en el que participo. Muchas veces de espectadora viendo una revista o incluso una comedia, o en un cabaret, pienso en cómo habría resuelto yo determinados problemas, en lo que habría añadido o en lo que habría quitado. Esto no es porque yo me crea la mejor o superior a nadie, sino porque va en mi temperamento. Creo que en todo, el teatro debiera ser así, incluso en todas las profesiones: que cada uno piense no sólo en su parte, sino en el todo. Es cierto que el éxito me ha acompañado siempre, pero por trabajar, por amar el trabajo que hace uno y el de sus compañeros. Por comprender que nadie se puede divertir si uno mismo se aburre o no está a gusto con lo que está haciendo»* (Laborda, 1973: 87-88).

Celia estaba, sin duda, enteramente a gusto en el Lido. Transmitía ese bienestar y ese inherente arte al público tan próximo y logró con ello un gran espectáculo que, no por estar en un teatro menor, era de menos calidad.

A finales de este 1973, se le rinde un caluroso y sentido homenaje, cordial, a Celia Gámez en el castizo barrio de Chamberí en La Taberna de Don Juan donde es galardonada con «la Espada de Oro de Don Juan» donde se dio cita un nutrido grupo de intelectuales y compañeros de la artista, preludio del proyectado homenaje nacional para el que se crea una Comisión organizadora integrada por Carmen Sevilla, Milagros Leal, Esperanza Roy, María Rosa, Juan Ignacio Luca de Tena, Emilio Romero, Mario Antolín, Juan de Ávalos, Luis María Ansón, Alfredo Marquerie, Fernando Moraleda, Arturo Castilla, Isaac Fraga, Pedro Chicote, Julián Cortés-Cavanillas, Martín Santos Yubero, Javier Fleta,

Manuel Díez Crespo, Ángel de Andrés, Serafín Adame, Ángel Laborda, Santiago Castelo y José Baró Quesada.

El homenaje tendría, en principio, este orden: inauguración por el alcalde de Madrid de la estatua (Celia en el pasacalle de las floristas, de *Las Leandras*) en el jardincillo de la esquina de las calles de Sevilla y Alcalá; banquete con imposición de una condecoración oficial (Orden del Mérito Civil o de Isabel la Católica) a la postre por el Ministro de Información y Turismo; función en un amplio coliseo con la actuación de Celia en sus más populares números y con la colaboración de sus compañeros y de diversas actividades escénicas, y palabras del Embajador de la República Argentina y del Director General de Espectáculos.

Paulatinamente, se van adando a conocer detalles del evento: parece ser que, en un primer momento, la escultura la llevará a cabo Juan de Ávalos y que medirá unos dos metros, con un basamento de ochenta centímetros. Así pues y, para sufragar la misma, en enero de 1974 se abre una pública suscripción popular, centrada en una cuenta abierta (número 34.014) para tal fin en el Banco Coca. Las noticias al respecto son halagüeñas. A la citada Comisión organizadora se unen Lina Morgan, Manuel Baz, Luis Escobar, Basilio Gassent y Francisco Ugalde. Cunde, parece ser, el entusiasmo y aumentaban las adhesiones entre distintos sectores de la vida española ante la puesta en marcha de este magno y necesitado proyecto cuya realización ya empieza a señalarse para el mes de octubre de ese mismo año. En marzo la prensa da la noticia de que, finalmente, la proyectada estatua la llevará a cabo Santiago de Santiago y se estrena *Acelgas con champán y mucha música*.

Pero no hubo homenajes. Ni despedidas. Ni estatua. Ni función especial...

España trata así a sus artistas. Probablemente, si Celia Gámez hubiese nacido en Estados Unidos contaría, no sólo con una estuta o una estrella en el Paseo de la Fama de Hollywood, sino con un teatro que llevase su nombre y estuviese dedicado exclusivamente a la revista y comedia musical. Pero triunfó en España y España trata así a sus hijos pródigos.

Por otro lado, las hermanas de Celia, en Buenos Aires, ya estaban muy mayores y necesitaban de su presencia. Celia quería estar junto a ellas. Cuidarlas lo mismo que ellas estuvieron cuando la vedette las necesitó. Las palabras de nuestra protagonista, al respecto, aún hieren y entristecen hoy día: «*[...] Me marché sin hacer ruido. Inmersa en una tristeza vaga. Porque me marchaba. Porque no sabía por cuánto tiempo. Porque incluso ignoraba si habría de volver algún día. Porque me hubiera gustado despedirme del público español con un gran espectáculo, el mejor, el más grande de toda mi carrera. Porque, en definitiva, no era el adiós o el hasta luego que yo había soñado»* (San Martín, 1984, Epílogo: 50).

El 14 de noviembre de 1974, Celia arriba al puerto de Buenos Aires procedente del puerto español de Vigo.

Los inigualables ojos de Celia. En estas líneas, en una pose para la versión cinematográfica de *Las Leandras* (1969). Archivo del autor.

XXIX. NOSTALGIA DEL PASADO

A finales de 1974, la prensa afirma que Celia Gámez instalará su residencia definitiva en Buenos Aires donde piensa presentarse con una gran obra en el Teatro Colón y que, esporádicamente, regresará a España a liquidar algunas cosas que aún le quedan, fruto de muchos años de trabajo en nuestro país. De hecho, la artista no tardará mucho en regresar, pues, en mayo de 1976 lo hará en un viaje relámpago auspiciada por un grupo de amigos que la echaba de menos y con los que comparte almuerzos, homenajes y es la estrella invitada en el fin de fiesta que celebra las cien representaciones de la comedia de Alfredo Amestoy, *El partido*, que, en el Teatro Lara, Vicky Lagos, Pedro Civera, José María Escuer, Mimí Muñoz y Enrique Closas, representan con enorme éxito.

La aparición especial de Celia, presentada por Tomás Zorí, Fernando Santos, Paco Martínez Soria y Andrés Pajares, supone para ella un golpe de energía y cariño, pues pensaba que los españoles, a los que tanto había dado, la habían olvidado ya. Durante el mes de junio, Celia hace algunas breves galas por distintas salas de fiesta españolas y regresa nuevamente a Buenos Aires en septiembre. Habrán de transcurrir varios años, siete para ser más exactos, para que la morocha regrese a la piel de toro. Aun así, las noticias que van llegando desde la Argentina sobre Celia, son a cuentagotas. No sería hasta septiembre de 1981 cuando Antonio D. Olano entre en conversaciones con Manuel Paso y Manuel Díez Crespo para escribir un espectáculo antológico: *Celia. Antología de la Revista*, que, con música del maestro García Morcillo, permita a la artista retirarse definitivamente de los escenarios españoles con un recorrido por toda su trayectoria escénica. Pero aquel proyecto no se llevaría a cabo, de momento...

En enero de 1983, sale a subasta en la Sala Durán de Madrid, un cuadro titulado , «Castillo» pintado por Celia Gámez. El precio de salida era de seis mil pesetas. Nadie pujó por él.

Desde que Celia Gámez se marchó en 1976 a su Buenos Aires Natal, la nostalgia la invadía por momentos a pesar de hacer algunas galas y participar en distintos programas de televisión; pero su amor por España y los aplausos de su querido público, podían con ella. Amigos y compañeros la llamaban animándola a regresar, pero la obligación moral de cuidar de sus hermanas, ya mayores, era más fuerte. Así pues, compra un piso en que se instalan todas hasta que, paulatinamente van falleciendo: primero María Elena, después Amelia: *«[...]Al perderlas, me sentí muy sola. No en vano me había acostumbrado a ellas. A su cariño, a su presencia. Fueron para mí, amén de hermanas, compañeras y amigas. Me entró una depresión muy fuerte. No tenía ganas de vivir. Las ilusiones, por pequeñas que fuesen, se borraron en mi horizonte. Éste, en realidad, no existía. Apenas salía de casa. No me apetecía arreglarme. Comía muy poco. [...] Pasé una larga y penosa temporada. Desmoralizada y desesperanzada. Creo, sinceramente, que la crisis comenzó años antes, en 1963, con el fracaso de «¡Buenos días, amor!» A partir de entonces mi vida fue una sucesión de altibajos que no me permitieron rehacerme. La nostalgia de España y el fallecimiento de mis hermanas terminaron de desarbolar mi espíritu. Menos mal que conté con la entrañable y sacrificada ayuda de mis familiares. Aunque he de confesar que no les di demasiadas facilidades... Mis otras hermanas, Cora y Albina, hicieron lo indecible por devolverme la moral y las ganas de vivir. Al igual que mis sobrinos Rodolfo, Luisa, Elena, Graciela, Patricia... Me asistía el doctor Muller, el esposo de Albina y padre de Graciela. Con paciencia, cariño y sabiduría, fue enderezando mi vida. También conté con la inestimable ayuda de buenos amigos argentinos. Quiero citar, representando a todos ellos, a Erika Wallner, la mujer del gran actor Carlos Estrada. Erika, excelente actriz, que me visitaba frecuentemente: «¿Por que no trabajas, Celia?» -me animaba-. «Te distraerás y todo te irá mejor, estoy segura». Por fin me convenció. Comprendí que si no hacía un esfuerzo supremo nunca saldría del pozo. Mis familiares y mis amigos se alegraron mucho al conocer mi decisión»* (San Martín, 1984, Epílogo: 50).

De esta forma, Celia, quien había recibido una llamada del empresario del Teatro Embassy para actuar en una obra teatral, *La época negra de los teléfonos blancos*, acepta encantada y la estrena el 23 de mayo de 1978. Es lo que necesita. Sentir el calor y el cariño del público, aunque éste no sea el español. El espectáculo citado, escrito, dirigido y producido por Paco Jaumandreu, no era sino un pastiche lleno de diálogos cómicos, números musicales, monólogos y otros tantos números visuales cuyo único aliciente estribaba en ver aparecer en el escenario nuevamente a Celia Gámez. Así lo manifestaba la crítica de su estreno: «[...] *Hay que soportar tanto desatino para que, por fin, y menos veces de las que uno quisiera, aparezca sobre el escenario Celia Gámez*» (*La Nación*, 24 de mayo 19978: s.p., archivo del autor).

Celia entonaba sobre la escena diversos éxitos suyos procedentes de las revistas que tantos éxitos le habían proporcionado en la madre patria. Pese al transcurrir de los años, no había perdido en absoluto un ápice de su encanto: «[...] *Su voz no es nítida y por momentos se agrava excesivamente pero en su gesto habita la picardía alegre de la vedette que no necesita plumas ni espléndidas curvas para jugar con las canciones. Hoy, se presiente más actriz que cantante: en sus guiños, en las piernas que asoman por el corte delantero de la falda, en el cadencioso moverse de las caderas y en el ademán gentil, no improvisado, como el resto del espectáculo*» (*La Nación*, 24 de mayo 1978: s.p., archivo del autor).

Sobre la escena no había escenografía alguna y los distintos números se ofrecían con un simple pase de cortinas tras la oportuna presentación de un *showman* que no tenía tampoco la menor gracia a juzgar por los comentarios de la crítica.

Tras esta nueva experiencia teatral, el empresario del Teatro Premier propone a Celia participar en una comedia que iba a estrenarse próximamente: *Mujeres*, de Clare Boothe Luce, que llegaría a las tablas del citado coliseo el 19 de junio de 1979 con la dirección de Enrique Carreras, como una adaptación del filme homónimo de 1939 que, dirigido por George Cukor, tenía el aliciente de mostrar a las grandes intérpretes femeninas del momento con un reparto entonces encabezado por Joan Crawford, Joan Fontaine, Paulette Godard, Rosaline Russell o Norma Shearer, entre otras.

Ahora, en su traslación escénica, el reparto se veía incrementado con la presencia de veteranas artistas de la escena nacional argentina junto a otras más jóvenes, compartiendo así, Celia, las tablas con Marta Albertini, Aurora Dalmar, Norma López Monet, Elsa Daniel, Ana M. Di Consoli, Eva Esquive, Irene Simoni, Malvina Pastorino, Elcira Oliveira Garcés, Edelma Rosso, Claudia Ruiz Díaz, María Danelli, Paulina Singerman, Emilia Paoli, Ana María Picchio, Christian Bach, Erika Wallner, Cristina Arizaga, Lilly Navarro, Elda Basile, Mónica Escudero, Susana Campos y Gloria Guzmán.

La obra en sí no era sino un compendio de las opiniones del género femenino en diversos estados y asuntos. Celia encarnaba a una cocinera ataviada con traje azul Francia con vivos en cuadrillé colorado y blanco, detalle que se repetía en su tocado, defendiendo con su brío acostumbrado un personaje en el que no podía lucirse aunque sí dejar cumplida cuenta de que, además de vedette, era actriz. El éxito que obtiene la obra le hace sentirse más animada y declara a la prensa bonaerense que está escribiendo desde hace tiempo sus memorias y que llevarían un prólogo escrito por Buero Vallejo, una segunda parte introducida por José María Pemán que no sabe si podrá concluir habida cuenta de la enfermedad que le aquejaba en aquellos momentos y, finalmente, una última parte a cargo de Gregorio Marañón.

En noviembre de 1979, Celia recibe un homenaje por parte de la Secretaría de Cultura de la Ciudad de Buenos Aires en el Museo Mucicipal del Cine «Pablo Cristian Ducrós Hicken» celebrando la denominada Noche del Cine Argentino y reconociendo la labor de nuestra morocha por su valiosa aportación a la primera época sonora del mismo. También Celia acude por aquellas fecha al Teatro Astral de la calle Corrientes para aplaudir y saludar a su buena amiga Lola Flores quien había tenido que dejar el espectáculo que llevaba en aquellos momentos a causa de una afección nerviosa. A su lado estuvieron, además de Celia, Mercedes Vecino, Perla Cristal y buena parte de la colonia española afincada en Buenos Aires o que se encontraba allí trabajando.

Aquellos instantes compartidos junto a tantos compañeros españoles, acusan enormemente la ausencia de España. La lleva en su corazón permanentemente. Las visitas de amigos y compañeros le informan de todo cuanto acontece allí, esperanzada en que algún día pueda regresar. Mientras tanto, a principios de 1980 participa en el rodaje de la que será su última intervención cinematográfica: *El bromista*, dirigida por Mario David y secundada por Santiago Bal, Alicia Bruzzo, Erika Wallner, Aldo Barbero, Thelma Stéfani, Beba Bidart o Graciela Gómez, entre otros, donde el papel de Celia no sobresale debido, precisamente, a que era una actriz teatral más que cinematográfica. Este hecho, unido al desaguisado en que se estructuraba el filme, motivaron críticas muy dispares que llevaron el rechazo de nuestra protagonista ante otros proyectos cinematográficos. Toda la cinta no era sino una sucesión de bromas, inocentes unas, sádicas y crueles otras, con las que se iba dibujando la personalidad del protagonista, un muchacho de barrio que, después de cumplir su horario de oficina, se reunía con sus amigos en el café para continuar la serie de bromas que comenzaban en casa y proseguían en su negociado.

Estos últimos trabajos de Celia, en los que mucho tuvieron que ver Carlos Estrada y Erika Wallner, fueron librando a la estrella de su depresión, aunque aquélla, siempre dejaba alguna huella de la que ya nunca podría reponerse: «*Pasé unas temporadas de descanso con la familia en Mar del Plata, Estancias, Tres Arroyos... Me hicieron mucho bien. Vendí el piso en el que viví con Maria Elena y Amelia. Y compré otro, más pequenito, para mí. Aquél, lleno de recuerdos, se me venía encima... Mejoré notablemente y lo peor de la crisis quedó atras. Pero mi nostalgia de España iba en aumento. ¡Venían a mi memoria tantas vivencias inolvidables! Las vivencias de casi cincuenta años. ¡Toda una vida! Sentía dentro de mí la irresistible llamada de mi querida España...!*» (San Martín, 1984, Epílogo: 50).

Madrid. Septiembre de 1983. Televisión Española tiene en proyecto realizar una serie de televisión sobre la revista musical española y se baraja la posibilidad de que sea la propia Celia Gámez quien lo presente. Ésta contaría las circunstancias del momento, la anécdota de la misma para posteriormente dar paso a la representación de una obra completa interpretada por artistas y cómicos de renombre.

Un día de aquel mes, sonó el teléfono en casa de Celia allende los mares. La llamaban desde Madrid. Era don Luis G. de Linares, director de la revista *Semana* que le proponía publicar, en fascículos coleccionables, sus *Memorias* para hacerlas, de una vez por todas realidad y acallar tantos rumores y leyendas como habían surgido a lo largo de su vida. La intercesión e imprescindible ayuda de Moncho y Hugo Ferrer, admiradores y amigos incondicionales de Celia, fue vital para su regreso a España, puesto que sin la insistencia de ambos, no hubiera sido posible. Las citadas *Memorias*, que Celia dictaría a Hebrero San Martín y que éste transcribiría y daría el toque literario que aquéllas precisaban, irían complementadas con fotos del archivo personal de Celia, de la propia publicación y de Hugo y Moncho Ferrer. Este hecho, junto con el leve resurgimiento de la revista en España gracias a los espectáculos de Lina Morgan o a la antología *Por la calle de Alcalá* que, estrenada el 24 de septiembre de 1983 en el Teatro Alcázar madrileño donde cada noche, Esperanza Roy y Francisco Valladares cantaban y rendían homenaje a la reina de la revista a través de sus números musicales más celebrados, imprimieron una alegría y una ilusión que Celia creía perdida. Ahora sí que regresaría a Madrid para retirarse con un gran espectáculo. Como ella se merecía.

A finales de año, y, coincidiendo con el 25 aniversario del estreno de *S.E., la Embajadora* y la confirmación del regreso de Celia a España, Hispavox saca a la venta un disco de 33 rpm. con los números que Celia en su tiempo grabó de dicha opereta y que supone todo un éxito de ventas en Galerías Preciados hasta el punto de venderse a 495 pesetas cada ejemplar aunque los discos de Celia con recopilaciones de sus números más celebrados no cesaron de reeditarse en España desde el momento de su grabación.

El 16 de febrero de 1984 a las 07.40 horas de la mañana, Celia, junto a su sobrina Luisa, pone pie en suelo español. Con sombrero tirolés de fieltro marrón, envuelta en un abrigo de visón del mismo color y luciendo debajo un conjunto de pantalón y chaqueta algo camperos, Celia Gámez se enfrentaba, una vez más, a la admiración de cuantos seguidores y amigos se dieron cita en el aeropuerto de Barajas posando con coquetería y enorme alegría para la prensa. Al ser preguntada por algunos medios qué sentía al regresar a España, Celia, no pudo pronunciar palabra alguna. Simplemente se llevó la mano al corazón. Afirma que, de momento, el proyecto que tiene es dictar sus *Memorias* para ser publicadas por la revista *Semana* y desmiente que se fuera del país ante el hecho de que el tan cacareado homenaje nacional a su figura y a la inauguración de una estatua en su honor, no saliese adelante. Se fue para cuidar a sus dos hermanas. Pero como la presencia de Celia siempre iba envuelta de un halo de misterio y rumorología, ahora surgen dos nuevas incógnitas en torno a su persona: la edad que ostenta y el dinero que va a cobrar por sus memorias.

Durante las primeras semanas de su nueva estancia española, Celia apenas sale al estar completamente enfrascada dictando sus memorias, aunque tiene tiempo de ir a La Latina para aplaudir a Carmen Sevilla, María Jiménez, Conchita Márquez Piquer y Remedios Amaya en un espectáculo en el que actuaban juntas. Se dio, además la circunstancia, de que la noche en que Celia acudió al teatro, también se encontraba en el mismo Concha Piquer. Cuando el público que llenaba la sala se dio cuenta de que las dos enormes glorias de las variedades españolas se habían dado cita allí, irrumpió en una inacabable ovación que duró nada menos que diez minutos. La Piquer y la Gámez se abrazaron amparadas en el cariño y la nostalgia que les producía a ambas tantos años de carrera a sus espaldas.

Acabados sus dictámenes a *Semana*, Celia pasea por Madrid. Acude al Cristo de Medinacelli, ve algunos espécáculos, recuerda aquellos edificios que ya no estaban, su añorada casa de Recoletos 23 o la de la

Adriática... y surgen nuevos rumores como el de que Lina Morgan y Celia van a grabar en La Latina una función especial de *Las Leandras* para una cadena americana hecho éste que, desgraciadamente, nunca se produjo o el musical que supuestamente estaba escribiendo Juan José Alonso Millán inspirado en la vida de la bonaerense y cuya protagonista sería María José Cantudo junto a la música de Teddy Bautista.

Por fin, en el número 2308 correspondiente al 12 de mayo de 1984, Celia, en portada de la revista *Semana*, sale el primer capítulo de sus *Memorias* que se extenderán en su aparición semanal hasta el 25 de agosto de aquel mismo año en el número 2323. Han sido 16 semanas, 16 números del repaso a toda una vida. Una vida muy comentada y criticada, pues hubo muchos lectores que consideraron a aquéllas unas *Memorias* un tanto descafinadas y algo bobaliconas. Que Celia tenía mucho más y mejor que contar. Pero sus motivos tendría, entre ellos, resguardar en un viejo rincón de su mente, decenas de anécdotas y hechos que, por olvido u omisión, no se descubrieron en las mimas. ¿Y qué más da? Aquellos 16 capítulos han sido uno de los mejores testimonios que nuestra estrella nos dejó acerca de su paso por más de medio siglo de vida sobre los escenarios españoles. Aun así, el primer número de las *Memorias* estuvo salpimentado con una fiesta de presentación como no se recuerda, incluso hoy en día, ya que acudió la flor y nata de la cultura y el arte españoles, amigos y compañeros de Celia, familiares...: Natalia Figueroa y su padre, el marqués de Santo Floro, el consejo editorial de *Semana* al completo, Fernando Moraleda, Luis Escobar, Manolito Díaz, Concha Velasco, Juan Gyenes, José Sazatornil, Vicente Parra, Antonio Buero Vallejo y su esposa Victoria Rodríguez, Manolo Codeso y Milagros Ponty, Fernando Vizcaíno Casas, Rocío Jurado, Conchita Montes, María Rosa, Amilibia, Alfonso Goda, Moncho y Hugo Ferrer, Santiago de Santiago, quien le ofrece a Celia el boceto de su futura estatua para la que había posado años atrás, un proyecto que Enrique Tierno Galván, entonces alcalde de Madrid, quiere retomar... Desde entonces, a Celia no cesan de procurarle emotivas y cariñosas muestras de adhesión y afecto: España no la había olvidado... Así, por ejemplo, junto a las incontables entrevistas, un hermoso homenaje le tributan sus compañeros en el Scala Meliá Castilla donde José Meliá, dueño de la cadena de hoteles, entrega a Celia una placa conmemorativa y un lustroso mantón de Manila con el que, micrófono en mano, interpreta algunas de sus más conocidas canciones; en el restaurante Serramar recibe el «Chanquete de Oro» por parte del propietario del local, el homenaje que también le ofrece para terminar su curso la

Peña Teatral Chicote, otra placa conmemorativa en la IV Semana de la Gastronomía de Madrid, la medalla de Antena 3 Radio, otro homenaje en el Hotel Palace y uno más en la Peña Valentín.

Celia recibe otro apoteósico homenaje para celebrar las 500 representaciones de *Por la calle de Alcalá* en el Teatro Alcázar que tienen lugar el viernes 8 de junio de 1984 donde la argentina, dispuesta en un palco, es aclamada entre vítores, aplausos y ovaciones que, bien pudieran haber durado hasta el día de hoy habida cuenta del entusiasmo con el que el público la acogió aquella inolvidable noche: Esperanza Roy saludó a Celia en uno de los palcos proscenio para, posteriormente, animarla a salir al escenario y recibir el agradecimiento del pueblo madrileño, siendo sorprendida con la presencia de Mary Santpere, Franz Joham, Teresita Arcos, Fernando Moraleda, Pedro Osinaga, Tony Leblanc, Paquito Cano, Concha Velasco, Rubén García, los propios intérpretes de la obra y su director, Ángel Fernández Montesinos. Esa noche, cuando la orquesta interpretó «Los nardos», el palco donde estaba Celia se iluminó y se escuchó una ensordecedora ovación con todo el público puesto en pie. Al final, Celia cantó, sin micrófono «La Lola»; a instancias del público, el «Pasacalle de las floristas» de *Las Leandras* (1931) y, emocionada, solicitó al maestro Moraleda que le acompañase al piano con uno de sus mejores boleros, «Veo la vida por tus ojos», de *Dólares* (1954) y, a sus 79 años, con esa voz tan peculiar, volvió a reverdecer sus antiguos éxitos en aquel mismo escenario que tantos años y durante tantas funciones pisó. Una noche ciertamente inolvidable para Celia y para quienes la querían y admiraban, hasta el punto que nunca la llegaría a olvidar. El acto fue retransmitido en director por Carlos Pumares para Antena 3 Radio dentro de su programa *Polvo de estrellas*.

En julio, Celia actúa como artista invitada en el Festival Expo-Canción de Roda de Bara (Tarragona) junto a Albano y Romina Power, Paloma San Basilio, Rocío Jurado y Bertín Osborne, entre otros y graba una entrevista junto a Pablo Lizcano para su programa *Autorretrato* y pasa unos días en Peñíscola rodeada de amigos donde cumple 79 años llena de cariño y emoción por las múltiples muestras de afecto que le tributan a cada paso allá por dondequiera que va. A mediados de abril de aquel 1984, la noticia salta a todos los medios: Celia, auspiciada por José Luis López Segovia (hermano de Lina Morgan) y gracias a Moncho y Hugo Ferrer amén de la colaboración de Pepe Tous, se despedirá de los escenarios con un hermoso espectáculo que contará, además, con la presencia de Sara Montiel y Olga Guillot. Y lo hará en La Latina, mientras Lina se recupera de su operación de desprendimiento de retina. ¿Su título? No podía ser más visual y evocador: *Nostalgia* y ello supondría, no sólo la retirada de los escenarios para Celia sino la reapertura del teatro habida cuenta de la gran transformación que Lina y su hermano habían llevado a cabo con una inversión total de casi cien millones de pesetas, configurándolo a la altura de los grandes coliseos europeos con camerinos grandes y confortables, duchas, calefacción, aire acondicionado y múltiples adelantos técnicos y humanos para que tanto público como actores se sintieran cómodos. Días antes del estreno, Celia graba un doble álbum con algunas de sus mejores creaciones con nuevas instrumentaciones musicales y estrena *Nostalgia* el 28 de septiembre de 1984 no sin antes haber aparecido por sorpresa en una comida homenaje a Lina Morgan para cantarle «Los nardos», mientras le regalaba un ramo de los mismos. Aquel encuentro para Lina, que nunca había trabajado junto a Celia pese a haberla visto actuar, fue inolvidable. Moncho Ferrer, con su inherente humanidad y amor al teatro, tuvo mucho que ver. Allí Celia dio una vez más cumplida cuenta de que jamás fue una diva aunque demostró cómo una estrella podía admirar y querer de corazón a otra diva escénica. Un encuentro histórico e irrepetible que sólo pudo habérsele ocurrido a Moncho Ferrer.

Nostalgia supone una verdadera fiesta para todos los nostálgicos de las canciones que hicieron historia en España y de las tres grandes estrellas que lo componían más la intervención, siempre aplaudida, de Manolo Otero cantando todos ellos sus más emblemáticas canciones que, en el caso de nuestra protagonista, pasaban por recordar sus mejores éxitos escénicos. Aquella inolvidable noche para Celia se convertiría en el principio del fin de su retiro profesional.

Con el acompañamiento de los primeros bailarines Miguel Párraga y Paloma Rodríguez más la orquesta Gorg Blau en directo, la aparición de Celia constituyó uno de los momentos más intensos y emotivos del espectáculo. Su sola presencia, allí, en medio del escenario, inmóvil, pasiva, con su vestido negro de lentejuelas únicamente abrazado a una boa de plumas rosas, y un micrófono prieto entre las manos y, seguramente con cierto temblor en el alma, hizo vibrar a todo el teatro, que la recibió con una ovación que fue *in crescendo* y se puso de pie, entre un cariño y un respeto inmensos llegando a decir: «*Después de estos aplausos me doy cuenta del tiempo que he perdido en estos siete años el estar alejada de mi tierra... Yo no creí que me recordaran*», afirmó inmóvil, con la voz entrecortada y no se sabía si era un brillante o una lágrima la que se reflejaba en su mejilla derecha. Con su voz, más bien aguda y, moviéndose de un modo correoso sobre la escena, pero con arte y gracia, e incluso algo de picardía y lozanía juvenil, como si fuese un paseíllo al ruedo, Celia Gámez interpretó ocho canciones, cuatro de ellas en la primera arte y el resto en la segunda. La última, a dúo con Sara Montiel, en una de las más bellas escenas de *Nostalgia*: «*Por la calle de Alcalá, con la falda almidoná y los nardos apoyaos en la cadera...*» Sara a un lado del escenario y Celia desde el otro, se cruzaban y lanzaban nardos y besos al respetable. La primera, más enérgica, a las filas del centro y los palcos; la segunda, a las primeras filas. Lina Morgan, en uno de los palcos recibía emocionada un nardo. Y es que José Luis López Segovia, Moncho y Hugo Ferrer y Pepe Tous habían conseguido aunar a tres reinas: de la revista, el cuplé y el bolero: «*Jamás olvidaré esta noche -afirmaba Celia- Me hubiera gustado, a qué negarlo, salir de gira por España para despedirme de mi querido público español en la mayor cantidad posible de ciudades... Pero no soy ninguna niña ni ninguna loca. Comprendo que a mis años, de los que me siento orgullosísima, no debo cometer excesos en el trabajo. Pero quiero que España entera sepa que al cantar en Madrid, pienso en ella, y la llevo en el corazón*».

Durante una de sus actuaciones, los condes de Barcelona, acuden a ver a Celia al teatro. Ella le dedica a don Juan de Borbón, en homenaje a sus padres, el evocador y hermosísimo pasodoble de *Colomba* (1962), «El perdón de las flores», emocionando sobremanera al padre del Rey y a la propia Celia, quienes, en conversación en la intimidad de su camerino, pudieron recordar algunas anécdotas vividas junto a don Alfonso XIII. Y es que el espectáculo llena cada día las butacas del teatro y las críticas son totalmente evocadoras de lo que aquel ofrece: «A mí me gusta Madrid/ porque sí, porque sí,/ y por eso he vuelto aquí/ a buscar la luz y el aire/ con los toros y toreros/ y los hombres sandungueros/ con la gracia y el donaire/ de las calles de Madrid./ A mí me gusta Madrid,/ porque sí, porque sí,/ ¿que por qué he venido aquí?/ ¿qué se me ha perdido a mí?/ Aquí, a ver Madrid./ Más que una barra prefiero una barrera,/ por la Cibeles dejé la libertad/ los viejos tangos por un cuarto en el Palace,/ París con sus nostalgias/ y América por ti».

A mediodía del domingo 10 de noviembre de 1984, Celia apadrina al hijo pequeño de Norma Duval y Marc Ostarcevic, Marc Iván, y lo hace acompañada en las tareas de padrinazgo junto a Fernando Esteso en la parroquia de Santa María la Real de la Almudena. A pesar de que Norma nunca había visto actuar a Celia, se admiraban y querían como estrellas del espectáculo que eran ambas, además de haber oído hablar a su madre de aquélla. Una de las anécdotas más hermosas del día fue cuando, en la sacristía, Celia puso en manos de su nuevo ahijado una varita de nardo que el pequeño apretó con fuerza. Posteriormente, hubo un almuerzo en Casa Lucio con un buen montón de compañeros y familiares de la triunfadora del Folies Bergére.

Cuatro grandes estrellas de la revista: Concha, Lina, Esperanza y Celia... «Somos cantores de la tierra lusitana...» Archivo del autor.

Mientras tanto, *Nostalgia* prosigue llenando. Uno de los momentos más importantes de aquel montaje fue la noche del 6 de diciembre cuando se dio una función especial dedicada a Celia donde intervinieron Mari Carrillo, Lina Morgan, Concha Velasco, Esperanza Roy, Pedro Osinaga y Francisco Valladares, todos ellos presentados por José Luis Coll, y recreando algunos de los números más importantes de la morocha: Paco Valladres cantando «Yo te quiero, vida mía», de *Cantando en primavera* (1959) que cantó solo y luego, junto a Celia «Contigo iré», de *Si Fausto fuera Faustina*; Pedro Osinaga interpretó junto a ella «Vivir», de *La Cenicienta del Palace* (1940); Concha Velasco entonó el «¡Viva Madrid!», de *El águila de fuego* (1956) junto a Osinaga y Valladares y luego Lina Morgan, vestida de Pichi, hizo con Celia, de chulapona, el dúo de «La verbena de San Antonio», de *Las Leandras* (1931); Esperanza Roy interpreta un gracioso *sketch* humorístico junto a José Luis Coll; Mari Carrillo el «¡Mírame!», de *Yola* (1941) y la gran traca final fue la interpretación de la mítica «Estudiantina portuguesa», de *La hechicera en palacio* (1950), en la que Lina Morgan, Esperanza Roy y Concha Velasco hicieron una graciosa interpretación como chicas de conjunto auspiciadas por una Celia conminándolas a formar lo mismo que ella hacía durante la puesta en escena de mencionado número.

Y prosiguen los homenajes y premios para nuestra protagonista.

Nostalgia concluye sus representaciones en Madrid el 6 de enero de 1985 con vistas a salir de gira por algunas localidades españolas como el Teatro Principal de Alicante al tiempo que le ofrecen a nuestra estrella una hipotética segunda parte de *Por la calle de Alcalá* que, con el título de *La Celia trae cola*, se centraría en toda su historia artística para ser estrenada en el Teatro Calderón de Madrid, proyecto éste que se quedó guardado en un cajón. Además, aquel ambicioso proyecto de TVE de grabar sus más importantes títulos frívolos parece no cuajar. Fernando García de la Vega la contrata para presentar la serie en la que, en una primera tanda, se presentarán, de su repertorio, títulos como *El águila de fuego, Las Leandras, Las de Villadiego, La hechicera en palacio* y *La Cenicienta del Palace*. La intervención de Celia se ciñe a unos breves minutos de metraje.

Es 1985. En mayo, Celia regresa a Buenos Aires donde celebrará, aquel verano, su 80 cumpleaños. Su estatua sigue sin ponerse. Nada se sabe al respecto. Vuelve a irse. Contenta, pero con esa espinita en el corazón: «*¡Nadie sabe la enorme pena que me da marcharme de España! Me cuesta un trabajo... Estoy más emocionada que el día de mi llegada. Han sido unos meses inolvidables. El miedo que tenía a que ya no se acordaran de mí era infundado. Los españoles de hoy, como los de ayer, han vuelto a ofrecerme generosamente su simpatía y cariño. Fiestas, homenajes, recepciones... ¡Para qué os voy a contar lo que han sido estos meses! Jamás podré olvidarlos. Vuelvo a Argentina porque tengo que resolver allí asuntos inaplazabales. Además, ya tengo ganas de abrazar a mi familia... Pero me gustaría regresar pronto a España y de manera definitiva. Para vivir aquí los años de vida que Dios quiera concederme*». (Archivo del autor).

Una vez instalada nuevamente en su tierra natal, meses más tarde, amadrinará el nacimiento de María Luisina Malaccorto, hija de Adriana Ferrero y Francisco Rodolfo Malaccorto, sobrino de Celia. Desde España, ya en 1986, le llega una oferta tentadora: grabar una pequeña frasecita para el espectáculo *¡Mamá, quiero ser artista!*, que Concha Velasco va a estrenar en el Teatro Calderón de Madrid, hecho éste que finalmente no llegaría a hacerse realidad, puesto que sería Esperanza Roy quien, imitando la voz de nuestra morochita, la grabase para el citado estreno. No será hasta dos años más tarde, en noviembre de 1988 que la Gámez volviese a poner un pie en España para grabar una breve participación en el programa de Terenci Moix *Más estrellas que en el cielo* junto a Tony Leblanc y Concha Velasco. Durante los días que pasó en nuestro país, Celia acudió al Teatro La Latina para ver actuar a Lina Morgan en *El último tranvía*, entregándole aquélla un hermoso ramo de nardos en mitad de una tremenda ovación que le tributó el público que allí se dio cita. Poco tiempo más estuvo en nuestro país durante su corta visita. Su estatua sigue sin ponerse.

Una visita aquélla que sería la última de su vida.

Celia marcharía ya para siempre a Buenos Aires...

Dos años más tarde, se erige un monumento a la violetera en la calle de Alcalá. No era Celia. Ni pretendía serlo. Al parecer, una ordenanza municipal prohibía eregir monumentos a personas vivas. Por aquel entonces, el socialista Joaquín Leguina, manifestaba su descontento calificando de «cutre», el supuesto monumento a una persona que cantó el «¡Ya hemos pasao!», tras la Guerra Civil. Los políticos de la oposición contrarrestaron su argumento afirmando que no se trataba de Celia sino de una simple violetera y que fue el alcalde Tierno Galván quien le prometió a Celia levantar su estatuta. Pero la verdadera historia de aquel desaguisado, tuvo mucho que ver con las «intenciones bastardas» de un grupo de intelectuales de izquierdas entre los que se encontraba Francisco Umbral.

Lo cierto es que, años atrás, Celia Gámez había posado para el escultor Santiago de Santiago con vistas a que éste llevase a cabo el proyecto de confeccionar la efigie de Celia en el número de «Los nardos», y cuyo proyecto, recordemos, le entregó el citado escultor a nuestra protagonista la noche de presentación de sus *Memorias* allá por 1984.

La escultura tallada por de Santiago, se configuraba entorno a una figura femenina en pie vestida con el traje de madrileña castiza, de falda de volantes largos, un pañuelo en la cabeza con dos claveles, un pequeño búcaro que sostenía con el brazo izquierdo repleto de nardos y la mano derecha apoyada en la cadera. La presión ejercida por aquellos intelectuales progresistas y estrechos de mente, hizo tal censura sobre la imagen que, sobre su base, se hubo de grabar la inscripción «Como ave precursora de primavera, en Madrid aparece la violetera», además de colocarle, a posteriori, bajo el codo izquierdo, una cestita con violetas mientras proseguía sosteniendo los nardos conjuntamente. El escultor, siguiendo instrucciones, rindió así homenaje al compositor José Padilla a través de la figura de una de sus obras más conocidas. Entre las razones expuestas, una de gran importancia fue la melodía, la cual era conocida internacionalmente. El deseo del alcalde Rodriguez

Sahagún se tradujo en este monumento, e incluso se tanteó la posibilidad de que junto a la estatua se pudiera escuchar la música que la daba nombre a determinadas horas del día.

Los representantes de la Casa Museo José Padilla fueron recibidos en audiencia por el Rey de España, Juan Carlos I, el 24 de mayo de 1991, apenas un mes después de que La Violetera se colocara en la calle de Alcalá. En aquella ocasión, al monarca se le entregaron los planos del monumento, una biografía del compositor y un disco. La escultura original, que como enunciábamos líneas más arriba portaba un ramo y no una cesta, como la obra final, fue instalada en un primer momento en la calle Alcalá esquina a Gran Vía e inaugurada por el citado munícipe sobre un pedestal del arquitecto Manuel Rivero. En julio de 2002 se creó una Comisión de Estética Urbana del Ayuntamiento en la que se propuso, por unanimidad de todos los grupos municipales, su traslado al entorno castizo de las Vistillas. Tras un año en los almacenes de la Villa, el 13 de junio de 2003 se reubicó en los jardines de la plaza de Gabriel Miró. Quedaba sepultada así la memoria de Celia Gámez.

España es así de ingrata. Sus políticos, así de ineptos e incultos. La izquierda nunca perdonó a Celia que cantase aquel himno. La derecha, tampoco hizo nada por reivindicar su figura. Amigos de la vedette aseguraron entonces que una de las razones por las que había decidido regresar a Buenos Aires era por la indiferencia con que la habían tratado los gobernantes de entonces...

XXX. EL ÁGUILA DE FUEGO EMPRENDE SU ÚLTIMO VUELO

Desde que abandonase España a finales de 1988, Celia regresó a su Buenos Aires natal para instalarse junto a su sobrina Susana y el marido de ésta, el juez Rodolfo Cambra. Su vida transcurrió tranquila, hogareña, recordando sus viejos éxitos en la intimidad del hogar o con algunos amigos que la visitaban o llamaban por teléfono para conocer su estado de salud y animarla a que dejase Argentina y se trasladarse definitivamente a la madre patria... Paloma San Basilio, quien dio aquel año un concierto en el Teatro Ópera, invitó a Celia al mismo. La vedette, entre el público, se mostraba emocionada. Paloma, anunció al auditorio que iba a cantar, en homenaje a Celia allí presente, «Los nardos», de la revista *Las Leandras* (1931). Pero los espectadores no la conocían. El único que se puso en pie para aplaudir fue el periodista argentino Leo Vanés. Celia ya comenzaba a formar parte de la historia...

Sentimentalmente alicaída, abúlica, sin ganas de nada... Había perdido la ilusión... Además, después de trabajar durante toda la vida cotizando lo obligado, la artista no tenía sus papeles en orden. Recibía la pensión mínima. Así, pues, al cumplir los 85 años, en 1990, escribe una carta al rey don Juan Carlos explicándole su situación, puesto que no sabía cómo lograr una pequeña jubilación para ayudar a sus sobrinos ya que la vida en Argentina era muy difícil. El resultado de la gestión fue óptimo ya que Celia consiguió cobrar 75.000 pesetas mensuales que, en Buenos Aires y, a sus años, en los que se arreglaba con poca cosa, le venían fenomenal y le permitían vivir desahogadamente aunque también percibía sus derechos de la Sociedad General de Autores. Celia, siempre tiene en mente a España, pero con su edad, no está como para emprender viajes tan largos.

Una noche, al intentar levantarse de la cama, se enredó entre las sábanas y cayóse al suelo, fracturándose la cadera. Sus viejos y ya frágiles huesos, no la sostenían. Su salud se encontraba muy deteriorada. Aquella fractura de cadera y las dos operaciones quirúrgicas posteriores a las cuales fue sometida, agravaron su delicado estado. Pasó su 87 cumpleaños en una habitación de la Clínica del Sol siendo atendida por el doctor Osvaldo Espandonari. Su corazón aún permanecía fuerte, aunque necesitaba medicación permanente y la arterioesclerosis había comenzado a causar estragos en su memoria. Apenas podía recordar ya a las personas más próximas a ella y no estaba lúcida la mayor parte del tiempo: «*Vive encerrada en sus recuerdos, se emociona con facilidad y no acepta verse vieja. Está siempre pendiente de su cabello, del maquillaje. Su memoria está deteriorada, tiene dificultades para conciliar el sueño y ya no camina sola*», comentaría la sirvienta de su sobrina (Quintanilla, 1992: 10).

No cabía la menor duda de que la vejez le había jugado una mala pasada a nuestra morocha. Así las cosas, sus sobrinos, Luisa y Rodolfo, no tienen más remedio que ingresarla en el geriátrico de San Jorge, ubicado en la calle Olleros 3770 del populoso barrio de Chacarita. Allí, desposeída del afecto del público a quien tanto amó, privada de tomar decisiones por sí misma, sometida a los designios de la suerte de lo que otros decidiesen por ella, era una anciana más. Una interna más. Un ser humano ya avejentado que languidecía estrepitosamente. A la que obligaron a permanecer aislada de todo aquel que alguna vez la quiso y sintió devoción y admiración por ella.

El geriátrico de San Jorge contaba con una población de treinta y dos ancianos distribuidos en habitaciones de dos, tres y cuatro camas, con baños compartidos. La cocina se encontraba regida por una especialista dietética que adaptaba la comida a las necesidades de cada paciente. Un médico clínico visitaba a los residentes a diario. El lugar, una vieja casona remodelada, particularmente oscura y sombría. Triste y alejada de las luces y coloristas decorados que la cobijaron durante más de cincuenta años de trabajo sobre los escenarios. Desde la calle, por la ventana, se daba al salón principal, observándose el desplazamiento cansino de ancianas en sillas de ruedas y el trabajoso deambular de otras ayudadas por sus bastones. Eran sólo opacas siluetas atrapadas en la soledad de su senectud. Una de ellas, era Celia.

La puerta de acceso, con rejas y ventana de vidrio, estaba controlada por un portero automático. Al llamar, la imagen del visitante rebotaba en el espejo colocado frente a la misma y era contemplado desde la pequeña oficina de administración. Nadie podía entrar ni salir de allí sin la correspondiente autorización. Ni mucho menos hablar con internos. Celia sólo recibía la visita de su familia (Quintanilla, 1992: 8-10).

Debió pesarle mucho a una mujer que lo había tenido prácticamente todo, encontrarse recluída en aquel centro. La memoria y el inescrutable paso del tiempo, habían hecho mella a una mujer que cambió de rumbo el espectáculo musical español y que, de no haber sido recluida, probablemente hubiese vivido mucho más. Si aquellos que la querían la hubiesen regresado para morir en España, Celia se hubiese sentido mejor. No les quepa la menor duda. Mucho mejor. Sus amigos habrían cuidado a una mujer que lo había sido todo en la madre patria. Una mujer que había recibido de sus admiradores lo mismo camiones enteros de fruta y pescado que joyas, coches o un bolso de piel de cocodrilo repleto de libras esterlinas y que ella, creyéndolas monedas de chocolate, las repartió entre sus vicetiples. Cuando éstas se dieron cuenta del error y desearon regresárselas a Celia, ésta no lo permitió. Así era Celia. Pura generosidad. Regaló su piano al Círculo de Bellas Artes de Madrid. Sus últimos trajes a Norma Duval y Lina Morgan. Parte de sus tesoros a sus admiradores. Una mujer, Celia Gámez, que se había gastado la astronómica cifra de cien mil pesetas de 1950 sólo en los bordados del traje que lucía en el apoteosis con el que concluía *La hechicera en palacio* con un montante final, sólo en el vestido, de ¡doscientas mil pesetas de la época! Una estrella que sólo en una función homenaje de *Las Leandras* recibió setecientas cestas de flores y setecientos relojes de mesa. Una artista cuya máxima aspiración y mayor frustración era la de no haber conseguido ser madre. La reina de la revista que pensaba que después de ella, ninguna supo arrebatarle el trono pese a la «dura» competencia de Queta Claver y las jovencitas que venían pisando fuerte como Mariluz Real, Licia Calderón, Concha Velasco, Esperanza Roy o Lina Morgan. Pero eran otros tiempos. España había cambiado, y, con ella, los gustos de los españoles. La revista ya no sería nunca más la misma. Como tampoco lo sería quienes precedieran en este ámbito a su indisuctible e incuestionable soberana.

La vida de Celia se marchitaba progresivamente... Viendo sus días pasar...

La vida de una Celia Gámez que ante la pregunta de un periodista sobre lo que más le gustaba, respondió: «Los tíos y el lamento indio de Rimsky Korsakov» en plena Segunda República. La vida de una mujer que fue denostada por Agustín de Foxá en los primeros años de la posguerra cuando, manteniendo aquélla un sonoro romance con Juanito

Belmonte, la vilipendió y humilló públicamente de esta guisa: «Tú, que naciste en las porteñas hampas/ y del amor conoces los oficios,/ hermosa zorra de las anchas pampas/ que enamoras marqueses pontificios./ Tú, que cantas esos tangos con ojeras/ repletos de memeces argentinas,/ y hablando con duquesas tortilleras/ confundes las Meninas con mininas./ Los prognatas toreros que complicas/ por ti se tornan en babosos toros;/ vas al teatro con señoras ricas,/ y estrenas obras con cretinos coros/ escritas para ti por los maricas/ que sueñan con los culos de los moros».

Pero Celia, con su inherente sentido del humor, supo estar por encima de tales villanías. Lo mismo que supo estar por encima de tantas injurias, afrentas, bulos, rumores y leyendas como circularon por la España de su tiempo. Lo mismo que supo estar a la altura de cuantos progresistas la tacharon de fascista y de cuantos conservadores la conminaron a mostrar públicamente su adhesión al Caudillo. Celia, como Lola Flores, tenía que trabajar y, por consiguiente, se encontraba ajena al falsario y más teatral si cabe mundo de la política. Ella iba con el que mandaba. Y punto. Lo mismo don Alfonso XIII, que Alcalá Zamora o Azaña, que Franco, Suárez, Calvo Sotelo o Felipe González. Nunca se significó políticamente porque no tenía necesidad. Sólo quería el bienestar de España y de los españoles. No su enfrentamiento. Los rojos le robaron sus joyas durante la guerra. Los nacionales la obligaron a cantar un himno degradante contra el ejército vencido. Celia estaba muy por encima de ello. Pero le dolía España y todo cuanto en ella pasaba.

La vida de Celia, la que ahora, en su ingreso en el geriárico de San Jorge pasaba entre nubosidades mentales, era aquella en la que había querido ser millonaria para derramar el dinero entre los más necesitados para llevar a cabo una gran obra social fundando escuelas sanatorios, piscinas, teatros, hoteles espléndidos, donde comiera todo el mundo; aquélla mujer que afirmaba que el libro que había leído con mayor interés había sido *La Biblia* y que la cualidad que más apreciaba tanto en la mujer como el hombre era la educación; una mujer sensata, amiga de los suyos con total sinceridad siempre apta a enmendar una locura que, sugestionada por el vértigo de la frivolidad que la rodeaba, viniese a posarse en su imaginación como una idea halagadora; una mujer que coleccionaba muñecas y lo mismo anunciaba la Coca-Cola, que mantones de Manila, abanicos o aparatos de radio; una mujer que, como sus buenos ascendentes andaluces, era supersticiosa y que lo mismo leía a don Armando Palacio Valdés o Guido da Verona que las revistas de moda o cine; que te preparaba un cóctel «Celia» con unos pedacitos de hielo, unas gotitas de Marrasquino con un poquito de jugo de naranja aderezado con un tercio de vermú francés, otro tanto italiano y Gordon Dry Gin; la estrella que no dormía más de seis horas al día, que tomaba treinta minutos de baños de sol, una hora diaria de gimnasia y acrobacia, quince minutos de masaje, seis minutos de ducha, diez de descanso y desayuno líquido; la que lo mismo amadrinaba al hijo de una de sus chicas de conjunto, que un cachorrillo de león o un caballo en el hipódromo de La Zarzuela de Madrid; la vedette cuyas obras favoritas eran *La malquerida* y *My fair lady*; la que afirmaba que sus películas predilectas habían sido *Marcelino, Pan y Vino* y *El puente sobre el río Kwai*; cuyo primer coche fue un Fiat 2800 y que afirmaba que si Conchita Velasco hubiera seguido en el género frívolo hubiera sido su digna sucesora; a la que le encantaban el tenis, la natación, la equitación y los toros y adoraba al Cordobés y Antonio Ordóñez; cuyos colores favoritos eran el verde, el rosa y el blanco puesto que eran los que más la favorecían; aquélla a la que, mientras veraneaba en Campello (Alicante), los pescadores rondaban bajo su balcón cantando canciones estrenadas por ella misma; una mujer que tuvo suerte pero que no recibió el apoyo de nadie, de ningún estamento oficial, que se apoyó a sí misma con su trabajo y su constancia; aquélla a la que pagaban doscientas pesetas diarias en el Teatro Romea, aunque tenía que comprarse ella misma su propia ropa, y cuyo número favorito era «Sueños de amor» porque, al decir de ella, era muy romántica; aquélla que nunca tuvo celos de ninguna compañera; la que se atrevió a travestirse de hombre sin temor a ser censurada; aquélla que, gracias a *Yola* (1941), pudo ganar tanto dinero como para comprarse una casa de siete pisos en la calle Recoletos 23; aquélla que, en el Teatro Avenida de Buenos Aires fue contratada para actuar ocho días con *Las Leandras* y permaneció con ellas durante ocho meses seguidos; la vedette que más tiempo tuvo consigo misma a un actor, Pepe Bárcenas; la vedette que descubrió para el teatro musical a Tony Leblanc, José Manuel Lara, Fernando Fernán-Gómez, Pedro Osinaga, José Luis Ozores o enroló entre sus filas a Maruja Boldoba, Conchita Velasco, Licia Calderón, Marisa de Landa, Carmen Olmedo, Olvido Rodríguez, Milagros Ponti... y tuvo como galanes a los más guapos hombres de su tiempo como Alfonso Goda, Carlos Tajes, Carlos Casaravilla, Aníbal Vela, Pierre Clarel, Pedro Terol, Roberto García, Luis Prendes, Lalo Maura, Juan Barbará...; aquélla que consiguió rendir a crítica y público a sus pies; la que conoció a los más grandes personajes de su tiempo y se equivó tantas veces como triunfos obtuvo; la vedette que adoraba viajar y cuyo mayor defecto fue el de haber sido demasiado sincera; la que acudía viernes tras viernes mientras estuvo en España a orar ante Jesús de Medinacelli; aquélla que contaba que incluso llegó a bautizar y hacer la Comunión a una de sus chicas de conjunto que no lo había hecho y la llevó a la iglesia para que el sacerdote lo hiciera; aquélla mujer cuya ceremonia nupcial llegó a durar nada menos que siete horas; la vedette que admiraba muchísimo tanto a María Caballé como Tina de Jarque y adoraba a Queta Claver pese a haber sido su «rival» escénica; la que perdió siete millones de pesetas en joyas durante la Guerra Civil; aquélla a la que un personaje público le dijo un día tras haberla visto actuar: «Tú eres argentina, ¿verdad? pues desde hoy eres española», y la hizo española; la vedette que tenía un impagable cambio de voz durante sus actuaciones; aquélla a la que la hicieron Fallera Mayor de Valencia y no paró de llorar todo el teatro, incluido público, durante diez minutos mientras sonaba el himno «Valencia»; la argentina que consiguió que incluso las monjas fueran a verla mientras actuaba en el Teatro Alcázar; la que guardó todo su atrezzo de vestuario, decorado y utillería en un almacén en la calle Argensola de Madrid; la que conseguía gastarse cuatro y cinco millones de pesetas en el montaje de una obra durante la posguerra española cobrando la butaca a diez pesetas; a la que le hubiera gustado tener, en lugar de un monumento, una pequeña placita en Madrid con su nombre a la que su público pudiera ir con la familia a pasear; una mujer que se sentía más española que argentina y que, en los últimos años de su vida, tuvo que sufrir el olvido de las autoridades políticas de una España democrática que pretendía relegar al ostracismo todos y a todos los que habían trabajado durante el franquismo sin pensar en que tenían que comer y subsistir pese a no comulgar con el Régimen; la que cuando debutó por primera vez en un escenario, tuvo que repetir su número hasta en tres ocasiones a petición del público; la vedette que olvidó la letra durante una actuación y el público le dio tan gran ovación que aplaudió aquel error humano mientras lloraba...

Una mujer inteligente, disciplinada, constante, perfeccionista, emotiva, activa, optimista, generosa, exigente, creyente, que nació para el escenario... pero no para el amor. Con una personalidad poderosa cuyo carácter era de las que forjaban su destino y su propia historia. Con vocación de líder, cuya autoridad demostraba sobre el escenario gobernándolo con mano de hierro enfundado en guante de seda; la que trabajó en variedades, revista, opereta y comedia musical, género en el que más agusto se sentía porque podía demostrar sus dotes de actriz de comedia; la artista que conoció a Mistinguette, Josephine Baker, Cécil Sorel o Maurice Chevalier y fue admirada a la par que aplaudida por García Lorca, Benavente, Unamuno, los hermanos Álvarez Quintero, Arniches, Marquina, los Machado o Valle-Inclán. La supervedette que triunfó con su arrebatadora personalidad cantando poquito, bailando otro poco y con una bonita figura que cautivó a todo un país y que supo «traspasar» la batería como ninguna otra y que era sobre la escena lo mismo de severa que condescendiente pero que nunca consintió que sus chicas no tuviesen una buena figura, una hermosa sonrisa y un buen sueldo en su compañía. Porque, trabajar para la Gámez, era garantía de éxito, de comida y de seguridad. La que tuvo los ojos más hermosos y profundos que nunca ha tenido España. La única vedette a la que pretendió pintar Julio Romero de Torres y le dijo: «Tengo ganas de hacer un retrato a esa carita de monja». Amiga de Belmonte y Manolete, solía frecuentar una tertulia literaria con Gregorio Marañón y Jacinto Benavente, la que dio a *Las Leandras* más de cuatro mil representaciones en España y llegaron a votarla como diputada a Cortes durante la Segunda República Española sin haberse presentado siquiera, la que nunca fue política y que afirmaba que en el lado en que le hubiese tocado habría hecho lo que la hubieran mandado hacer, por eso cantó el «¡Ya hemos pasao!» y no el «¡No pasarán!»; la que provocaba un delirio entre los hombres que los volvía locos hasta el punto de querer suicidarse por su amor; a la que echaban no sólo flores al escenario sino también capas y sombreros; la que puso de moda la falda cortita, el pelo a lo garçon, los zapatos de punta fina o las medias de cristal; una mujer empresaria y directora de sus propias obras; la que presenció un único pateo en su vida con *El carnet de Eslava* y que, cuando ya se iba por el miedo que tenía a salir a que a ella también la pateasen, el traspunte la cogió y la obligó a salir a escena a cantar «A media luz» y concluyó el pateo habiendo de cantarlo cuatro veces aquella misma noche; la que, encontrándose en Valencia para estrenar *La estrella de Egipto*, amenazó con suspender si no le aparecía una sortija de brillantes de gran valor que le había desaparecido y que finalmente encontró en una caja de zapatos; la que consideraba que sus chicas de conjunto debían salir arregladas y muy maquilladas al escenario y siempre tenían que tener una sonrisa; la gran supervedete que, representando *Gran Revista* en el Teatro Alkázar valenciano, habiéndose estropeado la calefación del mismo en un crudo día de invierno, salió en la representación tapadita con un largo abrigo de visón y les dijo a las señoras que se cambiaría de vestido para que lo pudieran ver pero que después se lo taparía con el abrigo debido a las bajas temperaturas que hacía en el teatro; la que salió a cantar y bailar con un tobillo hinchado tras haberse tropezado; una mujer que pecó de inocente y confiada y que fue frívola en el escenario, pero no fuera de él; aquélla a la que Hugo y Moncho Ferrer sacaron de la enorme depresión que tenía y la trajeron nuevamente a España a mediados de los años ochenta; la que quería ser enterrada en Madrid y cuyo deseo no se cumplió...: «Española,/ yo quiero, quiero, quiero, verte a ti sambar/ con tu tipo de manola/ tienes mucho garbo pa bailar./ Española,/ yo quiero, quiero, quiero, verte a ti sambar/ con tu tipo de manola/ tienes mucho garbo pa bailar./ Los brasileros no son jamás toreros/ mas tocan el pandero con talante singular./ Española,/ con tu ritmo tropical/ yo te quiero, quiero, verte a ti sambar».

Una mujer que amó mucho y que fue amada con cariño, entrega y generosidad.Con agasajos, admiración y promesas. Extraordinariamente.

Paulatinamente, su estado de salud fue empeorando. Una neumonía a finales de noviembre de 1992, obliga a su familia a ingresarla nuevamente en la Clínica del Sol. Allí, parece mejorar, y, ya sin fiebre, sus familiares la regresan al geriátrico donde el jueves 10 de diciembre de 1992 a las 12 de la mañana, hora española, su corazón deja de latir. Su inhumación tuvo lugar al día siguiente a las dos y media de la tarde, hora argentina, y a él asistieron su sobrino Rodolfo Cambra y la esposa de éste, así como la única hermana que aún le quedaba con vida a Celia, Albina, entre otras personalidades como el Embajador de España en Argentina, don Rafael Pastor quien, en nombre del país que la acogió y encumbró al olimpo de las plateas españolas, le dio también un emocionante adiós. Sus restos mortales reposan ahora para siempre en el nicho número 393 del Panteón de Actores del cementerio de la Chacarita en Buenos Aires, por expreso deseo de ella.

Quienes la conocieron, afirman que Celia nunca pudo soportar verse alejada de los escenarios ni del calor y cariño del público, de su público, del público español ni de España, la tierra que llevó y defendió a capa y espada allá por donde quiera que iba. Tenía a sus seres queridos con ella, pero no a su público ni a España. Celia no pudo soportar tampoco el inescrutable paso del tiempo ni el consiguiente deterioro físico que éste iba causando progresivamente en la antaño esplendorosa estrella. La pérdida de dos de sus cuatro hermanas, hecho éste por el que tuvo que irse a vivir a casa de su sobrino, el juez Cambra, quien fue nombrado por la propia Celia su apoderado legal, además de su deterioro moral, la hundieron definitivamente en la más cruel de las tristezas: «*Aunque mi tía sufrió mucho, lo que más daño le hizo fue el mal de Alzheimer que venía padeciendo desde hacía algún tiempo. A ello se debía su deterioro mental y su postración de los últimos años. Su mente no estaba bien. Quedó detenida en el tiempo. Fue durante el verano de 1989 cuando nos dimos cuenta de que estaba perdiendo lucidez. La llevamos a pasar una temporada de verano en Punta del Este (Uruguay) y allí su lucidez empezó a mermar. Lo único que le interesaba era ir al casino. Siempre le gustó el juego. Luego fue empeorando progresivamente. Entonces decidimos ingresarla en un geriátrico. Desde que se supo la noticia de su gravedad, llegaron telegramas y mensajes de miles de admiradores de Argentina y del extranjero, especialmente de España y Portugal, deseándole su pronta recuperación»,* declararía su sobrino entonces (Cazorla, 1992: 33).

Celia se murió durmiendo... para siempre. Soñando, qué duda nos cabe, con su amada España.

La noticia de su pérdida llegó a la madre patria el viernes 11 de diciembre colmando los titulares y algunas portadas de los diarios de todo el país. Compañeros y amigos lamentaban su desaparición y un mes más tarde se reunieron en la iglesia de Jesús de Medinaceli para honrarla con una misa funeral por el eterno descanso de su alma.

Pero la novia de España, ya había alcanzado la gloria eterna...

De Celia Gámez podemos decir con versos del poeta boliviano Ricardo Jaimes Freyre: «Alma de luz, de música y de flores». Luz de la Cruz del Sur que iluminaba las pampas, el Río de la Plata y las calles porteñas con esa profunda mirada. Música de Alonso, Guerrero, Padilla, Parada, Moraleda, Quintero, Léhar, Abraham, Francis López, García Morcillo, Rosillo, García Segura... llena de chotis, pasodobles, javas, *foxtrots,* marchiñas, sambas... y flores de la ermita de San Antonio de la Florida en viejas noches de verbena y de chulapas a la puerta de Apolo en aquellas madrugadas que olían a nardos y sabían a besos por la calle de Alcalá donde aún no tiene eregida una estatua que perpetúe su memoria. Donde aún no tiene una placa que la recuerde. Donde aún no tiene el reconocimiento que Madrid y España le siguen debiendo...

El presente trabajo pretende ser parte de su memoria vital y artística. La memoria de una mujer que luchó, que amó, que fue testigo del acontecer de todo un país en sus acontecimientos sociales, políticos y culturales; que cambió el devenir del teatro musical en España haciéndolo apto para las señoras y tolerable para toda clase de público; que abrió el camino a la dignificación de la mujer en el teatro, tanto en el ámbito artístico como en el empresarial; que procuró ofrecer lo mejor de cuanto había en escena y que un buen día de aquel histórico año 1992 levantó su vuelo cual águila de fuego para nunca más volver...

CELIA GÁMEZ CARRASCO
(25-agosto-1905/10-diciembre-1992)

Vuela alto Celinda... muy muy alto...
«Si me perdiera mañana... no me dejéis de querer...».

ANEXOS

1. CRONOLOGÍA DE ESPECTÁCULOS ESTRENADOS:

—*El carnet de Eslava* (16 abril, 1927. Teatro Eslava de Madrid).

—*Las burladoras* (16 abril, 1927. Teatro Eslava de Madrid).

—*Las castigadoras* (13 mayo, 1927. Teatro Eslava de Madrid).

—*El cabaret de la academia* (17 junio, 1927. Teatro Eslava de Madrid).

—*Periquito entre ellas* (7 octubre, 1927. Teatro Eslava de Madrid).

—*La deseada* (28 octubre, 1927. Teatro Eslava de Madrid).

—*Mimitos* (18 noviembre, 1927. Teatro Eslava de Madrid).

—*El tiro de Pichón* (23 diciembre, 1927. Teatro Eslava de Madrid).

—*La Cascada*, «»*Balneario de Moda*«» (25 enero, 1928. Teatro Eslava de Madrid).

—*Roxana, la cortesana* (9 de febrero, 1928. Teatro Eslava de Madrid).

—*Las lloronas* (19 octubre, 1928. Teatro Romea de Madrid).

—*El antojo* (13 marzo, 1929. Teatro Romea de Madrid).

—*La martingala* (10 mayo, 1939. Teatro Romea de Madrid).

—*¡Por si las moscas!* (31 octubre, 1929. Teatro Romea de Madrid).

—*Las cariñosas* (14 marzo, 1930. Teatro Eslava de Madrid).

—*La bomba* (22 marzo, 1930. Teatro Eslava de Madrid).

—*Las pantorrillas* (26 abril, 1930. Teatro Eslava de Madrid).

—*Las guapas* (13 junio, 1930. Teatro Eslava de Madrid).

—*¡Me acuesto a las ocho!* (2 octubre, 1931. Teatro Pavón de Madrid).

—*Las leandras* (12 noviembre, 1931. Teatro Pavón de Madrid).

—*Las tentaciones* (23 diciembre, 1932. Teatro Pavón de Madrid).

—*Las de Villadiego* (12 mayo, 1933. Teatro Pavón de Madrid).

—*El baile del Savoy* (28 enero, 1934. Teatro Victoria de Madrid).

—*La ronda de las brujas* (9 de mayo, 1934. Teatro Victoria de Madrid).

—*Los inseparables* (27 octubre, 1934. Teatro Maravillas de Madrid).

—*Peppina* (5 octubre, 1935. Teatro Coliseum de Madrid).

—*Las siete en punto* (12 diciembre, 1935. Teatro Coliseum de Madrid).

—*La manga ancha* (28 febrero, 1936. Teatro Coliseum de Madrid).

—*Ki-Ki* (1 febrero, 1936. Teatro Coliseum de Madrid).

—*Bienvenida Celia Gámez* (17 marzo 1937. Teatro Casino de Buenos Aires).

—*Co-co-co-co-co-rooo* (17 marzo 1937. Teatro Casino de Buenos Aires).

—*Alegrías 1937* (10 abril 1937. Teatro Casino de Buenos Aires).

—*El congreso de la revista* (27 abril 1937. Teatro Casino de Buenos Aires).

—*Mundial Music-Hall* (8 mayo 1937. Teatro Casino de Buenos Aires).

—*Las mimosas* (27 noviembre, 1937. Teatro Avenida de Buenos Aires).

—*Gran frigidaire porteño* (7 diciembre 1938. Teatro Maipo de Buenos Aires).

—*El mundo se está suicidando* (7 diciembre 1938. Teatro Maipo de Buenos Aires).

—*La revista tropical* (5 enero 1939. Teatro Maipo de Buenos Aires).

—*Aquí funciona el aparato Baigorri* (5 enero 1939. Teatro Maipo de Buenos Aires).

—*Se armó el lío en la Plata* (21 enero 1939. Teatro Maipo de Buenos Aires).

—*La revista de la alegría* (28 enero 1939. Teatro Maipo de Buenos Aires).

—*La Cenicienta del Palace* (1 marzo 1940. Teatro Eslava de Madrid).

—*Yola* (14 marzo, 1941. Teatro Eslava de Madrid).

—*Si Fausto fuera Faustina* (13 noviembre, 1942. Teatro Eslava de Madrid).

—*Rumbo a pique* (12 marzo, 1943. Teatro Eslava de Madrid).

—*Fin de semana* (19 abril, 1944. Teatro Reina Victoria de Madrid).

—*Hoy como ayer* (21 septiembre 1945. Teatro Alcázar de Madrid).

—*Gran Revista* (11 enero, 1946. Teatro Alcázar de Madrid).

—*Vacaciones forzosas* (8 noviembre, 1946. Teatro Alcázar de Madrid).

—*La estrella de Egipto* (17 septiembre, 1947. Teatro Alcázar de Madrid).

—*Las siete llaves* (30 noviembre, 1949. Teatro Alcázar de Madrid).

—*La hechicera en palacio* (23 noviembre, 1950. Teatro Alcázar de Madrid).

—*Dólares* (11 febrero, 1954. Teatro Lope de Vega de Madrid).

—*El águila de fuego* (19 enero, 1956. Teatro Maravillas de Madrid).

—*S. E., la Embajadora* (21 noviembre, 1958. Teatro Alcázar de Madrid).

—*La estrella trae cola* (12 enero, 1960. Teatro de la Zarzuela de Madrid).

—*Colomba* (14 diciembre, 1961. Teatro Alcázar de Madrid).

—*Celia Gámez Show* (13 julio 1963. Gran Casino de Estoril, Portugal).

—*¡Buenos días, amor!* (7 diciembre, 1963. Teatro de la Zarzuela de Madrid).

—*Mami, llévame al colegio* (24 septiembre, 1964. Teatro Martín de Madrid).

—*¡Aquí, la verdad desnuda!* (24 septiembre, 1965. Teatro Martín de Madrid).

—*A las diez en la cama estés* (11 abril, 1966. Teatro Martín de Madrid).

—*La miniviuda* (8 septiembre, 1967. Teatro Marquina de Madrid).

—*Es mejor en otoño* (5 diciembre, 1968. Teatro Principal de Zaragoza).

—*Fiesta* (23 octubre, 1970. Teatro Calderón de Madrid).

—*El último de Filipinas* (4 febrero, 1971. Teatro Alcázar de Madrid).

—*¡Aquí te espero!* (28 septiembre, 1973. Sala Lido de Madrid).

—*La época negra de los teléfonos blancos* (23 mayo, 1978. Teatro Embassy de Buenos Aires).

—*Mujeres* (19 junio, 1979. Teatro Premier de Buenos Aires).

—*Nostalgia* (28 septiembre, 1984. Teatro La Latina de Madrid).

2. INTERVENCIONES CINEMATOGRÁFICAS, TELEVISIVAS Y RADIOFÓNICAS

2.1. Intervenciones cinematográficas

—*Murió el sargento Laprida* (1937)

—*El diablo con faldas* (1938)

—*¡Rápteme usted!* (1941)

—*Las Leandras* (1969)

—*Mi hijo no es lo que parece* (*Acelgas con champán y mucha música*) (1974)

—*El bromista* (1981)

2.2. Intervenciones televisivas

—*Comedia musical: Sombrero de paja* (1963)

—*Gran Parada* (1963)

—*Ésta es su vida: Celia Gámez* (1964)

—*Flash 06* (1969)

—*Siempre en domingo* (1971)

—*Directísimo* (1975)

—*Estudio abierto* (1984)

—*Autorretrato* (1984)

—*Más estrellas que en el cielo* (1988)

2.3. Sus obras interpretadas en televisión

a) Dentro de *La comedia musical española* (1985):

—*El águila de fuego* (1985)

—*Las Leandras* (1985)

—*La estrella de Egipto* (1985)

—*La Cenicienta del Palace* (1985)

—*Las de Villadiego* (1985)

—*La hechicera en palacio* (1985)

b) Dentro de *La Revista* (1995):

—*Las de Villadiego* (1995)

—*El águila de fuego* (1995)

—*La estrella de Egipto* (1995)

—*Si Fausto fuera Faustina* (1995)

—*Vacaciones forzosas* (1996)

—*Los inseparables* (1996)

—*Yola* (1996)

c) Dentro del especial *Gran Revista. Homenaje a Celia Gámez* (1993). Fragmentos de:

—*Las castigadoras*

—*Las Leandras*

—*Yola*

—*La hechicera en palacio*

2.4. Programas homenaje o con algunos números suyos (selección)

—*Música y estrellas* (1976)
—*Un, dos, tres... responda otra vez: La revista musical española* (1993)
—*Informe semanal: La revista de luto* (1992)
—*Pasa la vida. Homenaje a la revista* (1992)
—*Cine Paraíso. Homenaje a Celia Gámez* (1992)
—*Querida Concha: adiós a Celia Gámez* (1992)
—*Gran Gala de la Revista. Homenaje a Celia Gámez* (1993).
—*Encantada de la vida* (1993—1994)
—*La pasarela. Antología de la revista musical española* (1994)
—*¡Qué tiempo tan feliz!: La Revista, ¡gracias por venir!* (2010)
—*Cine de barrio* (2016)

2.5. Celia Gámez en la radio (selección)

—*Gente importante* (Cadena SER, 1972).
—*El Raphael Show: Celia Gámez* (Radio Barcelona, 31 diciembre, 1973).
—*Polvo de estrellas: homenaje a Celia Gámez en las 500 de Por la calle de Alcalá* (Antena 3 Radio, 8 junio, 1984).
—*Archivo sonoro: Celia Gámez* (Radio 5, 27, febrero, 2010)
—*Otros acentos: Una biografía de Celia Gámez* (Radio 5, 28, octubre, 2010)
—*Melodías de comedia: Celia Gámez* (Radio Clásica, 26, enero, 2011)
—*Canciones prohibidas: Pichi* (Radio Clásica, 6 de marzo, 2015)
—*El musical: La Celia* (Radio Clásica, 6, noviembre, 2015)
—*Historia del pop en español: Celia Gámez* (Radio 5, 23, enero, 2016)
—*Literatro: La Celia* (Radio 5, 31, enero, 2017)
—*El tranvía de Broadway: Las Leandras* (Radio Clásica, 1 de mayo, 2021)
—*Mundo Babel: El beso* (Radio Clásica, 21, agosto, 2021)

3. DISCOGRAFÍA

3. 1. Antologías y recopilaciones

— *Celia Gámez*, Madrid, Emi-Odeón, 1982, 1 casete.// Madrid, Columbia, 1971, 1 casete.
— *Celia Gámez*, 2009, OK Records, doble CD 2525.

- *Celia Gámez canta tangos. El disco de oro*, Madrid, Producciones El Delirio, 2001, 1 disco compacto, ref. ED 093-2.
- *Celia Gámez, con plumas*, Madrid, Emi-Odeón, 1982, 1 disco 33 1/3 rpm., ref. 056-1218131.//Madrid, Emi-Odeón D.L., 1988, 1 casete.// Madrid, Emi-Odeón, 1983, 1 disco 33 rpm., ref. 10C 054-021.813.
- *Celia Gámez: Del tango a la revista*, México, Instituto de Conservación y Recuperación Musical, 1992, 1 disco 33 rpm., ref. ICREM 44.
- *Celia Gámez: Glamour*, Emi-Odeón, Madrid, 1997, 1 disco compacto.
- *Celia Gámez. Celia hoy. Los grandes éxitos de Celia Gámez: Yola, Las Leandras, Si Fausto fuera Faustina, La hechicera en palacio, Dólares, S.E. la Embajadora*, Madrid, Polydor, 1973, 1 disco 33 rpm., ref. 23 85 062.
- *Celia hoy. Los grandes éxitos de Celia Gámez*, ref. 1973, Polydor 23 85 062 Lp// 1973, Polydor 31 73 062 , 1 cassette.
- *Celia Gámez. La leyenda sigue... en su centenario (1905-2005)*, Madrid, Emi-Odeón, colección «Nostalgia», 2005, 1 disco compacto.
- *Celia Gámez. Las de Villadiego, Las Leandras, Gran Revista, Dólares*, Madrid, Montilla, 1959, 1 disco 33 rpm., ref. EPFM 78.
- *Celia Gámez: Las leandras (Pichi). La hechicera en palacio (Estudiantina portuguesa). Yola (¡Mírame!)*, San Sebastián, Columbia, Fábrica de Discos Columbia, Juan Inurrieta, 1967, 1 disco 45 rpm., ref. SCGE 80357.
- *Celia Gámez: Las leandras (selección)*, San Sebastián, Fábrica de Discos Columbia, Juan Inurrieta, 1969, 1 disco 33 1/3 rpm., ref. C 7502.
- *Celia Gámez: Mamáe eu quero. Estudiantina portuguesa*, Madrid, Polydor D.L., 1973, 1disco 43 rpm., ref. 20 62 115.
- *Celia Gámez-Nati Mistral*, Madrid, Abanico D.L., 1978, 1 disco 33 rpm.
- *Celia Gámez. Por la calle de Alcalá (Antología de sus revistas)*. Madrid, 1984, Polydor 817 232-1 Lp // 1984, Polydor 817 232-4, 1 cassette.
- *Celia Gámez: Qué le vas a hacer*, Barcelona, Blue Moon, serie «Cancionero de oro», 1997, 1 disco compacto, ref. BMCD 7603.
- *Celia Gámez. Tabaco y cerillas. Pichi. Manoletín. Amor, amor*, Madrid, Montilla-Zafiro, 1962, 1 disco 45 rpm., ref. EPFM 78.
- *Celia Gámez. Tomar la vida en serio. La verbena de San Antonio, de la banda original del film Las leandras*, Madrid, Philips, 1 disco 45 rpm., ref. 60 29 008.
- *Celia Gámez.Vol. I (1927-1929)*, Madrid, Ventura Discos-Rama Lama Music, 2002, 2 discos compactos, ref. VE-CS-0245-2.

— *Celia Gámez.Vol. II (1929-1930)*, Madrid, Ventura Discos-Rama Lama Music, 2002, 2 discos compactos, ref. VE-CS-0255-2.

— *Celia Gámez.Vol. III (1930-1934)*, Madrid, Ventura Discos-Rama Lama Music, 2003, 2 discos compactos, ref. RO-52232.

— *Celia Gámez. Vol. IV (1936-1946)*, Madrid, Ventura Discos-Rama Lama Music, Madrid, 2005, 2 discos compactos, ref. RO-52802.

— *Celia hoy: Los grandes éxitos de Celia Gámez*, Madrid, Polydor D.L., 1973, 1 disco 33 rpm.// Madrid, Polydor D.L., 1973, 1 casete.

— *Homenaje a Celia Gámez: La gran estrella de Madrid I (1927-1934)*, Madrid, Sonifolk, 1996, 1 disco compacto, ref. 20082.

— *Homenaje a Celia Gámez: La gran estrella de Madrid II (1940-1954)*, Madrid, Sonifolk, 1996, 1 disco compacto, ref. 20083.

— *Homenaje a Celia Gámez: La gran estrella de Madrid III (1927-1954)*, Madrid, Sonifolk, 1996, 1 disco compacto, ref. 20095.

— *La reina de la revista: Celia Gámez, ¡sus últimas grabaciones!*, Madrid, Rama Lama Music-Polygram Ibérica S.A., 1996, 2 discos compactos, ref. MC 50122.

— *Las leandras en la época de su estreno por su creadora, Celia Gámez*, Barcelona, Compañía del Gramófono Odeón, 1958, 1 disco 45 rpm.

— *Lo mejor de Celia Gámez*, Madrid, Emi/Odeón-Edicionesdel Prado S.A., 1990, 1 disco compacto.// Madrid, Discos Columbia D.L., 1982,1 casete.

— *Recordando el arte de Celia Gámez*, Buenos Aires, Club Tango Argentino, 1994, 1 disco compacto, ref. A.V.ALMA CTA-903.

— *Viva el chotis*, Madrid, SJS Producciones Discográficas, 2004, 1 disco compacto.

3.2. Obras

— *Colibrí*, en «La revista musical en España», vol. X, Madrid, Ventura Discos, 2002, 1 disco compacto, ref. VE-0305-2.

— *Colomba*, San Sebastián, Columbia, Fábrica de Discos Columbia, Juan Inurrieta, 1961, 1 disco 45 rpm., ref. SCGE 80502.// En «La revista musical en España», vol. XII, Madrid, Ventura Discos, 2002, 1 disco compacto, ref. VE-0307-2.

— *Dólares*, San Sebastián, Fábrica de Discos Columbia, Juan Inurrieta, 1954, 2 discos de 78 rpm., ref. R 18563, R 18587.// En «La revista musical en España», vol. VIII, Madrid, Ventura Discos, 2002, 1 disco compacto, ref. VE-0303-2.

— *El águila de fuego*, Madrid, Zafiro, 1956, 1 disco 45 rpm., EPFM 20.// Madrid, Montilla, 1956, 1 disco 33 1/3 pm., ref. FM 71.// Madrid, Montilla, 1956, 1 disco 45 rpm., ref. 45EP-1.// Madrid, Montilla, 1956, 1 disco 45 rpm., ref. EPFM 20.// Madrid, Hispavox, 1 disco 33 rpm, 1956, ref. FM 71.// En «La revista», Madrid, Hispavox, 1985, 1 disco 33 1/3 rpm., ref. 160 343.// En «La revista», Madrid, Hispavox, 1985, 1 casete.// Madrid, Sonifolk, 1997, 1 disco compacto, ref. 20100.

— *El antojo*, en «La revista musical española», vol. XV, Madrid, Sonifolk, 2000, 1 disco compacto, ref. 20140.

— *El baile del Savoy*, en «La revista musical española», vol. XX, Madrid, Sonifolk, 2000, 1 disco compacto, ref. 20150.

— *El cabaret de la academia*, Barcelona, Blue Moon, serie «Lírica», 2000, 1 disco compacto, ref. BMCD 7542.

— *El gallo*, en «La revista musical en España», vol. XIII, Madrid, Ventura Discos, 2002, 1 disco compacto, ref. VE-0308-2.

— *Fin de semana*, en «La revista musical española», vol. XIV, Madrid, Sonifolk, 1999, 1 disco compacto, ref. 20139.

— *Gran Revista*, San Sebastián, Fábrica de Discos Columbia, Juan Inurrieta, 1946, 3 discos de 78 rpm., ref. R 14357 a R 14359. // En «La revista musical española», vol. XVI, Madrid, Sonifolk, 2000, 1 disco compacto, ref. 20141.

— *Hoy como ayer*, San Sebastián, Fábrica de Discos Columbia, Juan Inurrieta, 1945, 6 discos de 78 rpm., ref. C 6940 a C 6943.// En «La revista musical en España», vol. XII, Madrid, Ventura Discos, 2002, 1 disco compacto, ref. VE-0307-2.

— *La Cenicienta del Palace*, En «La revista», Madrid, Hispavox, 1985, 1 disco 33 1/3 rpm., ref. 160 338.// Madrid, Hispavox, 1985, 1 casete.// En «La revista musical en España», vol. III, Madrid, Ventura Discos, 2002, 1 disco compacto, ref. VE-CX-0262-2.//

— *La estrella de Egipto*, En «La revista», Madrid, Hispavox, 1985, 1 disco 33 1/3 rpm., ref. 160 349.// Madrid, Hispavox, 1985, 1 casete.// En «La revista musical en España», vol. V, Madrid, Ventura Discos, 2002, 1 disco compacto, ref. VE-CX-0264-2.

— *La hechicera en palacio*, San Sebastián, Fábrica de Discos Columbia, Juan Inurrieta, 1951, 3 discos de 78 rpm., ref. R 18001 a R 18003.// En «La revista», Madrid, Hispavox, 1985, 1 disco 33 1/3 rpm., ref. 160 350.// Madrid, Hispavox, 1985, 1 casete.// En «La revista musical en España», vol. XI, Madrid, Ventura Discos, 2002, 1 disco compacto, ref. VE-0304-2.

— *Las castigadoras*, Barcelona, Blue Moon, serie «Lírica», 2000, 1 disco compacto, ref. BMCD 7542. // En «La revista musical en España», vol. II, Madrid, Ventura Discos, 2002, 1 disco compacto, ref. VE-CX-0261-2.

— *Las de Villadiego*, Madrid, Odeón, 1933, 1 disco 78 rpm.// En «La revista», Madrid, Hispavox, 1985, 1 disco 33 1/3 rpm., ref. 160 342.// Madrid, Hispavox, 1985, 1 casete. // En «La revista musical española», vol. XVII, Madrid, Sonifolk, 2000, 1 disco compacto, ref. 20147.

— *Las guapas*, en «La revista musical en España», vol. VIII, Madrid, Ventura Discos, 2002, 1 disco compacto, ref. VE-0303-2.

— *Las leandras*, Madrid, Odeón, 1931, 1 disco 78 rpm.// Madrid, Hispavox, 1956, 1 disco 33 1/3 rpm., // Madrid, Alhambra, 1956, 1 disco 33 1/3 rpm., ref. MC 25.022.// Madrid, Columbia, 1956, 1 disco 33 1/3 rpm., ref. C 7502.// Madrid, Zafiro, 1958, 1 disco 45 rpm., ref. FM 32.// Madrid, Zafiro, 1959, 1 disco 33 1/3 rpm.// Madrid, Alhambra, 1961, 1 disco 33 1/3 rpm., ref. MC 25022.// Madrid, Alhambra, 1962, 1 disco 33 1/3 rpm.// Madrid, Philips, 1969, 1 disco 33 1/3 rpm.// Madrid, Philips, 1969, 1 disco 33 1/3 rpm., Banda Sonora Original de la película, ref. 865 028 PY.// Madrid, Fonogram D.L., 1974, 1 casete.// Madrid, Zafiro, 1974, 1 casete.// Madrid, Zacosa, 1980, 1 casete.// Madrid, Zacosa, 1980, 1 disco 33 1/3 rpm.// Madrid, RCA, 1982, 1 disco 33 1/3 rpm.// Madrid, RCA, 1982, 1 disco 78 rpm.// Madrid, RCA, 1982, 1 casete.// Madrid, 1985, Serdisco, 1 disco 33 1/3 rpm.// En «La revista», Madrid, Hispavox, 1985, 1 disco 33 1/3 rpm., ref. 160 340.// En «La revista», Madrid, Hispavox, 1985, 1 casete.// Barcelona, Serdisco-Salvat, Barcelona, 1989, 1 casete.// Barcelona, Iberofom-Salvat Editores, 1990, 1 disco compacto.// Barcelona, Blue Moon, serie «Lírica», 2000, 1 disco compacto, ref. BMCD 7542.// En «La revista musical en España», vol. I, Madrid, Ventura Discos, 2002, 1 disco compacto, ref. VE-CX-0260-2

— *Las lloronas*, en «La revista musical en España», vol. XI, Madrid, Ventura Discos, 2002, 1 disco compacto, ref. VE-0306-2.

— *Las tentaciones*, Barcelona, 1932, REGAL, 1 disco 78 rp., ref. PK 2002. // En «La revista musical española», vol. VII, Madrid, Sonifolk, 1999, 1 disco compacto, ref. 20127.

— *Las tocas*, en «La revista musical española», vol. XVI, Madrid, Sonifolk, 2000, 1 disco compacto, ref. 20141.

— *Me acuesto a las ocho*, San Sebastián, Fábrica de Discos Columbia, Juan Inurrieta, 1930, 1 disco 78 rpm.// En «La revista musical en España», vol. I, Madrid, Ventura Discos, 2002, 1 disco compacto, ref. VE-CX-0260-2.

- *Mi costilla es un hueso*, Barcelona, La Voz de su Amo, 1932, 1 disco 78 rpm.// En «La revista musical española», vol. III, Madrid, Sonifolk, 1998, 1 disco compacto, ref. VE-CX-0262-2.// Barcelona, Blue Moon, serie «Lírica», 2000, 1 disco compacto, ref. 7545.
- *Peppina*, en «La revista musical en España», vol. V, Madrid, Ventura Discos, 2002, 1 disco compacto, ref. VE-CX-0264-2.
- *¡Por si las moscas!*, en «La revista musical en España», vol. XII, Madrid, Ventura Discos, 2002, 1 disco compacto, ref. VE-0307-2.
- *¡Qué pasa en Cádiz!*, en «La revista musical en España», vol. XIV, Madrid, Ventura Discos, 2002, 1 disco compacto, ref. VE-0309-2.
- *Rumbo a pique*, en «La revista musical en España», vol. III, Madrid, Ventura Discos, 2002, 1 disco compacto, ref. VE-CX-0262-2.
- *S.E., la Embajadora*, Madrid, Hispavox, 1958, 1 disco 33 1/3 rpm.// Madrid, Hispavox, 1959, 1 disco 45 rpm., ref 130 104.// Madrid, Hispavox, 1983, 1 casete.// Madrid, Hispavox, 1983, 1 disco 33 rpm.// En «La revista musical en España», vol. IX, Madrid, Ventura Discos, 2002, 1 disco compacto, ref. VE-0304-2.
- *Si Fausto fuera Faustina*, en «La revista musical en España», vol. X, Madrid, Ventura Discos, 2002, 1 disco compacto, ref. VE-0305-2.
- *Vacaciones forzosas*, Barcelona, Blue Moon, serie «Lírica», 2001, 1 disco compacto, ref. BMCD 7548.// En «La revista musical en España», vol. XIV, Madrid, Ventura Discos, 2002, 1 disco compacto, ref. VE-0309-2.
- *Yola*, en «La revista musical española», vol. XIX, Madrid, Sonifolk, 2000, 1 disco compacto, ref. 20149.// Barcelona, Blue Moon, serie «Lírica», 2001, 1 disco compacto, ref. BMCD 7548.

3.3. Números musicales independientes

- «Alas» y «¡Lo mismo me da!», de *Yola*, Barcelona, Compañía del Gramófono Odeón, 1941, 1 disco 78 rpm., ref. 203790.
- «Canción canaria» y «Las viudas», de *Las leandras*, Madrid, Fonogram, 1970, 1 disco 45 rpm.
- «Chotis», de *Las leandras*, Barcelona, Rollos Princesa, 1931-1936, 1 rollo de pianola.
- «El beso en España», de *La estrella de Egipto*, Barcelona, Compañía del Gramófono Odeón, 1947, 1 disco 78 rpm., ref. OKA 1265.
- «El beso», de *La estrella de Egipto* y «Luna de España», de *Hoy como ayer*, Barcelona, Compañía del Gramófono Odeón,1950, 1 disco 78 rpm., ref. 204411.

— «Estudiantina portuguesa» y «Yo le suplico a su Alteza», de *La hechicera en palacio*, San Sebastián, Fábrica de Discos Columbia, Juan Inurrieta, 1951, 1 disco 78 rpm.

— *«Foxtrot»*, de *Las lloronas*, Madrid, Rollos Diana, 1928-1936, 1 rollo de pianola.

— «La Colasa del Pavón» y «Pasacalle de la fuente», de *Las de Villadiego*, Madrid, Pharlophone, 1933, ref. 25.854.

— «Los madriles de Chueca», de *Las tentaciones*, La Garriga (Barcelona), Rollos Victoria, 1932, 1 rollo de pianola.

— «Pasacalle de las floristas», de *Las leandras*, Barcelona, Rollos Princesa, 1931-1936, 1 rollo de pianola.

— «Pichi» y «Los nardos», de *Las leandras*, Barcelona, Compañía del Gramófono Odeón, 1951, 1 disco 78 rpm., ref. 184809.

— «¿Quién eres tú?» y «Estudiantina portuguesa», de *La hechicera en palacio*, San Sebastián, Fábrica de Discos Columbia, Juan Inurrieta, 1951, 1 disco 78 rpm., ref. OKA 1663, OKA 1664.

— «Sueños de amor» y «¡Mírame!», de *Yola*, Barcelona, Compañía del Gramófono Odeón, 1941, 1 disco 78 rpm., ref. 203791.

— «Tomar la vida en serio», de *Luna de miel en El Cairo*. «La verbena de San Antonio», de la revista *Las leandras*, Madrid, Fonogram, 1970, 1 disco 45 rpm.

3.4. Discografía de Celia Gámez (por orden cronológico de grabación. El apartado ha sido facilitado por Félix Portales, de Archivo Lírico de Salamanca).

1927. REGAL

— *Las castigadoras*. Alonso («Charlestón del pingüino» y «Noche de cabaret», RS 547).

— *Las castigadoras*. Alonso («Chotis de las taquimecas», RS 554).

1928. ODEÓN

— *Las lloronas*. Alonso («Las ratas de hotel» y «Las cocteleras», 182.379).

— *Las lloronas*. Alonso («La java del mareo» y «Las enfermeras», 182.380).

— *Las lloronas*. Alonso («Chotis», 203.131).

1929. ODEÓN

— *El antojo*. Luna («La chacarerita» y «La Torcuata», 203.129).

— *El antojo*. Luna («El antojo» y «Chotis», 203.130).

— *Las cariñosas*. Alonso («La Lola», 203.131).

—*¡Por si las moscas!* Alonso («Las pantorrillas», 203.188).

—*¡Por si las moscas!* Alonso («La Manuela» y «Media noche», 203.189).

—*¡Por si las moscas!* Alonso («*Blues* de los perritos» y «Los pollitos», 203.191).

1930. ODEÓN

— *El gallo*. Alonso («*Fox* de las pieles» y «Tonadilla de la capa», 203.216).

— *Las guapas*. Alonso y Belda («Pasacalle de los Pepe-Hillos» y «¡Mozo, venga whisky!», 203.258).

— *Colibrí*. Rosillo («Ven junto a mí» y «Las excursionistas», 203.234).

1931. Odeón

— *Me acuesto a las ocho*. Alonso («*One-step* del golf» y «*Fox* de los pijamas», 203.282).

— *Me acuesto a las ocho*. Alonso («*Two-step* de los jockeys» y «Jacobo, cómprame un globo», 203.283).

— *Me acuesto a las ocho*. Alonso («Quisiera que fuera» y «Chotis del castigador», 203.284).

— *Las leandras*. Alonso («Pasacalle de los nardos» y «Chotis del Pichi», 203.302).

— *Las leandras*. Alonso («Llévame a la verbena de San Antonio» y «Canción canaria», 183.303).

— *Las leandras*. Alonso («Clara Bow fiel a la Marina» y «Java de las viudas», 183.304).

1932. Odeón

— *Las mimosas*. Rosillo («Chotis de las diputadas» y «Pasodoble verbenero», 183.364).

—*¿Qué pasa en Cádiz?* Alonso («Las estrellas de Hollywood» y «Las chulas del porvenir», 183.426).

1933. Odeón

— *Las de Villadiego*. Alonso («Tabaco y cerillas (La Colasa del Pavón)» y «Caminito de la fuente», 203.418).

1934. Odeón

— *El baile del Savoy*. Paul Abraham («¡Si es Chevalier!» y «La Tangolita», 203.434).

— *El baile del Savoy*. Paul Abraham («Las turcas saben besar» y «¡Qué pronto su amor olvidó!», 203.435).

1941. Columbia

— *Yola*. Quintero («Sueños de amor» y «Marcha de la cacería», V 9005).

— *Yola*. Quintero («¡Alas!» y «¡Mírame!», V 9006).

— *Yola*. Quintero («¡Lo mismo me da!» y «Quiero», V 9007).

1942. Columbia

— *Si Fausto fuera Faustina*. Quintero y Moraleda («Contigo iré» y «¡Qué le vas a hacer!», R 14071).

— *Si Fausto fuera Faustina*. Quintero y Moraleda («No es preciso que me ayude usted» y «Te quiero tanto y tanto», R 14072).

— *Si Fausto fuera Faustina*. Quintero y Moraleda («Un millón» y «Pantomima», R 14073).

— *Si Fausto fuera Faustina*. Quintero y Moraleda («Guarará» y «¡Qué le vas a hacer!», R 14074). 1943. Columbia

— *Rumbo a pique*. Ruiz de Luna («Mi color marfil» y «Cantar, cantar», R 14104).

— *Rumbo a pique*. Ruiz de Luna («Sol tropical» y «Un beso es», R 14105).

— *Rumbo a pique*. Ruiz de Luna («Tengo una novia de nieve» y «Quebrando tu puerta caña», R 14106).

— *Rumbo a pique*. Ruiz de Luna («Yo soy Turandot» y «Mi peineta», R 14107).

1944. Columbia

— *Fin de semana*. Halpern («Dime por qué» y «Nacida para amar», R 14383).

1945. Columbia

— *Hoy como ayer*. Moraleda («Luna de España» y «Puede que sí, puede que no», R 14334).

— *Hoy como ayer*. Moraleda («Tengo celos» y «El maquillador», R 14335).

— *Hoy como ayer*. Moraleda («Cachumbambé» y «Hoy como ayer», R 143369).

— *Hoy como ayer*. Moraleda («...Y sólo para ti» y «Priquitin-pin-pom», R 14337).

1946. Columbia

— *Gran Revista*. Moraleda («Manoletín», R 14357).

— *Gran Revista*. Moraleda («La florista sevillana», R 14358).

— *Gran Revista.* Moraleda («Gulú, gulú, gulú», R 14359).

— *Vacaciones forzosas.* García Morcillo («Amor mío» y «¡*Alló, alló!*», R 14478).

— *Vacaciones forzosas.* García Morcillo («Viajar» y «No preguntes por qué», R 14479).

— *Vacaciones forzosas.* García Morcillo («El menú de la condesa» y «Mi vida ha muerto ya», R 144809).

— *Vacaciones forzosas.* García Morcillo («Ja, ja, ja» y «Mujer fatal», R 14481).

1947. Columbia

— *La estrella de Egipto.* Moraleda («El beso» y «Semíramis», R 14612).

1950. Columbia

— *La hechicera en palacio.* Padilla («Himno a Taringia» y «La novia de España», R 18001).

— *La hechicera en palacio.* Padilla («Estudiantina portuguesa» y «Yo le suplico a Su Alteza», R 18002).

— *La hechicera en palacio.* Padilla («¿Quién eres tú?» y «Pienso en ti», R 18003).

1954. Columbia

— *Dólares.* Pérez Rosillo y Moraleda («Las donjuanes» y «Vivo la vida por tus ojos», R 18583).

— *Dólares.* Pérez Rosillo y Moraleda («Málaga» y «No quiero creerte», R 18587).

1956. Montilla

— *El águila de fuego.* F. López. Grabación completa (LP, FM 71).

1958. Hispavox

— *S.E. la embajadora.* F. López. Grabación completa (LP, HH 1124).

1960. Columbia

— *Colomba.* F. Moreno Torroba y F. Moraleda («Gracias amigos», «Los húsares de la parada», «El perdón de las flores» y «Por obligación», SCGE 80502).

3.5. Discografía de Celia Gámez según soporte de grabación (el apartado ha sido facilitado por Félix Portales, de Archivo Lírico de Salamanca)

a) Discos de pizarra: 78 r.p.m.

— «A media luz»/ «Sonsa». © 1927, Regal RS 523.

— «Angustias»/ «Entra, no más». © 1927, Regal RS 537.

— *Las castigadoras*: «Charlestón del pingüino»/ «Noche de cabaret». © 1927, Regal RS 547.
— *El cabaret de la academia*: «Tango»/ «Araca, corazón».© 1927, Regal RS 548.
— «Mamita»/ *Las castigadoras*: «Chotis de las taquimecas».© 1927, Regal RS 554.
— «Pato»/ «Virgencita del talar». © 1927, Regal RS 579.
— «Caminito del taller»/»Nunca más». © 1927, Regal RS 607.
— «Acuarelita de arrabal»/ «Mocosita». © 1927, Regal RS 639.
— «Cicatrices»/ «La salteñita». © 1927, Regal RS 650.
— «Viejo rincón»/ «Julián». © 1927, Regal RS 690.
— «Plegaria»/ «La cumparsita». © 1927, Regal RS 707.
— «Barrio reo»/ «La cieguita». © 1927, Regal RS 723.
— «Y tenía un lunar»/ «La canción del ukelele». © 1927, Regal RS 742.
— «El payaso»/ «¡Perdón, viejita!». © 1927, Regal RS 760.
— «Un tropezón»/ «A la luz de un candil». © 1927, Regal RS 777.
— «Caminito»/ «Pero hay una melena». © 1927, Regal RS 796.
— «Trago amargo»/ «Puente Alsina». © 1927, Regal RS 832.
— *Las lloronas*: «Las ratas de hotel»/ «Las cocteleras». © 1928, Odeón 182.379.
— *Las lloronas*: «La java del mareo»/ «Las enfermeras». © 1928, Odeón, 182.380.
— «Ramona»/ «No te engañes, corazón». © 1929, Odeón 201.111.
— «Una plegaria»/ «Mamita mía». © 1929, Odeón 203.114.
— «La mina del Ford»/ «Entra no más». © 1929, Odeón 203.118.
— «Noche de Reyes»/ «Bandoneón arrabalero». © 1929, Odeón 203.123.
— *El antojo*: «La chacarerita»/ «La Torcuata». © 1929, Odeón 203.129.
— *El antojo*: «El antojo»/ «Chotis». © 1929, Odeón 203.130.
— *Las lloronas*: «Chotis» – *Las cariñosas*: «La Lola». © 1929, Odeón 203.131.
— «Always, Sevilla, yes»/ «Madre, cómprame un negro». © 1929, Odeón 203.150.
— «Esta noche me emborracho»/ «El cacharrerito». © 1929, Odeón 203.159.
— «Ché, papusa, oí»/ «Niño bien». © 1929, Odeón 203.160.
— «El trigémino»/ «La novia». © 1929, Odeón 203.161.
— «Y tenía un lunar»/ «La señorita». © 1929, Odeón 203.169.
— «Hacéme cas a mí»/ «Mi caballo murió». © 1929, Odeón 203.170.

— «Canción del ukelele»/ «Pero hay una melena». © 1929, Odeón 203.173.

—¡*Por si las moscas!*: «Las pantorrillas». © 1929, Odeón 203.188.

—¡*Por si las moscas!*: «La Manuela»/ «Media noche». © 1929, Odeón 203.189.

—¡*Por si las moscas!*: «Blues de los perritos»/ «Los pollitos». © 1929, Odeón 203.191.

— «Rinconcito»/ «El gavilán». © 1929, Odeón 203.193.

— «Si vas a París, papá»/ «¿Por qué no se casa usted, don Agapito?». © 1929, Odeón 203.202.

— «Celia»/ «Granada mora». © 1930, Odeón 203.210.

— *El gallo*: «El Turquestán»/ «Java de la pava». © 1930, Odeón 203.215.

— *El gallo*: «Fox de las pieles»/ «Tonadilla de la capa». © 1930, Odeón 203.216.

— «No salgas de tu barrio»/ «La salteñita». © 1930, Odeón 203.222.

— «Sonajas y madroños»/ «El sonajero». © 1930, Odeón 203.228.

— *Las guapas*: «Chacarera»/ «Fox del recuerdo». © 1930, Odeón 203.257.

— *Las guapas*: «Pasacalle de los Pepe-Hillos»/ «¡Mozo, venga whisky!». © 1930, Odeón 203.258.

— *Colibrí*: «Los banjos»/ «Gigoló». © 1930, Odeón 203.233.

— *Colibrí*: «Ven junto a mí»/ «Las excursionistas». © 1930, Odeón 203.234.

— «Una limosnita»/ «Cuando aprendas a querer». © 1930, Odeón 203.242.

— «¡Puro aspavento!»/ «¡Para que volver!». © 1930, Odeón 203.250.

— «La nena del cafetín»/ «Entre sueños». © 1930, Odeón 203.260.

— «Al Congo»/ «Besitos». © 1930, Odeón 203.265.

— «Tengo miedo»/ «Milagrosa Virgencita». © 1930, Odeón 203.269.

— «Cómprame un blanco»/ «Mariposa de fuego». © 1930, Odeón 203.271.

— *Me acuesto a las ocho*: «One-step del golf»/ «Fox de los pijamas». © 1930, Odeón 203.282.

— *Me acuesto a las ocho*: «Two-step de los jockeys»/ «Jacobo, cómprame un globo». © 1930, Odeón 203.283.

— *Me acuesto a las ocho*: «Quisiera que fuera»/ «Chotis del castigador». © 1930, Odeón 203.283.

— *El ceñidor de Diana*: «Fox del ceñidor»/ «Las castañas». © 1930, Odeón, 203.285.

— *El ceñidor de Diana*: «Terceto de las modas». © 1930, Odeón, 203.287.

— «Cuando el amor pica»/ «Canto de amor». © 1930, Odeón 203.292.

— «Puede el baile continuar»/ «Mírate bien al espejo». © 1930, Odeón 203.298.

— «Maldonado»/ «Por una mujer». © 1930, Odeón 203.301.

— *Las Leandras*: «Chotis del Pichi»/ «Pasacalle de los nardos». © 1931, Odeón 183.302.

— *Las Leandras*: «Llévame a la verbena de San Antonio»/ «Canción canaria». © 1931, Odeón 183.303.

— *Las Leandras*: «Clara Bow fiel a la Marina»/ «Java de las viudas». © 1931, Odeón 183.304.

— «Fuelle lindo»/ «Guitarra campera». © 1932, Odeón 183.324.

— «¡Portera!»/ «Chiquillo mío». © 1932, Odeón 183.360.

— *Las mimosas*: «Chotis de las diputadas»/ «Pasodoble verbenero». © 1932, Odeón 183.364.

—*¿Qué pasa en Cádiz?*: «Las estrellas de Hollywood»/ «Las chulas del porvenir». © 1932, Odeón 183.426.

— «Ayer se la llevaron»/ «Guitarra mía». © 1932, Odeón 183.428.

— «La mujer del Pichi»/ «Pensálo, muchacho». © 1932, Odeón 183.445.

— «No te acerques a esa cuna»/ «Confesión». © 1932, Odeón 183.486.

— *Las de Villadiego*: «Tabaco y cerillas (La Colasa del Pavón)»/ «Caminito de la fuente». © 1933, Odeón 203.418.

— *Las de Villadiego*: «Las playas de Portugal». «Granaderos de Edimburgo». © 1933, Odeón 203.419

— *Las de Villadiego*: «Rosalía». «Las escocesas». © 1933, Odeón 203.421.

— *El baile del Savoy*: «¡Si es Chevalier!»/ «La Tangolita». © 1934, Odeón 203.434.

— *El baile del Savoy*: «Las turcas saben besar»/ «¡Qué pronto su amor olvidó!». © 1934, Odeón 203.435.

— «Enfermera»/ «¡Ya hemos pasao!». © 1940, Columbia A 6019.

— «Mama eu quero (La chupeta)»/ «Un Pierrot apaxionado». © 1940, Columbia A 6020.

— «Milagrosa Virgencita»/ «No tamboleiro de Bahiana». © 1940, Columbia A 6021.

— *La Cenicienta del Palace*: «La marchiña»/ «Vivir». © 1940, Columbia A 6041.

—*¡Rápteme, usted!*: «Paloma marinera»/ «Amar, sufrir». © 1940, Columbia A 6047.

— *Yola*: «Sueños de amor»/ «Marcha de la cacería». © 1941, Columbia V 9005.

— *Yola*: «¡Alas!»/ «¡Mírame!». © 1941, Columbia V 9006.

— *Yola*: «Quiero». © 1941, Columbia V 9007.

— *Si Fausto fuera Faustina*: «Contigo iré». © 1943, Columbia R 14071.

— *Si Fausto fuera Faustina*: «No es preciso que me ayude usted»/ «Te quiero tanto y tanto». © 1943, Columbia R 14072.

— *Si Fausto fuera Faustina*: «Un millón». «Pantomima». © 1943, Columbia R 14073.

— *Si Fausto fuera Faustina*: «¡Qué le vas a hacer!»/ «Guarará». © 1943, Columbia R 14074.

— *Rumbo a pique*: «Mi color marfil»/ «Cantar, cantar». © 1943, Columbia R 14104.

— *Rumbo a pique*: «Sol tropical»/ «Un beso es».© 1943, Columbia R 14105.

— *Rumbo a pique*: «Tengo una novia de nieve». © 1943, Columbia R 14106.

— *Rumbo a pique*: «Yo soy Turandot». © 1943, Columbia R 14107.

— *Fin de semana*: «Dime por qué»/ «Nacida para amar». © 1944, Columbia R 14383.

— *Fin de semana*: «Ya no me acuerdo de ti»/ «Chaca-chaca-chá». © 1944, Columbia R 14384.

— *Fin de semana*: «Corita». © 1944, Columbia R 14385.

— *Hoy como ayer*: «Luna de España». © 1945, Columbia R 14334.

— *Hoy como ayer*: «Tengo celos». © 1945, Columbia R 14335.

— *Hoy como ayer*: «Cachumbambé»/ «Hoy como ayer». © 1945, Columbia R 14336.

— *Hoy como ayer*: «Y sólo para ti»/ «Priquitín-pin-pom». © 1945, Columbia R 14337.

— *Gran Revista*: «Manoletín». © 1946, Columbia R 14357.

— *Gran Revista*: «La florista sevillana»/ «Al alcance de la mano». © 1946, Columbia R 14358.

— *Gran Revista*: «No quiero recordar»/ «Gulú, gulú, gulú». © 1946, Columbia R 14359.

— *Vacaciones forzosas*: «Amor mío»/ «¡Alló, alló!». © 1946, Columbia R 14478.

— *Vacaciones forzosas*: «Viajar»/ «No preguntes por qué». © 1946, Columbia R 14479.

— *Vacaciones forzosas*: «El menú de la condesa»/ «Mi vida ha muerto ya». © 1946, Columbia R 14480.

— *Vacaciones forzosas*: «Ja, ja, ja». © 1946, Columbia R 14481.

— «Traicionera»/ «¡Adiós, Pampa mía!». © 1947, Columbia R 14546.

— «Española»/ «Acarícime». © 1947, Columbia R 14548.

— «Diez minutos más»/ «Lágrimas de sangre». © 1947, Columbia R 14568.

— *La estrella de Egipto*: «El beso»/ «Semíramis». © 1947, Columbia R 14612.

— *La estrella de Egipto*: «Mentira»/ «La amnesia». © 1947, Columbia R 14613.

— *La hechicera en palacio*: «Himno a Taringia»/ «La novia de España». © 1950, Columbia R 18001.

— *La hechicera en palacio*: «Estudiantina portuguesa»/ «Yo le suplico a Su Alteza». © 1950, Columbia R 18002.

— *La hechicera en palacio*: «¿Quién eres tú?»/ «Pienso en ti». © 1950, Columbia R 18003.

— *Dólares*: «Las donjuanes»/ «Vivo la vida por tus ojos». © 1954, Columbia R 18583.

— *Dólares*: «Málaga»/ «No quiero creerte». © 1954, Columbia R 1858.

b) Discos de vinilo: 33 y 45 r.p.m.

— *Las Leandras* (con Carlos S. Luque.© 1956, Alhambra MC 25.022 Lp 25 cm.).

— *El águila de fuego* (con Licia Calderón, Olvido Rodríguez, Lalo Maura, Manolito Díaz y Pepe Bárcenas. © 1956, Montilla FM 71 Lp. © 1956, Montilla-Zafiro FM 71 Lp).

— *S.E., la Embajadora* (con Carmen Olmedo, Juan Barbará, Pepe Bárcenas y Rubén García. © 1958, Hispavox HH 1124 Lp. © 1959, Hispavox HH 17-100, HH 17-101 y HH 17-102 Ep's).

— «Tabaco y cerillas»/ «Pichi»/ «Manoletín»/ «Amor, amor». © 1959, Montilla-Zafiro EPFM 78 Ep *Colomba* («Gracias, amigos», «Los húsares de la parada», «El perdón de las flores», «Por obligación»). © 1960, Columbia SCGE 80502 Ep

— B.S.O del film *Las Leandras* (con Rocío Dúrcal, Antonio Garisa y José Sazatornil «Saza»). © 1969, Philips 865 028 PY Lp. © 1974, Philips 72 16 116 Cassette

— *Celia hoy. Los grandes éxitos de Celia Gámez*. © 1973, Polydor 23 85 062 Lp. © 1973, Polydor 31 73 062 Cassette.

— *Celia Gámez. Por la calle de Alcalá.* ©1974, Polydor 26 79 033 2Lp.

c) Reediciones en vinilo, cassette y disco compacto

— *Las Leandras.* © 1956, Odeón DSOE 16.101 Ep.

— *Dólares.* © 1956, Columbia ECGE 70008 Ep.

— *La hechicera en palacio.* © 1957, Columbia CGE 60015 Ep.

— *El águila de fuego.* © 1959, Montilla-Zafiro EPFM 20 Ep.

— «Mi caballo murió»/ «Mamita mía»/ «Una plegaria»/ «Hacéme caso a mí». © 1959, Odeón DSOE 16.260 Ep.

— «Pichi»/ Pasacalle de los nardos»/ «Estudiantina portuguesa»/ «¡Mírame!». © 1960, Columbia SCGE 80357 Ep.

— *Las Leandras. Canciones famosas.* © 1969, Columbia C 7.502 Lp. © 1971, Columbia BC 3111 Cassette © 1988, BMG-Alhambra WD 71799 CD

— «Tomar la vida en serio»/ «La verbena de San Antonio», de la banda sonora del film *Las Leandras.* © 1970, Philips 60 29 008 Single.

— «Mama eu quero» / «Estudiantina portuguesa». © 1973 Polydor 20 62 115 Single.

— «Tabaco y cerillas»/ «Manoletín»/ «Amor, amor»/ «Viva Madrid»/ «Capri»/ «Las vespas»/ «Pichi»/ «El águila de fuego». © 1978, Abanico SCAL 12 Lp. © 1978, Abanico SCA 042 Cassette

— «Chotis del Pichi»/ «Pasacalle de los nardos»/ «Java de las viudas»/ «Llévame a la verbena de San Antonio»/ «Una plegaria»/ «Mamita mía»/ «Hacéme caso a mí»/ «Mi caballo murió». © 1982, EMI-Odeón 10C 054-021.813 Serie «Con plumas». Lp . © 1982, EMI-Odeón 10C 254-021.813 Serie «Con plumas». Cassette. © 1988, Nipper 056-121.813-4 Lp. © 1990, Ediciones del Prado – Núm. 21 de la colección «Vida cotidiana y canciones» D y Cassette.

— *S.E., la embajadora* (con Carmen Olmedo, Juan Barbará, Pepe Bárcenas y Rubén García). © 1983, Hispavox 130 104 Lp. © 1983, Hispavox 230 104 Cassette.

— *Por la calle de Alcalá, con Celia Gámez. Antología de sus revistas.* © 1984, Polydor 817 232-1 Lp. © 1984, Polydor 817 232-4 Cassette.

— *Del tango a la revista.* © 1992, Instituto de Conservación y Recuperación Musical (México) ICREM 44 Lp.

— *La reina de la revista. Sus últimas grabaciones.*© 1996, Rama-Lama Music RC 50122 2CD

— *Homenaje a Celia Gámez. La gran estrella de Madrid. Vol. 1 (1927-1934)*. © 1996, Sonifolk 20082 CD © 1996, Sonifolk 40082 Cassette.

— *Homenaje a Celia Gámez. La gran estrella de Madrid. Vol. 2 (1940-1954)*. © 1996, Sonifolk 20083 CD © 1996, Sonifolk 40083 Cassette.

— *Homenaje a Celia Gámez. La gran estrella de Madrid. Vol. 3 (1927-1954)*. © 1996, Sonifolk 20095 CD © 1996, Sonifolk 40095 Cassette.

— *El águila de fuego* (con Licia Calderón, Olvido Rodríguez, Lalo Maura, Manolito Díaz y Pepe Bárcenas). © 1997, Sonifolk 20100 CD. © 1997, Sonifolk 40100 Cassette

— «Yo soy la embajadora»/ «El bailón»/ «¡Vaya calor!»/ «Un beso es»/ «No sé qué siento»/ «¡Ay te quiero!»/ «¿Me voy o no me voy?»/ «Gulú, gulú, gulú»/ «Cachumbambé»/ «Yo soy Turandot»/ «Un millón»/ «Tabaco y cerillas (La Colasa del Pavón)»/ «Chotis de las diputadas»/ «Java de las viudas»/ «Llévame a la verbena de San Antonio»/ «Pasacalle de los nardos»/ «Chotis del Pichi»/ «¡Mozo, venga whisky!»/ «Las cockteleras»/ «Chotis de las taquimecas». © 1997, EMI 7243 8 21394 2 3 – Serie «Glamour», CD.

— *Qué le vas a hacer.. Grandes éxitos de los años 1927-1946*. © 1997, Blue Moon BMCD 7603 CD.

— *Las Leandras/ Las castigadoras* (con Aníbal Vela y R. Serrano). *El cabaret de la academia*. «La mujer del Pichi». © 2001, Blue Moon BMCD 7542 CD.

— *Yola/ Vacaciones forzosas* (con Alfonso Goda, Olvido Rodriguez, Carlos Casaravilla y Ramón Cebriá). © 2001, Blue Moon BMCD 7548 CD.

— *Celia Gámez canta tangos*. © 2001, El Delirio ED 093 CD.

— *Celia Gámez. Vol. 1 (1927-1929)*. © 2002, Gardenia-Ventura Discos VE CX 0241-2 2CD.

— *Celia Gámez. Vol. 2 (1929-1930)*. © 2002, Gardenia-Ventura Discos VE 2CR 0255-2 2CD. Los volúmenes dobles 1 y 2 se volvieron a editar en 2004 por Rama-Lama Music en un triple CD con la referencia RQ 52402.

— *Celia Gámez. Vol. 3 (1930-1934)*. © 2003, Rama-Lama Music RO 52332 2CD

— *Celia Gámez. Vol. 4*. © 2005, Rama-Lama Music RO 52802 2CD

— *Celia Gámez. La leyenda sigue... en su centenario*. © 2005, EMI 094634687928. Colección «nostalgia».

— «Mozo, venga whisky»/ «Estudiantina portuguesa»/ «Vivo la vida por tus ojos»/ «Las chulas del porvenir»/ «Manoletín»/ «Chotis del Pichi»/ «Tengo celos»/ «Semíramis»/ «La novia»/ «Mírame»/ «Un millón»/ «Contigo iré»/ «Pasacalle de los nardos»/ «La cumparsita»/ «Tabaco y cerillas»/ «Luna de España»/ «El beso»/ «Yo soy Turandot»/ «Un beso es»/ «La florista sevillana»/ «Noche de Reyes»/ «Java de las viudas»/ «Vivir»/ «Mamita mía». © 2009, OK Records CD 2525 2CD

d) Números musicales de Celia Gámez incluidos en *La revista musical española* (Sonifolk)

— Vol. VII (ref. 20127). *Homenaje al maestro Guerrero (IV)*. Incluye: *Las tentaciones* (1932) con los números 1.«Los madriles de Chueca», 2. «Las guarderas», 3. «Los suspiros», 4. «Tango-chotis», 5. «Las manzanas», 6. «Chacarera» y 7. «Chacarera».

— Vol. XIV (ref. 20139). *Fin de semana* (1944) con los siguientes números: 1. «Nacida para amar», 2. «Dime por qué», 3. «Pipa del Tirol», 4. «Chaca-chaca-chá», 5. «Ya no me acuerdo de ti» y 6. «Corita»

— Vol. XV (ref. 20140). *El antojo* (1929) con los números: 1. «El antojo», , 2. «Chotis», 3. «La Torcuata» y 4. «La chacarerita».

— Vol. XVI (ref. 20141). *Gran Revista* (1946) con los siguientes números: 1. «La florista sevillana» , 2. «Al alcance de la mano», 3. «Gulú, gulú, gulú», 4. «No quiero recordar», 5. «Manoletín» y 6. «Todas».

— Vol. XVII (ref. 20147). *Las de Villadiego* (1933) con los siguientes números: 1. «Tabaco y cerillas», 2. «Caminito de la fuente», 3. «Las playas de Portugal», 4. «Granaderos de Edimburgo», 5. «Vente a la Plaza Mayor», 6. «Coplas de Ronda», 7. «Rosalía» y 8. «Las escocesas».

— Vol. XIX (ref. 20149). *Yola* (1941) con los números titulados: 1. «¡Alas!» (instrumental), 2. «¡Alas!», 3. «La boda» (instrumental), 4. «Marcha de la cacería», 5. «Sueños de amor» (instrumental), 6. «Sueños de amor», 7. «El azahar» (instrumental), 8. «¡Lo mismo me da!», 9. «¡Lo mismo me da!» (instrumental), 10. «Quiero», 11. «¡Mírame!» y 12. «¡Mírame!» (instrumental).

— Vol. XX (ref. 20150). *El baile del Savoy* (1934) con los números: 1. «La Tangolita», 2. «Las turcas saben besar», 3. «¡Qué pronto su amor olvidó!» y 4. «¡Si es Chevalier...!»

e) Números musicales de Celia Gámez incluidos en *La revista musical en España* (Gardenia-Ventura Discos-Rama Lama Music)

— Vol. I (ref. VE-CX-0260-2). *Las Leandras* (1931) con los números: 1. «Chotis del Pichi», 2. «Pasacalle de los nardos», 3. «Java de las viudas», 4. «Clara Bow, fiel a la Marina», 5. «Chotis del Pichi» (instrumental), 7. «Java de las viudas» (instrumental), 8. «Canción canaria», 9. «Pasacalle de los nardos» (instrumental). *Me acuesto a las ocho* (1930), con los números: 1.«*One-step* del golf», 2. «*Fox* de los pijamas», 3. «*Two-step* de los jockeys», 4. «Jacobo, cómprame un globo», 5. «Canción (Quisiera que fuera...)», 6. «Chotis del castigador», 7. «Concertante bufo», 8. «Armónicas», 9. «Bulerías» y 10. «*Foxtrot* de las claquetas».

— Vol. II (ref. VE-CX-0261-2). *Las mimosas* (1931) incluía los números titulados: 1. «Pasodoble verbenero» y 2. «Chotis de las diputadas». *Las castigadoras* (1927) con: 1. «Chotis de las taquimecas»2. «El jardín enamorado», 3. «Charlestón del pingüino», 4. «Chotis de las taquimecas» (instrumental), 5. «Castigadoras», 6. «Noche de cabaret», 7. «Claveles» y 8. «Charles del pingüino» (instrumental).

— Vol. III (ref. VE-CX-0262-2). *La Cenicienta del Palace* (1940): 1. «La marchiña» (instrumental), 2. «Vivir», 3. «Vivir» (instrumental), 4. «La marchiña». *Rumbo a pique* (1943): 1. «Yo soy Turandot», 2. «Quebrando tu puerta de caña», 3. «Cantar, cantar», 4. «Mi color marfil», 5. «Eso es que estás enamorado», 6. «Sol tropical», 7. «Tengo una novia de nieve», 8. «Mi peineta» y 9. «Un beso es...»

— Vol. V (ref. VE-CX-0264-2). *El ceñidor de Diana* (1929): 1. «La reja sevillana», 2. «Las rubias» (instrumental), 3. «Las castañas», 4. «Chotis» (instrumental), 5. «Tango del moreno». *Peppina* (1935): 1. «Aquellos ojos negros» y 2. «El mabaco». *La estrella de Egipto* (1947): 1. «Semíramis», 2. «El beso», 3. «Mentira» y 4. «La amnesia».

— Vol. VIII (ref. VE-0303-2). *Las guapas* (1930): 1. «Chacarera», 2. «*Fox* del recuerdo», 3. «Chotis del teléfono», 4. «Las bakeritas», 5. «Pasacalle de los Pepe-Hillos», 6. «¡Mozo, venga whisky!», 7. «Chotis del auricular» (instrumental), 8. «Pasacalle de los Pepe-Hillos» (instrumental). *Dólares* (1954): 1. «Las donjuanes», 2. «Vivo la vida por tus ojos», 3. «No quiero creerte» y 4. «Málaga».

— Vol. IX (ref. VE-0304-2). *S.E. la Embajadora* (1958): 1. «Yo soy la Embajadora», 2. «¡Qué difícil resulta mandar!», 3. «El caballo», 4. «El bailón», 5. «¡Vaya calor!», 6. «Un beso», 7. «*Que voulez vous?*», 8. «No sé qué siento», 9. «¡Ay, te quiero!», 10. «La canción del guau-guau», 11. «¿Me voy o no me voy?», 12. «Serenata y final».

— Vol. X (ref. VE-0305-2). *Si Fausto fuera Faustina* (1942): 1. «Un millón», 2. «Pantomima», 3. «¡Qué le vas a hacer!», 4. «Guarará», 5. «Contigo iré», 6. «¡Qué le vas a hacer!» (instrumental), 7. «No es preciso que me ayude usted», 8. «Te quiero tanto y tanto...». *Colibrí* (1930): 1. «Los banjos», 2. «Gigoló»3. «Chotis del reloj», 4. «Las claquetas» (instrumental), 5. «Java (Ven junto a mí)», 6. «Las excursionistas», 7. «Tirolesas» y 8. «Las nerviosas».

— Vol. XI (ref. VE-0306-2). *Las lloronas* (1928): 1. «La java del mareo», 2. «Las enfermeras», 3. «Las ratas de hotel», 4. «Las cocteleras», 5. «Chotis».

La hechicera en Palacio (1950): 1. «La novia de España» (instrumental), 2. «¿Quién eres tú?», 3. «Pienso en ti», 4. «Estudiantina portuguesa», 5. «Yo le suplico a Su Alteza», 6. «La novia de España», 7. «Himno de Taringia» y 8. «Estudiantina portuguesa» (instrumental).

— Vol. XII (ref. VE-0307-2). *Colomba* (1961): 1. «Gracias, amigos», 2. «Los húsares de la parada», 3. «El perdón de las flores», 4. «Por obligación», 5. «Te quiero porque sí» y 6. «Así se quiere en Madrid». *¡Por si las moscas!* (1929): 1. «Las pantorrillas», 2. «Magallanes y botones», 3. «Los baños de sol», 4. «La mazurca», 5. «Chotis de la Manuela», 6. «Media noche», 7. «*Blues* de los perritos» (instrumental) y 8. «Los pollitos»

— Vol. XIII (ref. VE-0308-2). *Hoy como ayer* (1945): 1. «Luna de España» (Celia Gámez sola), 2. «Puede que sí, puede que no», 3. «Tengo celos», 4. «Puede que sí, puede que no» (instrumental), 5. «Hoy como ayer», 6. «El maquillador», 7. «Luna de España» (instrumental), 8. «Cachumbambé», 9. «Tengo celos» (instrumental), 10. «Priquitín-pin-pom», 11. «Y yo sólo para ti», 12. «El maquillador» (instrumental), 13. «Luna de España» (Celia Gámez y tiples). *El gallo* (1930): 1. «El turquestán», 2. «Java», 3. «Tonadilla de la capa», 4. «*Fox* de las pieles», 5. «El turquestán» (instrumental), 6. «Los soldaditos», 7. «Marcha de las maniobras» y 8. «Java de la pava» (instrumental).

— Vol. XIV (ref. VE-0309-2). *Vacaciones forzosas* (1946): 1. «Viajar», 2. «No preguntes por qué», 3. «¡Alló, alló!», 4. «Amor mío», 5. «El menú de la condesa», 6. «Mi vida ha muerto ya», 7. «Ja, ja, ja», 8. «Mujer fatal», 9. «Mamá y papá» y 10. «Brindo».

4. REFERENCIAS BIBLIOGRÁFICAS

ABAJO DE PABLOS, Juan Julio de (1996). *Mis charlas con José Luis Sáenz de Heredia*. Valladolid, Quirón Ediciones.

ABELLA, Rafael (2021). *José Manuel Lara, el editor*. Córdoba, Almuzara.

A.C. (1969). «*Las Leandras*». Sevilla, *ABC*, 19 de diciembre: 61-62.

ALONSO GONZÁLEZ, Celsa (2014). *Francisco Alonso. Otra cara de la modernidad*. Madrid, ICCMU, colección «Música Hispana. Textos. Biografía», nº 22.

ALPERT, Michael. (1996). «La historia militar» en PAYNE, Stabley y TUSELL, Javier (eds.). *La guerra civil. Una nueva visión del conflicto que dividió España*. Madrid, Temas de Hoy. «Al País» (1931). Consultado online en la siguiente dirección electrónica: [http://www.cervantesvirtual.com/obra-visor/al-pais-986289/html/7a106eef-dd1b-4a9b-ae87-dd01a7f28964_2.html#I_0_]

ALTMAN, Rick (2000). *Los géneros cinematográficos*. Barcelona: Paidós-Comunicación.

ÁLVAREZ, Marcelino (1931). «Emociones alegres y tristes de la muy gentil y bella Celia Gámez». Zaragoza, *Heraldo de Aragón*, 3 de junio: s. p.

ANDRESCO, Víctor (1969). «Celia Gámez vuelve con *Las Leandras*... pero en cine». Madrid, *Dígame*, 25 de marzo, nº. 1525, año XXX: 7.

«Apolo: devit de la Compañía de Operetas Celia Gámez» (1939). Valencia, *Las provincias*, 16 de mayo: s.p., archivo del autor.

ARCONADA, Andrés (2001). *Concha Velasco. Diario de una actriz*, Madrid, T y B Editores.

ARGÜELLES, Manu (2010). «La transexualidad en el cine musical». En *http://www.elespectadorimaginario.com/pages/mayo-2010/investigamos/la-transexualidad-en-el-cine musical.php* [05/2010].

ARÓSTEGUI, Julio (1997). *La Guerra Civil: la ruptura democrática*. Madrid, Historia 16.

BAYONA, J. A. (1953). «Celia habla de sus planes artísticos para el próximo otoño». Madrid, *ABC*, 07 de mayo:31.

BARBERÁN, José Luis (1932). «La muda elocuencia de las piernas de mujer que saben decir tantas cosas como los labios y las miradas». Madrid, *Crónica*, 21 de febrero: 14-15.

BARÓ QUESADA, J. (1964). «Estreno de *Mami, llévame al colegio*, en el Teatro Martín». Madrid, *ABC*, 25 de septiembre: 63.

—(1965). «*A las diez en la cama estés,* en el Martín». Madrid, *ABC*, 12 de abril: 89.

— (1966). «Celia Gámez dice adiós a la revista». Madrid, *ABC*, 7 de diciembre: 53.

—(1972). «Estreno de *El último de Filipinas*, en el Teatro Alcázar». Madrid, *ABC*, 06 de enero: 83.

«Cada cual habla de la feria...» (1938). Buenos Aires, revista *Cine argentino*, 12 de mayo: s.p., archivo del autor.

CARMONA, Alfredo (1934): «Informaciones teatrales: *La ronda de las brujas*». Madrid, *ABC*,10 de mayo: 55.

—(1934). «Informaciones teatrales: *Los inseparables*». Madrid, *ABC*,28 de octubre: 47.

—(1935). «Informaciones teatrales: *Las siete en punto*». Madrid, *ABC*,18 de diciembre: 49-50.

CARRERE, Emilio (1934). «La señorita Opereta está de regreso». Madrid, *La libertad*, 31 de enero: 1.

CASANOVA, Julián (2007). *República y Guerra Civil. Vol. 8 de la Historia de España, dirigida por Josep Fontana y Ramón Villares*. Barcelona, Crítica-Marcial Pons.

CASARES RODICIO, EMILIO (*et alii*, 2006): *Diccionario de la zarzuela. España e Hispanoamérica*, Madrid, Instituto Complutense de Ciencias Musicales.

«Casino: *El congreso de la revista*» (1937). Buenos Aires, *La Razón*, 28 de abril: sin paginar, archivo del autor.

«Casino: *Bienvenida Celia Gámez y Co-co-co-co-co-rocó*» (1937). Buenos Aires, *La Nación*, 18 de marzo: sin paginar, archivo del autor.

«Casino: *Alegrías 1937*» (1937). Buenos Aires, *La República*, 11 de abril: sin paginar, archivo del autor.

«Casino: *Mundial Music-Hall*» (1937). Buenos Aires, *La Prensa*, 09 de mayo: sin paginar, archivo del autor.

CAZORLA, Roberto (1992). «Celia Gámez. Una vida de esplendor que se apagó en soledad (I)». Madrid, *Pronto*, diciembre: 30-33.

«Celia Gámez dice que dejará la escena el próximo año» (1946). Madrid, *Informaciones*, 20 de abril: s.p., archivo del autor.

«Celia Gámez hablando de su labor para el cine» (1939). Buenos Aires, *Cine argentino*, 05 de enero,: s. p., archivo del autor.

«Celia Gámez se gasta en trajes muchos miles de pesetas» (1931). Madrid, *Ahora*, 6 de noviembre: 27.

«Celia Gámez. Una para el cine y otra para el teatro» (1938). Buenos Aires, *Cine argentino*, junio: s. p., archivo del autor.

CERDÁ, Manuel (2016). «Broadway, travestismo y musicales». En *https://musicadecomedia.wordpress.com/2016/07/03/broadway-travestismo-ymusicales/* [03/07/2016].

«Coloquio sobre la capa en la Escuela de Periodismo» (1955). Madrid, *ABC*, 17 de diciembre: 47.

COMBARROS PELÁEZ, César (2003). *José Luis Ozores. La sonrisa robada*. Valladolid, 48ª Semana de Cine Internacional de Valladolid.

«Debut de la compañía de Lino Rodríguez» (1930). *ABC*, Madrid, 15 de marzo: 30.

DEGLANÉ, BObby (1939). «¡Ya hemos pasao!» San Sebastián, *Fotos*, año II, nº 114, mayo: 19-21.

DÍAZ MORALES, José (1930). «Los deportes que practican nuestras artistas». Madrid, *Estampa*, 16 de septiembre, nº 140, año III: 8 y 9.

DURÁN, Victoria (1936). «Revistas sin escarcha». Madrid, *La voz*, 24 de febrero: 4.

«El Cristo de la Fe» (1936). Madrid, *Mundo gráfico*, 25 de marzo: 11-12.

«El estreno de *Las mimosas* en el Avenida» (1937). Buenos Aires, La Razón, 08 de noviembre: s. p., achivo del autor.

«En el Pavón se estrenó con clamoroso éxito la revista *Las leandras*» (1931). Madrid, *Ahora*, 13 de noviembre: 23-24.

«En Eslava…» (1927). Madrid, *La opinión*, 18 de abril: 1.

«En Eslava. *Las castigadoras*» (1927). Madrid, *La opinión*, 14 de mayo: 1.

«En Eslava. *Las guapas*» (1930). Madrid, *ABC*, 14 de junio: 48.

«En Eslava, presentación de compañía y dos estrenos» (1927). Madrid, *ABC*, 17 de abril: 27.

«En Madrid. *El antojo*» (1929). *ABC*, Madrid, 14 de marzo: 42.

«En Madrid. *El tiro de pichón*». *ABC*, Madrid, 24 de diciembre: 35.

«En Madrid. *Las lloronas*» (1928). *ABC*, Madrid, 21 de octubre: 47.

«En Madrid. *Las castigadoras*» (1927). *ABC*, Madrid, 14 de mayo: 36.

«En Madrid. ¡*Por si las moscas*» (1929). *ABC*, Madrid, 01 de noviembre: 33.

«Entre bastidores» (1936). Zaragoza, *Heraldo de Aragón*, 01 de abril: s.p., archivo del autor.

ESCOBAR, Luis (2000). *En cuerpo y alma. Memorias*. Madrid, Temas de Hoy.

F. (1928). «*La Cascada, balneario de moda*». *ABC*, Madrid, 26 de enero: s.p.

FAYOLLE, Paula (2008). *Los grandes musicales*, Barcelona, Robincook.

FERNÁNDEZ MONTESINOS, Ángel (2008). *El teatro que yo he vivido. Memorias dialogadas de un director de escena*, Madrid, Publicaciones de la ADE, serie «Teoría y práctica del teatro», nº 30.

FIGUEROA, Carlos (2021). «De la calle al teatro y del escenario al mundo entero. Cadenas, Serrano y la larga vida de *El príncipe Carnaval*». Madrid, *Anagnórisis. Revista de investigación teatral*, 24 de diciembre: 132-166.

GIL PERROCHÁN, Julio (1997). *La Segunda República. Esperanzas y frustraciones*. Madrid, Historia 16.

GOÑI DE AYALA, T. (1967). «*La miniviuda*». Archivo del autor: s.p.

GREGORI, Antonio (2009). *El cine español según sus directores*, Madrid, Cátedra, colección Signo e Imagen.

FLORIDOR (1927). «*La deseada*». Madrid, *ABC*, 29 de octubre: 36.

HERRERA, Óscar (1972). «Al otro lado de la pequeña pantalla: Celia Gámez». Madrid, *Semana*, 25 de noviembre: 104-105.

IBACACHE, Jorge y LAGOS, Soledad (2008). «Travestismo y transformismo en el teatro». En *http://escueladeespectadoresdeteatro.blogspot.com.es/2008/10/travestismo-y-transformismo-en-el.html* [07/10/2008].

«Informaciones teatrales: *Las tentaciones*». Madrid, *ABC*, 24 de diciembre, 1932, pág. 43.

J.G.O. (1936). «Nueva revista en el Coliseum». Madrid, *Heraldo de Madrid*, 2 de febrero: 9.

JÚCAR, Francisco (1935). «Las actrices odian las bufandas, los paraguas y los sombreros». Madrid, *Estampa*, 21 de diciembre: 6-7.

LABORDA, Ángel (1973). «Celia Gámez, del teatro al cabaret». Madrid, *ABC*, 2 de octubre: 87-88.

LANDALUCE, Emilia (2016). «Peregrina Millán-Astray y Gasset: «A mi padre no le importaría que su calle se llamara de la Inteligencia». Madrid, *El Mundo*, 22 de septiembre, consulta online en la siguiente dirección electrónica: [http://www.elmundo.es/cronica/2016/09/22/57dff887468aebcb0d8b45d2.html].

«*Las Leandras*» (1932). Madrid, *Guión. Revista gráfica de espectáculos*,

«*Las pantorrillas*» (1930). *ABC*, Madrid, 27 de abril: s.p.

LÓPEZ NICOLÁS, L. (1963). «Celia Gámez pasa al teatro de verso con *La miniviuda*, de Alonso Millán». Madrid, *ABC*, septiembre: 93-94.

LÓPEZ SANCHO, Lorenzo (1967). «El adiós de Celia Gámez». Madrid, *Ondas*, diciembre: 22.

—(1974). «Un tándem temible: Celia y Esperanza en *Mi hijo no es lo que parece*». Madrid, *ABC*, 14 de abril: 63.

MARQUERÍE, Alfredo (1950). «En el Alcázar se estrenó anoche *La hechicera en palacio*, de Arturo Rigel y Ramos de Castro con música de Padilla». Madrid, *ABC*, 24 de noviembre: 27.

—(1956). «Celia Gámez estrenó en Maravillas *El águila de fuego*, de Ramos de Castro, Rige y Francis López». Madrid, *ABC*, 20 de enero: 43.

—(1960). «*La estrella trae cola*». Madrid, *ABC*, 13 de enero: s.p., archivo del autor.

—(1962). «Estreno de *Colomba*, por Celia Gámez, en el Alcázar». Madrid, *ABC*, 15 de diciembre: 7.

MARQUINA, Rafael (1926). «Presentación de Celia Gámez en Romea». Madrid, *El Heraldo*, 16 de enero: 5.

MARTÍNEZ GANDÍA, Rafael (1933). «La jornada de Celia Gámez en Romea». Madrid, *Crónica*, 08 de enero: 14-15.

MENÉNDEZ DE LA CUESTA Y GALIANO, Carlos (1995). *Celia Gámez, una estrella del musical (I)*.

Madrid, Sonifolk. Cuadernillo interior del cedé.

—(1995). *Celia Gámez, una estrella del musical (II)*. Madrid, Sonifolk. Cuadernillo interior del cedé.

—(1995). *Celia Gámez, una estrella del musical (III)*. Madrid, Sonifolk. Cuadernillo interior del cedé.

—(1996). *El águila de fuego*. Madrid, Sonifolk. Cuadernillo interior del cedé.

MONTERO, Eugenia (2015). *José Padilla. La pasión de la música*. Madrid, Ediciones La Librería.

MONTERO ALONSO, José (1928). «Las triunfadoras: Celia Gámez». Madrid, *Nuevo Mundo*, 08 de junio: 36.

MONTIJANO RUIZ, Juan José (2017). *Addy Ventura... Pasando Revista*. Sevilla, Ediciones Ende.

—(2008). *Un demonio escénico llamado Celia Gámez*. Granada, Digital Gami S.L.

—(2007). *Yola. Historia del primer boom teatral de la posguerra*. Granada, Digital Gami S.L.

MORALES DARIAS (1936). «Coliseum: estreno de la opereta arrevistada *Ki-Ki*». Madrid, *La Época*, 03 de febrero: 3.

MUÑOZ DELGADO, P. (1931). «Hablando con los autores de un nuevo cuño: *Las Leandras*, las de Pavón». Madrid, ¡Tararí!, 03 de diciembre, nº 44: 5.

«O me cumple usted el contrato de Pavón o no trabaja en España» (1936). Madrid, *La voz*, 17 de julio: 4.

ORTEGA, Adrián (¿?). *La española cuando besa. Venturas, aventuras y desventuras de un cómico*. Memorias inéditas nunca publicadas.

OLIVA, César (2004). *Teatro español del siglo XX*. Madrid, Síntesis.

ORTEGA-LISSÓN Y CASTILLO (1930). Madrid, *Crónica*, 22 de junio: 8-9.

«Pavón : *Las Leandras*» (1931). Madrid, *ABC*, 13 de noviembre: 48-49.

«Pavón : *Las Leandras*» (1931). Madrid, *La libertad*, 13 de noviembre: 3.

«Pavón : *Las Leandras*» (1931). Madrid, *El sol*, 13 de noviembre: s.p.7.

PÉREZ MATEOS, Juan Antonio (2003). *Florinda Chico, en el gran teatro del mundo*. Madrid, Martínez Roca.

«Principal: *Peppina*» (1936). Alicante, *Las provincias*, 13 de marzo: s.p., archivo del autor.

«Principal: *El baile del Savoy*» (1936). Alicante, *Las provincias*, 22 de marzo: s.p., archivo del autor.

«Principal: Celia Gámez y su compañía» (1936). Alicante, *Las provincias*, 07 de marzo: s.p., archivo del autor.

QUINTANILLA, Claudia (1992). «Celia Gámez se está muriendo suerte». Madrid, *Pronto*, 25 de enero: 8-10.

QUIÑONES, Eduardo A. (1928). «El secreto de Celia Gámez». Madrid, *Estampa*, nº 47, 20 de noviembre: s.n.

RETANA, Álvaro (1964). *Historia del arte frívolo*. Madrid, Tesoro.

«Retornó Celia Gámez con sus viejos éxitos» (1978). Buenos Aires, *La Nación*, 24 de mayo: s.p., archivo del autor.

«Revistas en el Maipo» (1938). Buenos Aires, *La Razón*, 08 de diciembre: s.p., archivo del autor.

ROMERO CUESTA, José (1932). «A telón corrido, la uvas de las suerte». Madrid, *Sparta*, 31 de diciembre: 27 y 28.

— (1933). «Las vedettes, mujeres de su casa». Madrid, *Estampa*, 11 de marzo: 3-6.

S. DEL J. (1931). «Si usted hubiera sido don Juan, ¿qué habría hecho con doña Inés». Madrid, *Crónica*, 10 de octubre: 12-13.

SÁINZ DE LA MAZA (1940). «*La Cenicienta del Palace*, libro de Carlos Somonte, música de Fernando Moraleda». Madrid, *ABC*, 02 de marzo: 14.

—(1944). «Reina Victoria: estreno de *Fin de semana*». Madrid, *ABC*, 20 de abril: 18.

SÁNCHEZ FERNÁNDEZ, David Miguel (2013). «El Teatro de Romea», 11 de noviembre en la siguiente página electrónica [http://www.cinesdemadri.blogspot.com].

SÁNCHEZ-OCAÑA, Javier (1935). «¿Cuál ha sido su gran aventura amorosa frustrada?». Madrid, *Crónica*, 16 de octubre: 12-13.

SAN MARTÍN, Hebrero (1984). *Celia Gámez. La reina de la revista cuenta su vida: memorias*. Revista *Semana*, números 2308 al 2323 correspondientes del 12 de mayo al 25 de agosto, 16 capítulos.

SARTO, Juan del (1932). «Cartas de amor a las artista». Madrid, *Estampa*, 19 de enero: 13-15.

—(1933). «¿Cuál es el tipo de marido que prefiere?». Madrid, *Blanco y Negro*, nº. 2175, 19 de febrero: ?.

SOMOZA SILVA, Lázaro (1935). «Coliseum: *Peppina*». Madrid, *La Libertad*, 06 de octubre: 4.

SOSA DE NEWTON, Lily (1999). «Mujeres y tango», Universidad Nacional de Luján, Santa Rosa (Argentina), en la siguiente dirección electrónica <http://www.redalyc.com>.

SZWARCER, Carlos (2010). *Teatro Maipo. 100 años de historia entre bambalinas*. Buenos Aires, Corregidor.

«Teatro Novedades: *Ki-Ki*» (1936). Barcelona, *La vanguardia*, 12 de abril: s.p., archivo del autor.

«Teatro Novedades: *Peppina*» (1936). Barcelona, *La vanguardia*, 06 de mayo: s.p., archivo del autor.

VV.AA. (1967). *Teatro, circo y music-hall*, Argos, Barcelona.

VASALLO, Jesús (1983). «La mujer del cuadro». *ABC*, Madrid, 12 de abril: 18.

VILCHES DE FRUTOS, María Francisca y DOUGHERTY, Dru (1997). *La escena madrileña entre 1926 y 1931*. Madrid, Fundamentos-RESAD.

VIÑAS, Víctor (1965). «Una charla evocadora con Celia Gámez». Valencia, *Las provincias*, 28 de noviembre: 52-53.

VIZCAÍNO CASAS, Fernando y JORDÁN, Ángel (1988). *De la checa a la meca. Una vida de cine, José Luis Sáenz de Heredia*. Madrid, Planeta.

Zavala, José María (2010). *Bastardos y Borbones*. Madrid, DeBolsillo Editorial.

AGRADECIMIENTOS

El presente trabajo no hubiera visto la luz sin el apoyo, ayuda y cariño prestado por Joaquín Campos Herrero, Alberto Portillo, Moncho Ferrer, Ángel Fernández Montesinos, Félix Portales, Ana Ortega, Pilar Santos, el Centro de Documentación y Archivo de la SGAE con su directora, Mari Luz González Peña y José Ignacio Jassa Haro, el Archivo General de la Administración de Alcalá de Henares y, muy especialmente a Manuel Pimentel y Rosa García Perea de editorial Almuzara quienes confiaron en este proyecto desde el principio y sin los cuales no hubiera sido posible tampoco llevarlo a cabo. Finalmente, el agradecimiento más entrañable y primordial a mi madre y mis tres sobrinos, siempre presentes en todos los instantes de mi vida. Gracias, de corazón, a todos.

Este libro se terminó de imprimir, en su primera edición, por encargo de la editorial Almuzara el 13 de septiembre de 2024. Tal día del 1501, en la República de Florencia, Miguel Ángel comienza su trabajo en la estatua de David.